Alexandre Naoki **Nishioka**
Andréa Oliveira da **Silva**
Bárbara Dayana **Brasil**
Bruno Dutra **Iankowski**
Carlos **Goettenauer**
Charles William **McNaughton**
Cinara de Araújo **Vila**
Cristiane Pires **McNaughton**
Cristiane Rodrigues **Iwakura**
Daniel Piñeiro **Rodriguez**
Daniela Copetti **Cravo**
Dayana de Carvalho **Uhdre**
Eduardo **Jobim**
Flavio Garcia **Cabral**
Giulia **Ramos**
José Fernando Ferreira **Brega**
José Luiz de Moura **Faleiros Júnior**
José Sérgio da Silva **Cristóvam**
Leandro **Sarai**
Letícia Becker **Tavares**
Luiza Leite Cabral Loureiro **Coutinho**
Maria Gabriela Venturoti **Perrotta**
Maria Luiza Kurban **Jobim**
Oscar Valente **Cardoso**
Pedro Rubim Borges **Fortes**
Renato de Andrade **Siqueira**
Romualdo Baptista dos **Santos**
Ricardo Augusto Souza **Fernandes**
Tatiana Meinhart **Hahn**
Thanderson Pereira de **Sousa**
Tiago Nunes da **Silva**

2022

COORDENADORES

Daniela Copetti **Cravo**
Eduardo **Jobim**
José Luiz de Moura **Faleiros Júnior**

Prefácio de
Ricardo Campos

DIREITO PÚBLICO *E* TECNOLOGIA

Dados Internacionais de Catalogação na Publicação (CIP) de acordo com ISBD

D598

Direito público e tecnologia / Alexandre Naoki Nishioka... [et al.] ; coordenado por Daniela Copetti Cravo, Eduardo Jobim, José Luiz de Moura Faleiros Júnior. - Indaiatuba, SP : Editora Foco, 2022.

480 p. : 17cm x 24cm.

Inclui bibliografia e índice.

ISBN: 978-65-5515-558-7

1. Direito público. 2. Tecnologia. I. Nishioka, Alexandre Naoki. II. Silva, Andréa Oliveira da. III. Brasil, Bárbara Dayana. IV. Iankowski, Bruno Dutra. V. Goettenauer, Carlos. VI. McNaughton, Charles William. VII. Vila, Cinara de Araújo. VIII. McNaughton, Cristiane Pires. IX. Iwakura, Cristiane Rodrigues. X. Rodriguez, Daniel Piñeiro. XI. Cravo, Daniela Copetti. XII. Uhdre, Dayana de Carvalho. XIII. Jobim, Eduardo. XIV. Cabral, Flavio Garcia. XV. Ramos, Giulia. XVI. Brega, José Fernando Ferreira. XVII. Faleiros Júnior, José Luiz de Moura. XVIII. Cristóvam, José Sérgio da Silva. XIX. Sarai, Leandro. XX. Tavares, Letícia Becker. XXI. Coutinho, Luiza Leite Cabral Loureiro. XXII. Perrotta, Maria Gabriela Venturoti. XXIII. Jobim, Maria Luiza Kurban. XXIV. Cardoso, Oscar Valente. XXV. Fortes, Pedro Rubim Borges. XXVI. Siqueira, Renato de Andrade. XXVII. Santos, Romualdo Baptista dos. XXVIII. Fernandes, Ricardo Augusto Souza. XXIX. Hahn, Tatiana Meinhart. XXX. Sousa, Thanderson Pereira de. XXXI. Silva, Tiago Nunes da. XXXII. Título.

2022-1829

CDD 341   CDU 342

Elaborado por Odilio Hilario Moreira Junior - CRB-8/9949

Índices para Catálogo Sistemático:

1. 1. Direito público 341   2. 2. Direito público 342

Alexandre Naoki **Nishioka**
Andréa Oliveira da **Silva**
Bárbara Dayana **Brasil**
Bruno Dutra **Iankowski**
Carlos **Goettenauer**
Charles William **McNaughton**
Cinara de Araújo **Vila**
Cristiane Pires **McNaughton**
Cristiane Rodrigues **Iwakura**
Daniel Piñeiro **Rodriguez**
Daniela Copetti **Cravo**
Dayana de Carvalho **Uhdre**
Eduardo **Jobim**
Flavio Garcia **Cabral**
Giulia **Ramos**
José Fernando Ferreira **Brega**
José Luiz de Moura **Faleiros Júnior**
José Sérgio da Silva **Cristóvam**
Leandro **Sarai**
Letícia Becker **Tavares**
Luiza Leite Cabral Loureiro **Coutinho**
Maria Gabriela Venturoti **Perrotta**
Maria Luiza Kurban **Jobim**
Oscar Valente **Cardoso**
Pedro Rubim Borges **Fortes**
Renato de Andrade **Siqueira**
Romualdo Baptista dos **Santos**
Ricardo Augusto Souza **Fernandes**
Tatiana Meinhart **Hahn**
Thanderson Pereira de **Sousa**
Tiago Nunes da **Silva**

COORDENADORES

Daniela Copetti **Cravo**

Eduardo **Jobim**

José Luiz de Moura **Faleiros Júnior**

Prefácio de
Ricardo Campos

DIREITO PÚBLICO *E* TECNOLOGIA

2022 © Editora Foco

Coordenadores: Daniela Copetti Cravo, Eduardo Jobim e José Luiz de Moura Faleiros Júnior

Autores: Alexandre Naoki Nishioka, Andréa Oliveira da Silva, Bárbara Dayana Brasil, Bruno Dutra Iankowski, Carlos Goettenauer, Charles William McNaughton, Cinara de Araújo Vila, Cristiane Pires McNaughton, Cristiane Rodrigues Iwakura, Daniel Piñeiro Rodriguez, Daniela Copetti Cravo, Dayana de Carvalho Uhdre, Eduardo Jobim, Flavio Garcia Cabral, Giulia Ramos, José Fernando Ferreira Brega, José Luiz de Moura Faleiros Jr., José Sérgio da Silva Cristóvam, Leandro Sarai, Leticia Becker Tavares, Luiza Leite Cabral Loureiro Coutinho, Maria Gabriela Venturoti Perrotta, Maria Luiza Kurban Jobim, Oscar Valente Cardoso, Pedro Rubim Borges Fortes, Renato de Andrade Siqueira, Ricardo Augusto Souza Fernandes, Ricardo Campos, Romualdo Baptista dos Santos, Tatiana Meinhart Hahn, Thanderson Pereira de Sousa e Tiago Nunes da Silva

Diretor Acadêmico: Leonardo Pereira

Editor: Roberta Densa

Assistente Editorial: Paula Morishita

Revisora Sênior: Georgia Renata Dias

Revisora: Simone Dias

Capa Criação: Leonardo Hermano

Diagramação: Ladislau Lima e Aparecida Lima

Impressão miolo e capa: FORMA CERTA

DIREITOS AUTORAIS: É proibida a reprodução parcial ou total desta publicação, por qualquer forma ou meio, sem a prévia autorização da Editora FOCO, com exceção do teor das questões de concursos públicos que, por serem atos oficiais, não são protegidas como Direitos Autorais, na forma do Artigo 8º, IV, da Lei 9.610/1998. Referida vedação se estende às características gráficas da obra e sua editoração. A punição para a violação dos Direitos Autorais é crime previsto no Artigo 184 do Código Penal e as sanções civis às violações dos Direitos Autorais estão previstas nos Artigos 101 a 110 da Lei 9.610/1998. Os comentários das questões são de responsabilidade dos autores.

NOTAS DA EDITORA:

Atualizações e erratas: A presente obra é vendida como está, atualizada até a data do seu fechamento, informação que consta na página II do livro. Havendo a publicação de legislação de suma relevância, a editora, de forma discricionária, se empenhará em disponibilizar atualização futura.

Erratas: A Editora se compromete a disponibilizar no site www.editorafoco.com.br, na seção Atualizações, eventuais erratas por razões de erros técnicos ou de conteúdo. Solicitamos, outrossim, que o leitor faça a gentileza de colaborar com a perfeição da obra, comunicando eventual erro encontrado por meio de mensagem para contato@editorafoco.com.br. O acesso será disponibilizado durante a vigência da edição da obra.

Impresso no Brasil (06.2022) – Data de Fechamento (06.2022)

2022

Todos os direitos reservados à
Editora Foco Jurídico Ltda.
Avenida Itororó, 348 – Sala 05 – Cidade Nova
CEP 13334-050 – Indaiatuba – SP

E-mail: contato@editorafoco.com.br
www.editorafoco.com.br

"A new world is taking shape at this turn of the millennium. It originated in the historical coincidence, around the late 1960s and mid-1970s, of three independent processes: the information technology revolution; the economic crisis of both capitalism and statism, and their subsequent restructuring; and the blooming of cultural social movements, such as libertarianism, human rights, feminism, and environmentalism. The interaction between these processes, and the reactions they triggered, brought into being a new dominant social structure, the network society; a new economy, the informational /global economy; and a new culture, the culture of real virtuality. The logic embedded in this economy, this society, and this culture underlies social action and institutions throughout an interdependent world".

– Manuel Castells

End of Millennium. The Information Age: Economy, Society, and Culture, v. III. 2. ed.
Oxford: Wiley-Blackwell, 2010, p. 372.

AGRADECIMENTOS

O direito público vem sendo desafiado pelo desenvolvimento de novas tecnologias em vários segmentos e, cientes dos desafios recentes que já se impõem à compreensão de institutos tradicionais de disciplinas como o direito administrativo, o direito constitucional e o direito tributário, bem como de seus desdobramentos e releituras, observamos uma significativa carência na literatura nacional quanto à análise mais específica dos temas de direito digital conectados ao direito público.

Pensando nisso, idealizamos a obra coletiva "Direito público e tecnologia", que consolida investigações de altíssima qualidade, desenvolvidas pelas autoras e pelos autores que gentilmente aceitaram participar conosco do projeto. Expressamos, a cada colega que contribuiu para a composição dessa coletânea, nossos mais sinceros e profundos agradecimentos.

Também registramos nossos agradecimentos ao Professor Doutor Ricardo Campos, que prefaciou a obra.

Enfatizamos, ademais, nossa gratidão à Editora Foco, que tem se destacado no cenário editorial brasileiro pela abertura à discussão de temas inovadores que ampliam a visibilidade do direito digital, sempre com excelência editorial e grande esmero.

E, por fim, nossos agradecimentos mais importantes são direcionados às leitoras e aos leitores da obra. Esperamos que o objetivo de lançar instigantes reflexões sobre os temas apresentados nesta obra a tornem importante manancial para pesquisas!

Muito obrigado!

Porto Alegre/Belo Horizonte, março de 2022.

Daniela Copetti Cravo
Eduardo Jobim
José Luiz de Moura Faleiros Jr.

PREFÁCIO

As grandes revoluções tecnológicas tendem a provocar profundas rupturas ou mudanças nas ordens sociais, políticas e constitucionais, desafiando o *status quo ante* da sociedade, a ordem previamente estabelecida. Nesse contexto ela acaba substituído por uma provisória desordem que posteriormente se estabilizará em uma nova ordem[1]. Essa nova ordem resultante das revoluções tecnológicas inevitavelmente lança novos desafios para a ordem social: novos parâmetros de ação individual e institucional, novas possibilidades, novos riscos e novas violações a direitos fundamentais.

No contexto da atual revolução tecnológica que vivemos – a era do *big data* e inteligência artificial que dá azo ao fenômeno de digitalização da vida humana –, o direito, sendo parte fundamental da estrutura normativa da sociedade, está sujeito a pressões inexistentes há até relativamente pouco tempo. Nesse contexto, o direito moderno não está apenas em uma luta constante contra os processos de colonização intrassocial decorrentes de tendências deterministas ou colonizadoras.[2] Subjacente à função do direito moderno está igualmente a de lidar e relacionar as camadas normativas (legais), tais como uma superfície óbvia de normas, comandos, julgamentos e institutos e uma infraestrutura mais latente e opaca, menos visível, de difícil acesso aos processos sociais transubjetivos como o das novas tecnologias.[3] Neste sentido, não haveria nesse sentido um direito de *uma* ou mesmo *da* sociedade, mas o direito é, em certo sentido, a própria sociedade.

Isso porque as revoluções tecnológicas nunca ocorrem apartadas do contexto social, político e econômico. Pelo contrário – elas estão profundamente enraizadas nele, desencadeando efeitos colaterais. As revoluções tecnológicas trazem a desconstrução de conceitos, paradigmas, estruturas e identidades anteriormente seguras, contribuindo para a sua reavaliação crítica à luz do novo estágio da tecnologia e do desenvolvimento social, assim como para a sua reconstrução de acordo com o novo contexto científico, social e político[4]. O sociólogo Niklas Luhmann já na década de 70 do último século apresentava dúvidas teóricas sobre o futuro desenvolvimento do direito nessa sociedade marcada por uma emergente revolução tecnológica e transnacionalização. Luhmann projetou suas ansiedades e incertezas no sentido

---

1. KUHN, T. S.; HACKING, I. *The structure of scientific revolutions*. Fourth edition ed. Chicago; London: The University of Chicago Press, 2012.
2. TEUBNER, G., *Verfassungsfragmente*. Frankfurt am Main 2012, p. 214 e seguintes.
3. DESCOMBES, V. Die Rätsel der Identität, Berlim 2013, p. 226 ff; VESTING, T. *Gentleman, Manager, Homo Digitalis*. Der Wandel der Rechtssubjektivität in der Moderne. Weilerswist, 2021, p. 92.
4. BELOY, M. "Post-human Constitutionalism? A Critical Defence of Anthropocentric and Humanist Traditions in Algorithmic Society." *The IT Revolution and its Impact on State, Constitutionalism and Public Law*. Ed. Martin Belov. Oxford: Hart Publishing, 2021.

de tentar compreender uma sociedade cada vez mais focada em novas tecnologias e seus efeitos transfronteiriços, para a qual os mecanismos tradicionais do direito e da política, centrados no Estado-nação, têm cada vez mais dificuldade de desempenhar o mesmo papel que até agora desempenharam.

A articulação do direito e da proteção do indivíduo apresenta-se, portanto, como um desafio maior comparado com a era em que a estruturação normativa social concentrava-se no Estado enquanto único ente regulador fático. Especialmente com o advento de novas tecnologias computacionais, de informação e comunicação, as estruturas normativas que moldam, influenciam ou mesmo permitem o exercício de direitos (fundamentais) do indivíduo não podem mais depender exclusivamente de um direito estatal. Pelo contrário, estas novas estruturas normativas tendem a projetar o campo de ação do indivíduo – e do Estado – com base na modelagem do próprio meio e no desenho do próprio modelo de negócio que subjaz o desenvolvimento dessas tecnologias emergentes. E nisto reside o caráter moderno do direito: lidar com uma complexidade indeterminada e indeterminável de fatores e também ser um motor para a construção de novas complexidades e relações sociais.

Segundo Flusser, com o advento da tecnologia informática, uma clara "recodificação do pensamento teórico das letras em números" seria caracterizada pela capacidade inerente das novas tecnologias de criar possibilidades para projetar novas realidades.[5] A dinâmica da nova sociedade digital exige um direito que não funcione apenas "como um pensamento posterior, como um sistema downstream".[6] Ao contrário, a doutrina jurídica deve[7] funcionar como uma "*sandbox* experimental" ou "laboratório de conhecimento", fornecendo um espaço flexível de teste, revisão e reflexão para novas visões, teorias e abordagens jurídico-sociais a partir dos novos contextos de uma sociedade em constante mudança.

Mudanças essas que também se aplicam à maneira como o Estado se relaciona com as novas tecnologias. Não somente no que diz respeito à *regulação* pelo Estado dos novos aparatos e sistemas tecnológicos, e das novas relações sociais por eles mediadas, mas também na *aplicação* das tecnologias pelo e para o Estado. Não cabe apenas ao direito privado preocupar-se com e ocupar-se da inovação. Também o direito público, na medida em que é afetado pelas transformações tecnológicas (e também as afeta diretamente) deve tomar para si essa discussão.

Como fica claro com a própria iniciativa de um livro como o presente, o uso crescente da tecnologia pelo Poder Público levanta uma série de questões conceituais e práticas que se interligam entre si. Dentre elas, podemos apontar: Quais inovações tecnológicas podem ser incorporadas à administração pública? Qual é a aplicabilidade de tecnologias ditas disruptivas, como a *blockchain* e inteligência artificial, no âmbito público? Como, e em que medida, o direito público pode se valer dessas novas

---

5. FLUSSER, V. Medienkultur, 5ª ed., Frankfurt am Main 2008. p. 202.
6. LUHMANN, N.. Das Recht der Gesellschaft. Frankfurt am Main: Suhrkamp, 1993. p. 197.
7. RHEINBERGER, H. *Historische Epistemologie zur Einführung*. Hamburgo, 2007, p. 52.

tecnologias? O direito público, como existe atualmente, é adequado para proteger os direitos individuais na tomada de decisões governamentais automatizadas? Se não, que reformas são necessárias e como devem ser instituídas? Existe uma forma de aplicar as inovações de modo a proteger as deficiências sistêmicas e os direitos de grupos vulneráveis, além dos direitos individuais? Dado o fato de que a transformação tecnológica é um fenômeno global, mas que as estruturas do direito administrativo são diferentes em cada jurisdição, o quanto é possível aprender com os desenvolvimentos em outras jurisdições que compartilham valores legais similares? Em última instância, qual é o futuro do constitucionalismo, do Estado e do direito diante da revolução tecnológica?

A revolução tecnológica traz, portanto, várias inquietações que são relevantes para o constitucionalismo e o direito, uma vez que implica mudanças radicais no contexto sociojurídico. Assim, as ordens constitucionais e de direito público são geralmente sobrecarregadas em um determinado ponto pela necessidade de oferecer conceptualizações adequadas das revoluções tecnológicas e, especialmente, de proporcionar uma estrutura legal confiável, eficiente e legítima para elas, o que se aplica tanto à conceptualização constitucional e jurídica geral das revoluções tecnológicas tomadas como fenômenos holísticos quanto à provisão de bases legais para suas formas mais concretas.[8]

Tais assimetrias estruturais criam grandes perigos para a liberdade humana e para a sociedade como um todo, mas também oportunidades incríveis para o avanço social, inclusive para a melhoria política e constitucional. Assim, tecnologias emergentes podem colocar em perigo o equilíbrio entre autoridade, eficácia, legitimidade e liberdade tradicionalmente estabelecido na antiga lógica do Estado-nação que era capaz de lidar com todos os dilemas sociais e jurídicos, valendo-se do seu aparato legal e constitucional. As novas formas de mediatização da experiência humana, portanto, trazem ganhos e concomitantemente, perigos inerentes. O presente livro visa justamente abordá-las em suas ambivalências, paradoxos, chances e perigos.

No campo regulatório, o primeiro ponto importante a ser atestado não é apenas a quase intuitiva assimetria de conhecimento entre o estado e os novos modelos de negócios digitais. Uma regulamentação que queira ser eficaz no contexto da comunicação em rede também deve se desenvolver como "regulamentação de rede", pelo que a estrutura regulatória deve necessariamente abrir espaço para a construção e inclusão de múltiplos pontos de vista além do Estado e do próprio modelo de negócios. E o próprio Estado deve se abrir para novas formas de cooperação com serviços digitais antes impensáveis. Como falar em eleições, sem se falar nas redes sociais privadas que atuam quase como infraestrutura da comunicação da população e da sociedade? Como falar em manejo de serviços e dados do Estado sem a cooperação com empresas que administram serviços de nuvem? E esses exemplos tendem a

---

8. KUHN, T. S.; HACKING, I. *The structure of scientific revolutions*. Fourth edition ed. Chicago; London: The University of Chicago Press, 2012.

se estender para todos as esferas da vida na medida em que todas elas passam a ser mediatizadas pelo meio digital trazendo consigo nítidas ambivalências.

Nesse contexto, a fabricação do direito está muito mais ligada, em um primeiro plano, à "materialidade da comunicação"[9] propriamente dita e às suas externalidades do que a efeitos normativos decorrentes de textos da tradição da hermenêutica. É nessa perspectiva que o constitucionalismo digital tem aparecido como uma interessante forma re reflexão para se pensar a relação entre o direito (tanto no viés privado quanto público) e a tecnologia. O constitucionalismo digital não se ocupa da discussão exclusiva de constituições legais reais orientadas pelo meio impresso, mas sim de diálogos normativos sobre quais direitos e estruturas normativas devem governar as tecnologias emergentes, tanto a nível local ou nacional quanto global.

As oportunidades trazidas pela tecnologia no âmbito do direito público são inúmeras, se não infindáveis. Mas também demandam o balizamento adequado para que todas as questões apontadas acima – benefícios e perigos, possibilidades e limitações – sejam devidamente endereçadas. A presente obra é um importante passo nessa direção em pontuar de forma assertiva esses desenvolvimentos tecnológicos e sua relação com o direito público.

Ricardo Campos

Docente em proteção de dados, regulação de novas tecnologias e direito público na Goethe Universität Frankfurt am Main, Alemanha. Mestre e Doutor pela mesma instituição. Ganhador do prêmio Werner Pünder (2021) por trabalho sobre regulação de serviços digitais. Sócio no Opice Blum advs. e diretor do Instituto Legal Grounds.

---

9. Hans Ulrich Gumbrecht, Rhythmus und Sinn. In: Gumbrecht, Pfeiffer (Orgs.). *Materialität der Kommunikation*, Frankfurt am Main, 1995, p. 714.

APRESENTAÇÃO

A transformação digital irrefreável já acarreta impactos para o direito público e o estudo dos principais aspectos concernentes ao novo paradigma tecnológico despertam a necessidade de que pesquisas acadêmicas específicas sejam empreendidas.

Com base nisso e, diagnosticando a pujança dos debates em torno das novas tecnologias e de suas interações com diversos ramos do direito público, como o tributário, o administrativo e o constitucional, vislumbramos a presente obra coletiva, composta por 23 trabalhos de grandes pesquisadores e pesquisadoras que nos honraram com a participação no projeto.

Esta coletânea almeja, em linhas gerais, trazer luz a questões atuais de grande relevância para a doutrina juspublicista a partir da visualização do caráter transformador da sociedade da informação. Nos capítulos que se seguem, portanto, serão encontrados temas específicos, analisados densa e verticalmente por especialistas, sempre com averiguação propositiva.

De início, é importante registrarmos que tivemos a honra de contar com o Prefácio do Professor Doutor Ricardo Campos, cujo título é "Constitucionalismo digital: balizando adequadamente o uso de tecnologias emergentes pelo Setor Público", que inaugura a obra e ilumina os caminhos do leitor, por reflexões propositivas, quanto aos variados temas abordados na obra.

No primeiro capítulo, Alexandre Naoki Nishioka e Giulia Ramos assinam o capítulo intitulado "O uso da tecnologia em benefício da fiscalização tributária: desafios e limites". Os autores partem do seguinte questionamento: como as novas tecnologias vem sendo utilizadas pela fiscalização tributária e quais são os seus limites de legitimidade? O objetivo geral consiste em compreender, por meio de revisão bibliográfica, o impacto da Era Digital na execução da atividade fiscalizatória e arrecadatória do Estado e o possível embate entre esse novo tipo de fiscalização e arrecadação e direitos constitucionais dos contribuintes, notadamente os protegidos por sigilo e pelo direito fundamental à igualdade e não discriminação.

Na sequência, Andréa Oliveira da Silva, Cinara de Araújo Vila e Ricardo Augusto Souza Fernandes nos brindam com o seguinte capítulo: "Cadastro Territorial Multifinalitário na Administração Pública: as questões da sua existência, regulamentação e disponibilidade de acesso público". Os autores almejam lançar novos olhares ao CTM, em especial quanto às possibilidades efetivas de melhor instrumentação da gestão das cidades, colaborando para uma melhor governança urbana.

O terceiro capítulo, de autoria de Bárbara Dayana Brasil e intitulado "Os direitos humanos como fundamento da proteção de dados pessoais na Lei Geral de Proteção de Dados brasileira", explora o fundamento expresso, que consta do artigo 2º da LGPD, pelo qual se consagrou a proteção aos direitos humanos no contexto da proteção de dados pessoais, proporcionando novas leituras para a metamorfose digital que instiga o intérprete à busca por efetiva proteção a direitos.

Em seguida, no quarto capítulo, Bruno Dutra Ianowski assina o capítulo intitulado "Reedição dos conflitos de competência tributária: impactos do Recurso Extraordinário 784.439 (Tema 296) na tributação da impressão 3D". O recorte temático, que diz respeito às atividades de manufatura aditiva, traça abordagem distintiva acerca dos tributos possivelmente incidentes sobre tais atividades. São analisadas as bases materiais do Imposto sobre Produtos Industrializados (IPI), do Imposto sobre Circulação de Mercadorias e Prestação de Serviços de Transporte Interestadual e Intermunicipal e de Comunicação (ICMS) e do Imposto Sobre Serviços de Qualquer Natureza (ISS), relacionando-as às atividades desenvolvidas nos negócios jurídicos relacionados à impressão 3D.

O quinto capítulo da obra, de autoria de Carlos Goettenauer e intitulado "*Open Banking* e proteção de dados pessoais: convergências e divergências entre a LGPD e a regulação", propõe-se a e entender o modelo de Open Banking como um arranjo regulatório que estrutura a proteção e o tratamento de dados de clientes no Sistema Financeiro Nacional. Para tanto, é necessário compreender de que forma essa nova regulação interage com os demais normativos que cuidam da proteção de dados pessoais no Brasil, em especial a Lei Geral de Proteção de Dados Pessoais.

No sexto capítulo, escrito por Cristiane Pires McNaughton e Charles William McNaughton e intitulado "Desafios da tributação na Era Digital: uma análise pela perspectiva material e espacial", são analisados os desafios da era digital à tributação sob dois aspectos: primeiramente, os autores visam compreender como o sistema jurídico atual se relaciona com as operações decorrentes da economia digital e como se poderia equacionar todas as dificuldades decorrentes de tal análise; em segundo lugar, traçam um problema de política fiscal, inerente aos desafios que a economia digital gera para os diversos países em razão das oportunidades de redução da base tributável que exigem cuidados.

Na sequência, Cristiane Rodrigues Iwakura, Flavio Garcia Cabral e Leandro Sarai assinam o capítulo intitulado "*Blockchain* na Administração Pública e sua implementação tendo como pressuposto o quadrinômio Segurança Cibernética, Integridade, Interoperabilidade e Transparência. O principal objetivo da pesquisa em questão consiste na demonstração de que a *blockchain* na Administração Pública é, sem dúvidas, um mecanismo bastante útil e vantajoso para a execução de diversas atividades relevantes relacionadas com a prestação de serviços públicos essenciais e para o desenvolvimento socioeconômico.

O oitavo capítulo da obra, escrito por Daniel Piñeiro Rodriguez, cujo título é "Proteção de dados e tributação – contribuições à sustentável estruturação orçamentária da Autoridade Nacional de Proteção de Dados (ANPD)", apresenta ao leitor os principais percalços para a viabilização das atividades da ANPD a partir de sua estruturação orçamentária, demonstrando, ainda, que a manutenção de sua projetada independência demandará um esforço orçamentário incompatível com a crise que assola a maioria dos Estados Ocidentais.

A seguir, Daniela Copetti Cravo trata dos "Padrões de interoperabilidade para fins de portabilidade" no nono capítulo da obra. A autora destaca que é preciso definir o que é interoperabilidade e diferenciá-la de outros elementos também importantes para a portabilidade, como é o caso de formatos interoperáveis. Assim, o artigo busca analisar tais figuras e verificar o contexto normativo existente no que toca à interoperabilidade para fins de portabilidade, e como essa pode ser fomentada à luz de experiências bem-sucedidas, como é o caso do *Open Banking*.

No décimo capítulo da obra, intitulado "Realidade digital, tributação indireta e tendências internacionais: o que a *blockchain* tem (ou pode ter) com isso?", Dayana de Carvalho Uhdre revisita os debates e diretrizes internacionais relacionados ao tema da tributação sobre o consumo no contexto do *e-commerce*. Na sequência, examina as principais sugestões dadas pela OCDE para que os países lidem com as vicissitudes impingidas pelo comércio digital aos seus sistemas de tributação indireta, para em um terceiro momento (conclusivo) posicionar-mo-nos sobre que caminhos devemos prosseguir a fim de tornar nossa tributação sobre o consumo mais consentânea à era digital.

No décimo primeiro capítulo, cujo título é "Tributação e tecnologia: capacidade contributiva subjetiva e tributação indireta", Eduardo Jobim foca nas soluções encontradas em outros países para identificar os consumidores de fato, e assim, assegurar-lhes alguma forma de correção da regressividade na tributação. Para isso, analisa a noção de capacidade contributiva subjetiva ou relativa, o tema da imunidade sobre o mínimo existencial, em perspectiva da tributação indireta, e, por fim, como as novas tecnologias podem auxiliar à Administração Pública na identificação dos contribuintes carentes, que participam do mercado de consumo.

O décimo segundo capítulo, assinado por José Fernando Ferreira Brega e intitulado "Perspectivas sobre a Lei do Governo Digital no Brasil", se dedica a pontuar os principais conceitos trazidos pela recente Lei 14.129/2021 e a identificar, segundo uma perspectiva crítica, alguns temas relevantes para o desenvolvimento do governo eletrônico no Brasil, sinalizando avanços e deficiências no novo marco legal em um contexto de tantas mudanças tecnológicas e sociais.

O décimo terceiro capítulo da obra, de autoria de José Luiz de Moura Faleiros Júnior e Renato de Andrade Siqueira, cujo título é "O direito à cidade e os espaços urbanos vigiados: a tutela dos controles de acesso em cidades inteligentes", trata das *smart cities*, diferenciando os controles exercidos em espaços privados, privados de acesso público, públicos controlados e públicos com controle privado, contrastando o desenvolvimento da disciplina jurídica da matéria a partir dos limites impostos pelos direitos fundamentais à privacidade e à intimidade para propor uma releitura contemporânea do direito à cidade.

Mais adiante, José Sérgio da Silva Cristóvam e Thanderson Pereira de Sousa assinam o décimo quarto capítulo da obra, intitulado "Democracia, participação e consensualização no Marco do Governo Digital no Brasil". No texto, os autores abordam a questão dos contornos democráticos e sua delimitação no ambiente digital, a participação social no âmbito da Lei 14.129/2021 e a consensualização administrativa, de modo a entrelaçar tais questões e suas capacidades e limitações com o objetivo precípuo de oferecer uma definição de democracia digital e discutir seus contornos, considerando o ambiente tecnológico, mapeando indicadores de participação social no marco digital da Administração federal e como esses espaços podem levar à consensualização administrativa.

O décimo quinto capítulo da obra é assinado por Leticia Becker Tavares, com o título "O papel do Banco Central na implementação do *Open Finance* no Brasil". A autora salienta que o regulador brasileiro trouxe atua com os objetivos de incentivar a inovação, promover a concorrência, aumentar a eficiência do Sistema Financeiro Nacional e do Sistema de Pagamentos Brasileiro e promover a cidadania financeira. A partir desses aspectos, questiona até que ponto vão as competências do Banco Central do Brasil e do Conselho Monetário Nacional para a regulação de questões que envolvem concorrência, mercado de capitais, direito do consumidor e proteção de dados.

Em seguida, Luiza Leite Cabral Loureiro Coutinho assina o capítulo intitulado "Um sistema *government-to-business* de compartilhamento de dados: os riscos e limites de incidência do artigo 26 da Lei Geral de Proteção de Dados". No texto, a autora explora aborda a problemática acerca das repercussões advindas do uso compartilhado de dados – de titulares particulares constantes de bancos públicos de dados – pela Administração Pública com entidades privadas. Ressaltando que o §1º do referido dispositivo excepciona, em rol taxativo cuja interpretação necessita ser restritiva, as hipóteses em que é possível esse compartilhamento de dados, traça um panorama geral sobre o sistema legal de compartilhamento *government-to-business* de dados e se dedica à análise detida das exceções previstas na lei.

O décimo sétimo capítulo, de autoria de Maria Gabriela Venturoti Perrotta e intitulado "Impactos jurídicos do Sistema e-Notariado para as atividades notariais no Brasil", explora as repercussões do Provimento n. 100/2020, do Conselho Nacional de Justiça, que viabilizou a implementação do inovador Sistema e-Notariado em período de grave crise sanitária decorrente da pandemia de Covid-19, propulsionando a atuação dos tabelionatos brasileiros via internet.

Na sequência, Maria Luiza Kurban Jobim assina o capítulo intitulado "*Open Insurance* e o "*Market for Lemon(ade)s*": proposições para um desenvolvimento inclusivo, ético e efetivo do setor". No texto, a autora discute as potenciais fragilidades do Sistema Aberto de Seguros (SAS) a serem consideradas tanto por parte dos reguladores quanto dos operadores. Trata do *Open Finance* sob o prisma regulatório e, dentro deste, destacada a singularidade do *Open Insurance* em relação ao conhecido *Open Banking*, sobretudo diante do uso massivo e omnipresente de dados pessoais acessíveis e compartilháveis em dispositivos de monitoramento; ainda, faz análise descritiva e analítica da agenda trazida pela SUSEP e finaliza com um caso prático do prisma internacional, envolvendo uma das gigantes do ramo das *insurtechs*, a "*Lemonade*".

No décimo nono capítulo da obra, Oscar Valente Cardoso trata da "Inteligência artificial no Judiciário: limites e possibilidades". O autor explora recentes avanços tecnológicos incorporados pelo Judiciário brasileiro a partir do Programa Justiça 4.0, com ações como a Plataforma Digital do Poder Judiciário, a Base de Dados Processuais do Poder Judiciário (DataJud), o Balcão Virtual e o Juízo 100% Digital. Em seguida, analisa a incidência da inteligência artificial no Judiciário, com base as normas regulamentadoras do Conselho Nacional de Justiça (especialmente a Resolução 332/2020 e a Portaria 271/2020) e do direito de revisão de decisões automatizadas previsto no art. 20 da Lei Geral de Proteção de Dados Pessoais (LGPD – Lei 18.709/2018).

O vigésimo capítulo da obra, intitulado "Direito eleitoral e tecnologia: urnas eletrônicas, propaganda digital e a tecnologia da democracia", é assinado por Pedro Rubim Borges Fortes. O autor explora, no texto, a importância da tecnologia para o direito eleitoral e, para isso, apresenta uma análise do impacto transformador da adoção das urnas eletrônicas pela justiça eleitoral brasileira. Em seguida, discute as transformações ocorridas na propaganda eleitoral, com a expansão da relevância dos meios digitais em comparação com as mídias tradicionais. Posteriormente, investiga como o desenvolvimento da tecnologia se insere na discussão contemporânea sobre a crise da democracia, notadamente no contexto brasileiro.

No vigésimo primeiro capítulo, escrito por Romualdo Baptista dos Santos, é analisada a "Responsabilidade civil do Estado na sociedade de vigilância: análise à luz da Lei Geral de Proteção de Dados – LGPD". O autor investiga a configuração e os efeitos da sociedade de vigilância no Brasil e a disciplina da responsabilidade civil dos entes públicos no âmbito da LGPD. Para tanto, analisa o comprometimento da privacidade e da liberdade pessoal, que são direitos fundamentais catalogados entre as cláusulas pétreas da Constituição, como bases para aventar a responsabilização pública por violação à mencionada lei.

Em seguida, Tatiana Meinhart Hahn assina o capítulo intitulado "Os conceitos de 'Governo como Plataforma' e 'Laboratórios de Inovação' na Lei do Governo Digital: desafios e potencialidades", no qual associa alguns aspectos teóricos dos governos em plataformas on-line aos aspectos normativos constantes na Lei 14.129, de 29 de março de 2021, Lei do Governo Digital (LGD), avalia os desafios e as potencialidades que o tema apresenta à Administração Pública e identifica como os laboratórios de inovação contribuem na implementação dessa infraestrutura virtual no recente diploma.

O vigésimo terceiro capítulo da obra, de autoria de Tiago Nunes da Silva e intitulado "A mudança de paradigma do modelo autoritário do direito administrativo com o advento da modalidade licitatória denominada diálogo competitivo", apresenta importantes notas sobre a aplicabilidade da consensualidade no exercício da atividade inerente à relação jurídica estabelecida entre Administração Pública e particular, em especial nos casos em que o serviço público em andamento corre risco de interrupção por questão econômica, o que neste caso, sem mecanismos de diálogo, certamente, afeta o interesse da coletividade. Por fim, em decorrência da proposição e, em sintonia com os demais tópicos, se dedica a investigar a nova modalidade licitatória denominada como Diálogo Competitivo.

Em linhas gerais, a obra se condensa e permite a expansão das investigações detalhadas em cada um dos capítulos para a configuração de uma leitura conglobante dos inúmeros percalços que atingem o direito público no século XXI, com alguns desdobramentos alvissareiros e certos perigos deletérios da introjeção excessiva da técnica nas rotinas e atividades estatais e nas discussões concernentes aos ramos mais tradicionais da doutrina jurídica publicista. Esperamos que a obra seja importante manancial de textos para pesquisadoras e pesquisadores que se interessam pela matéria e desejamos uma agradável experiência de leitura!

Porto Alegre/Belo Horizonte, março de 2022.

Daniela Copetti Cravo
Eduardo Jobim
José Luiz de Moura Faleiros Jr.

SUMÁRIO

AGRADECIMENTOS

Daniela Copetti Cravo, Eduardo Jobim e José Luiz de Moura Faleiros Jr. VII

PREFÁCIO

Ricardo Campos IX

APRESENTAÇÃO

Daniela Copetti Cravo, Eduardo Jobim e José Luiz de Moura Faleiros Jr. XIII

O USO DA TECNOLOGIA EM BENEFÍCIO DA FISCALIZAÇÃO TRIBUTÁRIA: DESAFIOS E LIMITES

Alexandre Naoki Nishioka e Giulia Ramos 1

CADASTRO TERRITORIAL MULTIFINALITÁRIO NA ADMINISTRAÇÃO PÚBLICA: AS QUESTÕES DA SUA EXISTÊNCIA, REGULAMENTAÇÃO E DISPONIBILIDADE DE ACESSO PÚBLICO

Andréa Oliveira da Silva, Cinara de Araújo Vila e Ricardo Augusto Souza Fernandes..... 15

OS DIREITOS HUMANOS COMO FUNDAMENTO DA PROTEÇÃO DE DADOS PESSOAIS NA LEI GERAL DE PROTEÇÃO DE DADOS BRASILEIRA

Bárbara Dayana Brasil 37

REEDIÇÃO DOS CONFLITOS DE COMPETÊNCIA TRIBUTÁRIA: IMPACTOS DO RECURSO EXTRAORDINÁRIO 784.439 (TEMA 296) NA TRIBUTAÇÃO DA IMPRESSÃO 3D

Bruno Dutra Iankowski... 59

***OPEN BANKING* E PROTEÇÃO DE DADOS PESSOAIS: CONVERGÊNCIAS E DIVERGÊNCIAS ENTRE A LGPD E A REGULAÇÃO**

Carlos Goettenauer... 81

DESAFIOS DA TRIBUTAÇÃO NA ERA DIGITAL: UMA ANÁLISE PELA PERSPECTIVA MATERIAL E ESPACIAL

Cristiane Pires McNaughton e Charles William McNaughton 99

XX DIREITO PÚBLICO E TECNOLOGIA

BLOCKCHAIN NA ADMINISTRAÇÃO PÚBLICA E SUA IMPLEMENTAÇÃO TENDO COMO PRESSUPOSTO O QUADRINÔMIO SEGURANÇA CIBERNÉTICA, INTEGRIDADE, INTEROPERABILIDADE E TRANSPARÊNCIA

Cristiane Rodrigues Iwakura, Flavio Garcia Cabral e Leandro Sarai.......................... 119

PROTEÇÃO DE DADOS E TRIBUTAÇÃO – CONTRIBUIÇÕES À SUSTENTÁVEL ESTRUTURAÇÃO ORÇAMENTÁRIA DA AUTORIDADE NACIONAL DE PROTEÇÃO DE DADOS (ANPD)

Daniel Piñeiro Rodriguez 145

PADRÕES DE INTEROPERABILIDADE PARA FINS DE PORTABILIDADE

Daniela Copetti Cravo 167

REALIDADE DIGITAL, TRIBUTAÇÃO INDIRETA E TENDÊNCIAS INTERNACIONAIS: O QUE A *BLOCKCHAIN* TEM (OU PODE TER) COM ISSO?

Dayana de Carvalho Uhdre 177

TRIBUTAÇÃO E TECNOLOGIA: CAPACIDADE CONTRIBUTIVA SUBJETIVA E TRIBUTAÇÃO INDIRETA

Eduardo Jobim 201

PERSPECTIVAS SOBRE A LEI DO GOVERNO DIGITAL NO BRASIL

José Fernando Ferreira Brega 223

O DIREITO À CIDADE E OS ESPAÇOS URBANOS VIGIADOS: A TUTELA DOS CONTROLES DE ACESSO EM CIDADES INTELIGENTES

José Luiz de Moura Faleiros Júnior e Renato de Andrade Siqueira 245

DEMOCRACIA, PARTICIPAÇÃO E CONSENSUALIZAÇÃO NO MARCO DO GOVERNO DIGITAL NO BRASIL

José Sérgio da Silva Cristóvam e Thanderson Pereira de Sousa 271

O PAPEL DO BANCO CENTRAL NA IMPLEMENTAÇÃO DO *OPEN FINANCE* NO BRASIL

Leticia Becker Tavares... 287

UM SISTEMA *GOVERNMENT-TO-BUSINESS* DE COMPARTILHAMENTO DE DADOS: OS RISCOS E LIMITES DE INCIDÊNCIA DO ARTIGO 26 DA LEI GERAL DE PROTEÇÃO DE DADOS

Luiza Leite Cabral Loureiro Coutinho 305

SUMÁRIO **XXI**

IMPACTOS JURÍDICOS DO SISTEMA E-NOTARIADO PARA AS ATIVIDADES NOTARIAIS NO BRASIL

Maria Gabriela Venturoti Perrotta 327

OPEN INSURANCE E O *"MARKET FOR LEMON(ADE)S"*: PROPOSIÇÕES PARA UM DESENVOLVIMENTO INCLUSIVO, ÉTICO E EFETIVO DO SETOR

Maria Luiza Kurban Jobim 341

INTELIGÊNCIA ARTIFICIAL NO JUDICIÁRIO: LIMITES E POSSIBILIDADES

Oscar Valente Cardoso 363

DIREITO ELEITORAL E TECNOLOGIA: URNAS ELETRÔNICAS, PROPAGANDA DIGITAL E A TECNOLOGIA DA DEMOCRACIA

Pedro Rubim Borges Fortes 377

RESPONSABILIDADE CIVIL DO ESTADO NA SOCIEDADE DE VIGILÂNCIA: ANÁLISE À LUZ DA LEI GERAL DE PROTEÇÃO DE DADOS – LGPD

Romualdo Baptista dos Santos 397

OS CONCEITOS DE "GOVERNO COMO PLATAFORMA" E "LABORATÓRIOS DE INOVAÇÃO" NA LEI DO GOVERNO DIGITAL: DESAFIOS E POTENCIALIDADES

Tatiana Meinhart Hahn 419

A MUDANÇA DE PARADIGMA DO MODELO AUTORITÁRIO DO DIREITO ADMINISTRATIVO COM O ADVENTO DA MODALIDADE LICITATÓRIA DENOMINADA COMO DIÁLOGO COMPETITIVO

Tiago Nunes da Silva 439

1
O USO DA TECNOLOGIA EM BENEFÍCIO DA FISCALIZAÇÃO TRIBUTÁRIA: DESAFIOS E LIMITES

Alexandre Naoki Nishioka

Professor Doutor de Direito Tributário da Faculdade de Direito de Ribeirão Preto, da Universidade de São Paulo – FDRP/USP. Doutor em Direito Tributário pela Faculdade de Direito da Universidade de São Paulo – FD/USP. Ex-Conselheiro do CARF (2008-2015). Sócio de Nishioka & Gaban Advogados.

Giulia Ramos

Mestranda em Direito e Desenvolvimento, Especialista em Ciências Criminais e Bacharel em Direito, com mérito acadêmico, pela Faculdade de Direito de Ribeirão Preto, da Universidade de São Paulo – FDRP/USP. Pesquisadora Bolsista nível Iniciação Científica da FAPESP (2016-2017) e nível Mestrado da CAPES (2019-2021). Advogada do Nishioka & Gaban Advogados.

Sumário: 1. Introdução – 2. Tecnologia em benefício da arrecadação e fiscalização tributária – 3. Tecnologia como estratégia de conformidade tributária – 4. Definição de parâmetros e problemas de legitimidade – 5. Conclusão – 6. Referências.

1. INTRODUÇÃO

Nos últimos anos, tornou-se inequívoco o fato de que o mundo passa por uma revolução digital com profundas implicações socioeconômicas. Originadas dos avanços produzidos na terceira revolução industrial, certas tecnologias como computadores pessoais, internet, fibra ótica e smartphones, por exemplo, dão base para uma nova etapa de desenvolvimento caracterizada pela atenuação de fronteiras entre as esferas física, digital e biológica. E assim como nas fases anteriores, essa quarta revolução industrial[1] implicará em novas formas de organização social e adoção de novos modelos de produção e consumo, que, por sua vez, alterarão conhecidas dinâmicas de arrecadação e alocação de recursos.[2]

Novas tecnologias como inteligência artificial, *big data*, criptomoedas, robótica, internet das coisas, nanotecnologia, plataformas digitais, *blockchain* etc. alteraram não

---

1. Há quem afirme que o mundo estaria à beira de uma quarta revolução industrial, com impactos econômicos e sociais evidentes e consequências no longo prazo, inclusive quanto ao funcionamento do Estado. Para mais sobre SCHWAB, Klaus. *A quarta revolução industrial*. Trad. Daniel Moreira Miranda. São Paulo: Edipro, 2016.
2. AFONSO, José Roberto; ARDEO, Thaís; MOTTA, Bernardo. Impactos da revolução digital na tributação: uma primeira revisão bibliográfica. In: AFONSO, José Roberto; SANTANA, Hadassah Laís (Coord.). *Tributação 4.0*. São Paulo: Almedina, 2020, p. 238.

só a forma de se fazer negócios, criar, circular e gerir riquezas, mas também a própria natureza do trabalho e a maneira como o Poder Público e sociedade se comunicam. Segundo a OCDE, ao menos quatro características definem o que se convencionou chamar de "Economia Digital": (1) a acentuada dependência de intangíveis; (2) o uso maciço de dados, especialmente os de caráter pessoal dos usuários e consumidores; (3) a frequente adoção de modelos de negócios multilaterais; e (4) a dificuldade de se determinar a jurisdição na qual a criação de valor ocorre, principalmente em razão da alta mobilidade de ativos e "estabelecimentos".[3]

Neste cenário ganham particular importância os ativos intangíveis, o capital intelectual e a informação, cujos impactos econômicos e sociais também afetaram consideravelmente a tributação, seja no tocante à fiscalização, seja na própria arrecadação. As transformações em curso clamam não só por tributos diferenciados, mas também outras formas de cobrança tanto em nível doméstico, quanto internacional, abrem enormes oportunidades para que o Fisco arrecade e fiscalize de forma mais ágil e eficiente, e tornam obsoletos muitos dos tributos desenhados para uma economia não digital. Celso de Barros Correa Neto, José Roberto R. Afonso e Luciano Felício Fuck identificam aqui um paradoxo pouco explorado pela literatura, que comumente analisa os ganhos de eventual "digitalização" para a Administração Fazendária em detrimento da compreensão dos riscos de não se modernizar a política fiscal.[4]-[5]

Renda, consumo e emprego – os três pilares da tributação do século XX – foram abalados pela Era Digital em curso. Tal constatação implica na necessidade de que a revolução digital seja acompanhada do desenvolvimento de tecnologias tributárias capazes de alcançar manifestações de riquezas antes irrelevantes ou inexistentes, sem prejuízo de se aperfeiçoarem os meios e procedimentos de aplicação de leis já em vigor. Nesse sentido, torna-se necessário rever tributos vigentes e, principalmente, a forma de os cobrar.[6] Assim sendo, novos mecanismos baseados em ferramentas tecnológicas têm sido desenvolvidos pelas administrações tributárias no Brasil e no mundo para aprimorar suas atividades e diversas inovações já impactam diretamente a vida do Fisco e do contribuinte.

Sob essa premissa, este estudo encontra sua delimitação no uso das novas tecnologias pelo Fisco e possui como pergunta-problema o seguinte questionamento: como as novas tecnologias vem sendo utilizadas pela fiscalização tributária e quais são os seus limites de legitimidade? O objetivo geral consiste em compreender, por meio de revisão bibliográfica, o impacto da Era Digital na execução da atividade

---

3. OCDE. Addressing the tax challenges of the Digital Economy. *Action 1 – 2015 Final Report, OECD/G20*. Base Erosion and Profit Shifting Project. Paris: OECD Publishing, 2015, p. 16.
4. O cenário fiscal atual é especialmente favorável para o crescimento do setor econômico das empresas de tecnologia e comércio eletrônico, que se aproveitam de lacunas existentes em legislações para expandirem seus lucros muito acima do patamar alcançado pelos negócios tradicionais. NETO, Celso de Barros Correia; AFONSO, José Roberto R.; FUCK, Luciano Felício. Desafios tributários na Era Digital. In: AFONSO, José Roberto; SANTANA, Hadassah Laís (Coord.). *Tributação 4.0*. São Paulo: Almedina, 2020, p. 31.
5. Ibid., p. 27-31.
6. Ibid., p. 42.

1 • O USO DA TECNOLOGIA EM BENEFÍCIO DA FISCALIZAÇÃO TRIBUTÁRIA

fiscalizatória e arrecadatória do Estado e o possível embate entre esse novo tipo de fiscalização e arrecadação e direitos constitucionais dos contribuintes, notadamente os protegidos por sigilo e pelo direito fundamental à igualdade e não discriminação.

O desdobramento da pesquisa seguirá a seguinte estrutura. Inicialmente buscará (1) compreender como as novas tecnologias vem sendo utilizadas pelo Fisco, apresentando mais detalhamento, estratégias e técnicas manejadas, como o cumprimento de obrigações acessórias *online*, inteligência artificial e *machine learning* para cruzamento de informações e *blockchain*. Posteriormente, também por meio de revisão bibliografia, (2) compreender, sob a ótica do contribuinte, as novas tecnologias também como estratégia de conformidade tributária. Por fim, (3) analisar os problemas de legitimidade decorrentes da definição dos critérios e parâmetros inseridos e/ou adotados por essas tecnologias e a possibilidade de violação de direitos fundamentais como igualdade, princípio da não discriminação e sigilo.

2. TECNOLOGIA EM BENEFÍCIO DA ARRECADAÇÃO E FISCALIZAÇÃO TRIBUTÁRIA

Desde 1973, ferramentas complexas, como o programa de inteligência artificial *Taxman*, desenvolvido por Thorne McCarthy, são utilizadas com a finalidade de tornar conformes organizações societárias do ponto de vista tributário.[7] Todavia, novas tecnologias e inovações recentes estão revolucionando a maneira como a Fazenda administra a arrecadação, a receita e o gasto, permitindo-lhe adotar novos modelos em processos e procedimentos que ajudam a melhorar o desenho e a execução de políticas fiscais.

Inovações digitais permitem não só a promoção de maior transparência fiscal, mas também a redução de barreiras e dos custos de acesso a informações relevantes. Em tese, também implicariam em melhores serviços aos cidadãos, que podem, por exemplo, resolver pendências online, acessar dados sobre como os tributos que pagam são aplicados e, consequentemente, cobrar mais facilmente pelos serviços de seus governos. Nota-se, portanto, que, além de dificuldades relacionadas, por exemplo, à qualificação dos rendimentos submetidos à tributação e ao local da suposta geração de valor, a economia digital também traz a necessidade de obtenção de informações fidedignas.

Segundo relatório do Banco Interamericano de Desenvolvimento, a utilização mais intensiva de tecnologias digitais de apoio à política e à gestão fiscal poderia ajudar a resolver três dos principais problemas fiscais que enfrentam países da região: (1) insuficiência de arrecadação; (2) alta ineficiência do gasto público; e (3) opaci-

---

7. O *Taxman* foi originalmente concebido como uma forma rudimentar de "raciocínio jurídico" na área muito restrita da legislação tributária corporativa dos EUA (reorganização das empresas). Sua tarefa era determinar se uma dada reorganização de empresas estava ou não isenta de imposto de renda.

dade fiscal[8]. Há exemplos internacionais interessantes. No Canadá, o uso de *Data & Analytics* está identificando contribuintes que possam vir a apresentar as obrigações acessórias intempestivamente; na Espanha, o envio de notas fiscais para o Fisco é feito antes da emissão aos clientes; na Escandinávia (Finlândia, Suécia e Noruega), *Data & Analytics* prevê inadimplência fiscal; na Austrália, há o envio em tempo real de dados primários substituindo preenchimento e entrega de obrigações acessórias, além da implantação do *Tax Control Framework* que impõe foco na avaliação dos controles internos da área fiscal e dos contribuintes, analisando a qualidade dos processos; na China, *Data & Analytics* avalia o impacto econômico da reforma tributária.[9]

No Brasil, onde o sistema tributário é um dos mais complexos do mundo – são três níveis de hierarquia pública (federal, estadual e municipal) com diversos tributos regidos por regras que mudam frequentemente -, o Governo Federal já tem investido na aplicação de tecnologias para organizar o universo de requerimentos fiscais para conseguir uma análise de dados mais eficiente. Desde a reforma administrativa parametrizada pelo Plano Diretor de Reforma do Estado de 1995, o Governo Federal encampou a ideia do chamado "governo eletrônico", como instrumento de modernização do Estado, liderando esforços para a aplicação das novas tecnologias no âmbito da Administração Pública.[10]

Nesse sentido, a Receita Federal do Brasil vem se empenhando para modernizar os procedimentos de arrecadação tributária. O esforço da Receita reverteu-se no aprimoramento da fiscalização e da prestação de informações e serviços aos contribuintes, processo que se iniciou em 1996 com a realização do Seminário Informação e Informática na Administração Tributária Federal. Nesse evento, elaborou-se o projeto SRF21, que continha diretrizes para a modernização da Secretaria da Receita Federal, notadamente com o objetivo de explorar as possibilidades de fiscalização embutidas nas novas tecnologias e utilizar a internet, com ênfase na relação fisco-contribuinte.[11]

No atendimento a esses indicativos, a Receita Federal passou a oferecer diversos serviços e informações por meio da internet. Uma das mais bem-sucedidas experiências em termos de governo eletrônico consiste no preenchimento da declaração do

---

8. BANCO INTERAMERICANO DE DESENVOLVIMENTO. Panorama del uso de las tecnologías y soluciones digitales innovadoras en la política y la gestión fiscal. Disponível em: https://publications.iadb.org/publications/spanish/document/Panorama-del-uso-de-las-tecnolog%C3%ADas-y-soluciones-digitales-innovadoras-en-la-pol%C3%ADtica-y-la-gesti%C3%B3n-fiscal.pdf. Acesso em: 30 jul. 2021, p. 9.

9. COUTINHO, Marienne; LA ROSA, Rodrigo. Transformação da área tributária com os impactos das novas tecnologias. *Instituto Brasileiro de Executivos de Finanças São Paulo*, 3 de dezembro de 2018. Disponível em: https://ibefsp.com.br/transformacao-da-area-tributaria-com-os-impactos-das-novas-tecnologias/. Acesso em: 30 jul. 2021.

10. MORA, Mônica. Governo eletrônico e aspectos fiscais: a experiência brasileira. *Instituto de Pesquisa Econômica Aplicada*. Disponível em: https://portal.tcu.gov.br/biblioteca-digital/governo-eletronico-e-aspectos-fiscais-a-experiencia-brasileira.htm. Acesso em: 27 jul. 2021, p. 4.

11. MORA, Mônica. Governo eletrônico e aspectos fiscais: a experiência brasileira. *Instituto de Pesquisa Econômica Aplicada*. Disponível em: https://portal.tcu.gov.br/biblioteca-digital/governo-eletronico-e-aspectos-fiscais-a-experiencia-brasileira.htm. Acesso em: 27 jul. 2021, p. 15.

imposto de renda através da internet[12]. Outro serviço consiste na possibilidade de se pagar *online* taxas, contribuições e impostos diretamente pelo site da Receita. Fato é que esses e outros serviços hoje oferecidos *online* aumentaram o grau de eficiência da Secretaria da Receita Federal, principalmente no tocante ao controle da sonegação fiscal. Mas os avanços tecnológicos no âmbito da fiscalização tributária continuaram.

Em 2007, por exemplo, adotou-se o chamado Sistema Público de Escrituração Digital – SPED, tecnologia que tem como objetivo garantir o caráter oficial dos arquivos digitais e escriturações fiscal e contábil, bem como integrar os Fiscos Federal, Estaduais e Municipais. Instituído pelo Decreto 6.022/2007, o SPED possibilita à Receita Federal do Brasil acesso a diversas informações do contribuinte relacionadas, por exemplo, ao envio de documentos, manutenção de registros, arrecadações, apurações, retenções e repasses a outras pessoas (físicas ou jurídicas) que estiverem ligadas às operações de forma direta ou indireta. O sistema tem possibilitado o aumento da aplicação de multas por incoerência de informações prestadas. Conforme dados oficiais, houve um incremento expressivo das receitas decorrentes de autos de infração aplicados: no período 2013-2016, houve um salto de 48,67% no montante de autuações se comparadas ao período 2009-2012.[13]

No âmbito da Procuradoria Geral da Fazenda Nacional, existe o "*PGFN Analytics*", capaz de processar informações relevantes dos contribuintes para tomadas de decisões estratégicas no tocante ao crédito inscrito em dívida ativa. Esse sistema fornece aos procuradores informações sobre probabilidade de êxito em execuções fiscais, baseado, por exemplo, em dados referentes a bens em nome do contribuinte a ser executado. A análise desse sistema permite, inclusive, a verificação de redução de atividade econômica, de dilapidação patrimonial, de saída fraudulenta do quadro societário, de fraude à execução e de sucessão empresarial.

Conforme dados do Banco Mundial extraídos do documento *Doing Business 2020 – Measuring Business Regulations*, especificamente do item *Paying Taxes*, no Brasil é necessário, em média, 1.501 horas para que uma empresa de médio porte calcule, pague seus tributos e cumpra suas obrigações tributárias.[14] Só no Estado de São Paulo se gastam 2.038 horas por ano com a apuração de tributos. Tais evidências levam Gisele Barra Bossa e Eduardo de Paiva Gomes a afirmarem que o Brasil "carece de mecanismos eficientes de obtenção, cruzamento e sincronização de plataformas

---

12. Entre os pré-requisitos necessários para se atingir a entrega de mais de 13 milhões de declarações via internet estão a alta taxa de conectividade, a compressão da informação, a criptografia dos dados, a certificação dos servidores e a implementação de mecanismos de segurança.

13. COUTINHO, Marienne; LA ROSA, Rodrigo. Transformação da área tributária com os impactos das novas tecnologias. *Instituto Brasileiro de Executivos de Finanças São Paulo*, 3 de dezembro de 2018. Disponível em: https://ibefsp.com.br/transformacao-da-area-tributaria-com-os-impactos-das-novas-tecnologias/. Acesso em: 30 jul. 2021.

14. BANCO MUNDIAL. *Doing Business 2020* - Measuring Business Regulations. Paying Taxes. Disponível em: https://www.doingbusiness.org/en/data/exploretopics/paying-taxes. Acesso em: 29 jul. 2021.

de dados nos três níveis de poder e entre os entes federativos".[15] Nesse contexto, ganham protagonismo as novas tecnologias capazes de trazer mais eficiência para a fiscalização tributária, como inteligência artificial, *machine learning*, *blockchain* etc.

Por inteligência artificial se entende a capacidade de uma máquina aprender e desempenhar tarefas. O objetivo desse tipo de programação que utiliza algoritmos de inteligência artificial é identificar e criar padrões comportamentais e, assim, solucionar problemas, como sonegação fiscal por exemplo. Além de uma poderosa ferramenta capaz de gerar ganhos efetivos por meio de eficiência e precisão na análise e processamento de dados, a inteligência artificial pode eliminar subjetivismos indesejáveis e uso arbitrário de poder.[16]

Sob a perspectiva do Fisco, a inteligência artificial se desenvolveu, principalmente, na execução de atos de fiscalização do contribuinte a partir de sistemas binários de alta tecnologia – notadamente no lançamento por homologação –, que levam em consideração a participação do próprio contribuinte na constituição da obrigação tributária definitiva.[17] O uso da inteligência artificial atualmente ocorre no âmbito do Sistema Integrado de Comércio Exterior (Siscomex), por meio de um instrumento baseado em *machine learning* chamado SISAM (Sistema de Seleção Aduaneira por Aprendizado de Máquina), primeira inteligência artificial de uso generalizado pela Receita Federal do Brasil em funcionamento desde agosto de 2014.[18]

Conforme dados apresentados por Rafael Köche, o SISAM permitiu (i) a redução da quantidade de mercadorias verificadas no momento do desembaraço aduaneiro, (ii) conter custos da Administração Fazendária, (iii) combater a evasão fiscal e (iv) assegurar maior eficiência na fiscalização do cumprimento de exigências administrativas, como obtenção de licenças por exemplo.[19] O autor menciona que o sistema possibilita uma taxa de alavancagem de 17 vezes em relação à taxa de seleção de itens sem o seu uso.[20]

---

15. BOSSA, Gisele Barra; GOMES, Eduardo de Paiva. Blockchain: tecnologia a serviço da troca de informações fiscais ou instrumento de ameaça à privacidade dos contribuintes? In: PISCITELLI, Tathiane; LARA, Daniela Silveira (Coord.). *Tributação da economia digital*. São Paulo: Thomson Reuters Brasil, 2020, p. 432.
16. BICHARA, Luiz Gustavo; MONTENEGRO, Rafaela Monteiro. Os limites da fiscalização tributária sob a ótica das novas tecnologias: o desafio do uso de algoritmos. In: AFONSO, José Roberto; SANTANA, Hadassah Laís (Coord.). *Tributação 4.0*. São Paulo: Almedina, 2020, p. 321.
17. ZILVETI, Fernando Aurelio. As repercussões da inteligência artificial na teoria da tributação. *Revista Direito Tributário Atual*, n. 43, ano 37, p. 484-500, 2° semestre de 2019, p. 486.
18. Em síntese, esse modelo avalia o risco representado pelas importações com base em modelos probabilísticos, aprendendo a partir da cronologia das declarações de importação. O sistema analisa cada componente, item e valor da declaração e, para cada um deles, calcula a probabilidade de existência de irregularidades. Assim, consegue estimar a importância de cada uma das verificações e decidir quais inspeções devem ser realizadas, oferecendo apoio ao auditor fiscal responsável por tais decisões. KÖCHE, Rafael. Inteligência artificial a serviço da fiscalidade: Sistema de Seleção Aduaneira Por Aprendizagem de Máquina (SISAM). In: MACHADO, Hugo de Brito (Coord.). *Tributação e novas tecnologias*. São Paulo: Editora Foco, 2021, p. 294-295.
19. Ibid., p. 295-296.
20. Ibid., p. 296.

A *blockchain*, por sua vez, surgiu em decorrência do descrédito público nas instituições financeiras e no governo e tem como função central reduzir as incertezas no curso das operações realizadas no ambiente virtual entre partes desconhecidas, garantindo a autenticidade da transação. Por meio de criptografia, o sistema eletrônico torna possível que operações realizadas diretamente entre partes desconhecidas não demandem a participação de terceiros. Essa é a característica mais inovadora da *blockchain*: garantir confiança nas transações independentemente da integridade dos indivíduos, intermediários ou governos envolvidos, por meio da validação dos participantes da rede. Trata-se, pois, de uma "cadeia de blocos", onde cada bloco contém informações sobre operações ocorridas, com a indicação dos usuários que validaram a operação e o histórico das transações.[21]

Na medida em que cada elo leva em consideração os registrados anteriormente, a origem das operações e de todos os seus desdobramentos, o registro eletrônico de cada participante pode ser obtido. Assim, a *blockchain* permite o registro de operações digitalmente e o seu armazenamento em sistemas eletrônicos transparentes, compartilhados e descentralizados, e que, geralmente, não podem ser alterados ou apagados. Seu diferencial, portanto, está no fato de que é projetada para alcançar um acordo consistente e confiável sobre um registro de eventos entre participantes independentes que podem ter diferentes motivações e objetivos.[22]

Comumente relacionada a moedas digitais, a tecnologia *blockchain* pode ser utilizada como instrumento de aumento de eficiência de processos tradicionais devido, principalmente, a três características: (i) transparência; (ii) ausência de intermediários; e (iii) imutabilidade. Nesse sentido, na medida em que, cada vez mais países, inclusive o Brasil, têm buscado afunilar suas relações para viabilizar a troca automática de informações e evitar práticas fiscais prejudiciais como a evasão[23], as novas tecnologias podem viabilizar o aprimoramento e o desenvolvimento de ferramentas capazes de auxiliá-los na obtenção de dados relevantes para fins fiscais.[24]

Como falta de fragmentação das informações e confiança dos registros são elementos da tecnologia *blockchain*, por exemplo, sua utilização pelos Estados acaba sendo estimulada, uma vez que estes hoje possuem muitos problemas decorrentes

---

21. BOSSA, Gisele Barra; GOMES, Eduardo de Paiva. Blockchain: tecnologia a serviço da troca de informações fiscais ou instrumento de ameaça à privacidade dos contribuintes? In: PISCITELLI, Tathiane; LARA, Daniela Silveira (Coord.). *Tributação da economia digital*. São Paulo: Thomson Reuters Brasil, 2020, p. 422-423.

22. Ibid., p. 424-425.

23. Tem-se notícia que o órgão fazendário brasileiro já adotou medidas operacionais internacionais para viabilizar a troca de informações de pessoas físicas e jurídicas com mais de cem países. Por exemplo, em 2011 assinou a Convenção Multilateral sobre Assistência Mútua em Matéria Fiscal (Decreto Legislativo nº 105/2016), em 2014 aderiu à Convenção *Automatic Exchange of Financial Information in Tax Matters* (AEOI), baseada no padrão *Common Reporting Standart* (CRS), e celebrou acordo com os EUA para implementação do *Foreign Account Tax Compliance* (FATCA). BOSSA, Gisele Barra; GOMES, Eduardo de Paiva. Blockchain: tecnologia a serviço da troca de informações fiscais ou instrumento de ameaça à privacidade dos contribuintes? In: PISCITELLI, Tathiane; LARA, Daniela Silveira (Coord.). *Tributação da economia digital*. São Paulo: Thomson Reuters Brasil, 2020, p. 430.

24. Ibid., p. 427-431.

da rapidez na disseminação de informações no mundo globalizado. Assim sendo, a tecnologia pode auxiliá-los a sanar preocupações relacionadas à aparente falta de nexo entre a tributação e a atividade geradora de valor como resultado da globalização e da economia digital.[25]

A tecnologia *blockchain* também pode oferecer soluções em problemas envolvendo *tax compliance*. Por se tratar de uma ferramenta imparcial, apta a disponibilizar informações confidenciais entre partes não relacionadas, forneceria dados com neutralidade, trazendo segurança tanto para fins de eventual constituição de crédito tributário, como na definição e delimitação da jurisdição competente para a arrecadação. Nesse sentido, as informações coletadas pela Administração Tributária mediante utilização de novas tecnologias poderiam ser utilizadas sob duas perspectivas: (1) na correta subsunção do fato tributável às normas tributárias aplicáveis à espécie; e (2) na administração ou aplicação da legislação doméstica.[26]

3. TECNOLOGIA COMO ESTRATÉGIA DE CONFORMIDADE TRIBUTÁRIA

Sabe-se que o Brasil é um dos países com a maior carga tributária do mundo, e apesar de alguns países europeus como Alemanha, França e Itália possuírem uma carga mais elevada, o país é um dos últimos colocados no tocante à relação média lucro/carga tributária das empresas. O custo para suprir as mazelas do Estado, em infraestrutura, logística, segurança, entre outras, consome o lucro das empresas, fazendo despencar a relação lucro/carga tributária – o conhecido "custo Brasil". Outra componente do "custo Brasil" é o custo de conformidade (*cost to comply*) ou o quanto as empresas gastam para cumprir suas obrigações fiscais.

Em importante pesquisa sobre as leis nacionais, o Instituto Brasileiro de Planejamento e Tributação divulgou que é possível perceber que a legislação brasileira é complexa, confusa e de difícil interpretação. Especificamente sobre as normas tributárias, o estudo indicou que nos últimos 30 anos foram editadas mais de 400 mil normas. Este número corresponde a 6,62% das normas editadas no Brasil.[27] No mesmo sentido, pesquisa realizada pela Deloitte sobre *compliance* tributário no Brasil apontou que dentre os maiores entraves para a condução de negócios e para a gestão tributária estariam (a) a complexidade no atendimento das obrigações eletrônicas, em razão do grande número de declarações exigidas; e (b) a dificuldade no acompanhamento das mudanças na legislação tributária brasileira.[28]

---

25. Ibid., p. 434.
26. BOSSA, Gisele Barra; GOMES, Eduardo de Paiva. Blockchain: tecnologia a serviço da troca de informações fiscais ou instrumento de ameaça à privacidade dos contribuintes? In: PISCITELLI, Tathiane; LARA, Daniela Silveira (Coord.). *Tributação da economia digital*. São Paulo: Thomson Reuters Brasil, 2020, p. 437.
27. INSTITUTO BRASILEIRO DE PLANEJAMENTO E TRIBUTAÇÃO. *Quantidade de normas editadas no Brasil*: 31 anos da Constituição Federal de 1988. Disponível em: https://www.migalhas.com.br/arquivos/2019/10/art20191025-11.pdf. Acesso em: 02 ago. 2021.
28. DELOITTE. *Compliance tributário no Brasil* – As estruturas das empresas para atuar em um ambiente complexo. Disponível em: https://www.joserobertoafonso.com.br/attachment/20072. Acesso em: 02 ago. 2021.

1 • O USO DA TECNOLOGIA EM BENEFÍCIO DA FISCALIZAÇÃO TRIBUTÁRIA

Os impactos da complexidade das disposições tributárias afetam ambos os sujeitos da obrigação e ensejam uma série de consequências e custos. Não por menos, no Plano Anual de Fiscalização para o ano de 2019, a Receita Federal do Brasil enfatizou a necessidade de promoção da conformidade tributária ou de elevar o grau de *compliance*, com a finalidade de incentivar o cumprimento das obrigações tributárias principais e acessórias. Para isso apresentou duas ações complementares: (1) autorregularização[29]; e (2) simplificação das obrigações acessórias.[30]

O incentivo à autorregularização das pessoas físicas na Malha Fina do Imposto de Renda de Pessoa Física – IRPF ocorre por meio do Projeto Cartas, que envia cartas notificando o contribuinte da possibilidade de retificação das informações. Já no âmbito das pessoas jurídicas, foi apresentado o Projeto Fiscalizações de Alta Performance – FAPE, iniciado em 2017, que consiste em um processo de seleção e lançamento automatizados que visa ao incremento da presença fiscal de maior número possível de contribuintes e, assim, induzir o aumento de arrecadação, além de otimizar o trabalho do Auditor Fiscal em atividades estratégicas. Além disso, foram emitidos alertas da inconformidade direcionados aos maiores contribuintes, principalmente para o cumprimento de obrigações acessórias consideradas como mais importantes pela Receita Federal (Escrituração Contábil Fiscal e Escrituração Fiscal Digital das Contribuições). Ambas as ações foram realizadas por meio do SPED.[31]

Para a Receita, a modernização da sistemática do cumprimento das obrigações acessórias por meio de ferramentas como essas visam possibilitar maior grau de *compliance*, aumentar a competitividade entre as empresas, promover compartilhamento de informações, reduzir os custos de conformidade e a interferência na esfera dos contribuintes.

O Fisco brasileiro investiu pesadamente em tecnologia com o objetivo primário de aumentar a arrecadação e o secundário de reduzir o custo de conformidade, por meio da unificação e automação das obrigações fiscais. Em 20 jul. 2021, por exemplo, a Receita Federal instituiu o Programa de Apoio à Conformidade Tributária – PAC/PJ, para ajudar pessoas jurídicas no cumprimento de suas obrigações tributárias, evitando, assim, riscos fiscais. A iniciativa inédita propõe ações prévias de orientação para incentivar a conformidade tributária, ou seja, criar oportunidades para as empresas se adequarem à legislação, cumprindo suas obrigações espontaneamente,

---

29. A autorregularização ocorre quando o contribuinte identifica o erro nas informações declaradas e prossegue com a retificação, antes de qualquer procedimento fiscal. É hipótese de exclusão de responsabilização por infração.
30. BEVILACQUA, Lucas. GOMES, Ribeiro Rayanne. A utilização da tecnologia *blockchain* nas relações tributárias no Brasil. *Revista de Direitos Fundamentais e Tributação*. Disponível em: http://rdft.com.br/revista/article/view/28. Acesso em: 02 ago. 2021.
31. BEVILACQUA, Lucas. GOMES, Ribeiro Rayanne. A utilização da tecnologia *bloackchain* nas relações tributárias no Brasil. *Revista de Direitos Fundamentais e Tributação*. Disponível em: http://rdft.com.br/revista/article/view/28. Acesso em: 02 ago. 2021.

sem que haja a necessidade da instauração de procedimentos de fiscalização e litígios que demorarão para serem resolvidos.[32]

Em síntese, no PAC/PJ a área de Fiscalização da Receita Federal orienta as empresas sobre as informações que devem constar na Escrituração Contábil Fiscal (ECF) bem antes do fim do prazo de entrega. Pessoas jurídicas, com registro de transmissão sem dados na ECF do exercício 2020, foram previamente comunicadas sobre dados representativos de receitas e de movimentação financeira, informações que devem constar na ECF/2021, evitando, dessa forma, erros no preenchimento da escrituração e possibilitando a correta apuração de tributos, com o objetivo de diminuir a exposição da empresa a ações de fiscalização, malhas ou outros controles fiscais.[33]

4. DEFINIÇÃO DE PARÂMETROS E PROBLEMAS DE LEGITIMIDADE

A utilização de tecnologia na atividade de fiscalização tributária foi iniciada há duas décadas mediante esforços, principalmente da Receita Federal do Brasil, em promover integração e interoperabilidade entre os seus distintos sistemas com o objetivo de possibilitar o cruzamento de informações. À primeira vista, parece ser positivo que os diferentes sistemas e bases de dados utilizados pela Administração Tributária sejam integrados e se comuniquem, alertando uns aos outros sempre que não houver conformidade entre as informações armazenadas. Contudo, o cruzamento de dados por meio de previsões algorítmicas não deve se transformar em critério único para tomada de decisões sob o risco de se violar o direito fundamental à motivação e fundamentação dos atos administrativos, sobretudo aqueles que impliquem em restrições ao direito à propriedade, como é o caso das exigências fiscais.[34]

Também não se pode perder de vista o fato de que códigos e algoritmos são antes de tudo mecanismos criados por seres humanos, sendo estes os responsáveis por selecionar os critérios empregados nas avaliações automáticas. Assim sendo, deve-se estabelecer premissas mínimas de transparência e legitimidade no tocante à definição dos parâmetros utilizados na criação dos padrões empregados. Não obstante, a

---

32. MINISTÉRIO DA ECONOMIA. Receita Federal. *Receita Federal lança programa para ajudar empresas a cumprirem obrigações tributárias*. Disponível em: https://www.gov.br/receitafederal/pt-br/assuntos/noticias/2021/julho/receita-federal-lanca-programa-para-ajudar-empresas-a-cumprirem-obrigacoes-tributarias. Acesso em: 02 ago. 2021.

33. A partir de cruzamentos automatizados com a base de dados da Receita Federal referentes ao ano-calendário anterior (2020), prestados pela própria pessoa jurídica (NF-e, escriturações do SPED etc.) e por terceiros (DIRF, Decred, e-Financeira), foram expedidas 45.012 Comunicações de Dados a Escriturar na ECF 2021, informando às empresas destinatárias as receitas auferidas no ano de 2020 superiores a R$ 1.000,00 e/ou recebimento de recursos em contas correntes bancárias superiores a R$ 10.000,00. MINISTÉRIO DA ECONOMIA. Receita Federal. *Receita Federal lança programa para ajudar empresas a cumprirem obrigações tributárias*. Disponível em: https://www.gov.br/receitafederal/pt-br/assuntos/noticias/2021/julho/receita-federal-lanca-programa-para-ajudar-empresas-a-cumprirem-obrigacoes-tributarias. Acesso em: 02 ago. 2021.

34. BICHARA, Luiz Gustavo; MONTENEGRO, Rafaela Monteiro. Os limites da fiscalização tributária sob a ótica das novas tecnologias: o desafio do uso de algoritmos. In: AFONSO, José Roberto; SANTANA, Hadassah Laís (Coord.). *Tributação 4.0*. São Paulo: Almedina, 2020, p. 319-321.

realidade é que pouco se conhece sobre o tema, não havendo debate político sobre como, onde e sob quais critérios as novas tecnologias, como a inteligência artificial, são utilizadas, o que inviabiliza o exercício do controle social.[35]

A divulgação dos parâmetros adotados no desenvolvimento de códigos empregados na atuação estatal para, por exemplo, definir qual contribuinte deverá ser fiscalizado, constitui pressuposto mínimo em um Estado Democrático de Direito. Deve-se fazer prevalecer a transparência para que, uma vez conhecidas as premissas que integram o sistema, possibilite-se a análise acerca de sua legitimidade.[36] Isso porque, a depender dos critérios referentes a quem fiscalizar, como fiscalizar e por que fiscalizar, bem como dos bancos de dados mantidos à disposição da

Administração Tributária, os resultados obtidos podem ser "enviesados e até mesmo discriminatórios".[37]

No meio de aspectos favoráveis da utilização de novas tecnologias para viabilizar (i) o eficiente cruzamento de informações (notadamente dados derivados de obrigações acessórias entregues pelos contribuintes) e (ii) a análise do risco de desconsideração de operações e/ou estruturas de planejamento tributário realizadas, há uma constante inquietação mundial acerca da indevida manipulação de dados privados. Iniciativas como as "Orientações Comunitárias para um Código Europeu dos Contribuintes" e o trabalho "*Tax Administration 2017: Comparative Information OECD and Other advanced and emerging economies*", da OCDE, refletem essa preocupação a nível internacional, especialmente no tocante ao potencial dano à imagem institucional dos contribuintes e exposição da estratégia do negócio.[38]

O uso de algoritmos para apoiar a Administração Pública deve estar alinhado a estritos padrões éticos e de transparência. O desconhecimento sobre como os algoritmos funcionam podem levar a julgamentos errados sobre o seu "poder", enfatizando demasiadamente a sua importância, como se fossem agentes independentes e isolados. Na medida em que algoritmos são executados por máquinas a partir de comandos humanos, deve-se ponderar que podem possuir vieses e podem sim ser tendenciosos. Não por menos, previu a Lei Geral de Proteção de Dados (Lei 13.709/2018), em seu artigo 20, que: "o titular dos dados tem direito a solicitar a revisão das decisões tomadas unicamente com base em tratamento automatizado de dados pessoais que afetam seus interesses, incluídas as decisões destinadas a definir o seu perfil pessoal, profissional, de consumo e de crédito ou os aspectos de sua personalidade".

---

35. Ibid., p. 321.
36. Ibid., p. 323.
37. Ibid., p. 325.
38. A Declaração Obrigatória de Planejamento do Plano de Ação 12 do BEPS e a Declaração País-a-País evidenciam o quão sensíveis são as informações fornecidas pelos contribuintes às autoridades fiscais e a possibilidade de dano irreversível que o vazamento desses dados pode causar. BOSSA, Gisele Barra; GOMES, Eduardo de Paiva. Blockchain: tecnologia a serviço da troca de informações fiscais ou instrumento de ameaça à privacidade dos contribuintes? In: PISCITELLI, Tathiane; LARA, Daniela Silveira (Coord.). *Tributação da economia digital*. São Paulo: Thomson Reuters Brasil, 2020, p. 420-422.

De fato, atualmente há diversas plataformas que permitem ao Fisco o acesso e o cruzamento de dados em massa dos contribuintes. O questionamento que fica, no entanto, é: quando essas mesmas ferramentas apontarem o pagamento indevido de tributos, qual será o posicionamento da Administração? A mesma facilidade será encontrada pelo contribuinte? Ou a informação será omitida de forma a enriquecer os cofres públicos mesmo que de maneira contrária a diversos princípios constitucionais?

Como exemplo dessa discussão temos o quanto decidido no âmbito do Recurso Extraordinário 583.849, julgado pelo plenário do Supremo Tribunal Federal com repercussão geral reconhecida, onde foi garantido ao contribuinte o direito a diferença entre o valor recolhido a título de Imposto Sobre Circulação de Mercadorias e Serviços (ICMS) em regime de substituição tributária e o valor que seria efetivamente devido no momento da venda. Considerando o rebuscado nível de cruzamento de dados da Receita, esses valores poderiam ser facilmente identificados e devolvidos aos contribuintes. Não obstante o tema ser objeto da Súmula 431 do Superior Tribunal de Justiça, os contribuintes ainda precisam realizar pedidos administrativos ou até mesmo ingressar com ações judiciais nas hipóteses de resistência administrativa do fisco.[39]

No mesmo sentido, a 1ª Seção do STJ, ao julgar os Recursos Especiais 1.365.095/SP e 1.715.256/SP, em sede de caráter repetitivo, decidiu que para uma empresa impetrar mandado de segurança e requerer de forma genérica o direito a uma compensação tributária, basta comprovar que é contribuinte e credora do tributo pago indevidamente, não sendo necessário juntar todos os comprovantes de pagamento. Todavia, no momento da apuração do valor a ser compensado administrativamente pela Receita Federal, tem-se exigido que a empresa apresente todas as provas do recolhimento indevido.

Esse entendimento vai na contramão do quanto disposto no Decreto 6.022/2007, que instituiu o SPED, e da Portaria RFB n. 1.384/2016, que autorizam compreender que a tecnologia à disposição do Fisco permite apurar eventuais créditos a compensar, sendo desnecessário que o contribuinte faça prova do recolhimento indevido, podendo eventuais créditos, inclusive, serem reconhecidos até mesmo de ofício.[40]

O uso de inteligência artificial pelo Fisco não pode afastar a discussão relativa aos *fins* do Direito Tributário a serem perseguidos por quem (ou o que) estiver aplicando. Assim sendo, a máquina deverá aplicar a Lei mesmo que isso leve a uma menor arrecadação ou à restituição do que houver sido arrecadado de maneira indevida (e quem programa os sistemas informatizados do Fisco deve ter isso em mente). Por isso a importância de que a estrutura dos algoritmos e seus critérios sejam públicos para que se possa realizar o controle da legalidade.

---

39. GASPARINO, João Henrique. Tecnologia tributária do Estado e dos contribuintes. Quando ferramentas apontarem o pagamento indevido de tributos, qual deverá ser o posicionamento do Fisco. *JOTA*, 14 de março de 2020. Disponível em: https://www.jota.info/opiniao-e-analise/colunas/regulacao-e-novas-tecnologias/tecnologia-tributaria-do-estado-e-dos-contribuintes-14032020. Acesso em: 30 jul. 2021.

40. Ibid.

5. CONCLUSÃO

A tecnologia tem sido utilizada pela Receita Federal do Brasil tanto em benefício da arrecadação e fiscalização tributária, quanto como estratégia de conformidade tributária, com o objetivo de assegurar os princípios da Administração Pública previstos no artigo 37 da Constituição Federal, quais sejam legalidade, impessoalidade, moralidade, publicidade e eficiência. O grande desafio consiste em conciliar a eficiência com o respeito aos direitos constitucionais do contribuinte, especialmente os protegidos por sigilo e pelo direito fundamental à igualdade e não discriminação.

Preocupações quanto ao potencial dano à imagem institucional dos contribuintes e à exposição da estratégia de negócios devem ser levadas em consideração, ao mesmo tempo em que estritos padrões éticos de transparência quanto aos critérios utilizados pela Administração Fazendária devem ser estabelecidos, garantindo-se que a estrutura dos algoritmos e seus critérios sejam públicos para que o controle de legalidade do lançamento seja uma via de mão dupla, alcançando, com a mesma eficiência, não apenas os débitos do contribuinte, mas também seus créditos.

6. REFERÊNCIAS

AFONSO, José Roberto; ARDEO, Thaís; MOTTA, Bernardo. Impactos da revolução digital na tributação: uma primeira revisão bibliográfica. In: AFONSO, José Roberto; SANTANA, Hadassah Laís (Coord.). *Tributação 4.0*. São Paulo: Almedina, 2020.

BANCO INTERAMERICANO DE DESENVOLVIMENTO. *Panorama del uso de las tecnologías y soluciones digitales innovadoras en la política y la gestión fiscal*. Disponível em: https://publications.iadb.org/publications/spanish/document/Panorama-del-uso-de-las-tecnolog%C3%ADas-y-soluciones-digitales-innovadoras-en-la-pol%C3%ADtica-y-la-gesti%C3%B3n-fiscal.pdf. Acesso em: 30 jul. 2021.

BANCO MUNDIAL. *Doing Business 2020* – Measuring Business Regulations. Paying Taxes. Disponível em: https://www.doingbusiness.org/en/data/exploretopics/paying-taxes. Acesso em: 29 jul. 2021.

BEVILACQUA, Lucas. GOMES, Ribeiro Rayanne. A utilização da tecnologia *blockchain* nas relações tributárias no Brasil. *Revista de Direitos Fundamentais e Tributação*. Disponível em: http://rdft.com.br/revista/article/view/28. Acesso em: 02 ago. 2021.

BICHARA, Luiz Gustavo; MONTENEGRO, Rafaela Monteiro. Os limites da fiscalização tributária sob a ótica das novas tecnologias: o desafio do uso de algoritmos. In: AFONSO, José Roberto; SANTANA, Hadassah Laís (Coord.). *Tributação 4.0*. São Paulo: Almedina, 2020.

BOSSA, Gisele Barra; GOMES, Eduardo de Paiva. Blockchain: tecnologia a serviço da troca de informações fiscais ou instrumento de ameaça à privacidade dos contribuintes? In: PISCITELLI, Tathiane; LARA, Daniela Silveira (Coord.). *Tributação da economia digital*. São Paulo: Thomson Reuters Brasil, 2020.

COUTINHO, Marienne; LA ROSA, Rodrigo. Transformação da área tributária com os impactos das novas tecnologias. *Instituto Brasileiro de Executivos de Finanças São Paulo*, 3 de dezembro de 2018. Disponível em: https://ibefsp.com.br/transformacao-da-area-tributaria-com-os-impactos-das-novas-tecnologias/. Acesso em: 30 jul. 2021.

DELOITTE. *Compliance tributário no Brasil* – As estruturas das empresas para atuar em um ambiente complexo. Disponível em: https://www.joserobertoafonso.com.br/attachment/20072. Acesso em: 02 ago. 2021.

GASPARINO, João Henrique. Tecnologia tributária do Estado e dos contribuintes. Quando ferramentas apontarem o pagamento indevido de tributos, qual deverá ser o posicionamento do Fisco. *JOTA*, 14 de março de 2020. Disponível em: https://www.jota.info/opiniao-e-analise/colunas/regulacao--e-novas-tecnologias/tecnologia-tributaria-do-estado-e-dos-contribuintes-14032020. Acesso em: 30 jul. 2021.

INSTITUTO BRASILEIRO DE PLANEJAMENTO E TRIBUTAÇÃO. *Quantidade de normas editadas no Brasil: 31 anos da Constituição Federal* de 1988. Disponível em: https://www.migalhas.com.br/arquivos/2019/10/art20191025-11.pdf. Acesso em: 02 ago. 2021.

KÖCHE, Rafael. Inteligência artificial a serviço da fiscalidade: Sistema de Seleção Aduaneira Por Aprendizagem de Máquina (SISAM). In: MACHADO, Hugo de Brito (Coord.). *Tributação e novas tecnologias*. Indaiatuba, SP: Editora Foco, 2021.

MINISTÉRIO DA ECONOMIA. Receita Federal. *Receita Federal lança programa para ajudar empresas a cumprirem obrigações tributárias*. Disponível em: https://www.gov.br/receitafederal/pt-br/assuntos/noticias/2021/julho/receita-federal-lanca-programa-para-ajudar-empresas-a-cumprirem-obrigaco-es-tributarias. Acesso em: 02 ago. 2021.

MORA, Mônica. Governo eletrônico e aspectos fiscais: a experiência brasileira. *Instituto de Pesquisa Econômica Aplicada*. Disponível em: https://portal.tcu.gov.br/biblioteca-digital/governo-eletroni-co-e-aspectos-fiscais-a-experiencia-brasileira.htm. Acesso em: 27 jul. 2021.

SCHWAB, Klaus. *A quarta revolução industrial*. Trad. Daniel Moreira Miranda. São Paulo: Edipro, 2016.

ZILVETI, Fernando Aurelio. As repercussões da inteligência artificial na teoria da tributação. *Revista Direito Tributário Atual*, n. 43, ano 37, p. 484-500, 2º semestre de 2019.

2
CADASTRO TERRITORIAL MULTIFINALITÁRIO NA ADMINISTRAÇÃO PÚBLICA: AS QUESTÕES DA SUA EXISTÊNCIA, REGULAMENTAÇÃO E DISPONIBILIDADE DE ACESSO PÚBLICO

Andréa Oliveira da Silva

Universidade Federal de São Carlos – Brasil.
andrea@estudante.ufscar.br

Cinara de Araújo Vila

Universidade Feevale – Novo Hamburgo – Brasil
cinaravila@gmail.com

Ricardo Augusto Souza Fernandes

Universidade Federal de São Carlos – Brasil
ricardo.asf@.ufscar.br

Sumário: 1. Introdução; 1.1 Contribuições da pesquisa – 2. A multifinalidade do cadastro territorial: breve contexto; 2.1 CTM na gestão das cidades; 2.2 CTM e a questão do geodireito – 3. Procedimentos metodológicos – 4. Resultados: o cenário da regulamentação do CTM nas cidades da região metropolitana de Porto Alegre; 4.1 Resultados do bloco 1 – Pesquisa de campo (e-gov); 4.1.1 Resultados sobre a regulamentação do CTM; 4.1.2 Resultados sobre os geoportais; 4.2 Resultados do bloco 2 – Pesquisa em cidades base IBGE; 4.3 Análise dos resultados – 5. Considerações finais – 6. Referências.

1. INTRODUÇÃO

As cidades brasileiras desde a Carta Magna de 1988 à luz dos princípios norteadores da administração pública: legalidade, moralidade, impessoalidade, publicidade e eficiência, por meio da autonomia política, administrativa, financeira, legislativa e organizativa, receberam atribuições de gestão e corresponsabilidade quanto ao atendimento das demandas sociais[1]. Disto, expandiu-se os horizontes à política urbana e ambiental, as quais em 2001 passaram a ser norteadas pelo Estatuto da Cidade – Lei 10.257 – que disciplina normas e diretrizes gerais com objetivo de ordenar o pleno

---

1. SASS, S. R. R. *Abordagens de Descoberta de Conhecimento em Bases de Dados Aplicadas ao Cadastro Territorial Multifinalitário.* 2013. Universidade Estadual Paulista, Faculdade de Ciências e Tecnologia, Presidente Prudente, 2013.

desenvolvimento das funções sociais da cidade e da propriedade urbana, em garantia do direito às cidades sustentáveis[2].

Deste panorama legal, tornar as cidades sustentáveis, é fazê-las justas, belas, criativas, ecológicas, seguras, diversas e equitativas.[3] E por um olhar atual às cidades gestoras autônomas verifica-se que para ser sustentável também é necessário ser inteligente. Inteligente no sentido de se valer das tecnologias da informação e ser eficaz na capacidade de poder antecipar, compreender, discutir abertamente, atuar e servir inúmeros atores ao observar um território plural.[4]

A respeito de cidades inteligentes é essencial compreender que os aspectos que as envolvem são: governança participativa; desenvolvimento de capital humano, de infraestrutura de Tecnologia da Informação e Comunicação (TIC) e da cidadania ativa; e inovação tecnológica, organizacional e política[5]. Neste sentido, compreende-se governança inteligente como questão fundamental[6]. Entretanto, não se trata apenas de uma questão tecnológica, mas envolve todo um processo de mudança institucional[7], o qual a ativação espacial é imprescindível, de modo a permitir a organização e gestão dos processos espaciais[8], ou melhor, territoriais.

Isto posto, a ativação espacial por meio do Cadastro Territorial Multifinalitário (CTM) mostra-se essencial, visto que combina informações sobre direitos e regulamentos fundiários e o uso da terra, com informações abrangentes sobre as condições ambientais[9] e sociais. Melhor dito, concilia os mecanismos cadastrais, fortemente influenciados pelas TIC, para servir às funções requeridas pelos governos abertos[10], de forma a criar possibilidades reais para se efetivar a governança inteligente.

Cabe dizer que nas administrações municipais, das atividades praticadas cerca de 80% dependem do fator localização.[11] Neste sentido, entender as possibilidades

---

2. SIRVINSKAS, L. P. *Manual de direito ambiental*. 14. ed. São Paulo: Saraiva, 2016.

3. ROGERS, R.; GUMUCHGJIAN, P. *Ciudades para un pequeño planeta*. Barcelona: Editorial Gustavo Gili, 2000.

4. ROCHE, S. Geographic information science I: Why does a smart city need to be spatially enabled? *Progress in Human Geography*, [s. l.], v. 38, n. 5, p. 703–711, 2014.

5. OJO, A.; DZHUSUPOVA, Z.; CURRY, E. Exploring the Nature of the Smart Cities Research Landscape. In: GIL-GARCIA, J. R.; PARDO, T. A.; NAM, T. (Eds.). *Smarter as the New Urban Agenda*. Cham: Springer International Publishing, 2016. p. 23-47.

6. GIL-GARCIA, J. R.; PARDO, T. A.; NAM, T. What makes a city smart? Identifying core components and proposing an integrative and comprehensive conceptualization. *Information Polity*, [s. l.], v. 20, p. 61-87, 2015.

7. MEIJER, A. J.; BOLÍVAR, M. P. R. Governing the smart city: a review of the literature on smart urban governance. *International Review of Administrative Sciences*, [s. l.], v. 82, n. 2, p. 392-408, 2016.

8. ROCHE, S. Geographic information science I: Why does a smart city need to be spatially enabled? *Progress in Human Geography*, [s. l.], v. 38, n. 5, p. 703-711, 2014.

9. SILVA, A. O. *Governança Inteligente e Cadastro Territorial Multifinalitário*: Geoinformação, transparência e participação colaborativa no contexto da Região Metropolitana de São Paulo. 2020. Universidade Federal de São Carlos, São Carlos, 2020.

10. WILLIAMSON, I.; ENEMARK, S.; WALLACE, J.; RAJABIFARD, A. *Land Administration for Sustainable Development*. [s.l: s.n.]. Disponível em: <www.esri.com,>. Acesso em: 28 out. 2019.

11. ROSA, R. Geotecnologias na Geografia aplicada. *Geography Department, University of Sao Paulo*, [s. l.], v. 16, p. 81-90, 2005.

de um CTM, assistido por Sistema de Informações Geográficas (SIG), se faz pertinente. Assim, considerando a importância da utilização do CTM no dia a dia das administrações municipais, compreende-se como relevante pesquisar o panorama da regulamentação deste instrumento de apoio à governança no âmbito das cidades da região metropolitana do Porto Alegre.

Para tanto organizou-se o artigo a partir desta introdução, seguida pela Seção 2, que conceitua e contextualiza as características e possibilidades do CTM aplicado a gestão das cidades. Os procedimentos metodológicos seguem relatados na Seção 3. Apresenta-se na Seção 4 os resultados obtidos no cenário pesquisado, bem como sua análise. Por fim, a Seção 5 trata das considerações finais.

1.1   Contribuições da Pesquisa

De modo geral, esta pesquisa tem como objetivo lançar novos olhares ao CTM quanto as possibilidades efetivas da melhor instrumentação à gestão das cidades, colaborando para uma melhor governança urbana. Almeja suscitar debates acerca do CTM sob à luz do direito administrativo no que diz respeito a sua regulamentação.

2.   A MULTIFINALIDADE DO CADASTRO TERRITORIAL: BREVE CONTEXTO

Atualmente, as tecnologias digitais estão cada vez mais difundidas no ambiente complexo que é a cidade, resulta num rico ecossistema de produtores e consumidores de dados da digitalização do espaço urbano[12]. Sabe-se que as TICs oferecem uma variedade de soluções às questões urbanas – a sustentabilidade ambiental, a inovação socioeconômica, a governança participativa, os melhores serviços públicos, o planejamento e a tomada de decisões colaborativas – do cotidiano.[13] Também, proporcionam uma multiplicidade de recursos de informação (inclusive dados) e de recursos de serviços que instrumentalizam os gestores urbanos na tomada de decisões. Consideram-se recursos de informação os dados arquivados, quais sejam dados geográficos básicos, dados de sensoriamento histórico e os fluxos de dados em tempo real.[14]

Cabe ressaltar que as possibilidades em geoinformação do ambiente urbano propicia imenso volume de dados e fluxos informacionais, os quais se justifica-se por fatores como: (i) dados abertos e transparência das informações da administração pública; (ii) difusão das inovações tecnológicas em sensores e Internet das coisas; (iii) serviços com base na localização e redes sociais como geradoras

---

12.   RE CALEGARI, G.; CELINO, I.; PERONI, D. City data dating: Emerging affinities between diverse urban datasets. *Information Systems*, [s. l.], v. 57, p. 223-240, 2016.

13.   KHAN, Z.; ANJUM, A.; SOOMRO, K.; TAHIR, M. A. Towards cloud based big data analytics for smart future cities. *Journal of Cloud Computing: Advances, Systems and Applications*, [s. l.], v. 4, n. 1, p. 2, 2015.

14.   XIAO, C.; CHEN, N.; GONG, J.; WANG, W.; HU, C.; CHEN, Z. Event-Driven Distributed Information Resource-Focusing Service for Emergency Response in Smart City with Cyber-Physical Infrastructures. *ISPRS International Journal of Geo-Information*, [s. l.], v. 6, n. 8, p. 251, 2017.

constante de informações, a qual contribui de sobremaneira para contextualizar o espaço-tempo.[15]

Isto posto, tratar de recursos de informação territorializada, no âmbito da administração pública, é o vincular o assunto ao CTM, e, portanto, ao SIG, os quais resumidamente podem ser compreendidos como, segundo Silva (2019):

> "Cadastro Territorial Multifinalitário (CTM) – compreende a ferramenta de informação territorial, de carácter institucional oficial no âmbito dos munícipios brasileiros.
>
> Sistema de Informação Geográfica – compreende o ponto de partida para os assuntos vinculados à espacialização das informações urbanas, considerada ferramenta importante de geodados [...].[16]

No contexto do Sistema de informação geográfica (SIG), ainda que sua viabilidade tenha iniciado em 1963, com a proposta de Roger Tomlinson para um SIG canadense baseado em computadores gerenciando o inventário, processos analíticos e mapeamento automático de recursos naturais, marcando a começo da popularidade mundial da pesquisa acadêmica e o desenvolvimento comercial de SIG[17]. Somente, no final da década de 1990 se inicia da difusão da tecnologia SIG para coletar e exibir os dados urbanos, a qual mapas para navegação na Web foram os primeiros sistemas visuais amplamente disponibilizados e, permanentemente, verifica-se a dinâmica criação de inúmeras iniciativas diferentes em geodados a partir de novas variedades de acesso digital, tais como GPS veicular e pessoal – por redes sociais.[18]

Neste sentido, pode-se entender o SIG como ferramenta elementar à governança do uso do solo, auxiliando os governos no planejamento e desenvolvimento urbano.[19] Portanto, ainda que a disponibilidade de informações geográficas qualificadas seja algo imprescindível, por um SIG é possível caracterizar o território tornando sua complexidade compreensível, também é possível ser meio de partilha de informações, consolidando seu importante papel no desenvolvimento e planejamento urbanos, na geração de decisões coconstruídas com a participação dos cidadãos.[20]

---

15. RE CALEGARI, G.; CELINO, I.; PERONI, D. City data dating: Emerging affinities between diverse urban datasets. *Information Systems*, [s. l.], v. 57, p. 223-240, 2016.
16. SILVA, A. O. *Governança Inteligente e Cadastro Territorial Multifinalitário*: Geoinformação, transparência e participação colaborativa no contexto da Região Metropolitana de São Paulo. 2020. Universidade Federal de São Carlos, São Carlos, 2020. p. 45-46.
17. TAO, W. Interdisciplinary urban GIS for smart cities: advancements and opportunities. *Geo-spatial Information Science*, [s. l.], v. 16, n. 1, p. 25-34, 2013.
18. BATTY, M.; AXHAUSEN, K. W.; GIANNOTTI, F.; POZDNOUKHOV, A.; BAZZANI, A.; WACHOWICZ, M.; OUZOUNIS, G.; PORTUGALI, Y. Smart cities of the future. *The European Physical Journal Special Topics*, [s. l.], v. 214, n. 1, p. 481–518, 2012.
19. BATTY, M.; AXHAUSEN, K. W.; GIANNOTTI, F.; POZDNOUKHOV, A.; BAZZANI, A.; WACHOWICZ, M.; OUZOUNIS, G.; PORTUGALI, Y. Smart cities of the future. *The European Physical Journal Special Topics*, [s. l.], v. 214, n. 1, p. 481–518, 2012.PLICATIONS 2008, *Anais...*: IEEE, 2008.
20. DUBUS, N.; HELLE, C.; MASSON-VINCENT, M. De la gouvernance à la géogouvernance : de nouveaux outils pour une démocratie LOCALE renouvelée. *L'Espace Politique*, [s. l.], n. 10, 2010.

Sob esta perspectiva e, pelas palavras de Tao[21], pode-se sintetizar SIG como uma disciplina interdisciplinar que abarca cartografia, geografia, ciência da computação, sociologia e urbanismo, configurando deste modo a plataforma propícia a entender, participar e influenciar de maneira holística os processos urbanos, ou seja, a gestão das cidades.

Cabe mencionar que no contexto das cidades inteligentes, Garcia-Ayllon e Miralles[22] consideraram experimentar várias ferramentas SIG para analisar, diagnosticar e planejar de cenários futuros, validando a aplicação da filosofia de governar o território, o qual entendem ser parte do conceito de cidade inteligente já evoluindo para um conceito, mais amplo e abrangente, de território inteligente. Posto isto, os autores por meio da metodologia denominada análise retrospectiva SIG demonstram ser possível implementar a filosofia de território inteligente na governança pública para assim antecipar e corrigir problemas territoriais.

Cabe contextualizar, que as novas tecnologias espaciais desde 2000, viabilizam inovações servindo governos e empresas de modo jamais visto quanto ao uso de informações cadastrais e dos cadastros propriamente ditos. Também, importa dizer, mesmo que no âmbito mundial os sistemas cadastrais sejam nitidamente diferentes segundo estrutura, processos, atores, ainda assim, o cadastro vem sendo difundido num modelo global unificado, o qual a multifinalidade do cadastro cada vez mais ganha importância[23].

Isto posto, segundo Sass e Amorim[24], o CTM compreende as questões ligadas a tecnologia (software, hardware, formato de arquivos etc.), legislação e administração, além de agregar outros tipos de informações e melhorar a forma de análise em planejamento estratégico, sendo usados pelos municípios para registrar e gerenciar as transformações do espaço urbano. Assim, em linhas gerais compreende-se que a multifinalidade do cadastro se consolida no momento que os dados ambientais e sociais dos seus ocupantes são incorporados aos dados econômico-físico-jurídicos da parcela – unidade imobiliária.[25]

2.1   CTM na gestão das cidades

Compreende o CTM a importante ferramenta para o governo urbano local, fonte de informações qualificadas para tributar, planejar, prestar serviços, promo-

---

21. TAO, W. Interdisciplinary urban GIS for smart cities: advancements and opportunities. *Geo-spatial Information Science*, [s. l.], v. 16, n. 1, p. 25-34, 2013.
22. GARCIA-AYLLON, S.; MIRALLES, J. L. New Strategies to Improve Governance in Territorial Management: Evolving from "Smart Cities" to "Smart Territories". *Procedia Engineering*, [s. l.], v. 118, p. 03-11, 2015.
23. WILLIAMSON, I.; ENEMARK, S.; WALLACE, J.; RAJABIFARD, A. *Land Administration for Sustainable Development*. [s.l: s.n.]. Disponível em: <www.esri.com,>. Acesso em: 28 out. 2019.
24. SASS, G. G.; AMORIM, A. Análise Temporal a partir do Cadastro Territorial Multifinalitário. *Revista Brasileira de Cartografia*, [s. l.], v. 65, n. 2, p. 283-291, 2013.
25. ERBA, D. A. O Cadastro Territorial: presente, passado e futuro. In: ERBA, D. A.; OLIVEIRA, F. L.; LIMA JUNIOR, P. (Eds.). *Cadastro multifinalitário como instrumento de política fiscal e urbana*. Brasília: Ministério das Cidades, 2005. p. 13-38.

ver o bem-estar e desenvolvimento sustentável. Conforme Erba & Piumetto[26] é o instrumento chave para estabelecer as políticas do solo urbano. Contém dados econômicos, legais, físico-espaciais, sociais e ambientais do território, os quais à gestão da cidade são essenciais, permitindo monitorar e gerenciar seu crescimento, definir estratégias de financiamento urbano, e analisar o antes e depois advindos do impacto das intervenções a serem implantadas. Ademais, permite a identificação da tipologia do uso e ocupação do solo, de modo dar subsídios ao lançamento dos tributos imobiliários, a exemplo o IPTU.

Destarte, pode-se afirmar de maneira sinóptica que por meio do CTM, em conjunto com os SIG, é possível organizar as informações estratégicas e, inseri-las ao contexto geográfico, proporcionando todo o conhecimento territorial[27], fato que comprovadamente o consolida como um eficiente instrumento de gestão, logo uma ferramenta primordial a ser implementada nos municípios[28], que permite, inclusive, colaborar à gestão participativa. A respeito disto, Loch[29] compreende que ao representar as informações espaciais em mapas mostrando à comunidade sua realidade físico-espacial, tal ação facilita que as questões propostas para cidade sejam compreendidas de modo a garantir melhor efetividade à participação popular.

Para Erba, o CTM define-se como:

> [...] um sistema de banco de dados integrado que contém informações sobre registro e propriedade da terra, características físicas, modelagem econométrica para avaliação de propriedades, zoneamento, sistemas de informações geográficas, transporte e dados ambientais, socioeconômicos e demográficos. Esses registros representam uma ferramenta holística de planejamento que pode ser usada nos níveis local, regional e nacional para abordar questões como desenvolvimento econômico, expansão, erradicação da pobreza, política fundiária e desenvolvimento sustentável da comunidade.[30]

Cabe pontuar, que o cadastro estruturado segundo visão ampliada e multifinalitária, ganha expressividade após as Conferências RIO-92 e HABITAT-II, as quais suas respectivas agendas consideram: Agenda 21 – destaca a importância da informação territorial subsidiando os processos de tomada de decisões norteadas à preservação do meio ambiente e à promoção do desenvolvimento sustentável[31]; e Agenda Habitat-II

---

26. ERBA, D. A.; PIUMETTO, M. *Catastro Territorial Multifinalitario*. [S.l.]: Lincoln Institute of Land Policy, 2013.

27. LOCH, C.; ERBA, D. A. *Cadastro Técnico Multifinalitário Rural e Urbano*. Cambridge, MA: Lincoln Institute of Land Policy, 2007. Disponível em: <https://www.lincolninst.edu/publications/books/cadastro-tecnico--multifinalitario-rural-e-urbano>. Acesso em: 26 mar. 2019.

28. RÚBIO, M. R. B.; BERTOTTI, L. G. O Cadastro Territorial Multifinalitário e Gestão do Território. *Revista Ambiência*, [s. l.], v. 8, n. Especial 1, p. 741-756, 2012.

29. LOCH, C. Cadastro multifinalitário instrumento de política fiscal e urbana. In: *Cadastro multifinalitário como instrumento da política fiscal e urbana*. Rio de Janeiro: Ministério das Cidades, 2005. p. 75-101.

30. ERBA, D. A. O Cadastro Territorial: presente, passado e futuro. In: ERBA, D. A.; OLIVEIRA, F. L.; LIMA JUNIOR, P. (Eds.). *Cadastro multifinalitário como instrumento de política fiscal e urbana*. Brasília: Ministério das Cidades, 2005. p. 13-38.

31. ERBA, D. A. O Cadastro Territorial: presente, passado e futuro. In: ERBA, D. A.; OLIVEIRA, F. L.; LIMA JUNIOR, P. (Eds.). *Cadastro multifinalitário como instrumento de política fiscal e urbana*. Brasília: Ministério

– confirma a necessidade da administração correta das informações do território, de forma a desenvolver e apoiar a gestão integrada do solo, por meio de sistemas integrados de informações territoriais e cartográficas para o gerenciamento do solo, incluindo incorporar a valorização do solo, e ainda garantir a disponibilidade de tais informações.[32]

Nesta linha, constata-se a evolução do CTM de simples base cadastral para gerenciar de cobranças de impostos para uma complexa base de dados de gestão territorial.[33] Sendo para Vendruscolo[34] o CTM considerado o alicerce para uma boa gestão, o qual entende como inadmissível dissociar o cadastro territorial da gestão urbana.

Imprescindível pontuar, que a implementar o CTM envolve ações administrativas, legais e técnicas[35]. Nas palavras de Erba e Piumetto[36], demanda mudança de paradigma, a qual é possível acontecer por duas vias, a legalista e a pragmática. Sendo a primeira via implantada por força de lei, criando e alterando as leis que disciplinam o cadastro. Já a via pragmática é a que estabelece diretrizes de adoção optativa, na intenção de construir a "cultura CTM", considerando que tais disposições adequar-se-ão ao longo do tempo mediante a compreensão da sua operacionalidade pelos administradores e usuários do CTM.

No Brasil a criação, instituição e atualização do CTM tem sua orientação estabelecida pela Portaria do Ministério das Cidades 511/2009, sendo este ato apenas orientativo, sem efeito de cumprimento compulsório, portanto adotou-se a via pragmática. Neste liame, cabe dizer, que a atualização do CTM é uma decisão administrativa, ou seja, independe de lei podendo ser executada como rotina ao longo do ano.[37]

2.2   CTM e a questão do Geodireito

Não se gerencia uma cidade sem informações. Não é possível fazer o ordenamento de solo sem dados. Assim sendo, o Direito tem utilizado a Geografia, seus dados,

---

das Cidades, 2005. p. 13–38; LOCH, C.; ERBA, D. A. *Cadastro Técnico Multifinalitário Rural e Urbano*. Cambridge, MA: Lincoln Institute of Land Policy, 2007. Disponível em: <https://www.lincolninst.edu/publications/books/cadastro-tecnico-multifinalitario-rural-e-urbano>. Acesso em: 26 mar. 2019.

32. FERNANDES, M. *Agenda Habitat para Municípios*. Rio de Janeiro: IBAM, 2003.

33. LOCH, C.; ERBA, D. A. *Cadastro Técnico Multifinalitário Rural e Urbano*. Cambridge, MA: Lincoln Institute of Land Policy, 2007. Disponível em: <https://www.lincolninst.edu/publications/books/cadastro-tecnico-multifinalitario-rural-e-urbano>. Acesso em: 26 mar. 2019; SASS, S. R. R. *Abordagens de Descoberta de Conhecimento em Bases de Dados Aplicadas ao Cadastro Territorial Multifinalitário*. 2013. Universidade Estadual Paulista, Faculdade de Ciências e Tecnologia, Presidente Prudente, 2013.

34. VENDRUSCOLO, C. B. S. *O Cadastro Territorial Multifinalitário no Exercício da Função Social da Propriedade*. 2011. Universidade Federal de Santa Catarina, Programa de Pós-Graduação em Engenharia Civil, Florianópolis, 2011.

35. PIMENTEL, J. da S.; CARNEIRO, A. F. T. Cadastro Territorial Multifinalitário em Município de Pequeno Porte de acordo com os Conceitos da Portaria 511 do Ministério das Cidades. *Revista Brasileira de Cartografia*, [s. l.], v. 64, n. 2, p. 201-212, 2012.

36. ERBA, D. A.; PIUMETTO, M. *Catastro Territorial Multifinalitario*. [S.l.]: Lincoln Institute of Land Policy, 2013.

37. AVERBECK, C. E. *Os sistemas de cadastro e planta de valores no município*: prejuízos da desatualização. Dissertação. Florianópolis: UFSC, 2003. 200 p.

análises, diagnósticos e planejamento para estabelecer uma ordem interna como seu fim. Por sua vez, a Geografia usa o Direito como meio, junto à sua capacidade coercitiva, para viabilizar sua finalidade: localizar coisas, pessoas e relações no território.[38]

As transformações ocasionadas pela ocupação e uso do solo ocorrem de maneira dinâmica e contínua, necessitando de uma estrutura de atuação permanente do Poder Executivo Municipal na atualização e no registro dos dados e informações territoriais.

Assim, o uso de geoinformação e a divulgação de dados territorializados para a orientar ações governamentais, com suporte em tecnologias da informação, tem ganhado enorme destaque, nas agendas nacionais e internacionais[39]. Como segue:

- A Agenda 21 (Conferência das Nações Unidas para o Meio Ambiente e Desenvolvimento, 1992) menciona a necessidade de padronização, interoperabilidade e desenvolvimento de sistemas de informação geográfica (SIG).

- Agenda 2030 para o desenvolvimento sustentável (2017 *Cape Town Global Action Plan for Sustainable Development Data2*, Big Data for the SDGs) indica a necessidade de esforços para qualificar a produção de dados estatísticos oficiais relacionados a ações previstas nos 17 Objetivos do Desenvolvimento Sustentável.

- UN Global Pulse: a Organização das Nações Unidas iniciou programa com o objetivo de promover o uso de Big Data para o desenvolvimento de ferramentas de análise de dados como suporte para políticas e ações com base em evidências científicas (por exemplo, ferramentas que permitem o uso de imagens de satélite ou de identificação de imagens locacionais em tempo real, ou, ainda, de dados de sistemas de telefonia celular.

No Brasil, exemplos relevantes de iniciativas estruturados que podem ser elencados são: a) Cadastro Ambiental Rural (CAR): os sistemas de monitoramento de desmatamento e de queimadas na Amazônia sob responsabilidade do Instituto Nacional de Pesquisas Espaciais (INPE); b) Centro Nacional de Monitoramento e Alertas de Desastres Naturais (Cemaden).

Cabe destacar que a padronização de ações relacionadas com a produção e gestão de dados e informações geoespaciais foi instituída através do Decreto Presidencial 6.666, de 27 de novembro de 2008. Este decreto institui a Infraestrutura Nacional de Dados Espaciais—INDE, que é definida como um "conjunto integrado de tecno-

---

38. UGEDA, L. Geografia e Direito: Revisão Doutrinária da Construção Interdisciplinar da Geoinformação Enquanto um Direito. In: LEITE, J.R.M.; BORATTI, L.V.; CAVEDON-CAPDEVILLE, F.S. *Direito Ambiental e Geografia*: Relação entre Geoinformação, Marcos Legais, Políticas Públicas e Processos Decisórios. Rio de Janeiro: Lumen Juris, 2020. p. 49-77.

39. LOCATELLI, P.A. A Atuação do Ministério Público na Tutela do Meio Ambiente por Meio dos Sistemas de Informações Geográficas. In: LEITE, J.R.M.; BORATTI, L.V.; CAVEDON-CAPDEVILLE, F.S. *Direito Ambiental e Geografia*: Relação entre Geoinformação, Marcos Legais, Políticas Públicas e Processos Decisórios. Rio de Janeiro: Lumen Juris, 2020. p. 430-467.

logias, políticas, mecanismos e procedimentos de coordenação e monitoramento, padrões e acordos, necessários para facilitar e ordenar a geração, o armazenamento, o acesso, o compartilhamento, a disseminação e o uso dos dados geoespaciais de origem federal, estadual, distrital e municipal".[40]

A INDE vai além de um repositório de dados e visa conciliar a produção e disseminação de dados geoespaciais de diferentes temas no âmbito nacional, incluindo todos os níveis de governo. O decreto está baseado na competência constitucional da União no art. 21, XV da Constituição Federal, que determina a competência da União em organizar e manter os serviços oficiais de estatística, geografia, geologia e cartografia de âmbito nacional.[41]

Além do Decreto Presidencial 6.666, há também o Decreto Presidencial 8.764, de 10 de maio de 2016, que institui o Sistema Nacional de Gestão de Informações Territoriais – SINTER. O sistema funcionaria para integrar as informações jurídicas do registro público de imóveis, aos dados e informações armazenadas nos cadastros territoriais. O decreto regulamentou também o art. 47 da Lei Federal 11.977/ 2009, que previa que os registros públicos repassassem informações constantes dos seus bancos de dados ao Poder Judiciário e ao Poder Executivo Federal, por meio eletrônico e sem ônus. Esta previsão daria o direcionamento para centralização de dados e informações referentes ao cadastro territorial urbano na esfera Federal, assim como já ocorre com o cadastro rural.

Tais práticas que mesclam direito e geografia exigem análise dos seus efeitos para conferir suporte a decisões administrativas bem-informadas, fundamentadas em evidências e baseadas na transparência. A geoinformação de qualidade, acessível e atualizada permite planejamento, monitoramento e revisão de forma qualificada de planos, políticas e ações governamentais.[42]

O direito à geoinformação, no contexto de políticas públicas municipais, deixa de ter caráter apenas tecnológico apenas para ser infraestrutura, com necessidade de política pública regulatória. Sob o aspecto do direito administrativo, esta pesquisa busca expor a necessidade de articular a relação entre elementos normativos (legais, institucionais e de política pública) e aspectos conceituais, metodológicos e técnicos da Geografia (sobretudo, geotecnologia relacionada a SIGs e cartografia).[43]

---

40. BRASIL. Decreto 6.666, de 27 de novembro de 2008. *Institui, no âmbito do Poder Executivo federal, a Infra-Estrutura Nacional de Dados Espaciais – INDE, e dá outras providências*. DOU de 28.11.2008.

41. TEIXEIRA, K. Gestão Territorial Municipal e Geoinformação: o Caso do Município de Florianópolis/SC. In: LEITE, J.R.M.; BORATTI, L.V.; CAVEDON-CAPDEVILLE, F.S. *Direito Ambiental e Geografia*: Relação entre Geoinformação, Marcos Legais, Políticas Públicas e Processos Decisórios. Rio de Janeiro: Lumen Juris, 2020. p. 405-428.

42. LEITE, J.R.M.; BORATTI, L.V.; CAVEDON-CAPDEVILLE, F.S. *Direito Ambiental e Geografia*: Relação entre Geoinformação, Marcos Legais, Políticas Públicas e Processos Decisórios. Rio de Janeiro: Lumen Juris, 2020. p. 16-20.

43. LOCATELLI, P.A. A Atuação do Ministério Público na Tutela do Meio Ambiente por Meio dos Sistemas de Informações Geográficas. In: LEITE, J.R.M.; BORATTI, L.V.; CAVEDON-CAPDEVILLE, F.S. *Direito Ambiental*

Constata-se pela análise que embora haja algumas iniciativas municipais, a grande parte dos municípios ainda não dispõe de ferramentas de geoinformação para qualificar a gestão territorial. Além disso, enfrenta a falta de investimento na capacitação técnica do quadro efetivo de pessoal, como um dos maiores desafios a serem superados para introduzir uma cultura geoinformacional, nas tomadas de decisão pelas administrações municipais.[44]

A enorme fragmentação administrativa-territorial dentro de uma região metropolitana com a produção de quantidade expressiva de dados e informações, muitas vezes sem interoperabilidade não cumpre os compromissos internacionais e deixa uma lacuna a ser preenchida por regulamentação ainda escassa na esfera federal e municipal. Ensina Ugeda:

> [...] a padronização de dados passou a compor uma premissa imperiosa do desenvolvimento dos Estados mundo afora, devendo ser aprimoradas qualitativamente, situação que fundamentou a criação do conceito de Infraestrutura de Dados Espaciais (IDE) como peça fundamental da política pública geográfica de um país (UGEDA, 2017, p. 246). É como se todas as facetas do Direito Administrativo (p. ex., ambiental, urbanístico, agrário, minerário, energético, saúde, educação, segurança, logística etc.) fossem tratadas em camadas (layers) de uma plataforma geotecnológica e pudessem oferecer conclusões considerando todas as frentes jurídicas. A IDE oferece ao Direito Administrativo uma oportunidade de se repensar como algo uno, respeitando todas as suas espécies e juntando-as com o elemento que elas têm de mais comum: o território.[45]

Vivemos uma a revolução tecnológica acelerada com a Covid-19. As duas últimas décadas do século 20 já indicavam que os censos, os mapas, os sistemas geográficos e as informações geoespaciais passariam a compor uma grande evolução em relação aos sistemas anteriores.

O desenvolvimento tecnológico possibilitou criar modelos em três dimensões, multiescalares, com a possibilidade de cumular camadas (*layers*) de forma ilimitada. Todo esse ferramental tecnológico e grau de sofisticação gerou a necessidade de instrumentalizar políticas públicas de base geográfica. E segue Ugeda:

> O uso de celulares para aplicação de políticas públicas geográficas, no caso o combate à pandemia, impôs duas reflexões centrais. A primeira, mais óbvia, é a hipossuficiência das autoridades geográficas para acompanhar online o funcionamento da sociedade. A IDE é uma construção robusta em seus princípios econômicos, técnicos e jurídicos, mas tem uma gênese estática. A proliferação de metadados, bem como o largo uso de inteligência artificial, faz com que a política

---

e Geografia: Relação entre Geoinformação, Marcos Legais, Políticas Públicas e Processos Decisórios. Rio de Janeiro: Lumen Juris, 2020. p. 430-467.

44. TEIXEIRA, K. Gestão Territorial Municipal e Geoinformação: o Caso do Município de Florianópolis/SC. In: LEITE, J.R.M.; BORATTI, L.V.; CAVEDON-CAPDEVILLE, F.S. *Direito Ambiental e Geografia*: Relação entre Geoinformação, Marcos Legais, Políticas Públicas e Processos Decisórios. Rio de Janeiro: Lumen Juris, 2020. p. 405-428

45. UGEDA, L. Geografia e Direito: Revisão Doutrinária da Construção Interdisciplinar da Geoinformação Enquanto um Direito. In: LEITE, J.R.M.; BORATTI, L.V.; CAVEDON-CAPDEVILLE, F.S. *Direito Ambiental e Geografia*: Relação entre Geoinformação, Marcos Legais, Políticas Públicas e Processos Decisórios. Rio de Janeiro: Lumen Juris, 2020. p. 63.

pública geográfica esteja mais próxima das concessões de telefonia celular do que das autoridades geográficas por um motivo simples: é na palma da mão que funciona a arena do mercado geo com sua infinidade de apps e soluções disruptivas. A segunda reflexão, não menos importante e totalmente complementar, é o fato de que a Geoinformação passou também a se caracterizar como um direito. É o direito a sermos geoinformados enquanto espécie do gênero direito à informação (JANKOWSKA, 2014) e não apenas enquanto tecnologia.[46]

3. PROCEDIMENTOS METODOLÓGICOS

Como já dito, o presente estudo tem como objetivo geral compreender o universo da regulamentação do CTM, bem identificar a consolidação do CTM como ferramenta de gestão urbana, aberta e participativa. Para tanto, propõe como objeto de estudo analisar as 34 cidades Região Metropolitana de Porto Alegre (RMPA), caracterizadas na Tabela 1 considerando compreender basicamente questões quanto: (i) a existência de regulamentação do CTM; (ii) existência do CTM propriamente dito; e por fim, (iii) a disponibilidade do CTM na internet por meio dos geoportais.

Municípios	Área (km²)[3]	População[1]	Densidade Demográfica (hab/km²)[1]	PIB 2016 (milhões de reais)[2]
Porto Alegre	479,61	1.409.351	2939,76	73.862.305
Alvorada	72,26	195.673	2708,52	2.607.247
Araricá	34,95	4.864	139,28	144.404
Arroio dos Ratos	427,05	13.606	31,87	236.532
Cachoeirinha	43,76	118.278	2703,24	4.960.250
Campo Bom	61,79	60.074	972,34	2.815.006
Canoas	130,73	323.827	2478,58	18.947.513
Capela de Santana	182,69	11.612	63,57	197.605
Charqueadas	216,48	35.320	163,35	1.050.976
Dois Irmãos	65,79	27.572	419,09	1.688.573
Eldorado do Sul	511,61	34.343	67,11	1.590.084
Estância Velha	51,67	42.574	824,25	3.183.305
Esteio	27,68	80.755	2914,34	1.310.204
Glorinha	324,81	6.891	21,2	339.676
Gravataí	463,3	255.660	552,04	12.406.079
Guaíba	375,25	95.204	253,78	5.629.241
Igrejinha	136784	31.660	233,03	1.593.833
Ivoti	62,66	19.874	317,22	903.806
Montenegro	436,19	59.415	136,26	3.301.681
Nova Hartz	62,81	18.346	292,09	613.593
Nova Santa Rita	216,95	22.716	104,66	1.130.729

---

46. UGEDA, L. Geografia e Direito: Revisão Doutrinária da Construção Interdisciplinar da Geoinformação Enquanto um Direito. In: LEITE, J.R.M.; BORATTI, L.V.; CAVEDON-CAPDEVILLE, F.S. *Direito Ambiental e Geografia*: Relação entre Geoinformação, Marcos Legais, Políticas Públicas e Processos Decisórios. Rio de Janeiro: Lumen Juris, 2020. p. 68.

Municípios	Área (km²)¹	População¹	Densidade Demográfica (hab/km²)¹	PIB 2016 (milhões de reais)²
Novo Hamburgo	224,09	238.940	1066,76	8.736.150
Parobé	109,96	51.502	468,18	1.144.718
Portão	160,9	30.920	191,93	1.077.214
Rolante	297,04	19.485	65,62	566.894
Santo Antônio da Patrulha	1048,56	39.685	37,84	1.266.970
São Jerônimo	936,35	22.134	23,65	3.286.118
São Leopoldo	103,97	214.087	2060,31	3.135.020
São Sebastião do Caí	112334	21.932	196,81	590.487
Sapiranga	138,36	74.985	542,21	7.829.272
Sapucaia do Sul	56,97	130.957	2299,25	631.81
Taquara	455,91	54.643	119,88	1.256.709
Triunfo	821,62	25.793	31,41	8.803.874
Viamão	1496,58	239.384	159,85	3.564.507
TOTAL	251.663,14	4.032.062	16,02	179.770.575

Tabela 1 – Caracterização do objeto de estudo – cidades da região metropolitana de Porto Alegre

Neste sentido, o estudo de caso proposto está pautado na metodologia exploratória, combinando dados quantitativos e qualitativos, destes últimos, segundo Deslauriers, sempre é possível obter novos dados, visto que geram informações aprofundadas e ilustrativas independentemente do tamanho da amostra coletada. O estudo quantitativo pretende averiguar quantas são as cidades que: (i) regulamentaram o CTM; (ii) implantaram o CTM/SIG e; (iii) disponibilizam acesso as informações territoriais da cidade pela internet, melhor dito, mantem ativo e aberto um geoportal municipal. Quanto, a observação qualitativa, o estudo considerou focar nos aspectos da regulamentação do CTM, e ainda, caracterizar o cenário auto declaratório da situação do cadastro, segundo MUNIC-2019.

Isto posto, de modo geral, a metodologia desenvolveu-se em 5 etapas, sendo sua elaboração subsidiada por uma pesquisa bibliográfica, que contextualizou o universo da pesquisa, abordando os conceitos envolvidos de forma a delinear a seleção dos aspectos considerados no estudo.

A primeira etapa tratou-se de estabelecer as fontes as quais verificar-se-á os aspectos da regulamentação, existência e a disponibilidade do CTM em geoportais. Sendo assim, considerando a fonte a ser pesquisada dividiu-se a pesquisa em 2 blocos, que são: (i) Bloco 1 – Pesquisa de Campo (e-gov), compreendendo o levantamento de dados nos sítios eletrônicos de cada cidade da RMPA; (ii) Bloco 2 – Pesquisa em CIDADES base IBGE, compreendendo a mineração de dados referente às cidades na base de dados disponibilizada pela pesquisa: Perfil dos municípios brasileiros conhecida por Munic:2019.[47]

---

47. IBGE. *Perfil dos municípios brasileiros*: 2019. IBGE – Coordenação de População e Indicadores Sociais. 2020.

Na segunda etapa tratou-se de organizar, em cada bloco, os grupos de pesquisa segundo os aspectos de interesse, que são: (i) Grupo A – compreende a observação quanto a regulamentação do CTM; (ii) Grupo B – compreende a observação quanto a disponibilidade do CTM nos geoportais; e (iii) Grupo C – compreende a observação quando a existência do cadastro, como elencadas na Tabela 1 e Tabela 2 . Também, estabeleceu-se as questões a serem observadas e as respectivas respostas admitidas.

Cabe dizer, ainda que seja sabido que a via para a implantação CTM que prevaleça no Brasil não seja a legalista, compreendeu ser importante estabelecer um olhar para a regulamentação deste instrumento de gestão. Neste sentido, a elaboração das questões postas considerou verificar além da existência da regulamentação, como também verificar se o texto de lei contempla delinear as possibilidades de uso do CTM, já contextualizadas na seção 2, as quais, segundo Carneiro[48], deve atentar que não compreende somente medidas, por uma visão cartográfica, num mapa da estrutura fundiária (cadastro imobiliário) somadas aos diversos mapas temáticos, também o CTM deve ser instrumento integrador das variáveis que caracterizam o uso e a ocupação do território, sendo assim, é muito importante sua interconexão com o Registro de Imóveis, e demais os órgãos estatais e concessionárias de serviços públicos.

Grupo	Questões	Respostas admitidas
A -Regulamentação	A1 Foi encontrada legislação que institui o CTM?	(SIM/NÃO)
	A2 Foi encontrada legislação que regulamento o CTM?	
	A3 Legislação segue as diretrizes da Portaria Ministerial 511/2009¹?	
	A4 A legislação elenca os assuntos que devem conter o CTM?	(SIM/NÃO), se SIM, RELACIONAR
	A5 Prevê a interface com registro de imóveis?	(SIM/NÃO)
	A6 O regramento prevê procedimentos de atualização? A6.1 As informações atualizadas subsidiam a atualização da PGV? A6.2 As informações atualizadas subsidiam a gestão da cidade quanto: A6.2.1 Aplicação dos instrumentos urbanísticos; A6.2.2 Planejamento e monitoramento de políticas públicas;	(SIM/NÃO), se SIM, RELACIONAR
B – Geoportais	B1 Existe geoportal disponível?	(SIM/NÃO)
	B2 Identifica-se informações que compõe um CTM no geoportal?	

Tabela 2 – Delimitação dos aspectos da pesquisa e classificação das respostas admitidas do Bloco 1.

---

48. PIMENTEL, J. da S.; CARNEIRO, A. F. T. Cadastro Territorial Multifinalitário em Município de Pequeno Porte de acordo com os Conceitos da Portaria 511 do Ministério das Cidades. *Revista Brasileira de Cartografia*, [s. l.], v. 64, n. 2, p. 201–212, 2012.

Grupo	Questões	Respostas admitidas
C–MUNIC-2019	C1 Existe cadastro imobiliário? C1.1 É informatizado? C1.2 É Georreferenciado?	(SIM/NÃO)
	C2 A Prefeitura disponibiliza o cadastro para acesso público?	
	C3 Atualização do cadastro imobiliário é feita: C3.1 Anualmente ou período menor do que um ano? C3.2 Período maior do que um ano? C3.3 Sob demanda do proprietário?	
	C4 Total de imóveis cadastrados? C4.1 Total de imóveis residenciais? C4.2 Total de imóveis não residenciais?	(quantidade)

Tabela 3 – Delimitação dos aspectos da pesquisa e classificação das respostas admitidas do Bloco 2.

Conclui-se esta segunda etapa parametrizando as respostas admitidas, como indicado nas tabelas 2 e 3, de forma a possibilitar construir graficamente o cenário encontrado, transformando a observação qualitativa em resultados quantitativos tabuláveis.

A terceira etapa compreendeu coletar os dados, organizar e sintetizar dos resultados, segundo as questões e respostas admitidas estabelecidas na etapa anterior. Assim, no contexto abordado foi possível consolidar os dados qualitativos em uma matriz, de forma a facilitar a organização dos dados obtidos. A síntese dos resultados foi construída por meio de gráficos, os quais serviram para demonstrar o cenário sinóptico encontrado pela pesquisa.

A quarta etapa compreende a análise dos resultados obtidos, e a quinta etapa tratou de integrar os conceitos abordados ao cenário constatado, elaborando, assim, as considerações finais do estudo.

4. RESULTADOS: O CENÁRIO DA REGULAMENTAÇÃO DO CTM NAS CIDADES DA REGIÃO METROPOLITANA DE PORTO ALEGRE

Nesta seção são apresentados os resultados alcançados após proceder a execução dos dois blocos das análises descritas na seção anterior. Assim, a subseção 4.1 trata dos resultados obtidos no primeiro bloco, ou seja, os resultados obtidos na pesquisa aplicadas nos sítios eletrônicos das cidades. Já a subseção 4.2 traz os resultados obtidos segundo dados MUNIC-2019 que possibilita construir o cenário autodeclaratório quanto a situação do Cadastro Territorial. A subseção 4.3 avança, apresentando a análise dos resultados obtidos.

4.1 Resultados do BLOCO 1 – Pesquisa de Campo (e-gov)

Este bloco traz os resultados obtidos nas informações disponíveis nos portais das 34 cidades pesquisadas, assim sendo os mesmos seguem organizados nas subseções, quais sejam: 4.1.1 e 4.1.2, que respetivamente mostram os cenários sobre a regulamentação do CTM e sobre sua disponibilidade nos Geoportais.

4.1.1 Resultados sobre a regulamentação do CTM

Aplicando as questões postas na Tabela 1 – Delimitação dos aspectos da pesquisa e classificação das respostas admitidas do Bloco 1, grupo A, obteve-se as respostas que seguem apresentadas na Tabela 3.

	MUNICÍPIOS	QUESTÕES									
		A1	A2	A3	A4	A5	A6	A6.1	A6.2	A6.2.1	A6.2.2
1	Porto Alegre	S*	S	?	S¹	?	N				
2	Alvorada	N	N	N	N	N	N	N	N	N	N
3	Araricá	N	N	N	N	N	N	N	N	N	N
4	Arroio dos Ratos	N	N	N	N	N	N	N	N	N	N
5	Cachoeirinha	N	N	N	N	N	N	N	N	N	N
6	Campo Bom	N	N	N	N	N	N	N	N	N	N
7	Canoas	S*	N	N	N	N	N	N	N	N	N
8	Capela de Santana	N	N	N	N	N	N	N	N	N	N
9	Charqueadas	S*	N	N	N	N	N	N	N	N	N
10	Dois Irmãos	N	N	N	N	N	N	N	N	N	N
11	Eldorado do Sul	S*	N	N	N	N	N	N	N	N	N
12	Estância Velha	N	N	N	N	N	N	N	N	N	N
13	Esteio	S*	N	N	N	N	N	N	N	N	N
14	Glorinha	N	N	N	N	N	N	N	N	N	N
15	Gravataí	N	N	N	N	N	N	N	N	N	N
16	Guaíba	N	N	N	N	N	N	N	N	N	N
17	Igrejinha	N	N	N	N	N	N	N	N	N	N
18	Ivoti	N	N	N	N	N	N	N	N	N	N
19	Montenegro	N	N	N	N	N	N	N	N	N	N
20	Nova Hartz	N	N	N	N	N	N	N	N	N	N
21	Nova Santa Rita	N	N	N	N	N	N	N	N	N	N
22	Novo Hamburgo	N	N	N	N	N	N	N	N	N	N
23	Parobé	N	N	N	N	N	N	N	N	N	N
24	Portão	N	N	N	N	N	N	N	N	N	N
25	Rolante	N	N	N	N	N	N	N	N	N	N
26	Santo Antônio da Patrulha	N	N	N	N	N	N	N	N	N	N
27	São Jerônimo	S*	N	N	N	N	N	N	N	N	N
28	São Leopoldo	S*	N	N	N	N	N	N	N	N	N

	MUNICÍPIOS	QUESTÕES									
		A1	A2	A3	A4	A5	A6	A6.1	A6.2	A6.2.1	A6.2.2
29	São Sebastião do Caí	N	N	N	N	N	N	N	N	N	N
30	Sapiranga	N	N	N	N	N	N	N	N	N	N
31	Sapucaia do Sul	N	N	N	N	N	N	N	N	N	N
32	Taquara	N	N	N	N	N	N	N	N	N	N
33	Triunfo	N	N	N	N	N	N	N	N	N	N
34	Viamão	S*	S	S	S²	N	N	N	N	N	S³

Legenda:
S – Sim; N – Não;

Itens relacionados:
* instituído pelo Plano Diretor instrumento do planejamento municipal e referência para o monitoramento do PDDU;
² dados, informações e indicadores sociais, culturais, econômicos, financeiros, patrimoniais, administrativos, físico-territoriais, inclusive cartográficos, ambientais, imobiliários e outros de relevante interesse para o Município;
³ adequada cobrança de IPTU e aumento da eficiência de sistemas de planejamento.

Tabela 4 – Respostas as questões sobre a regulamentação do CTM

4.1.2 Resultados sobre os Geoportais

As respostas obtidas da verificação da disponibilidade de geoportais ativos e que contenham informações quem compõem um CTM seguem indicadas no Gráfico 1.

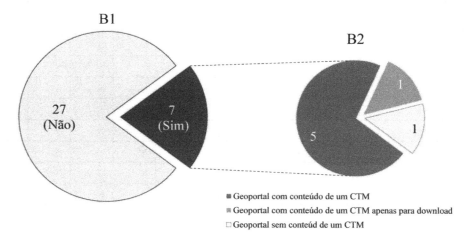

Gráfico 1 – Respostas as questões sobre os CTM em Geoportais

4.2   Resultados do BLOCO 2 – Pesquisa em CIDADES base IBGE

Esta subseção trata de apresentar na Tabela 6 as informações auto declaratórias aplicadas pelo IBGE[49], na pesquisa MUNIC-2019, de forma a permitir se estabelecer o cenário institucional do cadastro na Região Metropolitana de Porto Alegre.

	MUNICÍPIOS	QUESTÕES									
		C1	C1.1	C1.2	C2	C3.1	C3.2	C3.3	C4	C4.1	C4.2
1	Porto Alegre	S	S	S	N	S	N	S	785258	664511	120747
2	Alvorada	S	S	N	N	S	N	N	65985	60793	5192
3	Araricá	S	S	N	N	N	S	S	3043	1978	1065
4	Arroio dos Ratos	S	S	N	N	N	N	S	8366	6156	2210
5	Cachoeirinha	S	S	S	N	S	N	S	64076	52663	11413
6	Campo Bom	S	S	S	S	N	S	N	21534	17772	3762
7	Canoas	S	S	S	S	N	N	S	144646	112276	32370
8	Capela de Santana	S	S	N	S	N	S	N	3252	2822	430
9	Charqueadas	S	N	-	N	N	S	N	14200	11421	2779
10	Dois Irmãos	S	S	N	N	N	N	S	20769	14197	6572
11	Eldorado do Sul	S	S	N	N	N	N	S	20914	6612	14302
12	Estância Velha	S	N	-	S	N	S	S	20712	(*)	(*)
13	Esteio	S	S	N	N	N	N	S	34000	24391	9609
14	Glorinha	S	S	N	N	N	N	S	1946	832	1114
15	Gravataí	S	S	N	S	S	N	N	160000	121000	39000
16	Guaíba	S	N	-	N	N	N	S	31608	(*)	(*)
17	Igrejinha	S	S	S	S	N	S	N	16200	10600	5600
18	Ivoti	S	S	N	N	N	N	S	12047	7741	4306
19	Montenegro	S	S	S	N	N	S	N	38848	29023	9825
20	Nova Hartz	S	S	N	S	N	N	S	7121	6212	909
21	Nova Santa Rita	S	S	S	S	N	S	N	10870	8043	2827
22	Novo Hamburgo	S	S	S	S	N	S	N	123652	109333	14319
23	Parobé	S	S	N	S	S	N	S	23000	18000	5000
24	Portão	S	S	N	N	N	N	S	12259	7221	5038
25	Rolante	S	S	N	S	S	N	N	7347	5666	1681
26	Santo Antônio da Patrulha	S	N	-	N	N	N	S	14872	11034	3838
27	São Jerônimo	S	N	-	S	N	N	S	9000	8450	550
28	São Leopoldo	S	S	S	S	S	N	N	83596	72797	10799
29	São Sebastião do Caí	S	S	N	N	N	S	N	10810	7281	3529
30	Sapiranga	S	S	S	S	N	S	N	30777	(*)	(*)
31	Sapucaia do Sul	S	S	S	N	N	S	N	43918	32499	11419
32	Taquara	S	S	S	N	N	N	S	25892	21440	4452

---

49.   IBGE. *Perfil dos municípios brasileiros*: 2019. IBGE – Coordenação de População e Indicadores Sociais. 2020.

MUNICÍPIOS		QUESTÕES									
		C1	C1.1	C1.2	C2	C3.1	C3.2	C3.3	C4	C4.1	C4.2
33	Triunfo	S	S	N	N	N	N	S	11330	9500	1830
34	Viamão	S	S	S	N	N	N	S	50374	46214	4160
Legenda: S – Sim; N – Não; (*) Não soube informar											

Tabela 6 – Respostas quanto a existência e características do Cadastro

4.3 Análise dos resultados

Da pesquisa quanto a regulamentação é possível perceber que a existência de legislação específica é inexpressiva, visto que foi identificado em apenas 23,5% de respostas afirmativas à questão A1 – que trata de perguntar sobre a existência de legislação que institui o CTM, sendo todas estas respostas obtidas em leis que instituem os Planos Diretores das cidades.

Quanto à existência de legislação que regulamente o CTM (questão A2) também prevalecem os resultados negativos (94%), sendo apenas 2 cidades que estabeleceram sua regulamentação. As demais questões seguem na mesma linha de resultados aversos a construção de um cenário positivo quanto a regramento do CTM.

Cabe sublinhar que apenas a cidade de Viamão apresentou um cenário mais promissor a favor do CTM sob o olhar da regulamentação. Seu regramento segue as diretrizes da Portaria Ministerial 511/2009, e também elenca quais assuntos que o CTM deve reunir, que são: dados, informações e indicadores sociais, culturais, econômicos, financeiros, patrimoniais, administrativos, físico-territoriais, inclusive cartográficos, ambientais, imobiliários e outros de relevante interesse para o Município. Ainda, prevê o planejamento e monitoramento de políticas públicas, quais sejam: (i) a adequada cobrança de IPTU e, (ii) o aumento da eficiência de sistemas de planejamento.

Posto isto, experimentando relacionar os resultados apurados com o entendimento de Pimentel e Carneiro (2012) sobre a inviabilidade do CTM às cidades com baixa disponibilidade de recursos financeiros e recursos humanos capacitados, averigua-se que no objeto pesquisado não se estabeleceu tal relação, visto que a cidade com melhor cenário de regulamentação ao CTM não é a com melhor PIB, por exemplo. Neste sentido, pode-se presumir que as questões quanto ao estabelecimento de regramento e diretrizes para implantar o CTM, ainda que seja urgente melhor instrumentalizar a gestão territorial, não se deve apenas a disponibilidade ou não de recursos humanos e financeiros.

Quanto aos resultados verificados ao buscar pela disponibilidade de dados territoriais em sítio eletrônico dos respetivos municípios, comumente conhecido por Geoportal, é percebido que apenas ¼ das cidades apresentada este tipo de canal de informação. Deste universo, o qual compreende o total de 7 cidades (Cachoeirinha;

Canoas; Gravataí; Igrejinha; Novo Hamburgo; Porto Alegre e Taquara), quase 72% apresentam um Geoportal com conteúdo de um CTM, ou seja, disponibiliza informações referentes ao cadastro territorial e informações temáticas.

Passando a tratar do cenário apurado na pesquisa do Bloco 2 – Pesquisa em CIDADES base IBGE – verifica-se 100% das cidades declaram ter o cadastro imobiliário. Quanto a caracterização apurou-se que 85% possui cadastro informatizado (questão C1.1) e cerca de 38% é georreferenciado (questão C1.2). Da observação sobre a disponibilidade de acesso público para as informações do cadastro (questão C2), também se computou que 38% das cidades disponibilizam.

Da atualização do cadastro imobiliário verificou-se que aproximadamente 20% atualizam anualmente ou período menor que um ano (questão C3.1); 29% atualizam em período maior do que um ano (questão C3.2); e a atualização sob da demanda do proprietário (questão C3.3) é feita por 47% das cidades.

5. CONSIDERAÇÕES FINAIS

O Cadastro Técnico Multifinalitário – CTM é um sistema de informação que integra dados diversificados, no intuito de satisfazer as necessidades de vários setores socioeconômicos. Representa, em verdade, um sistema integrado de informação em uma determinada escala espacial.

A estruturação de um cadastro como base deste sistema, com o envolvimento e a colaboração de representantes de diversas áreas do conhecimento, da Federação e da sociedade, no sentido de definir ações que visem uma exaustiva utilização dos dados e a sua constante atualização em prol do benefício coletivo cumpre a função social das cidades.

Para a gestão pública municipal é de suma importância a utilização de produtos cartográficos, oriundos de sensoriamento remoto, para o desenvolvimento das políticas públicas municipais e a implementação de direitos fundamentais – direito à informação, adequada prestação de serviços, inovação, saúde, educação, saneamento, mobilidade, urbanização e lazer. O uso do geoprocessamento no CTM tem proporcionado maior eficiência e eficácia administrativa, técnica e econômica, para as atividades decorrentes da gestão pública, porque possibilita a integração de diversas bases de dados municipais.

O ordenamento territorial está intrinsecamente vinculado a dados geográficos, e a informação territorializada demanda não apenas o emprego da geotecnologia mas a evolução dos sistemas cadastrais municipais para a interoperabilidade, entendida essa como uma característica que se refere à capacidade de diversos sistemas e organizações trabalharem em conjunto (interoperar) de modo a garantir que pessoas, organizações e sistemas computacionais possam interagir para trocar informações de maneira eficaz e eficiente.

A disponibilidade de recursos humanos, tecnológicos e políticos entre as prefeituras torna mais difícil a padronização de ações. tornando complexa a possibilidade de integrar dados de diferentes fontes. Este descompasso traz prejuízos ao monitoramento sistemático do território em outras escalas de atuação, como a metropolitana, estadual e nacional.

Neste sentido, pode-se concluir que o CTM promove a integração dos dados geográficos, da cartografia convencional, os alfanuméricos de diversos setores, em planos de informação, facilitando a visão do município como um todo. Os municípios necessitam de uma estrutura tecnológica, administrativa e técnica por meio de recursos humanos capacitados para inserir a geoinformação nas ações municipais, conferindo maior efetividade na implementação de instrumentos legais, através do CTM, com a atualização do mapa físico e político, modernização do sistema cadastral e monitoramento sistemático do território municipal. Isso porque o mapa público não é apenas tecnologia, mas configura infraestrutura a exigir regulação.

Do estudo proposto, verificou-se que a maioria das cidades não regulamentaram o CTM, tampouco o instituíram por legislação. Todavia, pode-se reconhecer sua existência e uso pela administração pública devido a disponibilidade de informações que caracterizam um CTM no Geoportal, como é o caso das cidades: Cachoeirinha; Gravataí; Igrejinha; Novo Hamburgo; e Taquara.

Portanto, no âmbito da Região Metropolitana de Porto Alegre pode-se concluir serem ínfimos os resultados favoráveis à implantação do CTM por via legalista, contudo não se comprova a implantação pela via pragmática, pois segundo as fontes pesquisadas obteve-se apenas a confirmação da consolidação do cadastro imobiliário predominantemente informatizado iniciando o caminho rumo ao georreferenciamento e a disponibilidade de dados abertos.

6. REFERÊNCIAS

AVERBECK, C. E. *Os sistemas de cadastro e planta de valores no município*: prejuízos da desatualização. Dissertação. Florianópolis: UFSC, 2003. 200 p.

BATTY, M.; AXHAUSEN, K. W.; GIANNOTTI, F.; POZDNOUKHOV, A.; BAZZANI, A.; WACHOWICZ, M.; OUZOUNIS, G.; PORTUGALI, Y. Smart cities of the future. *The European Physical Journal Special Topics*, [s. l.], v. 214, n. 1, p. 481-518, 2012.

BRASIL. Decreto 6.666, de 27 de novembro de 2008. *Institui, no âmbito do Poder Executivo federal, a Infra-Estrutura Nacional de Dados Espaciais – INDE, e dá outras providências*. DOU de 28.11.2008.

CAIAFFA, E.; CARDINALI, S.; SCREPANTI, A.; VALPREDA, E. Geographic Information Science: a Step Toward Geo-governance Solutions. In: 2008 3RD INTERNATIONAL CONFERENCE ON INFORMATION AND COMMUNICATION TECHNOLOGIES: FROM THEORY TO APPLICATIONS 2008, *Anais...*: IEEE, 2008.

DUBUS, N.; HELLE, C.; MASSON-VINCENT, M. De la gouvernance à la géogouvernance : de nouveaux outils pour une démocratie LOCALE renouvelée. *L'Espace Politique*, [s. l.], n. 10, 2010.

ERBA, D. A. O Cadastro Territorial: presente, passado e futuro. In: ERBA, D. A.; OLIVEIRA, F. L.; LIMA JUNIOR, P. (Eds.). *Cadastro multifinalitário como instrumento de política fiscal e urbana*. Brasília: Ministério das Cidades, 2005. p. 13-38.

ERBA, D. A.; PIUMETTO, M. *Catastro Territorial Multifinalitario*. [S.l.]: Lincoln Institute of Land Policy, 2013.

FERNANDES, M. *Agenda Habitat para Municípios*. Rio de Janeiro: IBAM, 2003.

GARCIA-AYLLON, S.; MIRALLES, J. L. New Strategies to Improve Governance in Territorial Management: Evolving from "Smart Cities" to "Smart Territories". *Procedia Engineering*, [s. l.], v. 118, p. 03-11, 2015.

GIL-GARCIA, J. R.; PARDO, T. A.; NAM, T. What makes a city smart? Identifying core components and proposing an integrative and comprehensive conceptualization. *Information Polity*, [s. l.], v. 20, p. 61-87, 2015.

IBGE. *Perfil dos municípios brasileiros*: 2019. IBGE – Coordenação de População e Indicadores Sociais. 2020.

KHAN, Z.; ANJUM, A.; SOOMRO, K.; TAHIR, M. A. Towards cloud based big data analytics for smart future cities. *Journal of Cloud Computing: Advances, Systems and Applications*, [s. l.], v. 4, n. 1, p. 2, 2015.

LEITE, J.R.M.; BORATTI, L.V.; CAVEDON-CAPDEVILLE, F.S. *Direito Ambiental e Geografia*: Relação entre Geoinformação, Marcos Legais, Políticas Públicas e Processos Decisórios. Rio de Janeiro: Lumen Juris, 2020. p. 16-20.

LOCATELLI, P.A. A Atuação do Ministério Público na Tutela do Meio Ambiente por Meio dos Sistemas de Informações Geográficas. In: LEITE, J.R.M.; BORATTI, L.V.; CAVEDON-CAPDEVILLE, F.S. *Direito Ambiental e Geografia*: Relação entre Geoinformação, Marcos Legais, Políticas Públicas e Processos Decisórios. Rio de Janeiro: Lumen Juris, 2020. p. 430-467.

LOCH, C. Cadastro multifinalitário instrumento de política fiscal e urbana. In: *Cadastro multifinalitário como instrumento da política fiscal e urbana*. Rio de Janeiro: Ministério das Cidades, 2005. p. 75-101.

LOCH, C.; ERBA, D. A. *Cadastro Técnico Multifinalitário Rural e Urbano*. Cambridge, MA: Lincoln Institute of Land Policy, 2007. Disponível em: <https://www.lincolninst.edu/publications/books/cadastro-tecnico-multifinalitario-rural-e-urbano>. Acesso em: 26 mar. 2019.

MEIJER, A. J.; BOLÍVAR, M. P. R. Governing the smart city: a review of the literature on smart urban governance. *International Review of Administrative Sciences*, [s. l.], v. 82, n. 2, p. 392-408, 2016.

OJO, A.; DZHUSUPOVA, Z.; CURRY, E. Exploring the Nature of the Smart Cities Research Landscape. In: GIL-GARCIA, J. R.; PARDO, T. A.; NAM, T. (Eds.). *Smarter as the New Urban Agenda*. Cham: Springer International Publishing, 2016. p. 23-47.

PEREIRA, G. V.; CUNHA, M. A.; LAMPOLTSHAMMER, T. J.; PARYCEK, P.; TESTA, M. G. Increasing collaboration and participation in smart city governance: a cross-case analysis of smart city initiatives. *Information Technology for Development*, [s. l.], v. 23, n. 3, p. 526-553, 2017. a.

PIMENTEL, J. da S.; CARNEIRO, A. F. T. Cadastro Territorial Multifinalitário em Município de Pequeno Porte de acordo com os Conceitos da Portaria 511 do Ministério das Cidades. *Revista Brasileira de Cartografia*, [s. l.], v. 64, n. 2, p. 201-212, 2012.

RE CALEGARI, G.; CELINO, I.; PERONI, D. City data dating: Emerging affinities between diverse urban datasets. *Information Systems*, [s. l.], v. 57, p. 223-240, 2016.

ROCHE, S. Geographic information science I: Why does a smart city need to be spatially enabled? *Progress in Human Geography*, [s. l.], v. 38, n. 5, p. 703-711, 2014.

ROGERS, R.; GUMUCHGJIAN, P. *Ciudades para un pequeño planeta*. Barcelona: Editorial Gustavo Gili, 2000.

ROSA, R. Geotecnologias na Geografia aplicada. *Geography Department, University of Sao Paulo*, [s. l.], v. 16, p. 81-90, 2005.

RÚBIO, M. R. B.; BERTOTTI, L. G. O Cadastro Territorial Multifinalitário e Gestão do Território. *Revista Ambiência*, [s. l.], v. 8, n. Especial 1, p. 741-756, 2012.

SASS, G. G.; AMORIM, A. Análise Temporal a partir do Cadastro Territorial Multifinalitário. *Revista Brasileira de Cartografia*, [s. l.], v. 65, n. 2, p. 283-291, 2013.

SASS, S. R. R. *Abordagens de Descoberta de Conhecimento em Bases de Dados Aplicadas ao Cadastro Territorial Multifinalitário*. 2013. Universidade Estadual Paulista, Faculdade de Ciências e Tecnologia, Presidente Prudente, 2013.

SILVA, A. O. *Governança Inteligente e Cadastro Territorial Multifinalitário*: Geoinformação, transparência e participação colaborativa no contexto da Região Metropolitana de São Paulo. 2020. Universidade Federal de São Carlos, São Carlos, 2020.

SIRVINSKAS, L. P. *Manual de direito ambiental*. 14. ed. São Paulo: Saraiva, 2016.

SUJATA, J.; SAKSHAM, S.; TANVI, G.; SHREYA. Developing Smart Cities: An Integrated Framework. *Procedia Computer Science*, [s. l.], v. 93, p. 902-909, 2016.

TAO, W. Interdisciplinary urban GIS for smart cities: advancements and opportunities. *Geo-spatial Information Science*, [s. l.], v. 16, n. 1, p. 25-34, 2013.

TEIXEIRA, K. Gestão Territorial Municipal e Geoinformação: o Caso do Município de Florianópolis/SC. In: LEITE, J.R.M.; BORATTI, L.V.; CAVEDON-CAPDEVILLE, F.S. *Direito Ambiental e Geografia*: Relação entre Geoinformação, Marcos Legais, Políticas Públicas e Processos Decisórios. Rio de Janeiro: Lumen Juris, 2020. p. 405-428.

UGEDA, L. Geografia e Direito: Revisão Doutrinária da Construção Interdisciplinar da Geoinformação Enquanto um Direito. In: LEITE, J.R.M.; BORATTI, L.V.; CAVEDON-CAPDEVILLE, F.S. *Direito Ambiental e Geografia*: Relação entre Geoinformação, Marcos Legais, Políticas Públicas e Processos Decisórios. Rio de Janeiro: Lumen Juris, 2020. p. 49-77.

VENDRUSCOLO, C. B. S. *O Cadastro Territorial Multifinalitário no Exercício da Função Social da Propriedade*. 2011. Universidade Federal de Santa Catarina, Programa de Pós-Graduação em Engenharia Civil, Florianópolis, 2011.

WILLIAMSON, I.; ENEMARK, S.; WALLACE, J.; RAJABIFARD, A. *Land Administration for Sustainable Development*. [s.l: s.n.]. Disponível em: <www.esri.com,>. Acesso em: 28 out. 2019.

XIAO, C.; CHEN, N.; GONG, J.; WANG, W.; HU, C.; CHEN, Z. Event-Driven Distributed Information Resource-Focusing Service for Emergency Response in Smart City with Cyber-Physical Infrastructures. *ISPRS International Journal of Geo-Information*, [s. l.], v. 6, n. 8, p. 251, 2017.

3
OS DIREITOS HUMANOS COMO FUNDAMENTO DA PROTEÇÃO DE DADOS PESSOAIS NA LEI GERAL DE PROTEÇÃO DE DADOS BRASILEIRA

Bárbara Dayana Brasil

Pós-Doutoranda pelo Programa de Pós-Graduação em Direitos Fundamentais e Democracia do Centro Universitário Autônomo do Brasil (UniBrasil). Doutora em Direito Público pela Faculdade de Direito da Universidade de Coimbra (FDUC-Portugal). Mestre em Ciências Jurídicas pela Universidade do Vale do Itajaí (UNIVALI). Especialista em Direito Administrativo pelo Instituto de Direito Romeu Felipe Bacellar (IDRFB). Docente na Faculdade Mater Dei (FMD).

Sumário: 1. Introdução – 2. Os direitos humanos na metamorfose do mundo – 3. Fundamentos da proteção de dados pessoais como direito humano no contexto global – 4. O direito fundamental à proteção de dados na Constituição Federal de 1988 – 5. A disciplina da Lei 13.709/18 (Lei geral de proteção de dados) no Brasil como fundamento e fim nos direitos humanos – 6. Considerações finais – 7. Referências.

---

1. INTRODUÇÃO

Em 1986 quando Ulrich Bech publicou a obra "sociedade de risco"[1] alertou que a humanidade passaria a viver em meio aos efeitos colaterais de uma civilização, a modernidade capitalista industrial, que saiu dos trilhos voltando-se contra si própria e escapando dos controles que visam ordená-la.[2] Para ele, a sociedade de risco caracteriza-se pela indiscernibilidade dos perigos de uma civilização que ameaça a si mesma.[3] Na altura, levou em conta os efeitos da sociedade industrial, quando se configurava um paulatino processo social voltado a pós-modernidade capitalista digital.[4]

Com efeito, atribui-se a Fritz Machlup em 1962 o primeiro diagnóstico da nova forma de organização industrial para a configuração da economia a partir da valorização da informação, uma "sociedade da informação" que a centra como ingrediente básico. Com o advento da Internet e a intensificação do compartilhamento dos dados

---

1. BECK, Ulrich. *Sociedade de Risco*: rumo a uma outra modernidade. Trad. Sebastião Nascimento. São Paulo: Editora 34, 2011.
2. BECK, Ulrich. *Sociedade de Risco*, cit., p. 01.
3. BECK, Ulrich. *Sociedade de Risco*, cit., p. 26. Sobre os riscos, assevera que "desencadeiam danos sistematicamente definidos, por vezes irreversíveis, permanecem no mais das vezes invisíveis, baseiam-se em interpretações causais, apresentam-se tão somente no conhecimento que se tenha deles, podem ser alterados, diminuídos ou aumentados, dramatizados ou minimizados no âmbito do conhecimento e estão assim, em certa medida, abertos a processos sociais de definição". BECK, Ulrich. *Sociedade de Risco*, cit., p. 26-27.
4. DUFF, Alistair S. *Information Society Studies*. Londres: Routledge, 2000. p. 98.

e a massificação de seu uso para finalidades diversas[5], a tecnologia assumiu um protagonismo revolucionário. Na configuração da sociedade pós-industrial, houve uma intensificação e maior significado atrelado a informação que culminou na sociedade em rede, nas quais a atividade e a experiência humana levaram a uma nova morfologia social e uma lógica com modificações substanciais nas relações de poder social.[6]

Diante deste cenário, trinta anos após o alerta sobre a sociedade de risco, Ulrich Beck reconheceu uma "metamorfose", compreendida como uma revolução global de efeitos colaterais à sombra da falta de palavras[7], que veio ocorrendo de maneira quase imperceptível, em pequenos passos sucessivos, em que emerge uma terra de ninguém de responsabilidade ou irresponsabilidade.[8] Os efeitos de tal metamorfose sobre os riscos globais acarretam um processo em que a violação se estabelece antes da norma e a norma surge a partir da reflexão pública sobre o horror produzido pela vitória da modernidade.[9]

Para efeito da presente análise, o enfoque centra-se na "metamorfose digital", em que a vida e seus principais aspectos tem se apresentado sob controle do totalitarismo digital, separada da vida em liberdade política por uma ruptura, por um poder global de controle que está transformando a existência humana.[10]

Com isso, identifica-se um deslocamento das fontes de poder social, político e econômico e das esferas de sua manifestação[11] que traz à tona o problema de limitação no exercício deste poder, para os quais os quadros tradicionais são desafiados a responder. Na medida em que se ampliam exponencialmente as possibilidades nos domínios do conhecer, do prever e do intervir[12], tornam-se imprescindíveis respostas que permitam aos seres humanos a proteção correspondente de sua dignidade contra cada vez mais novos e sofisticados modos de intervenção social.

Por isso, a relação entre direitos humanos e direito digital suscita análises urgentes, a fim de proporcionar às pessoas uma tutela verdadeira e legítima no ambiente digital. Neste contexto, o artigo busca através de levantamento bibliográfico, analisar a construção teórica dos direitos humanos como fundamento da proteção de dados pessoais, especialmente com o advento no Brasil, da Lei Geral de Proteção de Dados Pessoais. Pretende-se avaliar em que medida é possível afirmar a existência de uma

---

5. FALEIROS JÚNIOR, José Luiz de Moura. *Administração Pública Digital*: proposições para o aperfeiçoamento do regime jurídico administrativo na sociedade da informação. Indaiatuba: Editora Foco, 2020. p. 57.
6. FALEIROS JÚNIOR, José Luiz de Moura. *Administração Pública Digital*, cit., p. 67-68.
7. BECK, Ulrich. *A Metamorfose do Mundo*: novos conceitos para uma nova realidade. Trad. Maria Luiza Borges. Rio de Janeiro: Zahar, 2018. p. 46.
8. BECK, Ulrich. *A Metamorfose do Mundo*, cit., p. 52.
9. BECK, Ulrich. *A Metamorfose do Mundo*, cit., p. 58.
10. BECK, Ulrich. *A Metamorfose do Mundo*, cit., p. 95.
11. Joseph Nye Jr., ressalta que "o poder sempre esteve a depender do contexto e que este século está a assistir a duas grandes alterações de poder: uma transição de poder entre Estados e uma difusão de poder que se afasta de todos os estados para as mãos de intervenientes não estatais". NYE JR., Joseph S. *O Futuro do Poder*. Trad. Luís Oliveira Santos. Lisboa: Temas e Debates, 2010. p. 15-18.
12. LOUREIRO, João Carlos. Nota de Apresentação. In: HABERMAS, Jürgen. *O Futuro da Natureza Humana*: a caminho de uma eugenia liberal. Trad. Maria Benedita Bittencourt. Coimbra: Almedina, 2006. p. 09.

proteção capaz de proporcionar segurança aos dados pessoais diante dos desafios da metamorfose digital.

A hipótese é de que embora existam ferramentas jurídico normativas voltadas a tutela da dignidade humana através da proteção de dados pessoais, na complexidade do contexto da metamorfose digital é necessária uma educação para o exercício da cidadania no contexto digital, sob pena de tornar inefetiva a proteção jurídica, pela assimetria informacional quanto a uso de dados pessoais na rede.

Para tanto, será percorrido um caminho contextual a partir da metamorfose digital, da avaliação da proteção de dados pessoais do contexto global para o contexto nacional e ao final, pretende-se trazer uma reflexão sobre a efetividade da proteção dos direitos humanos com o tratamento sobre dados pessoais estabelecido pela legislação brasileira.

2. OS DIREITOS HUMANOS NA METAMORFOSE DO MUNDO

São inegáveis as relações entre a revolução da informação e a alteração da natureza do poder e do aumento de sua difusão que resultam numa explosão da informação digital com a disseminação do poder sobre a informação.[13] Isso significa que a política deixa de ser um campo exclusivo dos governos, à medida em que o custo da informática e das telecomunicações se reduzem. Tanto indivíduos como organizações privadas, desde empresas a ONGS e terroristas, ficam com possibilidade de desempenhar um papel direto. Isso significa que o poder está mais distribuído e as redes informacionais minam o monopólio da burocracia tradicional.[14]

Isto se deve a mudança do ambiente, do *locus* do exercício do poder na sociedade em rede que possui uma geografia do ciberespaço muito mais mutável. Como destaca Rattray: "Se montanhas e oceanos são difíceis de mover, é possível ligar e desligar porções do ciberespaço com um simples interruptor.[15]

Por esta razão, as rupturas tecnológicas e econômicas inéditas do século XXI, exigem o desenvolvimento de novos modelos sociais e econômicos. A sensação de desorientação e de catástrofe iminente tem sido exacerbada pelo ritmo acelerado da disrupção tecnológica, e o modelo atual demonstra-se mal equipado para lidar com os choques advindos da inteligência artificial e da revolução da tecnologia de *block-chain*.[16] Com novas formas de opressão e discriminação, as pessoas podem tornar-se vítimas dos algoritmos que analisam dados e tomam decisões acerca de suas vidas, o que pode conduzir grupos inteiros, como mulheres ou negros, a discriminações injustas.[17]

---

13. NYE JR., Joseph S. *O Futuro do Poder*, cit., p. 135.
14. NYE JR., Joseph S. *O Futuro do Poder*, cit., p. 138.
15. RATTRAY, Gregory J. *Apud* NYE JR., Joseph S. *O Futuro do Poder*, cit., p. 146.
16. HARARI, Yuval Noah. *21 Lições para o Século 21*. São Paulo: Companhia das Letras, 2018. p. 24-25.
17. HARARI, Yuval Noah. *21 Lições para o Século 21*, cit., p. 96.

Com isso, a vulnerabilidade dos indivíduos, sua autonomia e sua própria identidade[18] chamam atenção para a necessidade de segurança diante dos riscos a que se encontram submetidos nesta nova formatação da experiência humana no plano digital, invocando condições para que o indivíduo se emancipe de uma reificação autoinduzida.[19] Daí a urgência da compreensão do ponto de vista ético, pois é o perigo ainda que desconhecido, a ameaça e suas diversas formas concretas, aquilo que se quer evitar[20] ou seja, a heurística do medo que impões deveres fundamentais.[21]

Habermas invoca, sobretudo, que tais deveres estejam contemplados em regulação normativa por compreender que as ordens morais são construções frágeis o que exige a normatização das relações interpessoais como uma capa porosa de proteção contra as contingências a que o corpo vulnerável e a pessoa nele encarnada se encontram expostos.[22] Neste sentido, a dignidade humana retratada por Kant na fórmula dos fins, contém a exigência de que cada pessoa seja sempre considerada como um fim em si mesma e jamais usada como um simples meio[23] e o que cumpre respeitar na outra pessoa, exprime-se, pois, na autoria de uma vida norteada pelas próprias aspirações.[24] Desse modo, os sujeitos agentes autônomos terão de entrar em um diálogo a fim de conjuntamente encontrar ou desenvolver normas que mereçam a concordância fundamentada de todos.[25]

Neste campo, os direitos humanos apresentam-se como limites ao exercício do poder plural e fragmentário trazido na realidade da metamorfose digital. Tem-se na construção teórica dos direitos humanos, um reconhecimento ao nível do discurso jurídico do indivíduo como princípio e valor, a ideia registrada no preâmbulo da Declaração Universal de que os seres humanos nascem livres e iguais em direitos e que estes direitos são inalienáveis, cabendo ao Estado a sua proteção.[26]

Os direitos humanos assentam-se numa concepção de pessoa e de suas relações com os outros e com a sociedade que visa exprimir valores comuns a todos os seres humanos. O valor fundamental comum a todos os instrumentos internacionais relativos aos direitos humanos é a dignidade inerente à pessoa humana.[27] Esta é a sua fundamentação última como fundamento e fim da sociedade e do Estado, ou seja, a

---

18. Lévinas destaca que "a exterioridade do ser é a própria moralidade. A liberdade, acontecimento de separação no arbitrário, que constitui o eu, mantém ao mesmo tempo a relação com a exterioridade que resiste moralmente a toda a apropriação e a toda totalização no ser". LÉVINAS, Emmanuel. *Totalidade e Infinito*. Lisboa: Edições 70, 1980. p. 282.

19. HABERMAS, Jürgen. *O Futuro da Natureza Humana*, cit., p. 46.

20. JONAS, Hans. *El principio de responsabilidad*: ensayo de una ética para la civilización tecnológica. Barcelona: Herder Editorial, 2008. p. 45.

21. JONAS, Hans. *El principio de responsabilidad*, cit., p. 87.

22. HABERMAS, Jürgen. *O Futuro da Natureza Humana*, cit., p. 76.

23. KANT, Immanuel. *Fundamentação da metafísica dos costumes*. Trad. de Guido Antônio de Almeida. São Paulo: Discurso Editorial: Barcarolla, 2009.

24. KANT, Immanuel. *Fundamentação da metafísica dos costumes*, cit., p. 99.

25. KANT, Immanuel. *Fundamentação da metafísica dos costumes*, cit., p. 100.

26. CABRITA, Isabel. *Direitos Humanos*: Um Conceito em Movimento. Coimbra: Almedina, 2011. p. 30.

27. MARTINS, Ana Maria Guerra. *Direito internacional dos Direitos Humanos*. Coimbra: Almedina, 2012. p. 27.

insuscetibilidade de tratamento da pessoa como mero objeto ou instrumento da vontade de outros.[28] Sarlet explica que a dignidade é a qualidade intrínseca e distintiva de cada ser humano que o faz merecedor de respeito e consideração por parte do Estado e da comunidade, implicando um complexo de direitos e deveres fundamentais que assegurem a pessoa contra todo e qualquer ato de cunho degradante e desumano.[29]

Embora os direitos humanos tenham sido concebidos na dicotomia entre indivíduo e Estado é necessário observar como tais direitos, na perspectiva dos limites se situam frente a forças de diferentes sentidos, político, econômico, social e cultural, de modo que é cabível a caracterização de sua história não apenas na tensão indivíduo e Estado, mas na tensão indivíduo e força.[30] Dessa forma, configuram expressão de certas pretensões, necessidades e exigências dos seres humanos contrapostas a determinados fenômenos caracterizados pela nota de força, nos quais cabe falar não apenas dos poderes públicos, mas também de grupos políticos, sociais e econômicos relevantes, da atuação dos privados e das forças particulares exercidas inclusive através dos direitos fundamentais.[31]

Nowack salienta que do ponto de vista histórico e filosófico os direitos humanos devem ser compreendidos como efetivos em relação a todo e qualquer violador, porém pela influência do liberalismo na Europa e na América do Norte no século XIX, essa percepção foi perdida e a proteção dos direitos humanos reduziu-se a mera resistência contra a interferência estatal[32]. Foi apenas com a análise socialista das relações sociais que se constatou que a alienação dos homens pode ser múltipla e resultar essencialmente da ação dos poderes econômicos privados, que no contexto atual podem ser mais perigosos do que os poderes públicos.[33]

Diante de novos consensos e necessidades em torno dos direitos humanos pelo avanço tecnológico será necessário reconfigurar a centralidade do Estado nação em relação a discussão. Beck salienta que o mundo não está circulando em torno da nação, as nações é que estão circulando em torno das novas estrelas fixas: mundo e humanidade. A internet é um exemplo disso, na medida em que primeiro, cria o mundo como a unidade de comunicação e segundo, cria humanidade simplesmente oferecendo o potencial de interconectar literalmente o mundo.[34]

Tal quadro produz efeitos sob os riscos globais, já que o indivíduo, como usuário de telefones celulares passa a ser metamorfoseado em recursos de dados e consu-

---

28. MARTINS, Ana Maria Guerra. *Direito internacional dos Direitos Humanos*, cit., p. 51.
29. SARLET, Ingo Wolfgang (Org,). *Dimensões da Dignidade*: Ensaios de Filosofia do Direito e Direito Constitucional. Porto Alegre: Livraria do Advogado, 2005. p. 35.
30. DE ASÍS, Rafael. *Las Paradojas de los derechos fundamentales como límites al poder*. Madrid: Editorial Dykinson, 2000. p. 106.
31. DE ASÍS, Rafael. *Las Paradojas de los derechos fundamentales como límites al poder*, cit., p. 106.
32. NOWAK, Manfred. *Introduction to the International Human Rights Regime*. Boston: Martinus Nijhoff Publishers, 2003. p. 51.
33. MINH, Trav Van. Droits de l'homme et pouvoirs prive: le probléme de l'opposabilite. In: CAO H. T. (Coord). *Multinationales et droits de l'homme*. Paris: Presses Universitaires de France, 1984. p. 97.
34. BECK, Ulrich. *A metamorfose do mundo*, cit., p. 18 – 19.

midores transparentes e controláveis para corporações transnacionais globais. Daí porque os espaços de ação para a proteção da dignidade da pessoa humana precisam agir além e através das fronteiras num imperativo cosmopolizado em que novos sistemas de regulação sejam criados e implementados.[35]

Neste ponto, Silva destaca o horizonte de referências dos direitos humanos na arena global, na medida em que as novas respostas deixam de corresponder a um sistema estadual para desenhar-se no âmbito de um sistema multinível e em rede.[36] Não se trata de um sistema que prescinde do poder público estadual, mas que trata o Estado como um agente entre outros na construção da solução.[37] Daí é possível reconhecer nos direitos humanos um horizonte de fundamentação para a limitação na ação de quaisquer espécies de forças de poder, o que se torna especialmente relevante, no contexto em que a autoridade poderá deslocar-se de seres humanos para algoritmos.[38]

3. FUNDAMENTOS DA PROTEÇÃO DE DADOS PESSOAIS COMO DIREITO HUMANO NO CONTEXTO GLOBAL

Neste quadro, coloca-se um novo modo de viver a experiência humana que impõe proteções às novas exigências, pois, independente do que as pessoas pensem – mesmo que se definam anticosmopolitas – se quiserem ser bem-sucedidas em suas atividades estão condicionadas a compreender e usar os espaços cosmopolitas, numa espécie de interconectividade imperialista que combina mundos radicalmente desiguais[39] no ambiente digital.

Isto conclama a saber como os progressos da ciência e da tecnologia irão afetar a nossa autocompreensão como seres que agem responsavelmente.[40] Até porque, no contexto de liberdade e trânsito no ambiente digital, diversos bens jurídicos antes considerados indisponíveis passam a um patamar que permite conceber quadros como o de manipulação de características genéticas, em que gerações futuras poderão pedir contas aos programadores dos seus genomas por eventuais consequências indesejadas nas suas condições orgânicas, ou seja, um tipo de relacionamento que até o momento atual se considerava que apenas deveria ser exercido sobre coisas, não sobre pessoas.[41]

Daí a importância dos dados pessoais, pois se está a converter diversos tipos de processos, inclusive biológicos, em informação eletrônica (dados) que computado-

---

35. BECK, Ulrich. *A metamorfose do mundo*, cit., p. 20 e ss.
36. SILVA, Suzana Tavares da. *Direitos Fundamentais na Arena Global*. Coimbra: Imprensa da Universidade de Coimbra, 2011. p. 126.
37. SILVA, Suzana Tavares da. *Direitos Fundamentais na Arena Global*, cit., p. 126.
38. HARARI, Yuval Noah. *21 Lições para o Século 21*, cit., p. 72.
39. BECK, Ulrich. *A metamorfose do mundo*, cit., p. 100.
40. HABERMAS, Jürgen. *O Futuro da Natureza Humana*, cit., p. 52.
41. HABERMAS, Jürgen. *O Futuro da Natureza Humana*, cit., p. 53.

3 • OS DIREITOS HUMANOS COMO FUNDAMENTO DA PROTEÇÃO DE DADOS PESSOAIS

res podem armazenar e analisar.[42] De tal modo que, se tiverem dados biométricos e capacidade computacional suficiente, os sistemas de processamentos de dados externos poderão intervir em desejos, decisões e opiniões.[43]

Assim, a própria liberdade individual torna-se mitigada, pois ao navegar na internet, assistir os vídeos no YouTube ou ler mensagens em redes sociais, os algoritmos vão discretamente proceder a um monitoramento e análise, numa espécie de vigilância digital, que poderá ser disponibilizada para grandes empresas, a fim de direcionar a comunicação. Embora o indivíduo possa nem se dar conta, o algoritmo saberá e tal informação valerá milhões.[44]

Com efeito, a consciência do risco digital global é extremamente frágil, porque ao contrário dos outros riscos globais, esse risco não se encontra numa catástrofe física e real no espaço e no tempo, nem resulta dela ou se refere a ela. Em vez disso, interfere com a capacidade individual de controle das informações pessoais.[45] É por tratar-se de um risco imaterial, que as pessoas espontaneamente compartilham suas informações para contar com as melhores recomendações e permitir que o algoritmo tome suas decisões por elas.[46]

Contudo, este quadro deixará todos mais expostos a uma enxurrada de manipulações guiadas com precisão e paulatinamente se confiará aos algoritmos cada vez mais tarefas, de modo que as pessoas perderão a aptidão para a tomada de decisões, a exemplo do que ocorre, por exemplo, com o algoritmo de busca do google a quem se delega a função de buscar informações relevantes e confiáveis. A questão que se coloca é o que acontecerá se cada vez mais baseia-se na IA para tomar decisões? Se atualmente confia-se na Netflix e no Google Maps para decidir se vira à direita ou à esquerda?[47]

Byung-Chul Han afirma tratar-se de uma "psicopolítica digital" que avança da vigilância passiva ao controle ativo e empurra para a crise da liberdade em que até a vontade própria é atingida[48]. Através dos *big data* permite-se alcançar um conhecimento abrangente sobre dinâmicas da comunicação social, porém trata-se de um 'conhecimento de dominação' que permite intervir na psique e influenciá-la em nível pré-reflexivo.[49]

O universo passa a ser um fluxo de dados e a vocação da humanidade será criar um sistema universal de processamento de dados e depois fundir-se a ele.[50] Hadari

---

42. HARARI, Yuval Noah. *21 Lições para o Século 21*, cit., p. 76.
43. HARARI, Yuval Noah. *21 Lições para o Século 21*, cit., p. 77.
44. HARARI, Yuval Noah. *21 Lições para o Século 21*, cit., p. 77.
45. BECK, Ulrich. *A metamorfose do mundo*, cit., p. 185.
46. HARARI, Yuval Noah. *21 Lições para o Século 21*, cit., p. 77.
47. HARARI, Yuval Noah. *21 Lições para o Século 21*, cit., p. 82.
48. HAN, Byung-Chul. *Psicopolítica*: o neoliberalismo e as novas técnicas de poder. Trad. Maurício Liesen. Belo Horizonte: ÂYINÉ, 2018. p. 23.
49. HAN, Byung-Chul. *Psicopolítica*: o neoliberalismo e as novas técnicas de poder, cit., p. 23.
50. HARARI, Yuval Noah. *21 Lições para o Século 21*, cit., p. 83.

salienta que assim é quando todo dia são absorvidos incontáveis *bits* de dados através de *e-mails*, tuítes e artigos.[51] Daí a psicopolítica digital transformar um estado em que a própria pessoa se positiva em coisa, quantificável, mensurável e controlável.[52] Tem-se um poder inteligente que se plasma a psique, em vez de disciplíná-la e submetê-la a coações e proibições e que ao invés de impor silêncio, convida ao compartilhamento incessante, a participação, a manifestação de opiniões, comunicação de necessidades, desejos e preferências e que por isso mesmo, é mais poderoso do que o repressor e escapa a visibilidade.[53]

Nesta ótica, tudo deve se tornar dados e informação, num totalitarismo entendido como dataísmo, a partir do qual tudo é mensurável e quantificável e esta crença domina a era digital desconfigurando a noção de pessoa na medida em que os números não possuem narrativa, apenas registram quantidades imensas de dados e os relacionam entre si, enquanto as pessoas são tratadas e comercializadas como pacotes de dados que podem ser explorados economicamente.[54]

Neste quadro, a perda das tradições dos mundos da vida verifica-se como um aspecto importante da modernização social na sequência de progressos tecnocientíficos, porém, no decurso desses processos civilizacionais, as sociedades modernas têm de fazer apelo as suas reservas seculares para regenerarem as suas forças de coesão moral.[55]

Por isso, o reconhecimento urgente nos tempos atuais da noção da proteção dos dados pessoais como direito humano, afinal, o risco à liberdade digital ameaça as principais conquistas da civilização moderna: a liberdade e autonomia pessoais, privacidade e as instituições básicas da democracia e do direito, todas baseadas no Estado-nação.[56]

Trata-se de resgatar a concepção de Perez Luño sobre direitos humanos ao compatibilizar sua definição e conteúdo com a evolução história, compreendendo tratar-se do conjunto de faculdades e instituições que, em cada momento histórico, concretizam exigências de dignidade, liberdade e igualdade humanas, as quais devem ser reconhecidas positivamente pelos ordenamentos jurídicos em nível nacional e internacional.[57] Ou seja, um conjunto mínimo de direitos necessários para assegurar uma vida do ser humano baseada na liberdade, igualdade e na dignidade.[58]

---

51. HARARI, Yuval Noah. *21 Lições para o Século 21*, cit., p. 83.
52. HAN, Byung-Chul. *Psicopolítica*: o neoliberalismo e as novas técnicas de poder, cit., p. 24.
53. Byung-Chul Han assevera que "curtir é o signo: enquanto consumimos e comunicamos, ou melhor, enquanto clicamos curtir, nos submetemos ao contexto de dominação. O neoliberalismo é o capitalismo do curtir". HAN, Byung-Chul. *Psicopolítica*: o neoliberalismo e as novas técnicas de poder, cit., p. 27.
54. HAN, Byung-Chul. *Psicopolítica*: o neoliberalismo e as novas técnicas de poder, cit., p. 82-90.
55. HABERMAS, Jürgen. *O Futuro da Natureza Humana*, cit., p. 68.
56. BECK, Ulrich. *A metamorfose do mundo*, cit., p. 187.
57. PEREZ LUÑO, Antonio-Enrique. *Derechos Humanos, Estado de derecho y Constitución*. 5. ed. Madrid: Tecnos, 1995. p. 48.
58. HESSE, Konrad. *Apud* BONAVIDES, Paulo. *Curso de direito constitucional*. 4 ed. São Paulo: Malheiros, 1993. p. 472.

3 • OS DIREITOS HUMANOS COMO FUNDAMENTO DA PROTEÇÃO DE DADOS PESSOAIS

Busca-se impedir um totalitarismo[59] ou uma ditadura digital baseada na vigilância em massa[60], de modo a conferir de um lado os direitos as pessoas para protegerem suas vidas privadas e por outro lado o dever de o Estado proteger a liberdade pessoal, inclusive os dados pessoais.[61] Daí a conclusão de que o direito de proteger a privacidade combinado com o dever de proteção de dados pessoais é o supremo direito humanos internacional.[62]

Mesmo porque, o próprio conceito de dados pessoais decorre do advento das tecnologias digitais, tendo sido definido nos anos setenta, como qualquer dado que relacione a um indivíduo identificado ou identificável.[63] A sua proteção preocupa-se com o processamento de dados pessoais, que acarreta riscos particulares e específicos. Afinal, podem revelar quem é uma pessoa, seus relacionamentos, estado de saúde e histórico, detalhes financeiros, preferências sexuais e crenças. Deste modo, o processamento pode representar sérios riscos ao direito de uma pessoa à privacidade.[64]

Apesar de grande parte dos sistemas jurídicos possuírem leis sobre a privacidade, tais normas eram amplas e indefinidas e não ofereciam orientação suficiente para proteger o direito à privacidade diante do processamento de tantas informações pessoais. Por isso, os governos dos Estados Unidos e da Europa concordaram sobre a necessidade de regular o processamento dos dados pessoais[65] com a criação de comitês de especialistas que enumeraram um conjunto de princípios norteadores que embasaram as estruturas de proteção de dados e foram codificados em dois textos internacionais: As Diretrizes para a Proteção da Privacidade e dos Fluxos Transfron-

---

59. Lafer explica o totalitarismo como "proposta inédita de organização da sociedade que escapa ao senso comum (*sensus communis*) do estar entre os homens (*inter-hommine esse*), posto que desconcertante para qualquer medida ou critério razoável de justiça (...) Fundamenta-se, no pressuposto de que os seres humanos, independente do que fazem ou aspiram, podem a ser qualificados como "inimigos objetivos" e encarados como supérfluos para a sociedade. Tal convicção representa uma contestação frontal à ideia do valor da pessoa humana enquanto valor-fonte da legitimidade da ordem jurídica (...)". LAFER, Celso. A reconstrução dos direitos humanos: a contribuição de Hannah Arendt. In: *Revista de Estudos Avançados – Dossiê de Direitos Humanos*, n. 30, v. 11. São Paulo: maio/ago., 1997. p. 01.

60. Para Byung-Chul Han, a vigilância digital é mais eficiente porque é aperspectivista, podendo realizar-se de qualquer ângulo, elimina os pontos cegos e pode espiar até a psique. HAN, Byung-Chul. *Psicopolítica*: o neoliberalismo e as novas técnicas de poder, cit., p. 78.

61. BECK, Ulrich. *A metamorfose do mundo*, cit., p. 187.

62. BECK, Ulrich. *A metamorfose do mundo*, cit., p. 187.

63. Embora as informações sobre pessoas ou que possam conduzir a identificação de uma pessoa, tenham existido através da história. Os dados foram coletados, armazenados, usados e disseminados ao longo do tempo. O antigo censo romano, por ex. viu administradores indo de porta em porta para coletar informações sobre os cidadãos, variando desde o tamanho de sua casa até a quantidade de terra possuída. No entanto, o desenvolvimento do computador na década de 50 e o uso crescente na década de 60 mudou a natureza do processamento de dados pessoais e a extensão da necessidade de protegê-lo. GLOBAL PARTNERS DIGITAL. *Travel Guide to the Digital World*: Data Protection for Human Rights Defenders. Disponível em: https://www.gp-digital.org/wp-content/uploads/2018/07/travelguidetodataprotection.pdf. Acesso em: 30 maio 2021.

64. GLOBAL PARTNERS DIGITAL. *Travel Guide to the Digital World*: Data Protection for Human Rights Defenders, cit., p. 15.

65. GLOBAL PARTNERS DIGITAL. *Travel Guide to the Digital World*: Data Protection for Human Rights Defenders, cit., p. 17.

teiriços de Dados Pessoais da Organização para a Cooperação Econômica e Diretrizes de Desenvolvimento (OCDE) e a Convenção 108 do Conselho da Europa[66].

As Diretrizes da OCDE foram adotadas a partir dos anos 80 em apoio aos três princípios comuns aos países membros: democracia pluralista, respeito aos direitos humanas e economias de mercado aberto.[67] Abrangem todos os meios utilizados para o processamento automatizado de dados referentes a indivíduos (do computador local à rede de complexas ramificações nacionais e internacionais), todos os tipos de processamento de dados pessoais (da administração do pessoal ao levantamento de perfis de consumidores) e todas as categorias de dados (da circulação de dados ao seu conteúdo, dos mais comuns ao mais sensíveis) e aplicam-se aos níveis nacional e internacional.[68]

No âmbito da União Europeia, a Convenção 108 do Conselho da Europa para a Proteção das Pessoas Singulares no que diz respeito ao Tratamento Automatizado de Dados Pessoais, de janeiro de 1981, foi o primeiro instrumento internacional juridicamente vinculativo adotado no domínio da proteção de dados, com o objetivo de "garantir (...) a todas as pessoas singulares (...) o respeito pelos seus direitos e liberdades fundamentais, e especialmente pelo seu direito à vida privada, face ao tratamento automatizado dos dados de caráter pessoal".[69]

Desde 2018, a União Europeia dispõe do Regulamento Geral sobre a Proteção de Dados (RGPD), cujas regras destinam-se a proteger os cidadãos contra violações da privacidade e dos dados. Os direitos de que se beneficiam incluem: consentimento claro e positivo do tratamento dos seus dados e o direito de receber informações claras e compreensíveis sobre o mesmo; o direito a ser esquecido – mediante solicitação de que seus dados sejam suprimidos; o direito a transferir os dados para outro prestador de serviços (por exemplo, a mudança de uma rede social para outra); e o direito de saber se os seus dados foram pirateados.[70] As regras aplicam-se a todas as empresas que operam na UE, mesmo que tenham sede fora dela. Além disso, é possível impor medidas corretivas às empresas que as violem.[71]

De tais contribuições, há dois elementos identificados como os principais meios para o equilíbrio na proteção dos dados pessoais: a) obrigações aos controladores de dados, como de especificar as finalidades para as quais os dados pessoais estão sendo coletados no momento em que são coletados, para armazenar dados com segurança e descartá-los quando não forem mais relevantes para os fins coletados; b) conceder

---

66. GLOBAL PARTNERS DIGITAL. *Travel Guide to the Digital World*: Data Protection for Human Rights Defenders, cit., p. 17.

67. OCDE. *Diretrizes para a Proteção da Privacidade e dos Fluxos Transfronteiriços de Dados Pessoais*. Disponível em: https://www.oecd.org/sti/ieconomy/15590254.pdf Acesso em: 1º jun. 2021.

68. OCDE. *Diretrizes para a Proteção da Privacidade e dos Fluxos Transfronteiriços de Dados Pessoais*, cit., p. 02.

69. PARLAMENTO EUROPEU. *Proteção de Dados Pessoais*. Disponível em: https://www.europarl.europa.eu/ftu/pdf/pt/FTU_4.2.8.pdf. Acesso em: 02 jun. 2021.

70. PARLAMENTO EUROPEU. *Proteção de Dados Pessoais*, cit., p. 02.

71. PARLAMENTO EUROPEU. *Proteção de Dados Pessoais*, cit., p. 02-03.

direitos aos titulares dos dados para controlar a coleta e o processamento de seus dados pessoais. No geral, esses foram os elementos incorporados na legislação de países em todo o mundo, estabelecendo as bases do que atualmente se conhece como proteção de dados.[72]

4. O DIREITO FUNDAMENTAL À PROTEÇÃO DE DADOS NA CONSTITUIÇÃO FEDERAL DE 1988

No Brasil, a Constituição Federal de 1988, identifica-se como um texto constitucional com perspectiva normativa, efetiva, democrática e comprometida com valores emancipatórios[73] que impõem uma filtragem constitucional voltada a realização da normatividade e imperatividade do direito através de valores constitucionais, com escopo de afirmar a capacidade do direito intervir e transformar a realidade social.[74]

Com efeito, Canotilho assevera que o estado de direito é um estado que pressupõe uma Constituição estruturante de uma ordem jurídico normativa fundamental vinculativa de todos os poderes públicos, como verdadeira ordenação fundamental dotada de supremacia[75]. Ao proceder a interpretação sistemática da Constituição brasileira, ou seja, ao interpretar a norma não isoladamente, mas no contexto em que se insere numa visão sistêmica[76], pode-se constatar a conexão de normas aplicáveis a proteção de dados pessoais como direito fundamental.

Desde logo, nota-se no preâmbulo da Constituição brasileira o objetivo do poder constituinte originário ao instituir um modelo de Estado Democrático de Direito voltado ao "exercício dos direitos sociais e individuais, a liberdade, a segurança, o bem-estar, o desenvolvimento, a igualdade e a justiça como valores supremos".[77]

Dentre os princípios fundamentais do Estado, estão os fundamentos da República Federativa do Brasil, baseados entre outros valores na dignidade da pessoa humana (art. 1º, inciso III). Logo, não resta dúvidas sobre a base antropológica constitucionalmente estruturante do estado de direito.[78]

Além disso, o artigo terceiro da CF determina quais os objetivos fundamentais do Estado brasileiro e elege como tais: I – construir uma sociedade livre, justa e solidária; II – garantir o desenvolvimento nacional; III – erradicar a pobreza e a marginalização e reduzir as desigualdades sociais e regionais; IV – promover o bem de todos, sem

---

72. GLOBAL PARTNERS DIGITAL. *Travel Guide to the Digital World*: Data Protection for Human Rights Defenders, cit., p. 20.
73. SCHIER, Paulo Ricardo. *Filtragem Constitucional*: construindo uma nova dogmática jurídica. Porto Alegre: Sérgio Antonio Fabris Editor, 1999. p. 55.
74. Ibidem, p. 56.
75. CANOTILHO, José Joaquim Gomes. *Direito Constitucional e Teoria da Constituição*. 7. ed. Coimbra: Almedina, 2007. p. 245.
76. NERY FERRARI, Regina Maria Macedo. *Curso de Direito Constitucional*. 2. ed. Belo Horizonte: Fórum, 2016. p. 97.
77. BRASIL, Constituição Federal. Preâmbulo.
78. CANOTILHO, José Joaquim Gomes. *Direito Constitucional e Teoria da Constituição*, cit., p. 248.

preconceitos de origem, raça, sexo, cor, idade e quaisquer outras formas de discriminação. Trata-se do desenvolvimento desejado pelo povo brasileiro[79] para que haja liberdade com solidariedade, de modo a vincular a atuação das autoridades públicas quanto aos meios e fins, para que se tenha uma sociedade livre, justa e solidária.[80]

Ainda entre os princípios fundamentais do Estado brasileiro, aqueles que contém decisões políticas estruturais do Estado como fundamento de sua organização política e que consubstanciam sua opção política[81], está o artigo quarto, estabelecendo que as relações internacionais da República Federativa do Brasil serão regidas, entre outros princípios, pela prevalência dos direitos humanos.

Neste ponto é preciso destacar duas realidade distintas, uma dos direitos humanos, que aspira a uma matriz universal, localizando-se na arena internacional e que reconduz a tentativa generalizada de expandir a salvaguarda dos valores essenciais à dignidade da pessoa humana e a liberdade dos povos, e outra, dos direitos fundamentais constitucionais, que tem matriz nacional, localizando-se no domínio dos *domestic affaires* e que se prende com a efetividade dos direitos individuais e das garantias institucionais constantes do pacto social da nação.[82]

O Brasil além de integrar o eixo da proteção internacional dos direitos humanos ao redor da Organização das Nações Unidas, reconfigurando sua soberania para a incorporação da proteção dos direitos humanos, a partir da qual o ser humano tem dignidade única e direitos inerentes à condição humana[83], também reconhece no ordenamento jurídico interno um rol de direitos fundamentais expressos no artigo quinto da Constituição, para os quais é a garantida a inviolabilidade do direito à vida, à liberdade, à igualdade, à segurança e à propriedade, como direitos vocacionados a proteção da dignidade humana, prestando-se ao resguardo do ser humano na sua liberdade, nas suas necessidades e na sua preservação.[84]

Deste sistema de direitos fundamentais constitucionalmente consagrados pode-se extrair a integridade do ser humano como dimensão irrenunciável de sua individualidade autonomamente responsável, da garantia da identidade e da integridade da pessoa através do seu livre desenvolvimento, da adoção de mecanismos

---

79. Adriana Schier identifica um direito fundamental ao desenvolvimento que garante a cada cidadão o direito de escolher a vida que gostaria de ter, que confere a cada indivíduo a liberdade de definir como irá viver, impondo ao Estado e à sociedade, o dever de permitir a todas as pessoas, dessa e das próximas gerações, a expansão das suas capacidades, em um ambiente de participação política. SCHIER, Adriana da Costa Ricardo. *Fomento*: administração pública, direitos fundamentais e desenvolvimento. Curitiba: Íthala, 2019. p. 79.
80. NERY FERRARI, Regina Maria Macedo. *Curso de Direito Constitucional*, cit., p. 201.
81. NERY FERRARI, Regina Maria Macedo. *Curso de Direito Constitucional*, cit., p. 200.
82. SILVA, Suzana Tavares. *Direitos Fundamentais na Arena Global*. p. 22. Esta coexistência de discursos, encontra-se expressa no parágrafo segundo do artigo quinto da Constituição Federal, ao dispor que, os direitos e garantias expressos no seu texto não excluem outros decorrentes do regime e dos princípios adotados, ou dos tratados internacionais em que a República Federativa do Brasil seja parte.
83. RAMOS, André de Carvalho. *Teoria Geral dos Direitos Humanos na Ordem internacional*. 4. ed. São Paulo: Saraiva, 2014. p. 62.
84. ARAÚJO, Luiz Alberto David; NUNES JÚNIOR, Vidal Serrano. *Curso de Direito Constitucional*. 11. ed. São Paulo: Saraiva, 2007. p. 111.

3 • OS DIREITOS HUMANOS COMO FUNDAMENTO DA PROTEÇÃO DE DADOS PESSOAIS

de socialidade, da reafirmação da garantia e defesa da autonomia individual e uma dimensão igualdade-justiça dos cidadãos expressa na dignidade social e na igualdade de tratamento normativo.[85]

Especialmente no que concerne ao direito à segurança, como princípio concretizador do Estado de Direito, verifica-se que incumbe ao direito a harmonia das relações sociais que representa a essência da proteção e da certeza do direito.[86] Neste sentido, José Afonso da Silva explica que o direito à segurança pode ser entendido em sentido amplo, como garantia, proteção, estabilidade da situação ou pessoa e em sentido estrito, na garantia da estabilidade e certeza dos negócios jurídicos.[87]

Do ponto de vista pessoal, o direito à segurança compreende a tutela da privacidade, da intimidade, da vida privada, da honra e da imagem das pessoas, como dispõe o artigo quinto, inciso X, da Constituição Federal. Nesta disposição estão contidas as informações relativas ao indivíduo que ele pode decidir manter sob seu exclusivo controle, comunicar, decidindo a quem, quando, onde e em que condições, sem a isso poder ser legalmente sujeito.[88]

Com efeito, é muito tênue o limite entre o que se entende por vida privada e intimidade[89], porém a Constituição considerou que a vida do indivíduo abrange dois aspectos, um exterior que alcança as relações sociais e que por serem publicas podem ser objeto de divulgação; e um interior, relativo à própria pessoa, sua família, seus amigos, à sua vida privada, o que integra uma esfera do ser humano que não admite intromissões.[90]

Apesar da falta de uma definição única e universalmente aceita de privacidade, há um reconhecimento de que o conceito inclui informações sobre si mesmo e, em particular, a capacidade de controlar quem tem acesso a essas informações e como elas são usadas.[91] Em termos de informações pessoais no mundo físico, é bastante comum, no sentido de que as pessoas podem decidir quais informações sobre si contam a outras pessoas.[92] Contudo, a vida moderna e a cada vez mais ameaçada necessidade de proteção da segurança pessoal e patrimonial ameaçam a vida privada, em especial diante dos desenvolvimentos tecnológicos que formam

---

85. CANOTILHO, José Joaquim Gomes. *Direito Constitucional e Teoria da Constituição*, cit., p. 249.
86. NERY FERRARI, Regina Maria Macedo. *Curso de Direito Constitucional*, cit., p. 639.
87. SILVA, José Afonso da. *Constituição e Segurança Jurídica*. Belo Horizonte: Fórum, 2004. p. 12.
88. PEREIRA, Matos *apud* NERY FERRARI, Regina Maria Macedo. *Curso de Direito Constitucional*, cit., p. 587.
89. Araújo e Serrano Nunes explicam que poderia ilustrar a vida social como um grande círculo dentro do qual um menor, o da privacidade, em cujo interior seria aposto um círculo ainda mais constrito e impenetrável, o da intimidade. De modo que na privacidade tem-se a noção das relações interindividuais, enquanto a intimidade cria um espaço que o titular deseja manter impenetrável. ARAÚJO, Luiz Alberto David; NUNES JÚNIOR, Vidal Serrano. *Curso de Direito Constitucional*, cit., p. 152.
90. NERY FERRARI, Regina Maria Macedo. *Curso de Direito Constitucional*, cit., p. 588.
91. GLOBAL PARTNERS DIGITAL. *Travel Guide to the Digital World*: Data Protection for Human Rights Defenders, cit., p. 42.
92. GLOBAL PARTNERS DIGITAL. *Travel Guide to the Digital World*: Data Protection for Human Rights Defenders, cit., p. 42.

um grande banco de dados que desvendam particularidades da vida, sem autorização ou conhecimento.[93]

De fato, o advento dos computadores, da internet e tecnologias digitais de maneira mais geral significa que grandes quantidades de informações pessoais são coletadas por Estados, organizações do setor privado e outros atores[94]. Muitos dos diferentes tipos de informações pessoais que são coletadas e as formas como são usadas demandam regulamentação específica[95].

Apesar disso, é possível considerar que o âmago da proteção dos dados pessoais está calcado num direito fundamental não expresso, mas implícito, resultante de toda a sistemática de proteção constitucional dos direitos, liberdades, garantias pessoais, que compreende o homem não apenas individual, mas em relações sociopolíticas e socioeconômicas e em grupos de várias naturezas, com funções diferenciadas[96].

Nesta linha, Ingo Sarlet salienta que embora inexista previsão expressa de direito fundamental autônomo à proteção de dados pessoais na CF, são grandes os avanços no campo doutrinário e jurisprudencial[97], culminando no reconhecimento de um direito fundamental autônomo e implicitamente positivado pelo STF em paradigmática decisão proferida pelo Plenário, chancelando provimento monocrático, em sede de liminar, da Ministra Rosa Weber no bojo da ADI 6387 MC-Ref/DF, julgamento em 06 e 07.05.20.[98]

No Brasil, ainda tramita a proposta de emenda constitucional 17/2019 tendente a inserir a "proteção de dados pessoais, inclusive nos meios digitais"[99] como um direito fundamental autônomo e expresso, o que caracteriza uma carga positiva adicional que agrega valor positivo substancial ao atual estado da arte, especialmente por um âmbito de proteção próprio e autônomo, um direito atribuído de modo inquestionável

---

93. NERY FERRARI, Regina Maria Macedo. *Curso de Direito Constitucional*, cit., p. 588.
94. GLOBAL PARTNERS DIGITAL. *Travel Guide to the Digital World*: Data Protection for Human Rights Defenders, cit., p. 42.
95. GLOBAL PARTNERS DIGITAL. *Travel Guide to the Digital World*: Data Protection for Human Rights Defenders, cit., p. 42.
96. CANOTILHO, José Joaquim Gomes. *Direito Constitucional e Teoria da Constituição*, cit., p. 406.
97. Danilo Doneda enfatiza uma menção ao caráter de direito fundamental da proteção de dados pessoais na Declaração de Santa Cruz de La Sierra, documento final da XIII Cumbre Ibero-Americana de Chefes de Estado e de Governo, firmada pelo Governo Brasileiro em 15 de novembro de 2003. No item 45 da referida Declaração lê-se que: Estamos também conscientes de que a protecção de dados pessoais é um direito fundamental das pessoas e destacamos a importância das iniciativas reguladoras ibero-americanas para proteger a privacidade dos cidadãos, contidas na Declaração de Antigua, pela qual se cria a Rede Ibero-Americana de Protecção de Dados, aberta a todos os países da nossa Comunidade. DONEDA, Danilo. *A Proteção de Dados Pessoais como Direito Fundamental*. Disponível em: https://portalperiodicos.unoesc.edu.br/espacojuridico/article/view/1315/658. Acesso em: 15 jun. 2021.
98. SARLET, Ingo Wolfgang. Precisamos da previsão de um direito fundamental à proteção de dados no contexto da CF/88? In: *Revista Consultor Jurídico*, 4 de setembro de 2020. Disponível em: https://www.conjur.com.br/2020-set-04/direitos-fundamentais-precisamos-previsao-direito-fundamental-protecao-dados-cf. Acesso em: 05 jun. 2021.
99. Proposta de Emenda à Constituição 17, de 2019. Disponível em: https://www25.senado.leg.br/web/atividade/materias/-/materia/135594. Acesso em: 24 abr. 2022.

no regime jurídico-constitucional como parte da constituição formal; como limite à reforma constitucional e também aplicabilidade imediata (direta) que vinculam todos os atores públicos e sopesadas as devidas ressalvas, os atores privados.[100]

5. A DISCIPLINA DA LEI 13.709/18 (LEI GERAL DE PROTEÇÃO DE DADOS) NO BRASIL COMO FUNDAMENTO E FIM NOS DIREITOS HUMANOS

Em compatibilidade com a interpretação sistemático-constitucional e com escopo de conferir tratamento específico para a proteção dos dados pessoais no Brasil, a Lei 13.709/18 (LGPD) dispõe sobre o tratamento de dados pessoais, inclusive nos meios digitais, estabelecendo como objetivo "a proteção dos direitos fundamentais de liberdade e de privacidade e o livre desenvolvimento da personalidade da pessoa natural". Tem-se uma finalidade reconhecida pelo diploma legal, voltada a dignidade da pessoa humana, a partir da qual se reconhecem nos direitos humanos como o fim da LGPD no Brasil.

A legislação ainda estabelece em seu artigo segundo, expressamente dentre os fundamentos de tal disciplina da proteção de dados pessoais, o respeito à privacidade; a autodeterminação informativa; a liberdade de expressão, de informação, de comunicação e de opinião; a inviolabilidade da intimidade, da honra e da imagem; o desenvolvimento econômico e tecnológico e a inovação; a livre iniciativa, a livre concorrência e a defesa do consumidor; e os direitos humanos, o livre desenvolvimento da personalidade, a dignidade e o exercício da cidadania pelas pessoas naturais.

Com efeito, o legislador estrutura a proteção de dados pessoais com base nos direitos humanos assim compreendidos como um espectro de manifestação da dignidade da pessoa humana, que se reflete na proteção de seus direitos fundamentais à privacidade, a liberdade de expressão, a intimidade, a honra e a imagem. Trata-se de reconhecer no ambiente digital, um novo *locus* de manifestação de poder e consequentemente de exercício de direitos humanos para os quais a proteção jurídica é imprescindível.

Isto significa que o direito se fundamenta em valores éticos indisponíveis[101] tanto para o poder político quanto para outras possíveis manifestações reais de poder. Além disso, pressupõe o respeito por parte do Estado e da sociedade de uma margem de autonomia e liberdade pessoal em relação a cada ser humano concreto e individual, de modo que a dignidade da pessoa humana significa a insuscetibilidade de tratamento da pessoa como mero objeto ou instrumento da vontade de outros.[102]

Com efeito, Jorge Reis Novais destaca que é a necessidade de estruturar um modelo de sociedade fundado na dignidade da pessoa humana que leva o legislador não apenas a consagrar o elenco de direitos fundamentais, mas também a consagrar alguns com

---

100. SARLET, Ingo Wolfgang. *Precisamos da previsão de um direito fundamental*, cit., p. 03.
101. CABRITA, Isabel. *Direitos Humanos*: um conceito em movimento, cit., p. 50.
102. CABRITA, Isabel. *Direitos Humanos*: um conceito em movimento, cit., p. 51.

a natureza de regras inequívocas, definitivas e de vinculatividade absoluta, excluindo qualquer possibilidade de eventual cedência futura desta garantia independentemente das circunstâncias de caso concreto que venham a ocorrer no futuro.[103]

Não por outra razão os direitos humanos, quando expressamente consagrados no ordenamento interno, recebem a designação de direitos fundamentais, afinal servem de "fundamento" a outros direitos derivados ou subordinados a eles, sendo garantidos ao indivíduo pela Constituição, que é a norma fundamental do Estado[104], bem como, pela legislação infraconstitucional com ela compatível.

José Afonso da Silva destaca que no qualificativo "fundamentais" acha-se a indicação de que se trata de situações jurídicas sem as quais a pessoa humana não se realiza, não convive e às vezes, nem mesmo sobrevive.[105] Dallari corrobora ao afirmar que os seres humanos devem ter assegurados, desde o nascimento, as mínimas condições necessárias para se tornarem úteis a humanidade, como também devem ter a possibilidade de receber os benefícios que a vida em sociedade pode proporcionar.[106] A esse conjunto de condições e possibilidades associadas as caraterísticas naturais dos seres humanos, a capacidade estrutural de cada pessoa poder valer-se como resultado da organização social é que se estruturam os direitos humanos.[107]

Incorporando a análise da vida digital, na ótica da historicidade de tais direitos[108], isso significa assegurar ao ser humano a capacidade de valer-se de tal ambiente com proteção a sua dignidade, visando o pleno desenvolvimento da sua personalidade, mediante a garantia, entre outras, do respeito à vida, à liberdade, à igualdade.[109] Essa acepção relaciona-se a visão de que o ser humano não é um átomo isolado na sociedade, pois relaciona-se com outras pessoas e tem sua liberdade determinada essencialmente pelo meio que vive. Daí que a dignidade humana adquire sua forma particular tanto em função do contexto cultural ou religioso, como em função do desenvolvimento social.[110]

Assim, pretende-se conceder uma proteção ao indivíduo enquanto ser único que deve ser respeitado em sua individualidade, sem ser ridicularizado ou discriminado em razão de sua raça, nacionalidade ou religião, pois pertence a dignidade do homem o respeito à sua singularidade e individualidade.[111] Daí que quando o ser humano não

---

103. NOVAIS, Jorge Reis. *A Dignidade da Pessoa Humana*. Volume I – Dignidade e Direitos Fundamentais. Coimbra: Almedina, 2016. p. 172.

104. TAIAR, Rogerio. *Direito Internacional dos Direitos Humanos*. São Paulo: MP Ed., 2010. p. 24.

105. SILVA, José Afonso da. *Curso de direito constitucional positivo*, cit., p. 179.

106. DALLARI, Dalmo de Abreu. *O que são direitos humanos? Direitos humanos: noção e significado*. DHnet, 2009. Disponível em: http://www.dhnet.org.br/direitos/textos/oque/oquedh.htm. Acesso em: 27 jun. 2021.

107. DALLARI, Dalmo de Abreu. *O que são direitos humanos?*, cit.

108. José Afonso da Silva sublinha que "são históricos como qualquer direito. Nascem, modificam-se e evoluem, ampliam-se com o correr dos tempos." SILVA, José Afonso da. *Curso de direito constitucional positivo*, cit., p. 185.

109. SILVA, Fábio Luis dos Santos apud TAIAR, Rogerio. *Direito Internacional dos Direitos Humanos*, cit., p. 28.

110. FLEINER, Tomas. *O que são direitos humanos?* São Paulo: Max Limonad, 2003. p. 12.

111. FLEINER, Tomas. *O que são direitos humanos?*, cit., p. 12

3 • OS DIREITOS HUMANOS COMO FUNDAMENTO DA PROTEÇÃO DE DADOS PESSOAIS

pode desenvolver-se pessoalmente enquanto indivíduo, violenta-se então o núcleo essencial de sua humanidade e personalidade.[112]

Contudo, se de um lado as ferramentas jurídico normativas avançam no reconhecimento expresso dos direitos humanos como fim e fundamento da proteção dos dados pessoais, consolidando uma consciência maior da importância da proteção de dados no que diz respeito não apenas à proteção da vida privada das pessoas, mas também à sua própria liberdade[113], de outro lado, é cada vez mais difícil respeitar este pressuposto, porque os requisitos de segurança interna e internacional, os interesses do mercado e a reorganização da administração pública caminham para a diminuição das salvaguardas relevantes ou empurrando garantias essenciais para o desaparecimento.[114]

Assim, os novos tipos de opressão de dominação traduzidos, por exemplo, na realidade de cada vez mais bancos, corporações e instituições usando algoritmos para analisar dados e tomar decisões a respeito das pessoas sem declinar uma motivação específica e sem a possibilidade de invocar a revisão de determinadas decisões[115], colocam as pessoas em condição de uma vulnerabilidade informacional. Daí porque Hadari sugere que para cada dólar e cada minuto que se investe no desenvolvimento artificial, seria sensato investir o mesmo para avançar a consciência humana.[116]

Isso pressupõe uma educação para o exercício da cidadania em tempo digitais. Na prática, verifica-se uma ignorância a ponto que as pessoas ficam contentes de ceder o seu ativo mais valioso, os dados pessoais, em troca de serviços de e-mail e vídeos de gatinhos fofos gratuitos, quase como as tribos africanas e nativas americanas que inadvertidamente venderam países inteiros a imperialistas europeus em troca de contas coloridas e bugigangas baratas.[117] Neste quadro, Harari salienta a tendência de que os algoritmos poderão passar a cuidar de tudo. No entanto, se as pessoas quiserem manter algum controle sobre a existência pessoal e o futuro da vida, terão de correr mais rápido do que os algoritmos, mas rápido que a Amazon e o governo, e conseguir conhecer a si mesmo melhor do que eles conhecem. E adverte que para correr tão rápido não se leve muita bagagem e que se abandone as ilusões.[118]

Portanto, é ultrapassado o tempo de uma educação para a vida digital se os direitos humanos realmente pretendem consistir no efetivo fundamento e fim da proteção dos dados pessoais. Sem a consciência informada do que significa o *locus* digital e sua capacidade de captação e processamento, pequenas elites monopoliza-

---

112. FLEINER, Tomas. *O que são direitos humanos?*, cit., p. 12.
113. RODOTÁ, Stefano. Data Protection as a Fundamental Right. In: GUTWIRTH Serge; POULLET, Yves; DE HERT, Paul; DE TERWANGNE, Cécile; NOUWT, Sjaak (Eds.) *Reinventing Data Protection?* Springer, Dordrecht. https://doi.org/10.1007/978-1-4020-9498-9_3. Acesso em: 06 jun. 2021.
114. RODOTÁ, Stefano. Data Protection as a Fundamental Right, cit., p. 78.
115. HARARI, Yuval Noah. *21 Lições para o Século 21*, cit., p. 100.
116. HARARI, Yuval Noah. *21 Lições para o Século 21*, cit., p. 100.
117. HARARI, Yuval Noah. *21 Lições para o Século 21*, cit., p. 109.
118. HARARI, Yuval Noah. *21 Lições para o Século 21*, cit., p. 330.

rão os dados e a humanidade expressa pelas emoções e sentimentos legítimos, valor máximo da dignidade da pessoa poderá restar comprometida por uma disrupção da própria experiência humana.

Finalmente, caberá aos intérpretes da norma voltada a proteção dos dados pessoais com fundamento nos direitos humanos, uma interpretação para a sustentabilidade da própria experiência humana. Trata-se de uma interpretação sistemática, emancipadora e que opere a favor do critério segundo o qual, entre duas ou mais interpretações plausíveis, dê preferência àquela que pode causar maior segurança e equidade intergeracional[119] e que não se deixe guiar pela ingenuidade de supor que os textos normativos se impõem de modo automático.[120] Afinal, como conclui Juarez Freitas, "só o pensamento sustentável permite a sobrevivência da espécie humana, cujo destino permanece, ao menos por ora, em nossas mãos".[121]

6. CONSIDERAÇÕES FINAIS

Tendo em conta as reflexões avançadas no presente artigo, é possível identificar uma nova fase no processo de desenvolvimento histórico dos direitos humanos relacionados com a metamorfose do mundo, na qual se reconfiguram os espaços de poder e da própria experiência humana. A revolução provocada pela sociedade em rede traz uma nova realidade, um novo ambiente traduzido pela vida digital, na qual se exercem os direitos mais elementares à natureza humana.

Nesse universo, a proteção dos dados pessoais assume especial relevância, tendo em vista o modo como se procede a sua coleta, tratamento e processamento, assim como, a própria utilização dos dados, para os quais se exige o estabelecimento de limites a partir do direito, tanto no plano internacional quanto no plano nacional.

Para tanto, a linguagem dos direitos humanos e toda a sua construção histórica voltada a proteção da dignidade da pessoa humana serve como fundamento e fim para a estruturação de textos legais que estabeleçam limites na operação dos dados pessoais. Busca-se garantir que o novo ambiente de exercício dos direitos fundamentais, que é o plano digital, não fique à margem da estruturação de uma regulamentação jurídica apta a fornecer as mesmas garantias existentes no plano físico, com especial atenção para formas mais sofisticadas de violação que possam ocorrer por força dos avanços tecnológicos.

Indubitavelmente, há que se compreender que as maiores forças operantes no contexto digital são privadas, pelo que será necessário avançar no sentido de que as obrigações de direitos humanos, concebidas na lógica indivíduo e Estado, sejam-lhe igualmente aplicáveis em vista dos deveres de proteção que emergem da atual relação de poder social.

---

119. FREITAS, Juarez. *Sustentabilidade*: Direito ao Futuro. 3. ed. Belo Horizonte: Fórum, 2016. p. 316.
120. FREITAS, Juarez. *Sustentabilidade*: Direito ao Futuro, cit., p. 316.
121. FREITAS, Juarez. *Sustentabilidade*: Direito ao Futuro, cit., p. 318.

No plano jurídico-constitucional brasileiro, é possível depreender que a interpretação sistemática do texto da Constituição Federal de 1988 impõe uma leitura do direito à proteção dos dados pessoais como um direito fundamental implícito para o qual se destinam todas as proteções características desta categoria jurídica. Por isso, o eventual reconhecimento em proposta de emenda constitucional em nada altera a substancialidade da proteção que deve ser destinada aos dados pessoais, senão reforça formal e expressamente aquilo que, em contexto, o poder constituinte originário pretendeu salvaguardar.

Nesta linha, a Lei Geral de Proteção de Dados Pessoais no Brasil alinha-se a dignidade humana como objetivo de proteger os direitos fundamentais de liberdade e de privacidade e o livre desenvolvimento da personalidade da pessoa natural, bem como, ao estabelecer como fundamento da sua disciplina um conjunto de valores que deverão ser respeitados entre os quais, os direitos humanos.

Assim é que se conclui que os direitos humanos traduzem em verdade o fundamento e fim da proteção de dados pessoais no Brasil, devendo conduzir a interpretação desta lei em torno de tal construção teórica. Porém, não apenas no plano da aplicação pelo intérprete, mas também e especialmente no plano de seu escopo fundamental deverá impor ao Estado e aos particulares o dever de qualificação e educação individual para a cidadania digital.

Para tanto, será necessário assegurar medidas que possibilitem uma verdadeira simetria informacional, que permitam ao indivíduo o seu pleno desenvolvimento, asseguradas as possibilidades concretas para que o avanço tecnológico corrobore efetivamente com o avanço da humanidade e não com a sua supressão, conforme impõem as noções de sustentabilidade e de justiça intergeracional.

7. REFERÊNCIAS

ARAÚJO, Luiz Alberto David; NUNES JÚNIOR, Vidal Serrano. *Curso de Direito Constitucional*. 11. ed. São Paulo: Saraiva, 2007.

BECK, Ulrich. *A Metamorfose do Mundo*: novos conceitos para uma nova realidade. Trad. Maria Luiza Borges. Rio de Janeiro: Zahar, 2018.

BECK, Ulrich. *Sociedade de Risco*: rumo a uma outra modernidade. Trad. Sebastião Nascimento. São Paulo: Editora 34, 2011.

BONAVIDES, Paulo. *Curso de direito constitucional*. 4. ed. São Paulo: Malheiros, 1993.

CABRITA, Isabel. *Direitos Humanos*: Um Conceito em Movimento. Coimbra: Almedina, 2011.

CANOTILHO, José Joaquim Gomes. *Direito Constitucional e Teoria da Constituição*. 7 ed. Coimbra: Almedina, 2007.

DALLARI, Dalmo de Abreu. *O que são direitos humanos? Direitos humanos: noção e significado*. DHnet, 2009. Disponível em: http://www.dhnet.org.br/direitos/textos/oquee/oquedh.htm. Acesso em: 27 jun. 2021.

DE ASÍS, Rafael. *Las Paradojas de los derechos fundamentales como límites al poder*. Madrid: Editorial Dykinson, 2000.

DONEDA, Danilo. *A Proteção de Dados Pessoais como Direito Fundamental*. Disponível em: https://portalperiodicos.unoesc.edu.br/espacojuridico/article/view/1315/658. Acesso em: 15 jun. 2021.

DUFF, Alistair S. *Information Society Studies*. Londres: Routledge, 2000.

FALEIROS JÚNIOR, José Luiz de Moura. *Administração Pública Digital*: proposições para o aperfeiçoamento do regime jurídico administrativo na sociedade da informação. Indaiatuba: Editora Foco, 2020.

FLEINER, Tomas. *O que são direitos humanos?* São Paulo: Max Limonad, 2003. p. 12.

FREITAS, Juarez. *Sustentabilidade*: Direito ao Futuro. 3. ed. Belo Horizonte: Fórum, 2016.

GLOBAL PARTNERS DIGITAL. *Travel Guide to the Digital World: Data Protection for Human Rights Defenders*. Disponível em: https://www.gp-digital.org/wp-content/uploads/2018/07/travelguide-todataprotection.pdf. Acesso em: 30 maio 2021.

HAN, Byung-Chul. *Psicopolítica*: o neoloberalismo e as novas técnicas de poder. Trad. Maurício Liesen. Belo Horizonte: ÂYINÉ, 2018.

HARARI, Yuval Noah. *21 Lições para o Século 21*. São Paulo: Companhia das Letras, 2018.

JONAS, Hans. *El principio de responsabilidad:* ensayo de una ética para la civilización tecnológica. Barcelona: Herder Editorial, 2008.

KANT, Immanuel. *Fundamentação da metafísica dos costumes*. Trad. de Guido Antônio de Almeida. São Paulo: Discurso Editorial: Barcarolla, 2009.

LAFER, Celso. A reconstrução dos direitos humanos: a contribuição de Hannah Arendt. In: *Revista de Estudos Avançados – Dossiê de Direitos Humanos*, n. 30, v. 11. São Paulo: maio/ago, 1997.

LÉVINAS, Emmanuel. *Totalidade e Infinito*. Lisboa: Edições 70, 1980.

LOUREIRO, João Carlos. Nota de Apresentação. In: HABERMAS, Jürgen. *O Futuro da Natureza Humana*: a caminho de uma eugenia liberal. Trad. Maria Benedita Bittencourt. Coimbra: Almedina, 2006.

MARTINS, Ana Maria Guerra. *Direito internacional dos Direitos Humanos*. Coimbra: Almedina, 2012.

MINH, Trav Van. Droits de l'homme et pouvoirs prive: le probléme de l'opposabilite. In: CAO H. T. (Co-ord.). *Multinationales et droits de l'homme*. Paris: Presses Universitaires de France, 1984.

NERY FERRARI, Regina Maria Macedo. *Curso de Direito Constitucional*. 2. ed. Belo Horizonte: Fórum, 2016.

NOVAIS, Jorge Reis. *A Dignidade da Pessoa Humana*. Volume I – Dignidade e Direitos Fundamentais. Coimbra: Almedina, 2016.

NOWAK, Manfred. *Introduction to the International Human Rights Regime*. Boston: Martinus Nijhoff Publishers, 2003.

NYE JR., Joseph S. *O Futuro do Poder*. Trad. Luís Oliveira Santos. Lisboa: Temas e Debates, 2010.

OCDE. *Diretrizes para a Proteção da Privacidade e dos Fluxos Transfronteiriços de Dados Pessoais*. Disponível em: https://www.oecd.org/sti/ieconomy/15590254.pdf. Acesso em: 01 jun. 2021.

PARLAMENTO EUROPEU. *Proteção de Dados Pessoais*. Disponível em: https://www.europarl.europa.eu/ftu/pdf/pt/FTU_4.2.8.pdf. Acesso em: 02 maio 2021.

PEREZ LUÑO, Antonio-Enrique. *Derechos Humanos, Estado de derecho y Constitución*. 5 ed. Madrid: Tecnos, 1995.

RAMOS, André de Carvalho. *Teoria Geral dos Direitos Humanos na Ordem internacional*. 4. ed. São Paulo: Saraiva, 2014.

RODOTÁ, Stefano. Data Protection as a Fundamental Right. In: GUTWIRTH Serge; POULLET Yves; DE HERT, Paul; DE TERWANGNE, Cécile; NOUWT, Sjaak. (Eds.) *Reinventing Data Protection?* Springer, Dordrecht. https://doi.org/10.1007/978-1-4020-9498-9_3.

SARLET, Ingo Wolfgang (Org,). *Dimensões da Dignidade* – Ensaios de Filosofia do Direito e Direito Constitucional. Porto Alegre: Livraria do Advogado, 2005.

SARLET, Ingo Wolfgang. Precisamos da previsão de um direito fundamental à proteção de dados no contexto da CF/88? In: *Revista Consultor Jurídico*, 4 de setembro de 2020. Disponível em: https://www.conjur.com.br/2020-set-04/direitos-fundamentais-precisamos-previsao-direito-fundamental-protecao-dados-cf. Acesso em: 05 jun. 2021.

SCHIER, Adriana da Costa Ricardo. *Fomento*: administração pública, direitos fundamentais e desenvolvimento. Curitiba: Íthala, 2019.

SCHIER, Paulo Ricardo. *Filtragem Constitucional*: construindo uma nova dogmática jurídica. Porto Alegre: Sérgio Antonio Fabris Editor, 1999.

SILVA, José Afonso da. *Constituição e Segurança Jurídica*. Belo Horizonte: Fórum, 2004.

SILVA, Suzana Tavares da. *Direitos Fundamentais na Arena Global*. Coimbra: Imprensa da Universidade de Coimbra, 2011.

TAIAR, Rogerio. *Direito Internacional dos Direitos Humanos*. São Paulo: MP Ed., 2010.

4
REEDIÇÃO DOS CONFLITOS DE COMPETÊNCIA TRIBUTÁRIA: IMPACTOS DO RECURSO EXTRAORDINÁRIO 784.439 (TEMA 296) NA TRIBUTAÇÃO DA IMPRESSÃO 3D

Bruno Dutra Iankowski

Advogado. Mestre em Direito Econômico, Financeiro e Tributário pela Faculdade de Direito da Universidade Federal do Rio Grande do Sul (UFRGS), especialista em Direito Tributário (FGV) e graduado em Relações Internacionais (ESPM) e Direito (Uniritter). E-mail: bruno@gdi.adv.br

Sumário: 1. Introdução – 2. O negócio jurídico da impressão 3D; 2.1 Problemática entre conceitos de direito privado e tributário; 2.2 Breve conceituação da atividade de impressão 3D – 3. Aspectos controvertidos na tributação da impressão 3D; 3.1 Bases materiais de incidência e sua vagueza semântica; 3.2 Conflitos de competências tributárias e o impacto do RE 784.439 – 4. Considerações finais – 5. Referências.

1. INTRODUÇÃO

De modo geral, o propósito do presente estudo consiste na análise da tributação das atividades, operações e negócios jurídicos denominados de impressão 3D ou, tecnicamente, de manufatura aditiva. Especificamente, será realizada uma abordagem acerca dos tributos sobre o consumo possivelmente incidentes sobre tais atividades, ou seja, serão analisadas bases materiais do Imposto sobre Produtos Industrializados (IPI), do Imposto sobre Circulação de Mercadorias e Prestação de Serviços de Transporte Interestadual e Intermunicipal e de Comunicação (ICMS) e do Imposto Sobre Serviços de Qualquer Natureza (ISS), relacionando-as às atividades desenvolvidas nos negócios jurídicos relacionados à impressão 3D.

Para tanto, em um primeiro momento, buscar-se-á introduzir a problemática e analisar como os conceitos e definições do Direito Privado impactam na definição das bases materiais e nas exações incidentes sobre os negócios jurídicos praticados pelos contribuintes; nesse sentido, serão revisitados os conceitos de autonomia e dependência entre Direito Privado e Direito Tributário, com breve apanhado histórico do debate doutrinário à atual concepção veiculada a partir da interpretação dos artigos 109 e 110 do Código Tributário Nacional (CTN).

Em um segundo momento, serão analisados e conceituados os negócios jurídicos e operações relacionadas à atividade de impressão 3D, realizando-se um corte metodológico, considerando que a análise se resumirá aos casos de produção e venda dos objetos impressos, não se adentrando no campo da diagramação, programação ou obtenção dos modelos em programas específicos para posterior confecção. Essa análise envolverá a verificação desde o surgimento da impressão 3D e suas funcionalidade iniciais ao momento em que sua aplicação se encontra difundida nos mais diversos segmentos da atividade empresarial, em um processo de digitalização dos produtos.

Em seguida, verificaremos os tributos sobre o consumo – IPI, ICMS e ISS – e sua aplicação detalhando as bases materiais e determinados critérios de incidência que viabilizam uma comparação e interrelação com as atividades de impressão 3D. Para tanto, faremos uso tanto da doutrina para definição de termos cuja vagueza semântica é quase premissa dos dispositivos normativos, bem como verificaremos se há e, havendo, quais são as posições adotadas pelas autoridades e entes tributantes relacionados à incidência dos referidos tributos sobre as operações delimitadas.

Por fim, abordaremos a definição e conceituação dos conflitos de competência tributária e a função da Lei Complementar para sua resolução; no caso, serão analisados precedentes administrativos e judiciais que trataram ou resolveram questões atinentes a conflitos de competência e que guardam, notoriamente, relação umbilical com as atividades de impressão 3D. No fechamento, abordaremos os reflexos que o julgamento do Recurso Extraordinário 784.439 (Tema 296) pode ocasionar na tributação da impressão 3D, uma vez que amplia a competência tributante das municipalidades, retirando a taxatividade da lista de serviços anexa à Lei Complementar 116/2003, por meio do aval à interpretação extensiva dos serviços lá constantes.

2. O NEGÓCIO JURÍDICO DA IMPRESSÃO 3D

2.1 Problemática entre conceitos de direito privado e tributário

Esclarecer, com a devida precisão, a natureza da operação e do negócio jurídico, para possibilitar a determinação da correta incidência tributária, é atividade necessária considerando a natureza do sistema jurídico tributário brasileiro, em especial a relação entre o Direito Tributário e o Direito Privado.

Relação essa – de prevalência ou independência – já há muito debatida. Em defesa da prevalência do Direito Civil, Geny observa que:

> Essa lei [a fiscal] não deve destruir, obstruir nem modificar essa organização [a dada pelo Direito Comum/Civil], que é anterior e superior a ela, mas tão somente a ela adaptar-se. Longe de colocar-se como rival do Direito Comum, o Direito Fiscal deve a ele se acomodar da melhor forma possível, limitando-se a taxar os fenômenos jurídicos tal como são, assim como taxa outras manifestações da vida social, dentre as quais o Direito é apenas uma parte.[1]

---

1. GENY, François. Le particulierisme du froit fiscal. *Revue Trimestrelle de Droit Civil*, Milano, v. 30, p. 797-833, 1931.

Geny admite, portanto, um "particularismo do direito fiscal", especialmente relacionado à interpretação e aplicação, que enfrenta obstáculos quando ao intérprete é imposta obrigação de decidir as exações fiscais sobre situações jurídicas, já predeterminadas pelo Direito Civil; esse particularismo, no entanto, não desobrigaria o intérprete de respeitar e aplicar o Direito Civil, sempre que a lei tributária invocá-lo para suas determinações, sem que haja uma imposição de deformação ou desvio de significados[2], já que, como Geny afirma, não é dado ao intérprete dizer que "é propriedade aquilo que é posse temporária ou direito de arrendamento; doação ou venda o que é transação; abonação ou obrigação principal o que é hipoteca".[3]

A ideia de prevalência do Direito Privado de Geny é refutada por seu compatriota, Trotabas, quem afirma a autonomia do Direito Tributário, exemplificando decisões dos tribunais administrativos e judiciais que consideram como *renda* aquilo que, no Direito Privado, seria considerado *capital*, ou como negociantes, pessoas que assim não sejam classificadas pela lei civil[4], concluindo que, "como regra geral, e não como exceção, que o direito fiscal não está ligado pelas categorias que o direito privado oferece à livre escolha das partes".[5]

Blumenstein apresenta, a nosso ver, uma via-média, atribuindo a possibilidade de o legislador tributário apontar que, ao utilizar conceitos e institutos cuja definição é dada pelo Direito Civil, o faz com especificidades, caracterizando-o de forma exata para que, sobre tal fenômeno jurídico, incidam as exações; assim, não havendo distinção expressa realizada pelo legislador, o conceito a ser utilizado pelo intérprete da Lei Fiscal é aquele definido pelo Direito Civil.[6]

Em nosso sistema jurídico, esta relação entre Direito Privado e Direito Tributário não foi olvidada. No tocante à interpretação e à integração da legislação tributária, dois artigos no Código Tributário Nacional (art. 109 e 110) endereçam a definição, o alcance, a função e a relação dos conceitos de Direito Privado com o Direito Tributário.

Aliomar Baleeiro explica que o art. 109 "pretende fornecer, de forma geral e sintética, a diretriz para extremar-se a fronteira entre o Direito Privado e o Tributário, resguardando a autonomia deste"; o Direito Tributário, para Baleeiro, embora deva reconhecer os conceitos do Direito Privado, pode "atribuir-lhes expressamente efeitos diversos do ponto de vista tributário".[7]

Em nota de atualização ao comentário de Baleeiro, Mizabel Derzi, entende que o referido dispositivo somente autorizaria o legislador tributário a atribuir efeitos

---

2. GENY, François. O particularismo no direito fiscal. *Revista de Direito Administrativo*, Rio de Janeiro, v. 20, p. 6-31, abr./jun. 1950, p. 8.
3. Ibidem.
4. TROTABAS, Louis. Ensaio sôbre o Direito Fiscal. *Revista de Direito Administrativo*, Rio de Janeiro, v. 26, p. 34-59, out. 1951, p. 38.
5. Ibidem.
6. BLUMENSTEIN, Ernst. *Sistema di diritto delle imposte*. Milano: Giuffrè, 1954.
7. Baleeiro, Aliomar; DERZI, Misabel Abreu Machado. *Direito tributário brasileiro*. 14. ed., rev. atual. E ampl. Rio de Janeiro: Forense, 2018, p. 1059.

tributários específicos aos institutos do Direito Privado, desde que dentro dos limites constitucionais.[8]

Em súmula, trata-se de dispositivo que impõe ao legislador tributário apenas a faculdade de alterar os efeitos decorrentes, para fins fiscais, de atos do Direito Privado, "mediante ato de um consequente normativo distinto"[9]; ou seja, ao utilizar determinado conceito do Direito Privado, sem que haja alteração expressa de seu conteúdo ou alcance, o intérprete deverá buscar o sentido do dispositivo tal como dado pelo Direito Privado.

O conteúdo do art. 109 estaria *desdobrado* no art. 110; para o qual também é possível servir-se da lição de Aliomar Baleeiro, cuja anotação sobre o pano de fundo aqui tratado conclui que o art. 110 "faz prevalecer o império do Direito Privado – Civil ou Comercial – quanto à definição, conteúdo e ao alcance dos institutos, conceitos e formas daquele Direito, sem prejuízo de o Direito Tributário modificar-lhes os efeitos fiscais".[10]

Na nota de atualização específica, Mizabel Derzi apresenta argumentação no sentido de que segundo o Código Tributário Nacional, "somente o legislador poderá atribuir efeitos tributários distintos, alterando o alcance e o conteúdo dos institutos e conceitos do Direito Privado, se inexistir obstáculo na Constituição. Não o intérprete e aplicador da lei".[11]

Justamente por dirigir faculdade ao legislador é que Ruy Barbosa Nogueira, inclusive, entende que embora o art. 110 tenha "conexão com a matéria tratada no art. 109, [...] na verdade não constitui propriamente regra de interpretação".[12]

Seja como for, certo é que esse fez-se necessário esclarecer o pano de fundo, acerca da interrelação entre Direito Tributário e Direito Privado, para definição dos tributos incidentes sobre a atividade de impressão 3D pois, conforme se verá, as bases materiais de incidência dos tributos analisados – IPI, ICMS e ISS – possuem determinada vagueza semântica cujo sentido deve ser obtido através da interpretação dos negócios jurídicos praticados, geralmente remetendo-os aos conceitos de Direito Privado.

Nesse sentido, para que se descubra a verdadeira natureza da operação de impressão 3D, no tocante ao corte metodológico a seguir realizado, importa distinguir se estamos defronte a uma prestação de serviços, a simples compra e venda, processo de industrialização ou, ainda, operação mista, o que, por fim, possibilitará uma análise mais detida sobre a tributação dessa atividade.

---

8. Baleeiro; DERZI, op. cit., p. 1059.
9. MORAES, Bernardo Ribeiro de. *Compêndio de Direito Tributário*. Rio de Janeiro: Forense, 1984, p. 482. Adicionalmente, há defesa de que os referidos dispositivos devem ser entendidos como limites às ficções jurídicas para estabelecimento de exações, eivando de vícios de constitucionalidade ficções que afrontem definições constitucionais, em Ramos, José Nabantino. Fatos geradores confrontantes. *Revista dos Tribunais*, São Paulo, v. 67, n. 511, p. 20-29, maio, 1978.
10. Baleeiro; DERZI, op. cit., p. 1061.
11. Ibidem, p. 1064.
12. NOGUEIRA, Ruy Barbosa. *Curso de Direito Tributário*. 9. ed. São Paulo: Saraiva, 1989, p. 117.

2.2 Breve conceituação da atividade de impressão 3D

Definir a tributação de determinado negócio jurídico é, antes de mais nada, compreender que o sistema jurídico-tributário brasileiro se utiliza da tipificação de fatos geradores divididos por tributos em espécie, de acordo com a relação fática a eles subjacente, ou seja:

> [...] cada imposto privativo tem sua individualidade partida da estrutura jurídico-econômica, núcleo ou essência de seu "fato gerador", e exclui em seu campo o atrito com outro e, assim sendo, nenhuma das pessoas jurídicas de direito público pode criar eu exigir imposto sobre a mesma relação fática juridicizada como "fato gerador" de outro imposto de competência privativa.[13]

Assim sendo, para que ao final seja possível cumprir o objetivo deste trabalho, é necessário, portanto, delimitar as bases econômicas e jurídicas do fator gerador do negócio jurídico da impressão 3D; cabe, portanto, compreender melhor esse tipo de negócio jurídico, desde o seu surgimento à forma como ocorrem, especialmente no Brasil.

Embora tenha apenas recentemente repercutido no cenário das novas tecnologias, a impressão em 3D remonta à 1981, no Japão, com desenvolvimento de tecnologias com luzes UV para utilização em polímeros, permitindo-se, a partir de tais tecnologias, a produção rápida de protótipos, que auxiliam na velocidade do desenvolvimento de produtos. Ainda que não tenha sido o primeiro a desenvolver tal tecnologia, o americano Chuck Hull foi um deles, tendo registrado uma patente de "máquina de estereolitografia" (*stereolithography machine*), que, através da combinação da tecnologia já inventada no Japão (*hardware*) e de arquivos de *software* em formato STL, permitiu o desenvolvimento da impressão 3D conforme utilizada até hoje, com a elaboração de um modelo 3D em computador para reprodução em uma impressora 3D.

A patente registrada por Hull assim define a invenção:

> Um sistema para geração de objetos tridimensionais pela criação de um padrão transversal do objeto a ser formado em uma superfície selecionada de um fluído médio capaz de alterar seu estado físico em resposta à apropriada estimulação sinérgica por interferência de radiação, bombardeamento de partículas ou reações químicas, em sucessivas lâminas adjacentes [...] pelo qual um objeto tridimensional é formado e obtido de uma superfície substancialmente plana [...].[14]

Claramente não se está, aqui, a dissecar como ocorre a impressão 3D, porém, alguns elementos retirados do escopo original da atividade, que permanece em uso até os dias atuais podem – e irão, como se verá – contribuir para a definição do

---

13. NOGUEIRA, Ruy Barbosa. ICM e ISS. *Revista dos Tribunais*, n. 538, ago. 1980.
14. Conforme descrito no resumo do registro da patente nos Estados Unidos (US4575330B1), em que se lê, no original: "A system for generating three-dimensional objects by creating a cross-sectional pattern of the object to be formed at a selected surface of a fluid medium capable of altering its physical state in response to appropriate synergistic stimulation by impinging radiation, particle bombardment or chemical reaction, successive adjacent laminae, representing corresponding successive adjacent cross-sections of the object, being automatically formed and integrated together to provide a step-wise laminar buildup of the desired object, whereby a three dimensional object is formed and drawn from a substantially planar surface of the fluid medium during the forming process" (tradução nossa).

negócio jurídico subjacente ao fato gerador e, por conseguinte, permitir a melhor identificação de sua base tributável e o correspondente tipo tributário incidente.

Destes elementos, portanto, se destacam, para os fins aqui pretendidos, o fato de haver uma "alteração no estado físico" e "reações químicas" durante o transcurso da impressão 3D. Isso porque tais elementos já serviram como base decisória para conflitos de competências tributárias de forma semelhante, como se verá, a seguir.

Outra definição relacionada à impressão 3D é a de *processos aditivos* (*additive processes*) – opostos ao processo da manufatura subtrativa (*subtractive manufacturing*). Enquanto a manufatura subtrativa consiste em, a partir de determinado pedaço de metal ou plástico obter-se objetos menores a partir de cortes, furações e moldagens, nos processos aditivos há o acréscimo de camadas por camadas de determinado material, a partir de um modelo digital do objeto pretendido.[15]

Como todos esses processos se moldam e são alcançados pelo sistema tributário brasileiro é o que pretendemos averiguar, já que, em adição ao escopo inicial da proposta de impressão 3D de protótipos, a atividade desenvolveu-se no sentido da *digitalização* de objetos e indústrias, assim como já havia ocorrido com a digitalização de músicas, livros e filmes; ou seja, desenvolveram-se técnicas para produção desde órteses e próteses[16], sensores eletroquímicos termoplásticos[17], dentre tantas outras aplicações.

Essa evolução é, inclusive, balizada pela doutrina especializada, no sentido de que denominação até então mais comum – *prototipagem rápida* – se deu justamente pela aplicação da impressão 3D nessa produção de "uma primeira materialização de ideias, sem muitas exigências em termos de resistência e precisão. No entanto, os primeiros processos de AM [manufatura aditiva] evoluíram consideravelmente, e novas tecnologias surgiram"[18], inclusive com fornecimento de produtos finalizados para utilização pelos consumidores.

Para alguns, trata-se da nova revolução industrial, em decorrência de uma aproximação nunca antes vista entre produtores e consumidores, cujos efeitos e vantagens:

> [...] não estão limitadas somente aos consumidores domésticos. Para o setor industrial as vantagens são imensas e anteriormente inimagináveis: poder elaborar rapidamente protótipos, fabricar de maneira rentável itens personalizados, produzir projetos antes considerados inviáveis por meio da utilização de técnicas tradicionais e conseguir utilizar de modo mais eficiente os materiais.[19]

---

15. Ford, Simon; Mortara, Letizi; Minshall, Tim. The Emergence of Additive Manufacturing: Introduction to the Special Issue. *Technological Forecasting and Social Change*, v. 102, jan. 2016, p. 156-159.

16. Morimoto, Sandra Yoshie Uraga et al. Órteses e próteses de membro superior impressas em 3D: uma revisão integrativa. *Cadernos Brasileiros de Terapia Ocupacional [online]*, v. 29, e2078, 2021. Disponível em: https://doi.org/10.1590/2526-8910.ctoAO2078. Acesso em: 15 ago. 2021.

17. Cardoso, Rafael M. et al. Drawing Electrochemical Sensors Using a 3D Printing Pen. *Journal of the Brazilian Chemical Society [online]*, v. 31, n. 9, p. 1764-1770, 2020. Disponível em: https://doi.org/10.21577/0103-5053.20200129 Acesso em: 15 ago. 2021.

18. Volpato, Neri (Org.). *Manufatura aditiva*: tecnologias e aplicações da impressão 3D. São Paulo: Blucher, 2017, p. 18.

19. Efing, Antônio Carlos; MISUGI, Guilherme; GURECK NETO, Leonardo. A impressão tridimensional (3d) e seus reflexos socioambientais para o mercado de consumo. *Revista de Direito do Consumidor*, São Paulo, v. 98, mar./abr., p. 77-102, 2015.

São, portanto, elementos capazes de alterar a própria ótica do mercado e suas relações de consumo, o que demonstra, por si só, a importância da correta definição das incidências tributárias, conferindo cognoscibilidade e segurança aos entes que participam de tal sistema econômico-jurídico.

Para o "mais correto" enquadramento e tipificação dos tributos incidentes sobre a atividade de impressão 3D, nos importa, também, esclarecer em que consistem cada uma das bases materiais dos tributos analisados – industrialização, compra e venda e prestação de serviços – e sua interrelação com as atividades acima elencadas para verificar se e em qual destas categorias de atividades se encontra a manufatura aditiva.

3. ASPECTOS CONTROVERTIDOS NA TRIBUTAÇÃO DA IMPRESSÃO 3D

3.1 Bases materiais de incidência e sua vagueza semântica

Conforme o objetivo antes delimitado, nos cabe adentrar, neste momento, na elucidação das diferentes atividades nas quais a impressão 3D pode ser enquadrada, para, por fim, apontar a adequada solução.

O primeiro corte metodológico necessário é a definição de que a atividade objeto a ser analisada afigura-se como qual atividade, dentro do universo da impressão 3D, está sob análise; nesse sentido, define-se tal atividade como a efetiva impressão do objeto pretendido e transferência de sua propriedade ao adquirente. Assim, não se irá analisar as demais etapas da impressão 3D, tais como: a produção de *software* e *hardware* utilizados na atividade; a cessão de propriedade intelectual referente aos modelos de utilidade e desenhos industriais detidos; e a atividade de *escaneamento* do objeto inicial a ser reproduzido.

O segundo corte é referente a quais tributos serão analisados – a bem da verdade que, introdutoriamente, já se definiu, porém, cabe reforçar que a análise da atividade ocorrerá com relação aos impostos sobre o consumo – IPI, ICMS e ISS. Importa, assim, esclarecer as bases materiais de incidência dos referidos tributos, comparando-as com a atividade de impressão 3D para viabilizar a conclusão acerca de seu correto enquadramento tributário.

Com relação ao IPI, a análise de sua base material – tanto quanto para os demais tributos – parte do dispositivo constitucional que afeta a competência de sua instituição à União; o referido dispositivo (art. 153, IV[20]) é complementado, no § 3º, incisos I a IV, que veiculam princípios que regem sua cobrança. A regulação normativa do IPI encontra ainda guarida no CTN, em seu art. 46 e seguintes. Em específico

---

20. Art. 153. Compete à União instituir impostos sobre:

[...]

IV – produtos industrializados

quanto ao art. 46[21], frisa-se o esclarecimento de Paulo de Barros Carvalho de que os *fatos geradores* ali dispostos são, em verdade critérios temporais da hipótese de incidência, creditando-se a essa imprecisão terminológica do legislador "boa parte do atraso no esclarecimento de importantes aspectos da intimidade estrutural de alguns impostos".[22]

O equívoco teria razão de ser, na visão de Geraldo Ataliba, pois "embora se tratando de oneracão tributária dos produtos, e sendo necessário colhê-los quando encerrada a produção – a partir da consideração de que tudo que se produz se destina a ser consumido – escolhe-se, como momento ficto do término do processo de produção".[23]

Essas imprecisões terminológicas, convocam a doutrina ao esclarecimento do que, efetivamente, constitui a base material para incidência do IPI. Assim, na definição da operação que nos interessa (Inciso II, do art. 46 do CTN), a base material:

> Em todas as situações fáticas indicadas pela lei, consiste em realizar operação com produto industrializado. [...] Tal hipótese de incidência aponta a materialidade típica do IPI. Saliente-se que o conceito de industrialização, nesse contexto, é meramente acessório, visto que o importante é o conceito de produto industrializado, objeto da operação (art. 46, parágrafo único, CTN). Não é a industrialização que se sujeita à tributação, mas o resultado desse processo.[24]

E não apenas isso; como adiciona José Eduardo Soares de Melo, a incidência do IPI ocorre não apenas pela "simples existência do produto industrializado, mas pela realização de negócio (jurídico) consistente na elaboração dessa espécie de produto"[25]. Esse entendimento também é referido pelos precedentes judiciais, que bem delimitam a questão, tal como o REsp 1.203.236/RJ, da 2ª Turma do STJ, que esclareceu que a base material do IPI não é a saída do produto do estabelecimento industrial – sendo este mero elemento temporal – mas sim, a realização de operações que transfiram a propriedade ou posse de produtos industrializados.

Para finalizar essa etapa conceitual acerca do IPI, importante a ressalva que Leandro Paulsen realiza, pois permite identificar que não basta apenas a operação de compra e venda (por exemplo, de um comerciante ao consumidor final); é pressuposto da incidência do IPI "a industrialização e a saída do produto do estabele-

---

21. Art. 46. O imposto, de competência da União, sobre produtos industrializados tem como fato gerador:

    I – o seu desembaraço aduaneiro, quando de procedência estrangeira;

    II – a sua saída dos estabelecimentos a que se refere o parágrafo único do artigo 51;

    III – a sua arrematação, quando apreendido ou abandonado e levado a leilão.
22. CARVALHO, Paulo de Barros. *Curso de Direito Tributário*. 17. ed. São Paulo: Saraiva, 2005, p. 265.
23. ATALIBA, Geraldo. Procedimento tributário-penal – aplicação de penalidades tributárias – prova em procedimento tributário – aplicação de princípios processuais – arbitramento de valor tributável em lançamento por homologação. In: *Doutrinas Essenciais de Direito Penal Econômico e da Empresa*, vol. 5, p. 263-381, 2011.
24. Costa, Regina Helena. *Código tributário nacional comentado em sua moldura constitucional*. Rio de Janeiro: Forense, 2021, p. 121.
25. MELO, José Eduardo Soares de. *Curso de Direito Tributário*. 3. ed. São Paulo: Dialética, 2002, p. 182.

cimento industrial", sendo necessária, portanto, a participação do industrial que industrializou o produto.[26]

Se considerarmos as definições da atividade de impressão 3D e as definições conceituais supra, bem como o constante no art. 4º do Regulamento do IPI (Decreto 7.212/20100), que caracteriza as atividades de industrialização, especialmente no tocante à transformação, definida como *operação que, exercida sobre matérias-primas ou produtos intermediários, importe na obtenção de espécie nova* de produto, parece razoável pressupor que há, sobre as atividades praticadas por estabelecimento industrial ou a eles equiparados, nos termos do art. 8º e 9º do, incidência do IPI.

E essa definição de estabelecimento industrial é de suma relevância, considerando que, como critério pessoal da hipótese de incidência do IPI, há operações nas quais, ainda que ocorrida a industrialização por meio da transformação e um negócio jurídico que transfira sua propriedade ou posse, não ocorra a incidência do IPI.

Nesse caso, se houver prevalência da atividade profissional, nos termos art. 5º, inc. V, c/c art. 7º, II, "a" e "b", do mesmo Regulamento do IPI, a atividade de impressão em 3D não se subsumirá à incidência do IPI, pois "não será considerada industrialização se o produto resultante for confeccionado por encomenda direta do consumidor ou usuário, na residência do preparador ou em oficina". Esta posição, inclusive, é o entendimento da própria Receita Federal do Brasil, exarado na Solução de Consulta 97/2019, da Coordenadoria-Geral de Tributação.[27]

O cenário excludente da incidência do IPI é o mesmo, portanto, daqueles constantes no sedimentado Parecer Normativo 167/73, em que há o exame da atividade de "confecção de 'cópias' ou duplicatas de chaves [que] consiste no recorte, à máquina, de chaves semiacabadas, às quais o confeccionador imprime as ranhuras correspondentes ao 'segredo' da fechadura, reproduzindo-as a partir de modelo fornecido pelo cliente"[28].

---

26. PAULSEN, Leandro; MELO, José Eduardo Soares de. *Impostos federais, estaduais e municipais*. 6. ed. rev. e atual. Porto Alegre: Livraria do Advogado, 2011. p. 79-80.

27. Ementa: Assunto: Imposto sobre Produtos Industrializados – IPI Operação de Industrialização A atividade de impressão em 3D, assim entendida aquela que se utiliza de equipamentos para a produção de modelos tridimensionais físicos (prototipagem rápida) a partir de modelos virtuais, que operam em câmaras fechadas, através de tecnologia de deposição de filamentos termoplásticos fundidos, utilizando um tipo de material ou mais, mediante deposição de camadas, caracteriza-se como uma operação de industrialização na modalidade de transformação, nos termos do art. 4º, inciso I, do RIPI/2010. O estabelecimento que executar essa operação, desde que resulte em produto tributado, ainda que de alíquota zero ou isento, é considerado contribuinte do IPI, devendo submetê-lo à incidência do imposto quando da saída de seu estabelecimento, de acordo com os artigos 8º, 24, inc. II e 35 do RIPI/2010 [...]. Solução de Consulta COSIT nº 97, de 25 de março de 2019, publicada no DOU de 01/04/2019, seção 1, página 76.

    Essa atividade não será considerada industrialização se o produto resultante for confeccionado por encomenda direta do consumidor ou usuário, na residência do preparador ou em oficina, desde que, em qualquer caso, seja preponderante o trabalho profissional, nos termos do art. 5º, inc. V, c/c art. 7º, II, "a" e "b", do RIPI/2010.

    Dispositivos Legais: art. 4º, inciso I e art. 5º, inc. V, c/c art. 7º, II, "a" e "b", do RIPI/2010.

28. Parecer Normativo CST nº 167 de 25/10/1973. Norma Federal – Publicado no DO em 08 novembro de 1973.

A semelhança com a atividade de impressão em 3D não é coincidência, visto que nos servimos do referido exemplo justamente para elucidar a hipótese de exclusão do IPI. Neste caso, tanto quanto na impressão 3D, desde que atendidos os requisitos de: encomenda direta do consumidor ou usuário; produção doméstica ou em pequena oficina e; preponderância do trabalho profissional, entendemos que não haverá incidência do referido imposto.

Aqui, é preciso fazer uma ressalva sobre a quem se direciona a não sujeição ao IPI, nos termos do Parecer supracitado; nesse sentido, Aurélio Pitanga Seixas Filho esclarece que:

> o favorecido pela não sujeição ao IPI é a pessoa física do confeccionador ou preparador que exerça sua habilidade profissional na sua residência ou numa oficina [...]. Pode-se até admitir que o confeccionador ou preparador constitua uma sociedade junto com um ou alguns dos seus cinco, no máximo, profissionais auxiliares. [Entretanto] a titularidade da não-sujeição do IPI, prevista no inciso V, não se compatibiliza com sociedades de uma maneira geral.[29]

Portanto, a não sujeição ao IPI, nas atividades de impressão 3D deve observar uma série de critérios, cujo não preenchimento poderá acarretar a incidência do imposto.

As premissas e conclusões delas derivadas acerca do IPI, por óbvio, não encerram a questão acerca do possível conflito de competência, em especial o que será analisado na última seção deste trabalho; por ora, vejamos a possibilidade de incidência do ICMS sobre a atividade de impressão 3D.

Nossa análise do ICMS, tal qual deve ser para qualquer tributo, parte dos dispositivos constitucionais que dispõe sobre a competência para sua instituição; assim, o art. 155, II da CF[30] estatui tal competência aos Estados e ao Distrito Federal, sendo certo que o ICMS, nas palavras de Carrazza, "alberga pelo menos cinco impostos diferentes"[31] dos quais nos ocuparemos estritamente sobre o incidente sobre operações relativas à circulação de mercadorias. Sua regulamentação é veiculada pela Lei Complementar 87 de 1996, que, em seu art. 2º, I[32], define como base material a circulação de mercadorias.

A definição do sentido do que constitui operação de circulação de mercadorias, novamente, coube à doutrina. Na definição clássica, do próprio Carrazza, a circulação de mercadorias a que se referem Constituição e Lei Complementar, é a *circulação*

---

29. Seixas Filho, Aurélio Pitanga. Imposto sobre Produtos Industrializados. Confecção industrial em oficina com até cinco operários. *Revista de Direito Administrativo*, Rio de Janeiro, v. 134, out./dez. 1978, p. 240-245.
30. Art. 155. Compete aos Estados e ao Distrito Federal instituir impostos sobre:
    II — operações relativas à circulação de mercadorias e sobre prestações de serviços de transporte interestadual e intermunicipal e de comunicação, ainda que as operações e as prestações se iniciem no exterior;
31. CARRAZZA, Roque Antonio. *ICMS*. 11. ed. São Paulo: Malheiros, 2006, p. 36.
32. Art. 2º. O imposto incide sobre:
    I – operações relativas à circulação de mercadorias, inclusive o fornecimento de alimentação e bebidas em bares, restaurantes e estabelecimentos similares;

jurídica, que pressupõe a transferência de titularidade da posse ou propriedade da mercadoria; em detalhe:

> A Constituição não prevê a tributação de mercadorias por meio de ICMS, mas sim, a tributação das 'operações relativas à circulação de mercadorias', isto é, das operações que têm mercadorias por objeto. Os termos 'circulação' e 'mercadorias' qualificam as operações tributadas por via de ICMS. [...] O ICMS só pode incidir sobre operações que conduzem mercadorias, mediantes sucessivos contratos mercantis, dos produtores originários aos consumidores finais.[33]

Essa concepção não é livre de críticas. Há quem, por exemplo, disserte que "não é razoável supor que se deva interpretar a expressão 'operações relativas à circulação de mercadorias' a partir de uma investigação de expressões como 'operação jurídica' e 'circulação jurídica'"[34]; a definição das bases materiais da hipótese de incidência do ICMS, nesse sentido, deveria ser obtida a partir da consideração do *contexto constitucional*, podendo ser compreendida "como o ato empresarial (jurídico ou material), com ou sem natureza de negócio jurídico, que tenha por finalidade impulsionar mercadorias numa cadeia"[35].

Em nosso ver, a acepção clássica ganhou recente reforço de precedente dotado de *eficácia normativa em sentido forte*[36]. Isso porque, o Supremo Tribunal Federal, confirmando precedentes anteriores, julgou inconstitucionais determinados dispositivos da Lei Complementar 87/96, afastando assim a incidência do ICMS sobre transferências de mercadorias entre estabelecimentos de um mesmo titular.

O voto do relator, Min. Edson Fachin, expôs posicionamento que se assemelha ao esposado por Carraza:

> A hipótese de incidência do tributo é, portanto, a operação jurídica praticada por comerciante que acarrete circulação de mercadoria e transmissão de sua titularidade ao consumidor final. A operação somente pode ser tributada quando envolve essa transferência, a qual não pode ser apenas física e econômica, mas também jurídica.[37]

Se assim o é, no que nos interessa, para definição da incidência do ICMS sobre a atividade de impressão 3D, podemos tomar de empréstimo a definição da consistência material da hipótese de incidência do ICMS conforme data por Paulo de Barros Carvalho:

---

33. CARRAZZA, Roque Antonio. ICMS. 11. ed. São Paulo: Malheiros, 2006, p. 39.
34. MIGUEL, Luciano Garcia; OZAI, Ivan Ozawa. ICMS e a tributação de mercadorias digitais. *Revista de Direito Tributário Contemporâneo*, v. 1, jul./ago., 2016, p. 243.
35. Idem, p. 246.
36. Cuja definição seria: "as súmulas vinculantes, os julgados produzidos em controle concentrado da constitucionalidade, os acórdãos proferidos em julgamento com repercussão geral ou em recurso extraordinário ou especial repetitivo, as orientações oriundas do julgamento de incidente de resolução de demanda repetitiva e de incidente de assunção de competência. O desrespeito a estes precedentes enseja a sua cassação, por meio de reclamação, junto à corte que o proferiu, nos termos do art. 988 do CPC. BARROSO, Luís Roberto; MELLO, Patrícia Perrone Campos. *Trabalhando com uma nova lógica: A ascensão dos precedentes no direito brasileiro*. Disponível em: https://www.conjur.com.br/dl/artigo-trabalhando-logica-ascensao.pdf. Acesso em: 24 jun. 2021.
37. STF, Ação Declaratória de Constitucionalidade 49, 16 de abril de 2021.

É a) prática (não por qualquer um); b) por quem exerce atividade mercantil; c) de operação jurídica (não qualquer uma); d) mercantil (regida pelo direito comercial; e) que (cuja operação) importa, impele, causa, provoca e desencadeia; f) circulação (juridicamente entendida como modificação de titularidade, transferência de mão, relevante para o direito privado); g) de mercadoria (juridicamente entendida como objeto de mercancia).[38]

Em complemento, veja-se que no tocante ao critério pessoal, não há, na atual Constituição – em contrapartida ao Texto anterior – a vinculação da incidência aos "produtores, comerciantes e industriais, pois, pois não exclui pessoas civis e outros quando praticam atos de comércio com habitualidade e promovem a circulação econômica do produto."[39]

Considerando tais premissas, nos parece que, sendo o objeto da impressão 3D uma mercadoria, sobre a qual ocorre circulação que envolve transferência de titularidade através de uma operação jurídica mercantil exercida por quem pratica tal atividade, haveria incidência do tributo estadual sobre tais operações.

Este parece ser, também, o entendimento das autoridades fiscais estaduais. A receita estadual de São Paulo, endereçando consulta formulada por contribuinte, emitiu a resposta 19649 de 05 de dezembro de 2019[40], na qual expressou opinião pela incidência do ICMS sobre atividades de impressão 3D.

No caso, a consulente desenvolvia atividades de desenvolvimento de programas de computador sob encomenda, bem como de impressão de material 3D para o ramo de odontologia, enquadrando-se no Classificação Nacional de Atividades Econômicas na categoria 1813-0/99 (impressão de material para outros usos); nessa atividade, a consulente fornecia próteses dentárias a prestadores de serviços de odontologia, os quais, por sua vez, enquadravam-se no subitem 4.14[41] da lista de serviços anexa à Lei Complementar 116/2003 – assim, insegura acerca das exações incidentes, efetuou a consulta.

Considerando tais premissas, o fisco paulista entendeu pelo afastamento do ISS e incidência do ICMS, nos seguintes termos:

> [...] o simples fato de determinada atividade, pela qual se possa produzir um bem, ser descrita por algum dos subitens constantes na lista anexa à LC 116/2003 não é suficiente para atrair a incidência do ISS, uma vez que tal atividade, caso reúna elementos próprios da produção e circulação de mercadorias, estará fora do campo de competência tributária constitucional dos municípios. [...]
>
> 15. Por todo o exposto, em resposta ao questionamento formulado, a atividade desenvolvida pela Consulente – confecção de objetos por meio do processo industrial de manufatura aditiva ("impressão 3D"), a partir de modelo tridimensional e virtual finalizado – por se tratar de típica atividade

---

38. CARVALHO, Paulo de Barros. *Curso de Direito Tributário.* 17. ed. São Paulo: Saraiva, 2005, p. 143.

39. Bittar Filho, Carlos Alberto. Apontamentos teórico-práticos sobre o ICMS e sua cobrança executiva. *Revista Tributária e de Finanças Públicas*, v. 29, p. 122-128, out./dez. 1999.

40. Ementa: ICMS – Comercialização de moldes fabricados por meio do processo de manufatura aditiva ("impressão 3D") – Incidência. I. A atividade de fabricação de objetos pelo processo de manufatura aditiva ("impressão 3D"), a partir de modelo tridimensional e virtual finalizado, para posterior comercialização e que serão empregados na prestação de serviço por técnicos em prótese dentária, encontra-se no campo de incidência do ICMS.

41. 4.14 – Próteses sob encomenda.

industrial de fabricação de mercadorias, está sujeita à incidência do ICMS, não se caracterizando, portanto, como "serviço de composição gráfica, inclusive confecção de impressos gráficos", conforme descrição contida no subitem 13.05 da lista anexa à Lei Complementar 116/2003.

No mesmo sentido, é possível encontrar posicionamento das autoridades fiscais do Distrito Federal, através da Solução de Consulta COTRI 5 de 06 de abril de 2017. Em seu fundamento, é possível constatar que, tanto seja o impressor 3D demandado a criar o modelo eletrônico e posteriormente fabricá-lo, quanto apenas responsável pela impressão com a entrega do modelo pelo cliente, "em ambas hipóteses, ocorre fornecimento de mercadoria [...], seja sem prestação de serviço ou com prestação de serviço não abrangido pela competência tributária dos Municípios, o que atrai a materialidade do ICMS".

Assim sendo, conclui-se que, tanto no âmbito federal, quanto no estadual, parecem sedimentados o entendimento das autoridades fiscais no tocante à incidência dos tributos de suas respectivas competências – IPI e ICMS – sobre as atividades de impressão 3D.

3.2   Conflitos de competências tributárias e o impacto do RE 784.439

As celeumas acerca da incidência dos tributos sobre o consumo nas atividades de impressão 3D aparentemente estariam resolvidas de acordo com o item anterior, no sentido do afastamento da incidência do ISS e, por sua vez, incidência do ICMS e do IPI.

Porém, há algumas ressalvas a serem feitas sobre possíveis alterações nesses entendimentos. Isso porque, desde há muito os conflitos de competência entre tais tributos exigem posicionamentos da doutrina e da jurisprudência.

Para tanto, incialmente, analisaremos, da mesma forma que o ICMS e o IPI, as normas de incidência do ISS. Sua previsão constitucional se dá no art. 156, III[42] e § 3º. Já no dispositivo constitucional verifica-se que o ISS incide sobre os serviços, não alçados pelo ICMS e definidos em lei complementar, resguardando, assim, a competência individual de cada ente tributante.

A exigência de lei complementar para definição dos serviços é atualmente suprida pela Lei Complementar 116/2003. De forma didática, o § 2º da referida Lei delimita a não incidência de ICMS sobre os serviços mencionados na lista anexa, salvo aqueles expressamente admitidos na própria lista; assim, pode-se entender que, (i) quando determinado serviço estiver previsto Lei Complementar 116/2003, sobre ele, normalmente incidirá o ISS; (ii) quando esse serviço for prestado em conjunto com a transferência de mercadorias, porém, não constar expressamente na lista anexa a

---

42.   Art. 156. Compete aos Municípios instituir impostos sobre:

III – serviços de qualquer natureza, não compreendidos no art. 155, II, definidos em lei complementar.

possibilidade de cobrança de ICMS[43], também somente haverá incidência de ISS e, caso haja tal autorização, haverá tributação por bases apartadas (ISS sobre a parcela do serviço e ICMS sobre a parcela da mercadoria); e (iii) caso, por fim, não houver previsão na lista, há incidência de ICMS.

Necessário, entretanto, compreender também o significado do vocábulo "prestação de serviços" que delimita a base material do ISS, visto que, conforme Aires Barreto: "não podem os municípios tributar fatos que não possam ser qualificados como serviço, segundo as elaborações do Direito Privado"[44], remetendo ao quanto dispomos na primeira seção do presente trabalho.

Perquirir o significado das expressões para definição de seu conteúdo e consequente alcance do dispositivo tem importância estruturante no Direito e, em especial, nos casos de conflitos de competência. Paulo de Barros Carvalho bem ensina que:

> [...] ninguém poderá responder à pergunta, aparentemente singela, sobre a incidência ou não de tributos como o ICMS e o ISSQN, nos casos de serviços de acesso à "rede das redes" (internet) ou de serviços prestados por seu intermédio, se não dispuser do domínio semântico adequado àquele aparato de signos. [...] as alterações produzidas pelo homem no mundo circundante, por mais desenvolvidos que sejam o instrumental e a técnica utilizados em determinado setor, terão de apoiar-se, invariavelmente, na chamada "causalidade física ou natural", isto é, no saber efetivo das relações "meio/fim". Enfatiza-se, com isso, a experiência efetiva do princípio da intertextualidade, interior e exterior ao direito, sem a qual se tornaria impraticável o ato de interpretação.[45]

Assim, podemos tomar a definição da seguinte forma:

> O "serviço é qualquer atividade, o próprio trabalho a ser executado ou, até, qualidade de quem serve outrem, como por exemplo, a uma construção de uma casa. De outro lado, [...] a "prestação" trata-se de uma obrigação de fazer algo em proveito alheio, com o esforço humano, em função do intelecto, ou apenas fisicamente. [...] Essa definição é importante, pois, [...] em respeito ao art. 110 do CTN, a definição do que vem a ser serviço para o Direito Tributário deve concordar com a do Direito Civil.[46]

O que decorre das seções e comentários acima é que existe um determinado campo de incidência em que, por um lado, os Estados entendem incidir o ICMS, quanto de outro, os Municípios entendam incidir ISS; e nesse diapasão, há possibilidade de se influenciar, também a incidência do IPI[47]. Tais casos não são poucos ou desconhecidos da doutrina e da jurisprudência, senão vejamos um exemplo.

---

43. Por exemplo, com relação ao seguinte item: "7.05 – Reparação, conservação e reforma de edifícios, estradas, pontes, portos e congêneres (exceto o fornecimento de mercadorias produzidas pelo prestador dos serviços, fora do local da prestação dos serviços, que fica sujeito ao ICMS)."
44. Barreto, Aires F. *ISS na Constituição e na Lei*. Saraiva: São Paulo, 2009, p. 35.
45. Carvalho, Paulo de Barros. *Direito tributário*: linguagem e método. 6. ed. São Paulo, Noeses, 2015, p. 192.
46. CARNEIRO, Cláudio. *Impostos federais, estaduais e municipais*. 5. ed. ampl. e atual. São Paulo: Saraiva, 2015, p. 146-147.
47. Embora não desconheçamos do posicionamento das autoridades e também da jurisprudência administrativa, no sentido de que a incidência do ISS não afasta, necessariamente, a incidência do IPI, Conforme Solução de Consulta Disit/SRRF06 27, de 26 de fevereiro de 2013 (Publicado(a) no DOU de 05/03/2013, seção, p.

4 • REEDIÇÃO DOS CONFLITOS DE COMPETÊNCIA TRIBUTÁRIA

Recentemente, o STF concluiu o julgamento das ações que questionavam a incidência do ICMS ou do ISS em operações com *softwares*, nas ADIs 1.945 e 5.659. No voto condutor vencedor, de lavra do Min. Dias Toffoli, ficou estabelecido que todas as operações[48] envolvendo *softwares* estariam sob incidência única do ISS, uma vez que, pelo simples fato de enquadrarem-se no subitem 1.05 da lista anexa à Lei Complementar 116/2003, afastariam a incidência do ICMS, com especial atenção para o fator humano no desenvolvimento do software:

> Reafirmo que o software é produto do engenho humano, é criação intelectual, sendo essa sua característica fundamental. Ou seja, faz-se imprescindível a existência de esforço humano direcionado para o desenvolvimento de um programa de computador. Não há como, a meu ver, desconsiderar esse elemento, ainda que estejamos diante de software que é replicado para comercialização com diversos usuários. [...] Perceba-se, além do mais, que as empresas como as citadas têm de manter, gerenciar, monitorar, disponibilizar etc. recursos físicos ou mesmo digitais que viabilizam tal modelo de computação. Todas essas ações necessitam, em boa medida, de esforço humano, notadamente de profissionais que detêm conhecimento especial sobre computação.[49]

Não seriam as impressões 3D, da mesma forma, produto de engenho humano, ainda que se utilize, para sua consecução, meios físicos (impressoras, que, diga-se, também são aparelhadas e operadas apenas com o engenho humano)? Ocorre que, ao prendermos atenção à lista anexa da Lei Complementar 116/2003, não vemos, tal como no caso do *software*, a presença da impressão 3D, o que, em tese, afastaria de plano a incidência do ISS, visto que é "caso típico do papel de ajuste reservado à legislação complementar para garantir a harmonia que o sistema requer."[50]

Essa ausência de menção expressa na lista de serviços, entretanto, pode não ser suficiente para impedir que municípios entendam devido o tributo de sua competência. Para chegarmos a essa conclusão, façamos breve retomada acerca de nosso sistema tributário.

São duas as premissas tomadas acerca do atual sistema tributário brasileiro, para tanto. A primeira é a sua unidade, ou integração – em contrapartida ao sistema anterior à reforma de 1965, em que vigia a autonomia entre os três entes federativos; a segunda é a classificação econômica dos tributos, com especial referência às

---

29) e CARF, Acórdão 9303-009.718, julg. 11/11/2019. Por outro lado, veja-se posição do STJ, acerca da não incidência do IPI nos casos em que incidente o ISS, tais como: AgInt no REsp 1.620.382/PE, Rel. Ministro Benedito Gonçalves, Primeira Turma, DJe 13 out. 2017; AgInt no AREsp 891.568/SP, Rel. Ministro Napoleão Nunes Maia Filho, Primeira Turma, DJe 23 jun. 2017; AgRg no AREsp 816.632/SP, Rel. Ministro Humberto Martins, Segunda Turma, DJe 11 fev. 2016.

48. Que podem ser, por exemplo, de licenciamento ou cessão de direito de uso de software, seja ele padronizado, (customizado ou não) seja por encomenda, independentemente de a transferência do uso ocorrer via download ou por meio de acesso à nuvem.

49. Ainda, em outra situação análoga: "Esta Corte entende que 'a 'industrialização por encomenda' caracteriza prestação de serviço sujeita à incidência de ISS, e não de ICMS (AgRg no REsp 1.280.329/MG, Rel. Ministro Herman Benjamin, Segunda Turma, julgado em 27.3.2012, DJe 13.4.2012). Incidência da Súmula 83/STJ. (...)".

50. Carvalho, Paulo de Barros. *Direito tributário*: linguagem e método. 6. ed. São Paulo, Noeses, 2015, p. 764.

operações que formam sua base material de incidência, em detrimento da tributação por critérios nominalísticos.[51]

O resultado da combinação dessas premissas, mantidas na Constituição de 1988, é a rigidez

> da repartição de competências para a instituição de cada tributo. O Sistema Tributário Nacional determina, no art. 153 e seguintes, quais tributos podem ser instituídos pela União, pelo Estados e pelos Municípios. O importante é que a Constituição não apenas define as hipóteses de incidência, mas também predetermina o conteúdo material para o exercício da competência.[52]

Os problemas dessa definição rígida surgem quando determinado conteúdo, ou base material de incidência, encontra-se em campo turvo, em que sua definição, visando a exação tributária, não é clara; tal é o caso em tela, acerca das atividades da impressão 3D. Tais situações são comumente conhecidas como conflitos de competência[53] tributários, embora não se olvide de posicionamentos que defendam a inexistência de "conflitos de competência propriamente ditos. A Constituição, ao cuidar, minuciosamente, das competências tributárias das pessoas políticas, não deixou margem para que os mesmos pudessem acontecer"[54]; nesse sentido, os conflitos seriam em verdade resultados de interpretações equivocadas ou disformes adotados pelos entes tributantes, cujos conflitos daí oriundos seriam definidos inicialmente pela Lei Complementar, conforme art. 146, I da Constituição Federal, sem afastar, no entanto, a resolução mediante provocação do Poder Judiciário.[55]

Portanto, no tocante aos conflitos de competência, tais quais os aqui tratados, a Lei Complementar somente terá "espaço onde houver conflito, dúvida, situações para as quais o texto constitucional não oferece solução."[56] E a Lei Complementar 116/2003, em tese, assim o seria, resolvendo os conflitos de competência na forma constitucionalmente disposta; no comentário acerca da lista veiculada pelo Decreto-Lei 406/1968, Ruy Barbosa Nogueira afirma que "no campo tributário, não se poderia empregar técnica mais precisa para ser excluído o arbítrio que pretende o fisco estadual contra a competência privativa do município e o direito líquido quanto aos fatos e certo quanto às normas que protege o contribuinte municipal e o município."[57]

---

51. Moraes, Bernardo Ribeiro de. As atividades da indústria gráfica diante do sistema tributário nacional. In: *Doutrinas Essenciais de Direito Tributário*, v. 5, fev. 2011, p. 237-250.
52. ÁVILA, Humberto. *Sistema Constitucional Tributário*. 4. ed. São Paulo: Saraiva, 2010, p. 110-111.
53. Competência, segundo Tércio Sampaio Ferraz Jr.: "é uma forma de poder jurídico, isto é, de exercício impositivo de comportamentos e relação de autoridade regulado por normas. Enquanto poder jurídico, competência pode ser entendida, especificamente, como capacidade juridicamente estabelecida de criar normas jurídicas (ou efeitos jurídicos) por meio e de acordo com certos enunciados". Competência Tributária Municipal. *Revista de Direito Tributário*, São Paulo, v. 14, n. 54, 1990, p. 158-163.
54. Alvim, Eduardo P. Arruda. Lei Complementar tributária. *Revista de Direito Constitucional e Internacional*, v. 6, jan./mar. 1994, p. 47-70.
55. Ibidem.
56. Schoueri, Luís Eduardo. O conceito de "destinatário" para fins de incidência do ICMS-importação. In: ELALI, André; MACHADO SEGUNDO, Hugo de Brito; TRENNEPOHL, Terence (Coord.). *Direito Tributário*: Homenagem a Hugo de Brito Machado. São Paulo: Quartier Latin, 2011, p. 601.
57. NOGUEIRA, Ruy Barbosa. ICM e ISS. *Revista dos Tribunais*, v. 538, ago. 1980.

4 • REEDIÇÃO DOS CONFLITOS DE COMPETÊNCIA TRIBUTÁRIA

Tal comentário, a nosso ver, parte do pressuposto de que a lista de serviços anexa é taxativa, isto é, não comportava interpretação extensiva dos itens nela dispostos para incidência do ISS; esse entendimento já havia sido esposado pela 2ª Turma do STF, no julgamento do RE 446.003.

No entanto – e aqui, retornamos ao porquê de não ser de plano afastada a tributação da impressão 3D pelo ISS – em recente decisão afetada ao regime de repercussão geral, o STF, em nossa visão, desferiu um dos mais duros golpes em direção à legalidade tributária, que fundamenta esta rigidez das premissas constitucionais. Trata-se de decisão do Recurso Extraordinário 784.439 (Tema 296), de relatoria da Min. Rosa Weber, que discutia, justamente, o caráter taxativo da lista de serviços sujeitos à incidência do Imposto Sobre Serviços de Qualquer Natureza a que se refere o art. 156, III, da Constituição Federal.

Esse rol, constante atualmente na lista de serviços anexa à Lei Complementar 116/2003, tem, como técnica legislativa, a inclusão de expressões vagas na definição dos serviços, como "congêneres", "de qualquer espécie" e "por quaisquer meios". Assim, seguindo-se o voto da Relatora, foi fixada a seguinte tese: "É taxativa a lista de serviços sujeitos ao ISS a que se refere o art. 156, III, da Constituição Federal, admitindo-se, contudo, a incidência do tributo sobre as atividades inerentes aos serviços elencados em lei em razão da interpretação extensiva".

Ou seja, mesmo que, expressamente não conste na lista anexa a tributação das atividades de impressão 3D, há, em nosso ver, possibilidade de que as autoridades fiscais municipais as incluam no campo de incidência do ISS, por meio de interpretação extensiva da lista, já que, além do item 13.05[58] – que inclusive foi apontado pelos consulentes nas Soluções de Consulta estaduais abordadas – é possível encontrar, em diversos itens da lista as locuções "congêneres", "assemelhados" e "outros", tais como:

> 1.03 – Processamento, armazenamento ou hospedagem de dados, textos, imagens, vídeos, páginas eletrônicas, aplicativos e sistemas de informação, entre outros formatos, e congêneres.
>
> 2.01 – Serviços de pesquisas e desenvolvimento de qualquer natureza.
>
> 23.01 – Serviços de programação e comunicação visual, desenho industrial e congêneres.
>
> 24.01 – Serviços de chaveiros, confecção de carimbos, placas, sinalização visual, banners, adesivos e congêneres.

Assim é que, em que pese a atividade de impressão 3D, em princípio, configure as bases materiais de incidência do IPI e do ICMS, conforme caracterizadas, não se deve, de plano, afastar a possibilidade de que, por meio de uma interpretação ex-

---

58. 13.05 – Composição gráfica, inclusive confecção de impressos gráficos, fotocomposição, clicheria, zincografia, litografia e fotolitografia, exceto se destinados a posterior operação de comercialização ou industrialização, ainda que incorporados, de qualquer forma, a outra mercadoria que deva ser objeto de posterior circulação, tais como bulas, rótulos, etiquetas, caixas, cartuchos, embalagens e manuais técnicos e de instrução, quando ficarão sujeitos ao ICMS.

tensiva da lista anexa à Lei Complementar 126/2006, as municipalidades passem a exarar entendimentos e, por conseguinte, realizar cobrança de contribuintes que, de alguma forma, realizem atividade de impressão 3D. Sendo este o caso, a segurança jurídica somente será restaurada mediante pronunciamento judicial específico, de igual forma ao que transcorreu no exemplificado caso dos *softwares*.

4. CONSIDERAÇÕES FINAIS

1. O Direito Tributário guarda intrínseca relação com Direito Privado, cuja natureza relacional – de autonomia ou dependência – já foi amplamente debatida, seja no Direito Comparado, seja no Direito brasileiro. Os debates, nesse sentido, revolvem à atribuição de sentido às locuções utilizadas pelo legislador tributário; enquanto para uns, não há qualquer vinculação da tributação aos conceitos de Direito Privado, para outros, somente se pode compreender a tributação a partir desses conceitos;

2. Em nosso sistema jurídico, a interrelação entre Direito Privado e Direito Tributário é constante, sendo reconhecida e regulada pelos artigos 109 e 100 do Código Tributário Nacional; em nossa conclusão, decorrente do tanto exposto por Mizabel Derzi e Aliomar Baleeiro, o Direito Tributário somente pode modificar os conceitos de Direito Privado na figura do legislador e nunca do intérprete; assim, se os institutos definidores das exações são vagos – tais como são no IPI, ICMS e ISS – então a interpretação de tais dispositivos deve remeter aos conceitos de Direito Privado;

3. A análise, portanto, das incidências tributárias sobre a atividade de impressão 3D necessita de uma breve análise sobre a própria atividade;

4. De origem no século passado, e apenas recente popularização, a impressão 3D é um processo tecnicamente conhecido como manufatura aditiva, pois, ao contrário da tradicional manufatura subtrativa, sua operação consiste na adição de materiais em um determinado molde, o que permite a alteração do estado físico de determinado produto;

5. A evolução da manufatura aditiva restrita aos procedimentos de prototipagem rápida para a impressão de objetos e produtos que podem, inclusive, ser direcionados aos consumidores finais, representa uma alteração significativa na ótica do mercado, sendo caracterizada, por alguns, como a nova revolução industrial, pois, em tese, permite uma aproximação nunca antes vista entre indústria/prestador e consumidor;

6. Identificadas os principais conceitos acerca da manufatura aditiva e, partindo do pressuposto da relação de dependência entre conceitos de Direito Privado e Direito Tributário, tratou-se de dar significação às bases materiais de incidência dos tributos analisados – IPI, ICMS e ISS;

7. Com relação ao IPI, a partir da interpretação de dispositivos constitucionais e infraconstitucionais, delimitou-se sua base material como a realização de negócio

jurídico que envolva a industrialização de produtos, pois, ao fim, não é o processo de industrialização que é tributado, mas o produto industrializado;

8. Nesse sentido, considerando as definições acerca das atividades de impressão 3D, bem como das bases materiais de incidência do IPI, concluiu-se pela incidência do tributo, salvo em determinadas hipóteses, já veiculadas no Parecer Normativo 167/73, que bem se aplicam à espécie e se relacionam diretamente com o critério pessoal do contribuinte. Pela tributação da manufatura aditiva pelo IPI, também já se posicionou a autoridade fiscal competente, por meio da Solução de Consulta 97/2019;

9. No caso do ICMS, para verificação de sua incidência sobre tais atividades, definiu-se que sua base material, a partir de conceitos do Direito Privado, é a circulação de mercadorias, melhor definida por Paulo de Barros Carvalho, como uma atividade mercantil envolvendo operação jurídica que transfira a propriedade ou posse de determinada mercadoria;

10. Forte em tais predicados, também concluímos pela incidência do ICMS sobre as atividades de impressão 3D; tal entendimento também já foi exarado por autoridades fiscais de diferentes entes tributantes. No caso, verificamos a resposta à Solução de Consulta 19649 de 05 de dezembro de 2019, pelo fisco paulista, que entendeu incidente o ICMS sobre tais operações, afastando o ISS. Da mesma forma, verificou-se o posicionamento das autoridades do Distrito Federal, exarada por meio da Solução de Consulta COTRI 5 de 06 de abril de 2017;

11. No entanto, a possibilidade de incidência do ISS sobre tais operações está longe de ser descartada. Para concluirmos nesse sentido, servimo-nos, também, da definição das bases materiais do imposto de competência municipal e a definição semântica da "prestação de serviços", com base nas premissas do Direito Privado, que consiste em uma obrigação de fazer ou atividade prestada de alguém que serve a outrem, ou seja, em proveito alheio;

12. Verificamos então, a existência e definição dos conflitos de competência tributária, exemplificando sua ocorrência com recentes decisões dos Tribunais Superiores que impactaram diretamente na forma de verificação da incidência dos tributos sobre o consumo, tais como as ADIs 1.945 e 5.659, que, pelo eminente caráter de produto do engenho humano, consideraram a atividade de comercialização de softwares como base de incidência do ISS, ainda que por meio físico;

13. Em adição ao possível conflito, verificamos o recente e, talvez surpreendente, julgamento do Recurso Extraordinário 784.439 (Tema 296), por meio do qual o STF definiu pela possibilidade de interpretação extensiva dos serviços elencados na lista anexa à Lei Complementar 116/2003, o que, por si só, permite concluir que as municipalidades podem, e, provavelmente, irão buscar a cobrança do tributo municipal sobre as atividades da manufatura aditiva, por meio desse instrumento interpretativo.

5. REFERÊNCIAS

ALVIM, Eduardo P. Arruda. Lei Complementar tributária. *Revista de Direito Constitucional e Internacional*, v. 6, jan./mar., p. 47-70, 1994.

ATALIBA, Geraldo. Procedimento tributário-penal – aplicação de penalidades tributárias – prova em procedimento tributário – aplicação de princípios processuais – arbitramento de valor tributável em lançamento por homologação. In: *Doutrinas Essenciais de Direito Penal Econômico e da Empresa*, v. 5, p. 263-381, 2011.

ÁVILA, Humberto. *Sistema Constitucional Tributário*. 4. ed. São Paulo: Saraiva, 2010.

BALEEIRO, Aliomar; DERZI, Misabel Abreu Machado. *Direito tributário brasileiro*. 14. ed. rev. atual. e ampl. Rio de Janeiro: Forense, 2018.

BARRETO, Aires F. *ISS na Constituição e na Lei*. Saraiva: São Paulo, 2009.

BARROSO, Luís Roberto; MELLO, Patrícia Perrone Campos. Trabalhando com uma nova lógica: A ascensão dos precedentes no direito brasileiro. Disponível em: https://www.conjur.com.br/dl/artigo-trabalhando-logica-ascensao.pdf. Acesso em: 24 jun. 2021.

BITTAR FILHO, Carlos Alberto. Apontamentos teórico-práticos sobre o icms e sua cobrança executiva. *Revista Tributária e de Finanças Públicas*, v. 29, p. 122-128, out./dez. 1999.

BLUMENSTEIN, Ernst. *Sistema di diritto delle imposte*. Milano: Giuffrè, 1954.

CARDOSO, Rafael M. et al. Drawing Electrochemical Sensors Using a 3D Printing Pen. *Journal of the Brazilian Chemical Society [online]*, v. 31, n. 9, p. 1764-1770, 2020. Disponível em: https://doi.org/10.21577/0103-5053.20200129 Acesso em: 15 ago. 2021.

CARNEIRO, Cláudio. *Impostos federais, estaduais e municipais*. 5. ed. ampl. e atual. São Paulo: Saraiva, 2015.

CARRAZZA, Roque Antonio. *ICMS*. 11. ed. São Paulo: Malheiros, 2006.

CARVALHO, Paulo de Barros. *Curso de Direito Tributário*. 17. ed. São Paulo: Saraiva, 2005.

CARVALHO, Paulo de Barros. *Direito tributário*: linguagem e método. 6. ed. São Paulo, Noeses, 2015.

COSTA, Regina Helena. *Código tributário nacional comentado em sua moldura constitucional*. Rio de Janeiro: Forense, 2021.

EFING, Antônio Carlos; MISUGI, Guilherme; GURECK NETO, Leonardo. A impressão tridimensional (3d) e seus reflexos socioambientais para o mercado de consumo. *Revista de Direito do Consumidor*, São Paulo, v. 98, mar./abr., p. 77-102, 2015.

FERRAZ Jr., Tércio Sampaio. Competência Tributária Municipal. *Revista de Direito Tributário*, São Paulo, v. 14, n. 54, p. 158-163, 1990.

FORD, Simon; Mortara, Letizi; Minshall, Tim. The Emergence of Additive Manufacturing: Introduction to the Special Issue. *Technological Forecasting and Social Change*, v. 102, p. 156-159, jan. 2016.

GENY, François. Le particulierisme du froit fiscal. *Revue Trimestrelle de Droit Civil*, Milano, v. 30, p. 797-833, 1931.

GENY, François. O particularismo no direito fiscal. *Revista de Direito Administrativo*, Rio de Janeiro, v. 20, p. 6-31, abr./jun. 1950.

MELO, José Eduardo Soares de. *Curso de Direito Tributário*. 3. ed. São Paulo: Dialética, 2002.

MIGUEL, Luciano Garcia; OZAI, Ivan Ozawa. ICMS e a tributação de mercadorias digitais. *Revista de Direito Tributário Contemporâneo*, v. 1, jul./ago. 2016.

MORAES, Bernardo Ribeiro de. *Compêndio de Direito Tributário*. Rio de Janeiro: Forense, 1984.

MORAES, Bernardo Ribeiro de. As atividades da indústria gráfica diante do sistema tributário nacional. *Doutrinas Essenciais de Direito Tributário*, v. 5, p. 237-250, fev. 2011.

MORIMOTO, Sandra Yoshie Uraga et al. Órteses e próteses de membro superior impressas em 3D: uma revisão integrativa. *Cadernos Brasileiros de Terapia Ocupacional [online]*, v. 29, e2078, 2021. Disponível em: https://doi.org/10.1590/2526-8910.ctoAO2078. Acesso em: 15 ago. 2021.

NOGUEIRA, Ruy Barbosa. ICM e ISS. *Revista dos Tribunais*, n. 538, ago. 1980.

NOGUEIRA, Ruy Barbosa. *Curso de Direito Tributário*. 9. ed. São Paulo: Saraiva, 1989.

PAULSEN, Leandro; MELO, José Eduardo Soares de. *Impostos federais, estaduais e municipais*. 6. ed. rev. e atual. Porto Alegre: Livraria do Advogado, 2011.

RAMOS, José Nabantino. Fatos geradores confrontantes. *Revista dos Tribunais*, São Paulo, v. 67, n. 511, p. 20-29, maio 1978.

SCHOUERI, Luís Eduardo. O conceito de "destinatário" para fins de incidência do ICMS-importação. In: ELALI, André; MACHADO SEGUNDO, Hugo de Brito; TRENNEPOHL, Terence (Coord.). *Direito Tributário*: Homenagem a Hugo de Brito Machado. São Paulo: Quartier Latin, 2011.

SEIXAS Filho, Aurélio Pitanga. Imposto sobre Produtos Industrializados. Confecção industrial em oficina com até cinco operários. *Revista de Direito Administrativo*, Rio de Janeiro, v. 134, p. 240-245, out./dez. 1978.

TROTABAS, Louis. Ensaio sôbre o Direito Fiscal. *Revista de Direito Administrativo*, Rio de Janeiro, v. 26, p. 34-59, out. 1951.

VOLPATO, Neri (Org.). *Manufatura aditiva*: tecnologias e aplicações da impressão 3D. São Paulo: Blucher, 2017.

5
OPEN BANKING E PROTEÇÃO DE DADOS PESSOAIS: CONVERGÊNCIAS E DIVERGÊNCIAS ENTRE A LGPD E A REGULAÇÃO

Carlos Goettenauer

Mestre e doutorando em Direito pela Universidade de Brasília – UnB, mestrando na *London School of Economics*

Sumário: 1. Introdução – 2. *Open banking*, regulação e segurança de dados – 3. Sistema legal de proteção de dados pessoais e *open banking*; 3.1 Convergência: portabilidade de dados; 3.2 Convergência: o consentimento do titular dos dados; 3.3 Divergência: o problema da solicitação de compartilhamento; 3.4 Divergência: onde a LGPD não alcança – 4. Conclusão – 5. Referências.

1. INTRODUÇÃO

Na esteira das mudanças ocorridas nos últimos anos em razão da introdução de novas tecnologias no sistema financeiro[1], o Banco Central e o Conselho Monetário Nacional publicaram a Resolução Conjunta 1 4 de maio de 2020, que dispõe sobre a implementação do Sistema Financeiro Aberto no Brasil. A normatização veio regular o modelo de *Open Banking*, definido pela resolução, no artigo 2º, inciso II, como o "compartilhamento padronizados de dados e serviços por meio de abertura e integração de sistemas". A resolução foi mais um passo na introdução do modelo de sistema financeiro aberto no país, que teve início com publicação de uma consulta pública no ano anterior, 2019.[2]

Modo geral, o modelo de *Open Banking* pode ser compreendido como um meio para compartilhamento de dados pelos clientes do Sistema Financeiro Nacional. Se outrora as informações sobre a vida financeira dos clientes bancários eram armazenadas exclusivamente nas instituições detentoras de suas contas, o modelo de *Open Banking* vem alterar essa estrutura, viabilizando o trânsito livre de informações financeiras entre instituições financeiras. Ao permitir essa abertura de dados bancários, o modelo de *Open Banking* é apontado como mecanismo de promoção da concorrência, o que consta, inclusive, da própria norma publicada pelas autoridades reguladoras

---

1. A literatura sobre alterações introduzidas pelas novas tecnologias no sistema financeiro é vasta. Como introdução, recomenda-se: BARBERIS, J. N.; BUCKLEY, R. P.; ARNER, D. W. FinTech, RegTech, and the Reconceptualization of Financial Regulation. *Northwestern Journal of International Law & Business*, v. 37, n. 3, 2017.
2. BACEN. *Edital de Consulta Pública 73/2019, de 28 de novembro de 2019*. Banco Central do Brasil. Brasília. 2019b.

brasileira.[3] Por essa razão, não são raros os estudos que se debruçam exatamente sobre os impactos da adoção do *Open Banking* na concorrência e na entrada de novos agentes no mercado.[4]

No presente trabalho, contudo, pretende-se dar um passo anterior e entender o modelo de *Open Banking* como um arranjo regulatório que estrutura a proteção e o tratamento de dados de clientes no Sistema Financeiro Nacional. Para tanto, é necessário compreender de que forma essa nova regulação interage com os demais normativos que cuidam da proteção de dados pessoais no Brasil, em especial a Lei Geral de Dados Pessoais.

Objetiva-se aqui analisar como a regulação do *Open Banking* no Brasil se integra ao sistema normativo de proteção de dados pessoais. Nesse esforço, são apontadas as convergências e as divergências que eventualmente a regulação do Sistema Financeiro Aberto possua com a Lei Geral de Proteção de Dados Pessoais. Parte-se primeiro da compreensão de que o modelo de *Open Banking* não é simplesmente um mecanismo de incentivo à concorrência, mas uma resposta regulatória dada para a solução de um problema específico e diretamente relacionado à proteção de dados pessoais, qual seja, o compartilhamento de informações bancárias por meio de aplicativos. A partir dessa visão, o modelo de *Open Banking* poderá ser compreendido em um contexto diverso, associado não ao direito concorrencial, mas à proteção de dados pessoais.

Dessa maneira, o trabalho divide-se em duas partes. Na primeira metade, inicia--se buscando compreender de *Open Banking* como uma resposta regulatória a novos modelos de negócio introduzidos no sistema financeiro. Na segunda parte, passa-se a analisar sua ligação com a Lei Geral de Proteção de Dados, apontando os pontos de convergência entre as duas propostas normativas. Ainda na segunda metade, serão analisadas as divergências entre o sistema Financeiro Aberto e as normas de proteção a dados pessoais. Nesse ponto, pretende-se, ainda, propor interpretações que possam harmonizar as duas normas nos pontos em que essas divergem. Por fim, conclui-se apontando a necessidade de compreensão do modelo brasileiro de Sistema Financeiro Aberto no contexto da proteção de dados pessoais.

2. *OPEN BANKING*, REGULAÇÃO E SEGURANÇA DE DADOS

A introdução de novas tecnologias no sistema financeiro, em especial a partir da crise de 2008, favoreceu a entrada de novos atores no mercado de prestação de serviços bancários. Nesse novo momento, o modelo de *Open Banking* foi apontado como um mecanismo de convergência da atuação dos novos agentes econômicos

---

3. "Art. 3º Constituem objetivos do Open Banking: I – incentivar a inovação; II – promover a concorrência; III – aumentar a eficiência do Sistema Financeiro Nacional e do Sistema de Pagamentos Brasileiro; e IV – promover a cidadania financeira" (Resolução Conjunta CMN/BACEN 1/2020).

4. Nesse sentido: BORGOGNO, O.; COLANGELO, G. Consumer Inertia and Competition-sensitive Data Governance: The Case of Open Banking. *Journal of European Consumer and Market Law*, v. 9, n. 4, p. 143-150, 2020.

com as grandes instituições financeiras já estabelecidas.[5] Em breve síntese, o modelo de *Open Banking* pode ser definido como a abertura dos sistemas tecnológicos das instituições bancárias, por meio da utilização de Interfaces de Programação de Aplicações (*Application Programming Interface – APIs*) padronizadas, pelas quais outros agentes de mercado podem interagir tecnologicamente com os sistemas informáticos das instituições financeiras, no interesse dos clientes finais.[6]

O termo *Open Banking*, no entanto, foi, por algum tempo, polissêmico. A identificação de seu sentido dependia da recuperação de sua origem, que aponta para duas intervenções regulatórias.[7] A primeira, a Diretiva 2015/2366 da União Europeia, conhecida como *Second Payment System Directive* (PSD2), determinou a adoção de padrões tecnológicos pelos agentes de mercado que atuavam no ramo de pagamentos. A segunda interferência regulatória proveio da autoridade concorrencial britânica (*Competition & Markets Authority – CMA*), de 17 de maio de 2016, responsável por determinar a adoção pelas principais instituições bancárias britânicas de padrões tecnológicos que permitissem o intercâmbio de dados entre os agentes de mercado.

Essas duas propostas trazem em si um ponto em comum: a ideia de fomentar a concorrência pela absorção de novos agentes de mercado no sistema financeiro. De maneira ainda mais intensa, a decisão da autoridade concorrencial britânica, ao identificar a baixa competitividade no setor bancário, determinou a adoção do modelo de *Open Banking*, exigindo das maiores instituições financeiras no país a criação de Interfaces de Programação de Aplicações que permitissem a outras empresas acessar os dados dos clientes bancários.[8] Nesse novo contexto, ficou aberta aos usuários a possibilidade de interagir com as instituições financeiras a partir de aplicativos criados por outras empresas.

Portanto, não surpreende que o modelo de *Open Banking* seja frequentemente analisado por uma perspectiva concorrencial.[9] Em resumo, aponta-se que a abertura dos dados do sistema financeiro traria ganhos concorrenciais ao incentivar o acesso de novos atores ao mercado e facilitar a possibilidade de escolha dos consumidores, que não teriam seus dados bloqueados em uma única instituição financeira.[10]

---

5. GOZMAN, D.; HEDMAN, J.; OLSEN, K. S. *Open Banking*: Emergent Roles, Risks & Opportunities. European Conference on Information Systems (ECIS). Portsmouth: AIS eLibrary. 2018.
6. Alertamos que essa é uma definição adotada pelo presente autor em outra oportunidade, anterior à própria definição normativa (GOETTENAUER, C. Open banking e a teorias de regulação da Internet. *Revista de Direito Bancário e Mercado de Capitais*, v. 82, 2018).
7. ZACHARIADIS, M.; OZCAN, P. The API Economy and Digital Transformation in Financial Services: The case of Open Banking. *Swift Institute Working Paper*, n. 2016-001, jun. 2017.
8. CMA. *Retail Banking market investigation: final report*. Competition & Markets Authority. Londres, p. 708. 2016.
9. Sobre o tema, já analisando o contexto brasileiro, recomenda-se o recente trabalho: SILVA, G. B. D. S. E. *Open Banking no Brasil*: uma análise das normas relativas às APIs sob o prisma do direito concorrencial regulatório. Dissertação de Mestrado apresentada ao Programa de Pós-Graduação da Universidade Federal de Minas Gerais. Belo Horizonte. 2021.
10. VIOLA, M. et al. *Open Banking e Proteção de Dados*. Instituto de Tecnologia e Sociedade do Rio (ITS). Rio de Janeiro. 2020.

Contudo, a conclusão de que o modelo de *Open Banking* objetiva o incentivo à concorrência passa pela pressuposição de que a abertura de dados proporcionada pelo sistema é segura, confiável e feita em benefício dos clientes. Nessa perspectiva, pode-se entender a regulação de *Open Banking* não apenas como um meio de incentivo à concorrência, mas como uma resposta regulatória que visa reorganizar a proteção de dados pessoais dentro do sistema financeiro.

Ao contemplar-se a implementação do *Open Banking* sobre essa perspectiva, chega-se a uma espécie de contrassenso. A rigor, o compartilhamento aberto de dados vai contra um dos princípios mais tradicionais do sistema bancário: o dever de segredo com relação às informações do cliente. Já no surgimento do que hoje entendemos como atividade bancária, durante a Idade Média, a intermediação do crédito era acompanhada pelo vínculo de confiança entre o banqueiro e seus clientes, o que pressupunha o segredo como um dos elementos intrínsecos da relação.[11] A vinculação entre atividade bancária e sigilo é tão próxima que ao comentar o crime de violação do segredo profissional", previsto no artigo 154 do Código Penal, Nelson Hungria já apontava que "notadamente nas operações de crédito, o sigilo bancário é uma condição imprescindível, não só para a segurança do interesse dos clientes do banco como para o próprio êxito da atividade bancária".[12]

O *Open Banking* implica uma forte alteração na forma com que o sistema financeiro e as instituições bancárias lidam com os dados de seus clientes. Essa súbita mudança em uma tradição há muito estabelecida não pode ser atribuída exclusivamente ao simples interesse dos reguladores de incrementar a concorrência no mercado. É necessário compreender, sob a perspectiva regulatória, a alteração no ambiente que levou a criação do sistema de *Open Banking*. Afinal, o que pode ter forçado o abandono de uma tradição que já secular?

Como já apontado no presente trabalho, nos últimos dez anos o sistema financeiro de vários países foi alterado em razão do surgimento de novos agentes atuando no mercado. É necessário, todavia, apontar o contexto de aparição desses atores. Diferente de outros momentos recessivos anteriores, a crise de 2008 teve origem no sistema financeiro. Ainda que se possa discutir as causas da crise a partir de várias abordagens, muitos atribuem o colapso financeiro de 2008 às práticas associadas aos mecanismos de especulação que agiram como incentivo para a concessão de crédito em excesso[13] ou, em outra perspectiva, a alocação de excessiva de recursos em setores não produtivos.[14]

A perda de confiança nas instituições tradicionais abriu espaço para novos atores do mercado financeiro, que introduziram, junto às novas tecnologias, modelos de

---

11. COVELLO, S. C. *O sigilo bancário*. São Paulo: Lead, 2001.
12. HUNGRIA, N.; FRAGOSO, H. C. *Comentários ao Código Penal, volume VI*: arts. 137 ao 154. 5. ed. Rio de Janeiro: Forense, 1980, p. 271.
13. DURANT, C. *Fictitious Capital*. Londres: Verso, 2017.
14. TURNER, A. *Between debt and the devil*: money, credit, and fixing global finance. New Jersey: Princeton University Press, 2016.

negócio inéditos que, por vezes, podem representar um desafio ao arranjo regulatório do sistema financeiro.[15] Essa característica específica coloca algumas *fintechs* na definição de "empreendedores institucionais", ou seja, agentes de mercado que desenvolvem suas atividades enfrentando barreiras institucionalmente consolidadas.[16]

O surgimento de empreendedores institucionais desencadeou um processo de mudança no sistema regulatório. Conforme os novos agentes de mercado introduziram modelos de negócios que desafiavam as barreiras institucionais, causaram respostas das autoridades regulatórias dos sistemas financeiros, que buscaram introduzir novas normas e padrões capazes de absorver os novos cenários negociais.[17] Vislumbra-se aqui uma espécie de processo dinâmico de regulação, em que autoridades reguladoras e agentes de mercado atuam de maneira complementar e dialógica.[18]

Dentro desse contexto, deve-se reconhecer que o modelo de *Open Banking*, mesmo que ainda sem essa nomenclatura, surge antes das iniciativas regulatórias, às margens do arranjo institucional, mas não fora de seu alcance. Conforme se desenvolveu a tecnologia de bancos *on-line* e a disponibilização de informações e serviços financeiros por meio da internet, muitos clientes passaram a conceder permissão a outras empresas para acessar seus dados bancários pessoais.[19] Esses novos intermediários, que por vezes não são sequer empresas alcançadas pela regulação do sistema financeiro, foram responsáveis por introduzir inovações, serviços e maiores facilidades para seus usuários. Contudo, o compartilhamento de dados nesses casos dava-se por meio da entrega pelo usuário de suas credenciais junto à instituição bancária ao terceiro interveniente ou pelo emprego de outras técnicas que, modo geral, fragilizavam a segurança da informação no sistema financeiro.[20]

A segurança do sistema financeiro é um dos maiores focos da regulação bancária[21]. A utilização da infraestrutura tecnológica associada aos serviços financeiros sem a concordância das instituições bancárias, ainda que em benefício dos clientes e com seu consentimento, representou um desafio à moldura regulatória e à segurança dos dados das instituições e de seus clientes. Como primeira resposta a essa mudança, houve a introdução do compartilhamento de dados por meio de APIs (*Application Program Interfaces*), ou seja, a criação de uma infraestrutura tecnológica fornecida pelas próprias instituições bancárias, que permitiu aos terceiros intervenientes aces-

---

15. BARBERIS, J. N.; BUCKLEY, R. P.; ARNER, D. W. FinTech, RegTech, and the Reconceptualization of Financial Regulation. *Northwestern Journal of International Law & Business*, v. 37, n. 3, 2017.
16. LI, D. D.; FENG, J.; JIANG, H. Institutional entrepreneurs. *American Economic Review*, v. 96, n. 2, p. 358-362, 2006.
17. BIS. *Policty responses to fintech*: a cross-country overview. Bank for International Settlements – Financial Stability Institute. Basileia. 2020. (FSI Insights on policy implementation Nº 23).
18. ARANHA, M. I. *Manual de Direito Regulatório*. 4. ed. Coleford: Laccademia Publishing, 2018.
19. BIS. *Report on open banking and application programming interfaces*. Bank for International Settlements – Basel Committee on Banking Supervision. Basileia. 2019.
20. BIS. *Report on open banking and application programming interfaces*. Bank for International Settlements – Basel Committee on Banking Supervision. Basileia. 2019.
21. CRANSTON, R. et al. *Principles of Banking Law*. Oxford: Oxforf University Press, 2017.

sarem os dados dos clientes com sua devida autorização, em conformidade com os padrões de segurança estabelecidos pelas instituições.[22]

Portanto, a implementação de APIs para o compartilhamento de dados de cliente está diretamente associada à ideia de *Open Banking* e vinculada aos esforços regulatórios no sentido de estabelecer a segurança na proteção dos dados do sistema financeiro. A regulação do modelo de *Open Banking* merece ser encarada, portanto, nesse contexto dinâmico de diálogo entre regulador e agentes de mercado, visando o estabelecimento de um ambiente seguro para os clientes.

Não se trata de indicar que o incentivo a concorrência não estaria ligado à implementação do *Open Banking*. Até mesmo porque esse é um de seus objetivos expressos. Todavia, deve-se reconsiderar essa mudança em uma ótica que liga a regulação de *Open Banking* ao arcabouço normativo relativo à proteção de dados pessoais, a partir do reconhecimento de que a introdução regulatória do Sistema Financeiro Aberto é uma medida promovida pelas autoridades reguladoras voltada a responder um desafio imposto à segurança de dados. Isso significa, em outras palavras, a introdução da regulação do Sistema Financeiro Aberto corresponde a criação de uma estrutura de proteção de dados pessoais dos clientes bancários.

Aliás, não se pode sequer dizer que a regulação do *Open Banking* seja a primeira proposta do regulador direcionada a criação dessa estrutura voltada a proteção de dados pessoais. A introdução do *Open Banking* no Brasil foi precedida pela Resolução BCB 4.658/2018, que implementou a Política de Segurança Cibernética no Sistema Financeiro Nacional.[23] A partir dela foi disciplinada a possibilidade do processamento dados do sistema financeiro por empresas de tecnologia que prestam serviço de computação em nuvem, o que favorece a interação entre os sistemas informacionais dos bancos tradicionais e empresas de tecnologia. Deu-se aqui o primeiro passo na criação de um sistema regulatório direcionado ao compartilhamento de dados e, por consequência, relacionado à proteção de dados pessoais.

Nessa mesma lógica, a implementação do modelo de *Open Banking* precisa ser compreendida no contexto da absorção de novos agentes e modelos de negócios, que a seu tempo trazem para o sistema novos riscos. A introdução de novas tecnologias, como foi o caso das APIs no sistema financeiro, são fatores de desestabilização do sistema normativo. Não se quer dizer, todavia, que as resposta regulatórias ofertadas tenham por objetivo simplesmente readaptar o arranjo regulatório às novas demandas e as necessidades dos atores. A ação do regulador, diferentemente, é tomada no sentido de dirigir a política pública setorial aos interesses coletivos, por meio da estruturação de um ambiente regulatório[24]. Nesse sentido, a mudança tecnológica causada pela

---

22. BIS. *Report on open banking and application programming interfaces*. Bank for International Settlements – Basel Committee on Banking Supervision. Basileia. 2019.
23. A resolução foi posteriormente revogada pela Resolução BCB nº 4893/2021, que atualizou boa parte de suas previsões.
24. ARANHA, M. I. *Manual de Direito Regulatório*. 4. ed. Coleford: Laccademia Publishing, 2018.

introdução de APIs no sistema financeiro foi respondida com uma proposta que teve por objetivo o incentivo à concorrência. No entanto, essa resposta encontra-se ligada à existência de todo um ambiente normativo relacionado à proteção de dados pessoais e que funciona quase como um pressuposto para a existência do modelo regulatório de *Open Banking*.

O encaixe entre a regulação setorial do *Open Banking* no Brasil e a o sistema normativo de proteção de dados pessoais é, portanto, o tema do próximo tópico.

3. SISTEMA LEGAL DE PROTEÇÃO DE DADOS PESSOAIS E *OPEN BANKING*

No tópico anterior, apontamos como a implementação do *Open Banking* no Brasil corresponde à estruturação de um sistema de proteção de dados pessoais no sistema financeiro. Como colocado, essa nova estrutura, deve ser compreendida dentro de um sistema mais amplo, no qual ele não apenas está inserido, mas também interage, aproveitando subsídios e condicionando a participação dos agentes que atuam no mercado bancário.

Antes, é preciso compreender o que significa apontar a existência de um sistema normativo de proteção de dados pessoais. Para tanto, deve-se reconhecer que, apesar de sua inquestionável protagonismo, a Lei Geral de Dados Pessoais veio em 2018 não para instituir um sistema protetivo inédito, mas para consolidar princípios já cristalizados e dispersos em outros normativos, fortalecendo-os e dando-lhes maior clareza.[25] "Essa configuração fortalece a coerência da lei e a unidade do sistema, ao qual ela se integral formal e materialmente".[26]

A integração do *Open Banking* a esse sistema de proteção de dados já formado deve, sob essa perspectiva, respeitar a unicidade e coerência previamente existentes. Isso significa que o Sistema Financeiro Aberto merece ser compreendido com parte desse sistema e suas disposições devem ser absorvidas de maneira a serem compatíveis com os institutos jurídicos anteriormente definidos.

Deve-se manter em vista, no entanto, que o *Open Banking* não é simplesmente uma proposta normativa. Sua implementação exige a criação de uma infraestrutura tecnológica e, portanto, uma espécie de regulação por tecnologia.[27] Trata-se de um caso típico em que direito e tecnologia devem atuar de forma complementar para consolidar os princípios de tratamento de dados. Nesse sentido, a adequação das

---

25. OLIVEIRA, M. A. B.; LOPES, I. M. P. Os princípios norteadores da proteção de dados pessoais no Brasil e sua otimização pela Lei 13.709/2018. In: TEPEDINO, G.; FRAZÃO, A.; OLIVA, M. D. *Lei Geral de Proteção de Dados Pessoais e suas repercussões no Direito Brasileiro*. São Paulo: Thomson Reuters Brasil, 2018.

26. OLIVEIRA e LOPES. Op. cit., 2018, p. 82.

27. O tema da regulação por tecnóloga é vastamente abordado pela doutrina. Especificamente sobre sua ligação com a LGPD, sugere-se o seguinte: FRAZÃO, A. Fundamentos da proteção dos dados pessoais – Noções introdutórias para a compreensão da importância da Lei Geral de Proteção de Dados. In: TEPEDINO, G.; FRAZÃO, A.; OLIVA, M. D. *Lei Geral de Proteção de Dados Pessoais e suas repercussões no Direito Brasileiro*. São Paulo: Ed. RT, 2019.

disposições jurídicas referentes ao *Open Banking* ao sistema de proteção de dados pessoais cresce ainda mais em relevância.

Com esses aspectos em mente, serão avaliados aqui dois pontos de convergência e dois pontos de divergência do Sistema Financeiro Aberto com o sistema de proteção de dados pessoais, em especial a Lei Geral de Proteção de Dados. Chamamos de convergentes aqueles pontos nos quais a regulação do *Open Banking* no Brasil não apenas encontra amparo na LGPD, mas como também se apropria, com sucesso, institutos jurídicos presentes na norma. De maneira oposta, damos o nome de divergente às situações nas quais a apropriação de termos legais pela regulação infralegal leva a inconsistências na interpretação do arcabouço normativo. A ideia é analisar como os dois sistemas interagem e de que forma os institutos são adaptados e recontextualizados para o sistema financeiro.

3.1 Convergência: portabilidade de dados

Em que pese a inexistência de uma definição uníssona sobre o que seria o direito a portabilidade de dados[28], é possível entender esse conceito como "a possibilidade do titular de transferir seus dados entre controladores ou obter uma cópia para armazenamento e uso".[29] Incluída na Lei Geral de Proteção de Dados brasileira, a portabilidade de dados tem inspiração na prerrogativa prevista na legislação europeia, que dispõe, no artigo 20 do Regulamento Geral de Proteção de Dados, a possibilidade de direito do titular de receber os dados disponíveis em um controlador, de maneira estruturada, e transmiti-los a outro responsável pelo tratamento.[30]

De maneira resumida, a portabilidade de dados é assim tratada na legislação brasileira:

> Apresentando poucas disposições sobre esse direito, a LGPD foi extremamente sintética, limitando-se a afirmar que (i) a portabilidade será realizada entre um fornecedor a outro, mediante requisição expressa, de acordo com a regulamentação da autoridade nacional, observados os segredos comercial e industrial (inciso V); (ii) que não se inclui nessa os dados já anonimizados (art. 18, §7º); (iii) que a autoridade nacional poderá dispor sobre padrões de interoperabilidade para fins de portabilidade (art. 40); e (iv) que o uso compartilhado entre controladores de dados

---

28. CRAVO, D. C. Artigo 18, inciso V, da LGPD. In: MARTINS, G. M.; LONGHI, J. V.; FALEIROS JÚNIOR, J. L. M. *Comentários à Lei Geral de Proteção de Dados Pessoais*, Indaiatuba: Foco, 2022, no prelo.

29. CRAVO, D. C. Op. cit., 2022.

30. "Artigo 20 – Direito de portabilidade dos dados: 1. O titular dos dados tem o direito de receber os dados pessoais que lhe digam respeito e que tenha fornecido a um responsável pelo tratamento, num formato estruturado, de uso corrente e de leitura automática, e o direito de transmitir esses dados a outro responsável pelo tratamento sem que o responsável a quem os dados pessoais foram fornecidos o possa impedir, se: a) O tratamento se basear no consentimento dado nos termos do artigo 6 e b) O tratamento for realizado por meios automatizados. 2 Ao exercer o seu direito de portabilidade dos dados nos termos do n.º 1, o titular dos dados tem o direito a que os dados pessoais sejam transmitidos diretamente entre os responsáveis pelo tratamento, sempre que tal seja tecnicamente possível [...]." Regulamento Geral sobre Proteção de Dados da União Europeia.

pessoais sensíveis referentes à saúde é vedado, exceto, entre outras exceções, para permitir a portabilidade de dados quando solicitada pelo titular (§ 4º, inciso I, do art. 11).[31]

Por vezes, o direito ao acesso aos dados é abarcado dentro do direito à portabilidade dos dados, como é o caso da legislação europeia, já citada. O texto normativo brasileiro, no entanto, expressamente limita a portabilidade aos casos em que há transmissão de dados de um controlador a outro.

Dessa maneira, o Sistema Financeiro Aberto vem, exatamente, dar materialidade à previsão do artigo 18, inciso V, da Lei 13.709/2018 no Sistema Financeiro Nacional. Ao solicitar a transferência de seus dados da instituição receptora à instituição transmissora, o usuário final está, a rigor, efetivando a requisição expressa para a portabilidade de dados "de um fornecedor a outro", definida no texto legal.

Contudo, dar materialidade à portabilidade não significa apenas executar um mandamento normativo. A transferência de dados depende da existência de uma infraestrutura tecnológica apta a tornar comunicar dados legíveis e reutilizáveis de um controlador a outro. Daí decorre a necessidade de *interoperabilidade*[32], definida como um dos princípios norteadores do Sistema Financeiro Aberto. Espera-se que a interoperabilidade garanta, assim, a capacidade dos sistemas de se comunicarem e transferirem dados entre suas diversas unidades funcionais, sem requerer que o usuário tenha conhecimento técnico das características de cada uma das unidades.[33]

Por outro lado, ao dar concretude à portabilidade de dados no sistema financeiro, estabelecendo uma convergência com a LGPD, a regulação de *Open Banking* não se limita a viabilizar o compartilhamento de informações definidas nos estritos contornos do conceito de "dados pessoais". Portanto, o escopo dos dados de compartilhamento no Sistema Financeiro Aberto, definido na Circular 4.015/2020, pode, eventualmente, alcançar e esbarrar nos limites estabelecidos pela LGPD ao direito a portabilidade.

O primeiro desses limites à portabilidade é expressamente previsto na LGPD e cuida dos "segredos comercial e industrial", locução empregada no artigo 18, inciso V, da norma. Dessa maneira, no sistema de *Open Banking*, o compartilhamento de dados para instituição receptora não pode ofender os segredos empresariais da instituição transmissora. A exposição dos dados pessoais a pedido do titular não pode, por exemplo, implicar a revelação de fórmulas relativas aos cálculos de avaliações de crédito dos clientes ou outros elementos intrinsicamente vinculados a seu modelo

---

31. CRAVO, D. C. Op. cit., 2021.
32. CRAVO, D. C. Op. cit., 2021.
    regulação do *open banking*, o termo "interoperabilidade" já tinha surgido no contexto da regulação do Sistema Financeiro Brasileiro. Em 2015, o Banco Central do Brasil alterou a normatização do Sistema Brasileiro de Pagamentos, com a Circular BCB 3.765/2015, para incluir a exigência de interoperabilidade no âmbito de um mesmo arranjo de pagamento. Ou seja, a norma estabeleceu necessidade de padronização interna das redes de comunicação eletrônica que realizam operações de intermediação financeira.
33. PUCCINELLI, O. R. El derecho a la portabilidad de los datos personales. Orígenes, sentido y alcances. *Pensamiento Constitucional*, n. 22, 2017.

de negócios. Aliás, a mesma proteção aos segredos comercial e industrial é garantida também pela LGPD aos critérios utilizados em decisões automatizadas, mesmo quando solicitados pelo titular dos dados.[34]

Da mesma maneira, a transferência de dados no *Open Banking* também estará limitada à proteção à privacidade de terceiros. Embora não conste expressamente das restrições impostas à portabilidade de dados definidas na LGPD, por toda a proteção que a lei garante aos titulares de dados, acrescida no sistema financeiro do sigilo bancário garantido pela Lei Complementar 105/2001, o compartilhamento de dados no Sistema Financeiro Aberto não pode significar a ofensa à privacidade de terceiros, mesmo que essas informações estejam associadas às operações financeiras dos titulares dos dados.

Os dois pontos acima ressalvados mostram que a granularidade a ser atribuída ao escopo de compartilhamento de dados no *Open Banking* deve ser avaliada de maneira cautelosa no momento da implementação do sistema. Em contrapartida, a existência de convergência entre o sistema normativo de proteção de dados pessoais e a regulação específica permite a leitura das normas setoriais a partir do encaixe dessas no sistema mais abrangente e viabilizando sua interpretação a partir dos princípios já consolidados nesse contexto.

3.2   Convergência: o consentimento do titular dos dados

Como apontou-se no tópico anterior, a atividade bancária tem, desde sua origem, o segredo como um dos elementos intrínsecos ao negócio. Antes mesmo da existência de normas direcionadas expressamente a proteção de dados pessoais, a Lei Complementar 105/2001 já consolidava o direito ao sigilo bancário, determinando que as instituições financeiras guardassem sigilo sobre suas operações e serviços. A mesma norma já definia, ainda, "o consentimento dos interessados" como uma das exclusões do dever de sigilo, permitindo, assim, que os clientes bancários autorizassem a revelação das informações sujeitas ao sigilo bancário.[35]

Portanto, é possível dizer que, ao adotar o termo o consentimento do usuário como uma das etapas para compartilhamento de dados (se não seu principal requi-

---

34. "Art. 20. O titular dos dados tem direito a solicitar a revisão de decisões tomadas unicamente com base em tratamento automatizado de dados pessoais que afetem seus interesses, incluídas as decisões destinadas a definir o seu perfil pessoal, profissional, de consumo e de crédito ou os aspectos de sua personalidade. § 1º O controlador deverá fornecer, sempre que solicitadas, informações claras e adequadas a respeito dos critérios e dos procedimentos utilizados para a decisão automatizada, observados os segredos comercial e industrial. § 2º Em caso de não oferecimento de informações de que trata o § 1º deste artigo baseado na observância de segredo comercial e industrial, a autoridade nacional poderá realizar auditoria para verificação de aspectos discriminatórios em tratamento automatizado de dados pessoais" (Lei 13.709 de 14 de agosto de 2018).

35. "Art. 1º As instituições financeiras conservarão sigilo em suas operações ativas e passivas e serviços prestados. [...] § 3º Não constitui violação do dever de sigilo: [...] V – a revelação de informações sigilosas com o consentimento expresso dos interessados" (Lei Complementar nº 105, de 10 de janeiro de 2001).

sito)[36], a regulação do *Open Banking* não faz referência à LGPD, mas sim à norma específica aplicável ao Sistema Financeiro Nacional. Todavia, se a afirmação anterior não pode ser negada, essa visão mostra-se insuficiente à medida que se analisa a forma com que o consentimento é juridicamente configurado na regulação do Sistema Financeiro Aberto. Pois, ao estabelecer os requisitos do consentimento para compartilhamento de dados, a normatização do *Open Banking* no Brasil repete as exigências presentes na LGPD, ampliando-as em alguns casos.

Da maneira análoga à prevista na Lei Geral de Proteção de Dados, o consentimento no *Open Banking* deve ser dado para uma finalidade específica, por um prazo de validade compatível com essa finalidade, identificando as instituições detentora e receptora dos dados e discriminando os dados que serão compartilhados.[37] Não bastasse, a regulação do *Open Banking* ainda determina que o consentimento seja revogável a qualquer tempo, tanto no ambiente da instituição transmissora, quanto na transmissora, concretizando a determinação equivalente feita pela LGPD. Como se nota, há notável identidade entre os requisitos definidos nos dois normativos.

Mas, o que pode se concluir dessa aproximação entre as duas definições de consentimento?

Há, em primeiro lugar, há uma aproximação principiológica que alinha as duas normas nesse ponto. O consentimento é um instrumento de manifestação da vontade individual e dos direitos de personalidade do titular dos dados, que legitima o tratamento pelo controlador[38]. Ao adotar essa hipótese de tratamento como um

---

36. "Art. 10. A instituição receptora de dados ou iniciadora de transação de pagamento, previamente ao compartilhamento de que trata esta Resolução Conjunta, deve identificar o cliente e obter o seu consentimento. § 1º O consentimento mencionado no *caput* deve: I – ser solicitado por meio de linguagem clara, objetiva e adequada; II – referir-se a finalidades determinadas; III – ter prazo de validade compatível com as finalidades de que trata o inciso II, limitado a doze meses; IV – discriminar a instituição transmissora de dados ou detentora de conta, conforme o caso; V – discriminar os dados ou serviços que serão objeto de compartilhamento, observada a faculdade de agrupamento de que trata o art. 11; VI – incluir a identificação do cliente; e VII – ser obtido após a data de entrada em vigor desta Resolução Conjunta, com observância dos prazos estabelecidos no art. 55" (Resolução Conjunta CMN/BACEN 1/2020).

37. A título de comparação, a LGPD apresenta os seguintes requisitos principais para o consentimento: "Art. 8º O consentimento previsto no inciso I do art. 7º desta Lei deverá ser fornecido por escrito ou por outro meio que demonstre a manifestação de vontade do titular. § 1º Caso o consentimento seja fornecido por escrito, esse deverá constar de cláusula destacada das demais cláusulas contratuais. § 2º Cabe ao controlador o ônus da prova de que o consentimento foi obtido em conformidade com o disposto nesta Lei. § 3º É vedado o tratamento de dados pessoais mediante vício de consentimento. § 4º O consentimento deverá referir-se a finalidades determinadas, e as autorizações genéricas para o tratamento de dados pessoais serão nulas. § 5º O consentimento pode ser revogado a qualquer momento mediante manifestação expressa do titular, por procedimento gratuito e facilitado, ratificados os tratamentos realizados sob amparo do consentimento anteriormente manifestado enquanto não houver requerimento de eliminação, nos termos do inciso VI do caput do art. 18 desta Lei. § 6º Em caso de alteração de informação referida nos incisos I, II, III ou V do art. 9º desta Lei, o controlador deverá informar ao titular, com destaque de forma específica do teor das alterações, podendo o titular, nos casos em que o seu consentimento é exigido, revogá-lo caso discorde da alteração." (Lei 13.709 de 14 de agosto de 2018).

38. TEPEDINO, G.; TEFFÉ, C. S. D. Consentimento e proteção de dados pessoais na LGPD. In: TEPEDINO, G.; FRAZÃO, A.; OLIVA, M. D. *Lei Geral de Proteção de Dados Pessoais e suas repercussões no Direito Brasileiro*. [S.l.]: Ed. RT, 2019.

dos requisitos para o compartilhamento de dados, o sistema de *Open Banking* consubstancia o princípio da autodeterminação informativa, cristalizado na Lei Geral de Proteção de Dados.

Essa aproximação entre as duas normas pode viabilizar, portanto, a utilização subsidiária da LGPD para propor respostas a questões não abordadas de maneira clara pela regulação específica do *Open Banking*. Pode-se indicar, por exemplo, a utilização dos artigos 15 e 16[39] da Lei Geral de Proteção de Dados como guias para a avaliar as hipóteses de término de tratamento e prazo para eliminação dos dados compartilhados no contexto do *Open Banking*.

Os limites dessa utilização subsidiária da Lei Geral de Proteção de Dados, contudo, merecem ser avaliados com cautela, vez que nem todos os pontos das duas normas são convergentes, como passamos a analisar nos próximos tópicos.

3.3 Divergência: o problema da solicitação de compartilhamento

Nos dos itens anteriores apontamos proximidade do modelo de *Open Banking* com dois institutos da LGPD, a portabilidade de dados e o consentimento. No entanto, como se passa a ver, o processo de compartilhamento de dados previsto para o Sistema Financeiro Aberto representa, ao mesmo tempo, um desafio a esses dois institutos.

A regulação do *Open Banking* determina que o compartilhamento de dados seja antecedido pelo cumprimento de três etapas: o consentimento, a autenticação e a confirmação.[40] Em breve síntese, esses três passos correspondem a uma sequência de providências a serem adotadas pelo usuário para efetivar a portabilidade dos seus dados.[41] No consentimento, o cliente apresenta na instituição receptora de dados a manifestação livre e informada de seu desejo de compartilhar os dados armazenados em outra instituição. Após isso, o usuário é dirigido para o ambiente da instituição transmissora, no qual é autenticado em ambiente seguro com suas credenciais. Por fim, o cliente deve confirmar o compartilhamento, na instituição transmissora, já com a discriminação do teor dos dados.

---

39. "Art. 15. O término do tratamento de dados pessoais ocorrerá nas seguintes hipóteses: I – verificação de que a finalidade foi alcançada ou de que os dados deixaram de ser necessários ou pertinentes ao alcance da finalidade específica almejada; II – fim do período de tratamento; III – comunicação do titular, inclusive no exercício de seu direito de revogação do consentimento conforme disposto no § 5º do art. 8º desta Lei, resguardado o interesse público; ou IV – determinação da autoridade nacional, quando houver violação ao disposto nesta Lei. Art. 16. Os dados pessoais serão eliminados após o término de seu tratamento, no âmbito e nos limites técnicos das atividades, autorizada a conservação para as seguintes finalidades: I – cumprimento de obrigação legal ou regulatória pelo controlador; II – estudo por órgão de pesquisa, garantida, sempre que possível, a anonimização dos dados pessoais; III – transferência a terceiro, desde que respeitados os requisitos de tratamento de dados dispostos nesta Lei; ou IV – uso exclusivo do controlador, vedado seu acesso por terceiro, e desde que anonimizados os dados" (Lei 13.709 de 14 de agosto de 2018).
40. "Art. 8º A solicitação de compartilhamento de dados de cadastro e de transações e de serviços de que trata o art. 5º, incisos I, alíneas "c" e "d", e inciso II, alínea "a", compreende as etapas do consentimento, autenticação e confirmação" (Resolução Conjunta CMN/BACEN 1/2020).
41. A sequência de etapas para execução da solicitação de compartilhamento é descrita nos artigos 10 a 22 da Resolução Conjunta CMN/BACEN 1/2020.

Nesse fluxo, alguns pontos chamam atenção. O consentimento, no sentido utilizado pela LGPD é fornecido apenas à instituição receptora dos dados. Nessa etapa, todavia, o cliente ainda não tem acesso aos dados discriminados que serão compartilhados. Por exemplo, ao solicitar o compartilhamento dos dados de uma conta corrente na instituição receptora, o usuário ainda não poderá indicar qual conta corrente será objeto do compartilhamento. Essa segunda etapa da discriminação dos dados só ocorrerá na instituição transmissora, que é até então a exclusiva detentora dessas informações.

Ademais, apesar de não ter coletado um consentimento nos estritos moldes da Lei Geral de Proteção de Dados, a instituição transmissora realizará um tratamento de dados motivado pela solicitação do cliente, pois realizará a transmissão das informações para a instituição receptora. Mais ainda, na fase de confirmação, a instituição transmissora coletará uma manifestação uma vontade do usuário, que confirmará seu interesse em enviar os dados, agora discriminados, para a outra instituição. Inclusive, dados todos os requisitos exigidos para essa confirmação[42], seria possível até indicar que há um novo consentimento, tal como previsto na LGPD, não fosse a falta da indicação de finalidade do tratamento de dados, ao qual a instituição transmissora não pode ter acesso.[43]

Os apontamentos acima buscam, ao fim, demonstrar que o consentimento para compartilhamento de dados não ser dirigido à instituição transmissora gera certa dissonância entre o *Open Banking* e o sistema normativo de proteção de dados. Embora a LGPD não detalhe o procedimento para portabilidade de dados no artigo 18, inciso V, visto a maneira sintética com que o tema foi tratado na norma, considerando que a portabilidade é um direito oponível ao controlador original dos dados, seria o mais lógico esperar que o consentimento para transmissão dos dados fosse a ele dirigido. Isso equivaleria, no *Open Banking*, a colocar a fase do consentimento no ambiente da transmissora de dados e não da receptora, como faz a norma.

Uma possível solução para afastar essa dissonância causada pela fragmentação do processo solicitação de compartilhamento de dados tripartido é interpretá-lo como um negócio jurídico complexo. Esses são compostos por várias declarações de vontade separadas, que se completam para alcançar os objetivos pretendidos pela sua unidade[44]. Como aponta Pontes de Miranda, as múltiplas manifestações de vontade podem "se coagular" de forma entregar unicidade ao negócio jurídico.[45] Retomada

---

42. "Art. 20. A instituição transmissora de dados ou detentora de conta deve solicitar confirmação de compartilhamento ao cliente. Parágrafo único. O procedimento de confirmação deve: I – ocorrer simultaneamente aos procedimentos para autenticação de que trata o art. 16; e II – assegurar ao cliente a possibilidade de discriminar o teor do compartilhamento, observado o escopo de dados e serviços e a faculdade de agrupamento de que tratam os arts. 5º e 11, bem como os dados ou serviços discriminados na etapa de consentimento de que trata o art. 10, § 1º, inciso V" (Resolução Conjunta CMN/BACEN 1/2020).

43. "Art. 10. [...] § 4º É vedada a prestação de informação para a instituição transmissora de dados sobre as finalidades de que trata o § 1º, inciso II" (Resolução Conjunta CMN/BACEN nº1/2020).

44. GONÇALVES, C. R. *Direito Brasileiro*. Volume 1. Parte Geral. São Paulo: Saraiva Jur, 2017.

45. MIRANDA, P.; MELLO, M. B. D.; EHRHARDT JR., M. *Tratado de Direito Privado*. Parte Especial. Tomo III. Negócios jurídicos. Representação. Conteúdo. Forma. Prova. São Paulo: Ed. RT, 2012.

sobre essa perspectiva, a solicitação de compartilhamento de dados no *Open Banking* pode ser entendida como um negócio jurídico complexo, que só se aperfeiçoa após cumpridas todas as fases, com as respectivas manifestações de vontade do usuário necessárias para a efetivação do compartilhamento. Na ausência de qualquer um desses elementos, a transmissão de dados e posterior tratamento pela instituição receptora não encontraria respaldo jurídico.

Como dito, os desencaixes conceituais entre a regulação do *Open Banking* e o sistema normativo de proteção de dados tornam um pouco mais complexa a interpretação da normatização do Sistema Financeiro Aberto. Não impedem, como já indicado nos itens anteriores, a utilização da LGPD para esclarecer pontos nebulosos da regulação.

3.4 Divergência: onde a LGPD não alcança

Apontamos, até aqui, situações em que a LGPD e a regulação do *Open Banking* trabalhavam de maneira complementar, ainda que seja necessário um esforço interpretativo para sua compatibilização. A importação de relevantes conceitos do sistema normativo de proteção de dados para a normatização do Sistema Financeiro Aberto permitiu, até esse ponto, uma avaliação conjunta das duas normas no sentido de apresentar unidade e coerência ao sistema normativo.

Contudo, essa mesma unicidade derivada da importação de conceitos da legislação federal de proteção de dados implica o surgimento de um problema para o intérprete da regulação do *Open Banking*, qual seja, o que fazer nos casos em que a Lei Geral de Proteção de Dados não é aplicável?

Como se sabe, a proteção aos dados pessoais estendida pela LPGD só alcança os dados vinculados a pessoas naturais. Em que pese as pessoas jurídicas também terem seus direitos de personalidade protegidos dentro do ordenamento jurídico[46] e a proteção de dados ser enquadrada, por vezes, como um direito pessoal[47], a extrapolação da proteção garantida pela LGPD às pessoas jurídicas ainda não encontra amparo normativo.

Diferentemente, a regulação de *Open Banking* garante o compartilhamento de dados de todos os usuários do sistema financeiro, sem fazer distinção entre pessoas naturais, pessoas jurídicas e, entre essas últimas, pessoas de direito público e de direito privado. Dessa maneira, o Sistema Financeiro Aberto vai mais longe do que propõe a LGPD e alcança situações não comtempladas pela proteção de dados pessoais.

---

46. E aqui, sem esgotar as normas associadas a essa questão, citamos apenas o artigo 52 do Código Civil, que expressamente coloca: "Art. 52. Aplica-se às pessoas jurídicas, no que couber, a proteção dos direitos da personalidade".

47. Alternativamente, a proteção de dados pessoais pode ser encarada como um direito real, de cunho patrimonial. Sobre essa dupla natureza da proteção de dados pessoais, entre direito pessoal e direito real: MAIA, R. M. M. A titularidade de dados pessoais prevista no art. 17 da LGPD: direito real ou pessoal? In: TEPEDINO, G.; FRAZÃO, A.; OLIVA, M. D. *Lei Geral de Proteção de Dados Pessoais e suas repercussões no Direito Brasileiro*. São Paulo: Ed. RT, 2019.

Em muitas das vezes a importação expressa dos institutos da LGPD para a normatização do *Open Banking* soluciona esse descompasso entre as duas normas. Esse é o caso, por exemplo, do próprio conceito de consentimento, apropriado integralmente pela relação setorial e, por isso, aplicável às pessoas jurídicas em tudo que couber no âmbito do Sistema Financeiro Aberto.

Há, por outro lado, pontos de aparente anomia, em situações não normatizadas expressamente pela regulação. Nesses casos, não se pode perder de vista que a LGPD não é a única legislação que protege a privacidade no contexto normativo brasileiro. Especialmente no contexto do Sistema Financeiro Nacional, há a Lei Complementar 105/2001, que anteriormente já garantia o sigilo das operações bancárias. E para além dela, seguem aplicáveis às pessoas jurídicas os princípios da intimidade e a vida privada, constitucionalmente garantidos.

A existência de um arcabouço principiológico de proteção, todavia, não torna mais fácil a análise das situações concretas relativas ao tratamento de dados de pessoas jurídicas. Dessa maneira, conforme surgirem as situações fáticas, será possível avaliar como será configurada a proteção das empresas e demais entidades usuárias do Sistema Financeiro Aberto.

4. CONCLUSÃO

O presente trabalhou dedicou-se avaliar a regulação que implementa o modelo de *Open Banking* no Brasil como um elemento normativo dentro do sistema de proteção de dados pessoais. Buscou-se, com essa proposta, ultrapassar a visão de que o Sistema Financeiro Aberto é um simples mecanismo de incremento da concorrência, para entender sua posição de regulação estruturante do compartilhamento, tratamento e proteção de dados no sistema financeiro.

Nessa proposta o trabalho indicou os pontos de convergência entre a regulação do *Open Banking* no Brasil, em que há aproveitamento de institutos da LGPD pelas normas que instituem o Sistema Financeiro Aberto. Por outro lado, também apontamos os elementos de divergência, nos quais a integração entre as duas esferas normativas depende de algum esforço interpretativo.

Entender a regulação do *Open Banking* como integrante do regime de proteção de dados significa, ao fim, a garantir alguma unicidade e coerência aos dois sistemas normativos. Esse esforço permite a utilização de alguns pontos da LGPD para permitir solucionar eventuais casos não expressamente tratados pela regulação específica do *Open Banking*.

Casos complexos seguem, todavia. Em especial, a complexa situação do tratamento de dados das pessoas jurídicas, não alcançadas pela Lei Geral de Proteção de Dados. Esse ponto e outros não expressamente mapeados aqui devem ser objeto de análise posteriores, conforme o Sistema Financeiro Aberto crescer e gerar mais casos concretos para análise.

5. REFERÊNCIAS

ARANHA, M. I. *Manual de Direito Regulatório*. 4. ed. Coleford: Laccademia Publishing, 2018.

BACEN. *Edital de Consulta Pública 73/2019, de 28 de novembro de 2019*. Banco Central do Brasil. Brasília. 2019b.

BARBERIS, J. N.; BUCKLEY, R. P.; ARNER, D. W. FinTech, RegTech, and the Reconceptualization of Financial Regulation. *Northwestern Journal of International Law & Business*, v. 37, n. 3, 2017.

BIS. *Report on open banking and application programming interfaces*. Bank for International Settlements – Basel Committee on Banking Supervision. Basileia. 2019.

BIS. *Policty responses to fintech*: a cross-country overview. Bank for International Settlements – Financial Stability Institute. Basileia. 2020. (FSI Insights on policy implementation No 23).

BORGOGNO, O.; COLANGELO, G. Consumer Inertia and Competition-sensitive Data Governance: The Case of Open Banking. *Journal of European Consumer and Market Law*, v. 9, n. 4, p. 143-150, 2020.

CMA. *Retail Banking market investigation*: final report. Competition & Markets Authority. Londres, p. 708. 2016.

COVELLO, S. C. *O sigilo bancário*. São Paulo: Lead, 2001.

CRANSTON, R. et al. *Principles of Banking Law*. Oxford: Oxforf University Press, 2017.

CRAVO, D. C. Artigo 18, inciso V, da LGPD. In: MARTINS, G. M.; LONGHI, J. V.; FALEIROS JÚNIOR, J. L. M. *Comentários à Lei Geral de Proteção de Dados Pessoais*. Indaiatuba: Foco, 2022.

DURANT, C. *Fictitious Capital*. Londres: Verso, 2017.

FRAZÃO, A. Fundamentos da proteção dos dados pessoais – Noções introdutórias para a compreensão da importância da Lei Geral de Proteção de Dados. In: TEPEDINO, G.; FRAZÃO, A.; OLIVA, M. D. *Lei Geral de Proteção de Dados Pessoais e suas repercussões no Direito Brasileiro*. São Paulo: Ed. RT, 2019.

GOETTENAUER, C. Open banking e a teorias de regulação da Internet. *Revista de Direito Bancário e Mercado de Capitais*, v. 82, 2018.

GONÇALVES, C. R. *Direito Brasileiro*. Volume 1. Parte Geral. São Paulo: Saraiva Jur, 2017.

GOZMAN, D.; HEDMAN, J.; OLSEN, K. S. *Open Banking*: Emergent Roles, Risks & Opportunities. European Conference on Information Systems (ECIS). Portsmouth: AIS eLibrary. 2018. p. 16.

HUNGRIA, N.; FRAGOSO, H. C. *Comentários ao Código Penal, volume VI*: arts. 137 ao 154. 5. ed. Rio de Janeiro: Forense, 1980.

LI, D. D.; FENG, J.; JIANG, H. Institutional entrepreneurs. *American Economic Review*, v. 96, n. 2, p. 358-362, 2006.

MAIA, R. M. M. A titularidade de dados pessoais prevista no art. 17 da LGPD: direito real ou pessoal? In: TEPEDINO, G.; FRAZÃO, A.; OLIVA, M. D. *Lei Geral de Proteção de Dados Pessoais e suas repercussões no Direito Brasileiro*. São Paulo: Ed. RT, 2019.

MIRANDA, P.; MELLO, M. B. D.; EHRHARDT JR., M. *Tratado de Direito Privado*. Parte Especial. Tomo III. Negócios jurídicos. Representação. Conteúdo. Forma. Prova. São Paulo: Ed. RT, 2012.

OLIVEIRA, M. A. B.; LOPES, I. M. P. Os princípios norteadores da proteção de dados pessoais no Brasil e sua otimização pela Lei 13.709/2018. In: TEPEDINO, G.; FRAZÃO, A.; OLIVA, M. D. *Lei Geral de Proteção de Dados Pessoais e suas repercussões no Direito Brasileiro*. São Paulo: Thomson Reuters Brasil, 2018.

PUCCINELLI, O. R. El derecho a la portabilidad de los datos personales. Orígenes, sentido y alcances. *Pensamiento Constitucional*, n. 22, 2017.

SILVA, G. B. D. S. E. *Open Banking no Brasil*: uma análise das normas relativas às APIs sob o prisma do direito concorrencial regulatório. Dissertação de Mestrado apresentada ao Programa de Pós-Graduação da Universidade Federal de Minas Gerais. Belo Horizonte. 2021.

TEPEDINO, G.; TEFFÉ, C. S. D. Consentimento e proteção de dados pessoais na LGPD. In: TEPEDINO, G.; FRAZÃO, A.; OLIVA, M. D. *Lei Geral de Proeção de Dados Pessoais e suas repercussões no Direito Brasileiro*. [S.l.]: Ed. RT, 2019.

TURNER, A. *Between debt and the devil:* money, credit, and fixing global finance. New Jersey: Princeton University Press, 2016.

VIOLA, M. et al. *Open Banking e Proteção de Dados*. Instituto de Tecnologia e Sociedade do Rio (ITS). Rio de Janeiro. 2020.

ZACHARIADIS, M.; OZCAN, P. The API Economy and Digital Transformation in Financial Services: The case of Open Banking. *Swift Institute Working Paper*, n. 2016-001, jun. 2017.

6
DESAFIOS DA TRIBUTAÇÃO NA ERA DIGITAL: UMA ANÁLISE PELA PERSPECTIVA MATERIAL E ESPACIAL

Cristiane Pires McNaughton

Doutoranda pela USP, Mestre pela USP, Professora do IBET e advogada. Presidente da Comissão de Direito Tributário da 33ª Subseção da OAB/SP

Charles William McNaughton

Doutor e Mestre pela PUC-SP. Concluiu Pós Doutorado pela USP. Professor do IBET. Advogado.

Sumário: 1. Introdução – 2. Breves considerações iniciais sobre o sistema tributário brasileiro – 3. Desafios do ponto de vista material – 4. Desafios do ponto de vista espacial – 5. Conclusão – 6. Referências.

1. INTRODUÇÃO

A legislação tributária brasileira, de modo geral, foi instituída em uma era pré--digital. A economia do século XX, período em que foi delineada nossa Constituição, assim como grande parte das leis complementares e leis ordinárias que dão o arcabouço de nosso sistema jurídico-tributário, era sensivelmente distinta.

Software, internet, App, marketplace, IoT, nuvem, internet das coisas, produção de conteúdo, impressora 3d, criptomoedas, economia de compartilhamento e colaborativa, comércio eletrônico, pagamentos *online*, dentre tantas outras inovações que a era digital nos proporciona, não foram, exatamente, pensadas, pelo legislador, por exemplo, quando definiu a repartição de competência tributária, delineando os aspectos materiais e espaciais aplicáveis.

Com a "era digital" surge, acima de tudo, uma intensa integração na economia entre diversos países e mercados. A dinâmica negocial se altera, aproximando pessoas, reduzindo a necessidade de intermediários e barreiras logísticas, permitindo a obtenção, mais rápida, de dados imediatos sobre o consumo, facilitando a comunicação com clientes e viabilizando, em suma, um intercâmbio mais intenso, mais flexível, haja vista as facilidades que o mundo virtual propicia[1].

---

1. OCDE. *Addressing the Tax Challenges of the Digital Economy*, Action 1 – 2015 Final Report. Disponível em: https://read.oecd-ilibrary.org/taxation/addressing-the-tax-challenges-of-the-digital-economy-action--1-2015-final-report Acesso em: 09 out. 2021, p. 54.

Nesse sentido, pensamos que os desafios da era digital à tributação são de duas ordens. A primeira é compreender como o sistema jurídico atual se relaciona com as operações decorrentes da economia digital e como equacionar todas as dificuldades decorrentes de tal análise, envolvendo a questão de como qualificar essas operações a fim de determinar o Ente competente para tributá-las e as exações incidentes. Trata-se de um exame do Direito tal como é hoje.

O segundo é um problema de política fiscal, inerente aos desafios que a economia digital gera para os diversos países. Com o novo panorama, surgem oportunidades de redução da base tributável que exigem cuidados. Além disso, as entidades operam em mercados sem se estabelecer por meio de um estabelecimento permanente e, muitas vezes, sem cobrar valores diretamente pagos pelos usuários, de sorte que os critérios de conexão usualmente sedimentados pelo direito internacional, como o de fonte e o de residência, não são mais eficientes para garantir uma "repartição justa" da receita tributável entre os países.

Quando se pensa em tais problemas de ordem política, não se pode esquecer que a Organização para a Cooperação e Desenvolvimento Econômico – OCDE identificou inúmeras oportunidades de "erosão da base tributável" (*Base Erosion and Profit Shifting* – BEPS), em razão da existência de uma economia mais integrada. A partir daí, criou-se um plano de ação (*Action Plan*), com 15 (quinze) medidas propostas[2].

A primeira ação concebida por tal plano (*Action 1*) foi justamente no campo da economia digital, sendo endereçada, inicialmente, por meio do relatório "*Adressing the Tax Challenges of the Digital Economy – Action 1: 2015 Final Report*"[3], que identificou diversos desafios da economia digital e sugestões como de como enfrentá-los. Tal relatório foi complementado, pouco depois, pelo "*Tax Challenges Arising from Digitalisation – Interim Report 2018*"[4].

Em 2019, por sua vez, foram estabelecidos dois pilares como resposta aos desafios da era digital. O primeiro pilar busca estabelecer um novo nexo para a tributação da renda que supere os antigos conceitos da "fonte" e "residência", privilegiando-se o mercado consumidor; o segundo pilar foca em uma tributação global mínima. Tais pilares foram detalhados em atos expedidos em 2019 e 2020, sendo que, recentemente, em 2021, foi publicado o "*Statement on a Two-Pillar Solution to Address the Tax Challenges Arising From the Digitalisation of the Economy*".[5]

---

2. OCDE. *Tax Challenges Arising from Digitalisation – Report on Pillar One Blueprint*. Disponível em: https://www.oecd-ilibrary.org/docserver/beba0634-en.pdf?expires=1635110930&id=id&accname=guest&checksum=8DF2EB8F8F7E296B41D2B10B42351B4F Acesso em: 24 out. 2021.

3. OCDE. *Addressing the Tax Challenges of the Digital Economy*, Action 1 – 2015 Final Report. Disponível em: https://read.oecd-ilibrary.org/taxation/addressing-the-tax-challenges-of-the-digital-economy-action--1-2015-final-report Acesso em: 09 out. 2021.

4. OCDE. *Tax Challenges Arising from Digitalisation – Report on Pillar One Blueprint*. Disponível em: https://www.oecd-ilibrary.org/docserver/beba0634-en.pdf?expires=1635110930&id=id&accname=guest&checksum=8DF2EB8F8F7E296B41D2B10B42351B4F Acesso em: 24 out. 2021.

5. OCDE. *Statement on a Two-Pillar Solution to Address the Tax Challenges Arising from the Digitalisation of the Economy*, October 8th, 2021. Disponível em: https://www.oecd.org/tax/beps/ Acesso em: 12 out. 2021.

6 • DESAFIOS DA TRIBUTAÇÃO NA ERA DIGITAL: UMA ANÁLISE PELA PERSPECTIVA MATERIAL E ESPACIAL

Nesse pequeno artigo vamos tratar, com um pouco mais de ênfase, acerca do primeiro problema; e falaremos, de modo muito breve, sobre o segundo, exemplificando alguns desses desafios e algumas das soluções propostas, apenas porque entendemos que não poderiam passar em branco em um estudo que se propõe a refletir sobre os desafios tributários da era digital.

2. BREVES CONSIDERAÇÕES INICIAIS SOBRE O SISTEMA TRIBUTÁRIO BRASILEIRO

A Constituição da República Federal de 1988 é caracterizada pela demarcação de competências impositivas, atribuindo a União, Estados, Distrito Federal e Municípios a prerrogativa de instituir diversos tributos.

A competência, de modo geral, é repartida pela matéria, finalidade (para o caso das contribuições) e, implicitamente, pelo caráter territorial. Esse feixe de competência é estabelecido pelo Texto Maior e de modo mais minucioso por leis complementares, com fundamento no artigo 146 da Constituição.

No caso dos impostos, há uma repartição em termos de matéria, conforme demarcado pelos artigos 153 a 156 do Texto Maior. Não é o caso, aqui, de indicarmos essa divisão, certamente, conhecida por quem nos lê.

Mas chamamos atenção que foi destinada à União, no artigo 154, inciso I, da Constituição, a chamada "competência residual", de tal sorte que se uma dada matéria não estiver destinada, de modo explícito, às demais pessoas políticas de direito público interno, então, será de competência federal.

Nesse sentido, logo se percebe que o desafio de se examinar as operações com bens digitais à luz das competências impositivas, não é o de determinar se é possível tributá-las, ou não, a partir do arcabouço constitucional vigente, mas de definir se se enquadram em uma das faixas de competência explícitas do Texto Constitucional, ou se caem no âmbito da chamada "competência residual". Vamos pensar sobre isso nos próximos itens, focando na competência residual, no Imposto Sobre Serviços de Qualquer Natureza – ISS e no Imposto Sobre Operações de Circulação de Mercadorias e Serviços de Comunicação e de Transporte Intermunicipal e Interestadual – ICMS.

3. DESAFIOS DO PONTO DE VISTA MATERIAL

Um desafio teórico que tem sido posto no tocante à interpretação da Constituição e da repartição de competência tributária é se a divisão de competência tributária se estrutura a partir de conceitos – entidades fechadas e demarcadas[6] – ou

---

6. Nas lições de Misabel de Abreu Machado Derzi, "o conceito de classe é definido por um número limitado e necessário de características." (DERZI, Misabel de Abreu Machado. *Direito Tributário, Direito Penal e Tipo*. São Paulo: Ed. RT, 1988, p. 36)

a partir de tipos – que seriam noções abertas, menos precisas[7], menos abstratas e mais concretas.

Uma perspectiva para se encarar tal discussão, talvez destoante do normalmente aplicável, é a partir da semiótica. Isso porque quando se pensa sobre "conceitos" ou "tipos", no fundo, nós nos voltamos ao modo que os signos, inseridos no texto constitucional, geram outros signos, isto é, nós nos voltamos àquilo que a semiótica designa de "semiose".

Do ponto de vista semiótico, o símbolo, que é a espécie de signos utilizada pelo Texto Constitucional, é convencional, isto é, é regido por leis que apontam seus significados[8]. Essas leis, evidentemente, não são imutáveis e podem sofrer influências das mais variadas que acarretam oscilações. Mas existem.

A ideia de que a competência tributária é delimitada por símbolos permeados por leis convencionais é reforçada pelo aspecto de que o intuito constitucional ao delimitar as diferentes esferas tributárias é repartir um feixe de competência à União, aos Estados, ao Distrito Federal e aos Município. Ora, se a Constituição outorgasse tal feixe pautado por "tipos", a repartição ficaria aberta não atingindo a finalidade a que se presta.

Por outro lado, vimos que símbolos são entidades em que a relação entre a representação (*representamen*) e o objeto pode evoluir. Nesse contexto, não entendemos que a categoria designada de "conceito", – não no sentido de "ideia", e "noção", como muitos a tomam, mas no sentido mais rígido tal como posto pela dicotomia, anteriormente apontada – seja aplicável às competências tributárias.

Não se trata de dizer, tampouco, que a competência seria pautada por instâncias intermediárias entre "tipo" e "conceito", na acepção definida acima, ou um elemento intermediário. O que estamos dizendo é que, talvez, melhor do que responder se a competência tributária é dotada de "conceitos" ou "tipos" é reconhecer que a competência tributária é formada por signos convencionais, não imutáveis, mas caracterizados por regras de uso.

Nesse sentido, pensar sobre a competência da Constituição e sua relação com os novos bens digitais que surgem é refletir sobre as convenções que permeiam o texto constitucional e perquirir até que ponto é possível o enquadramento das operações praticadas com bens digitais.

Muito bem. Na medida em que a própria Constituição não define os termos por ela empregados, é preciso pensar sobre as convenções que a comunidade linguística cria.

---

7. Sobre o tipo e a imprecisão vide: LARENZ, Karl. *Metodologia da Ciência do Direito*. 6. ed. Lisboa: Fundação Caloste Cubenkian, 2012, p. 665.
8. PEIRCE, Charles Sanders. Classificação dos Signos. In: *Semiótica e Filosofia*. Textos Selecionados de Charles Sanders Peirce. Tradução de Octany Silveira da Motta e Leônidas Hegenberg. São Paulo: Cultrix, 1983, p. 103.

Nesse contexto, o texto constitucional, ao utilizar "símbolos", está se servindo de entidades culturais também empregadas pela doutrina, pela jurisprudência, pela legislação vigente e assim por diante. Se o Texto Constituinte é permeado por tais termos sem uma ressalva, ou definição própria, é pertinente concluir que as expressões utilizadas pela Constituição para delimitar competência "coincide" com o modo que os signos transparecem em outros textos que vão, paulatinamente, firmando as regras de uso de tais símbolos.

Agora, vetor relevante para a demarcação dos sentidos desses signos empregados pela Constituição da República Federativa do Brasil são as chamadas "normas gerais de direito tributário", que têm a função de definir tributos e suas espécies, bem como, em relação aos impostos discriminados na Constituição, os respectivos fatos geradores (hipótese de incidência), base de cálculo e contribuintes, além da importante função de "dirimir conflitos de competência".

Essas normas devem explicitar a demarcação da competência tributária já efetivada pela Constituição, acrescendo determinação ainda mais acentuada.

Assim, por exemplo, a lista de serviços anexa à Lei Complementar 116/03 define a significação do termo serviços, de modo denotativo, isto é, apontando serviços tributáveis e resolvendo possíveis conflitos de competência com o ICMS; a Lei Complementar n. 87/96 fornece mais detalhes, em termos conotativos e também denotativos sobre o campo da incidência do ICMS; e assim por diante.

Ademais, a construção de convenções que auxilia no delineamento da competência tributária também é efetivada pela jurisprudência, que vai sanando conflitos, em situações de litigiosidade.

As decisões judiciais, especialmente, as emitidas pelo Supremo Tribunal Federal, pacificam discussões que têm por objeto o questionamento se a lei complementar cumpriu adequadamente os contornos da competência tributária, "corrigindo" eventuais distorções ou confirmando determinações estabelecidas pela Lei Complementar.

Assim, por exemplo, no RE 116.121[9], o Supremo Tribunal Federal – STF decidiu que seria inconstitucional a incidência de ISS sobre a locação de bens móveis – apesar da previsão do Decreto-lei n. 406/68 – o que importou a edição da Súmula Vinculante n. 31; na ADI 4389 MC/DF, o STF não referendou o critério originalmente estabelecido pelo item 13.05 da Lei Complementar 116/03, ao apontar que o ISS não incide sobre operações de industrialização por encomenda de embalagens, destinadas à integração ou utilização direta em processo subsequente de industrialização ou de circulação de mercadoria[10]; por sua vez, ao apreciar as ADIs

---

9. RE 116121, Órgão julgador: Tribunal Pleno, Relator(a): Min. Octavio Gallotti. Redator do acórdão: Min. Marco Aurélio, Julgamento: 11 out. 2000, Publicação: 25 maio 2001.

10. ADI 4389 MC, Órgão julgador: Tribunal Pleno, Relator(a): Min. Joaquim Barbosa. Julgamento: 13/04/2011, Publicação: 25 maio 2011.

1.945[11] e 5.659[12], entendeu a Suprema Corte que as operações relativas ao licenciamento ou cessão do direito de uso de software, seja ele padronizado ou elaborado por encomenda, devem sofrer a incidência do ISS, e não do ICMS, corroborando com a previsão do item 1.04 da Lei Complementar n. 116/03 que determina que licenciamento de uso de software ficaria sujeito ao ISS. Diversos outros exemplos poderiam ser invocados.

Feitos esses esclarecimentos, aponta-se que o desafio quanto à matéria inerente à era digital é a necessidade do confronto entre a materialidade indicada pela Constituição e a nova realidade, especialmente, para determinar se operações digitais devem ser tributadas pela chamada competência residual da União ou alguns dos impostos cuja competência é expressamente atribuída à União, Estados, Distrito Federal e Municípios.

Por exemplo, o ICMS, por muito tempo, foi majoritariamente visto como incidente em operações de circulação de mercadoria qualificadas como objetos tangíveis[13].

Nessa seara, como ficariam as operações realizadas com bens digitais? Poderiam ser tidos como mercadoria? E, caso positivo, como ficaria a incidência do ISS, especialmente, quando se percebe que a distinção de "obrigação de fazer" e "obrigação de dar" é relativizada pelo Supremo Tribunal Federal?

De fato, por um lado, o Supremo Tribunal Federal, no RE 651.703, que tratou acerca da incidência de ISS sobre planos de saúde, relativizou a dicotomia entre o dar e o fazer, que, por um período significativo norteou a distinção entre o ICMS e o ISS, por outro lado, foi reconhecido que a mercadoria digital é possível de ser concebida, como colocado pelo Excelentíssimo Ministro José Antônio Dias Toffoli na ADI 5659/MG[14].

Agora, a evolução do alcance semântico dos termos, reconhecida pelo Supremo Tribunal Federal, gera desafios agudos, ao operador do direito que tem a empresa de examinar a eventual incidência de determinado tributo sobre certa operação: não é só o caso de que a realidade está mudando. A própria configuração constitucional é encarada, pela Suprema Corte, como cambiante.

Apesar dessa dificuldade, parece-nos que certas convenções persistem, servindo como indicativos para solucionar dificuldades interpretativas. Vamos pensar, sobre elas, focando nossa discussão, sobre o ICMS e o ISS incidente sobre operações digitais e, eventualmente, sobre a competência residual da União.

---

11. ADI 1945, Órgão julgador: Tribunal Pleno, Relator(a): Min. CÁRMEN LÚCIA. Redator(a) do acórdão: Min. DIAS TOFFOLI, Julgamento: 24/02/2021, Publicação: 20 maio 2021.

12. ADI 5659/MG – Minas Gerais Ação Direta De Inconstitucionalidade. Relator: Min. Dias Toffoli Julgamento: 24 fev. 2021 Publicação: 20 maio 2021 Órgão julgador: Tribunal Pleno.

13. A título de exemplo: COSTA, Alcides Jorge. *ICM na Constituição e na lei complementar*. São Paulo: Resenha Tributária, 1978, p. 99; MELO, José Eduardo Soares de. *ICMS*: teoria e prática. 12. ed. São Paulo: Editora Dialética, 2012, p. 18.

14. "Também não se diverge quanto ao entendimento de que o software, em si, pode ser considerado um bem digital incorpóreo (imaterial) que, em tese, pode configurar fato gerador do ICMS, a depender das características do negócio jurídico que norteiam sua aquisição." (Trecho do voto proferido na ADI 5659/MG, Rel. Min. Dias Toffoli, publicação de 20 maio 2021).

Parece-nos, por exemplo, que ainda não se afastou a noção de que o ICMS incide sobre operações de circulação de mercadorias, isto é, sobre transações que importem a transferência de titularidade de bens móveis, que estejam no comércio, ou seja, que sejam destinados a venda e revendas[15].

Assim, por exemplo a questão da ausência de transferência de titularidade foi um dos elementos que marcaram a intributabilidade do *software* por ICMS. Veja-se no voto do Ministro José Antônio Dias Toffoli:

> "Ainda que se admita ser legítima a incidência do ICMS sobre bens incorpóreos ou imateriais, como admito, é indispensável para que ocorra o fato gerador do imposto estadual que haja transferência de propriedade do bem, o que não ocorre nas operações com software que estejam embasadas em licenças ou cessões do direito de uso."[16]

Portanto, novas tecnologias que importem a "cessão de uso", "licenciamento de uso" e outras que não impliquem a transferência de propriedade sobre um bem – ainda que digital – não admitem a incidência de ICMS e sim de ISS, especialmente, quando algum fazer – não, necessariamente, o fazer puro, mas alguma atividade mesclada com a cessão de um direito – esteja em voga.

Além disso, a partir da ideia de mercadoria como um bem destinado a venda ou revenda, não nos parece, por exemplo, que o conceito de mercadoria seria suscetível de alcançar a "criptomoeda" já que se trata de ativo destinado ao investimento, mas não ao comércio, assim como o ICMS, atualmente, não incide sobre a alienação de valores mobiliários.

Por outro lado, se é verdade que foi relativizada a absoluta dicotomia entre o "dar" e "fazer", também é possível assinalar que a prestação de serviços também não está inteiramente dissociada de um "fazer humano" que pode se manifestar digitalmente, ou não.

De fato, ainda que o Supremo Tribunal Federal tenha relativizado o "dar" e o "fazer", como, por exemplo, no RE 651.703/PR, que julgou a incidência do ISS sobre planos de saúde e no RE 547.245 e 592.205, que entenderam a incidência do ISS sobre *leasing*, não é possível dizer que tal dicotomia tenha sido plenamente abandonada.

No RE 603136/RJ[17], que julgou a incidência do ISS sobre o contrato de franquia, o Excelentíssimo Ministro Gilmar Mendes, interpretando a jurisprudência do Supremo Tribunal Federal, concluiu que, embora as atividades mistas (com dar e

---

15. CARRAZA, Roque Antônio. *ICMS*. 9. ed. São Paulo: Malheiros, 2001, p. 40.
16. ADI 5659 / MG – Minas Gerais Ação Direta De Inconstitucionalidade. Relator(a): Min. Dias Toffoli Julgamento: 24 fev. 2021 Publicação: 20 maio 2021 Órgão julgador: Tribunal Pleno.
17. RE 603136 / RJ – Rio De Janeiro Recurso Extraordinário
    Relator: Min. Gilmar Mendes Julgamento: 29 maio 2020, Publicação: 16 jun. 2020
    Órgão julgador: Tribunal Pleno, view_listpicture_as_pdflibrary_booksfile_copyprint
    Repercussão Geral – Mérito, Publicação, Processo Eletrônico Repercussão Geral – Mérito DJe-149 Divulg 15 jun. 2020 PUBLIC 16 jun. 2020.

fazer) poderiam ser alvo do ISS, o "fazer" ainda permanecia com alguma relevância, no que tange ao ISS. Veja-se:

> "Entendeu, portanto, esta Suprema Corte, em sede de repercussão geral, que "as operadoras de planos de saúde realizam prestação de serviço sujeita ao Imposto Sobre Serviços de Qualquer Natureza – ISS, previsto no art. 156, III, da CRFB/88". Entretanto, como as atividades realizadas pelas operadoras de planos de saúde foram consideradas de natureza mista (isto é, englobam tanto um "dar" quanto um "fazer"), não se pode afirmar que tenha havido – ainda – uma superação total do entendimento de que o ISS incide apenas sobre obrigações de fazer, e não sobre obrigações de dar.
>
> Pode-se assentar, contudo, que, de acordo com o entendimento do Supremo Tribunal Federal, o ISS incide sobre atividades que representem tanto obrigações de fazer quanto obrigações mistas, que também incluem uma obrigação de dar."

O próprio Ministro José Antônio Dias Toffoli, na ADI 1945, busca demonstrar que há um fazer nas operações envolvendo *software* para justificar a incidência do ISS sobre tais operações[18]. Veja-se:

> "Reafirmo que o software é produto do engenho humano, é criação intelectual, sendo essa sua característica fundamental. Ou seja, faz-se imprescindível a existência de esforço humano direcionado para o desenvolvimento de um programa de computador."

Nesse mesmo julgado, aliás, ratificou-se a lei complementar como critério de solucionar conflitos de competência, especialmente, em casos que envolverem serviços e a entrega de bens, nos termos do § 2º, IX, i, do artigo 155, da Constituição da República Federativa do Brasil. Veja-se as palavras do voto do Ministro relator do julgado acima citado:

> "Da perspectiva do Relator, foi por essa razão que a própria Carta Federal previu igualmente caber a lei complementar dispor sobre os conflitos de competência em matéria tributária entre os entes políticos. Em sentido convergente, o Ministro Celso de Mello constatou que a competência dos estados relativa ao ICMS 'deve ser interpretada em função do que também prescreve a norma consubstanciada no art. 155, § 2º, IX, b, do Estatuto Fundamental'. Desse modo, assentou Sua Excelência que o imposto estadual incidiria sobre o fornecimento de mercadorias acompanhado de prestação de serviços, exceto se esses estivessem especificados pela lei complementar definidora dos serviços tributáveis pelo ISS."

Por essa linha, embora a economia digital traga desafios, sob a perspectiva material, para enquadramento constitucional, ainda podemos nos socorrer de convenções que persistem, para empregarmos balizas que solucionem novos problemas.

Particularmente diríamos, observando o que o Supremo Tribunal Federal já decidiu, que, atualmente, os seguintes pilares poderiam ser considerados:

---

18. ADI 5659 / MG – Minas Gerais Ação Direta De Inconstitucionalidade
   Relator: Min. Dias Toffoli Julgamento: 24 fev. 2021 Publicação: 20 maio 2021 Órgão julgador: Tribunal Pleno.
   "Art. 155. Compete aos Estados e ao Distrito Federal instituir impostos sobre:

(a) Para incidir ICMS (ICMS– mercadorias), deverá haver uma operação de circulação de mercadorias, isto é, com transferência de titularidade de um bem destinado a venda ou revenda;

(b) Para incidir ISS, deverá haver um fazer humano envolvido, ainda que não seja um fazer puro;

(c) Sem um fazer, ainda que mesclado, e sem transferência de titularidade de mercadoria, a incidência poderá ser de outra ordem (nem ICMS, nem ISS), como por exemplo, imposto residual da
União.

(d) Em operações com circulação de mercadorias e serviços, caberá à Lei Complementar definir
a base de cálculo de cada gravame.

Isso não significa deixar de reconhecer que existam evoluções e que o panorama,
acima proposto, não possa sofrer alterações. Mas, que tais evoluções se acomodam a
um sistema que já existe, e que deve ser aplicado, na medida do possível, para resolver
antigos problemas que se renovam em novos formatos.

Assim, por exemplo, não se ignora a evolução dos signos no que se refere, por
exemplo, ao livro. Quando a Constituição de 1988 foi criada, não havia que se falar
em livros eletrônicos, ou mesmo o *kindle* que são os suportes físicos de tais livros.
Ora, a evolução dos signos, especialmente, no que tange à noção de "livro" levou o
Supremo Tribunal Federal a entender, pela Súmula Vinculante n. 57 "a imunidade
tributária constante do art. 150, VI, d, da CF/88 aplica-se à importação e comercialização, no mercado interno, do livro eletrônico (e-book) e dos suportes utilizados
para fixá-los, como leitores de livros eletrônicos (*e-readers*), ainda que possuem
funcionalidades acessórias".

Nesse sentido, a evolução dos signos permite que o direito progrida, ainda que
sem uma intervenção legislativa; a estabilidade, ainda que relativa, de convenções,
por outro lado, permite um mínimo de previsibilidade, tão necessária a um mínimo
de segurança jurídica.

Por outro lado, interessante notar que, recentemente, foi relatado pelo Senado
o Projeto de Emenda Constitucional (PEC) 110/2019, pelo excelentíssimo Senador
Relator Roberto Rocha, com a apresentação de um substitutivo, defendido em tal
relatório.

Embora a PEC, tal como modificada pelo referido substitutivo, possua diversos
aspectos, o que mais nos interessa aqui é a instituição de um sistema dual, para fins
de Imposto Sobre Valor Agregado – IVA, com a criação de um tributo sobre bens e
serviços federal (Contribuição Sobre Bens e Serviços – CBS), supostamente "englo-
bando" Contribuição para o Financiamento à Seguridade Social – COFINS, COFINS
Importação, – e Programa de Formação do Patrimônio do Servidor Público – PIS/
Pasep e um Imposto Sobre Bens e Serviços que "reuniria" o ICMS o ISS. Veja-se a
explicação no Relatório:

"Haverá, assim, um imposto sobre operações com bens e prestações de serviços (IBS), cuja competência será compartilhada pelos estados, pelo Distrito Federal e pelos municípios, previsto no
art. 156-A da Constituição Federal (CF), nos termos do substitutivo que apresento. Haverá também
a contribuição sobre operações com bens e prestações de serviços, de competência da União (art.

195, V, da CF, nos termos do substitutivo). O IBS será formado pela fusão do ICMS com o ISS, e a contribuição decorrerá da fusão da Cofins, Cofins-importação e PIS.""[19]

A referida PEC pode suscitar diversos questionamentos, como, por exemplo, eventual violação ao pacto federativo, que não iremos nos debruçar, no presente artigo. De qualquer sorte, parece-nos que, do ponto de vista material, o novo ato normativo poderia simplifica ao "unificar" ISS e ICMS, eliminando potenciais conflitos de competência.

Agora, embora trate da "junção" de ISS e ICMS, o fato é que a materialidade prevista na PEC 110/19 é significativa mais ampla, e ao instituir o artigo 156-A da Constituição passou a prever, no caput e no §§1º e 2º de tal dispositivo, o seguinte:

Art. 156-A. O imposto sobre operações com bens e prestações de serviços, cuja competência será compartilhada pelos Estados, pelo Distrito Federal e pelos Municípios, será instituído por lei complementar.

§ 1º O imposto atenderá ao seguinte:

(...)

I – incidirá sobre operações com bens materiais ou imateriais, compreendidos os direitos, e sobre prestações de serviços;

II – incidirá também sobre importações de bens materiais ou imateriais, compreendidos os direitos, e de serviços, ainda que realizadas por contribuinte não habitual do imposto, qualquer que seja a sua finalidade;

III – não incidirá sobre as exportações, assegurada a manutenção e o aproveitamento dos créditos relativos às operações e prestações anteriores;

§ 2º O imposto de que trata esse artigo alcança negócios jurídicos, ou outras operações e prestações a eles equiparáveis, tais como:

I – alienação;

II – troca ou permuta;

III – locação;

IV – cessão, disponibilização, licenciamento;

V – arrendamento mercantil;

VI – prestação de serviços, inclusive serviços financeiros.

Não há dúvidas, assim, que a base de incidência do gravame é significativamente mais ampla do que o ISS e o ICMS – porque não incide apenas sobre prestação de serviços e circulação de mercadorias – que alcança, evidentemente, operações digitais.

Por sua vez, o artigo 195, V, da Constituição passaria a prever a possibilidade de se criar a contribuição sobre "operações com bens materiais ou imateriais, compreendidos os direitos e prestações de serviços." Veja-se:

---

19. O relatório pode ser consultado no site: https://www12.senado.leg.br/noticias/materias/2021/10/05/Relatório sobre proposta de reforma tributária unifica tributos e moderniza o sistema – Senado Notícias consultado em 09 out. 2021. p. 15.

6 • DESAFIOS DA TRIBUTAÇÃO NA ERA DIGITAL: UMA ANÁLISE PELA PERSPECTIVA MATERIAL E ESPACIAL

Art. 195. [..]

V – sobre operações com bens materiais ou imateriais, compreendidos os direitos, e prestações de serviços; [...]

§ 15. A contribuição prevista no inciso V do caput:

I – incidirá também sobre a importação de bens materiais ou imateriais, compreendidos os direitos, e de serviços, ainda que realizadas por contribuinte não habitual, qualquer que seja sua finalidade;

II – poderá incidir sobre a receita auferida por instituições financeiras, securitizadoras e operadoras de câmbio e de planos de assistência à saúde;

III – não incidirá sobre as exportações, assegurada a manutenção e o aproveitamento dos créditos relativos às operações e prestações anteriores; [...].

Como se percebe, caso a reforma seja implementada, a tributação de operações digitais será inconteste e o problema dos conflitos de competência, ao menos pelo prisma material, que hoje temos, possivelmente serão solucionados. Surgirão, porém, certamente, novas discussões.

Uma dúvida que levantamos, aqui, é a eventual incidência do IBS sobre as chamadas operações C2C (*consumer-to-consumer*), ou seja, entre consumidores, o que é cada vez mais comum na economia digital[20].

Ora, sendo o IBS e a CBS incidentes sobre operações com bens materiais e imateriais, não enxergamos uma restrição constitucional, nos termos do texto apresentado, a essa possibilidade de incidência, o que tornaria o sistema tributário significativamente mais complexo para as pessoas físicas que se tornariam potenciais contribuintes dos dois tributos.

É evidente que tal questão pode ser sanada por meio de lei complementar ao definir os contribuintes de ambos os tributos, mas, vedação constitucional, propriamente, dita, não enxergamos, de sorte que ainda que a lei complementar delimite, de modo mais restrito, a competência, nada impedirá que seja ampliada posteriormente ou que seja considerada uma "renúncia fiscal", com toda a conotação política que tal qualificação enseja.

Seja como for, o certo é que a nova configuração constitucional, se aprovada, deve amadurecer paulatinamente à medida que interpretada pelos tribunais, pela doutrina, pelas autoridades fiscais, sem prejuízo da evolução dos signos que há de permear, também, o novo texto constitucional criado.

4. DESAFIOS DO PONTO DE VISTA ESPACIAL

Vamos pensar, agora, nos desafios que surgem da economia digital sob o ponto de vista espacial. Para tanto, vale pensar que a relação entre o fato e o espaço se volta

---

20. OCDE. *Addressing the Tax Challenges of the Digital Economy*, Action 1 – 2015 Final Report. Disponível em: https://read.oecd-ilibrary.org/taxation/addressing-the-tax-challenges-of-the-digital-economy-action--1-2015-final-report Acesso em: 09 out. 2021, p. 58.

tanto ao critério espacial das normas tributárias – ou seja, condições de espaço para a norma incidir – como a vigência espacial do regime tributário.

Muito bem. Do ponto vista espacial, é preciso considerar que uma das grandes alterações geradas pela economia digital é a possibilidade de se atuar em um mercado sem uma presença física clara. No documento *Addressing the Tax Challenges of the Digital Economy, Action 1 – 2015 Final Report*", a OCDE aponta que em muitos modelos de negócios da economia digital, uma entidade não residente pode interagir com os consumidores de modo remoto a partir de um "site" ou outros meios digitais, sem uma presença física no país.[21]

Além dessa dificuldade de ordem internacional, vale apontar que mesmo a atividade digital desempenhada integralmente no país pode gerar dúvida sobre qual entidade tem competência para tributar certa operação.

Nesse contexto, podemos pensar tal situação quando inúmeras normas demarcam a incidência de tributos a partir do conceito de "estabelecimento", para fins de incidência tributária.

A título de exemplo, a Lei Complementar 116/03, que trata do ISS, define estabelecimento como "o local onde o contribuinte desenvolva a atividade de prestar serviços, de modo permanente ou temporário, e que configure unidade econômica ou profissional, sendo irrelevantes para caracterizá-lo as denominações de sede, filial, agência, posto de atendimento, sucursal, escritório de representação ou contato ou quaisquer outras que venham a ser utilizadas.", sendo que tal critério de conexão estabelece o Município competente para exigir o tributo, salvo diversas exceções previstas pela legislação.

A definição do termo estabelecimento, para fins de ISS, diga-se de passagem, é significativa para se demarcar a incidência do gravame para diversos serviços, haja vista que o local em que se encontra o estabelecimento é a regra geral para se determinar a competência do Município para exigir o tributo. Tal critério de conexão (local do estabelecimento) alcança diversas atividades da economia digital, como, por exemplo, os serviços dos itens 1.03, 1.04, 1.05, 1.08 e 1.09 da lista de serviços a seguir mencionados:

> 1.03 – Processamento, armazenamento ou hospedagem de dados, textos, imagens, vídeos, páginas eletrônicas, aplicativos e sistemas de informação, entre outros formatos, e congêneres. (Redação dada pela Lei Complementar 157, de 2016)
>
> 1.04 – Elaboração de programas de computadores, inclusive de jogos eletrônicos, independentemente da arquitetura construtiva da máquina em que o programa será executado, incluindo tablets, smartphones e congêneres. (Redação dada pela Lei Complementar 157, de 2016)
>
> 1.05 – Licenciamento ou cessão de direito de uso de programas de computação.

---

21. OCDE. *Addressing the Tax Challenges of the Digital Economy*, Action 1 – 2015 Final Report. Disponível em: https://read.oecd-ilibrary.org/taxation/addressing-the-tax-challenges-of-the-digital-economy-action--1-2015-final-report Acesso em: 09 out. 2021. p. 79.

1.08 – Planejamento, confecção, manutenção e atualização de páginas eletrônicas.

1.09 – Disponibilização, sem cessão definitiva, de conteúdos de áudio, vídeo, imagem e texto por meio da internet, respeitada a imunidade de livros, jornais e periódicos (exceto a distribuição de conteúdos pelas prestadoras de Serviço de Acesso Condicionado, de que trata a Lei 12.485, de 12 de setembro de 2011, sujeita ao ICMS). (Incluído pela Lei Complementar 157, de 2016).

Como vimos, o termo estabelecimento é definido na norma geral de direito tributário que trata do ISS, aludindo a um local. Espaço físico, portanto. Uma perspectiva diferente é traçada pelo artigo 1142 do Código Civil prescreve o seguinte

Art. 1.142. Considera-se estabelecimento todo complexo de bens organizado, para exercício da empresa, por empresário, ou por sociedade empresária.

Note-se que enquanto a Lei Complementar 116/03 trata de estabelecimento como um "local onde o contribuinte desenvolva a atividade de prestar o serviço (...)" e que configure uma "unidade econômica", o Código Civil trata do estabelecimento como um "complexo de bens organizado, para o exercício da empresa (...)".

Não entendemos, porém, que tais noções como contraditórias, mas, antes, complementares, destacando, por meio de com ângulos distintos, o mesmo fenômeno. De fato, se estabelecimento, para fins cíveis, é um "complexo de bens organizado", tais bens, evidentemente, se integram em um local, onde é desenvolvida a atividade empresarial; e se a Lei Complementar determina que estabelecimento é um "local", por exigir que haja uma unidade econômica, certamente, há de se pensar em um complexo de bens para que tal "unidade econômica" seja configurada.

Com a relativização entre o "fazer" e o "dar" que o Supremo Tribunal Federal apresentou para fins de ISS, a noção de estabelecimento também pode sofrer modificações. Pois eis que se os serviços não são mais "obrigações de fazer" em um sentido puro – havendo mesclas – podendo revelar-se em situações como licenciamento de direito de uso, tal como no *software*, o local em que se faz é mais difícil de ser identificado.

Porém, mesmo assim, alguma atividade humana, seja para *help desk*, seja para administração dos contratos, por exemplo, há de existir. Nessas hipóteses, podemos pensar o estabelecimento como o local em que as pessoas que compõem a empresa exercem sua atividade ainda que o *software* esteja em "nuvens" ou em servidores localizados em Municípios diferentes. A dificuldade maior surgiria para o caso segregação de atividades em diversos locais, havendo que se aplicar um subjetivo critério de "preponderância".

Em matéria de ICMS, o estabelecimento também se torna relevante para determinar a incidência. A título de exemplo, o artigo 11 da Lei Complementar 87/96 toma a noção relevante para demarcar uma série de casos, como, por exemplo, em seu inciso I, "a", tratando de "mercadoria ou bem" a previsão de que o local da operação é do estabelecimento em que se encontre, "no momento da ocorrência do fato gerador".

O critério do "estabelecimento", no país, também é utilizado pela legislação da Contribuição Social Sobre o Lucro Líquido, nos termos do artigo 4º da Lei 7.689/88, para definir os contribuintes alcançados pela exação, de sorte que sãos contribuintes os estabelecidos no país.

Além disso, em matéria de acordos para evitar a bitributação, o conceito de estabelecimento permanente é decisivo para se delimitar o país competente para tributar certas hipóteses, como, por exemplo, "os lucros das empresas", no artigo 7º, e se torna relevante para outros casos, como "dividendos", no artigo X, "Juros", no artigo XI, royalties, no artigo XII, "profissões independentes", no artigo XIV, "profissões dependentes", no artigo XV, para definir o conceito de "não discriminação" e do artigo XXIV.

Por sua vez, no âmbito do Imposto de Renda, voltando a pensar agora, pelo prisma do direito interno, o artigo 27 do Decreto-lei 1.598/77 prescreve que "as pessoas jurídicas de direito privado domiciliadas no Brasil", que tiverem lucros apurados de acordo com tal decreto-lei, serão contribuintes no Brasil.

O artigo 75, inciso IV, do Código Civil prescreve que o domicílio das pessoas jurídicas é o lugar onde funcionam as respectivas diretorias e administrações ou ondem elegem domicílio especial no seu estatuto ou atos constitutivos, associando, também, portanto, a uma localização específica. Assim, mais uma vez, a "localização" não virtual passa a ser um nexo para se definir a tributação no país. Ademais, o próprio §1º do artigo 75 do Código Civil prescreve que cada estabelecimento será um domicílio da pessoa jurídica, de modo que, tendo estabelecimento no país, será preenchido o critério de conexão do Imposto Sobre a Renda.

Feitas tais observações, convém apontar que a questão do "local" passa a ser desafiadora em razão de tecnologias que evitam a alocação de pessoas ou de uma região geográfica específica.

Já vimos que, na economia digital, o fornecedor se aproxima do mercado consumidor sem a necessidade de uma presença física. Assim, pode-se pensar se as noções de "estabelecimento" ainda exigem uma localização, digamos assim, "não virtual", ou se tal viés poderia ser relativizado para fins de se lidar com a economia digital.

Por um lado, na economia digital, esses conceitos poderão propiciar ao contribuinte uma maior facilidade para atrair a norma mais vantajosa. Mas, isso, repetimos, é um problema de política fiscal. Parece-nos que enquanto o termo "estabelecimento" estiver definido na Lei Complementar 116/03 e no Código Civil, como associado a uma "localização" – local onde há a prestação de serviços e que configure uma unidade econômica, local do complexo de bens e direitos etc. –não há como dissociar a procura de um "local não digital" para fins de demarcação de competência tributária. Diferentemente da Constituição, que não define seus termos, a legislação definiu explicitamente, a noção de estabelecimento, deixando menos espaço para a "evolução dos signos". Se a demarcação legislativa não estiver adequada, sob o ponto de vista político, cabe o legislador alterar o campo normativo, a partir dos processos democráticos aplicáveis.

Por outro lado, interessante notar que a inexistência de estabelecimento no país não importa a total impossibilidade dos Entes Públicos brasileiros de exigir tributos sobre operações digitais.

Como se sabe, no Brasil, o ISS incide sobre o "serviço proveniente do exterior ou cuja prestação tenha se iniciado no exterior do País", nos termos do artigo 1º, § 1º, da Lei Complementar n. 116/03, sendo certo que, neste caso, o imposto é devido ao Município do "do estabelecimento do tomador ou intermediário do serviço ou, na falta de estabelecimento, onde ele estiver domiciliado", tal como prevê o artigo 3º, inciso I, da Lei Complementar 116/03.

No caso do ICMS, a importação também é gravada, tal como previsto no artigo 155, § 2º, IX, "a", com a redação dada pela Emenda Constitucional 33/01, ao prever que o tributo também incide sobre "a entrada de bem ou mercadoria importados do exterior por pessoa física ou jurídica, ainda que não seja contribuinte habitual do imposto, qualquer que seja a sua finalidade, assim como sobre o serviço prestado no exterior, cabendo o imposto ao Estado onde estiver situado o domicílio ou o estabelecimento do destinatário da mercadoria, bem ou serviço."

Outra hipótese, também, é a Contribuição para o PIS e COFINS incidentes na importação, previstas pela Lei 10.865/04 que "igualam" a carga tributária de bens ou serviços importados do exterior com os vendidos no Brasil.

Nesse sentido, parece-nos que, no que tange à tributação indireta, a ausência de presença física do fornecedor da operação digital no país é, de certa forma, equacionada pela legislação vigente.

No caso do Imposto de Renda, porém, eventual solução é, por enquanto, parcial.

Se uma pessoa jurídica que se volta para o mercado consumidor no Brasil, não possua, aqui, seu domicílio, não incidirá a tributação a título de Imposto de Renda no Brasil, ao menos aquela voltada às pessoas jurídicas residentes no Brasil.

Haverá, porém, segundo pensamos, ainda que o perceptor dos rendimentos não possua presença física no país, a possibilidade de retenção na fonte a título de Imposto de Renda Retido na Fonte, a depender do tipo de operação digital. De fato, existem diversas hipóteses normativas sujeitas a tal retenção para crédito e remessas ao exterior.

Não vamos enfrentar todas as hipóteses de retenção na fonte, mas a título de exemplo, o artigo 97 do Decreto-lei 5.844/43, prevê o seguinte:

Art. 97. Sofrerão o desconto do impôsto à razão de 15% os rendimentos percebidos.

a) pelas pessoas físicas ou jurídicas residentes ou domiciliadas no estrangeiro;

b) pelos residentes no país que estiverem ausentes no exterior por mais de doze meses, salvo os referidos no art. 73;

c) pelos residentes no estrangeiro que permaneceram no território nacional por menos de doze meses. (...)

O registro parece-nos relevante pois uma das recomendações da Ação n. 01 do BEPS da OCDE, para fins de economia digital, é justamente a instituição de retenção na fonte.[22]

Porém, a retenção na fonte pode não resolver, sozinha, o anseio dos países de obter uma tributação "justa" pelo país do mercado consumidor.

Como já vimos, um dos desafios da economia digital, segundo a OCDE, é a necessidade reduzida de se instituir presença física em países para se efetivar negócios.

Esses novos meios de negócio podem até mesmo gerar valor por meio da coleta de dados do mercado e produzidos por seus usuários. Assim, por exemplo, nossos dados são coletados quando indicamos preferências, disponibilizamos informações pessoais em cadastros, quando efetivamos buscas e assim por diante. Tais dados possuem um valor, mas que não são "capturados" pelo Imposto de Renda.

Além disso, e agora, entrando, de vez, na questão da política fiscal, a economia digital fornece inúmeras oportunidades a elisão tributária, como (a) evitar a presença fiscalmente relevante no país, (b) a alocação de estrutura que garanta um lucro reduzido no país do mercado consumidor, (c) a concentração de despesas em mercados relevantes, (d) a prática de *treaty shopping*, (e) a realização de operações entre partes relacionadas fora do padrão de mercado para repartir lucros e o (f) aproveitamento de mesma despesa em dois países, ou, em um país, sem a geração de receita em outro.[23]

Como exemplos de mecanismos recomendados pela OCDE para se evitar tais práticas tidas como abusivas, podemos citar a criação de regras para (a) evitar abusos de tratados, (b) impedir que se evite, de modo abusivo, a consolidação de "estabelecimentos permanentes", (c) impedir ou neutralizar o aproveitamento dúplice de despesas ou de dupla não tributação (conforme detalhado no Relatório "*Neutralizing the Efects of Hybrid Mismacht Arrengements – OCDE 2015*"), (d) instituir limitações de juros dedutíveis para neutralizar ou minimizar a erosão da base tributável via juros ou pagamentos financeiros, (e) instituir limitações de benefícios destinados a intangíveis para que apenas alcancem atividades em que houver efetivos gastos com pesquisa e inovação, (f) conceder adequado tratamento ao preço de transferência para intangíveis e para (g) instituir mecanismos CFC para garantir que as controladoras finais sejam tributadas.

Ademais, em 2018, o "*Tax Challenges Arising from Digitalisation – Interim Report 2018*", sugeriu um enfrentamento desses desafios de modo coordenado

---

22. OCDE. *Tax Challenges Arising from Digitalisation – Report on Pillar One Blueprint*. Disponível em: https://www.oecd-ilibrary.org/docserver/beba0634-en.pdf?expires=1635110930&id=id&accname=guest&checksum=8DF2EB8F8F7E296B41D2B10B42351B4F Acesso em: 24 out. 2021.

23. OCDE. *Addressing the Tax Challenges of the Digital Economy*, Action 1 – 2015 Final Report. Disponível em: https://read.oecd-ilibrary.org/taxation/addressing-the-tax-challenges-of-the-digital-economy-action-1-2015-final-report Acesso em: 09 out. 2021.

6 • DESAFIOS DA TRIBUTAÇÃO NA ERA DIGITAL: UMA ANÁLISE PELA PERSPECTIVA MATERIAL E ESPACIAL

entre os diversos países[24]. Já em 2019, como vimos, foram concebidos os dois pilares mencionados em nossa introdução para buscar solucionar desafios da economia digital.

Aliás, recentemente, em 08 de outubro 2021, foi publicado *"Statement on a Two-Pillar Solution to Address the Tax Challenges Arising from the Digitalisation of the Economy"*, com o aprofundamento dos dois referidos pilares para a economia digital, a fim de se proporcionar uma tributação mais justa, especialmente, em razão da dificuldade que a aplicação de conceitos tradicionais do direito internacional – como "residência" e "fonte' – gera para se tributar atividades envolvidas na economia digital pelo país em que se encontra o mercado consumidor.

De modo bem simplificado, apontamos que o *"Pillar One"* busca a realocação do direito de se tributar parcela dos lucros das multinacionais de maior faturamento e lucratividade (conforme patamares já definidos, mas que podem ser reduzidos no futuro) para os países em que se localiza o consumidor, especialmente para negócios relativos a serviços digitais automatizados (*automated digital services* – "ADS") ou para os negócios digitais voltados, diretamente, ao consumidor (*consumer facing business* – "CFB"), atendidos certos requisitos definidos pelas diretrizes da OCDE[25].

Para tanto, o nexo aplicável para com a jurisdição é que haja pelo menos 1 milhão de euros de receita oriunda de tal jurisdição, ou pelo menos 250 mil euros, para jurisdições com Produto Interno Bruto – PIB inferior a 40 bilhões de euros. Supera-se, assim, a ideia de "fonte" ou "residência" como critérios exclusivos de conexão, passando-se a olhar para a jurisdição onde se localiza o usuário.

Para apurar a base de cálculo, seria necessário identificar o lucro do grupo econômico antes do Imposto de Renda (*Profit Before Taxes* – "PBT"), determinado a partir das demonstrações financeiras consolidadas, com um mínimo de ajustes aplicáveis, havendo a possibilidade de compensação de prejuízos fiscais. Convém apontar, contudo que, em alguns casos, os lucros poderão ser apurados de modo segmentado.

O percentual de 25% (vinte e cinco por cento) da parcela de lucro que exceder o percentual 10% (dez por cento) da receita – designado de "lucro residual" e também de *"Amount A"* – seria tributável pelos países do mercado consumidor, desde que o nexo anteriormente apontado seja satisfeito.[26]

O Pilar um prevê a instituição de métodos para se eliminar a dupla tributação – seja por isenção ou crédito – e de mecanismos garantidores de resolução de litígios

---

24. OCDE. *Tax Challenges Arising from Digitalisation – Report on Pillar One Blueprint*. Disponível em: https://www.oecd-ilibrary.org/docserver/beba0634-en.pdf?expires=1635110930&id=id&accname=guest&checksum=8DF2EB8F8F7E296B41D2B10B42351B4F Acesso em: 24 out. 2021.

25. OCDE. *Tax Challenges Arising from Digitalisation – Report on Pillar One Blueprint*. Disponível em: https://www.oecd-ilibrary.org/docserver/beba0634-en.pdf?expires=1635110930&id=id&accname=guest&checksum=8DF2EB8F8F7E296B41D2B10B42351B4F Acesso em: 24 out. 2021. Em tal documento, podem ser encontradas definições, bem coo listas positivas e negativas das atividades abrangidas pelo Pillar One.

26. OCDE. *Statement on a Two-Pillar Solution to Address the Tax Challenges Arising from the Digitalisation of the Economy*, October 8th, 2021. Disponível em: https://www.oecd.org/tax/beps/ Acesso em: 12 out. 2021.

que sejam vinculantes, bem como a remoção de tributos que oneram a economia digital de modo unilateral, em especial, os chamados *"digital services taxes"*.

Para uma segunda parcela do lucro, designado de *"Amount B"*, a alocação de tributação dependeria do desenvolvimento de certas atividades no país em que se localiza o consumidor, especialmente, na área de *marketing* e distribuição.

O Pilar dois, por sua vez, visa a alcançar uma tributação global mínima de 15% (quinze por cento) para companhias com receita anual acima de 750 milhões de euros. Nele é previsto, também, que jurisdições que apliquem alíquotas inferiores a 9% (nove por cento) para juros, royalties e outros pagamentos instituam testes em seus tratados bilaterais, para evitar abusos. São previstas, ainda, exceções para acomodar incentivos tributários a negócios com substancia econômica.

Não é nosso objetivo o aprofundamento do estudo dessas novas proposta, tratadas, acima, de modo muito superficial. De qualquer sorte, a preocupação internacional com a economia digital – que segundo a OCDE não é uma parcela da economia, mas está se tornando a própria economia – é índice marcante dos desafios teóricos e políticos que a nova realidade impõe.

5. CONCLUSÃO

Vimos que a economia digital impõe desafios de duas ordens para o sistema tributário: uma, de ordem dogmática, na busca do cientista de qualificar as diversas operações que surgem em uma velocidade crescente às diversas categorias jurídicas, a maioria delas criadas em períodos pré-digitais.

Para essa primeira ordem de problemas, fizemos uma divisão quanto à matéria, especialmente, o problema de conflitos de competência entre Munícios, Estados, Distrito Federal e União, em que buscamos sintetizar os seguintes aspectos:

(a) Para incidir ICMS (ICMS– mercadorias), deverá haver uma operação de circulação de mercadorias, isto é, com transferência de titularidade de um bem destinado a venda ou revenda e para incidir ISS, deverá haver um fazer humano envolvido, ainda que não seja um fazer puro;

(b) Sem um fazer, ainda que mesclado, e sem transferência de titularidade de mercadoria, a incidência poderá ser de outra ordem (nem ICMS, nem ISS), como por exemplo, imposto residual da União.

(c) Em operações com circulação de mercadorias e serviços, caberá a Lei Complementar definir a base de cálculo de cada gravame.

No âmbito do espaço, vimos que do ponto de vista teórico, a grande dificuldade é aplicar conceitos como "estabelecimento" e "domicílio" – conceitos pré-digitais – para operações que se dão no ambiente virtual. Dissemos que essas operações dependem, ainda, de pessoas para conduzir a atividade de pessoas jurídicas e por mais difícil que seja, identificar onde tais pessoas exercem sua atividade pode ser a chave para se estabelecer o local do domicílio ou estabelecimento.

Na questão política, vimos que a divisão entre serviços, comércio e indústria e as dificuldades daí inerentes levaram ao Congresso dar andamento a reforma tributária. Examinamos, brevemente, a PEC 110 que avançou nos últimos dias.

Em matéria política do âmbito especial, examinamos, superficialmente, algumas soluções da OCDE, em especial a que prevê uma tributação mínima de 15% (quinze por cento) para multinacionais e que prevê a realocação de certa parcela de lucro de grandes empresas lucrativas, de certas atividades digitais, para os países em que se encontram o mercado consumidor.

6. REFERÊNCIAS

ÁVILA, Humberto. *Competências Tributárias*. Um ensaio e sua compatibilidade com as noções de tipo e conceito. São Paulo: Malheiros, 2018.

BARRETO, Aires F. *ISS na Constituição e na Lei*. 4. ed. São Paulo: Noeses, 2018.

CARRAZA, Roque Antônio. *ICMS*. 9. ed. São Paulo: Malheiros, 2001.

CARVALHO, Paulo de Barros. *Direito Tributário, Linguagem e Método*. 4. ed. São Paulo: Noeses, 2011.

COSTA, Alcides Jorge. *ICM na Constituição e na lei complementar*. São Paulo: Resenha Tributária, 1978.

DIAS JR., Antônio Augusto Souza. Tributação da Economia Digital – Propostas Doutrinárias, OCDE e o Panorama Brasileiro. *Revista de Direito Tributário Internacional Atual*, n. 6, 2019. Disponível em: https://www.ibdt.org.br/RDTIA/n-6-2019/. Acesso em: 12 out. 2021.

DERZI, Misabel de Abreu Machado. *Direito Tributário, Direito Penal e Tipo*. São Paulo: Revistas dos Tribunais, 1988.

LARENZ, Karl. *Metodologia da Ciência do Direito*. 6. ed. Lisboa: Fundação Calouste Gulbenkian, 2012.

MELO, José Eduardo Soares de. *ICMS*: teoria e prática. 12. ed. São Paulo: Editora Dialética, 2012.

OCDE. *Statement on a Two-Pillar Solution to Address the Tax Challenges Arising from the Digitalisation of the Economy*, October 8th, 2021. Disponível em: https://www.oecd.org/tax/beps/ Acesso em: 12 out. 2021.

OCDE. *Addressing the Tax Challenges of the Digital Economy*, Action 1 – 2015 Final Report. Disponível em: https://read.oecd-ilibrary.org/taxation/addressing-the-tax-challenges-of-the-digital-economy-action-1-2015-final-report. Acesso em: 09 out. 2021.

OCDE. *Tax Challenges Arising from Digitalisation – Report on Pillar One Blueprint*. Disponível em: https://www.oecd-ilibrary.org/docserver/beba0634-en.pdf?expires=1635110930&id=id&accname=guest&checksum=8DF2EB8F8F7E296B41D2B10B42351B4F. Acesso em: 24 out. 2021.

PEIRCE, Charles Sanders. Classificação dos Signos. In: *Semiótica e Filosofia*. Textos Selecionados de Charles Sanders Peirce. Tradução de Octany Silveira da Motta e Leônidas Hegenberg. São Paulo: Cultrix, 1983.

7
BLOCKCHAIN NA ADMINISTRAÇÃO PÚBLICA E SUA IMPLEMENTAÇÃO TENDO COMO PRESSUPOSTO O QUADRINÔMIO SEGURANÇA CIBERNÉTICA, INTEGRIDADE, INTEROPERABILIDADE E TRANSPARÊNCIA

Cristiane Rodrigues Iwakura

Doutora e Mestre em Direito Processual pela UERJ. Pós-Graduada em Direito Público pela UnB e em Regulação de Mercado de Capitais pelo Ibmec. Professora e Coordenadora do Programa de Mestrado Profissional e Pós-Graduação da Escola da Advocacia-Geral da União. Professora e Pesquisadora na área de Processo, Tecnologia e Gestão. Procuradora Federal.

Flavio Garcia Cabral

Pós-Doutor em Direito pela PUC/PR; Doutor em Direito Administrativo pela PUC-SP; Professor e Coordenador da pós-graduação em Direito Público pela EDAMP; Procurador da Fazenda Nacional.

Leandro Sarai

Doutor e Mestre em Direito Político e Econômico e Especialista em Direito Empresarial pela Universidade Presbiteriana Mackenzie. Membro da Câmara Nacional de Modelos de Licitações e Contratos Administrativos da AGU. Professor universitário. Instrutor Credenciado da Escola da AGU. Procurador do Banco Central.

Sumário: 1. Introdução – 2. Como funciona a *blockchain* e sua utilidade para a administração pública. Análise a partir do acórdão do TCU 1613/2020; 2.1 Origem e evolução da *blockchain*; 2.2 Desvendando os potenciais da *blockchain*; 2.3 Explicando o mecanismo da blockchain a partir da Teoria dos Jogos – 3. O quadrinômio da *blockchain;* 3.1 Segurança cibernética; 3.2 Integridade; 3.3 Interoperabilidade; 3.4 Transparência – 4. Propostas para a implantação da *blockchain* à luz dos princípios e diretrizes do governo digital. Desafios e perspectivas – 5. Conclusão – 6. Referências.

1. INTRODUÇÃO

Pretende-se com o presente trabalho elucidar o cenário atual acerca da implementação da *blockchain* no Brasil, trazendo algumas reflexões a partir do Acórdão 1613/2020 do TCU, das diretrizes estabelecidas pela Lei de Governo Digital (Lei 14.129/2021) e de algumas experiências estrangeiras relacionadas com a utilização deste mecanismo na Administração Pública colhidas a partir de referências bibliográficas interdisciplinares.

O principal objetivo da pesquisa em questão consiste na demonstração de que a *blockchain* na Administração Pública é, sem dúvidas, um mecanismo bastante útil e vantajoso para a execução de diversas atividades relevantes relacionadas com a prestação de serviços públicos essenciais e para o desenvolvimento socioeconômico.

Para tanto, a partir do emprego do método indutivo, chega-se à conclusão de que a implementação da *blockchain*, para que seja bem-sucedida e alcance as suas finalidades potenciais, deve ter como pressuposto a observância do quadrinômio: segurança cibernética, integridade, interoperabilidade e transparência.

2. COMO FUNCIONA A *BLOCKCHAIN* E SUA UTILIDADE PARA A ADMINISTRAÇÃO PÚBLICA. ANÁLISE A PARTIR DO ACÓRDÃO DO TCU 1613/2020

2.1 Origem e evolução da blockchain

A *blockchain* pode ser compreendida como uma tecnologia que promove o armazenamento, validação e registro de atos da vida civil em geral.

Sua origem pode ser explicada a partir do surgimento das *bitcoins*, tendo ampla menção na doutrina acerca de um trabalho com autoria atribuída a "Satoshi Nakamoto" que pode ser acessada de forma livre pela internet.[1]

Simplificando ao máximo a dinâmica das *bitcoins*, ela poderia ser explicada por intermédio de três características: a criptografia[2], o trabalho colaborativo e devidamente recompensado a partir do poder computacional do participante, e o comportamento dos agentes, com base na Teoria dos Jogos.[3]

No intuito de criar uma espécie de "moeda paralela", não sujeita à regulação e intervenção do poder estatal, portanto, livre de interferências externas de ordem político-econômica, a ideia da *bitcoin* surgiu para se promover um novo meio de pagamento e de recompensas no mundo virtual.

Partindo-se do pressuposto de que se trabalha necessariamente para se adquirir algo em troca, pois ninguém pode prover todos os produtos e serviços necessários para sua subsistência por conta própria, a moeda erige-se como uma ficção para que

---

1. NAKAMOTO. Satoshi. *Bitcoin*: A Peer-to-Peer Electronic Cash System (2008). Available on https://bitcoin. org/bitcoin.pdf. Acesso em: 15 ago. 2021.
2. A técnica mais segura de que hoje se tem conhecimento é a criptografia. Por essa técnica, a declaração (mensagem) é cifrada e transformada por um código ininteligível àquele que não conhece o padrão para decifração. O padrão utilizado para cifrar ou decifrar as mensagens é denominado de chave. Somente quem a conhece é que pode ter acesso ao conteúdo da mensagem (DIDIER, Jr., Fredie; OLIVEIRA, Rafael Alexandria de. O uso da tecnologia Blockchain para arquivamento de documentos eletrônicos. In: NUNES, Dierle; LUCON, Paulo Henrique dos Santos; WOLKART, Erik Navarro (Coord.). *Inteligência artificial e Direito Processual*: os impactos da virada tecnológica no Direito Processual. Salvador: JusPodivm, 2021, p. 514).
3. SARAI, Leandro. Moedas digitais e os bancos. In: BARBOSA, Tatiana Casseb B. M. (Org.). *A revolução das moedas digitais*: bitcoins e altcoins. Cotia/SP: Revoar, 2016, p. 133-192.

a força de trabalho despendida por um indivíduo se agregue a outras, que conjuntamente sejam suficientes para o desenvolvimento de uma coletividade.

Deste modo, verifica-se que, à medida que a tecnologia avança e os meios digitais se incorporam à realidade da população em geral, quebrando as barreiras culturais, geográficas, econômicas e sociais, a moeda de papel vem cada vez mais perdendo a sua razão para existir.

O lastro em metal, da mesma forma, não faz tanto sentido, até porque atualmente os bens mais valiosos não são corporificados, considerando o poder e o valor da informação na sociedade atual.

Chegamos a uma realidade que se traduz perfeitamente no conceito de "modernidade líquida", tal como concebida por Zigmunt Bauman, na qual a fluidez, a imprevisibilidade e a volatilidade reinam sobre as relações humanas.[4]

Em um segundo momento, o uso da tecnologia *blockchain* se expande para as relações contratuais, marcando a "*blockchain* 2.0", e, em um terceiro momento, para a prestação de serviços essenciais, situando-se aqui as atividades desempenhadas pela Administração Pública, corporificando o que se passa a chamar de "*blockchain* 3.0".[5]

Feitas estas considerações iniciais, passa-se a analisar o teor do Acórdão do Tribunal de Contas da União – TCU 1.613/2020, de relatoria do Ministro Aroldo Cedraz, que além de fazer um panorama sobre o histórico da *blockchain* e suas potencialidades, desvenda alguns questionamentos em torno da sua utilização pela Administração Pública.

No item 12 do Acórdão TCU n. 1613/2020[6], destaca-se o potencial da *blockchain* para a melhoria na criação e aprimoramento dos serviços digitais, na medida em que sua tecnologia é capaz de prover uma maior celeridade nas transações digitais mediante o que se chama de "automatização da confiança".

O que seria exatamente essa "automatização da confiança" referendada no citado Acórdão? Em que pese o fato de não haver esclarecimento específico sobre a expressão, pode-se extrair que a referência *in quaestio* se traduz na possibilidade de se eliminar um intermediário entre as partes, para que as transações sejam consolidadas.

Isto pode ser visualizado mais facilmente a partir do emprego da *blockchain* nos chamados contratos inteligentes, conhecidos como *smart contracts*. A figura mais rudimentar desta modalidade contratual é a que torna mais claro o seu completo

---

4. BAUMAN, Zigmunt. *Modernidade líquida*. Tradução: Plínio Dentzien. Rio de Janeiro: Jorge Zahar, 2001.
5. TAUFICK, Roberto, Mercado De Loterias No Brasil: Concorrência, Governança E Responsabilidade Social Na Era De Blockchain (Betting in Brazil: Competition, Government and Social Liability in the Blockchain Era) (2019). 3º Prêmio SECAP de Loterias, Monografias Premiadas (2019), Disponível em: https://ssrn.com/abstract=3636388. Acesso em: 14 ago. 2021, p. 14.
6. BRASIL. Tribunal de Contas da União. *Acórdão 1613/2020 – Plenário*. Relator: Aroldo Cedraz. Disponível em: https://pesquisa.apps.tcu.gov.br/#/documento/acordao-completo/1613%252F2020/%2520/DTRELEVANCIA%2520desc%252C%2520NUMACORDAOINT%2520desc/0/%2520?uuid=ce034160-bbc6-11ea-ad32-519ab286dea0. Acesso em: 12 mar 2021.

funcionamento: a máquina de refrigerante. Nela estão presentes todos os elementos necessários para um contrato inteligente: regras claras de como utilizar a máquina; visualização das mercadorias; preços preestabelecidos; forma de pagamento; meio de entrega do produto ao seu comprador e confirmação do recebimento.

Não há um intermediário entre o comprador e o vendedor, e tudo se opera de maneira automatizada, com uma simples manifestação de vontade inicial, que serve como um gatilho que dispara toda a dinâmica negocial que, a partir daí, flui automaticamente até o seu destino.

Algo poderia dar errado no contrato inteligente? Do ponto de vista do consentimento, não, pois é um contrato tido como "autoexecutável". Apenas falhas técnicas, como quando a máquina "emperra" na hora de soltar o produto, ou quando o sistema não seleciona o "produto digitado" pelo comprador. Para resolver estas questões recomenda-se que o ofertante disponibilize uma plataforma *online* acessível e eficaz para a resolução de disputas com menor complexidade, referendada pela doutrina como *Online Dispute Resolution* (ODR).[7]

Logo, a ausência de um intermediário dentro de um ambiente capaz de prover as garantias de segurança e confiança é capaz de promover, além da celeridade, uma significativa redução nos custos de transação[8], outra grande vantagem encontrada no uso da *blockchain*.[9] Tudo isso seria resultado da "automatização da confiança".

Em contrapartida, a eliminação do intermediário nas transações pode dificultar um pouco a atividade regulatória, o que será visto oportunamente em ponto específico.

2.2 Desvendando os potenciais da blockchain

Na sequência, foram levantados os seguintes questionamentos no referido Acórdão do TCU a respeito da *blockchain*:

---

7. Isadora Werneck destaca que, com o crescimento das relações negociais no mundo virtual, promovendo com rapidez e praticidade a conclusão das transações, o número de conflitos também cresceu significativamente. Da eclosão de controvérsias surgiu a necessidade de reflexão, por parte dos próprios idealizadores" das plataformas de e-commerce, sobre os meios de resolução das disputas emergentes. Nas palavras da autora, "a conclusão a que se chegou foi que, sendo o modelo de negócio tão inovador, também deveria ser a resolução dos conflitos dele originados. Isso se justificou, primordialmente, porque muitas vezes os valores envolvidos nas transações eram baixos e a judicialização da controvérsia, ou mesmo a utilização dos métodos adequados de resolução de conflitos, tais como eram propostos até então, representavam um custo muito superior ao próprio proveito econômico obtido" (WERNECK, Isadora. Online Dispute Resolution (ODR) e a (Des)necessidade de formulação de reclamação prévia. In: NUNES, Dierle; LUCON, Paulo Henrique dos Santos; WOLKART, Erik Navarro (Coord.). *Inteligência artificial e Direito Processual*: os impactos da virada tecnológica no Direito Processual. Salvador: JusPodivm, 2021).

8. TAGNIN, Fabio. *Economia da Informação, Custos de Transação e Produtividade*: Um Ensaio Sobre os Retornos das Tecnologias de Informação. Dissertação (MPA) – Escola de Administração de Empresas de São Paulo. Fundação Getúlio Vargas, 2004, p. 72-76.

9. Em igual direção, no item 74 do Acórdão TCU 1613/2020, assevera-se que: "a tecnologia é uma alternativa para processos que têm elevados custos de intermediação, fazendo com que o gestor público possa rever qual é o valor agregado que o intermediário produz e se é realmente necessário".

Q1 – Como a tecnologia *blockchain* pode ser vista por meio de estruturas de inovação e quais possibilidades existem para futuros desenvolvimentos no setor público?

Q2 – Quais funcionalidades de uma *blockchain* podem atender a transformação digital no setor público e como o Brasil e governos de outros países estão lidando atualmente com os desafios desta nova tecnologia?

Q3 – Quais são os benefícios e riscos esperados da tecnologia e quais são os impactos que podem surgir do uso da tecnologia na esfera pública?

Q4 – Como a tecnologia impacta nas atividades de controle externo e auditoria?[10]

Para solucionar algumas destas indagações, deve-se ter a exata compreensão de como a *blockchain* opera na prática. Segundo o Acórdão do TCU, a *blockchain* seria "um software que funciona como um livro-razão distribuído pelos nós de uma rede", que apresenta a característica peculiar de ser resistente "à adulteração, pois a alteração dos dados de um bloco requer a manipulação de todos os blocos anteriores".

Veja-se na figura 1 um esquema representativo do funcionamento da *blockchain*:

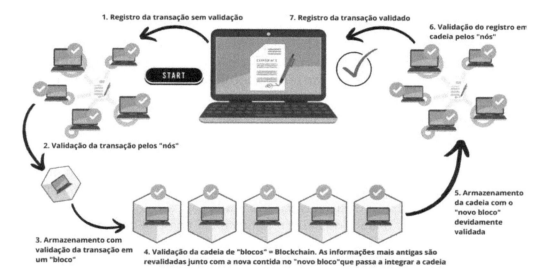

Figura 1: Imagem dos autores

Há, portanto, uma "dupla validação" da transação, que, em um primeiro momento, é reconhecida individualmente como válida e autêntica. Neste momento, a transação fica armazenada em um bloco que será incorporado à *blockchain*, que, por sua vez, representa uma cadeia de blocos representativos de outras transações anteriormente validadas pelo mesmo procedimento em rede. Uma vez integrada à

---

10. BRASIL. Tribunal de Contas da União. *Acórdão 1613/2020 – Plenário*. Relator: Aroldo Cedraz. Disponível em: https://pesquisa.apps.tcu.gov.br/#/documento/acordao-completo/1613%252F2020/%2520/DTRELEVANCIA%2520desc%252C%2520NUMACORDAOINT%2520desc/0/%2520?uuid=ce034160-bbc6-11ea-ad32-519ab286dea0. Acesso em: 12 mar 2021.

cadeia, a transação passa por uma nova validação, agora em sua forma agrupada, ou seja, como verdadeira *blockchain*. Após esta segunda validação, ela é registrada e armazenada com segurança pelos participantes da rede, tornando-se então imutável, e retorna ao seu destino devidamente autenticada.

2.3 Explicando o mecanismo da *blockchain* a partir da Teoria dos Jogos

A partir do tópico anterior, pode-se concluir que a atividade realizada dentro de uma *blockchain* não é tão simples e precisa de um bom poder computacional como suporte. Neste momento, é natural se questionar acerca dos custos gerados por toda essa atividade realizada dentro de uma *blockchain*.

São estes custos que explicam a razão pela qual uma criptomoeda pode valer tanto. O fato gerador, em princípio, do valor de uma *bitcoin*, que, por sua vez, foi a precursora de toda esta tecnologia, seria exatamente essa prestação de serviço para se reconhecer uma transação como válida, atribuindo-lhe imutabilidade e segurança por meio dos recursos tecnológicos embasados na criptografia, como visto alhures.

A prova de trabalho que gera a recompensa em forma de *blockchain* consiste na verificação de um determinado dígito que é bastante raro ao se executar a tarefa em questão. Por isso se fala no termo mineração de dados, pois os dados disponíveis para esta tarefa se tornam mais raros e escassos à medida que a atividade se torna lucrativa, atraindo mais participantes na rede.

Na atualidade, só conseguem minerar os dados logrando êxito na obtenção da prova de trabalho que garante uma *bitcoin* como recompensa aos participantes que detenham um poder computacional incrível, superior a tudo aquilo que encontramos em nossas máquinas habituais. Existem fazendas de mineração, que correspondem a estruturas com galpões e refrigeração adequada para a colocação de inúmeros computadores com a maior potência computacional possível dentre aquelas proporcionadas pela tecnologia de ponta.

Neste exato momento, uma *bitcoin* vale mais de 168 (cento e sessenta e oito) mil reais.[11] Esse valor varia diariamente, mas sempre tem se mantido em uma faixa extraordinária. Consequentemente, isso atrai mais interessados conhecidos como mineradores, que chegam a formar grupos de aliados para aumentarem a chance de êxito em sua atividade de mineração das *bitcoins*. Esses grupos são conhecidos como "Piscinas de Mineração", termo originado da expressão *Bitcoin Pooled Mining* (BPM).

Esta dinâmica comportamental entre mineradores dentro da *blockchain*, que são aqueles que provém o trabalho computacional pelo qual se validam e armazenam as

---

11. Dados de câmbio disponibilizados pela Morningstar e de criptomoeda pela Coinbase. Disponível em: https://www.google.com. Acesso em: 23 jul. 2021.

informações com segurança na rede, depende de um ambiente de confiança e isto é mais bem explicado a partir de uma análise com base na Teoria dos Jogos.

Relembrando a Teoria dos Jogos em um breve momento, visualiza-se, a seguir, o dilema do prisioneiro[12], que além de ilustrar de maneira simples como se daria este problema à luz da teoria em questão, elucida a dinâmica sobre o comportamento e o processo de tomada de decisões dos participantes de uma *blockchain*.

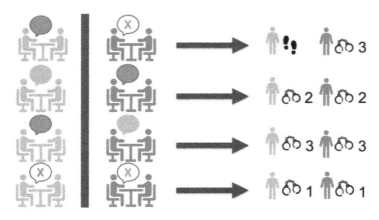

Figura 2: Imagem dos autores

A figura acima traz a representação de dois potenciais criminosos que foram detidos pela polícia e, assim, foram alocados em salas separadas, cada qual com um investigador, que, por sua vez, tenta fazer com que confessem o crime e entreguem o seu parceiro, diante da insuficiência de outras provas para algumas práticas delituosas não constatadas no auto de prisão em flagrante.

Colocam-se quatro hipóteses comportamentais a partir desta situação hipotética:

Na primeira situação, o prisioneiro A delata o prisioneiro B, ausentando-se de culpa; como resultado, ele é colocado em liberdade e B é condenado à pena de 3 (três) anos de prisão. O resultado de A é o melhor possível, porém, há um alto risco, pois o seu sucesso depende totalmente do comportamento de B, que deverá permanecer silente e não delatar A.

Na segunda situação, ambos os prisioneiros confessam o crime, tendo com isto uma pequena redução da pena. Cada um é condenado a uma pena de 2 (dois) anos de reclusão. O risco de insucesso neste caso é mais baixo e a recompensa, mesmo que pequena, restará garantida ao prisioneiro, pois o resultado não depende do comportamento imprevisível de outrem.

---

12. KUHN, S. Prisoner's Dilemma. Oct. 2007. *Stanford Encyclopedia of Philosophy*, 2009. Disponível em: http://plato.stanford.edu/archives/spr2009/entries/prisoner-dilemma Acesso em: 15 ago. 2021.

Na terceira situação, ambos os prisioneiros delatam o seu parceiro de crime, na esperança de se livrar atestando a sua própria inocência. Neste caso, há uma total quebra da confiança entre os participantes. Isto prova que uma atuação egoísta de todos os membros de uma organização pode levar ao pior resultado possível. Cada prisioneiro comprova a culpa do outro, reciprocamente e, ao mesmo tempo, revela-se mentiroso por atestar uma falsa inocência. Por isso, cada um deles é condenado à pena de 3 (três) anos.

Na quarta situação, sabendo que o seu depoimento poderá agravar a situação do outro participante, cada prisioneiro se mantém calado. Não acusa o parceiro e não atesta a sua inocência imputando o crime a outra pessoa. Neste caso, eles atuam em um regime de máxima confiança entre si e saem condenados com a pena mínima, por ausência de um novo elemento que majore a sua culpabilidade. Este comportamento gera o resultado mais proveitoso para os prisioneiros, todavia, depende completamente do estabelecimento prévio de regras sobre o modo de agir dos participantes e de um ambiente inspirado em uma relação de total confiança.

Isto demonstra como o comportamento dos agentes pode determinar, dentro de um ambiente controlado, quais serão os rumos de um processo de tomada de decisões.

Esta teoria também é capaz de explicar os momentos de crise em um determinado sistema diante de potenciais assimetrias informacionais, pois a tendência natural, mesmo considerando a natureza egocêntrica do ser humano, é de agir no sentido de se preservar a sua posição individual a partir de uma análise e observação acerca do comportamento dos demais participantes.

3. O QUADRINÔMIO DA *BLOCKCHAIN*

3.1 Segurança cibernética

Uma fragilidade levantada em relação à *blockchain* reside no que os especialistas em tecnologia chamam de "Ataque 51%". Esta possível ameaça à segurança na *blockchain* apresenta um risco bem baixo, que vai sendo cada vez mais mitigado à medida que aumentam os pontos de validação que consubstanciam o poder computacional oferecido pelos seus participantes para as tarefas de armazenamento, validação e registro das transações realizadas no ambiente digital – conhecidos como "nós".[13]

---

13. Para que alguém consiga inserir uma informação falsa na rede *blockchain* é preciso que esse alguém detenha um poder de processamento computacional maior que 50% dos computadores ligados à rede. A questão aí é de probabilidade matemática: quanto menor o poder de processamento de dados, menor a chance de vencer o desafio matemático proposto e, portanto, menor a chance de ser o registrador da vez. O problema é que, segundo estimativa, para alcançar esse poder de processamento computacional maior que 50% dos computadores ligados à rede, seria necessário que o sujeito fraudador tivesse uma capacidade de processamento igual a cerca de 50 vezes a capacidade de processamento do Google. Ainda que existisse um servidor, ou conjunto de servidores, com uma capacidade de processamento tão expressiva, é difícil

Como a validação é realizada por todos os participantes da rede, de forma distribuída, seria necessário um ataque que permitisse ao invasor controlar pelo menos 51% do poder computacional. Ainda assim, um ponto não atacado ao não reconhecer a validade da informação gerada poderia impedir a ação maliciosa.

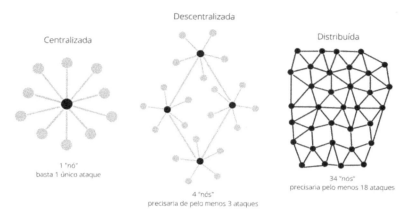

Figura 3: Imagem dos autores

Portanto, quanto maior o número de "nós" em uma rede distribuída, mais difícil será a tarefa do invasor para deter mais de 51% do poder computacional envolvido.[14]

Por esta razão, pondera-se no Acórdão do TCU em comento que "o trabalho para um agente malicioso derrubar a rede como um todo é dificultado, pois terá que violar o livro-razão de cada um dos nós participantes".

Com relação à necessidade de se prover a inclusão social do cidadão na esfera do Poder Judiciário, destaca-se na Estratégia de Tecnologia de Informação e Comunicação (TIC) do Conselho Nacional de Justiça (CNJ) a segurança da informação como uma das suas linhas de atuação, por intermédio da implantação de um comitê, que se encarregará de dar andamento às iniciativas necessárias para o desenvolvimento de uma política, estruturas e capacitação de membros e de servidores para o manejo dos sistemas correspondentes.[15]

---

acreditar que ele seria colocado a serviço desse tipo de fraude (DIDIER, Jr., Fredie; OLIVEIRA, Rafael Alexandria de. O uso da tecnologia Blockchain para arquivamento de documentos eletrônicos. In: NUNES, Dierle; LUCON, Paulo Henrique dos Santos; WOLKART, Erik Navarro (Coord.). *Inteligência artificial e Direito Processual*: os impactos da virada tecnológica no Direito Processual. Salvador: JusPodivm, 2021, p. 522).

14. "To modify a past block, an attacker would have to redo the proof-of-work of the block and all blocks after it and then catch up with and surpass the work of the honest nodes. We will show later that the probability of a slower attacker catching up diminishes exponentially as subsequent blocks are added." (NAKAMOTO. Satoshi. *Bitcoin*: A Peer-to-Peer Electronic Cash System (2008). Available on https://bitcoin.org/bitcoin.pdf. Acesso em: 15 ago. 2021, p. 3).

15. BRASIL, Conselho Nacional de Justiça. *Resolução 99, de 24 de novembro de 2009*. Disponível em: https://www.cnj.jus.br/wp-content/uploads/2019/08/peti_nacional_v2.pdf. Acesso em: 21 jun. 2021.

Entretanto, mesmo diante desta disposição do CNJ, de 2009, verifica-se que até o momento ainda não se consolidou uma estruturação sólida sobre as bases de segurança e armazenamento de dados, tendo-se noticiado na Resolução do STJ 25/2020, ou seja, onze anos depois, a suspensão das atividades do Superior Tribunal de Justiça por cerca de cinco dias, em razão de ataques cibernéticos, fato que ocorreu no mesmo período em relação ao próprio Conselho Nacional de Justiça e outros órgãos, como o Governo do Distrito Federal.[16]

Portanto, ainda há muito que se pensar em termos de segurança, o que reforça a ideia da *blockchain* como uma possível solução adequada para os problemas encontrados na prática a partir do movimento de modernização e de digitalização dos serviços públicos essenciais.[17]

3.2 Integridade

O aspecto da integridade das informações conecta-se à característica da imutabilidade provida pela *blockchain* para o armazenamento dos dados nela registrados.

De acordo com o Acórdão TCU 1613/2020, a *blockchain* utiliza técnicas criptográficas para proteger seus registros, incluindo "funções de *hash*, ponteiros de *hash* e assinaturas digitais".[18]

Estas técnicas conferem imutabilidade aos registros na *blockchain*, pois tornam perceptível qualquer tipo de adulteração, por se tratar de uma violação matemática da cadeia de blocos.

Nesta direção, Letícia Melo aduz que não se pode afirmar que o recurso digital nunca tenha sido adulterado ou falsificado, mas sim que não foi alterado desde que

---

16. IWAKURA, Cristiane Rodrigues. *Ataques cibernéticos ao STJ, CNJ e outros órgãos públicos e privados trazem à tona o paradoxo da tecnologia: eficiência versus segurança.* Disponível em: https://www.migalhas.com.br/depeso/336027/ataques-ciberneticos-ao-stj--cnj-e-outros-orgaos-publicos-e-privados-trazem-a-tona-o-paradoxo-da-tecnologia--eficiencia-versus-seguranca. Acesso em: 06 de novembro de 2020.

17. Em igual direção, Ronald Bach da Graça destaca a importância da segurança cibernética diante da atual conjuntura na qual "os governos apresentam diversas estruturas conectadas à rede mundial de computadores, das quais depende a própria existência do Estado, tais como: defesa, segurança pública, sistemas de energia, administração da Justiça e infraestrutura de transportes". Para o autor, "os riscos estratégicos refletem vulnerabilidades do País, em nível macro, relacionadas ao bem-estar social, ao cotidiano da coletividade, à qualidade de vida dos cidadãos ou até mesmo à segurança do Estado" (GRAÇA, Ronaldo Bach. *Segurança e Privacidade na Rede*: o 'Pugilato Cibernético'. Brasília: SENAC, 2019, p.33).

18. Sobre a definição de *hash*, transcreva-se a seguir trecho do item 27 do Acórdão do TCU 1613/2020: (...) cada novo bloco incluído na cadeia possui um conjunto de transações e uma identificação única gerada a partir de um resumo criptográfico de *hash*. O cabeçalho possui um campo que armazena o resumo criptográfico (*hash*) do bloco imediatamente anterior, estabelecendo uma sequência única entre os blocos. Como cada bloco faz referência ao seu antecessor, se um bit do bloco anterior for alterado, o hash do bloco irá mudar e consequentemente haverá uma inconsistência na cadeia, que pode ser facilmente detectável. Por esse motivo, assume-se que a existência em uma cadeia de blocos encadeada garante a segurança e integridade das transações armazenadas (BRASIL. Tribunal de Contas da União. *Acórdão 1613/2020 – Plenário.* Relator: Aroldo Cedraz. Disponível em: https://pesquisa.apps.tcu.gov.br/#/documento/acordao-completo/1613%252F2020/%2520/DTRELEVANCIA%2520desc%252C%2520NUMACORDAOINT%2520desc/0/%2520?uuid=ce034160-bbc6-11ea-ad32-519ab286dea0. Acesso em: 12 mar 2021).

sua impressão digital foi alterada, "pois a visibilidade é ao registro, e, não, ao documento em si".[19]

Não há como alterar uma informação sem deixar rastros e isto impede, de maneira eficaz, as entidades de alterarem dados passados, pois qualquer ação neste sentido resultaria em um alerta à rede, sendo certo que todas as partes integrantes da *blockchain* "podem verificar a consistência dos dados de forma independente".[20]

Esta característica tem despertado o interesse na comunidade jurídica acerca do seu uso nos contratos inteligentes, ou *smart contracts*.

Neste ponto, Kristian Lauslahti, Juri Mattila e Timo Seppälä esclarecem que os contratos inteligentes são definidos como programas digitais baseados em uma arquitetura de consenso de *blockchain* que implementam automaticamente sua lógica interna conforme certas precondições são atendidas e que também são capazes de evitar alterações não autorizadas de sua lógica interna como resultado de sua natureza descentralizada.[21]

Desta forma, nos contratos inteligentes embasados na tecnologia de *blockchain*, seus termos, uma vez que formulados em linguagem de programação, tornam-se autoexecutáveis, outra característica que torna esta modalidade contratual extremamente atrativa.

A autoexecutoriedade é um desdobramento natural de um contrato com regras claras e predefinidas, que não depende da constante movimentação pelas partes contratantes, o que também torna possível impedir alterações não autorizadas de sua lógica interna.

Uma parte não pode, portanto, impedir intencionalmente a execução de um contrato inteligente ou alterar ilegalmente seu conteúdo.

Assim, estabelece-se um gatilho que dispara automaticamente a execução do contrato. Pode ser um elemento físico, como, por exemplo, colocar a moeda na máquina de refrigerante e apertar o botão correspondente à bebida desejada, ou pode ser um fato ou condição que venha a ocorrer naquele dado momento, como uma promessa de compra e venda, ou em uma data incerta, como se daria com o evento morte, para dar início a um processo de transferência de bens tal como ocorre nos inventários judiciais ou extrajudiciais.

Uma vez ocorrido o evento especificado no contrato, a transação que contém os dados finalmente chega ao endereço do contrato inteligente e, na sequência, a máquina virtual distribuída do *blockchain* executa o código de programação.

---

19. MELO, Letícia. Blockchain: uma prova atípica. In: NUNES, Dierle; LUCON, Paulo Henrique dos Santos; WOLKART, Erik Navarro (Coord.). *Inteligência artificial e Direito Processual*: os impactos da virada tecnológica no Direito Processual. Salvador: JusPodivm, 2021, p. 538.

20. Ibidem.

21. LAUSLAHTI, Kristian; MATTILA, Juri; SEPPALA, Timo. Smart Contracts – How Will Blockchain Technology Affect Contractual Practices? (January 9, 2017). *ETLA Reports*, N°. 68 (January, 2017). Disponível em: https://ssrn.com/abstract=3154043. Acesso em: 13 jun. 2021.

Esta arquitetura contratual demonstra um grande potencial para trazer reduções significativas nos custos causados pela elaboração de contratos e supervisão, pois elimina sensivelmente a necessidade de intermediários e mecanismos externos de controle ao longo de sua execução.

Fenômeno de certa forma relacionado com os contratos inteligentes é a chamada "internet das coisas" (ou IoT em inglês), em que computadores conectados à internet realizam ações previamente programadas, conforme a ocorrência de condições preestabelecidas. Assim, por exemplo, em um posto de saúde, há um sensor que controla a quantidade de vacinas automaticamente. Uma vez atingido certo nível mínimo no estoque, o computador emite uma ordem automática para outro computador, localizado no centro de distribuição, solicitando determinada quantidade de novas vacinas. Ao receber esta ordem, o computador do centro de distribuição dá baixa em seu estoque e determina a entrega das vacinas solicitadas para o posto de saúde solicitante. O centro de distribuição, por sua vez, pode estar conectado à fábrica de vacinas e assim sucessivamente, automatizando toda a cadeia.

A despeito de tantas vantagens e facilidades encontradas na adoção dos contratos inteligentes, a segurança e a integridade das informações são fatores essenciais para a sua adoção na prática com bons resultados. Cabe ao operador do direito realizar um trabalho cercado de cuidados junto aos programadores para que eventuais arestas sejam aparadas e não haja uma deturpação a partir de vieses cognitivos e falhas técnicas que conduzam esta autoexecutoriedade contratual a resultados indesejados.

A partir daí vale fazer um importante registro sobre alguns possíveis entraves à consolidação dos contratos inteligentes a partir da implementação da *blockchain*, que podem valer inclusive para a Administração Pública caso esta modalidade de contratação um dia seja cogitada ao longo de sua atuação.

Segundo Mariana Cavalcanti e Marcos Nóbrega, "a adoção dos *smart contracts* pode encontrar limitações oriundas da natureza contratual envolvida", razão pela qual sua aplicação seria recomendável, "em decorrência das dificuldades do estabelecimento de cláusulas *ex post*", nos seguintes casos: a) acordos instantâneos ou de execução pouco diferida; b) contratos com termos revestidos de menor imprecisão semântica; e c) pactos com maior zona de acordo, em que existe menor probabilidade de se recorrer a terceiros para a solução de lides supervenientes.[22]

3.3   Interoperabilidade

Destaca-se no Acordão do TCU que a rede *blockchain* pode ser utilizada como uma camada de integração de bases de dados, permitindo o uso compartilhado

---

22. CAVALCANTI, Mariana Oliveira de Melo; NÓBREGA, Marcos. Smart contracts ou "contratos inteligentes": o direito na era da blockchain. *Revista Científica Disruptiva*, v. II, n. 1, jan./jun. 2020, p. 115.

entre diversas organizações e colaboradores externos, dando origem à ideia de um "governo hiperconectado".[23]

Importante detalhar que o Acórdão reconhece a ausência da interoperabilidade como um obstáculo para a implementação da *blockchain*:

> No momento da escrita deste relatório, as plataformas de *blockchain* permissionadas, a princípio, não são interoperáveis, o que significa dizer que os dados persistidos em uma plataforma não são intercambiáveis entre plataformas *blockchain*. Isto dificulta sobremaneira a colaboração entre aplicações *blockchain*, impedindo muitas vezes que um processo de negócio possa ser executado pela colaboração entre órgãos que usam diferentes plataformas *blockchain* em suas aplicações. Esta lacuna tem sido suprida pelo desenvolvimento de APIs e pelo registro de dados off-chain.

Qual seria exatamente o conceito de interoperabilidade? Esta qualidade de sistemas, oriunda da tecnologia da informação, finalmente foi reconhecida em nosso ordenamento pátrio por intermédio do art. 194 do Código de Processo Civil de 2015 – Lei 13.105/2015, também reproduzida na Lei de Proteção aos Dados Pessoais – Lei 13.709/2018, e, finalmente, na Lei de Governo Digital – Lei 14.129/2021.[24]

Todas as normas insculpidas nos diplomas mencionados deixam claro que interoperabilidade é um princípio que informa:

> (...) a necessidade de se facilitar ao máximo o acesso à justiça ao jurisdicionado e demais participantes da relação processual, por intermédio de um sistema processual informatizado que mantenha outros microssistemas locais interligados que entre si em todo o território nacional, a partir de critérios e padrões de eficiência estabelecidos previamente pelo Conselho Nacional de Justiça, que também se encarregará de fiscalizar sua concretização, na forma do art. 196 do CPC/2015.[25]

Trata-se, portanto, de um princípio diretamente relacionado com a concretização de garantias fundamentais, que serve como verdadeiro norteador para o modo de criação, desenvolvimento e aperfeiçoamento de sistemas processuais digitalizados.

---

23. BRASIL. Tribunal de Contas da União. *Acórdão 1613/2020 – Plenário*. Relator: Aroldo Cedraz. Disponível em: https://pesquisa.apps.tcu.gov.br/#/documento/acordao-completo/1613%252F2020/%2520/DTRELEVANCIA%2520desc%252C%2520NUMACORDAOINT%2520desc/0/%2520?uuid=ce034160-bbc6-11ea-ad32-519ab286dea0. Acesso em: 12 mar 2021.
24. Antes destes diplomas, a interoperabilidade já aparecia como um princípio a ser observado nos arranjos de pagamentos do sistema financeiro nacional, como se vê no art. 7º, I, e art. 9º, § 2º, da Lei 12.865, de 9 de outubro de 2013: "Art. 7º Os arranjos de pagamento e as instituições de pagamento observarão os seguintes princípios, conforme parâmetros a serem estabelecidos pelo Banco Central do Brasil, observadas as diretrizes do Conselho Monetário Nacional: I – interoperabilidade ao arranjo de pagamento e entre arranjos de pagamento distintos; [...] art. 9º [...] § 2º O Banco Central do Brasil, respeitadas as diretrizes estabelecidas pelo Conselho Monetário Nacional, poderá dispor sobre critérios de interoperabilidade ao arranjo de pagamento ou entre arranjos de pagamento distintos." Nesse sistema, a interoperabilidade é assim definida, conforme art. 2º do Anexo I da Circular BCB 3.682, de 4 de novembro de 2013: "Art. 2º Para os efeitos deste Regulamento, as expressões e termos relacionados são definidos como segue: [...] III – interoperabilidade entre arranjos: mecanismo que viabilize, por meio de regras, procedimentos e tecnologias compatíveis, o fluxo de recursos entre diferentes arranjos de pagamento; IV – interoperabilidade entre participantes de um mesmo arranjo: mecanismo que viabilize, por meio de regras, procedimentos e tecnologias compatíveis, que as diferentes participantes de um mesmo arranjo se relacionem de forma não discriminatória;".
25. IWAKURA, Cristiane Rodrigues. *Princípio da Interoperabilidade*: acesso à justiça e processo eletrônico. Belo Horizonte: Editora Dialética, 2020, p. 161.

Ao lado da ampla acessibilidade, a interoperabilidade quando observada, traz significativos impactos para a redução dos custos inerentes à manutenção dos serviços públicos providos pela Administração Pública e, ao mesmo tempo, um incremento substancial sobre a qualidade da prestação, tendo em vista que também tem por objetivo facilitar e agilizar a troca das informações no cenário institucional e interinstitucional.

No âmbito do Sistema Financeiro Nacional, Manoel Gustavo Neubarth Trindade evidencia importância do trinômio "Portabilidade – Interoperabilidade – Proteção de dados pessoais" para a definição e mesmo para a consecução dos objetivos do *Open Banking*, esses os quais justamente se consubstanciam no estímulo à concorrência, à competição e, até mesmo por isso e para isso, da autodeterminação, inclusive informativa; pelo que, aliás, não há como se olvidar o escopo de se mitigar a assimetria informacional e também os custos de transação, tudo igualmente com vistas a se alcançar as proposições da medida em análise.[26]

Veja-se que a primeira iniciativa no Brasil que veio contemplar a interoperabilidade aliada ao uso da tecnologia *blockchain* advém da regulação do Sistema Financeiro Nacional: a Plataforma de Integração de Informação das Entidades Reguladoras do SFN – Pier.

A Pier começou a ser desenvolvida em 2017 e atualmente permite a integração do banco de dados do Banco Central (BC) com o banco de dados de outros órgãos fiscalizadores do Sistema Financeiro Nacional (SFN): a Superintendência de Seguros Privados – Susep, a Comissão de Valores Mobiliários – CVM e a Superintendência Nacional de Previdência Complementar – Previc.

Inicialmente, a Pier contará com a tecnologia *blockchain* nos processos de autorização das instituições financeiras, abrangendo o intercâmbio de informações sobre processos punitivos, de atuação de administradores no Sistema Financeiro Nacional e de controle societário das entidades reguladas pelo Banco Central. Com isto, eliminam-se as trocas de informações realizadas manualmente, por ofício ou e-mail, não necessitando de intervenções humanas.

Outra benesse encontrada na *blockchain* pela Administração Pública, neste caso, consiste na possibilidade de se fazer o registro de todos os dados da solicitação com o uso de assinaturas criptográficas, fortalecendo-se deste modo a autenticidade das informações trocadas entre os órgãos participantes.

Tal como asseverado anteriormente, a característica da imutabilidade foi outro fator relevante a ser considerado na implementação da Pier. Uma vez que os dados registrados não podem ser apagados sem deixarem algum rastro, a Administração

---

26. TRINDADE, Manoel Gustavo Neubarth; FORNARI, Maria Eduarda. Open Banking: Trinômio Portabilidade-Interoperabilidade-Proteção de Dados Pessoais no âmbito do Sistema Financeiro. *Revista Jurídica Luso-Brasileira*, Ano 7, n. 4, p. 1159-1189, 2021. Disponível em: https://www.cidp.pt/revistas/rjlb/2021/4/2021_04_1159_1189.pdf. Acesso em: 15 jun. 2021.

Pública passa a ter um maior controle sobre todas as transferências de informações, podendo deste modo cadastrar as informações que podem ser compartilhadas e de que forma poderão ser obtidas.

Segundo Aristides Andrade Cavalcante, chefe adjunto no Departamento de Tecnologia da Informação do Banco Central – Deinf:

> A automação do processo de pesquisa e, ao mesmo tempo, a garantia de autenticidade e autoria das informações vai trazer eficiência. As informações poderão ser recuperadas de forma quase imediata em qualquer órgão, e a incidência de erros será reduzida por conta da eliminação do processo manual de recuperação e envio de dados. Espera-se que, juntos, agilidade e menos erros reduzam custos.[27]

Por fim, outras iniciativas também merecem referência, como a criação da Plataforma Digital do Poder Judiciário – PDPJ-Br, que tem por objetivo conectar e servir como uma espécie de *marketplace* para os diversos sistemas processuais judiciais existentes no território nacional, assegurando assim um desenvolvimento e aprimoramento das ferramentas tecnológicas e serviços digitalizados de maneira horizontal, com possível reprodução das melhores práticas em áreas mais deficientes[28], e também o Super.Br, no âmbito do Governo Federal, que tem a finalidade de promover a integração dos sistemas processuais existentes na Administração Pública Federal e outros órgãos que venham aderir ao projeto, mesmo que pertencentes a outros entes da federação.[29]

3.4 Transparência

Segundo os autores Fredie Didier Jr. e Rafael Alexandria de Oliveira, a transparência no modo de tratamento dos dados que ficam registrados na rede *blockchain*, respeitada a garantia da privacidade dos seus titulares, "reforça a possibilidade de uso dessa tecnologia como meio de prova no processo jurisdicional".[30]

---

27. BRASIL, Banco Central. *Plataforma do BC com tecnologia blockchain facilitará troca de dados na supervisão do sistema financeiro*. Disponível em: https://www.bcb.gov.br/detalhenoticia/249/noticia. Acesso em: 12 jun. 2021.
28. Neste sentido: "Em meio a esta 'Torre de Babel' tecnológica é extremamente salutar e oportuna a iniciativa do Ministro Luiz Fux de manter um diálogo aberto com os presidentes de todos os tribunais e assim promover um sistema processual eletrônico interoperável, ou seja, que funcione de maneira orquestrada, tendo como ponto de união o PJe, que, dividido em módulos hospedados em nuvem, servirá como um verdadeiro hub para que se acoplem os diversos sistemas usados pelos tribunais. Se tudo correr como o esperado, este será um dos maiores legados na história do processo judicial eletrônico" (IWAKURA, Cristiane Rodrigues. *Plataforma Digital do Poder Judiciário Brasileiro – PDPJ-Br*: em busca da interoperabilidade. Disponível em: https://emporiododireito.com.br/leitura/plataforma-digital-do-poder-judiciario-brasileiro-pdpj-br-em-busca-da-interoperabilidade. Acesso em: 09 out. 2020).
29. BRASIL. Ministério da Economia. *Super.Br*. Disponível em: https://www.gov.br/economia/pt-br/acesso-a-informacao/acoes-e-programas/superbr. Acesso em: 12 jun. 2021.
30. DIDIER, Jr., Fredie; OLIVEIRA, Rafael Alexandria de. O uso da tecnologia Blockchain para arquivamento de documentos eletrônicos. In: NUNES, Dierle; LUCON, Paulo Henrique dos Santos; WOLKART, Erik Navarro (Coord.). *Inteligência artificial e Direito Processual*: os impactos da virada tecnológica no Direito Processual. Salvador: JusPodivm, 2021.

Além da atividade probatória, é notável a conexão entre a transparência e as atividades de fiscalização e de controle exercida pela Administração Pública – *Accountability.*

Para que se possa falar na existência de uma boa Administração Pública, há que se falar na existência da *accountability* estatal e da transparência como princípios norteadores da sua atuação:

> A ideia de o povo, por meio de seus representantes, poder impor limitações a forma de agir do Estado é justamente um requisito sine qua non para que se possa falar em boa administração pública (...) Ao trazer em seu bojo um conjunto principiológico de proteção de diversos direitos fundamentais, que passa a constituir novas limitações ao Estado, coordenando diversos princípios aplicáveis à Administração, como a prestação de contas, a impessoalidade, a transparência, a participação popular, entre outros, a novel legislação carrega em si uma concepção atinente ao princípio da boa administração pública.[31]

A partir da experiência com a Pier restou demonstrado que o uso da *blockchain* permite a redução do custo de observância dos regulados, o fortalecimento e a desburocratização dos procedimentos de supervisão e de fiscalização, e um ganho considerável na segurança da informação, mediante a manutenção da integridade dos dados e da autenticidade na comunicação entre os órgãos.[32]

De fato, a transparência interliga-se diretamente com o aumento do grau de confiança do usuário dos serviços públicos nas instituições integrantes da Administração Pública.

Nesta direção, nos itens 67 a 68 do Acórdão do TCU 1613/2020, assevera-se a importância da *blockchain* para o aumento da confiança na rede, reduzindo-se as chances de êxito a partir de comportamentos tidos como fraudulentos.

O incremento do controle social sobre as ações da Administração, a partir de uma acessibilidade a informações simplificada e desprovida de maiores barreiras, acaba impactando positivamente nos processos de tomada de decisão, permitindo-se o rastreio sobre o seu resultado. Todos estes dados podem também ser estruturados e servir como informação útil para o aperfeiçoamento da máquina estatal.

No item 69 do Acórdão do TCU 1613/2020 há uma importante observação, na qual se assevera a possibilidade de uso de tecnologia subjacente em *blockchains* privadas para criptografar informações e disponibilizá-las apenas para quem deva ter visibilidade.

---

31. CABRAL, Flavio Garcia. Os princípios da boa administração pública e a LGPD (Lei 13.709/18). In: DAL POZZO, Augusto; MARTINS, Ricardo Marcondes (Coord.). *LGPD e Administração Pública*: uma análise ampla dos impactos. São Paulo: Thomson Reuters Brasil, 2020, p. 73-75.

32. BRASIL. Superintendência dos Seguros Privados – SUSEP. *Com tecnologia blockchain, nova plataforma para intercâmbio de informações entre Susep, Banco Central e CVM proporciona mais segurança, agilidade e menor custo.* Disponível em: http://www.susep.gov.br/setores-susep/noticias/noticias/com-tecnologia-blockchain-nova-plataforma-para-intercambio-de-informacoes-entre-susep-banco-central-e-cvm-proporciona-mais-seguranca-agilidade-e-menor-custo. Acesso em: 23 jul. 2021.

Em outras palavras, em que pese o fato de a *blockchain* ter o potencial de promover uma hipertransparência, existe a possibilidade de os gestores e desenvolvedores definirem objetivamente alguns limites a esta publicidade quando haja a necessidade de proteção de dados.

Tal disposição se harmoniza perfeitamente com os preceitos da LGPD e da Lei 12.527/2011 (Lei de Acesso à Informação – LAI), garantindo-se a preservação da privacidade e a tutela das informações confidenciais quando estas se demonstrem justificáveis, a partir de um adequado procedimento para a anonimização de dados e o estabelecimento de restrições ou diferentes níveis de acesso.

No campo judicial, a transparência é igualmente valorizada como forma de se conferir legitimidade à atividade jurisdicional.

Para Paulo Henrique dos Santos Lucon, a implementação da inteligência artificial pelo Poder Judiciário demanda que "os programas utilizados sejam transparentes, para que se possa verificar a lisura na condução dos procedimentos". Prossegue o autor afirmando que o incentivo ao uso da inteligência artificial "não pode se dar às custas de outras garantias fundamentais do processo".[33]

Destarte, extrai-se novamente o potencial que teria a *blockchain* nos sistemas mantidos pelo Poder Judiciário para permitir uma maior transparência, desde a troca de dados e informações até o controle nos processos de tomada de decisão, que se demonstram imprescindíveis para uma prestação jurisdicional adequada e em total consonância com o conjunto de garantias constitucionais que a circundam.

4. PROPOSTAS PARA A IMPLANTAÇÃO DA *BLOCKCHAIN* À LUZ DOS PRINCÍPIOS E DIRETRIZES DO GOVERNO DIGITAL. DESAFIOS E PERSPECTIVAS

A Lei de Governo Digital – LGD sedimentou, no seu art. 3º, um rol de princípios e diretrizes que podem trazer à tona o potencial da *blockchain* como uma ferramenta indispensável para a promoção da eficiência[34] nos serviços públicos.

Este conjunto principiológico tem por objetivo estabelecer padrões para a eficiência do Governo Digital, que por sua vez compreende todos os sujeitos contemplados no art. 2º da LGD, dentre os quais estão os órgãos integrantes da Administração Pública e dos Poderes Executivo, Legislativo e Judiciário.

---

33. LUCON, Paulo Henrique dos Santos. Processo virtual, transparência e accountability. In: NUNES, Dierle; LUCON, Paulo Henrique dos Santos; WOLKART, Erik Navarro (Coord.). *Inteligência artificial e Direito Processual*: os impactos da virada tecnológica no Direito Processual. Salvador: JusPodivm, 2021, p. 609-610.

34. A eficiência administrativa exige da Administração, no exercício da função administrativa, que escolha os melhores meios (os menos onerosos à Administração Pública, tanto em relação aos demais meios existentes, como em relação à própria finalidade almejada) que sejam capazes de atingir a finalidade legal pretendida em benefício dos administrados. Há, portanto, três máximas da eficiência administrativa: a eficácia (alcançar a finalidade), a economicidade (escolha do meio menos oneroso) e a relação de custo-benefício (cotejo entre os meios escolhidos e a finalidade a ser alcançada) (CABRAL, Flávio Garcia. *O conteúdo jurídico da eficiência administrativa*. Belo Horizonte: Fórum, 2019, p. 287).

As normas podem ser classificadas a partir de seus objetivos em quatro grupos principais: desburocratização, inovação, transformação digital e participação do cidadão.

A partir da redação do art. 3º da LGD pode-se extrair que um sistema digital eficiente depende da conjugação de três elementos: estruturação, observância das garantias fundamentais e cooperação.

A estruturação está presente nas normas da LGD que trazem disposições acerca: a) do processo de modernização, mediante a aquisição de equipamentos, softwares e qualquer outro recurso ou ferramenta que seja fundamental para o desenvolvimento dos sistemas; b) do uso da tecnologia como elemento facilitador e otimizador da prestação dos serviços públicos na modalidade digital; c) da simplificação necessária para garantir uma ampla acessibilidade aos diversos serviços digitais por parte de seus usuários; d) da transformação digital que se traduz na necessidade de se manter um programa de inclusão e de capacitação contínua dos gestores e operadores integrantes da Administração Pública e demais sujeitos mencionados no rol do art. 2º.

Dentre as garantias fundamentais destacadas a partir do art. 3º da LGD, em relação à implementação da *blockchain*, está o amplo acesso do cidadão ao Poder Público por meio da internet, que vem sendo, inclusive, debatido em Projeto de Emenda Constitucional 8/2020 como proposta de inclusão no rol das garantias fundamentais do art. 5º da Constituição, e a proteção dos dados pessoais, que, mesmo tutelada pela LGPD, também figura em proposta para inclusão como garantia fundamental no citado dispositivo constitucional no âmbito do Projeto de Emenda Constitucional 17/2019.

No plano da cooperação, elemento bastante presente na *blockchain*, que por sua essência pressupõe a existência de uma rede integrada para o seu funcionamento, a LGD reforça a necessidade de se estabelecer um canal direto com profissionais especializados em diversas áreas do conhecimento, com especial enfoque na tecnologia da informação, ao lado da formação de redes de conhecimento e parcerias entre laboratórios de inovação criados dentro de cada órgão integrante da Administração Pública.[35]

---

35. Dentre os laboratórios de inovação que se destacam, citem-se: Laboratório de Inovação, Inteligência e Objetivos de Desenvolvimento Sustentável do Conselho Nacional de Justiça – LIODS/CNJ, criado pela Resolução CNJ 385, que instituiu a Política de Gestão da Inovação no Poder Judiciário, e o GNova, o Laboratório de Inovação do Governo Federal, resultado de uma parceria firmada em agosto de 2016 entre a Escola Nacional de Administração Pública – Enap, o Ministério do Planejamento, desenvolvimento e gestão e o Governo da Dinamarca. O GNova desenvolve diversos projetos na área de inovação em ciclos: imersão nos problemas, ideação, prototipagem e teste de soluções. Ao longo destes ciclos, o laboratório utiliza metodologias ágeis e abordagens multidisciplinares inspiradas no design, nas ciências sociais e na economia comportamental. Maiores detalhes disponíveis em: https://gnova.enap.gov.br/pt/sobre/quem-somos. Acesso em: 19 jun. 2021.

Resta assim evidente que a LGD confere embasamento suficiente para a implementação da tecnologia *blockchain* na Administração Pública.

Outra questão que merece especial atenção refere-se à espécie de *blockchain* que se revelaria mais adequada para utilização pela Administração Pública. Como bem demonstra o Acórdão do TCU 1613/2020, existem quatro tipos de *blockchain*: 1) pública não permissionada; 2) pública permissionada; 3) privada permissionada; e 4) privada não permissionada.

A qualidade de ser pública ou privada relaciona-se com o fato de a *blockchain* ter acesso irrestrito ou restrito, respectivamente, no mecanismo de consenso. Assim, na *blockchain* pública não permissionada, qualquer pessoa poderia em tese participar do mecanismo de consenso, bastando ter um ponto de acesso com conexão à internet para realizar transações e visualizar todo o seu registro.

No outro extremo, a *blockchain* privada permissionada seria a *blockchain* com acesso restrito aos nós participantes da rede, assim entendidos como aqueles que fossem previamente autorizados pelos administradores responsáveis, que funcionariam como os "donos da *blockchain*". Além disso, cabe ao "dono da *blockchain*" a definição de quem seriam os usuários da rede e quais "nós" poderiam participar do mecanismo de consenso.[36]

Conjugando as diretrizes da LGD com as conclusões narradas no Acórdão do TCU 1613/2020, podem ser extraídas, inicialmente, as seguintes propostas para o uso da *blockchain* pela Administração Pública:

Tributação: a tecnologia *blockchain* permite uma maior transparência nas transações financeiras e comerciais, já que, uma vez registradas no livro-razão distribuído, tais ocorrências podem ser facilmente monitoradas, auditadas e tributadas, reduzindo a sonegação de impostos;

Serviços de Saúde: a natureza distribuída dos dados inseridos na *blockchain* propiciam que serviços universais, como prontuário eletrônico, sejam disponibilizados de uma maneira segura, transparente e de fácil acesso pelos atores que participam do processo;

Identidades Digitais: com a *blockchain*, os governos podem implementar identidades digitais para o cidadão de forma que as informações possam ser facilmente acessadas pelas autoridades, dentro de políticas de segurança estabelecidas;

Gestão de Convênios e Programas: por meio da tecnologia *blockchain*, os recursos financeiros podem ser tokenizados e repassados pelo poder público a outros entes, de forma que tais recursos podem ser adequadamente acompanhados pelos gestores públicos quanto à sua correta aplicação.[37]

---

36. BRASIL. Tribunal de Contas da União. *Acórdão 1613/2020 – Plenário*. Relator: Aroldo Cedraz. Disponível em: https://pesquisa.apps.tcu.gov.br/#/documento/acordao-completo/1613%252F2020/%2520/DTRELEV ANCIA%2520desc%252C%2520NUMACORDAOINT%2520desc/0/%2520?uuid=ce034160-bbc6-11ea-ad32-519ab286dea0. Acesso em: 12 mar 2021.

37. BRASIL. Tribunal de Contas da União. *Acórdão 1613/2020 – Plenário*. Relator: Aroldo Cedraz. Disponível em: https://pesquisa.apps.tcu.gov.br/#/documento/acordao-completo/1613%252F2020/%2520/DTRELEV ANCIA%2520desc%252C%2520NUMACORDAOINT%2520desc/0/%2520?uuid=ce034160-bbc6-11ea-ad32-519ab286dea0. Acesso em: 12 mar 2021, item 98.

Dentre os serviços públicos essenciais destacados como potencialmente beneficiados pelo uso da tecnologia *blockchain* são elencados os seguintes: 1) Registro de ativos, direitos, títulos e certificados; 2) Licitações, por meio de um sistema de Contratos Distribuídos (SCD) e pela Solução Online de Licitação (SOL); 3) Saúde, por intermédio da Rede Nacional de Dados em Saúde – RNDS[38]; 4) Democracia digital (e-voting); 5) Sistema Financeiro Digital e Sistema Alternativo de Liquidação de Transações – SALT; 6) Compartilhamento de dados do cidadão – bConnect e bCPF; 7) Workflow e *accountability*, por intermédio do Pier, mantido pelo Deinf do Banco Central, do Sistema Brasileiro de Poderes – SBP (que comporta, por exemplo, a *blockchain* privada para a Petrobras), e Assinador.BR. (acessível hoje a partir da plataforma unificada gov.br, com a criação de um usuário para acesso a todos os serviços mantidos pelo governo Federal); 8) Infraestrutura, por intermédio do "Backup as a servisse" – BaaS, mantido pela Serviço Federal de Processamento de Dados (Serpro)[39] e pela Dataprev[40]; 9) Tokenização de ativos – hoje exemplificado pelo BNDES Token.[41]

Acerca da colocação da *blockchain* para a gestão da cadeia de suprimentos na Administração Pública, aponta-se no sentido de sua utilização de maneira promissora, com necessidade de monitoramento e acompanhamento contínuo para o seu desenvolvimento e aperfeiçoamento conforme as necessidades e as limitações existentes em nosso ordenamento, nos seguintes termos:

> No que é atinente à administração pública brasileira, um dos pontos destacados em sua atividade é a gestão da cadeia de suprimentos, que vai desde a previsão e organização de recursos financeiros, com passagem por licitação, aquisição, entrega e fornecimento de produtos e serviços a toda a população em território nacional. E, para um aprimoramento dessa atividade, a literatura apontou a *blockchain* como uma das tecnologias promissoras, inclusive com utilizações iniciais em alguns setores a nível nacional, bem como se apontaram algumas iniciativas também a nível de administração pública de outros países. (...) Não se pode ignorar que potenciais problemas podem se manifestar na aplicação da tecnologia nos ambientes pretendidos, diante de situações concretas, especialmente em vista dos atores envolvidos, que no caso do Brasil abarcam os inúmeros entes estatais, a exemplo dos milhares de municípios. Essa integração é um dos grandes desafios e pode ser objeto de estudos, dentro de potenciais perspectivas futuras. Outro aspecto que poderá ser avaliado para melhor dimensionamento sobre a tecnologia é uma verificação dos efetivos gargalos após sua implementação, o que possibilitará a superação destes obstáculos. Esse monitoramento contínuo será essencial para se continuar analisando a eficácia da tecnologia em observância aos fins inicialmente pretendidos.[42]

---

38. BRASIL. Ministério da Saúde. *Rede Nacional de Dados em Saúde – RNDS*. Disponível em: https://www.gov.br/saude/pt-br/assuntos/rnds. Acesso em: 22 jun. 2021.

39. BRASIL. *Serpro*. Disponível em: https://www.serpro.gov.br/. Acesso em: 21 jun. 2021.

40. BRASIL. *Dataprev*. Disponível em: https://portal3.dataprev.gov.br/conheca-dataprev-quem-somos/empresa. Acesso em: 21 jun. 2021.

41. BNDES. *Tecnologia Blockchain promete tornar o uso de recursos públicos mais transparente e confiável*. Disponível em: https://agenciadenoticias.bndes.gov.br/detalhe/noticia/Tecnologia-Blockchain-promete-tornar-o-uso-de-recursos-publicos-mais-transparente-e-confiavel/. Acesso em: 22 de jun. 2021.

42. SANTOS, Henrico Hernandes Nunes et. al. Aplicação da blockchain à gestão da cadeia de suprimentos na administração pública brasileira sob a perspectiva do nível de prontidão tecnológica. *International Journal*

Por último, vale registrar um relevante desafio a ser superado para o uso da *blockchain* pela Administração Pública: o desenvolvimento dos correspondentes mecanismos regulatórios.

A ausência de uma regulação da *blockchain*, a partir de experiências estrangeiras observadas ao longo da dinâmica das criptomoedas, teria acarretado certa resistência para a sua utilização, dada a ausência de segurança jurídica.

Por mais que a *blockchain* se apresente como técnica que aumenta a segurança para o armazenamento, registro e validação das informações nela veiculadas, existem potenciais falhas e questões técnicas que devem ser devidamente regulamentadas para que se minimizem os eventuais riscos com a sua utilização.

Dentre as fragilidades da *blockchain* que podem ser superadas a partir do estabelecimento de um eficiente mecanismo regulatório estão as seguintes: falhas criptográficas, escalabilidade, velocidades de transações, limitações de armazenamento e consenso harmonizado.[43]

Em igual direção, Ronald Bach da Graça assevera que:

> Todos devem respeitar os limites ditados pela Constituição para que o Estado seja o que a sociedade deseja. A comunidade poderá, mediante regulação adequada, que passe ao largo do controle político, mensurar os investimentos e os procedimentos que são úteis para alcançar seus objetivos. Mitigando o mau uso de redes informáticas – quer pela educação e pelo Direito quando isso for possível, quer por técnicas de defesa cibernética para fazer valer a norma quando for necessário – o Estado contribuirá com a sociedade no sentido de preservar a paz social e outros valores.[44]

Apenas para ilustrar alguns desafios da tecnologia da *blockchain*, o primeiro que vem à mente, pelo menos quando se pensa em *bitcoin*, diz respeito à velocidade das transações e à energia elétrica que é demandada para fazer o sistema funcionar. Considerando que todas as informações das transações serão registradas em um arquivo distribuído pela rede, contendo todo o histórico de atos, é necessário também enfrentar o fato de o arquivo se tornar cada vez maior, podendo impactar sua transferência, armazenamento e integridade. Embora outros algoritmos de consenso distintos da "prova de trabalho" ("Proof of Work" em inglês) estejam sendo projetados, muitos deles ainda não resolveram a questão do gasto energético inútil.[45] Quanto à segurança, a criptografia poderá vir a ser

---

of Development Research, v. 11, n. 04, p. 46093-46099, abr. 2021. Disponível em: https://www.journalijdr.com/sites/default/files/issue-pdf/21549_0.pdf. Acesso em: 14 ago. 2021.

43. IWAKURA, Cristiane Rodrigues. Blockchain como ferramenta de modernização do Sistema Financeiro Nacional. In: IWAKURA, Cristiane Rodrigues; LIMA, Felipe Herdem (Org.). *Novas tendências do Sistema Financeiro Nacional*. Londrina: Editora Thoth, 2021. p. 77-79.

44. GRAÇA, Ronaldo Bach. *Segurança e Privacidade na Rede*: o 'Pugilato Cibernético'. Brasília: SENAC, 2019. p. 114

45. Para este último desafio, o Professor Aguinaldo Prandini Ricieri, em palestra ministrada em seu Museu da Matemática em São Paulo/SP em 2019, propôs que, em vez de os computadores utilizarem seu poder computacional para resolver problemas matemáticos aleatórios que só serviriam como uma forma de definir

desafiada pelo surgimento da tecnologia dos computadores quânticos.[46] Estes problemas também apareceriam no uso da *blockchain* para os serviços prestados pela Administração Pública?

5. CONCLUSÃO

Por todo o exposto, buscou-se demonstrar ao longo do presente trabalho o potencial da *blockchain* como técnica apta a promover uma maior integração dos sistemas responsáveis pelo processamento dos serviços públicos essenciais prestados pela Administração em diversas esferas.

A *blockchain* revela-se como um meio facilitador na troca de dados e informações na Administração Pública, e viabiliza um mecanismo eficiente para o armazenamento, a segurança cibernética, a manutenção da integridade e a proteção dos dados pessoais tratados pelo Poder Público, nos termos da Lei de Governo Digital e de todo o arcabouço normativo incidente, de onde se destacam a LGPD e a LAI.

A partir da análise do Acórdão do TCU 1613/2020, pode-se concluir que a implementação da *blockchain* revela-se algo necessário para que se promovam as diretrizes e princípios previstos no art. 3º da LGD, tendo-se como pressuposto a observância do quadrinômio: segurança cibernética, integridade, interoperabilidade e transparência, que além de objetivos a serem alcançados, revelam-se verdadeiros norteadores para o administrador no momento de promover a inserção da nova tecnologia em apreço.

Por oportuno, registra-se a importância de se estabelecer um regime de cooperação entre os diversos entes da Administração Pública, que passarão a atuar conjuntamente desde a construção das redes integradas com o uso da tecnologia *blockchain*, até o momento de sua execução, que depende de um constante monitoramento e aperfeiçoamento, sempre prezando-se pelo interesse público e a ampla acessibilidade das informações pelos seus usuários.

Ao final, vislumbra-se a necessidade de o Poder Público estabelecer previamente um mecanismo regulatório eficiente que seja capaz de conferir segurança jurídica aos gestores e operadores responsáveis pelos sistemas integrados com o uso da *blockchain*, pois só desta forma os resultados poderão ser alcançados de maneira satisfatória, minimizando-se os eventuais riscos e falhas advindos do emprego da novel tecnologia.

---

a distribuição da remuneração entre eles, esse mesmo poder computacional e a energia envolvida poderiam ser melhor empregados na solução de problemas matemáticos reais de otimização de processos.

46. GUIMARÃES, Paulo Henrique. Computação Quântica e o Apocalipse Criptográfico. *Serpro*. 8 out. 2019 Disponível em: https://www.serpro.gov.br/menu/noticias/noticias-2019/computacao-quantica-apocalipse-criptografico-parte-1 Acesso em: 16 ago. 2021; GUIMARÃES, Paulo Henrique. O computador quântico já existe? *Serpro*. 25 out. 2021. Disponível em: https://www.serpro.gov.br/menu/noticias/noticias-2019/computador-quantico-ja-existe Acesso em: 16 ago. 2021.

6. REFERÊNCIAS

BAUMAN, Zigmunt. *Modernidade líquida*. Trad. Plínio Dentzien. Rio de Janeiro: Jorge Zahar, 2001.

BNDES. *Tecnologia Blockchain promete tornar o uso de recursos públicos mais transparente e confiável*. Disponível em: https://agenciadenoticias.bndes.gov.br/detalhe/noticia/Tecnologia-Blockchain-promete-tornar-o-uso-de-recursos-publicos-mais-transparente-e-confiavel/. Acesso em: 22 de jun. 2021.

BRASIL, Banco Central. *Plataforma do BC com tecnologia blockchain facilitará troca de dados na supervisão do sistema financeiro*. Disponível em: https://www.bcb.gov.br/detalhenoticia/249/noticia. Acesso em: 12 jun. 2021.

BRASIL, Conselho Nacional de Justiça. *Resolução 99, de 24 nov. 2009*. Disponível em: https://www.cnj.jus.br/wp-content/uploads/2019/08/peti_nacional_v2.pdf. Acesso em: 21 jun. 2021.

BRASIL. *Dataprev*. Disponível em: https://portal3.dataprev.gov.br/conheca-dataprev-quem-somos/empresa. Acesso em: 21 jun. 2021.

BRASIL. Ministério da Economia. *Super.Br*. Disponível em: https://www.gov.br/economia/pt-br/acesso-a-informacao/acoes-e-programas/superbr. Acesso em: 12 jun. 2021.

BRASIL. Ministério da Saúde. *Rede Nacional de Dados em Saúde RNDS*. Disponível em: https://www.gov.br/saude/pt-br/assuntos/rnds. Acesso em: 22 jun. 2021.

BRASIL. *Serpro*. Disponível em: https://www.serpro.gov.br/. Acesso em: 21 jun. 2021.

BRASIL. Superintendência dos Seguros Privados – SUSEP. *Com tecnologia blockchain, nova plataforma para intercâmbio de informações entre Susep, Banco Central e CVM proporciona mais segurança, agilidade e menor custo*. Disponível em: http://www.susep.gov.br/setores-susep/noticias/noticias/com-tecnologia-blockchain-nova-plataforma-para-intercambio-de-informacoes-entre-susep-banco-central-e-cvm-proporciona-mais-seguranca-agilidade-e-menor-custo. Acesso em: 23 jul. 2021.

BRASIL. Tribunal de Contas da União. *Acórdão 1613/2020 Plenário*. Relator: Aroldo Cedraz. Disponível em: https://pesquisa.apps.tcu.gov.br/#/documento/acordao-completo/1613%252F2020/%2520/DTRELEVANCIA%2520desc%252C%2520NUMACORDAOINT%2520desc/0/%2520?uuid=ce034160-bbc6-11ea-ad32-519ab286dea0. Acesso em: 12 mar 2021.

CABRAL, Flávio Garcia. *O conteúdo jurídico da eficiência administrativa*. Belo Horizonte: Fórum, 2019.

CABRAL, Flavio Garcia. Os princípios da boa administração pública e a LGPD (Lei 13.709/18). In: DAL POZZO, Augusto; MARTINS, Ricardo Marcondes (Coord.). *LGPD e Administração Pública*: uma análise ampla dos impactos. São Paulo: Thomson Reuters Brasil, 2020.

CAVALCANTI, Mariana Oliveira de Melo; NÓBREGA, Marcos. Smart contracts ou "contratos inteligentes": o direito na era da blockchain. *Revista Científica Disruptiva*, v. II, n. 1, jan./jun. 2020.

DIDIER, Jr., Fredie; OLIVEIRA, Rafael Alexandria de. O uso da tecnologia Blockchain para arquivamento de documentos eletrônicos. In: NUNES, Dierle; LUCON, Paulo Henrique dos Santos; WOLKART, Erik Navarro (Coord.). *Inteligência artificial e Direito Processual*: os impactos da virada tecnológica no Direito Processual. Salvador: JusPodivm, 2021.

GRAÇA, Ronaldo Bach. *Segurança e Privacidade na Rede*: o 'Pugilato Cibernético'. Brasília: SENAC, 2019.

GUIMARÃES, Paulo Henrique. Computação Quântica e o Apocalipse Criptográfico. *Serpro*. 8 out. 2019 Disponível em: https://www.serpro.gov.br/menu/noticias/noticias-2019/computacao-quantica-apocalipse-criptografico-parte-1 Acesso em: 16 ago. 2021.

GUIMARÃES, Paulo Henrique. O computador quântico já existe? *Serpro*. 25 out. 2021. Disponível em: https://www.serpro.gov.br/menu/noticias/noticias-2019/computador-quantico-ja-existe Acesso em: 16 ago. 2021.

IWAKURA, Cristiane Rodrigues. *Ataques cibernéticos ao STJ, CNJ e outros órgãos públicos e privados trazem à tona o paradoxo da tecnologia*: eficiência versus segurança. Disponível em: https://www.migalhas.com.br/depeso/336027/ataques-ciberneticos-ao-stj--cnj-e-outros-orgaos-publicos-e-privados-trazem-a-tona-o-paradoxo-da-tecnologia--eficiencia-versus-seguranca. Acesso em: 06 nov. 2020.

IWAKURA, Cristiane Rodrigues. Blockchain como ferramenta de modernização do Sistema Financeiro Nacional. In: IWAKURA, Cristiane Rodrigues; LIMA, Felipe Herdem (Org.). *Novas tendências do Sistema Financeiro Nacional*. Londrina: Editora Thoth, 2021

IWAKURA, Cristiane Rodrigues. *Plataforma Digital do Poder Judiciário Brasileiro PDPJ-Br*: em busca da interoperabilidade. Disponível em: https://emporiododireito.com.br/leitura/plataforma-digital-do-poder-judiciario-brasileiro-pdpj-br-em-busca-da-interoperabilidade. Acesso em: 09 out. 2020.

IWAKURA, Cristiane Rodrigues. *Princípio da Interoperabilidade*: acesso à justiça e processo eletrônico. Belo Horizonte: Editora Dialética, 2020.

KUHN, S. Prisoner's Dilemma. Oct. 2007. *Stanford Encyclopedia of Philosophy*, 2009. Disponível em: http://plato.stanford.edu/archives/spr2009/entries/prisoner-dilemma Acesso em: 15 ago. 2021

LAUSLAHTI, Kristian; MATTILA, Juri; SEPPALA, Timo. Smart Contracts – How Will Blockchain Technology Affect Contractual Practices? (January 9, 2017). *ETLA Reports*, No. 68 (January, 2017). Disponível em: https://ssrn.com/abstract=3154043. Acesso em: 13 jun. 2021.

LUCON, Paulo Henrique dos Santos. Processo virtual, transparência e accountability. In: NUNES, Dierle; LUCON, Paulo Henrique dos Santos; WOLKART, Erik Navarro (Coord.). *Inteligência artificial e Direito Processual*: os impactos da virada tecnológica no Direito Processual. Salvador: JusPodivm, 2021.

MELO, Letícia. Blockchain: uma prova atípica. In: NUNES, Dierle; LUCON, Paulo Henrique dos Santos; WOLKART, Erik Navarro (Coord.). *Inteligência artificial e Direito Processual*: os impactos da virada tecnológica no Direito Processual. Salvador: JusPodivm, 2021.

NAKAMOTO. Satoshi. *Bitcoin*: A Peer-to-Peer Electronic Cash System (2008). Disponível em: https://bitcoin.org/bitcoin.pdf. Acesso em: 15 ago. 2021.

SANTOS, Henrico Hernandes Nunes et. al. Aplicação da blockchain à gestão da cadeia de suprimentos na administração pública brasileira sob a perspectiva do nível de prontidão tecnológica. *International Journal of Development Research*, v. 11, n. 04, p. 46093-46099, abr. 2021. Disponível em: https://www.journalijdr.com/sites/default/files/issue-pdf/21549_0.pdf. Acesso em: 14 ago. 2021.

SARAI, Leandro. Moedas digitais e os bancos. In: BARBOSA, Tatiana Casseb B. M. (Org.). *A revolução das moedas digitais*: bitcoins e altcoins. Cotia/SP: Revoar, 2016

TAUFICK, Roberto, Mercado De Loterias No Brasil: Concorrência, Governança E Responsabilidade Social Na Era De Blockchain (Betting in Brazil: Competition, Government and Social Liability in the Blockchain Era) (2019). 3º Prêmio SECAP de Loterias, Monografias Premiadas (2019), Disponível em: https://ssrn.com/abstract=3636388. Acesso em: 14 ago. 2021.

TAGNIN, Fabio. *Economia da Informação, Custos de Transação e Produtividade*: Um Ensaio Sobre os Retornos das Tecnologias de Informação. Dissertação (MPA) – Escola de Administração de Empresas de São Paulo. Fundação Getúlio Vargas, 2004, p. 72-76.

TRINDADE, Manoel Gustavo Neubarth; FORNARI, Maria Eduarda. Open Banking: Trinômio Portabilidade-Interoperabilidade-Proteção de Dados Pessoais no âmbito do Sistema Financeiro. *Revista Jurídica Luso-Brasileira*, Ano 7, n. 4, p. 1159-1189, 2021. Disponível em: https://www.cidp.pt/revistas/rjlb/2021/4/2021_04_1159_1189.pdf. Acesso em: 15 jun. 2021.

WERNECK, Isadora. Online Dispute Resolution (ODR) e a (Des)necessidade de formulação de reclamação prévia. In: NUNES, Dierle; LUCON, Paulo Henrique dos Santos; WOLKART, Erik Navarro (Coord.). *Inteligência artificial e Direito Processual*: os impactos da virada tecnológica no Direito Processual. Salvador: JusPodivm, 2021.

8
PROTEÇÃO DE DADOS E TRIBUTAÇÃO – CONTRIBUIÇÕES À SUSTENTÁVEL ESTRUTURAÇÃO ORÇAMENTÁRIA DA AUTORIDADE NACIONAL DE PROTEÇÃO DE DADOS (ANPD)[1]

Daniel Piñeiro Rodriguez

Doutorando e Mestre em Direito pela PUCRS. Procurador Federal (PGF/AGU).

Sumário: 1. Introdução – a estruturação da ANPD como reflexo da reinvenção do estado – 2. A importância da estruturação orçamentária das autoridades de proteção de dados – 3. Balizas constitucionais à taxa de fiscalização da ANPD – 4. Considerações finais – 5. Referências.

1. INTRODUÇÃO – A ESTRUTURAÇÃO DA ANPD COMO REFLEXO DA REINVENÇÃO DO ESTADO

Em meio à já aguçada crise de soberania que o Estado-nação enfrenta nas últimas décadas, surge, com reforçada emergência, a necessidade de atualizar o fundamento primeiro que deu ensejo à sua existência. Como defendera Thomas Hobbes ainda em 1651, é da segurança do povo (*salus populi*) que deriva a legitimidade da qual desfruta o *Leviatã* para restringir direitos individuais. E, como sobrevivente que foi da Grande Praga de 1665, Hobbes seguramente ver-se-ia satisfeito ao perceber que, quatrocentos anos mais tarde e diante de uma nova pandemia mundial, foi à sua criatura que recorreram as grandes civilizações, dispostas a cederem provisoriamente algumas de suas mais caras liberdades em busca de proteção do Estado.[2]

---

1. O presente artigo é fruto de pesquisa desenvolvida no âmbito do Programa de Doutorado da Escola de Direito da PUC-RS. Fragmentos do trabalho aqui desenvolvido foram objeto de publicação na Revista Interesse Público, n. 129, em coautoria com o Professor Dr. Paulo Caliendo. Cf. CALIENDO, Paulo; RODRIGUEZ, Daniel Piñeiro. A Autoridade Nacional de Proteção de Dados Pessoais (ANPD): elementos para uma estruturação orçamentária sustentável na virada digital. In: *Revista Interesse Público*, v. 23, p. 213-228, 2021.
2. MICKLETHWAIT, John; WOOLDRIDGE, Adrian. *The Wake Up Call: why the pandemic has exposed the weakness of the West, and how to fix it.* New York: HarperCollins, 2020, p. 2.

Ocorre que, contrariando a ascensão ocidental que sucedeu a morte do pensador – e que perdurou pelos últimos trezentos anos[3] –, veio do continente asiático algumas das respostas estatais mais eficientes no combate à pandemia do Coronavírus. China, Singapura, Taiwan, Tailândia, Coreia do Sul e Japão ocupam hoje as primeiras posições no *ranking* de países com menor número de óbitos por milhão de pessoas.[4] A explicação para tal guinada histórica – e que ensaia apenas os seus primeiros passos – talvez tenha como um de seus principais fatores o esforço oriental rumo à modernização do Estado, enquanto grande parte do ocidente relutava em revisar as premissas do modelo de bem-estar social[5] que seguiu prometendo mais do que efetivamente poderia cumprir:

> [...] First, the Western state has atrophied. The mid-1960s was not only the last time the public sector was on a par with private sector; it was the last time that people in many countries trusted their government. Leviathan overreached, promisign more than it could deliver; the 1970 brought stagflation, an oil crisis, and Watergate. In the 1980, Ronald Reagan and Margaret Thatcher launched a conter-revolution that spread around the world [...]. But they were much more successful in changing the rhethoric than the reality, so the state has continued to grow; only now it is a much more loathed monster.[6]

Em sentido oposto foram os esforços de grandes nações do oriente, como dá conta o exemplo desenvolvido em Xangai, junto à Academia Chinesa de Liderança Executiva (*China Executive Leadership Academy* – CELPA).[7] Criada em 2005 e voltada à preparação de gestores eficientes da máquina pública, a China dispara na modernização do Estado – sem, no entanto, firmar alguns dos compromissos caros às democracias ocidentais. De qualquer sorte, não é possível atribuir à sorte o sucesso asiático na contenção da pandemia, senão ao desenvolvimento de "cidades inteligen-

---

3. MICKLETHWAIT, John; WOOLDRIDGE, Adrian. *A Quarta Revolução e a corrida global para reinventar o Estado*. São Paulo: Portfolio Penguin, 2015, p. 42.
4. A informação é aferida pela agência *Bloomberg*, que avaliou os melhores lugares para se morar durante a pandemia. CHANG, Rachel; VARLEY, Kevin; MUNOZ, Michael; TAM, Feliz; MAKOL, Kaur. The Covid Resilience Ranking: the best and worst places to be as reopening, variants colide. *Bloomberg*. Disponível em: https://www.bloomberg.com/graphics/covid-resilience-ranking/. Acesso em 18 jul. 2021.
5. Sobre a crise de legitimidade do Estado em sua atual formatação, merece destaque: "A atualidade de Estados de Bem-Estar Social (*Welfare State*) foi posta em questão por uma onda de criticismo político contra o desperdício, a burocracia e a injustiça presente nas diversas democracias ocidentais, especialmente pela denominada crítica neoliberal. A crítica ao tamanho do Estado, o seu inchaço administrativo, o desvio significativo de recursos para o sustento da própria máquina estatal e o pequeno retorno social da poupança privada retirada da sociedade fizeram com que a justiça de uma política de bem-estar social precisasse ser justificada e não bastasse a sua mera afirmação (CALIENDO, Paulo. Tributação da renda, do patrimônio e do consumo – qual o caminho? *Revista FESDT*. n. 10, jun. 2019. Disponível em: http://www.mpsp.mp.br/portal/page/portal/documentacao_e_divulgacao/doc_biblioteca/bibli_servicos_produtos/bibli_boletim/bibli_bol_2006/Dir-Tribut-em-Questao_n.10.pdf. Acessado em 28 jul. 2021).
6. MICKLETHWAIT, John; WOOLDRIDGE, Adrian. *The Wake Up Call: why the pandemic has exposed the weakness of the West, and how to fix it*. New York: HarperCollins, 2020, p. 7.
7. CHINA EXECUTIVE LEADERSHIP ACADEMY PUDONG. *An introduction of China Exective Leadership Academy of Pudong*. Disponível em: http://en.celap.cn/col/col2084/index.html. Acessado em: 25 jul. 2021.

tes" (*smart cities*)[8] e ao rápido manejo estatal da infraestrutura urbana interconectada para administrar a crise sanitária.[9]

A inércia de renovação na gestão do Estado ocidental resultou, portanto, em um atraso de incorporação de tecnologias.[10] E no afã de compensar tal atraso, identifica-se uma açodada entrega dos gestores a novas ferramentas que prometem agilidade e eficiência na prestação de serviços públicos. É o caso, por exemplo, dos recentes investimentos da Polícia Federal brasileira no "Projeto ABIS" (Solução Automatizada de Identificação Biométrica), que permitirá o cruzamento de informações, consultas de impressões digitais e reconhecimento facial de 50,2 milhões de brasileiros.[11] A iniciativa, no entanto, apesar de celebrada, vai de encontro à tendência internacional, que discute inclusive o total banimento do uso de reconhecimento facial em espaços públicos. Nesse sentido já se posicionou a Anistia Internacional[12] e, ainda mais recentemente, a própria Autoridade Europeia de Proteção de Dados (AEPD), por identificar nessas tecnologias "riscos à democracia e à vida privada" dos indivíduos.[13]

Como se denota, de iniciativas como essa escapa a percepção de que a sua implementação poderá colocar em xeque justamente a primeira e mais importante missão do Estado: a de preservar a segurança e a ordem social – agora na Era Digital. No Brasil, o avanço de ataques cibernéticos tem demonstrado fragilidades nos siste-

---

8. Superadas as indeterminações que o termo comporta, mostra-se adequada a contribuição trazida por Evegeny Morozov e Francesca Bria, para quem o termo *smart* "se refere a qualquer tecnologia avançada a ser implementada em cidades com o objetivo de otimizar o uso de seus recursos, produzir novas riquezas, mudar o comportamento dos usuários ou prometer novos tipos de ganho no que se refere, por exemplo, à flexibilidade, segurança e sustentabilidade – ganhos que decorrem do ciclo de retroalimentação inerente à implementação e ao uso de dispositivos inteligentes providos de conectividade, sensores e/ou telas.(MOROZOV, Evegeny; BRIA, Francesca. *A cidade inteligente:* tecnologias urbanas e democracia. São Paulo: Ubu Editora, 2019, p. 159).

9. MICKLETHWAIT, John; WOOLDRIDGE, Adrian. *The Wake Up Call: why the pandemic has exposed the weakness of the West, and how to fix it.* New York: HarperCollins, 2020, p. 8.

10. "[...] Technology is a weak spot for the public sector across te West: look at the mess most governments, including Germany's, have made of their Covid-Tracking apps. But the lapses in America's public sector seem particular striking, given its lead in technology, but despite some obvious centers of excellence, such as espionage, the overall Picture is dire" (MICKLETHWAIT, John; WOOLDRIDGE, Adrian. *The Wake Up Call: why the pandemic has exposed the weakness of the West, and how to fix it.* New York: HarperCollins, 2020, p. 60.

11. GUGELMIN, Felipe. Polícia Federal investe em novo sistema de dados com reconhecimento facial. *Canaltech,* 07 jul. 2021. Disponível em: https://canaltech.com.br/seguranca/policia-federal-investe-em-novo-sistema--para-aprimorar-reconhecimento-facial-189301/ Acesso em: 18 jul. 2021.

12. DE SOUSA, Ramon. Anistia Internacional lança campanha para banir reconhecimento facial. *Canaltech,* 27 jan. 2021. Disponível em: https://canaltech.com.br/seguranca/anistia-internacional-lanca-campanha--para-banir-reconhecimento-facial-178116/ Acesso em 28 jul. 2021.

13. EUROPEAN DATA PROTECTION SUPERVISOR. *Artificial Intelligence Act:* a welcomed initiative, but ban on remote biometric identification in public space is necessary. [S.l.], 23 Apr. 2021. Disponível em: https://edps.europa.eu/press-publications/press-news/press-releases/2021/artificial-intelligence-act-welcomed-i-nitiative_en. Acesso em: 23 maio 2021. Para uma análise detalhada sobre o desenvolvimento das tecnologias de reconhecimento facial e seus desdobramentos jurídicos e sociais, Cf. OLIVEIRA, Samuel R. de. *Sorria, você está sendo filmado:* repensando Direitos na Era do Reconhecimento facial. São Paulo: Thomson Reuters, 2021.

mas informatizados utilizados pelos Três Poderes da República, deixando expostos à malversação dados pessoais de uma população que ainda desconhece os possíveis prejuízos que o cruzamento dos seus dados pode acarretar, que vão desde discriminações no campo de consumo[14] à privação injusta de liberdade[15].

Assim, constatando o potencial lesivo que a adoção irrefletida de novas tecnologias de processamento de dados pode trazer à sociedade, surge, no cenário europeu e há mais de cinco décadas, a preocupação de instituir uma entidade estatal independente encarregada de proteger os dados pessoais – e, por consequência, os direitos e liberdades fundamentais. Veja-se que, já em 1989, a Corte Europeia de Direitos Humanos (CEDH), ao analisar o caso *Gaskin vs. Reino Unido*[16], reconheceu que a ausência de uma autoridade independente representaria violação à vida privada e familiar dos indivíduos, direito garantido no art. 8º da Convenção Europeia dos Direitos do Homem (1950)[17]. Após longa maturação jurisprudencial e legislativa, o Regulamento Geral de Proteção de Dados Pessoais (*General Data Protection Regulation* — GDPR), em vigor desde 2018, uniformiza a questão em âmbito comunitário, prevendo, em seu capítulo VI, disposições atinentes às *"Autoridades de Controle Independentes"*.

---

14. Fernando Inglez de Souza Machado e Regina Linden Ruaro destacam, nesse ponto, a marcante assimetria informacional que se faz presente hoje nas relação de consumo: "Enquanto o consumidor tem acesso basicamente a informação disponibilizada pelo próprio fornecedor acerca de determinado produto e, eventualmente, a algum comentário de outro consumidor sobre este, o fornecedor capta dados do consumidor não só ao solicitar informações diretamente, mas a partir do dia-a-dia do indivíduo, a cada vez que ele acessa a internet ou que realiza alguma compra [...]. As utilidades dessa manipulação de dados pessoais dos consumidores ultrapassam a própria figura do marketing direto. Atualmente, as grandes empresas traçam sua estratégia de mercado a partir da análise da renda, das preferências e do comportamento de seus clientes, determinando como e aonde alocarão seus recursos, utilizando tais informações desde para o desenvolvimento de produtos até à locação de pontos de venda (MACHADO, Fernando Inglez de Souza; RUARO, Regina Linden. Publicidade comportamental, proteção de dados pessoais e o direito do consumidor. *Conpedi Law Review*, Braga – Portugal, v. 3, n. 2, jul.-dez. 2017, p. 427-428).

15. Sobre os reflexos da aceleração constante e busca por eficiência também no âmbito do processo penal, especialmente no tocante à utilização de *malware* pelo Estado em investigações criminais, Cf. MENDES, Carlos Helder Carvalho Furtado. *Tecnoinvestigação criminal*: entre a proteção de dados e a infiltração por Software. Salvador: JusPodivm, 2020.

16. EUROPEAN COURT OF HUMAN RIGHTS. Plenary. *Case of Gaskin v. The United Kingdom*. Julgado em: Strasbourg, 7 Jul. 1989. Disponível em: https://hudoc.echr.coe.int/eng#{%22item id%22:[%22001-57491%22]}. Acesso em: 20 set. 2020. "No precedente, o postulante, quando criança, estivera sob os cuidados das autoridades locais do Reino Unido e solicitou acesso aos autos de determinado arquivo que envolvia dados sobre sua pessoa, mantidos pelo Poder Público. A recusa do Estado-membro no fornecimento de tais informações resultou na imposição pela CEDH de uma obrigação positiva do governo no sentido de melhor regular relações desta natureza" (RODRIGUEZ, Daniel Piñeiro. *O Direito Fundamental à Proteção de Dados*: vigilância, privacidade e regulação. Rio de Janeiro: Lumen Juris, 2021, p. 136).

17. Art. 8º. Direito ao respeito pela vida privada e familiar 1. Qualquer pessoa tem direito ao respeito da sua vida privada e familiar, do seu domicílio e da sua correspondência. 2. Não pode haver ingerência da autoridade pública no exercício deste direito senão quando esta ingerência estiver prevista na lei e constituir uma providência que, numa sociedade democrática, seja necessária para a segurança nacional, para a segurança pública, para o bem-estar econômico do país, a defesa da ordem e a prevenção das infrações penais, a proteção da saúde ou da moral, ou a proteção dos direitos e das liberdades de terceiros. Cf. CONSELHO DA EUROPA. *Convenção para a protecção dos direitos do homem e das liberdades fundamentais.* Roma, 04 nov. 1950. Disponível em: http:// gddc.ministeriopublico.pt/instrumento/convencao-para-proteccao-dos-direitos-do-homem-e-das-liberdades-fundamentais. Acesso em: 20 set. 2020.

8 • PROTEÇÃO DE DADOS E TRIBUTAÇÃO — 149

Transposta a discussão para o cenário jurídico brasileiro, percebe-se o perfil inovador com o qual se apresenta tal entidade dentro das tradicionais estruturas do Direito Administrativo. Isso porque, divergindo das *autoridades reguladoras* – criadas, via de regra, para regular determinados segmentos econômicos ou a prestação de serviços públicos –, as Autoridades de Proteção de Dados (*Data Protection Autorities – DPAs)* desempenham, como função precípua, a proteção de um *direito fundamental de caráter instrumental*: inicialmente ancorado à tutela da privacidade, o direito à proteção de dados pessoais extrapola seus contornos para garantir, por exemplo, com a preservação da liberdade de expressão e do acesso à informação[18], fundamentos que são da Lei Geral de Proteção de Dados Pessoais (LGPD). Como ensina Danilo Doneda, tratam-se, em verdade, de *autoridades de garantia*:

> [...] A distinção que pode ser feita quanto ao âmbito de atuação dessas autoridades, portanto, comporta que em uma taxonomia básica possam ser divididas entre "autoridades de regulação" e "autoridades de garantia". Às autoridades de regulação, cuja competência costuma estar ligada a um determinado serviço público, são destinadas funções similares àquelas da própria administração pública, com vantagens quanto à dinamicidade de sua estrutura e outras. Por sua vez, *as autoridades de garantia possuem a missão de proteção de direitos ou situações subjetivas específicos, para cuja defesa foram constituídas.* (grifo nosso)[19]

Em virtude da multidisciplinariedade de suas atribuições – que vão desde um papel educacional quanto às normas e políticas públicas sobre o tema, até a efetiva fiscalização dos deveres impostos pela legislação aos controladores e operadores de dados[20] –, é com sintomático desassossego que os estudiosos do Direito Administrativo brasileiro acompanham a gradual estruturação daquela que promete ser a mais moderna entidade administrativa no plano federal: a *Autoridade Nacional de Proteção de Dados (ANPD)*. Antes mesmo de entrar em funcionamento, já surgiam divergências doutrinárias, por exemplo, quanto a um eventual conflito federativo na disciplina da matéria ou, ainda, quanto aos limites do seu poder de fiscalização sobre

---

18. É o que se extrai do artigo 2º da LGPD, quando elenca, como fundamentos da disciplina de proteção de dados pessoais, não só o respeito à privacidade, mas também a autodeterminação informativa; a liberdade de expressão, de informação, de comunicação e de opinião; a inviolabilidade da intimidade, da honra e da imagem; o desenvolvimento econômico e tecnológico e a inovação; a livre iniciativa, a livre concorrência e a defesa do consumidor; e os direitos humanos, o livre desenvolvimento da personalidade, a dignidade e o exercício da cidadania pelas pessoas naturais.

19. DONEDA, Danilo. A Autoridade Nacional de Proteção de Dados e o Conselho Nacional de Proteção de Dados. In: DONEDA, Danilo et al. (Org). *Tratado de Proteção de Dados Pessoais*. Rio de Janeiro: Forense, 2021, p. 459-469, p. 463.

20. O Artigo 55-J da LGPD traz, em um rol de vinte e quatro incisos, as atribuições da ANPD, das quais destacamos os de elaborar diretrizes para a Política Nacional de Proteção de Dados Pessoais e da Privacidade(inc. III); fiscalizar e aplicar sanções em caso de tratamento de dados realizado em descumprimento à legislação, mediante processo administrativo que assegure o contraditório, a ampla defesa e o direito de recurso (inc. IV); promover na população o conhecimento das normas e das políticas públicas sobre proteção de dados pessoais e das medidas de segurança(IV); e, em clara sinalização de abertura dialógica com sociedade, a função de *ouvir* os agentes de tratamento e a sociedade em matérias de interesse relevante e prestar contas sobre suas atividades e planejamento (inc. XIV). (grifo nosso).

entidades de outras esferas do Poder Público.[21] Tão precoces debates, inclusive de ordem constitucional, acabam por denunciar a urgência de sua criação.

Assim, gestada em meio à Quarta Revolução e com olhos voltados à experiência regulatória europeia, buscou o Legislador – dentro do que lhe permitia o contexto político – adequá-la às tradicionais molduras do ordenamento jurídico pátrio: a ANPD é introduzida pela Lei Geral de Proteção de Dados (LGPD) como "órgão da administração pública federal, integrante da Presidência da República" (artigo 55-A). No entanto, cônscio da esperada independência que deverá acompanhar o desempenho de suas atividades, inseriu o Poder Legislativo verdadeiro *gatilho temporal*[22] para que a entidade possa ser "transformada pelo Poder Executivo em entidade da administração pública federal indireta, submetida a regime autárquico especial", o que se almeja – e nos parece que se trata de mera intencionalidade posta em texto[23] – seja feito em até dois anos, contados da data de entrada em vigor da estrutura regimental da ANPD.[24] Essa era, inclusive, a redação original do projeto de lei[25], que sofreu veto Presidencial fundamentado em vício de iniciativa – eis que a criação de uma autarquia redundaria em aumento de despesas, atraindo, por consequência, competência privativa do Presidente da República (art. 61, § 1º, II, 'e', c/c art. 37, XIX da CF).

---

21. Para Ricardo Marcondes Martins, a disciplina sobre o tratamento de dados pessoais para o exercício das funções administrativas dos Estados e Municípios lhes estenderia competência legiferante derivada do artigo 18 da Constituição Federal. Há, no entanto divergência, na medida em que compete privativamente à União legislar sobre direito civil e comercial (art. 22, inc. I, da CF). (MARTINS, Ricardo Marcondes. Lei Geral de Proteção de Dados Pessoais e direito administrativo: questões polêmicas. In: POZZO, Augusto Neves Dal; MARTINS, Ricardo Marcondes (Org.). LGPD e Administração Pública: uma análise ampla dos impactos. São Paulo: Thomson Reuters Brasil, 2020, p. 17-31, p. 19). Buscando superar uma possível fragmentariedade normativa entre os entes federados, tramitou no Congresso Nacional a Emenda Constitucional n. 17/2019, que, agora aprovada, dá nova redação ao art. 5º, inc. XII, consagrando o "direito à proteção dos dados pessoais, inclusive nos meios digitais", além de acrescer o inc. XXX ao art. 22 da CRFB, para fixar competência legislativa privativa da União sobre o tema. Na visão do professor Christian Perrone, a padronização legislativa figura como elemento facilitador no fluxo de dados envolvendo diversas atividades de tratamento que permeiam a vida cotidiana, o que contribuirá para afastar antinomias normativas dentro da própria federação. (PERRONE, Christian. A íntegra da audiência está disponível em: https://www.camara.leg.br/evento-legislativo/58409. Acesso em: 27 jan. 2021.).

22. A expressão, utilizada por Danilo Doneda, busca traduzir uma redação legislativa de reduzida eficácia, já que a criação da entidade autárquica demandaria um novo processo legislativo.

23. Parece correta a avaliação do Prof. Fabrício da Mota Alves (2020), representante do Senado Federal no Conselho Nacional de Proteção de Dados Pessoais e da Privacidade junto à ANPD, na medida em que atribui ao dispositivo uma verdadeira "declaração política" do Legislador, no intuito de demonstrar a necessidade da referida transformação, desprovida, no entanto, de maior eficácia jurídica.

24. Art. 55-A. Fica criada, sem aumento de despesa, a Autoridade Nacional de Proteção de Dados (ANPD), órgão da administração pública federal, integrante da Presidência da República. § 1º A natureza jurídica da ANPD é transitória e poderá ser transformada pelo Poder Executivo em entidade da administração pública federal indireta, submetida a regime autárquico especial e vinculada à Presidência da República. § 2º A avaliação quanto à transformação de que dispõe o § 1º deste artigo deverá ocorrer em até 2 (dois) anos da data da entrada em vigor da estrutura regimental da ANPD.

25. Assim dispunha a redação original do dispositivo vetado: "É criada a Autoridade Nacional de Proteção de Dados (ANPD), integrante da administração pública federal indireta, submetida a regime autárquico especial e vinculada ao Ministério da Justiça".

8 • PROTEÇÃO DE DADOS E TRIBUTAÇÃO   **151**

Ainda assim, a inserção da entidade no ordenamento jurídico pátrio foi celebrada pela doutrina especializada, na medida em que aproximou o Brasil das recomendações da OCDE[26] quanto à fundamentalidade de uma entidade responsável pelo resguardo do tratamento de dados pessoais, o que, por sua vez, importará decisivamente para o livre fluxo internacional de dados com países que já contam com o um marco normativo mais robusto. Entretanto, a sua efetiva independência resta condicionada a uma multiplicidade de fatores que ultrapassam a mera transformação em autarquia, com especial destaque às suas *fontes de custeio*, objeto sobre o qual se debruçará o presente artigo. Não sem razão, dentre tantas outras recomendações, apontou a OCDE justamente para a necessidade de se *"garantir um orçamento adequado e previsível para a ANPD através de um processo transparente"*.[27]

Para além de lançar luzes à estrutura orçamentária adotada por entidades equivalentes no plano internacional ou, ainda, propor balizas tributárias à adoção de uma taxa a ser instituída em razão do poder de fiscalização da ANPD, o que está em jogo aqui abarca algo mais amplo: a *reinvenção do Estado* em meio à sua crise de meia idade.[28] E nesse cenário, a ANPD é apenas a faceta brasileira mais evidente dessa tendência. A modernização da Administração Pública deverá ocorrer de maneira suficientemente célere – mas não açodada – para fazer frente às vertiginosas e irrefreáveis evoluções tecnológicas, transformadoras que são da sociedade e da relação do humano consigo mesmo – como ocorre, por exemplo, com o avanço da inteligência artificial. Acaso, no entanto, esse novo Estado Regulador *chegue tarde*[29], será o Leviatã, tal como o conhecemos, desfigurado pelo Mercado e por interesses políticos tecnocráticos, deixando à margem valores caros à democracia.

De efeito, sem pretender esgotar a análise do tema, o presente estudo tem por objetivo contribuir para a resposta dos seguintes questionamentos: como estruturar,

---

26. "A lei está amplamente alinhada com a atualização de 2013 da Recomendação do Conselho da OCDE sobre as Diretrizes que Regem a Proteção da Privacidade e dos Fluxos Transfronteiriços de Dados Pessoais (OCDE, 2013), embora ainda existam algumas diferenças importantes, especialmente com relação às estruturas de governança e supervisão. Em especial, as diretrizes conclamam os países da OCDE a estabelecerem e manterem autoridades de aplicação da privacidade com a governança, os recursos e os conhecimentos técnicos necessários para efetivamente exercerem seus poderes e tomarem decisões de "uma forma objetiva, imparcial e consistente. Para aumentar a privacidade, o Brasil deve: i) Reavaliar e alterar as condições que estabelecem a Autoridade Nacional de Proteção de Dados (ANPD) no Artigo 55-A da Lei 13.709, para garantir que a Autoridade opere com total independência a partir da data de seu estabelecimento. [...]". ORGANIZAÇÃO PARA A COOPERAÇÃO E DESENVOLVIMENTO ECONÔMICO – OCDE. *Revisões da OCDE sobre a transformação digital*: a caminho da era digital no Brasil. Paris: OECD, 2020. Disponível em: https://www.oecd-ilibrary.org/docserver/9a112bbe-pt.pdf?expires=1621814810&id=id&accname=ocid54025470&checksum=12966397DECD92399B1AC6C52D8EF99A. Acesso em: 11 jul. 2021.
27. ORGANIZAÇÃO PARA A COOPERAÇÃO E DESENVOLVIMENTO ECONÔMICO – OCDE. *Revisões da OCDE sobre a transformação digital*: a caminho da era digital no Brasil. Paris: OECD, 2020. Disponível em: https://www.oecd-ilibrary.org/docserver/9a112bbe-pt.pdf?expires=1621814810&id=id&accname=ocid54025470&checksum=12966397DECD92399B1AC6C52D8EF99A. Acesso em: 11 jul. 2021
28. MICKLETHWAIT, John; WOOLDRIDGE, Adrian. *A Quarta Revolução e a corrida global para reinventar o Estado*. São Paulo: Portfolio Penguin, 2015, p. 219.
29. FREITAS, Juarez; FREITAS, Thomas Bellini. *Direito e inteligência artificial*: em defesa do humano. Belo Horizonte: Fórum, 2020, p. 242.

em meio à escassez de recursos e à crise de legitimidade do Estado, uma instituição moderna e responsiva? Mais ainda: de que maneira os recursos financeiros disponibilizados à ANPD poderão garantir-lhe a independência esperada no plano internacional e reservada pela LGPD à autoridade de garantia que deverá ser?

Por se tratar de um novo desafio a ocupar a linha de horizonte do Poder Público, à academia cumpre a função de despir-se dos receios que costumam acompanhar inovações conceituais[30], possibilitando encontrar, talvez, soluções de tributação que se enquadrem nas balizas constitucionais, à luz da jurisprudência do Supremo Tribunal Federal (STF).

2. A IMPORTÂNCIA DA ESTRUTURAÇÃO ORÇAMENTÁRIA DAS AUTORIDADES DE PROTEÇÃO DE DADOS

Analisando o panorama internacional, particularmente no continente europeu, é possível identificar uma assimetria orçamentária entre as Autoridades de Proteção de Dados dos diferentes países. De acordo com dados extraídos da *Eurostat (European Statistical Office)*, a organização privada *Deloitte* elaborou estudo sobre a evolução quantitativa dos recursos destinados à estruturação e manutenção das entidades na União Europeia[31]. O relatório aponta que o orçamento anual que lhes foi direcionado, entre os anos de 2016 a 2019, se situou entre € 36 milhões – como é o caso da autoridade do Reino Unido, a *ICO – Information Commissioner's Office* – e cifras abaixo de € 5 milhões, cenário no qual se encontram metade das instituições:

Figura 1 – Orçamento das Autoridades de Proteção de Dados convertido em Euros

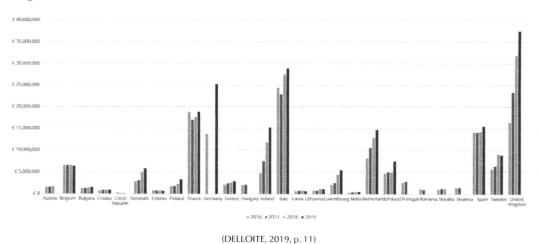

(DELLOITE, 2019, p. 11)

---

30. FREITAS, Juarez. *Sustentabilidade*: direito ao futuro. Belo Horizonte: Fórum, 2019, p. 242.
31. DELLOITTE. *Repor on EU Data Protection Authorities. Part 4: Resources*. Disponível em: https://www2.deloitte.com/content/dam/Deloitte/nl/Documents/risk/deloitte-nl-risk-reports-resources.pdf Acessado em 15 out. 2020.

Como se denota do gráfico acima, no período estudado, é possível identificar um aumento substancial dos respectivos orçamentos na maioria dos Estados-Membros, fruto da valorização que tais instituições passaram a receber no cenário doméstico após a entrada em vigor do GDPR em 2018. Tal movimento foi acompanhado de um reforço nos seus quadros técnicos: dentre as vinte e cinco autoridades estudadas, dezenove realizaram novas contratações, enquanto apenas uma manteve o mesmo quantitativo e outras cinco registraram queda no número de servidores.[32]

Entretanto, seria parcialmente falaciosa a afirmação de que somente as Autoridades de Proteção de Dados com os mais vultosos orçamentos se destacam no cenário internacional. É evidente o protagonismo das autoridades do Reino Unido e Alemanha, que contam com os maiores orçamentos absolutos e também maiores quadros funcionais[33]; contudo, exemplos como os da Espanha (*Agencia Española de Protección de Datos*) e França (*CNIL – Commission Nationale de L'informatique et des Libertés*) demonstram ser possível adotar estratégias diferenciadas e compatíveis com a sua proporção, algo de particular interesse à estruturação definitiva da ANPD. A título exemplificativo, em 2020, com receitas previstas de €16,5 milhões e € 20 milhões[34] respectivamente, as duas entidades optaram por ampliar o seu *staff* especializado em investigação tecnológica[35] – colocando-se, nesse aspecto, à frente da entidade inglesa:

---

32. DELLOITTE. *Repor on EU Data Protection Authorities. Part 4: Resources*. Disponível em: https://www2.deloitte.com/content/dam/Deloitte/nl/Documents/risk/deloitte-nl-risk-reports-resources.pdf Acessado em 15 out. 2020.

33. De acordo com relatório elaborado pela Johny Ryan para o navegador *Brave*, a Autoridade do Reino Unido contava, em 2020, com 680 profissionais, ao passo que as dezessete autoridades alemãs (somadas à autoridade federal também as entidades regionais) dispunham de 795 servidores. A autoridade espanhola (*Agencia Española de Protección de Datos*), por exemplo, contava com 191 funcionários, enquanto a autoridade portuguesa (Comissão Nacional de Proteção de Dados) dispunha de apenas 24 membros. Para uma análise detalhada acerca do quantitativo de funcionários das autoridades no cenário Europeu, inclusive posto em comparação com as dimensões populacionais de cada Estado, Cf. COUTINHO, Francisco Pereira. A independência da Comissão Nacional de Proteção de Dados. IN: COUTINHO, Francisco Pereira; MONIZ, Graça Canto (Org). *Anuário da Proteção de Dados* – 2020, p. 9-47. Disponível em: https:// papers.ssrn.com/sol3/papers.cfm?abstract_id=3647602. Acesso em: 27 jan. 2021. Digno de nota o fato de que a Alemanha, sozinha, concentra 29% dos especialistas em investigação tecnológica, o que reforça descompasso estrutural entre as entidades europeias. (RYAN, Johnny. *Europe's governments are failing the GDPR*: Brave's 2020 report on the enforcement capacity of data protection authorities, 2020. Disponível em: https://brave.com/wp-content/uploads/2020/04/Brave-2020-DPA-Report.pdf Acesso em 15 jul. 2021.

34. Os dados foram obtidos em estudo divulgado pela *European Data Protection Board*, em fevereiro de 2020. EUROPEAN DATA PROTECTION BOARD. *Contribution of the EDPB to the evaluation of the GDPR under Article 97*. Disponível em: https://edpb.europa.eu/sites/default/files/files/file1/edpb_contributiongdprevaluation_20200218.pdf. Acessado em 27 jul. 2021.

35. Em nota, o pesquisador responsável pelo estudo esclarece que o termo "especialista em investigação tecnológica" ou "especialista em tecnologia" abarca o maior número possível de profissionais envolvidos no processo de investigação das autoridades, independentemente de uma formação específica. Foram excetuados, no entanto, os funcionários da TI responsáveis pela manutenção dos *softwares* e *hardwares* das entidades. RYAN, Johnny. *Europe's governments are failing the GDPR*: Brave's 2020 report on the enforcement capacity of data protection authorities, 2020. Disponível em: https://brave.com/wp-content/uploads/2020/04/Brave-2020-DPA-Report.pdf Acesso em 15 jul. 2021.

Figura 2 – Orçamento anual das Autoridades de Proteção de Dados e número de especialistas técnicos

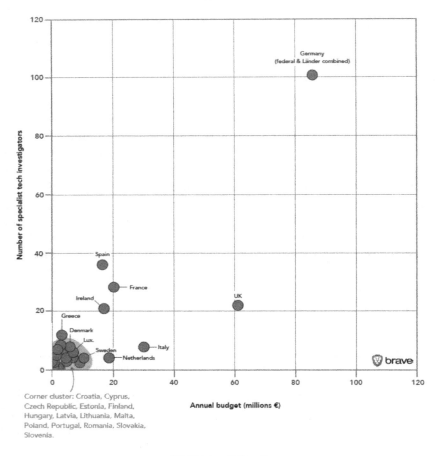

(RYAN, Johny, 2020, p. 5)

No gráfico acima, o eixo vertical sinaliza o quantitativo de profissionais capacitados em investigações tecnológicas, enquanto o eixo horizontal aponta, em milhões, o orçamento anual das entidades. Atente-se ao fato de que a grande maioria das entidades apresenta dotação orçamentária abaixo de € 10 milhões, o que as reserva uma posição de maior fragilidade em relação à contratação de profissionais capacitados a lidar com tema altamente especializados.[36]

---

36. Como rememora Francisco Pereira Coutinho, a par dos conhecimentos técnicos de informática, revela-se fundamental à adequada alocação de juristas no manejo das questões atinentes às autoridades de proteção de dados, motivo que deu origem inclusive a uma proposta de alteração do Parlamento Europeu para incluir, no considerando n. 120 do GDPR, "a obrigação dos Estados-Membros garantirem, em particular, 'as competências técnicas e jurídicas' das autoridades de controlo". COUTINHO, Francisco Pereira. A independência da Comissão Nacional de Proteção de Dados. IN: COUTINHO, Francisco Pereira; MONIZ, Graça Canto (Org). *Anuário da Proteção de Dados* – 2020, p. 9-47. Disponível em: https:// papers.ssrn.com/sol3/papers.cfm?abstract_id=3647602. Acesso em: 27 jan. 2021. p. 39.

8 • PROTEÇÃO DE DADOS E TRIBUTAÇÃO

Tal é a situação enfrentada pela Comissão Nacional de Proteção de Dados (CNPD), entidade Portuguesa cuja independência foi ameaça pela escassez de recursos. Em 2020, o orçamento previsto ao CNPD era pouco mais de € 2,3 milhões. Para Francisco Pereira Coutinho, ainda em 2019 a entidade necessitaria triplicar os seus recursos humanos para situar-se na média das demais autoridades europeias.[37]

Transpondo o debate à realidade brasileira, é possível apontar como um orçamento compatível ao da entidade espanhola, por exemplo, o do Conselho Administrativo de Defesa Econômica (CADE) – instituição inclusive cogitada para assumir, em um primeiro momento, as atribuições da ANPD.[38] O orçamento anual da autarquia, para o exercício de 2021, foi de R$ 53,5 milhões de despesas previstas, e contou com um quadro de 426 servidores ativos.[39] – número aproximado àquele cogitado pela Corregedoria da ANPD[40] à sua formatação jurídica definitiva.

Como já destacado, a preocupação concernente à estruturação orçamentária do novo braço estatal brasileiro fora antevista pelo Poder Legislativo. A LGPD, na redação original do artigo 55-L, havia inserido, ao lado das dotações orçamentárias gerais da União e de outras fontes secundárias (incisos I a VII)[41], o *produto da*

---

37. COUTINHO, Francisco Pereira. A independência da Comissão Nacional de Proteção de Dados. IN: COUTINHO, Francisco Pereira; MONIZ, Graça Canto (Org). *Anuário da Proteção de Dados* – 2020, p. 9-47. Disponível em: https:// papers.ssrn.com/sol3/papers.cfm?abstract_id=3647602. Acesso em: 27 jan. 2021. p. 43. O autor situa o movimento de contrafluxo que exerceu Portugal no momento de entrada em vigor do GDPR, o que colocou o país em situação de maior vulnerabilidade no tocante à proteção de dados: "A maioria dos Estados-Membros antecipou o início de aplicação do RGPD reforçando, em alguns casos exponencialmente (Bélgica e Holanda), os recursos humanos das suas autoridades de controlo. Apenas quatro Estados-Membros estiveram em contraciclo, incluindo Portugal, que foi o Estado-Membro que, inexplicavelmente, mais desinvestiu no fortalecimento dos recursos humanos da sua autoridade de controlo no período crítico de adaptação a um novo quadro regulatório.

38. LEORATI, Alexandre; PIMENTA, Guilherme. CADE sugere mudança na lei para atuar como autoridade de proteção de dados: estudo interno ainda não divulgado solicita mudanças na legislação para unir órgão antitruste e agência de dados. *Jota,* 17 ago. 2020. Disponível em: https://www.jota.info/tributos-e-empresas/concorrencia/autoridade-de-protecao-de-dados-cade-17082020. Acessado em 28. Jul. 2021.

39. Dados obtidos no Portal da Transparência. Disponível em: http://www.portaltransparencia.gov.br/orgaos/30211?ano=2021. Acessado em 28 jul. 2021.

40. A informação foi trazida à público em palestra ministrada pelo Dr. Artur Coimbra de Oliveira, Procurador Federal e Corregedor da Autoridade Nacional de Proteção de Dados, no âmbito do I Ciclo de Palestras sobre a Lei Geral de Proteção de Dados, realizado pela Escola da Advocacia-Geral da União. Nessa ocasião, o palestrante mencionou, ainda que de maneira prospectiva e colocando em contraste com o quadro funcional de outras agências reguladoras, um possível número global de duzentos a quatrocentos servidores como sendo adequado à atuação e porte da ANPD. Disponível em: https://www.youtube.com/watch?v=HHkHM-qzaR3Q&t=7161s. Acesso em 27 jul. 2021.

41. Art. 55-L. Constituem receitas da ANPD: I – as dotações, consignadas no orçamento geral da União, os créditos especiais, os créditos adicionais, as transferências e os repasses que lhe forem conferidos; II – as doações, os legados, as subvenções e outros recursos que lhe forem destinados; III – os valores apurados na venda ou aluguel de bens móveis e imóveis de sua propriedade; IV – os valores apurados em aplicações no mercado financeiro das receitas previstas neste artigo; V – (VETADO); VI – os recursos provenientes de acordos, convênios ou contratos celebrados com entidades, organismos ou empresas, públicos ou privados, nacionais ou internacionais; VII – o produto da venda de publicações, material técnico, dados e informações, inclusive para fins de licitação pública. (BRASIL. *Lei n. 13.709, de 14 de agosto de 2018*. Lei Geral de Proteção de Dados Pessoais (LGPD). Disponível em: http://www.planalto.gov.br/ccivil_03/_ato2015-2018/2018/lei/L13709.htm. Acesso em: 20 set. 2020).

cobrança de emolumentos por serviços prestados" (inciso V). O referido inciso, no entanto, sofreu veto presidencial.

Para Cíntia Rosa Pereira de Lima, ""[...] foi um retrocesso não ter sido mantida a *taxa de poder de polícia*, que seria uma taxa proporcional ao rendimento do controlador e do operador, destinados a cobrir as despesas" do órgão, cabendo à entidade – como de fato vem fazendo – "articular-se para celebrar acordos com outras Autoridades Nacionais para fortalecer a credibilidade externa no país".[42]

A importância de instituir-se uma taxa de fiscalização não destoa dos mais recentes debates administrativos, já que referida modalidade tributária estará atrelada à própria *independência* de suas atividades. Há infindáveis exemplos de interferência política sobre a atuação de entidades reguladoras[43] – o que, de quando em quando, se opera por meio de uma *asfixia* nas leis orçamentárias. O tema fora debatido na I Jornada de Direito Administrativo de 2020, direção na qual também parece conduzir artigo 3º[44] da nova Lei das Agências Reguladoras (Lei n. 13.848/2019), ao prever expressamente a autonomia financeira das autarquias em regime especial.[45]

Nas razões do veto promovido ao dispositivo da LGPD, no entanto, há a sinalização prospectiva para sua instituição, quando transformada a entidade em autarquia federal em regime especial:

> Ante a natureza jurídica transitória de Administração Direta da Autoridade Nacional de Proteção de Dados (ANPD), não é cabível a cobrança de emolumentos por serviços prestados para constituição de sua receita, de forma que a Autoridade deve arcar, com recursos próprios consignados no Orçamento Geral da União, com os custos inerentes à execução de suas atividades fins, sem a cobrança de taxas para o desempenho de suas competências, *até sua transformação em autarquia*. (grifo nosso)[46].

---

42. DE LIMA, Cíntia Rosa Pereira. *A autoridade Nacional de Proteção de Dados e a efetividade da Lei Geral de Proteção de dados*: de acordo com a Lei Geral de Proteção de Dados (Lei n. 13.709/2018 e as alterações da lei n. 13.853/2019), o Marco Civil da Internet (Lei n. 12.965/2014) e as sugestões de alteração do CDC (PL 3.514/2015). São Paulo: Almedina Brasil, 2020.

43. Sobre a capacidade de agências reguladoras europeias mitigarem, a partir de escolhas administrativas, as interferências políticas de governos centrais, Cf. ENNSER-JEDENASTIK, Laurenz. The Politicization of Regulatory Agencies: Between Partisan Influence and Formal Independence. *Journal of Public Administration Research and Theory, Volume 26, Issue 3, July 2016*, p. 512. Disponível em: https://doi.org/10.1093/jopart/muv022.

44. Art. 3º A natureza especial conferida à agência reguladora é caracterizada pela ausência de tutela ou de subordinação hierárquica, pela autonomia funcional, decisória, administrativa e financeira e pela investidura a termo de seus dirigentes e estabilidade durante os mandatos, bem como pelas demais disposições constantes desta Lei ou de leis específicas voltadas à sua implementação (BRASIL. *Lei n. 13.848, de 25 de junho de 2019*. Dispõe sobre a gestão, a organização, o processo decisório e o controle social das agências reguladoras. Brasília, 2019. Disponível em: http://www.planalto.gov.br/ccivil_03/_ato2019-2022/2019/lei/L13848.htm. Acesso em: 15 out. 2020).

45. VALENTE, Patrícia Pessoa; MARTINS, Fabrício Genicolo. Agências Reguladoras e interferência política: o que fazer? *JotaInfo*, [s.l.], 07 out. 2020. Disponível em: https://www.jota.info/opiniao-e-analise/artigos/agencias-reguladoras-interferencia-politica-07102020#_ftnref5. Acesso em: 15 out. 2020.

46. BRASIL. *Lei 13.709, de 14 de agosto de 2018*. Lei Geral de Proteção de Dados Pessoais (LGPD). Disponível em: http://www.planalto.gov.br/ccivil_03/_ato2015-2018/2018/lei/L13709.htm. Acesso em: 20 set. 2020

8 • PROTEÇÃO DE DADOS E TRIBUTAÇÃO

Veja-se a recente experiência portuguesa elucidada por Francisco Pereira Coutinho. A súbita supressão de receitas próprias da entidade gerou drástica redução das verbas que dispunha para o exercício de 2019, o que demandou recomposição por transferência direta do orçamento da Assembleia da República – reafirmando uma dependência desinteressante à natureza da Autoridade:

> [...] Os problemas de funcionamento da CNPD vão também persistir se o seu orçamento não aumentar substancialmente. A drástica perda de receita própria, que passou de 2.668.155€ (2017) para 75.000€ (2019) em resultado da extinção da taxa de notificação de tratamentos, foi compensada por um aumento das transferências diretas do orçamento da Assembleia da República, que em 2019 compunham cerca de 93% das receitas da CNPD.[47]

A criação de novos tributos constitui atribuição antipática da qual dispõe o Estado, motivo pelo qual relutam os governantes em promover uma transparente defesa de sua importância. Ocorre que, para além de auxiliar na suficiente estruturação de uma inaugural atividade do Poder Público, a criação da referida taxa colocaria a ANPD razoavelmente à salvo de pressões políticas que costumeiramente habitam as margens das Leis Orçamentárias. Trata-se, portanto, de escolha estratégica para o seu funcionamento nas próximas décadas.

Impõe-se desde já, no entanto, uma análise cautelosa dos elementos que poderão compor a referida exação, de modo a evitar arguições de inconstitucionalidade, como sói ocorrer em setores de inaugural tributação. E, de modo a parametrizar os contributos aqui propostos, passa-se à análise dogmática e jurisprudencial da taxa de fiscalização no ordenamento jurídico pátrio para, na sequência, lançando mão de parecer de lavra do Professor Ives Gandra da Silva Martins sobre a instituição da Taxa de Controle e Fiscalização Ambiental (TCFA) – criada em substituição a tributo anteriormente declarado inconstitucional na ADIN-MC n. 2178/DF[48] –, propor elementos tributários compatíveis com a doutrina e jurisprudência do Supremo Tribunal Federal.

---

47. COUTINHO, Francisco Pereira. A independência da Comissão Nacional de Proteção de Dados. IN: COUTINHO, Francisco Pereira; MONIZ, Graça Canto (Org). *Anuário da Proteção de Dados* – 2020, p. 9-47. Disponível em: https:// papers.ssrn.com/sol3/papers.cfm?abstract_id=3647602. Acesso em: 27 jan. 2021. p. 43

48. Ementa: ação direta de inconstitucionalidade. Artigo 8º da Lei 9.960, de 28.01.2000, que introduziu novos artigos na Lei 6.938/81, criando a taxa de fiscalização ambiental (TFA). Alegada incompatibilidade com os artigos 145, II; 167, IV; 154, I; e 150, III, b, da Constituição Federal. Dispositivos insuscetíveis de instituir, validamente, o novel tributo, por haverem definido, como fato gerador, não o serviço prestado ou posto à disposição do contribuinte, pelo ente público, no exercício do poder de polícia, como previsto no art. 145, II, da Carta Magna, mas a atividade por esses exercida; e como contribuintes pessoas físicas ou jurídicas que exercem atividades potencialmente poluidoras ou utilizadoras de recursos ambientais, não especificadas em lei. E, ainda, por não haver indicado as respectivas alíquotas ou o critério a ser utilizado para o cálculo do valor devido, tendo-se limitado a estipular, a *forfait*, valores uniformes por classe de contribuintes, com flagrante desobediência ao princípio da isonomia, consistente, no caso, na dispensa do mesmo tratamento tributário a contribuintes de expressão econômica extremamente variada. Plausibilidade da tese da inconstitucionalidade, aliada à conveniência de pronta suspensão da eficácia dos dispositivos instituidores da TFA. Medida cautelar deferida (STF – ADI: 278/DF, Relator: Min. Ilmar Galvão, Data de Julgamento: 28/03/2000, Tribunal Pleno, Data de Publicação: DJ 12/05/2000).

3. BALIZAS CONSTITUCIONAIS À TAXA DE FISCALIZAÇÃO DA ANPD

A Constituição Federal, em seu artigo 145, inciso II, dispõe que poderão instituir taxas a União, os Estados, o Distrito Federal e os Municípios, "*em razão do exercício do poder de polícia ou pela utilização, efetiva ou potencial, de serviços públicos específicos e divisíveis, prestados ao contribuinte ou postos à sua disposição*". A previsão se coaduna aos artigos 77 a 80 do Código Tributário Nacional (CTN)[49], os quais foram inteiramente recepcionados pelo texto Constitucional de 1988.[50] Por terem na prestação de serviços públicos ou atividades fiscalizatórias o seu referencial obrigatório, as taxas não são estabelecidas em *numerus clausus*, sendo permitida a sua instituição à medida que se expandem as demandas por novas áreas de atuação do Estado.

Como se extrai da conceituação constitucional, portanto, a taxa constitui tributo vinculado à atuação do Estado, ficando a cargo de entidades do governo que estejam investidas de personalidade jurídica de Direito Público. Na lição de Ives Gandra, no entanto, a dicotomia entre o poder de fiscalização e a prestação de serviço público merece temperamentos, na medida em que o exercício do poder de polícia *lato sensu* constituiria também modalidade de serviço prestado pelo ente tributário:

> [...] O serviço público, portanto, correspondente ao exercício do poder de polícia, é daqueles que só podem ser remunerados por tributo, o que vale dizer, a sua instituição deve ser revestida de todos os pré-requisitos indicados pelo sistema tributário nacional. Isto porque o tributo se acoberta, no país, das características de norma de rejeição social, impondo a Carta Magna que, pela lei, seja o sujeito passivo de sua relação protegido contra as tentações fiscalistas dos Erários, às voltas permanentes com "*déficits*" públicos incontornáveis. [...] No serviço público de exercício do poder de polícia, seu grande beneficiário não é o sujeito passivo, mas a coletividade, embora, indiretamente, o sujeito passivo também o seja.[51]

Como se denota, seja como poder de fiscalização ou como serviço público em sentido amplo, a instituição de taxa para subsidiar a atuação da ANPD terá inegável amparo nas suas atribuições estabelecidas pelo artigo 55-J da LGPD[52], tais como a de fiscalizar e aplicar sanções em caso de tratamento de dados realizado em descumpri-

---

49. O artigo 78 do CTN traz definição semelhante: "Considera-se poder de polícia atividade da administração pública que, limitando ou disciplinando direito, interêsse ou liberdade, regula a prática de ato ou abstenção de fato, em razão de intêresse público concernente à segurança, à higiene, à ordem, aos costumes, à disciplina da produção e do mercado, ao exercício de atividades econômicas dependentes de concessão ou autorização do Poder Público, à tranqüilidade pública ou ao respeito à propriedade e aos direitos individuais ou coletivos. Parágrafo único. Considera-se regular o exercício do poder de polícia quando desempenhado pelo órgão competente nos limites da lei aplicável, com observância do processo legal e, tratando-se de atividade que a lei tenha como discricionária, sem abuso ou desvio de poder". (BRASIL. *Lei n. 5.172, de 25 de outubro de 1966*. Denominado Código Tributário Nacional. Dispõe sobre o Sistema Tributário Nacional e institui normas gerais de direito tributário aplicáveis à União, Estados e Municípios. Brasília, 1966. Disponível em: http://www.planalto.gov.br/ccivil_03/leis/l5172compilado. htm. Acesso em: 20 set. 2020).

50. MARTINS, Ives Gandra da Silva. Taxa de Controle e Fiscalização Ambiental – TCFA Constitucionalidade de sua Instituição. In: *Revista Jurídica Virtual*. Brasília, v. 2, n. 21, fev. 2001.

51. MARTINS, Ives Gandra da Silva. Taxa de Controle e Fiscalização Ambiental – TCFA Constitucionalidade de sua Instituição. In: *Revista Jurídica Virtual*. Brasília, v. 2, n. 21, fev. 2001, p. 15.

52. BRASIL. *Lei n. 13.709, de 14 de agosto de 2018*. Lei Geral de Proteção de Dados Pessoais (LGPD). Disponível em: http://www.planalto.gov.br/ccivil_03/_ato2015-2018/2018/lei/L13709.htm. Acesso em: 20 set. 2020

mento à legislação (inciso IV); promover na população o conhecimento das normas e das políticas públicas sobre proteção de dados pessoais e das medidas de segurança (inciso VI); realizar auditorias, ou determinar sua realização (inciso XVI), dentre outras.

A adequada conformação do serviço prestado pela entidade pública é de especial relevância. Ives Gandra recorda que, no julgamento da ADIN n. 2178-8/DF, em que o STF julgou inconstitucional a antiga Taxa de Fiscalização Ambiental (TFA)[53] instituída pela Lei 9.960/2000, foram suscitados *três elementos* dignos de reparos na referida exação, a saber: a) vagueza na definição do serviço prestado; b) ausência de especificação dos contribuintes potencialmente poluidores e, portanto, submetidos à fiscalização; c) indefinição das alíquotas ou valor devido (tributo fixo), diante da expressão econômica do contribuinte, em desrespeito ao princípio da isonomia.[54]

Repise-se: não houve declaração de inconstitucionalidade sobre a cobrança de taxa em si, mas sim face à imprecisa definição de seus elementos constitutivos. Portanto, convém, desde já, aliar-se uma vez mais à lição de Ives Gandra – encampada pelo STF no referido julgado –, de modo a fixar que o serviço prestado pela ANPD, e que dará ensejo à instituição da taxa, será a *efetiva prestação do exercício do seu poder fiscalizatório,* o que aloca o contribuinte como seu *beneficiário indireto*.[55]

Dessa maneira, por simetria à construção adotada pela Taxa de Controle e Fiscalização Ambiental (TCFA), constante no artigo 17-B da Lei n. 6938/81 e que substituiu a TFA, a eventual instituição de taxa por parte da ANPD poderá apresentar, como fato gerador, *o exercício regular do seu poder de fiscalização e controle sobre as atividades de tratamento de dados pessoais reguladas pela Lei Geral de Proteção de Dados (Lei 13.709/2018).* Assim, ficam albergados elementos contidos na LGPD e que se relacionam à efetiva atuação fiscalizatória da entidade (Art. 55-J), bem como a todo tipo de atividade envolvendo dados pessoais e promovida pelos agentes de tratamento (artigo 5º, inc. X)[56]. Veja-se que, na cogitação proposta, o fato gerador coincidirá, tal

---

53. O tributo contava com a seguinte redação (não mais vigente): Art. 17-B. Fica criada a Taxa de Fiscalização Ambiental – TFA § 1º Constitui fato gerador da TFA, o exercício das atividades mencionadas no inciso II do art. 17 desta Lei, com a redação dada pela Lei 7.804, de 18 de julho de 1989. § 2º São sujeitos passivos da TFA, as pessoas físicas ou jurídicas obrigadas ao registro no Cadastro Técnico Federal de Atividades Potencialmente Poluidoras ou Utilizadoras de Recursos Ambientais. Art. 17-C. A TFA será devida em conformidade com o fato gerador e o seu valor corresponderá à importância de R$ 5.000,00 (cinco mil reais). § 1º Será concedido desconto de cinqüenta por cento para empresas de pequeno porte, de noventa por cento para microempresas e de noventa e cinco por cento para pessoas físicas.

54. MARTINS, Ives Gandra da Silva. Taxa de Controle e Fiscalização Ambiental – TCFA Constitucionalidade de sua Instituição. In: *Revista Jurídica Virtual*, Brasília, v. 2, n. 21, fev. 2001, p. 13.
BRASIL. *Lei 13.709, de 14 de agosto de 2018.* Lei Geral de Proteção de Dados Pessoais (LGPD). Disponível em: http://www.planalto.gov.br/ccivil_03/_ato2015-2018/2018/lei/L13709.htm. Acesso em: 20 set. 2020.

55. A construção faz sentido à medida que, como refere Ives Gandra, o controle e a fiscalização das atividades potencialmente poluidoras e utilizadoras de recursos naturais é que representa o serviço prestado no exercício do poder de polícia, num país que luta por ter um controle ambiental mais rígido (MARTINS, Ives Gandra da Silva. Taxa de Controle e Fiscalização Ambiental – TCFA Constitucionalidade de sua Instituição. In: *Revista Jurídica Virtual*. Brasília, 2, n. 21, fev. 2001, p. 14.

56. De acordo com o artigo 5º, inciso X, da LGPD, constitui tratamento "toda operação realizada com dados pessoais, como as que se referem a coleta, produção, recepção, classificação, utilização, acesso, reprodução,

como ocorre no caso da TCFA, *"com o serviço prestado diretamente à comunidade e indiretamente ao usuário, nos exatos termos sugeridos pela Suprema Corte".*[57]

Avançando para o próximo ponto suscitado pelo STF na ADIN n. 2178-8/DF, a correta definição do sujeito passivo também exige construção exata, já que plurais os agentes de tratamento previstos na LGPD. Aqui, parece adequado limitar a sujeição da exação àquele que efetivamente detém *poder de decisão* nas atividades envolvendo dados pessoais, vale dizer, o *controlador de dados* (art. 5º, inciso VI).[58] Mantendo o paralelismo proposto, e considerando que, nos termos do artigo 17-C da Lei n. 6938/81, "é sujeito passivo da TCFA todo aquele que exerça as atividades constantes do Anexo VIII desta Lei" – anexo esse que traz rol de atividades consideradas potencialmente poluentes –, é de se cogitar construção semelhante, para considerar sujeito à taxa da ANPD o controlador de dados, ou seja, *toda pessoa natural ou jurídica a qual caibam as decisões referentes ao tratamento de dados pessoais.*

Por fim, e considerando aquele que parece ser o mais complexo dos elementos a serem atendidos pela jurisprudência do STF, há que se atentar à adequada definição de alíquotas ou valores fixos que contemplem o *princípio da isonomia.*

Cíntia Rosa Pereira de Lima aponta que a taxa em comento poderia ser proporcional ao rendimento do controlador e do operador.[59] De fato, o Supremo Tribunal Federal já chancela a utilização do faturamento de empresas como parâmetro para a avaliação do valor da exação, desde que constitua tão somente parâmetro de incidência, e não a *própria* hipótese de incidência da exação.[60] Assim, se mostra adequada a consideração de tal critério pelo ente tributante. Entretanto, a sua adoção exclusiva talvez não atenda suficientemente à isonomia aqui perseguida, senão vejamos.

---

transmissão, distribuição, processamento, arquivamento, armazenamento, eliminação, avaliação ou controle da informação, modificação, comunicação, transferência, difusão ou extração (BRASIL. *Lei n. 13.709, de 14 de agosto de 2018*. Lei Geral de Proteção de Dados Pessoais (LGPD). Disponível em: http://www.planalto. gov.br/ccivil_03/_ato2015-2018/2018/lei/L13709.htm. Acesso em: 20 set. 2020)

57. MARTINS, Ives Gandra da Silva. Taxa de Controle e Fiscalização Ambiental – TCFA Constitucionalidade de sua Instituição. In: *Revista Jurídica Virtual*. Brasília, v. 2, n. 21, fev. 2001, p.

58. Nos termos da LGPD, considera-se controlador toda pessoa natural ou jurídica, de direito público ou privado, a quem competem as decisões referentes ao tratamento de dados pessoais.

59. LIMA, Cíntia Rosa Pereira de. *A autoridade Nacional de Proteção de Dados e a efetividade da Lei Geral de Proteção de dados*: de acordo com a Lei Geral de Proteção de Dados (Lei n. 13.709/2018 e as alterações da Lei 13.853/2019), o Marco Civil da Internet (Lei n. 12.965/2014) e as sugestões de alteração do CDC (PL 3.514/2015). São Paulo: Almedina Brasil, 2020.

60. EMENTA: (1) Ação Direta de Inconstitucionalidade. (2) Art. 1º, II, da Lei 11.073, de 30.12.1997, que acrescentou os §§ 7º e 8º ao art. 6º da Lei 8.109, de 1985, do Estado do Rio Grande do Sul; Art. 1º, VI, da Lei 11.073, de 1997, que inseriu o inciso IX na Tabela de Incidência da Lei 8.109, de 1985; Decreto estadual 39.228, de 29.12.1998, que regulamentou a incidência da taxa impugnada. (3) Alegada violação aos arts. 145, II e 145, § 2º, da Constituição. (4) Taxa de Fiscalização e Controle de Serviços Públicos Delegados, instituída em favor da Agência Estadual de Regulação dos Serviços Públicos Delegados do Rio Grande do Sul – AGERGS, autarquia estadual. (5) O faturamento, no caso, é apenas critério para incidência da taxa, não havendo incidência sobre o faturamento. Precedente (RE 177.835, Rel. Min. Carlos Velloso) (6) Improcedência da ação direta quanto aos dispositivos legais e não conhecimento quanto ao Decreto 39.228, de 1988. (ADI 1948, Relator(a): Gilmar Mendes, Tribunal Pleno, julgado em 04 set. 2002, DJ 07 fev. 2003 PP-00022 EMENT VOL-02097-02 PP-00394).

8 • PROTEÇÃO DE DADOS E TRIBUTAÇÃO 161

O dever de zelar pela proteção de dados pessoais atribuído à ANPD assume como premissa a ideia de *risco*: toda forma de tratamento gera, em maior ou menor grau, a assunção de potenciais prejuízos aos seus titulares. Assim, tal critério deve, de alguma forma – tal como ocorre com o critério de maior ou menor *potencial poluidor*, para TCFA –, integrar o cálculo da exação a ser paga pelo contribuinte. E o faturamento de um sujeito tributário não necessariamente reflete um maior risco na sua atividade. Pode-se cogitar de atividades econômicas cuja natureza do negócio envolva, por exemplo, um número bastante restrito de titulares de dados, adotando atividades de tratamento que apresentem baixo risco de potencial lesivo, mas que, ainda assim, seja extremamente lucrativa. A prevalecer tal critério, ver-se-á o contribuinte injustiçado na cobrança tributária. De igual forma, é possível que exista atividade econômica com moderado ou baixo faturamento, mas que, considerado o volume e fluxos de dados envolvidos, gere maiores riscos às liberdades e direitos fundamentais dos envolvidos.

Aqui, mostra-se valiosa a experiência estrangeira. A *Information Commissioner's Office (ICO)*, Autoridade de Proteção de Dados do Reino Unido, dispõe de ferramenta bastante intuitiva ao contribuinte para que calcule rapidamente a taxa anual que deverá adimplir, variando entre £40, £60 e £2.900. Além do faturamento, é considerado no cálculo o *número de membros* no *staff* da corporação. Assim, se o sujeito passivo apresenta um faturamento anual de até £632.000 ou menos de dez funcionários, a taxa anual a ser paga é a mínima; acaso o faturamento máximo do contribuinte seja de até £36 milhões ou conte com até duzentos e cinquenta funcionários, a taxa será a intermediária; aos demais casos, fixa-se a taxa máxima.[61] Há ainda situações que isentam o contribuinte – como instituições de caridade ou entidades públicas –, mas a mera inserção de outro fator atrelado ao faturamento agrega maior proporcionalidade à taxação, promovendo, portanto, uma tributação mais justa.

De qualquer sorte, mais do que importar modelos estranhos à realidade tributária brasileira, busca-se aqui alternativas para além do faturamento, de modo a permitir maior gradação e justiça quanto ao dever a ser imposto aos sujeitos tributários, para que contemple suficientemente o princípio da isonomia. Critério outro a se cogitar – ainda que polêmico e de difícil concretização fática – poderia dizer respeito ao tratamento de *dados pessoais sensíveis,* isto é, aqueles que digam respeito *à origem racial ou étnica, convicção religiosa, opinião política, filiação a sindicato ou a organização de caráter religioso, filosófico ou político, dado referente à saúde ou à vida sexual, dado genético ou biométrico"* (artigo 5º, inciso II, da LGPD).[62] É consabido que, a depender

---

61. OFFICE, Information Comissioner's Office. *Data Protection Fee: a guide for Data controllers.* Disponível em: https://ico.org.uk/for-organisations/guide-to-data-protection/guide-to-the-general-data-protection-regulation-gdpr/data-protection-fee/ Acesso em: 28 jul. 2021.

62. Como ensina Daniela Cravo, "o tratamento mais rigoroso dispensado aos dados sensíveis também pode ser aplicado a outros tipos de dados quando esses forem possíveis de passar por um processo especial de processamento que leve à discriminação. Essa situação é conhecida como tratamento sensível de dados" (CRAVO, Daniela Copetti. *Direito à portabilidade de dados:* interface entre defesa da concorrência, do consumidor e proteção de dados. Rio de Janeiro: Lumen Juris, 2018, p. 37). Tal consideração vai ao encontro

das atividades de tratamento, dados dessa natureza permitem uma precisa perfiliza-ção comportamental – o que, consequentemente, incrementa os riscos envolvidos em caso de incidentes de segurança. Haveria também, com referido parâmetro, uma nítida aproximação ao critério de maior ou menor poluidor, contido no Anexo VIII da Lei 6938 e que elenca as atividades potencialmente poluentes. A adoção de tal critério, entretanto, dependeria de autodeclaração do próprio contribuinte.

De toda sorte, a pretensão das digressões aqui trazidas, mais do que arvorar-se à atuação do Legislador, é justamente dar início a um debate tributário no tocante à ANPD em sua futura natureza jurídica definitiva – tema que, seguramente, pela força das circunstâncias, far-se-á presente nos próximos anos.

4. CONSIDERAÇÕES FINAIS

A estruturação moderna e responsiva da ANPD representará, em certa medida, um teste à capacidade do Poder Público de permitir-se impregnar pela agilidade dos mercados – sem, contudo, ver-se capturado por seus interesses ou, ainda, instru-mentalizado por finalidades vigilantes e pouco republicanas.

Para tanto, parece crucial que a entidade busque o seu fortalecimento rumo a uma *atuação regulatória sustentável*[63], imbuída de olhar interdisciplinar e ciente da incapacidade de o Direito Administrativo permanecer ilhado às mudanças contextuais que se avizinham.[64] Dentre elas está o reconhecimento da natureza atípica da ANPD, que, apesar de poder assumir as vestes de autarquia em regime especial, constituirá verdadeira autoridade de garantia.

A manutenção de sua projetada independência demandará um esforço orça-mentário incompatível com a crise que assola a maioria dos Estados Ocidentais. Exemplos internacionais demonstram a importância da disponibilização de recur-sos financeiros para que o Poder Público consiga fazer-se presente na Era Digital e

---

da relutância doutrinária em identificar em rol restrito de dados sensíveis que descure todo o contexto de sua utilização, publicização ou forma de tratamento. O exemplo trazido por Catarina Sarmento e Castro elucida bem a questão: "Imagine-se uma listagem de nomes de alguns habitantes de uma cidade, à primeira vista inócua. Mas se essa listagem for constituída apenas pelos nomes que possam ser associados a uma certa origem étnica, o uso que do nome se faz permite qualificar uma tal listagem como um conjunto de dados sensíveis, ainda que deles apenas conste o nome. Apesar de o nome, em si mesmo, não ser dado sensível, em certas circunstâncias torna-se idôneo para revelar certas características de especial sensibilidade que podem ser utilizadas como factor de discriminação, pelo que, nessas circunstâncias, o seu tratamento deve ser considerado proibido, salvo nos casos excepcionais previstos na Lei" (CASTRO, Catarina Sarmento e. *Direito da informática, privacidade e dados pessoais*. Coimbra: Almedina, 2005. p. 89).

63. FREITAS, Juarez. *Sustentabilidade*: direito ao futuro. Belo Horizonte: Fórum, 2019, p. 245.

64. Como destaca José Faleiros Júnior, "para suplantar o cenário indesejável de um Estado fraco e impotente frente ao poderio técnico-informacional de grandes corporações, também o direito público precisa se reinventar [...]. Muito mais que benefícios da celeridade, da segurança e da eficiência, a tecnologia tem o condão de, ao mesmo tempo, fortalecer e ruir o Estados, sendo esta alarmante segunda hipótese decorrência indesejada de sua inércia e carência de adaptações estruturais às demandas do porvir" (FALEIROS JÚNIOR, José Luiz de Moura. *Administração Pública digital*: proposições para o aperfeiçoamento do regime jurídico administrativo na sociedade da informação. Indaiatuba, SP: Foco, 2020, p 85-86).

garantir habitabilidade ao ambiente virtual, com respeito às liberdades e direitos fundamentais no tratamento de dados pessoais. Ademais, o acirramento da corrida entre ocidente e oriente pela reinvenção da máquina pública pode conduzir a uma conveniente leniência face a avanços tecnológicos que permitam atalhar décadas de imobilismo estatal.

É nesse contexto que se mostra interessante a consideração de uma taxa à ANPD em seu perfil definitivo, como pretendia a redação original do artigo 55-L, inciso V, da LGPD. Além de não necessariamente onerar em excesso o desenvolvimento das atividades econômicas – em especial aquelas que adotam modelos de negócio capazes de, como *mercadores de comportamentos futuros*[65], lucrar com o tratamento em massa de dados pessoais –, a instituição da exação afasta do ideário coletivo a insistente ideia de que é possível ampliar a atuação estatal sem um efetivo custo. Ademais, como defendido no presente trabalho, a existência de receita própria evitaria uma indesejada dependência da Autoridade em relação às dotações do orçamento geral da União, o que reforçaria a sua desejada independência.

De toda sorte, impõe-se o reconhecimento de que os primeiros movimentos de abertura dialética possíveis à entidade, em seu perfil provisório, indicam uma franca inclinação à modernização do setor público, na medida em que a entidade se faz porosa à sociedade civil, promovendo inúmeros chamamentos para tomadas de subsídios acerca de questões técnicas relacionadas, por exemplo, à incidência da LGPD as microempresas ou sobre incidentes de segurança, bem como audiências públicas sobre normas de fiscalização. Tal postura é, de fato, crucial à sua responsividade. No entanto, divorciada de investimentos de longo prazo, com escolhas voltadas à construção de um *modelo regulatório temporalmente consistente*[66], não bastará. Somente ultrapassada a mentalidade de governança estatal de curto prazo, insustentável e incompatível com o texto constitucional, será possível deixar nascer no Brasil o novo Estado do século XXI.

5. REFERÊNCIAS

CALIENDO, Paulo. Tributação da renda, do patrimônio e do consumo – qual o caminho? *Revista FESDT*. n. 10, jun. 2019. Disponível em: http://www.mpsp.mp.br/portal/page/portal/documentacao_e_divulgacao/doc_biblioteca/bibli_servicos_produtos/bibli_boletim/bibli_bol_2006/Dir-Tribut-em-Questao_n.10.pdf. Acessado em 28 jul. 2021.

CALIENDO, Paulo; RODRIGUEZ, Daniel Piñeiro. A Autoridade Nacional de Proteção de Dados Pessoais (ANPD): elementos para uma estruturação orçamentária sustentável na virada digital. In: *Revista Interesse Público*, v. 23, p. 213-228, 2021.

CASTRO, Catarina Sarmento e. *Direito da informática, privacidade e dados pessoais*. Coimbra: Almedina, 2005.

---

65. ZUBOFF, Shoshana. *A era do capitalismo de vigilância*: a luta por um futuro humano na nova fronteira do poder. Rio de Janeiro: Intrínseca, 2020, p. 22.
66. FREITAS, Juarez. *Sustentabilidade*: direito ao futuro. Belo Horizonte: Fórum, 2019, p. 89.

CHANG, Rachel; VARLEY, Kevin; MUNOZ, Michael; TAM, Feliz; MAKOL, Kaur. The Covid Resilience Ranking: the best and worst places to be as reopening, variants colide. *Bloomberg*. Disponível em: https://www.bloomberg.com/graphics/covid-resilience-ranking/. Acesso em 18 jul. 2021.

CHINA EXECUTIVE LEADERSHIP ACADEMY PUDONG. *Na introduction of China Exective Leadership Academy of Pudong*. Disponível em: http://en.celap.cn/col/col2084/index.html. Acessado em: 25 jul. 2021.

CONSELHO DA EUROPA. *Convenção para a protecção dos direitos do homem e das liberdades fundamentais*. Roma, 04 nov. 1950. Disponível em: http://gddc.ministeriopublico.pt/instrumento/convencao-para-proteccao-dos-direitos-do-homem-e-das-liberdades-fundamentais. Acesso em: 20 set. 2020.

COUTINHO, Francisco Pereira. A independência da Comissão Nacional de Proteção de Dados. IN: COUTINHO, Francisco Pereira; MONIZ, Graça Canto (Org). *Anuário da Proteção de Dados – 2020*, p. 9-47. Disponível em: https://papers.ssrn.com/sol3/papers.cfm?abstract_id=3647602. Acesso em: 27 jan. 2021.

CRAVO, Daniela Copetti. *Direito à portabilidade de dados*: interface entre defesa da concorrência, do consumidor e proteção de dados. Rio de Janeiro: Lumen Juris, 2018.

DELLOITTE. *Repor on EU Data Protection Authorities. Part 4: Resources*. Disponível em: https://www2.deloitte.com/content/dam/Deloitte/nl/Documents/risk/deloitte-nl-risk-reports-resources.pdf. Acessado em 15 out. 2020.

DE SOUSA, Ramon. Anistia Internacional lança campanha para banir reconhecimento facial. *Canaltech*, 27 jan. 2021. Disponível em: https://canaltech.com.br/seguranca/anistia-internacional-lanca-campanha-para-banir-reconhecimento-facial-178116/. Acesso em: 28 jul. 2021.

DONEDA, Danilo. A Autoridade Nacional de Proteção de Dados e o Conselho Nacional de Proteção de Dados. In: DONEDA, Danilo et al. (Org). *Tratado de Proteção de Dados Pessoais*. Rio de Janeiro: Forense, 2021, p. 459-469.

ENNSER-JEDENASTIK, Laurenz. The Politicization of Regulatory Agencies: Between Partisan Influence and Formal Independence. *Journal of Public Administration Research and Theory, Volume 26, Issue 3, July 2016*, p. 512. Disponível em: https://doi.org/10.1093/jopart/muv022.

EUROPEAN COURT OF HUMAN RIGHTS. Plenary. *Case of Gaskin v. The United Kingdom*. Julgado em: Strasbourg, 7 Jul. 1989. Disponível em: https://hudoc.echr.coe.int/eng#{%22itemid%22:[%22001-57491%22]}. Acesso em: 20 set. 2020.

EUROPEAN DATA PROTECTION SUPERVISOR. *Artificial Intelligence Act*: a welcomed initiative, but ban on remote biometric identification in public space is necessary. [S.l.], 23 Apr. 2021. Disponível em: https://edps.europa.eu/press-publications/press-news/press-releases/2021/artificial-intelligence-act-welcomed-initiative_en. Acesso em: 23 maio 2021.

EUROPEAN DATA PROTECTION BOARD. *Contribution of the EDPB to the evaluation of the GDPR under Article 97*. Disponível em: https://edpb.europa.eu/sites/default/files/files/file1/edpb_contributiongdprevaluation_20200218.pdf. Acessado em 27 jul. 2021.

FALEIROS JÚNIOR, José Luiz de Moura. *Administração Pública digital*: proposições para o aperfeiçoamento do regime jurídico administrativo na sociedade da informação. Indaiatuba, SP: Foco, 2020.

FREITAS, Juarez; FREITAS, Thomas Bellini. *Direito e inteligência artificial*: em defesa do humano. Belo Horizonte: Fórum, 2020.

FREITAS, Juarez. *Sustentabilidade*: direito ao futuro. Belo Horizonte: Fórum, 2019.

GUGELMIN, Felipe. Polícia Federal investe em novo sistema de dados com reconhecimento facial. *Canaltech*, 07 jul. 2021. Disponível em: https://canaltech.com.br/seguranca/policia-federal-investe-em-novo-sistema-para-aprimorar-reconhecimento-facial-189301/ Acesso em: 18 jul. 2021.

LIMA, Cíntia Rosa Pereira de. *A autoridade Nacional de Proteção de Dados e a efetividade da Lei Geral de Proteção de dados*: de acordo com a Lei Geral de Proteção de Dados (Lei n. 13.709/2018 e as alterações da lei n. 13.853/2019), o Marco Civil da Internet (Lei n. 12.965/2014) e as sugestões de alteração do CDC (PL 3.514/2015). São Paulo: Almedina Brasil, 2020.

MENDES, Carlos Helder Carvalho Furtado. *Tecnoinvestigação criminal*: entre a proteção de dados e a infiltração por Software. Salvador: JusPodivm, 2020.

LEORATI, Alexandre; PIMENTA, Guilherme. CADE sugere mudança na lei para atuar como autoridade de proteção de dados: estudo interno ainda não divulgado solicita mudanças na legislação para unir órgão antitruste e agência de dados. *Jota*, 17 ago. 2020. Disponível em: https://www.jota.info/tributos-e-empresas/concorrencia/autoridade-de-protecao-de-dados-cade-17082020. Acessado em 28. Jul. 2021.

MACHADO, Fernando Inglez de Souza; RUARO, Regina Linden. Publicidade comportamental, proteção de dados pessoais e o direito do consumidor. *Conpedi Law Review*, Braga – Portugal, v. 3, n. 2, p. 421-440, jul.-dez. 2017.

MARTINS, Ives Gandra da Silva. Taxa de Controle e Fiscalização Ambiental – TCFA Constitucionalidade de sua Instituição. In: *Revista Jurídica Virtual*, Brasília, v. 2, n. 21, fev. 2001.

MARTINS, Ricardo Marcondes. Lei Geral de Proteção de Dados Pessoais e direito administrativo: questões polêmicas. In: POZZO, Augusto Neves Dal; MARTINS, Ricardo Marcondes (Org.). LGPD e Administração Pública: uma análise ampla dos impactos. São Paulo: Thomson Reuters Brasil, 2020, p. 17-31.

MICKLETHWAIT, John; WOOLDRIDGE, Adrian. *A Quarta Revolução e a corrida global para reinventar o Estado*. São Paulo: Portfolio Penguin, 2015.

MICKLETHWAIT, John; WOOLDRIDGE, Adrian. *The Wake Up Call*: why the pandemic has exposed the weakness of the West, and how to fix it. New York: HarperCollins, 2020.

MOROZOV, Evegeny; BRIA, Francesca. *A cidade inteligente*: tecnologias urbanas e democracia. São Paulo: Ubu Editora, 2019.

OFFICE, Information Comissioner's Office. *Data Protection Fee: a guide for Data controllers*. Disponível em: https://ico.org.uk/for-organisations/guide-to-data-protection/guide-to-the-general-data-protection-regulation-gdpr/data-protection-fee/. Acesso em: 28 jul. 2021.

OLIVEIRA, Samuel R. de. *Sorria, você está sendo filmado*: repensando Direitos na Era do Reconhecimento facial. São Paulo: Thomson Reuters, 2021.

ORGANIZAÇÃO PARA A COOPERAÇÃO E DESENVOLVIMENTO ECONÔMICO – OCDE. *Revisões da OCDE sobre a transformação digital*: a caminho da era digital no Brasil. Paris: OECD, 2020. Disponível em: https://www.oecd-ilibrary.org/docserver/9a112bbe-pt.pdf?expires=1621814810&id=id&accname=ocid54025470&checksum=12966397DECD92399B1AC6C52D8EF99A. Acesso em: 11 jul. 2021.

RODRIGUEZ, Daniel Piñeiro. *O Direito Fundamental à Proteção de Dados*: vigilância, privacidade e regulação. Rio de Janeiro: Lumen Juris, 2021.

RYAN, Johnny. *Europe's governments are failing the GDPR*: Brave's 2020 report on the enforcement capacity of data protection authorities, 2020. Disponível em: https://brave.com/wp-content/uploads/2020/04/Brave-2020-DPA-Report.pdf Acesso em 15 jul. 2021.

VALENTE, Patrícia Pessoa; MARTINS, Fabrício Genicolo. Agências Reguladoras e interferência política: o que fazer? *JotaInfo*, [s.l.], 07 de outubro de 2020. Disponível em: https://www.jota.info/opiniao-e-analise/artigos/agencias-reguladoras-interferencia-politica-07102020#_ftnref5. Acesso em: 15 out. 2020.

ZUBOFF, Shoshana. *A era do capitalismo de vigilância*: a luta por um futuro humano na nova fronteira do poder. Rio de Janeiro: Intrínseca, 2020.

LEGISLAÇÃO:

BRASIL. *Lei 5.172, de 25 de outubro de 1966*. Denominado Código Tributário Nacional. Dispõe sobre o Sistema Tributário Nacional e institui normas gerais de direito tributário aplicáveis à União, Estados e Municípios. Brasília, 1966. Disponível em: http://www.planalto.gov.br/ccivil_03/leis/l5172compilado.htm. Acesso em: 20 set. 2020.

BRASIL. *Lei 13.709, de 14 de agosto de 2018*. Lei Geral de Proteção de Dados Pessoais (LGPD). Disponível em: http://www.planalto.gov.br/ccivil_03/_ato2015-2018/2018/lei/L13709.htm. Acesso em: 20 set. 2020.

9
PADRÕES DE INTEROPERABILIDADE
PARA FINS DE PORTABILIDADE

Daniela Copetti Cravo

Procuradora do Município de Porto Alegre (PGM/POA). Doutora e Pós-Doutora em Direito pela UFRGS. Diretora Acadêmica da Escola Superior de Direito Municipal (ESDM). Coordenadora do GT de implementação da LGPD na PGM/POA e representante da PGM/POA no GT de implementação da LGPD no Município de Porto Alegre.

Sumário: 1. Introdução – 2. Diferença entre "formato interoperável" e "interoperabilidade" – 3. Ausência de obrigatoriedade da interoperabilidade – 4. Necessidade da adoção de formato interoperável – 5. A importância das APIs – 6. Considerações finais – 7. Referências.

1. INTRODUÇÃO

A portabilidade de dados tem o potencial de promover uma redistribuição dos benefícios de uma realidade movida a dados, gerando valor aos titulares.[1] Trata-se se de uma ferramenta *user-centred*, que possibilita que o titular tenha um papel ativo no ecossistema de dados.[2-3]

Além dos seus potenciais efeitos ao mercado e ao bem-estar do consumidor, a portabilidade de dados é um direito individual[4] de cada titular dos dados, que permite uma maior gestão e controle dos seus dados (no sentido de decidir quem irá acessar e manter os dados). Esse direito não se limita aos casos de compartilhamento dos dados entre fornecedores[5], podendo ser exercido igualmente por meio da obtenção de uma cópia dos dados pelo titular para uso pessoal.

Destarte, a portabilidade de dados cristaliza o avanço da nova geração de leis de proteção de dados, dando um passo adiante ao complementar os direitos

---

1. A título de exemplo, a portabilidade poderá auxiliar na verificação do impacto do nosso padrão de consumo e a adoção de hábitos mais sustentáveis, entre outras possibilidades. Um exemplo seria a transferência de nossas listas de compras a um aplicativo de aconselhamento nutricional ou a utilização dos nossos dados de consumo em transporte e energia para criar um índice de carbono individual. A respeito, ver: https://www.latribune.fr/opinions/la-portabilite-des-donnees-un-levier-citoyen-pour-la-transition-ecologique-854175.html.
2. ARTICLE 29 DATA PROTECTION WORKING PARTY. *Guidelines on the right to data portability*. Brussels: European Commission, 2016, p. 4.
3. A portabilidade pode ser entendida também como um direito de uma nova geração (Monteleone, Andrea Giulia. Il Diritto Alla Portabilità Dei Dati. Tra Diritti Della Persona e Diritti Del Mercato. *LUISS Law Review*, 2/2017, p. 202.).
4. Geradin, Damien; Kuschewsky, Monika. *Competition law and personal data*: preliminary thoughts on a complex issue. Disponível em: [https://papers.ssrn.com/sol3/papers.cfm?abstract_id=2216088].
5. Article 29 Data Protection Working Party. Op. cit., p. 3.

mais tradicionais, como o de acesso, retificação, cancelamento e oposição. Por tal razão, espera-se que o Brasil saiba bem usufruir esse direito e explorar todas suas potencialidades.[6-7]

Ressalta-se, ademais, que esse novo direito necessita de aspectos suplementares para poder produzir todos os seus efeitos. Nesse sentido, destaca-se a interoperabilidade como algo de salutar relevância para o exercício da portabilidade.[8]

Porém, é preciso definir o que é interoperabilidade e diferenciá-la de outros elementos também importantes para a portabilidade, como é o caso de formatos interoperáveis. Assim, o presente artigo busca analisar tais figuras e verificar o contexto normativo existente no que toca à interoperabilidade para fins de portabilidade, e como essa pode ser fomentada à luz de experiências bem-sucedidas, como é o caso do *Open Banking*.[9]

---

6. Atualmente, está sendo debatida, por meio de consulta pública, a possibilidade da dispensa da portabilidade de dados pessoais para agentes de tratamento de pequeno porte em proposta normativa da ANPD (Autoridade Nacional de Proteção de Dados). Muito embora a finalidade visada pela regulamentação de facilitar a adaptação à LGPD pelos agentes de tratamento de pequeno porte seja louvável, entende-se que, no que toca à dispensa do direito à portabilidade, talvez fosse melhor amadurecer melhor o tema. Primeiro pela ausência de clareza quanto ao conteúdo da portabilidade. Segundo pela possibilidade de redução e simplificação dos custos de *compliance*, a partir das seguintes possibilidades/exemplos: (i) determinando a quais bases legais a portabilidade se aplica, (ii) estabelecendo um padrão interoperável a ser observado, (iii) fomentando a construção de APIs, (iv) determinando a quais dados se aplica, e (v) até mesmo limitando o número de requisições anuais, como ocorreu na California Consumer Privacy Act (CCPA). Sobre a consulta pública, ver: https://www.gov.br/anpd/pt-br/assuntos/noticias/anpd-abre--consulta-publica-e-inscricoes-para-audiencia-publica-sobre-norma-de-aplicacao-da-lgpd-para-micro-empresas-e-empresas-de-pequeno-porte.
7. Além de caracterizar uma evolução para a proteção de dados pessoais, a portabilidade também tem implicações técnicas em outras esferas. Nesse sentido, a portabilidade pode proporcionar a criação de *datasets* e o acesso aos dados, elemento importante para o desenvolvimento de novas tecnologias e de inteligência artificial (EUROPEAN COMISSION. DSM cloud stakeholder working groups on cloud switching and cloud security certification. Disponível em:https://ec.europa.eu/digital-single-market/en/dsmcloud-stakeholder-working-groups-cloud-switching-and-cloud-security-certification. Acesso em: 06 jul. 2020.). Ainda, a portabilidade de dados pode ser uma ferramenta importante para promoção de interesses coletivos ou difusos da sociedade. Os cidadãos podem requerer seus dados para torná-los disponíveis no futuro, quando da execução de uma política pública ou de uma missão científica, a partir de uma chamada pública de dados. (VILLANI, Cédric. *For a Meaningful Artifical Intelligence*. Disponível em: https://www.aiforhumanity.fr/pdfs/MissionVillani_Report_ENG-VF.pdf. Acesso em: 24 set. 2020, p. 30.). A portabilidade de dados também pode permitir o altruísmo de dados. EUROPEAN COMMISSION. *Data protection as a pillar of citizens' empowerment and the EU's approach to the digital transition - two years of application of the General Data Protection Regulation*. Disponível em: EUR-Lex - 52020DC0264 - EN - EUR-Lex (europa.eu). Acesso em: 07 nov. 2021.
8. DUARTE, Diogo Pereira; GUSEINOV, Alexandra. O direito de portabilidade de dados pessoais. In: CORDEIRO, Antônio Menezes; OLIVEIRA, Ana Perestrelo; DUARTE, Diogo Pereira Duarte (Coord.). *FinTech II*: Novos estudos sobre tecnologia financeira. Coimbra: Almedina, p. 105-127. 2019.
9. No Reino Unido, a partir das experiências bem-sucedidas do Open Banking, está sendo desenvolvido o Smart Data, que busca expandir a política de compartilhamento dos dados para outros setores. DEPARTMENT FOR BUSINESS, ENERGY & INDUSTRIAL STRATEGY. *Smart Data Working Group*. Disponível em: Smart Data Working Group: Spring 2021 report (publishing.service.gov.uk). Acesso em: 07 nov. 2021.

2. DIFERENÇA ENTRE "FORMATO INTEROPERÁVEL" E "INTEROPERABILIDADE"

Antes de partir para análise dos textos legais (RGPD e LGPD), a fim de investigar o que esses trazem a respeito da interoperabilidade, é preciso diferenciar os conceitos de "formato interoperável" e de "interoperabilidade". O formato interoperável seriam padrões mínimos que possibilitam a troca de dados e a sua reutilização.[10] O minimamente esperado é que os dados estejam em formato estruturado, comumente usável e lido por máquina.[11]

Já um sistema interoperável ou a interoperabilidade diz respeito à capacidade de comunicação, execução de programas ou a transferência de dados entre diversas unidades funcionais, sem que haja a necessidade de conhecimento das características exclusivas de cada unidade.[12] A temática de um sistema interoperável é abrangida na ISO/IEC 2382–01.

Assim, é possível definir a interoperabilidade de dados da seguinte forma: "a capacidade dos sistemas de tecnologia, informação e comunicação, e os processos que estes suportam, de compartilhar dados e trocar informações e conhecimento, a partir de mecanismos de compatibilização de acesso e formato".[13]

No Brasil, no âmbito do governo federal[14], há várias iniciativas para o desenvolvimento da interoperabilidade para fins de implementação das políticas de governo eletrônico. No Guia de Interoperabilidade, bem como no Decreto 10.046/2019[15-16], consta a interoperabilidade como a capacidade de diversos sistemas e organizações trabalharem conjuntamente.

Veja-se que a interoperabilidade é uma ferramenta essencial para a administração pública, especialmente para garantir a prestação de serviços públicos mais

---

10. EUROPEAN COMMISSION. *GDPR Data Portability and Core Vocabularies*, 2018.
11. ARTICLE 29 DATA PROTECTION WORKING PARTY. Op. cit., p. 17.
12. PUCCINELLI, Oscar Raúl. El derecho a la portabilidad de los datos personales. Orígenes, sentido y alcances. *Pensamiento Constitucional*, v. 22, n. 22, Gale Onefile: Informe Académico, p. 207, 2017.
13. LAPIN. *Nota Técnica 10 Recomendações para a Interoperabilidade de Dados na Administração Pública*. Disponível em: https://lapin.org.br/2021/05/18/nota-tecnica-interoperabilidade-de-dados-na-administracao--publica/. Acesso em: 03 nov. 2021.
14. Brasil. Ministério do Planejamento, Orçamento e Gestão. *Guia de Interoperabilidade*: Manual do Gestor / Ministério do Planejamento, Orçamento e Gestão. – Brasília: MP, 2012.
15. Cabe ponderar que apesar dos objetivos visados pelo Decreto 10.046/2019 de eficiência na gestão de serviços públicos e de combate a fraudes, algumas críticas são tecidas ao Decreto, justamente pela falta de salvaguardas e formas de controle pelo cidadão de como os seus dados estariam sendo tratados e por quais órgãos (MARANHÃO, Juliano; CAMPOS, Ricardo. *A divisão informacional de poderes e o cadastro base do cidadão*. Disponível em: https://www.jota.info/opiniao-e-analise/artigos/a-divisao-informacional-de-poderes-e-o-cadastro-base-do-cidadao-18102019. Acesso em: 22 out. 2020).
16. Destaca-se, todavia, que a constitucionalidade desse Decreto é questionada na ADI 6649, em trâmite no Supremo Tribunal Federal e distribuída por prevenção ao Relator da ADPF 695, que também tem como objeto o mesmo Decreto. Na ADI, sustenta-se a inconstitucionalidade formal (invasão de matéria reservada à lei) e material (violação à privacidade, proteção de dados pessoais e à autodeterminação informativa) do mencionado Decreto.

adequados e eficientes. Porém, tal desenvolvimento deve ser acompanhado de uma efetiva proteção aos dados pessoais.[17]

Recentemente, a interoperabilidade na administração pública foi reforçada na Lei 14.129/2021 (Lei do Governo Digital). Para fins de cumprimento das disposições pertinentes à interoperabilidade na mencionada lei, o Tribunal de Contas da União (TCU) no Acórdão 2279/2021 determinou que seja promovida a efetiva utilização de mecanismos de interoperabilidade e de integração dos sistemas para fins de aprimoramento da gestão de políticas públicas fundamentadas em dados, evidências e de serviços preditivos no âmbito da Administração Pública Federal.

No âmbito europeu, a Decisão 922/2009/CE do Parlamento Europeu e do Conselho, define no seu artigo 2º, alínea "a", a interoperabilidade como a capacidade de organizações díspares e diversas interagirem mediante o intercâmbio de dados entre os respectivos sistemas TIC.

Ademais, em 2020 a Comissão Europeia adotou a Comunicação "Moldar o futuro digital da Europa" (COM (2020) 67) sob o título "Uma Europa adequada à era digital". Dentre as ações-chave da Comunicação está o desenvolvimento de uma "estratégia reforçada de interoperabilidade dos governos da UE" até 2021, com o objetivo de promover a coordenação e a adoção de normas comuns para os serviços públicos e fluxos de dados.[18]

Nessa linha e visando a alcançar a interoperabilidade, a Comissão lançou a avaliação do programa ISA e do Quadro Europeu de Interoperabilidade (FEI, COM (2017) 134), bem como uma avaliação de impacto para uma futura estratégia de interoperabilidade do setor público para a União Europeia.

Cabe, mencionar, por fim, que a interoperabilidade é um grande desafio e "se torna potencialmente mais difícil na medida que os sistemas se tornam mais complexos". Por isso, "há uma necessidade de um elemento de harmonização e padronização prévia".[19]

3. AUSÊNCIA DE OBRIGATORIEDADE DA INTEROPERABILIDADE

A LGPD (Lei Geral de Proteção de Dados) possibilita, no seu artigo 40, que a autoridade nacional disponha de padrões de interoperabilidade para fins de portabilidade. Assim, até o momento, não há a necessidade da interoperabilidade entre os serviços.

---

17. LAPIN. *Nota Técnica 10 Recomendações para a Interoperabilidade de Dados na Administração Pública*. Disponível em: https://lapin.org.br/2021/05/18/nota-tecnica-interoperabilidade-de-dados-na-administracao--publica/. Acesso em: 03 nov. 2021.

18. European Commission. *Shaping the future interoperability policy*. Disponível em: Shaping the future interoperability policy. Acesso em: 1º nov. 2021.

19. ITS RIO. *PORTABILIDADE DE DADOS, INTEROPERABILIDADE E OPEN BANKING*. Disponível em: Portabilidade-Interoperabilidade-OpenBanking.pdf (itsrio.org). Acesso em: 03 nov. 2021.

Justamente pela ausência da obrigatoriedade da interoperabilidade até o presente momento para fins de portabilidade, se aparecerem barreiras técnicas quando da execução dessa (nomeadamente no caso da transferência direta dos dados a um novo controlador), o controlador deverá explicar essas barreiras ao indivíduo requerente de maneira inteligível e clara, à luz do § 4º do artigo 18 da Lei.

No contexto do RGPD (Regulamento Geral de Proteção de Dados), muito embora a interoperabilidade seja um resultado desejado[20], não há a sua exigência[21], como bem dispõe o considerando 68: "O direito do titular dos dados a transmitir ou receber dados pessoais que lhe digam respeito não deverá implicar para os responsáveis pelo tratamento a obrigação de adotar ou manter sistemas de tratamento que sejam tecnicamente compatíveis".

Apesar de inexistir a obrigatoriedade de interoperabilidade, Paul Hert et al.[22] sugerem que essa deveria ser exigida. Conforme os autores, a verdadeira intenção do Regulamento não seria uma mera transferência direta entre um controlador a outro, mas sim um desenvolvimento de uma sólida interconexão entre diferentes serviços digitais, fomentando assim um sistema *user-centred*.[23]

A interoperabilidade pode ser produzida por mercados complementares, que terão estímulo para se desenvolver ou até mesmo surgir de maneira originária. Para tanto, seria possível a concessão de isenções em matéria de direito da propriedade intelectual para fins de promoção de uma melhor experiência em matéria de interoperabilidade e, por conseguinte, de portabilidade.

Esse estímulo à compatibilidade e à interoperabilidade pode ser encontrado em precedentes nos Estados Unidos da América, como no caso Lotus Development Corp. v. Borland International[24], citado por Peter Swire e Yianni Lagos.[25] Nesse caso, a Corte decidiu que a empresa Lotus não poderia usar sua proteção de copyright para impedir a criação de programas de concorrentes que possibilitassem interoperabilidade.[26]

Na União Europeia, há previsão bem similar com o precedente norte-americano. Trata-se de Diretiva de 1991 sobre Programas de Computador, a qual traz uma exceção ao copyright, permitindo que terceiras empresas observem, estudem e copiem um programa de terceiro quando isso for necessário para atingir a interoperabilidade dos programas.

---

20. ARTICLE 29 DATA PROTECTION WORKING PARTY. Op. cit., p. 17.
21. Veja que na hipótese da transferência direta dos dados (artigo 20, n. 2, do RGPD), o próprio texto fala que essa só será exigida quando for tecnicamente possível.
22. HERT, Paul; Papakonstantinou, Vagelis; MALGIERI, Gianclaudio; BESLAY, Laurent; SANCHEZ, Ignacio. The right to data portability in the GDPR: Towards user-centric interoperability of digital services, Computer Law & Security Review: *The International Journal of Technology Law and Practice*, 2017.
23. Ibidem.
24. ESTADOS UNIDOS DA AMÉRICA. Court of Appeals for the First Circuit. *Lotus Development Corp. v. Borland International*. Julgado em 1995.
25. SWIRE, Peter; LAGOS, Yianni. Why the Right to Data Portability Likely Reduces Consumer Welfare: Antitrust and Privacy Critique. *Maryland Law Review*, n. 335, p. 340, 2013.
26. Ibidem.

Por fim, tem-se entendido que sem interoperabilidade é muito provável que a portabilidade não venha a gerar todos os seus potenciais efeitos.[27] Maurizio Borghi pondera que os efeitos pró-competitivos da portabilidade acabam sendo mais pronunciados em mercados com sistemas comuns de processamento de dados do que naqueles em que há uma ausência de padrões interoperáveis.[28]

4. NECESSIDADE DA ADOÇÃO DE FORMATO INTEROPERÁVEL

Apesar de não ser até o momento obrigatória no Brasil a interoperabilidade para fins de portabilidade, defende-se que na execução dessa o controlador deve usar formatos interoperáveis, para fins de possibilitar a reutilização dos dados. Veja que a LGPD não trouxe a exigência quanto ao formato dos dados, mas a partir de uma leitura finalística da norma é possível chegar a essa conclusão, já que é necessário que o titular consiga reutilizar os dados sem grandes entraves.[29]

Adiciona-se que já há previsão no nosso ordenamento quanto ao uso de um formato interoperável dos dados. O Decreto n. 8.771/2016, que regulamenta o Marco Civil da Internet, no artigo 15º, estabelece que os dados deverão ser mantidos em formato interoperável e estruturado, para facilitar o acesso decorrente de decisão judicial ou determinação legal. Ainda, o artigo 25 da LGPD determina que "Os dados deverão ser mantidos em formato interoperável e estruturado para o uso compartilhado, com vistas à execução de políticas públicas, à prestação de serviços públicos, à descentralização da atividade pública e à disseminação e ao acesso das informações pelo público em geral".

Assim, conclui-se que no Brasil não há até o momento a exigência da interoperabilidade para fins de portabilidade, muito embora essa possa vir a ser disposta pela Autoridade Nacional de Proteção de Dados (ANPD), nos termos do artigo 40 da LGPD. Tal conclusão, não retira a exigência de observância de um formato interoperável, a fim de que seja, ao menos, estruturado, de uso corrente e de leitura automática. No contexto europeu, entende-se que para fins de cumprimento da portabilidade, o responsável pelo tratamento deverá fornecer os dados pessoais em formato interoperável, estruturado, de uso corrente e de leitura automática (considerando 68 do RGPD).

Cabe ressaltar que na formulação original do RGPD, atribuía-se à Comissão o papel de identificar um formato comum de transferência. No entanto, tal necessidade

---

27. O recente relatório da OCDE "A Caminho da Era Digital no Brasil". bem destaca a importância do desenvolvimento de padrões de interoperabilidade para fins de portabilidade de dados. OECD. *A Caminho da Era Digital no Brasil*, OECD Publishing, Paris, 2020, p. 199.
28. Borghi, Maurizio. *Data Portability and Regulation of Digital Markets*. CIPPM / Jean Monnet Working Papers, Bournemouth University, 2019, p. 15.
29. COLOMBO, Cristiano; GOULART, Guilherme. Direito póstumo à portabilidade de dados pessoais no ciberespaço à luz do Direito brasileiro. In: Flores, Alfredo de Jesus Dal Molin (Org.). *Perspectivas do discurso jurídico: revolução digital e sociedade globalizada*. Rio Grande: Editora da Furg, 2020, v. 1, p. 94.

de definição do formato acabou sendo abandonada, justamente pelas divergências existentes e discussões quanto às implicações concorrenciais da imposição de formato.[30]

5. A IMPORTÂNCIA DAS APIS

Nesse contexto, destaca-se a importância do desenvolvimento de APIs (Application Programming Interface), que são um conjunto de protocolos que definem como componentes de software se comunicam com outros. Ao permitir que uma empresa facilmente acesse dados gerados por outra empresa, é possível se vislumbrar o desenvolvimento de uma interoperabilidade entre diferentes agentes.[31]

Nesse sentido, o uso de APIs para armazenamento e acesso a dados acaba emergindo como um elemento essencial para a portabilidade e para replicação de modelos de tecnologias nas mais diferentes cidades e comunidades possíveis, sendo uma orientação importante para o desenvolvimento das Smart Cities.[32]

Destaca-se, ademais, que o uso de APIs padronizadas pode permitir uma portabilidade contínua[33] e o acesso a dados independentemente da localização desses[34]. O papel das APIs para o reuso dos dados também foi reconhecido na Diretiva da União Europeia 2019/1024, que trata sobre dados abertos.

Assim, reafirma-se a importância do desenvolvimento de APIs para que a portabilidade possa produzir todos os seus efeitos, como a promoção do direito de escolha e da autodeterminação informativa e o fomento à concorrência. Tal afirmação tem como respaldo a experiência bem-sucedida do *Open Banking*[35], cuja operacionalização é pautada nas APIs.[36]

---

30. Monteleone, Andrea Giulia. Il Diritto Alla Portabilità Dei Dati. Tra Diritti Della Persona e Diritti Del Mercato. *LUISS Law Review*, 2/2017, p. 209.

31. Borgogno, Oscar; Colangelo, Giuseppe. Data Sharing and Interoperability Through APIs: Insights from European Regulatory Strategy, *Computer Law & Security Review*, Stanford-Vienna European Union Law Working Paper N. 38, 2018.

32. SynchroniCity. SynchroniCity Guidebook. Disponível em: https://synchronicity-iot.eu/wp-content/uploads/2020/01/SynchroniCity-guidebook.pdf. Acesso em: 26 set. 2020.

33. CENTRE ON REGULATION IN EUROPE (CERRE). Making data portability more effective for the digitial economy. Disponível em:https://www.cerre.eu/sites/cerre/files/cerre_making_data_portability_more_effective_for_the_digital_economy_june2020.pdf . Acesso em: 06 jul. 2020.

34. EUROPEAN DATA PROTECTION SUPERVISOR. EDPS Opinion on the European Commission's White Paper on Artificial Intelligence – A European approach to excellence and trust. Disponível em: https://edps.europa.eu/sites/edp/files/publication/20-06-19_opinion_ai_white_paper_en.pdf. Acesso em: 06 jul. 2020.

35. O Open Banking "consubstancia-se na imposição legal e mais especificamente regulatória setorial pela qual as instituições financeiras devem permitir a portabilidade, assim como a interoperabilidade dos seus sistemas, assegurando-se a proteção dos dados, isto é, portanto, do trinômio portabilidade-interoperabilidade-proteção de dados pessoais." TRINDADE, Manoel Gustavo Neubarth. Economia de plataforma (ou tendência à bursatilização dos mercados): ponderações conceituais distintivas em relação à economia compartilhada e à economia colaborativa e uma abordagem de análise econômica do direito dos ganhos de eficiência econômica por meio da redução severa dos custos de transação. *Revista Jurídica Luso-Brasileira*, v. 4, p. 1977, 2020.

36. SOUTO, Gabriel. Cessão de dados financeiros como um novo modelo de negócios através do Open Banking. *Revista da Procuradoria-Geral do Banco Central*, v. 14, p. 13-32, 2020.

O fomento à interoperabilidade e ao desenvolvimento de APIs pode ser feito não apenas pela ANPD, como também por autoridades reguladoras de mercados setoriais. Ainda, é possível que os agentes de mercado proponham iniciativas de interoperabilidade a partir de boas práticas, fulcro no artigo 50 da LGPD.

6. CONSIDERAÇÕES FINAIS

Se num primeiro momento a portabilidade de dados poderia ser entendida apenas como um mecanismo destinado ao mercado de consumo, hoje não se dúvida mais que esse direito é de todos os indivíduos. A portabilidade é uma evolução, que marca uma nova geração de direitos, apta a colocar o titular dos dados como protagonista da nova realidade digital.

Ocorre que, como visto ao longo do artigo, a interoperabilidade e o uso de formatos interoperáveis são imprescindíveis para que a portabilidade possa produzir todos os seus efeitos. O compartilhamento de dados só faz sentido se houver possibilidade do seu reuso de maneira facilitada. Ademais, para fins do desenvolvimento de novas tecnologias e do fomento a um mercado competitivo, é necessário um fluxo intenso de dados, razão pela qual a interoperabilidade assume papel de destaque no sistema.

Sem o uso de APIs, os efeitos da portabilidade podem ser muito pontuais ou mínimos, e é nesse ponto que reside a necessidade do estímulo à interoperabilidade e ao desenvolvimento de APIs. Para tal fim, o artigo 40 da LGPD prevê que a ANPD poderá dispor sobre padrões de interoperabilidade para fins de portabilidade.

Porém, o fomento à interoperabilidade e ao desenvolvimento de APIs pode ser feito não apenas pela ANPD, como também por autoridades reguladoras de mercados setoriais. Ainda, é possível que os agentes de mercado proponham iniciativas de interoperabilidade a partir de boas práticas, fulcro no artigo 50 da LGPD.

Apesar de não ser até o momento obrigatória no Brasil a interoperabilidade para fins de portabilidade, defende-se que na execução dessa o controlador use formatos interoperáveis, para fins de possibilitar a reutilização dos dados. Veja que a LGPD não trouxe a exigência quanto ao formato dos dados, mas a partir de uma leitura finalística da norma é possível chegar a essa conclusão, já que é necessário que o titular consiga reutilizar os dados sem grandes entraves.

7. REFERÊNCIAS

ARTICLE 29 DATA PROTECTION WORKING PARTY. *Guidelines on the right to data portability*. Brussels: European Commission, 2016.

BORGHI, Maurizio. *Data Portability and Regulation of Digital Markets*. CIPPM / Jean Monnet Working Papers, Bournemouth University, 2019.

BORGOGNO, Oscar; Colangelo, Giuseppe. Data Sharing and Interoperability Through APIs: Insights from European Regulatory Strategy, *Computer Law & Security Review*, Stanford-Vienna European Union Law Working Paper N. 38, 2018.

BOZDAG, Engin Data portability under GDPR: technical challenges. *Philips International BV*, 2018. Disponível em: https://ssrn.com/abstract=3111866. Acesso em: 28 fev. 2021.

BRASIL. Ministério do Planejamento, Orçamento e Gestão. *Guia de Interoperabilidade*: Manual do Gestor / Ministério do Planejamento, Orçamento e Gestão. – Brasília: MP, 2012.

CENTRE ON REGULATION IN EUROPE (CERRE). Making data portability more effective for the digitial economy. Disponível em:https://www.cerre.eu/sites/cerre/files/cerre_making_data_portability_more_effective_for_the_digital_economy_june2020.pdf . Acesso em: 06 jul. 2020.

COLOMBO, Cristiano; GOULART, Guilherme. Direito póstumo à portabilidade de dados pessoais no ciberespaço à luz do Direito brasileiro. In: Flores, Alfredo de Jesus Dal Molin. (Org.). *Perspectivas do discurso jurídico*: revolução digital e sociedade globalizada. Rio Grande: Editora da Furg, 2020.

DEPARTMENT FOR BUSINESS, ENERGY & INDUSTRIAL STRATEGY. *Smart Data Working Group*. Disponível em: Smart Data Working Group: Spring 2021 report (publishing.service.gov.uk). Acesso em: 07 nov. 2021.

DUARTE, Diogo Pereira; GUSEINOV, Alexandra. O direito de portabilidade de dados pessoais. In: CORDEIRO, Antônio Menezes; OLIVEIRA, Ana Perestrelo; DUARTE, Diogo Pereira Duarte (Coord.). *FinTechII: Novos estudos sobre tecnologia financeira*. Coimbra: Almedina, p. 105-127. 2019.

ESTADOS UNIDOS DA AMÉRICA. Court of Appeals for the First Circuit. *Lotus Development Corp. v. Borland International*. Julgado em 1995.

EUROPEAN COMMISSION. *Data protection as a pillar of citizens' empowerment and the EU's approach to the digital transition – two years of application of the General Data Protection Regulation*. Disponível em: EUR-Lex - 52020DC0264 - EN - EUR-Lex (europa.eu). Acesso em: 07 nov. 2021.

EUROPEAN COMISSION. *DSM cloud stakeholder working groups on cloud switching and cloud security certification*. Disponível em:https://ec.europa.eu/digital-single-market/en/dsmcloud-stakeholder--working-groups-cloud-switching-and-cloud-security-certification. Acesso em: 6 jul. 2020.

EUROPEAN COMMISSION. *GDPR Data Portability and Core Vocabularies*, 2018.

EUROPEAN COMMISSION. *Shaping the future interoperability policy*. Disponível em: Shaping the future interoperability policy. Acesso em: 1º nov. 2021.

EUROPEAN DATA PROTECTION SUPERVISOR. *EDPS Opinion on the European Commission's White Paper on Artificial Intelligence – A European approach to excellence and trust*. Disponível em: https://edps.europa.eu/sites/edp/files/publication/20-06-19_opinion_ai_white_paper_en.pdf . Acesso em: 06 jul. 2020.

FIDALGO, Vitor Palmela. O direito à portabilidade de dados pessoais. *Revista de Direito e Tecnologia*, v. 1, n. 1., 2019, p. 89-135.

GERADIN, Damien; Kuschewsky, Monika. *Competition law and personal data*: preliminary thoughts on a complex issue. Disponível em: [https://papers.ssrn.com/sol3/papers.cfm?abstract_id=2216088].

HERT, Paul; Papakonstantinou, Vagelis; MALGIERI, Gianclaudio; BESLAY, Laurent;SANCHEZ, Ignacio. The right to data portability in the GDPR: Towards user-centric interoperability of digital services, Computer Law & Security Review: *The International Journal of Technology Law and Practice*, 2017.

INFORMATION COMMISSIONER'S Office. *Right to Data Portability*. Disponível em: https://ico.org.uk/. Acesso em: 25 out. 2020.

ITS RIO. *Portabilidade de dados, interoperabilidade e Open Banking*. Disponível em: Portabilidade-Interoperabilidade-OpenBanking.pdf (itsrio.org) . Acesso em: 03 nov. 2021.

LAPIN. *Nota Técnica 10 Recomendações para a Interoperabilidade de Dados na Administração Pública*. Disponível em: https://lapin.org.br/2021/05/18/nota-tecnica-interoperabilidade-de-dados-na-administracao-publica/. Acesso em: 03 nov. 2021.

MARANHÃO, Juliano; CAMPOS, Ricardo. *A divisão informacional de poderes e o cadastro base do cidadão.* Disponível em: https://www.jota.info/opiniao-e-analise/artigos/a-divisao-informacional-de-poderes-e-o-cadastro-base-do-cidadao-18102019. Acesso em: 22 out. 2020.

MONTELEONE, Andrea Giulia. Il Diritto Alla Portabilità Dei Dati. Tra Diritti Della Persona e Diritti Del Mercato. *LUISS Law Review*, 2/2017.

OECD. *A Caminho da Era Digital no Brasil.* OECD Publishing, Paris, 2020.

PUCCINELLI, Oscar Raúl. El derecho a la portabilidad de los datos personales. Orígenes, sentido y alcances. *Pensamiento Constitucional*, v. 22, n. 22, Gale Onefile: Informe Académico, 2017.

SOUTO, Gabriel. Cessão de dados financeiros como um novo modelo de negócios através do Open Banking. *Revista da Procuradoria-Geral do Banco Central*, v. 14, p. 13-32, 2020.

SWIRE, Peter; LAGOS, Yianni. Why the right to data portability likely reduces consumer welfare: antitrust and privacy critique. *Maryland Law Review*, 335, 2013.

SYNCHRONICITY. SynchroniCity Guidebook. Disponível em: https://synchronicity-iot.eu/wp-content/uploads/2020/01/SynchroniCity-guidebook.pdf. Acesso em: 26 set. 2020.

TRINDADE, Manoel Gustavo Neubarth. Economia de plataforma (ou tendência à bursatilização dos mercados): ponderações conceituais distintivas em relação à economia compartilhada e à economia colaborativa e uma abordagem de análise econômica do direito dos ganhos de eficiência econômica por meio da redução severa dos custos de transação. *Revista Jurídica Luso-Brasileira*, v. 4, 2020.

10
REALIDADE DIGITAL, TRIBUTAÇÃO INDIRETA E TENDÊNCIAS INTERNACIONAIS: O QUE A *BLOCKCHAIN* TEM (OU PODE TER) COM ISSO?

Dayana de Carvalho Uhdre

Doutoranda pela Universidade Católica de Lisboa. Mestre em Direito pela Universidade Federal do Paraná. Membro Associada da BABEL-Blockchains and Artificial intelligence for Business, Economics and Law (Universidade de Firenze). Professora convidada em inúmeros cursos de pós-graduações. Membro da Comissão de Direito Tributário da OAB/PR. Diretora Acadêmica da Comissão de Inovação e Gestão da OAB/PR. Procuradora do Estado do Paraná. E-mail: contato@dayanauhdre.com.br

Sumário: 1. Introdução – 2. Globalização e direito: o necessário transbordar do interno – 3. Diretrizes internacionais, IVA e o E-COMMERCE B2C de intangíveis: principais questões; 3.1 As regras gerais para determinação do local de tributação nas operações B2C de suprimento de bens intangíveis e serviços e métodos de arrecadação conexos: o atual estado da arte consoante as Diretrizes Internacionais de IVA; 3.2 Um necessário passo atrás: as constatações do grupos de especialistas no âmbito dos debates pós-conferência de Ottawa; 3.3 Um passo à frente: os insigths do relatório final da ação 1 do BEPS e do relatório sobre o papel das plataformas digitais da arrecadação do IVA – 4. Conclusões: sobre como prosseguir e a "centralidade" da tecnologia nisso – 5. Referências.

1. INTRODUÇÃO

A dúvida é a génese do conhecimento.[1] A nossa tem por contexto o dos recentes debates levados a efeito, aqui no Brasil, sobre a necessária reforma tributária de nosso sistema de tributação sobre o consumo. Um dos pontos que agregam complexidade ao sistema brasileiro é a repartição entre todos os entes federados, e consoante "materialidades" conceitualmente delimitadas, da tributação da cadeia de consumo. Ao contrário da maioria dos países que estabeleceram um único imposto à generalidade das operações consumeristas (qual seja o Imposto sobre o Valor Agregado), aqui estruturamos seis tributos distintos – o IPI, PIS/Cofins, ICMS e ISS[2] –, partilhados, como dito, por todos os três entes federados.

É certo que simplificar nosso sistema de tributação indireta, com a aglutinação desses tributos em apenas um, tal qual está em pauta nos principais projetos de

---

1. GAMA, Tácio Lacerda. *Competência Tributária. Fundamentos para uma Teoria da Nulidade*. 2. ed. Revista e ampliada. São Paulo: Editora Noeses, 2001, p. XXV.
2. Imposto sobre Produto Industrializado (IPI), Programa de Integração Social (PIS), Contribuição para o Financiamento da Seguridade Social (Cofins), Imposto sobre a Circulação de Mercadorias e Prestação de Serviços de Transporte Interestadual e Intermunicipal e de Comunicação (ICMS), e Imposto sobre Prestação de Serviços em geral (ISS).

Reforma Tributária, é medida em todo salutar, ante uma realidade cada vez mais globalizada, por facilitar a harmonização do nosso sistema a tantos outros. No entanto, e aqui reside o ponto que tem despertado nossas inquietações, será que isso seria suficiente para tornar nosso sistema de tributação sobre o consumo mais consentâneo à realidade atual? E, nosso palpite é que não. Compreendemos ser necessário assimilar que mesmo os sistemas de tributação pelo IVA foram erigidos em realidades analógicas, que não mais configura a ordem do dia.

Destarte, o padrão de consumo tem sofrido mudanças significativas, por intermédio da crescente utilização de tecnologias da informação e comunicação. Estima-se que a participação do *e-commerce* no comércio varejista global tenha aumentado de 10,4% em 2017 para 14,1% em 2019[3]. No que tange ao setor de serviços, a participação dos *e-services*[4] nas exportações totais aumentou de 45% para 52% entre 2005 e 2019[5]. Tal expansão do comércio electrónico tem suscitado discussões quanto à necessidade e intensidade de adaptações dos sistemas tributários à essa realidade de "economia digital".[6]

Os questionamentos surgem principalmente em razão de as operações comerciais tomarem lugar em "marketplaces" globais e virtuais que, diferentemente dos "marketplaces convencionais", não estão constritos por limitações de espaços geográficos nem de horário comercial. Como consequência, a localização das partes acordantes é de somenos importância, da mesma forma que o contacto físico para celebração do negócio e entrega dos bens ou serviços. Como nos lembra Marie Lamensch, tais características acabam por oferecer uma relativa anonimidade aos usuários.[7].

Em suma, é a natureza potencialmente global dos *e-marketplaces* vis a vis a relativa anonimidade dos usuários da Internet os principais motivos para que o comércio electrónico (em sentido amplo) represente um desafio à estrutura tributária tradicional. De um lado, os sistemas normativos estão costumeiramente baseados em conceitos territoriais, destinados que são a serem aplicados a sujeitos fisicamente identificáveis e ligados a uma dada jurisdição nacional (geograficamente limitada), tornando extremamente complicado para os "e-comerciantes" estarem globalmente em conformidade, ante a potencial multiplicidade de regulamentações nacionais que

---

3. LIPSMAN, Andrew. (2019) *Global E-- 2019*: E-commerce Continues Strong Gains Amid Global Economic Uncertainty. eMarketer (News item). Disponível em: https://www.emarketer.com/content/global-e-commerce-2019.

4. O termo é utilizado aqui para se referir a serviços entregues digitalmente.

5. UNCTAD (2021). *Covid-19 and e-commerce*: a global review, p. 13. Dados disponíveis em: https://unctadstat.unctad.org/wds/ReportFolders/reportFolders.aspx

6. Dentre outros vide: JOHNSON, David Reynold; POST, David G., Law and Borders – the Rise of Law in Cyberspace. *Stanford Law Review*, Vol. 48, p. 1367, 1996. Disponível em: https://ssrn.com/abstract=535; LESSIG, Lawrence. Code: And Other Laws of Cyberspace, Version 2.0. 2. ed. Basic Book, 2006; HELLERSTEIN, Walter. Electronic Commerce and the Challenge for Tax Administration. World Trade Organization (2002). Seminar on Revenue Implications of E-Commerce for Development.

7. LAMENSCH, Marie. *European Value Added Tax in the Digital Era*: A Critical Analysis and Proposals for Reform. IBFD Doctoral Series. Volume 36. IBFD: Amsterdam, 2015, p. 39-40.

se lhes aplicam simultaneamente. Por outro, a coerção para efetivo cumprimento das legislações nacionais em um ambiente de operações transfronteiriças digitais se mostra, no mínimo, complicada. E, o é primeiro pela limitada capacidade de os Estados fazerem cumprir suas regras para além dos seus limites territoriais, e segundo pela dificuldade em se identificar os partícipes das transações online.

Trata-se à toda evidência de um problema global, comum à generalidade de nações. E mais, eventuais modificações normativas de um determinado país acaba por repercutir em relação a muitos outros, tendo em conta a crescente tendência de transnacionalização das relações sociais (e consumeristas). Daí porque presenciamos, cada vez mais, esforços concertados de muitos governos no estabelecimento de padrões mínimos e/ou mais harmónicos de regras jurídicas. No âmbito do direito tributário, e mormente no que tange à tributação das operações levadas a efeito em ambientes inteiramente digitais, central o papel desempenhado pela OCDE (Organização para a Cooperação e Desenvolvimento Econômico). Estabeleceu-se (a OCDE) como verdadeiro fórum de debates e de produção de documentos internacionais em que sedimentadas diretrizes mundiais a serem levadas em conta pelos países quando (re)estruturarem seus sistemas de tributação sobre o consumo tornando-os mais consentâneos à realidade digital.

Daí que, e retomando o ponto central de nossas inquietações, parece necessário apropriarmo-nos, criticamente, dos debates e diretrizes levadas a efeito no âmbito internacional relacionadas ao tema da tributação sobre o consumo no contexto do *e-commerce*. É que tal tomada de consciência auxilia-nos inclusive a melhor direcionar o foco de atenção a fim de se erigir um sistema tributário e de uma Administração Fiscal 4.0 mais coerentes ao *status quo*, de crescente digitalização da economia. Assim, em um primeiro momento buscaremos colocar em perspectiva a razão porque olhar as diretrizes internacionalmente debatidas é não só aconselhável, como cada vez mais inafastável em um contexto global de relacionamentos socioeconômicos. Na sequência, passaremos pelo exame das principais sugestões dadas pela OCDE para que os países lidem com as vicissitudes impingidas pelo comércio digital aos seus sistemas de tributação indireta, para em um terceiro momento (conclusivo) posicionar-mo-nos sobre que caminhos devemos prosseguir a fim de tornar nossa tributação sobre o consumo mais consentânea à era digital. Alertamos que nosso corte metodológico e, portanto, filtro de análise, reside nas operações busineess--to-consumer (B2B), e com intangíveis, justamente por se tratar das operações que maiores desafios têm suscitado aos sistemas jurídico-tributários.

2. GLOBALIZAÇÃO E DIREITO: O NECESSÁRIO TRANSBORDAR DO INTERNO

O fenômeno da globalização, viabilizado sobretudo pela revolução dos meios de transporte, e pelo desenvolvimento das tecnologias de comunicação e informação, alterou, de forma substancial, a lógica das relações sociais e trouxe evidentes repercussões nos sistemas jurídicos nacionais. O relacionar-se humano não mais circunscreve-se a um determinado limite territorial. O desenvolvimento e ampla adesão às ferramentas de comunicação e informação, notadamente da Internet, permitiu o "ser-se" no mundo, de modo que os relacionamentos sociais e económicos hoje travados são, antes deu tudo, potencialmente mundiais. Daí que os desafios mais prementes que estão na ordem do dia de grande parte dos governos não mais se tratam de questões locais, mas antes globais, isto é, comum à generalidade dos países, e que se interconectam em uma grande rede de mútuas implicações, tal qual é a realidade atual socialmente posta ao convívio humano.

Tal mudança paradigmática exige, por óbvio, uma readequação institucional do Estado, tornando-o mais consentâneo aos novos desafios trazidos pelas novas relações globais. É dizer, as ideias tradicionais de soberania, poder, competência, atreladas que eram à uma territorialidade específica, não mais fazem sentido no cenário hodierno, o que inevitavelmente traz consequências à atuação das Administrações Públicas nacionais. Fala-se em crise, ou mesmo fim, do Estado soberano, e, por conseguinte, da condição de possibilidade – e efetividade – da regulação das relações humanas.

Por outro lado, é inerente ao ser-humano a sensação de segurança, de modo que o acertamento das condutas sociais consoante diretrizes normativas que a garantam – segurança jurídica, no caso – é próprio imperativo à convivência em sociedade. Quer-se com isso dizer que, em que pese testemunharmos, de fato, a crise – e enfraquecimento – da soberania estatal, tal qual tradicionalmente a compreendíamos, isto é enquanto origem e garantia das normas jurídicas, novos *standards* estão – e vão – ser construídos, haja vista ser a segurança jurídica (previsibilidade e certeza das consequências dos agires) própria condição necessária ao conviver humano. No entanto, trata-se do erigimento de um novo modelo normativo, mais adequado a complexidade e globalidade das relações jurídico-sociais travadas.

Gustavo Binenbojm parece bem direcionar a questão ao salientar que *a globalização embora não represente um completo esfacelamento do Estado, constitui verdadeira mola propulsora de reformas institucionais que, em que pese enfraquecerem, em certa medida, a soberania interna dos países, estimulam a redefinição de estratégias regulatórias para adaptação a uma nova realidade internacional, trazendo novos atores produtores de normas e fontes adicionais ao direito administrativo.* Defende o autor que estamos a testemunhar o crescimento de uma normatividade administrativa transacional, atrelada de forma íntima a criação, por parte de vários países, de inúmeras organizações internacionais voltadas à discussão de temas de interesse comum com relevância global. E segue salientando que essas organizações transnacionais consubstanciam verdadeiros fóruns de discussão voltados *a debater pautas mínimas de convergência ou concertação entre os respectivos membros, utilizando-se, essencialmente, de instrumentos de soft law, aptos a orientar políticas públicas ou recomendar a implementação de mudanças institucionais aos países delas integrantes, geralmente pela edição estruturada, por tema de interesse, de guidelines (diretrizes), list of general principle (princípios gerais), ou recommendations (recomendações).*[8]

Concordamos com o suprarreferido autor. Entendemos ser possível sim se detectar, nesse contexto de mudança paradigmática e conseguinte busca de adequação dos sistemas jurídicos, um processo de harmonização de sistemas jurídicos com tendência mesmo a uma homogeinização normativa, baseado na troca de experiências, equalização e difusão de informações entre participantes, que tem gerado, a partir de deliberações com ampla participação procedimental (de entes governamentais, partícipes do mercado e academia), documentos consensuais com diretrizes regulatórias compartilháveis, dotados de grau considerável de eficácia persuasiva. Trata-se mesmo de estratégia coerente a esse novo cenário de relações tendencialmente transnacionais. O olhar unicamente para (dentro) do seu sistema normativo já não responde de forma adequada à complexidade do relacionar-se (humano) em redes globais. Faz sentido, em uma realidade tão complexa, e de sistemas potencialmente interconectados – que sofrem a influência uns dos outros – arvorar-se, para fins de interpretação e/ou integração de seu próprio direito, das experiências estrangeiras.

Daí que, consoante bem nos recorda António Cortés, as normas jurídicas devem ser construídas consoante a utilização de uma metodologia integral, em que os "textos mais não são do que pontos de partida – ou, se quisermos, a 'matéria-prima'– de que o jurista dispõe para construir boas soluções de direito".[9] E, prossegue, salientando que em um ambiente complexo e global, como o que inseridos, os sistemas jurídicos se tocam, influenciam-se em algum pontos, e até mesmo se nutrem, num movimento de mutualidade constante. Logo, não há como serem aplicados dispositivos estruturados no âmbito eminentemente internos em detrimento de "normas" advindas de dispositivos internacionais, delineados no âmbito das negociações internacionais. E daí porque a estruturação dos sentidos que se devem dar aos textos oriundos de atividade legislativa interna perpassa a consulta e análise das fontes várias – inclusive internacionais ou até mesmo estrangeiras, doutrinárias, jurisprudenciais, etc. –, pertencentes a essa dança de fluxos e refluxos argumentativos jurídicos complexos.[10]

Estabelecer diretrizes normativas em fóruns internacionais de discussões, portanto, é um movimento coerente ao erigimento de novos sistemas jurídicos nacionais mais harmonizados, e que se influem mutuamente, em verdadeira ressonância ao *status quo* hodierno. Por consequência, o exame crítico e adequado dos preceitos normativos internos já não mais pode abrir mão de um olhar ao entorno, isto é, de um "dedo de prosa" (ou até um diálogo mais profícuo) também com as fontes estrangeiras. Verticalizando o que dissemos nesses parágrafos ao contexto tributário, inegável o

---

8. BINENBOJM, Gustavo. *O poder de polícia, ordenação, regulação Transformações político-jurídicas, econômicas e institucionais do direito administrativo ordenador*. Belo Horizonte: Fórum, 2021, p. 335-338.
9. CORTÊS, António. *Para uma metodologia Jurídica Integral. Direito e Justiça*. Separata Volume Espacial. 2013. Faculdade de Direito. Universidade Católica Portuguesa. p. 51.
10. CORTÊS, António. *Para uma metodologia Jurídica Integral. Direito e Justiça*. Separata Volume Espacial. 2013. Faculdade de Direito. Universidade Católica Portuguesa. p. 51 e ss.

papel central que a OCDE (Organização para Cooperação e Desenvolvimento Econômico) tem desempenhado, sendo o fórum de discussões por excelência no que tange aos desafios que a ampliação do comércio transfronteiriço de bens tangíveis e/ou digitais[11], permitido pelo desenvolvimento das tecnologias da informação (Internet, precipuamente), impusera aos sistemas de tributação direta e indireta.

No que tange à tributação direta, os debates gravitam ao entorno da Convenção Modelo da OCDE, documento de referência no âmbito da celebração de acordos internacionais para evitar a dupla tributação – ou a não tributação – de rendas. Já no que tange à tributação indireta, ou do consumo, que nos interessa mais de perto, foi no âmbito dessa organização que as principais iniciativas, relatórios e proposituras – que servem de norte às reformas normativas levadas a cabo em alguns sistemas IVA[12] – tiveram origem. Inclusive como resultado desse trabalho fora recentemente publicado um documento internacional oficial, as chamadas "Diretrizes Internacionais do IVA", propositivo de normas jurídicas mais adequadas para lidar com o comércio transfronteiriço[13], cujo alcance (persuasivo) é potencialmente global.

Assim, é sobre as principais orientações contidas nesse documento ("Diretrizes Internacionais do IVA") que nos debruçaremos, brevemente, no próximo tópico. O objetivo é que consigamos nos municiar das tendências internacionais a fim de que possamos refletir de forma crítica sobre qual deva ser a direção que o nosso sistema de tributação indireta deva enveredar, a fim de estar mais coerente – e mesmo na vanguarda – à essa era da normatividade transnacional.

3. DIRETRIZES INTERNACIONAIS, IVA E O E-COMMERCE B2C DE INTANGÍVEIS: PRINCIPAIS QUESTÕES

O objetivo das orientações publicadas pela OCDE é fornecer o quadro geral para a tributação indireta da economia digital nas transações transfronteiras. Mais especificamente, buscam – tais diretrizes – estabelecer um consenso internacional sobre como os sistemas de IVA[14] devem ser projetados e implementados com o objetivo de reduzir os riscos de dupla tributação e/ou não tributação criados por inconsistências na aplicação dos sistemas de IVA ao comércio transfronteiriço de serviços e

---

11. O termo digital aqui fora usado como sinônimo de intangível.
12. Referimo-nos ao sistema europeu, e, por conseguinte, aos sistemas da África do Sul, Coreia do Sul, Japão e Nova Zelândia. STANLEY-SMITH, Joe. E-commerce: The global shift in taxation. *International Tax Review*. Out. 2016 [electrónico].
13. Interessante pontuar que o Guia-Modelo IVA, proposto pela OCDE, deixa mesmo assente que se tratam de diretrizes aplicáveis ao comércio transfronteiriço de uma forma ampla (bens, serviços e intangíveis), não se circunscrevendo ao comércio electrónico. OCDE (2015). International VAT/GST Guidelines, p. 9.
14. Os termos "imposto sobre valor agregado" e "IVA" são usados para se referir a qualquer imposto nacional por qualquer nome ou acrônimo que seja conhecido, como Imposto sobre bens e serviços (GST) que incorpora as características básicas de um imposto sobre valor agregado, ou seja, um amplo – imposto baseado no consumo final cobrado das empresas, mas em princípio não suportado pelas empresas através de um processo de cobrança faseada, independentemente do método utilizado para determinar a obrigação fiscal (por exemplo, método de fatura-crédito ou método de subtração). OECD (2017), *International VAT/GST Guidelines*, OECD Publishing, Paris, p. 3.

10 • REALIDADE DIGITAL, TRIBUTAÇÃO INDIRETA E TENDÊNCIAS INTERNACIONAIS

intangíveis. De se destacar que tal documento congregou grande parte dos debates e discussões já em curso, oficialmente no âmbito da OCDE, desde 1998, quando aprovado o Ottawa Taxation Framework.

O Capítulo 1 das Diretrizes faz considerações teóricas, lembrando que o IVA é um imposto não cumulativo de base ampla e multifacetado sobre o consumo, geralmente do tipo de destino[15], *cujo* design visa a imposição de encargos fiscais não às empresas (que em que pese estarem no polo passivo da obrigação tributária, exerceriam o papel de meros arrecadadores dos tributos), mas ao consumidor final. Ainda nesse primeiro capítulo, adita-se, como premissa necessária à tributação indireta das transações com serviços e bens intangíveis, os princípios gerais de política fiscal assinados na Conferência Ministerial de Ottawa sobre Comércio Eletrônico em 1998. Na época, o Comitê de Assuntos Fiscais da OCDE, que vinha debatendo e estudando o tema desde 1996, introduziu no Ottawa Taxation Framework Conditions (a "Estrutura de Ottawa") os princípios a partir dos quais as normas afetas à tributação da economia digital devem estar estruturados. São eles: (i) neutralidade, (ii) eficiência, (iii) certeza e simplicidade, (iv) eficácia e justiça, e (v) flexibilidade.

O Capítulo 2, a seu turno, enfoca especialmente no princípio da neutralidade, estrutural e estruturante dos regimes IVA, inclusive justificador da adoção do princípio do destino. Apertada síntese, destaca como imperativos da neutralidade, a certeza, clareza e consistência necessárias das regras de tributação internacional da economia digital e a necessidade de evitar encargos de conformidade inadequados para as empresas. Nesse ínterim, apresenta seis postulados gerais (Diretrizes 2.1 a 2.6) de acordo com os quais os sistemas IVA devem ser estruturados para fins de observarem o princípio da neutralidade. Basicamente a diretriz 2.1 salienta que o tributo incidente sobre o consumo não deve, em princípio, ser um custo líquido para as empresas, porém exceções podem ser estabelecidas em lei. Já a diretriz 2.2 veda o tratamento dissonante entre negócios em situações semelhantes ou entre transações equiparáveis. Já a diretriz 2.3 afirma que o imposto sobre o consumo não deve afetar as decisões de negócios. Por fim, as diretrizes 2.4, 2.5 e 2.6, pregam que as normas regentes do IVA não devem discriminar não residentes em comparação com empresas residentes, mas que regras diferentes (proporcionais e apropriadas) podem eventualmente ser aplicadas.[16]

O Capítulo 3 contém diretrizes (numeradas) sobre o local de tributação e as regras de cobrança para o fornecimento de serviços e bens intangíveis nas transações *business-to-business* (B2B) e *business-to-consumer* (B2C). O objetivo aqui é apresentar as Diretrizes para a tributação no destino como forma de garantir também a neutralidade fiscal. Em resumo, adota-se as recomendações de curto prazo exaradas pela Estrutura de Ottawa para fins de implementação do princípio do destino.

---

15. Isto é, tributado no local em que se reputa será consumido o bem intangível ou serviço.
16. OECD (2017), *International VAT/GST Guidelines*, OECD Publishing, Paris, p. 19-36.

No que diz respeito às transações B2B, a identificação da jurisdição está atrelada a comprovação de registro do adquirente como contribuinte do imposto, caso em que se sugere o recolhimento pelo mecanismo de autorrecolhimento (*reverse-charge*). Já nas transações B2C, os relatórios da OCDE apesar de indicarem competir ao fornecedor se registrar para fins de recolhimento do imposto no Estado de destino, não fornecem nenhuma orientação definitiva sobre como identificar a jurisdição de consumo, isto é, de que forma checar as informações dadas pelo próprio cliente. Um parêntese: consoante os relatórios produzidos por ocasião de Ottawa, a solução adotada pelas "Diretrizes" (autoidentificação verificada), seria a sugerida como de curto prazo. Soluções de longo prazo (para o recolhimento de tributo nas transações B2C), e que não foram aqui contempladas, escoravam-se no evoluir tecnológico, tendo sido, à época, depositada grande confiança nas certificações digitais.

Finalmente, o Capítulo 4 oferece orientações que visam fomentar a aplicação consistente das Diretrizes internacionais de IVA, incluindo sugestões de cooperação mútua, troca de informações entre as jurisdições e melhoria dos serviços prestados aos contribuintes.

Nosso foco se concentrará no debate relativo aos métodos de identificação e recolhimento do imposto nas transações B2C. Trata-se de tema que maior atenção teve em todo o erigimento das Diretrizes Internacionais de IVA, justamente por se tratar de questão que maiores dificuldades traz na implementação do princípio do destino. É que, nesse *design* clássico do IVA, deixa-se a cargo dos fornecedores de intangíveis a obrigação de se registrarem e verterem os valores devidos a cada uma das jurisdições em que residentes seus consumidores, com os custos desestimuladores de *compliance* voluntário a essa miríade de obrigações inerentes. E mais, em tal estado de coisas, a jurisdição competente não detém competência executiva para coagir o cumprimento dos deveres por parte dos empreendedores.

3.1 As regras gerais para determinação do local de tributação nas operações B2C de suprimento de bens intangíveis e serviços e métodos de arrecadação conexos: o atual estado da arte consoante as Diretrizes Internacionais de IVA

Tomaremos por premissa as orientações gerais constantes nas "Diretrizes Internacionais de IVA", e eventuais desenvolvimentos consolidados em relatórios[17] desse documento decorrentes, ou a ele pressupostos. Num contexto B2C, as Orientações IVA distinguem entre (i) fornecimentos "no local" e (ii) "fornecimentos que não sejam fornecimentos no local" (outros fornecimentos), prevendo regras gerais[18]

---

17. Fazemos referências aos relatórios consoante avançamos na redação do presente artigo.
18. Restringimo-nos às regras gerais, tendo em vista ser em torno delas que os principais debates se concentram, até porque a diretriz relativa à "regra específica" (de n. 3.7) apenas oferece uma orientação genérica de que, caso a aplicação da regra geral não levar a um resultado adequado, outro elemento de conexão (*proxy*) deve ser elencado pelas jurisdições competente. OECD (2017), *International VAT/GST Guidelines*, OECD Publishing, Paris, p. 78.

distintas para cada uma destas categorias. Os fornecimentos "no local" focam nos casos em que há necessariamente pessoalidade na prestação (e/ou entrega), isto é, em que os serviços são consumidos onde realizados (tais como os de cabeleireiro, acomodação, restaurante e serviço de catering, entrada no cinema, apresentações teatrais, feiras, museus, exposições etc.), sendo portanto esse o critério de definição da jurisdição competente. Atribuir a competência à jurisdição em que prestado o serviço, além de intuitivo, cumpre perfeitamente o objetivo de tributar o consumo onde ocorre. Ademais, é, em certa medida, de fácil implementação e exequibilidade para as administrações fiscais, já que os contribuintes, por estarem localizados em seus territórios, estão sujeitos aos respectivos poderes coercitivos.

Para os demais casos, encaixados na categoria "outros fornecimentos" (em que inclusos os suprimentos digitais), é adotada regra residual: a jurisdição em que o cliente tem sua residência habitual tem os direitos de tributação sobre as transações com serviços e intangíveis. Neste caso, o local de consumo é assim definido com base no pressuposto de que os consumidores privados tendem a consumir os fornecimentos que adquirem no país onde residem. É certo que nem sempre a escolha do local de residência, como critério de definição do destino, garantirá que a tributação ocorrer no efetivo local de consumo. No entanto, e consoante nos recorda Arthur Cockfield, Walter Hellerstein e Marie Lamensch, conceder direitos de tributação sobre o consumo ao estado de residência mostra-se relevante sob a perspectiva económica. É que por vezes faz mais sentido se conceder direitos de tributação ao país onde o consumidor reside do que àquele em que o consumo efetivamente ocorre. Destarte, no caso de suprimentos de bens digitais (que são os que oferecem maiores desafios aos sistemas), além das inúmeras dificuldades que surgiriam para os fornecedores implementarem na prática esse "teste de consumo real", o país onde o cliente está localizado no momento do consumo pode não ter qualquer conexão com o fornecimento em si, como, por exemplo, na hipótese de um cliente francês "baixar" um filme de um fornecedor italiano enquanto está sentado em um aeroporto na Espanha[19].

Estabelecido como critério de implementação do princípio do destino, no caso dos suprimentos online, o do local da residência habitual do cliente consumidor, a questão que surge é como se o identificar. É que em casos tais, a interação e comunicação que existe entre os partícipes das transações são muitas vezes limitadas, de modo a se ter uma escassez de informações confiáveis (tendo em conta o prazo muito curto em que esses fornecimentos digitais automatizados e massificados estão sendo feitos) para fins de adequadamente cumprir os deveres relativos à liquidação de impostos. Na verdade, trata-se de questão-chave que permanece em grande medida em aberto desde os debates levados a efeito pelo *Framework de Ottawa*.[20]

---

19. COCKFIELD, Arthur; HELLERSTEIN, Walter; LAMENSCH, Marie. *Taxing Global Digital Commerce*. Second Edition. 2020 (Livro eletrônico). Não paginado.
20. Ou Estrutura de Ottawa.

De acordo com as Diretrizes Internacionais do IVA, *os governos são encorajados a serem razoáveis, pragmáticos e flexíveis, permitindo que os fornecedores confiem, tanto quanto possível, nas informações que coletam rotineiramente de seus clientes no curso de suas atividades comerciais normais, desde que tais informações fornece evidências razoavelmente confiáveis do local de residência habitual de seus clientes.* Nesse sentido, esclarecem que as informações disponíveis podem variar dependendo do tipo de negócio ou produto envolvido e da relação do fornecedor com o cliente, sendo que "indícios" da residência habitual do cliente podem incluir dados coletados durante o processamento dos pedidos, sejam eles fornecidos pelos próprios clientes (tais como endereço, país, dados bancários, informações de cartão de crédito, número de telefone etc.) ou não (caso de rastreio de endereço IP, histórico de negociação e idioma).

De se pontuar que vários desses indícios mencionados no documento oficial, foram outrora considerados, pelo Grupo de Assessoria Técnica sobre Tecnologia no âmbito da Estrutura de Ottawa, não confiáveis ou muito difíceis – ou mesmo sensíveis – de processar para os fornecedores. Voltaremos brevemente a isso no próximo tópico, por ora é de se trazer o próximo ponto de orientação quanto ao método de recolhimento a ser implementado. É que, em um contexto de suprimentos digitais, a cobrança de impostos pode, na prática ser deveras complexo e oneroso tanto para os fornecedores quanto para as Administrações fiscais: para os fornecedores por terem, muitas vezes, de cumprir obrigações em várias jurisdições, nas quais não detém qualquer presença comercial, e para as administrações tributárias para administrá-las e/ou fiscalizá-las.

Sobre isso, as Diretrizes Internacionais de IVA concluem que, no atual estado da arte, a abordagem mais eficaz e eficiente para garantir a cobrança apropriada de IVA em fornecimentos transfronteiriços entre empresas e consumidores é exigir que o fornecedor não residente se registre e contabilize o IVA na jurisdição de tributação. A Orientação vem com recomendações para os Estados adotarem medidas destinadas a encorajar e facilitar o cumprimento por fornecedores não residentes, incluindo a criação de registros e mecanismos de conformidade simplificados.

Resumindo, as Diretrizes IVA propõem duas regras gerais para fins de aplicação do princípio do destino nas transações B2C com intangíveis e serviços. Uma primeira, direta, intuitiva e fácil de aplicar, para determinação do local de tributação para fornecimentos B2C em que necessária pessoalidade na entrega, qual seja onde esse fornecimento é fisicamente realizado. E, uma segunda que se utiliza de método simples e economicamente relevante, mas muito menos fácil de implementar, relativamente aos demais ("outros") fornecimentos B2C, que elenca como critério o da residência habitual do cliente. Em ambos os casos, recomenda-se como método de recolhimento dos impostos o do registro pelos fornecedores, sendo sugerido, por conseguinte, a elaboração de mecanismos simplificados de registro e coleta, além da intensificação da cooperação internacional para fins de troca de informações.

3.2 Um necessário passo atrás: as constatações do Grupos de Especialistas no âmbito dos debates pós-Conferência de Ottawa

Como dissemos, as Diretrizes Internacionais do IVA consolidaram, em grande medida, os trabalhos anteriormente elaborados no âmbito da Estrutura de Ottawa. Órgãos subsidiários[21] do Comitê de Assuntos Fiscais (CFA) da OCDE, foram incumbidos de estudar e desenvolver aspectos específicos do Relatório apresentado por ocasião da Conferência de Ottawa. É dizer, foi estabelecido pelo Grupo de Trabalho 9, dedicado aos impostos sobre o consumo (WP9), um programa de trabalho específico para analisar a tributação do comércio electrónico de intangíveis. E, o subgrupo (do WP9), dedicado a esse eixo temático (tributação indirecta do comércio eletrônico), buscou trazer diretrizes para a aplicação prática do princípio da tributação no local de consumo e para a identificação do contribuinte e do consumidor, além de analisar mecanismos de arrecadação dos impostos, de acesso à informação e de simplificação administrativa.

O desenvolvimento desses trabalhos contou com a contribuição dos debates levados a efeito por dois Grupos de Conselheiros Técnicos (Technical Advisory Group/TAG), compostos por representantes do governo e da indústria, bem como acadêmicos. O *Consumption Tax TAG* considerou questões de política tributária e administrativa relacionadas à identificação do local de tributação e *status* dos partícipes das operações e aos mecanismos de arrecadação do tributo. Funcionou na prática, preponderantemente, como um fórum de identificação das principais preocupações e prioridades dos estabelecimentos empresariais[22]. Já o *Technology TAG* se preocupou com questões relacionadas ao arcabouço tecnológico (incluindo viabilidade, confiabilidade, custo, eficácia e razoabilidade comercial) para fazer frente às opções aventadas pelo primeiro grupo. É importante ressaltar que, embora os "TAG`s" tenham fornecido orientações extensivas ao Grupo de Trabalho 9 (WP9), e que o Relatório de Ottawa consignara a importância da participação dos empresários no erigimento dos *standarts*, não foram os mesmos investidos de quaisquer poderes de tomada de decisão[23].

Como resultado desses trabalhos, dois conjuntos de diretrizes de implementação daquele "relatório" inicial (de Ottawa) foram lançados em 2001 e 2003 pelo Grupo

---

21. Mais especificamente, cinco grupos de assessoria técnica (Lucros Empresariais, Caracterização de Renda, Imposto sobre o Consumo, Tecnologia e Avaliação de Dados Profissionais) formados por representantes de governos (de países membros e não membros) e pela iniciativa privada (empresários) foram estabelecidos para fornecer informações para as deliberações finais.

22. LAMENSCH, Marie. *European Value Added Tax in the Digital Era*: A Critical Analysis and Proposals for Reform. IBFD Doctoral Series. Volume 36. IBFD: Amsterdam, 2015, p. 63.

23. Marie Lamensch aliás afirma que na prática, verificou-se que os relatórios do WP9 por vezes se desviaram significativamente das sugestões feitas nos relatórios dos Grupos de Conselheiros Técnicos, caso da não menção aos certificados digitais como ferramenta tecnológica eventualmente apta a auxiliar na identificação da localização e status do adquirente de serviços ou bens intangíveis. LAMENSCH, Marie. *European Value Added Tax in the Digital Era*: A Critical Analysis and Proposals for Reforma. IBFD Doctoral Series. Volume 36. IBFD: Amsterdam, 2015.

de Trabalho 9 da OCDE (WP9[24]). Também em 2003, o CFA divulgou um Relatório sobre Automatização de Mecanismos de Arrecadação de Impostos de Consumo[25]. Finalmente, o Centro de Política e Administração Tributária da OCDE (CTPA) publicou algumas diretrizes adicionais, notadamente três artigos que fazem parte de uma Série de Orientações sobre Impostos de Consumo no *E-Commerce*.[26]

Em apertada síntese, relativamente à aplicação prática do princípio da tributação no destino, concluíram os relatórios que nas operações B2C (foco do nosso artigo), a tributação deveria estar conexa ao local em que o consumidor tem sua residência usual, critério esse adotado posteriormente, como vimos, pelas Diretrizes IVA. Estabelecido o critério, o ponto central de discussão passou a ser sobre quais critérios e/ou informações, os comerciantes poderiam fazer uso para identificar o *status* de seus adquirentes (contribuintes ou consumidores finais), assim como a localidade dos mesmos. No contexto de suprimentos online, fora reconhecido, durante os debates, ser necessário que as informações que permitam a identificação do adquirente estejam disponíveis e sejam processadas pelos fornecedores de forma quase instantânea.

A este respeito, a Consumption Tax TAG observou no seu relatório de 2000 que as empresas não conseguem verificar as informações fornecidas pelos clientes em fontes de dados externas porque essas fontes não existem ou não estão disponíveis em tempo real[27]. E mais, conforme destacado nesse mesmo relatório, qualquer atraso na conclusão de uma transação que resulte em custos substanciais não relacionados ao curso normal dos negócios provavelmente prejudicará o crescimento do comércio eletrônico, além de inconsistente com os princípios de Ottawa, mormente o da simplicidade e eficiência[28]. Da mesma forma, o Relatório da Technology TAG observara que a verificação cruzada dos dados fornecidos pelo cliente raramente é feita, já que o cliente espera entregas instantâneas e reluta em fornecer informações pessoais excessivas. Restou assente, aliás, que essa tensão (necessidade de identificação do adquirente/consumidor *versus* proteção dos dados pessoais) é algo com o que os governos deverão lidar.[29]

Pois bem, o Relatório do Grupo de Trabalho 9 (WP9) de 2001, focado na delicada[30] questão da localização do cliente privado, concluiu que a autoidentificação é a forma mais direta, porém não suficiente para satisfazer as administrações tributárias, sendo necessária consideração de outros elementos a fim de verificar as informa-

---

24. OECD, *WP9 2001 Report*; e OECD, *WP9 2003 Report*.
25. OECD (2003). *Automating Consumption Tax Collection Mechanisms*, DAFFE/CFA (2003) 43/ANN5.
26. OECD (2003). *Electronic Commerce* – Commentary on the Place of Consumption for Business to Business Supplues (Business Presence); OECD (2003). *Electronic Commerce* – Simplified Registration Guidance. OECD (2003). Verification of Customer Status and Jurisdiction. Ver ainda: OECD (2003). *Facilitating Collection of Consumption taxes on Business-to-Consumer Cross-Border E-commerce.*
27. OECD (2000). *Consumption Tax Advisory Group Report*, p. 37.
28. OECD (2000). *Consumption Tax Advisory Group Report*, p. 4.
29. OECD (2000). *Report by the Technology Technical Advisory Group.*
30. Delicada posto que tal identificação irá determinar quais são as regras aplicáveis e para onde deve ser remetido o IVA

ções fornecidas pelos consumidores. Foram analisadas várias opções de fontes de cruzamento de dados, tais como o uso de dados de cartões de créditos e dispositivos de geolocalização (rastreamento por IP), optando-se por não usá-las, por serem insuficientes ou falhas. É que, consoante conclusão alcançada pelo Technology TAG, as informações relacionadas com o cartão de crédito são imprecisas como prova de jurisdição ou residência[31], e o uso de endereços IP como indício de verificação territorial tem limites em termos de confiabilidade e capacidade de manipulação[32]. Como consequência, o Grupo de Trabalho 9 (WP9) excluiu claramente os dados de cartão de crédito e o rastreamento de IP "mesmo como critérios provisórios (e 'menos que perfeitos')" em seu relatório de 2001.

Na verdade, o Relatório do Grupo de Trabalho 9 (WP9) de 2001 concluiu que não há resposta imediata para as dificuldades de identificação e localização de consumidores privados e que uma abordagem prática e pragmática deve ser encontrada no curto prazo enquanto se aguarda o surgimento de tecnologias que possibilitem a implementação de métodos de verificação mais automatizados. Não obstante, o Grupo de Trabalho 9 depositou grandes esperanças nos certificados digitais como uma opção de médio prazo, deixando expresso que, provavelmente, qualquer outra tecnologia apenas à longo prazo será capaz de determinar, de forma adequada à era realidade digital, a localização de um consumidor "virtual". De toda forma, entendeu por bem se deixar em aberto a possibilidade de revisitar, à médio e longo prazo, os critérios práticos de aplicação do princípio do destino nas transações B2C.

Dois anos depois, o Relatório do Grupo de Trabalho 9 (WP9) de 2003, adotado à luz da Série de Orientações sobre Impostos de Consumo no *E-Commerce*, concluiu que tanto o *status* quanto a jurisdição dos clientes devem ser baseados na autoidentificação do cliente, apoiada por uma série de outros critérios, incluindo informações de pagamento, rastreamento com software de geolocalização, natureza do fornecimento e certificados digitais. Nota-se que tais diretrizes vão de encontro, ainda que parcialmente, com as conclusões anteriormente exaradas no Relatório do Grupo de Trabalho 9 (WP9) 2001, em que rejeitados alguns destes indícios.

Por fim, no que tange aos mecanismos de arrecadação do impostos, o Technology TAG avaliou cinco modelos de arrecadação de impostos: (i) autoavaliação (autolança-

---

31. OECD (2000). *Report by the Technology Technical Advisory Group*, p. 28.
32. The Technology TAG salientou que embora os endereços IP ofereçam potencial por serem parte essencial de todos os pontos de acesso à Internet, eles têm limitações, tais como pontos de acesso únicos mundiais para usuários AOL e agregadores corporativos, uso de anonimizadores e potencial para falsificação, assim como os custos de implementação podem ser inviabilizadores. Além disso, há uma relutância significativa por parte dos representantes comerciais no TAG em relação a tais sistemas, mais especificamente há preocupações, por parte deles, com a falta de necessidade comercial, utilidade limitada, bem como desenvolvimento potencial de novos sistemas de endereços IP, o que exigiria diferentes sistemas de rastreamento de IP, custo de implementação e potencial interrupção dos serviços em casos de resultados pouco claros. O TAG de tecnologia também destacou o aumento da sensibilidade do consumidor sobre privacidade pessoal e proteção de dados, e as empresas em geral relutam em buscar mais informações dos clientes do que eles precisavam para fins comerciais. OECD (2001). *WP9 Report*, p. 13.

mento ou r*everse-charge*), que consiste em fazer com que o próprio cliente/adquirente faça o autolançamento e pague o IVA devido; (ii) registro, caso em que o fornecedor registra-se na jurisdição de destino (competente para o recolhimento do tributo), ali realizando as obrigações pertinentes ao lançamento e recolha do imposto; (iii) imposto recolhido na fonte e transferido para a jurisdição de destino, hipótese em que o fornecedor recolhe o imposto em sua própria jurisdição, mas à taxa aplicável na jurisdição de tributação (ou seja, a jurisdição do cliente), sendo o imposto então transferido pela autoridade fiscal para a jurisdição do cliente; (iv) parte confiável / câmara de compensação, modelo em grande parte idêntico à hipótese anterior, com a diferença de que caberá não à autoridade tributária, mas à um terceiro de confiança, investido com a responsabilidade de cobrar o imposto, transferi-lo a jurisdição de destino; e (v) uma abordagem híbrida que leva partes dos modelos de imposto na fonte e transferência e da câmara de compensação.

Relativamente a opção pelo autolançamento (*reverse-charging*), o Technology TAG concluiu ser uma opção viável para transações B2B, mas menos praticável para transações B2C, principalmente por ausência de incentivo para que o consumidor cumpra tal obrigação, já que não tem o direito a deduzir IVA e por conta do elevado número de potenciais contribuintes a fiscalizar[33]. Já a principal limitação da opção de registro do fornecedor é a falta de jurisdição do Estado competente sobre o contribuinte não residente. Outro ponto é a dificuldade em se identificar e localizar o cliente, além do custo de *compliance* relacionado ao cumprimento de várias e distintas obrigações em cada estado tributante.[34] A sugestão nesse caso é que os países simplifiquem seus processos de registro e cumprimento dos deveres tributários, o que facilitaria o cumprimento voluntários por parte dos fornecedores.

Relativamente ao modelo de recolhimento do imposto na fonte e transferência à jurisdição de destino, sob o aspecto de aparato tecnológico trata-se de uma opção viável. O grande problema, no entanto, é político: de os governos confiarem-se mutuamente a fim de celebrarem acordos no sentido de permitir a cobrança de impostos uns dos outros[35]. Consoante o Technology TAG, a opção da parte confiável (câmara de compensação) levanta questões de obtenção de eficiência em sua implementação – ou seja, custos administrativo e de conformidade-, além da definição de como tais custos poderiam ser compartilhados entre as partes envolvidas na transação ou na cobrança da tributação que resulta em receitas aos entes[36]. Por fim, a abordagem híbrida, que leva partes dos modelos de imposto na fonte e transferência e da câmara

---

33. OECD (2001). *Technology Technical Advisory Group Report*, p. 7.
34. OECD (2001). *Technology Technical Advisory Group Report*, p. 8.
35. OECD (2001). *Technology Technical Advisory Group Report*, p. 8. Curiosamente, o regime europeu do mini-balcão único (MOSS), recentemente ampliado para o regime de balcão único (OSS), não deixa de ser uma espécie de "imposto na fonte com transferência", já que o fornecedor que remete o IVA em sua jurisdição (na fonte), cobra-o à taxa aplicável no país do cliente (sobre o assunto, vide capítulo 3).
36. OECD (2001). *Technology Technical Advisory Group Report*, p. 9.

10 • REALIDADE DIGITAL, TRIBUTAÇÃO INDIRETA E TENDÊNCIAS INTERNACIONAIS

de compensação, apesar de apresentar as mesmas dificuldades de ambas as opções, mostra-se atraente do ponto de vista tecnológico[37].

À época, o Consumption TAG concluiu que o primeiro modelo, em que a coleta do tributo é feita pelo próprio adquirente do bem, mostra-se a mais adequada nas operações B2B, no entanto é inviável nas transações B2C[38]. Para essas últimas operações, a opção que se mostra factível, no atual estado da arte, é o do registro: de modo a ser todo aconselhável a simplificação, por parte das administrações fiscais, dos processos administrativos relacionados ao cumprimento das obrigações tributárias por fornecedores não residentes. Tais conclusões foram absorvidas nos relatórios do Grupo de Trabalho (WP9).

Em resumo, a Estrutura de Ottawa e as Diretrizes de Implementação fornecem uma resposta clara à questão de onde os suprimentos on-line devem ser tributados, ou seja, no destino. Quanto à implementação desta regra de jurisdição, faz recomendações de curto e longo prazo. No que diz respeito às transações B2C, os relatórios da OCDE apesar de indicarem competir ao fornecedor se registrar para fins de recolhimento do imposto no Estado de destino, não fornecem nenhuma orientação definitiva sobre como identificar a jurisdição de consumo. Propõem uma solução de curto prazo (autoidentificação verificada), com algumas opções implementação que foram analisadas nas orientações subsequentes, mas sem qualquer resultado satisfatório e definitivo quanto à forma como os fornecedores devem proceder, ou critérios que se devem valer (às vezes até com conclusões contraditórias, como, por exemplo, o uso de indícios de cartão de crédito e geolocalização).

Entretanto, restou plasmado ao longo desses relatórios que essas abordagens insatisfatórias deveriam ser substituídas no médio e longo prazo, quando soluções baseadas em tecnologia estivessem disponíveis (tais como certificados digitais, ou outras que sejam adequadas à identificação e/ou recolhimento automatizado dos tributos). É que, conforme bem pontuado no Technology TAG, política e a prática são simbióticas e precisam ser desenvolvidas simultaneamente. Resolver a política independentemente de compreender a tecnologia necessária pode levar a uma política que não pode ser implementada na prática.

3.3 Um passo à frente: os insigths do Relatório Final da Ação 1 do BEPS e do Relatório sobre o papel das plataformas digitais da arrecadação do IVA

Como vimos nos tópicos antecedentes, a adoção das diretrizes internacionais de IVA para o fornecimento transfronteiriço de serviços e intangíveis é resultado de um esforço contínuo de mais de dez anos (iniciado oficialmente na Conferência de Ottawa). Nos últimos anos, e após a estruturação das Diretrizes, discussões seme-

---

37. OECD (2001). *Technology Technical Advisory Group Report*, p. 9.
38. No entanto, o Consumption TAG salientou que tal opção deveria ser deixada em aberto, caso o desenvolvimento tecnológico tornasse viável o auto-lançamento também na hipótese das operações B2C. No estado atual das discussões, no entanto, a opção de coleta do cliente permanece totalmente descartada.

lhantes ganhavam corpo em outro projeto paralelo, também encabeçado pela OCDE. Referimo-nos ao projeto BEPS[39], cuja Ação 1 buscou tratar dos "desafios fiscais da economia digital", com uma parte especial dedicada aos sistemas de IVA. Um parêntese: a Ação 1 é a única Ação da BEPS que considera questões de IVA, sendo as demais voltadas para pontos relacionados à tributação direta. O relatório final sobre a Ação 1 (datado de 2015[40]) refere-se amplamente às Diretrizes Internacionais de IVA sem propor qualquer orientação adicional.

No entanto, e nesse ponto avançou relativamente aos debates levados a efeito nas Diretrizes IVA, trouxe à baila as opções possíveis para a cobrança e aplicação do IVA sobre o fornecimento à distância de bens tangíveis (mercadorias) de baixo valor. Trata-se aliás de assunto que ainda não foi coberto pelas Diretrizes Internacionais de IVA, mas que atualmente está recebendo muita atenção dos Estados. No momento, a maioria das jurisdições isenta as importações de bens de baixo valor porque entendem que o custo de cobrança do tributo sobre essas importações excederia a receita arrecadada. Porém, com o incremento dessas operações B2C transfronteiriças, possibilitado pelo avanço das tecnologias de informação e comunicação, tal premissa tem sido desafiada. Ademais, preocupações relacionadas a vantagens competitivas, em tal cenário, dos estabelecimentos não residentes têm também tomado espaço nos debates internacionais.

Daí porque fora tema que recebera atenção no Relatório Final da Ação 1 do BEPS. Mais especificamente, seis foram as opções analisadas no Anexo C do Relatório para fins de implementação de tributação sobre o consumo transfronteiriço de tangíveis. De se ter em mente que o desafio é diferente do caso dos intangíveis porque os bens tangíveis realmente atravessam as fronteiras físicas – que não é o caso dos serviços e intangíveis-, peculiaridade essa que possibilita eventual responsabilização de terceiros envolvidos no tráfego desses bens. Pois bem, as seis possibilidade nesse documento aventadas foram: (i) cobrança pela alfândega[41]; (ii) arrecadação pelo próprio cliente (consumidor)[42]; (iii) cobrança pelo vendedor[43]; (iv) coleta pelo transportador

---

39. Base erosion and profit shifting, que significa em tradição livre erosão de base e transferência de lucros.
40. OECD (2015), *Addressing the Tax Challenges of the Digital Economy, Action 1 – 2015 Final Report*, OECD/ G20 Base Erosion and Profit Shifting Project, OECD Publishing, Paris.
41. O relatório concluiu, porém, que a cobrança pela alfândega não seria uma opção sustentável, atendo-se ao volume de encomendas a processar.
42. Conclui-se no relatório que, embora esta opção tenha a vantagem de eximir o cumprimento pelos fornecedores – e os custos de compliance relativos a isso-, tem como pontos frágeis principais o baixo nível de cumprimento voluntário pelos particulares, e o aumento do custo administrativo para monitorar o elevado número de contribuintes. Trata-se de conclusão em todo semelhante à exarada em 2001 no Relatório do Technology TAG Report (vide tópico anterior).
43. Trata-se da opção adotada pelas Diretrizes IVA para as transações de serviços e/ou com intangíveis. O relatório conclui que esta opção aumenta a carga de conformidade de fornecedores não residentes, mas que este impacto negativo poderia ser mitigado pelo desenvolvimento de sistemas de registro simplificados. No entanto, este modelo envolve riscos significativos de não conformidade e que a cooperação internacional seria necessária para proteger a receita.

/ intermediário[44]; (v) coleta pela plataforma de comércio digital[45]; cobrança pelo intermediário financeiro.[46]

Em que pese não ser o nosso foco o comércio à distância de tangíveis, cujas diretrizes IVA ainda estão em trabalho de construção, a rápida menção ao Relatório da Ação 1 do BEPS tem por objetivo chamar a atenção ao fato deu que de forma inaugural direcionou-se como um dos possíveis caminhos a seguir o de se analisar um possível papel das plataformas de *e-commerce* na arrecadação fiscal no contexto do comércio digital. E, tal redirecionamento de norte tem sua razão de ser na constatação da ampla dominância desses intermediários no volume global do comércio electrónico mundial. É dizer, estima-se que 65% (sessenta e cinco por cento) do comércio digital transfronteiriço, são realizados por meio das 04 (quatro) principais plataformas de *e-commerce*.[47]

Daí não ser surpreendente que o Grupo de Trabalho 9 (WP9) da OCDE, focado no avanço dos debates relacionados à tributação indirecta das transações com intangíveis, divulgou em março de 2019, relatório sobre o papel das plataformas digitais na cobrança de IVA em transações de comércio digital.[48] A atenção é para o papel que as plataformas podem desempenhar na cobrança do IVA. Duas foram as abordagens consideradas neste relatório: a de "responsabilidade total" e a de "responsabilidade solidária".

Consoante a possibilidade de responsabilização total (examinada no Capítulo 2 do relatório mencionado), a plataforma digital tornar-se-ia total e exclusivamente responsável pelo acertamento (cálculo), cobrança e remessa do IVA devido nas vendas online que facilita. Já no caso de responsabilização solidária (analisada no capítulo 4 do relatório), as plataformas estariam sujeitas a obrigações de *due diligence* e supervisão ativa dos fornecedores que acolhem, com a obrigação de os bloquear em situações específicas sob pena de se tornarem solidariamente responsáveis pelo IVA eventualmente não pago. De toda forma, o recolhimento dos tributos prossegue seguindo a metodologia de arrecadação indicada para as operações B2C, qual seja a de registro simplificado do contribuinte (no caso as plataformas) nos países em que residentes os consumidores, com todas as dificuldades e custos inerentes a identificação de tais jurisdições de destino.

---

44. Sobre a cobrança intermediária, o relatório concluiu que os operadores postais provavelmente não possuem sistemas adequados para coletar o IVA que incidentes sobre a operações com as mercadorias por esses agentes entregues.

45. No que diz respeito às plataformas de *e-commerce*, o relatório sugere que eles possam ter acesso à maioria das informações relevantes para fins de recolhimento do IVA. No entanto, atribuir-lhes a responsabilidade tributária, exigiriam mudanças legislativas internas.

46. O relatório conclui que os intermediários financeiros não têm acesso à maioria das informações relevantes, o que poderia exigir mudanças dramáticas – e de duvidosa eficiência – nos processos existentes.

47. Seriam elas a Amazon, Alibaba/AliExpress, Ebay e Wish. International Post Corporation (2020). *Cross-Border E-Commerce Shopper Survey*, p. 12-13.

48. OECD (2019), *An Introduction to Online Platforms and Their Role in the Digital Transformation*. OECD Publishing, Paris.

Mais recentemente, em 2021, a OCDE, em parceria com o Banco Mundial (WBG), com o Banco Interamericano de Desenvolvimento (IDB) e com o Centro Interamericano de Administrações Tributárias (CIAT), lançou o Relatório *VAT Digital Toolkit for Latin America and the Caribbean*[49], que visa trazer os pontos de atenção que as administrações dos países latinos e caribenhos devam ter na adaptação de seus sistemas de tributação indireta ao comércio digital, em consonância às Diretrizes Internacionais de IVA. Apertada síntese, repetem-se as orientações plasmadas no documento oficial (de 2015), dando-se, porém, grande ênfase à responsabilização das plataformas de *e-commerce,* tal qual apontamentos feitos no relatório anterior de 2019, sobre o papel das plataformas digitais na cobrança de IVA. Porém, uma vez mais, nada de novo sobre outros métodos de arrecadação em potencial fora aventada.

Nota-se, portanto, que as sugestões mais recentes limitam-se a apontar para a possibilidade de concentrar-se a responsabilização tributária em agentes (plataformas digitais) que detêm certo nível de ingerência em grande parte das transações comerciais levadas a efeitos no ambiente digital. É dizer, ainda que se busque esboçar novos direcionamentos para fins de erigimento de diretrizes normativas internacionais que tratem de forma mais adequada os desafios impostos pela digitalização da economia aos sistemas IVA de tributação, em última análise tem-se apenas trocado os atores/ devedores, prosseguindo-se com a sugestão de uma metodologia de arrecadação tributária ultrapassada, em grande medida manual, para fazer frente a uma realidade digital inerentemente tecnológica.

4. CONCLUSÕES: SOBRE COMO PROSSEGUIR E A "CENTRALIDADE" DA TECNOLOGIA NISSO

O breve relato feito no tópico antecedente buscou trazer à lume quais as principais direções que os debates internacionais sobre a (re)estruturação dos sistemas IVA face aos desafios implementados pelo comércio eletrônico de intangíveis, capitaneados sobretudo pela OCDE, têm tomado. Focamos nos *standards* erigidos para a implementação do princípio do destino nas transações B2C. Apertada síntese, as sugestões consideradas de curto prazo em relatórios da organização datados de 2001[50], foram as que, vinte anos depois, ainda são reputadas mais consentânea ao "estado da arte".

Destarte, as Diretrizes IVA indicam o local da residência habitual do cliente como o critério definidor da jurisdição competente ao recolhimento do tributo nas transações B2C. Para fins de identificação do *status* do consumidor e, por conseguinte, do tipo de operação (se B2B ou B2C), sugere-se o da autoidentificação verificada: é dizer, baseia-se nas declarações dadas pelo próprio consumidor, porém

---

49. OECD/WBG/CIAT/IDB (2021). *VAT Digital Toolkit for Latin America and the Caribbean.*
50. Referimo-nos ao Relatório do Grupo de Trabalho 9 (WP9) de 2001, que concretizou muito dos pontos levantados pelo Technology TAG. Vide tópico 3.2.

se as verificam com dados coletados por outras fontes (tais como dados de cartão de crédito, endereço IP etc.). Por fim, recomenda-se como método de recolhimento dos impostos o do registro pelos fornecedores nas jurisdições em que estabelecidos os clientes. Tendo em conta o alto custo de *compliance* de tal situação, é sugerido a elaboração, pelas administrações fiscais, de mecanismos simplificados de registro e coleta dos impostos.

Como últimas investidas, verificamos a grande atenção que tem sido dada às plataformas de *e-commerce*. Identificou-se o papel central que tal intermediário desempenha no atual cenário do comércio digital. Daí, propor-se arquiteturas em que a responsabilidade pelas obrigações tributárias (declarações e recolhimento) seria atribuída a esses atores. No entanto, mesmo aqui, o *standard* internacional seria o de que a identificação do cliente (*status*) e método de recolhimento fossem feitos, respectivamente, por auto-auto-identificação verificada e registro no Estado competente, com todas as vicissitudes a eles inerentes.

É dizer, trata-se de itinerário em grande medida incongruente com a realidade de grandes volumes automatizados de transações. Consoante apontado já em 2001, nos debates levados a efeito pelo Technology TAG, muitas das fontes sugeridas como possíveis à coleta de dados – para verificação das declarações fornecidas pelo cliente – ou são inexistentes ou não disponíveis na velocidade e ao tempo em que as transações são concluídas. É dizer, impõe-se muitas vezes aos fornecedores (e/ou plataformas de *e-commerce*) verificações casuísticas e/ou mesmo manuais, em todo desconexas da realidade acelerada e de volume em que estamos imersos.

Daí porque nos parece ter chegado o momento de se focar na solução de longo prazo aventada pelo Grupo de Trabalho 9 em seu relatório de 2001: estudo de viabilidade dos cabedais tecnológicos para fazer face aos desafios que a digitalização da economia, e mais especificamente o *e-commerce* de intangíveis, têm imposto aos sistemas IVA[51]. E, nesse sentido, pontuamos ser conveniente se debruçar, dentre outros, sobre um ferramental tecnológico que possibilitaria a implementação de um sistema de retenção e recolhimento automatizado de IVA. Referimo-nos a tecnologia Blockchain.

Apontamos para tal tecnologia por duas razões principais interconectadas. Primeiro porque em teoria trata-se de ferramental que tornaria mais factível a implementação do mecanismo de "*split-payment*" (retenção e recolhimento automatizado dos tributos) já aventado há alguns anos em estudos encomendados pela União Europeia[52], mas, que encontrava obstáculos justamente no juízo de ponderação entre custos e

---

51. E, não estamos sozinhos nessa percepção. Marie Lamensch defende a necessidade de se mudar o foco de estudo acerca do tema em sua tese de doutorado. Vide: LAMENSCH, Marie. *European Value Added Tax in the Digital Era*: A Critical Analysis and Proposals for Reforma. IBFD Doctoral Series. Volume 36. IBFD: Amsterdam, 2015.

52. European Parliament (2017). *Analysis of the impact of the split payment mechanism as an alternative VAT collection method*. Final Report.

benefícios de sua concretização. É que à época a tecnologia Blockchain não estava em pauta, razão pela qual se tem analisado a possibilidade de agora ser tal conceito concretizável por intermédio dos *smart contracts*. Segundo porque justamente um dos gargalos à implantação do método de *split-payments* mesmo em um contexto de desenvolvimento de *smart contracts* era a ausência de valores monetários tokenizados oficiais. Tal ponto seria resolvido com a introdução das chamadas CBDC´s (Central Bank Digital Currencies), verdadeiras criptomoedas oficiais, pelos países de formal geral. E, isso está em vias factível de ser testemunhado: de acordo com o relatório do Banco de Compensações Internacionais (BIS), 80% dos Bancos Centrais do mundo estavam, em de 2020, estudando a viabilidade de implantação de tal representação monetária em seus sistemas[53].

Nesse sentido aliás é de se mencionar a publicação, pelo Comitê Especial sobre Crime Financeiro, Evasão e Evasão Fiscal do Parlamento Europeu publicou, em novembro de 2018, projeto de relatório relativo a medidas de combate à fraude ao IVA. Com base nos valores disponíveis de cobrança de IVA, estimou-se em 147,1 bilhões de euros, o montante total de IVA perdido em toda a União em 2016. Atribui-se muito dessa perda a fraude (principalmente transfronteiriças), evasões e elisões fiscais.[54] O ponto de destaque é que o Comitê solicita, em tal relatório, que a Comissão Europeia analisasse a proposta de se colocar dados transacionais transfronteiriços em uma blockchain e se utilizar uma moeda digital segura que só pode ser usada para pagamentos de IVA.

Em que pese se não ter ainda uma resposta definitiva e oficial por parte da União Europeia a esse pleito[55], a razão que inspirou a propositura de tal solução merece ser compreendida. A estruturação arrecadatória atual do imposto sobre o consumo é centralizada. O imposto é recolhido em cada uma das etapas da cadeia de consumo (produtor – distribuidor / distribuidor – lojista / lojista-consumidor). Na conformação atual, cada um dos agentes econômicos (produtor, distribuidor e lojista) detém o registro de suas transações de forma particular, e de forma dissociada se comunicam com o Fisco. Visualmente, eis a nossa realidade atual:

---

53. Bank for International Settlements (2020). *BIS Working Papers n. 880*. Rise of the central bank digital currencies: drivers, approaches and technologies. Monetary and Economic Department.

54. Outros fatores apontados seriam falências, insolvências financeiras, e erros de cálculo.

55. Impende noticiar a realização pela Comissão Europeia, em dezembro de 2019, de um ciclo de palestras e discussões sobre a temática relativa à utilização de blockchains para fins de arrecadação fiscal. Evento disponível na URL: https://ec.europa.eu/taxation_customs/events/vat-digital-age_en. Acesso em: 20.03.2020. Ainda sobre o tema: UHDRE, Dayana de Carvalho. Blockchain e compliance tributário by design: tendências para uma administração fiscal 4.0. *Revista de Direito e as Novas Tecnologias*. São Paulo: Revista dos Tribunais, n. 10, jan.-mar. 2021.

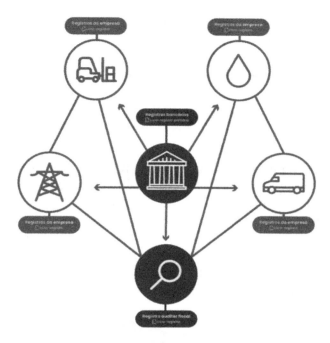

Fonte: PWC. VAT and Blockchain ITX Forum, April 2018

Perceba-se que temos vários registros distintos relativamente a operações que são associadas. É que na tributação sobre o consumo, a arrecadação é diluída ao longo da cadeia: todos os agentes pagam o valor relativo às operações de saída de seus produtos, por exemplo, mas devem creditar os valores adimplidos nas operações antecedentes. Assim, por exemplo, o valor de imposto sobre o consumo pago pelo produtor ao Fisco, quando realizou operação de venda para o distribuidor, deve ser deduzido do valor a ser pago pelo distribuidor quando realizar venda para o lojista. Daí a importância em se manter a escrituração adequada das operações – mormente das notas fiscais, instrumentos que comprovam a realização das transações.

Em tal *modus operandi*, nota-se que justamente por se tratar de contabilidades particulares e centralizadas, a possibilidade de fraudes e/ou adulterações são maiores, da mesma forma, a realização de fiscalização por parte do Fisco é realizada em cada um desses registros (e, agentes). Daí que verificar a regularidade de toda a cadeia pressupõe auditar uma a uma todas as empresas envolvidas. Trata-se, a evidência, de um sistema ineficiente, caro e bastante vulnerável.

Daí o porquê de se sugerir a utilização de uma *blockchain* para realizar esses mesmos registros de forma descentralizada, porém compartilhada e, portanto, visível a todos os partícipes daquela cadeia econômica – e, mormente, ao fisco (ou fiscos) envolvido(s). Da mesma forma, e em um segundo momento, tem-se sugerido o uso de *smart contracts* para que no momento que realizadas cada uma das transações tributáveis automaticamente se vertam os valores devidos aos cofres públicos, utilizando-se, para tanto, uma criptomoeda específica a esse fim[56] ou mesmo representativa da moeda oficial vigente.[57]

É dizer, a utilização da tecnologia *Blockchain* (mormente na aplicabilidade de *smart contracts*) tem se mostrado como uma das mais profícuas promessas para se melhorar a eficiência arrecadatória, reduzir os custos de fiscalização (da Administração) e de conformidade (dos contribuintes), dar-se transparência às informações e diminuir as fraudes. Em poucas palavras, implementar o sonho (por essa tecnologia factível) do *compliance by design*.

É de se pontuar que tais vantagens só são possíveis porque o registro compartilhado e distribuído dos dados ("Distributed Ledger Technology"), inerente às *blockchains*, permite a imutabilidade desses mesmos dados: uma vez validados e registrados na rede (e simultaneamente em todos os "nós"), a duplicação ou alteração desses dados se mostra bastante dificultosa. Ademais, a existência de várias e simultâneas cópias das transações possibilita a rastreabilidade dos registros, daqueles que os fizeram, bem como dos participantes dessas transações. Visualmente, eis a simplificação da mesma cadeia anteriormente retratada:

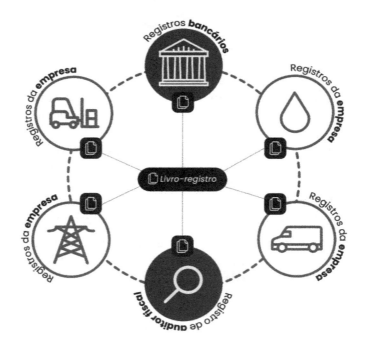

Fonte: PWC. VAT and Blockchain ITX Forum, April 2018.

---

56. Trata-se da proposta feita pelo Comitê Especial sobre crimes financeiros, sonegação e evasão fiscal do Parlamento Europeu à Comissão Europeia.
57. É caso dos projetos relacionados aos CBDC's (Central Bank Digital Currency) que seriam, resumidamente, moedas digitais oficiais emitidas diretamente pelos Bancos Centrais dos países emitentes.

No entanto, o atendimento de tal estado de coisas pressupõe o atendimento de alguns pré-requisitos à adoção da tecnologia *Blockchain*, assim como a superação de entraves inerentes à própria tecnologia para que então possa ser adotada Como pré-requisitos à adoção da tecnologia blockchain para fins de arrecadação tributária podemos citar, dentre outros: (i) a existência de identidades digitais (E-identidades), (ii) de notas fiscais digitais (e-nf) e de sistemas de escrituras digitais e padronizados, (ii) de um ambiente regulatório favorável, (iv) bem como (para fins de aplicabilidade do *smart contract*) de moedas de curso legal tokenizadas, ou específicas ao recolhimento do tributo devido. Já em relação aos obstáculos inerentes à própria tecnologia *Blockchain*, e que impactam em sua adoção, podemos mencionar: (i) a escalabilidade, (ii) a interoparabilidade entre os sistemas de registro e o registro na blockchain, bem como entre os registros em blockchain e a remessa de valores das contas dos agentes econômicos para os cofres públicos, (iii) custos de desenvolvimento implementação da tecnologia, (iv) custos e viabilidade de tokenização, (v) o estabelecimento de parâmetros para os tokens, etc.

Em que pese os inúmeros desafios impostos, a superação dos mesmos com a efetiva concretização das promessas latentes à tecnologia Blockchain, inaugurará um novo paradigma na relação Fisco-contribuinte. No caso do *e-commerce* de intangíveis, o recolhimento de tributos pelos fornecedores (e/ou plataformas), hoje escorado, consoante os relatórios da OCDE, em uma lógica de estímulo ao adimplememto voluntário (registro simplificado nas jurisdições de destino), passaria a ser feito de forma necessária e obrigatória, por intermédio da execução do código (*smart contracts*). O *compliance* by *design* antes de um sonho distante, seria uma realidade paupável e alinhada ao que se espera de uma Administração fiscal da sociedade 4.0. Eis o caminho que os Estados devem trilhar, afinal, da mesma forma que desafia, o arcabouço tecnológico também pode trazer soluções e maior eficiência às Administrações Fiscais.

5. REFERÊNCIAS

Bank for International Settlements (2020). *BIS Working Papers n. 880*. Rise of the central bank digital currencies: drivers, approaches and technologies. Monetary and Economic Department.

BINENBOJM, Gustavo. *O poder de polícia, ordenação, regulação, transformações político-jurídicas, econômicas e institucionais do direito administrativo ordenador*. Belo Horizonte: Fórum, 2021, p. 335-338.

COCKFIELD, Arthur; HELLERSTEIN, Walter; LAMENSCH, Marie. *Taxing Global Digital Commerce*. Second Edition. 2020 (Livro eletrônico). Não paginado.

CORTÊS, António. *Para uma metodologia Jurídica Integral. Direito e Justiça*. Separata Volume Espacial. 2013. Faculdade de Direito. Universidade Católica Portuguesa. p. 51 e ss.

European Parliament (2017). *Analysis of the impact of the split payment mechanism as an alternative VAT collection method*. Final Report.

GAMA, Tácio Lacerda. *Competência Tributária*. Fundamentos para uma Teoria da Nulidade. 2. ed. Revista e ampliada. São Paulo: Editora Noeses, 2001, p. XXV.

LESSIG, Lawrence. *Code*: And Other Laws of Cyberspace, Version 2.0. 2. ed. Nova York: Basic Books, 2006.

HELLERSTEIN, Walter. *Electronic Commerce and the Challenge for Tax Administration*. World Trade Organization (2002). Seminar on Revenue Implications of E-Commerce for Development.

INTERNATIONAL Post Corporation (2020). *Cross-Border E-Commerce Shopper Survey*.

JOHNSON, David Reynold; POST, David G., Law and Borders – the Rise of Law in Cyberspace. *Stanford Law Review*, v. 48, p. 1367, 1996. Disponível em: https://ssrn.com/abstract=535.

LAMENSCH, Marie. *European Value Added Tax in the Digital Era*: A Critical Analysis and Proposals for Reforma. IBFD Doctoral Series. Volume 36. IBFD: Amsterdam, 2015.

LIPSMAN, Andrew. (2019) *Global E-commerce 2019*: E-commerce Continues Strong Gains Amid Global Economic Uncertainty. eMarketer (News item). Disponível em: https://www.emarketer.com/content/global-e-commerce-2019.

OECD (2000). *Consumption Tax Technical Advisory Group Report*.

OECD (2001). *Technology Technical Advisory Group Report*.

OECD (2003). *Automating Consumption Tax Collection Mechanisms*, DAFFE/CFA (2003) 43/ANN5.

OECD (2003). *Electronic Commerce* – Commentary on the Place of Consumption for Business to Business Supplues (Business Presence); OECD (2003). Electronic Commerce – Simplified Registration Guidance.

OECD (2003). *Verification of Customer Status and Jurisdiction*.

OECD (2003). *Facilitating Collection of Consumption taxes on Business-to-Consumer Cross-Border E-commerce*.

OECD (2015), *Addressing the Tax Challenges of the Digital Economy, Action 1 – 2015 Final Report*, OECD/G20 Base Erosion and Profit Shifting Project, OECD Publishing, Paris.

OECD (2017), *International VAT/GST Guidelines*, OECD Publishing, Paris.

OECD (2019), *An Introduction to Online Platforms and Their Role in the Digital Transformation*, OECD Publishing, Paris.

OECD/WBG/CIAT/IDB (2021). *VAT Digital Toolkit for Latin America and the Caribbean*.

STANLEY-SMITH, Joe. E-commerce: The global shift in taxation. *International Tax Review*. Outubro 2016 [electrónico].

UNCTAD (2021). *COVID-19 and e-commerce*: a global review.

UHDRE, Dayana de Carvalho. Blockchain e compliance tributário by design: tendências para uma administração fiscal 4.0. *Revista de Direito e as Novas Tecnologias*. São Paulo: Revista dos Tribunais, n. 10, jan.-mar. 2021.

11
TRIBUTAÇÃO E TECNOLOGIA: CAPACIDADE CONTRIBUTIVA SUBJETIVA E TRIBUTAÇÃO INDIRETA

Eduardo Jobim

Professor de Direito Tributário da Faculdade de Direito da Universidade Federal do Rio Grande do Sul. Doutor em Direito Tributário pela UFRGS. Mestre em Direito Econômico, Financeiro e Tributário na Faculdade de Direito da Universidade de São Paulo (USP).

Sumário: 1. Introdução – 2. Capacidade contributiva subjetiva (relativa) – 3. Mínimo existencial e tributação indireta – 3.1 Meios disponíveis para a proteção – 3.1.1 Concessão de isenções – 3.1.2 Por isenções concedidas no âmbito de programas sociais: Estado Unidos – 3.1.3 Imposto diferenciado a depender do consumidor-contribuinte (Japão) – 3.1.4 Pela concessão de créditos presumidos de natureza compensatória (Canadá) – 4. Conclusão – 5. Bibliografia .

1. INTRODUÇÃO

O uso das tecnologias tem auxiliado a Administração Tributária e os contribuintes em inúmeros sentidos. No presente artigo, defende-se o tratamento dos dados pessoais dos contribuintes como meio para identificação de sua capacidade contributiva subjetiva.

Como resultado do tratamento desses dados, mostrar-se viável aos Estados lançarem mão de expedientes capazes de combater os problemas da regressividade na tributação indireta.[1] Enquanto nas famílias carentes, ou de menor renda, as despesas com bens e serviços consomem grande parte do orçamento doméstico, no caso das

---

1. Os tributos são regressivos "quando sua onerosidade relativa cresce na razão inversa do crescimento da renda do contribuinte". (AMARO, Luciano. *Direito Tributário Brasileiro*. 19. ed. São Paulo: Saraiva, 2000. p. 112). A regressividade pode ser analisada em cada espécie tributária ou no conjunto da carga impositiva global. O princípio da justiça tributária, e o seu subprincípio da capacidade contributiva inadmitem a regressividade global que evidencia o principal critério de justiça eleito pela Constituição não fora levado em consideração em perspectiva do total de tributos pagos pelos indivíduos. Na prática, o princípio da capacidade contributiva veda que a distribuição das cargas seja regressiva, do ponto de vista global, e para uns do ponto de vista de cada espécie tributária.

    Dentre os tributos que gravam indiretamente o consumo, a doutrina aponta para o imposto de importação (II), o ICMS, o IPI, o ISS, o PIS e a COFINS. Embora tais tributos incidam sobre o contribuinte de direito, eles conseguem ser repassados pelo mecanismo do preço e acabam por incidir, de maneira indireta, no preço de bens e serviços adquiridos pelos consumidores. Como os ricos e os pobres podem consumir os mesmos bens – como via de regra ocorre -, apenar de haver uma diferença entre marca ou qualidade, acabam os extratos de renda mais baixos da sociedade por comprometer, em termos proporcionais, uma maior parcela que os contribuintes com alto ou médio pode aquisitivo.

famílias mais abastadas, parcela dos rendimentos é acumulada, o que caracteriza um dos maiores problemas de injustiça tributária que vem associado ao efeito descrito (forte regressividade na tributação que incide sobre o consumo).

O sistema tributário brasileiro já utiliza mecanismos para onerar de forma menos gravosa os bens e serviços considerados essenciais. Isso é feito através do princípio técnico da seletividade.

Essa é reconhecida como subprincípio da capacidade contributiva ou técnica de tributação que age no âmbito dos tributos que comportam à transferência do ônus econômico pelo mecanismo dos preços. Ao identificar a essencialidade dos bens consumidos, o Estado acaba por gravar com alíquotas menores os bens e serviços considerados essenciais. A técnica também pode atuar de modo inverso, de forma a instituir alíquotas mais gravosas sobre produtos supérfluos e suntuários, adquiridos ou fruídos por indivíduos com maior poder aquisitivo.

A seletividade em razão da essencialidade dos bens, todavia, não elimina o problema da alta regressividade na tributação que grava o consumo. Em muitos casos, a culpa deve ser atribuída ao legislador e ao executivo que não desoneram os bens e serviços mais essenciais e custosos para as famílias de baixa renda, como é o caso das altas alíquotas de ICMS que gravam o consumo de energia elétrica, o transporte público, os produtos de higiene e limpeza, os medicamentos e os produtos alimentícios não contemplados na cesta básica.

O presente trabalho não se propõe a investigar tal questão. Foca nas soluções encontradas em outros países para identificar os consumidores de fato, e assim, assegurar-lhes alguma forma de correção da regressividade na tributação.[2]

No primeiro ponto deste artigo, será analisada a noção de capacidade contributiva subjetiva ou relativa. Será chamada atenção para o fato desse critério de justiça ser de observância obrigatória para toda e qualquer exação, até mesmo nas taxas, que se submetem à justiça típica das relações privadas (comutativa).

No segundo ponto do artigo, será analisado o tema da imunidade sobre o mínimo existencial, em perspectiva da tributação indireta. Quer-se mostrar que apesar da dificuldade de se identificar quem sejam os indivíduos que adquirem os bens e serviços tributados para dar-lhes tratamento mais digno, o mínimo existencial deve ser protegido independentemente das dificuldades encontradas pelo Poder Público, que não pode proteger insuficientemente os contribuintes e seus familiares carentes.

Por fim, será analisado como as novas tecnologias podem auxiliar à Administração Pública na identificação dos contribuintes carentes, que participam do mercado de consumo. Mediante a referida identificação, os malefícios da regressi-

---

2. Cabe advertir que, em face de peculiaridades em nosso sistema tributário que não adota um imposto amplo sobre o valor agregado (IVA), o consumidor acaba sofrendo o repasse de outros tributos não cumulativos que incidem, por exemplo, sobre os serviços tomados pelas empresas que comercializam bens e serviços vendidos aos consumidores.

vidade podem ser atenuados de diferentes maneiras. A escolha de uma das referidas alternativas só poderia ser cogitada se compatível com as particularidades do nosso sistema constitucional tributário. Mas a possível compatibilidade não é objeto a ser analisado neste artigo.

Cumulativamente, cada alternativa teria que ser avaliada em relação ao seu potencial de realizar os ideais associados ao princípio da justiça tributária, é dizer, de poder assegurar equidade, ao mesmo tempo que certeza, comodidade (para o contribuinte e Fisco) e economicidade (não gerar efeitos negativos ao sistema econômico da sociedade). Uma análise da compatibilidade e da adequação aos respectivos ideais, novamente, não seria compatível com o presente artigo, cujo objeto é bem mais singelo, e considera, apenas alguns pontos sob este ponto de vista.

2. CAPACIDADE CONTRIBUTIVA SUBJETIVA (RELATIVA)

O princípio da capacidade contributiva deve ser observado em toda e qualquer exação, não admitindo-se exceção, seja para o caso dos tributos regidos pela justiça comutativa, para os tributos que visam fins extrafiscais (externos)[3] ou dos tributos que gravam o consumo.[4]

Tratando-se do critério de justiça que rege toda e qualquer tributação, pode-se dizer que a capacidade contributiva se aplica ao sistema tributário como um todo, independentemente da espécie tributária utilizadas ou da técnica de tributação escolhida pelo legislador.

A capacidade contributiva subjetiva, também chamada de relativa, pode se desdobrar em capacidade contributiva relativa *abstrata* (quando a graduação da carga tributária é feita de acordo com uma média derivada de alguma padronização) ou *concreta,* quando os critérios estabelecidos em lei permitam a adequação do gravame à capacidade contributiva *real* de cada contribuinte submetida ao ônus tributário.[5]

---

3. Dentre muitos: PONTES, Helenilson Cunha. O princípio da capacidade contributiva e extrafiscalidade: uma conciliação possível e necessária. In SCAFF, Fernando Facury. (Coord.). *Ordem Econômica e Social. Estudos em Homenagem a Ary Brandão de Oliveira.* São Paulo: LTr, 2002. p. 152. Existem autores, todavia, que entendem que a extrafiscalidade é absolutamente incompatível com o princípio da capacidade contributiva. Cf. COSTA, Regina Helena. *Princípio da Capacidade Contributiva.* São Paulo: Malheiros, 2003. p. 73; NABAIS, José Casalta. *O Dever Fundamental de Pagar Impostos.* Coimbra: Almedina, 2004. p. 659-660.

4. OLIVEIRA, José Marcos Domingues de. *Capacidade Contributiva: Conteúdo e eficácia do Princípio.* Rio de Janeiro: Renovar, 1988. p. 77; TORRES, Ricardo Lobo. *Curso de Direito Financeiro e Tributário.* 12. ed. Rio de Janeiro: Renovar, 1998. p. 97; AMARO, Luciano. *Direito Tributário Brasileiro.* 19. ed. São Paulo: Saraiva, 2000. p. 165; ZILVETI, Fernando Aurélio. *Princípios de Direito Tributário e capacidade contributiva.* São Paulo: Quartier Latin, 2004. p. 288; TORRES, Heleno Taveira. *Direito Constitucional Tributário e Segurança Jurídica.* São Paulo: Revista dos Tribunais, 2011. p. 604.

5. Segundo Sacha Calmon, "a capacidade relativa ou subjetiva refere-se à concreta e real aptidão de determinada pessoa (considerados seus cargos obrigatórios pessoais e afastáveis) para o pagamento de certo imposto". (COÊLHO, Sacha Calmon Navarro. *Curso de Direito Tributário Brasileiro.* 14. ed. Rio de Janeiro: Forense, 2005. p. 69). No mesmo sentido, defendendo que a capacidade contributiva subjetiva deve ser concreta, opinião que é por nós compartilhada, conferir: DERZI, Misabel Abreu Machado. Notas de atualização. BALEEIRO, Aliomar. *Direito Tributário Brasileiro.* 11. ed. Rio de Janeiro: Forense, 2003. p. 263); COSTA, Regina Helena. *Princípio*

Naturalmente que com a combinação da capacidade contributiva subjetiva com as notas de personalização da tributação "não se pretende definir na lei o imposto de cada pessoa", mas sim "estruturar o modelo de incidência de tal sorte que, na sua aplicação *concreta*, tais ou quais características dos indivíduos (número de dependentes, volume de despesas médicas etc.) sejam levadas em consideração para efeito de quantificação do montante do imposto devido em cada situação concreta".[6]

A capacidade contributiva subjetiva pressupõe a existência de uma parcela de riqueza disponível que pode ser objeto da tributação.[7] Quando ela for considerada sob esse ponto de vista, o legislador deve observar as "condições pessoais do contribuinte, isso é, se ele pode, ou não, suportar a carga tributária".[8]

Sob tal perspectiva, a capacidade contributiva valoriza a distribuição proporcional das cargas adequadamente às condições pessoais dos indivíduos, sendo admitida discriminação legítima como forma de distribuir as cargas de forma mais justa.[9]

Giardina registra que a capacidade subjetiva se refere à concreta e real aptidão de determinada pessoa para o pagamento de certo tributo.[10] O referido autor diferencia a condição abstrata do cidadão para concorrer para os encargos públicos, da "contribuição concreta que lhe é solicitada comparando-a à dos outros contribuintes".[11]

A necessidade de avaliar as condições pessoais do contribuinte, e de sua família, são justificadas, num primeiro sentido, ante a necessidade do Estado de proteger a própria subsistência dos referidos indivíduos, deixando a salvo o mínimo indispensável para a plena realização de uma vida humana digna.[12]

---

da *Capacidade Contributiva*. 3. ed. São Paulo: Malheiros, 1998. p. 86; OLIVEIRA, José Marcos Domingues de. *Capacidade Contributiva: Conteúdo e eficácia do Princípio*. Rio de Janeiro: Renovar, 1988. p. 61.

6. AMARO, Luciano. *Direito Tributário Brasileiro*. 19. ed. São Paulo: Saraiva, 2000. p. 165.

7. A capacidade contributiva subjetiva é distinta do ponto de vista objetivo. Essa "obriga o legislador ordinário a autorizar todas as despesas operacionais e financeiras necessárias à produção da renda e à conservação do patrimônio, afetado à exploração. Igualmente o mesmo princípio constrange a lei a permitir o abatimento dos gastos destinados ao exercício do trabalho, da ocupação profissional como fonte, de onde promanam os rendimentos". (DERZI, Misabel Abreu Machado. Notas de atualização. BALEEIRO, Aliomar. *Limitações constitucionais ao poder de tributar*. 11. ed. Rio de Janeiro: Forense, 2005. p. 642).

8. SCHOUERI, Luís Eduardo. *Direito Tributário*. 2. ed. São Paulo: Saraiva, 2012. p. 322.

9. OLIVEIRA, José Marcos Domingues de. *Capacidade contributiva*: conteúdo e eficácia do princípio. Rio de Janeiro: Renovar, 1988. p. 36.

10. GIARDINA, Emilio. *Le basi teoriche del principio della capacità contributiva*. Milano: Giuffrè, 1961. p. 54. No mesmo sentido, conferir: DERZI, Misabel Abreu Machado. Notas revisão a obra de BALEEIRO, Aliomar. *Limitações Constitucionais ao poder de tributar*. Rio de Janeiro: Forense, 1997. p. 691.

11. Para Giardina, a capacidade contributiva subjetiva é "quello concernente la determinazione del carico d'imposta che si reputa congruo rispetto al fine dell'eguaglianza tributaria. Essa indica non già l'attitudine astratta del singolo di concorrere ai carichi pubblici, ma il contributo concreto che gli si domanda ragguagliandolo a quello degli altri contribuenti". (GIARDINA, Emilio. *Le basi teoriche del principio dela capacità contributiva*. Milão: Giuffrè, 1961. p. 53).

12. HERRERA MOLINA, Pedro Manuel. *Capacidad económica y sistema fiscal. Análisis del ordenamiento español luz del Derecho alemán*. Madrid: Marcial Pons, 1998. p. 120-121. Derzi registra que, "do ponto de vista subjetivo, a capacidade econômica somente se inicia após a dedução das despesas necessárias para a manutenção de uma existência digna para o contribuinte e sua família. Tais gastos pessoais obrigatórios (com alimentação, vestuário, moradia, saúde, dependentes, tendo em vista as relações familiares e pessoas do contribuinte etc.) devem ser cobertos com rendimentos em sentido econômico – mesmo no caso dos

Não é preciso dizer que a tributação não pode avançar sobre o direito de propriedade dos indivíduos, nem reduzir-lhe o espaço das liberdades individuais indispensáveis ao pleno desfrute de uma vida com bens básicos indispensáveis.

A proteção do mínimo existencial e da tributação com efeito de confisco são barreiras intransponível que oferecem balizas, nem sempre claras, para o reconhecimento da capacidade contributiva. Ambas representam limitações constitucional ao poder de tributar, cujo fundamento pode ser deduzido de variados dispositivos constitucionais que lhes determinam o significado e alcance.[13]

O mínimo a ser protegido é variável no tempo e no espaço,[14] cabendo ao Estado determiná-lo em perspectiva do custo de vida regionalizado das pessoas e famílias. A vida digna dependente de recursos econômicos, sendo necessário reconhecer qual parcela da riqueza se mostra indispensável para a sobrevivência e qual parcela pode o contribuinte dispor para financiar os serviços e bens públicos coletivos à coletividade.

Algumas variáveis podem ser levadas em conta na determinação do valor mínimo existencial do contribuinte e de sua família, como o montante despendido por pessoa ou com a família, pelo Governo, com benefícios assistências não pecuniários com saúde, educação, transporte público, alimentação nas escolas etc.[15] Alguns países levam tais valores em consideração na determinação da renda pessoal e familiar, isso porque em não havendo a necessidade com tais gastos imputados aos contribuintes, haveria maior disponibilidade de renda apta ao consumo.[16]

Percebe-se que o mínimo pessoal e familiar será sempre dependente da realidade econômica subjacente, sendo que a doutrina costuma associar o aspecto subjetivo da capacidade contributiva aos elementos sinalizadores da aptidão econômica capazes de indicar quem pode concorrer com aos gastos públicos e em que montante.

---

tributos incidentes sobre o patrimônio e herança e doações – que não estão disponíveis para o conceito de renda ou para patrimônio líquido pessoal, livremente disponível para o consumo e, assim, também para o pagamento de tributos". (DERZI, Misabel Abreu Machado. Notas de atualização. BALEEIRO, Aliomar. *Limitações constitucionais ao poder de tributar.* 11. ed. Rio de Janeiro: Forense, 2005. p. 642).

13. MARÍN-BARNUEVO FABO, Diego. "La protección de la familia en el sistema tributario" In: MALDONADO, Juan Manuel Ortega. *Justicia tributaria y Derechos Humanos.* México: Instituto de Investigaciones Jurídicas, 2018. p. 41-82.

14. HERRERA MOLINA, Pedro Manuel. *Capacidad económica y sistema fiscal. Análisis del ordenamiento espanõla luz del Derecho alemán.* Madrid: Marcial Pons, 1998. p. 121.

15. O mínimo existencial familiar foi protegido por diversos sistemas jurídicos, sendo a sua previsão explícita ou implícita nas mais variadas Constituições. No Brasil, a família, o casamento e a prole foram objeto de previsões nos art. 226 e 227 da CF/88. Nenhuma proteção explícita foi reconhecida em matéria tributária, o que não impediu parcela da doutrina de extrair implicitamente regra de imunidade sobre o referido mínimo existencial da CF/88. (Cf. DERZI, Misabel Abreu Machado. A família e o Direito Tributário. *Revista de Direito Tributário,* v. 65, p. 139-149, 1995; TORRES, Ricardo Lobo. Os Direitos Humanos e a tributação: imunidades e isonomia. *Tratado de Direito Constitucional, Financeiro e Tributário.* 3. ed. Rio de Janeiro: Renovar, 2005. v. 3. p. 190.

16. "The Census Bureau estimates that in 1990 net imputed income on equity in one's own home, employer-provided health benefits, and government noncash benefits raised average household income by $4900 (Bureau of the Census 1991, p. 4)". (KASTEN, Richard; SAMMARTINO, Frank; TODER, Eric. "Trends in federal tax progressivity, 1980-93". In: SLEMROD, Joel. *Tax progressivity and income inequality.* Cambridge: Cambridge University Press, 2006. p. 54.

A dimensão subjetiva da capacidade contributiva pode se desdobrar tanto num "critério para a graduação da tributação" quanto num "limite para a própria tributação". Na função de critério para a graduação da tributação, o papel reservado a capacidade contributiva é o de discriminar grupos de contribuintes que serão submetidos a uma *distribuição proporcional* do ônus como forma de materializar a justiça tributária.

O legislador precisa considerar a sociedade como sendo composta de diferentes classes sociais e categorias profissionais, havendo aquelas classes dos produtores, dos consumidores, dos proprietários de imóveis, dos que auferem renda, e assim por diante.[17] Outras classes devem ser protegidas em matéria tributária, como no caso das pessoas carentes, os enfermos, os idosos.

Ao indicar o critério de graduação do imposto, a capacidade contributiva subjetiva deve ressalvar da tributação aquelas "manifestações econômicas mínimas" que não sejam indicativas da respectiva capacidade. Afastar o "mínimo vital" da tributação não é apenas dever moral imposto ao legislador, mas verdadeiro dever constitucional que o Poder Público deve assegurar aos indivíduos.[18]

A determinação da capacidade contributiva subjetiva é relevante até certo ponto, mas não pode tornar-se desvantajosa à própria igualdade, no momento em que a lei estabelece um tratamento tão minucioso que termine por inviabilizar o próprio tratamento adequado que deve ser assegurado para a maioria dos casos.[19] As boas legislações não pecam pelo excesso de especificação e nem na falta de discriminações adequadas, seguindo as lições de Aristóteles que dizia que a virtude consiste em saber encontrar o meio-termo entre dois extremos.

3. MÍNIMO EXISTENCIAL E TRIBUTAÇÃO INDIRETA

O *caput* do art. 5º da CF/88 expressa a ideia de que o constituinte pretendeu implementar mudanças em relação ao respeito, por parte do Estado, aos direitos fundamentais. Além de prestar compromisso com o direito à vida, à liberdade, à igualdade, à segurança e à propriedade, o constituinte arrolou um longo rol de Direitos e Garantias fundamentais que, em parte, já constavam em diversos Tratados Internacionais protetores dos Direitos Humanos.[20]

Em matéria tributária, proteger os direitos humanos significa reconhecer os indivíduos como fins em si mesmos, nunca como meio para algum fim diverso. Entre outras coisas, envolve proteger os hipossuficientes, os vulneráveis, os deficientes físicos e os demais cidadãos que necessitam de proteção por parte do Estado. Os vulneráveis não podem estar sujeitos ao pagamento de tributos, já que o pouco

---

17. TAYLOR, Philip E. *The economics of Public Finance*. New York: McMillan, 1948. p. 282.
18. MOSCHETTI, Francesco. "Profili Generali". In MOSCHETTI, Francesco (Org.). *La capacità contributiva*. Padova: CEDAM, 1993. p. 35-36.
19. ÁVILA, Humberto. *Teoria da igualdade tributária*. 5. ed. São Paulo: Malheiros, 2015. p. 120.
20. FINNIS, John. *Ley natural y derechos naturales*. Buenos Aires: Abeledo-Perrot, 2000. p. 234.

11 • TRIBUTAÇÃO E TECNOLOGIA: CAPACIDADE CONTRIBUTIVA SUBJETIVA E TRIBUTAÇÃO INDIRETA

que os resta integra aquela parcela que constitui o mínimo indispensável para a sua sobrevivência: o mínimo existencial.[21]

O mínimo existencial desdobra-se em duas dimensões, uma positiva e outra negativa. A positiva demanda ações por parte do Poder Público no sentido de proteger os indivíduos mais carentes; a negativa, obsta que o legislador possa instituir tributo sobre aqueles que nada tem. Como pode ser visto, o mínimo existencial não é protegido apenas pela tributação, cabendo ao Estado assegurar o mínimo existencial, para quem dele necessite, por meio de programas de distribuição de renda que não interessam ao presente trabalho.

Incumbido desse mister, o Estado deve criar mecanismos eficientes para proteger a população mais carente do ônus que lhe recaí na injusta tributação incidente sobre o consumo. Assim, é absolutamente inadmissível que a sociedade conviva com injustiças tributárias que acentuam desigualdades sociais, que, o texto constitucional disse ter a República Federativa do Brasil o objetivo fundamental de reduzir (desigualdades sociais, da redução da pobreza e da marginalização).

Em matéria de proteção do mínimo existencial, Lejeune Valcárel registra que a doutrina sempre deu maior ênfase na tentativa de resguardar a porção intributável do contribuinte, na tributação que incide sobre a renda acumulada, deixando para o segundo plano a proteção do mínimo existencial na tributação incidente sobre o consumo (tributação indireta).[22]

Ninguém dúvida que a proteção do mínimo existencial fica bem mais facilitada na tributação direta, por ela estar relacionada com as características subjetivas do contribuinte, que é figura que pode ser identificada com facilidade. Mas, reconhecer a capacidade contributiva dos adquirentes de bens e serviços é tarefa difícil, mas não impossível, com o auxílio do tratamento de dados dos contribuintes que podem ser tratados com o uso das novas tecnologias.[23] Alternativas para atenuar o peso das

---

21. Com vistas ao sistema tributário italiano, Moschetti diz que a Constituição italiana consagra o princípio da graduação de impostos segundo a capacidade contributiva. Anota que, "quando se adquire um bem ou serviço essencial, o adquirente não só concorre, mas fica, materialmente, constrangido a concorrer para a despesa pública. É, pois, coerente admitir que se realize sempre a previsão constitucional, toda vez que o tributo tenha por objetivo bens ou serviços de primeira necessidade. É com base nessa premissa que podemos afirmar a ilegitimidade dos impostos sobre o consumo de bens de primeira necessidade". (Cf. MOSCHETTI, Francesco. *Il principio dela capacità contributiva*. Padova: Cedam, 1973. p. 209).

22. LEJEUNE VALCÁRCEL, Ernesto. "El principio de Igualdad". In: AMATUCCI, Andrea (Coord.). *Tratado de Derecho Tributario – El Derecho Tributario y sus fuentes*. Bogotá: Temis, 2001. t. 1. p. 234.

23. Essas tem auxiliado o Poder Público de outros Países, em múltiplos sentidos, por exemplo, no Brexit. Tomlinson registra que, de acordo com o "EU Settlement Scheme" foi "permitido que cidadãos da UE e seus familiares, atualmente residentes no Reino Unido, solicitem o status de residente após a saída esperada do Reino Unido da EU". O uso da tecnologia da informação foi relevante em alguns aspectos. O Settlement estabeleceu que "os candidatos devem preencher um formulário inscrição online". Como parte deste processo, "os indivíduos devem demonstrar um período contínuo de residência no Reino Unido, onde não estiveram ausentes do país por mais de 6 meses em qualquer período de 12 meses". Para confirmar e estabelecer esse período de residência, "o Home Office implementou verificações automatizadas [em] bancos de dados e sistemas previdenciários e fiscais dos contribuintes". Sem o sistema informático, seria necessário que todos os candidatos comparecessem para provar o período de residência, mas, com o auxílio dos algoritmos, o

cargas que oneram os bens e serviços essenciais à vida humana foram reconhecidas, na CF/88, que estabeleceu o princípio da seletividade em razão da essencialidade dos produtos e serviços.

A essencialidade procura atenuar o peso da tributação que grava os bens de primeira necessidade. A seletividade, entretanto, não é instrumento perfeito e possui algumas deficiências bem reconhecidas pela doutrina. Por exemplo:

- Os bens e serviços desonerados acabam sendo consumidos indistintamente por ricos e pobres. Os consumidores capazes, aliás, acabam consumindo os bens e serviços desonerados, parcial ou totalmente, em quantidades maiores que os indivíduos carentes, o que mostra que a técnica é parcialmente ineficiente;
  - A não tributação dos contribuintes com capacidade contributiva importa numa perda significativa de arrecadação. Tais recursos poderiam ser usados em políticas públicas voltadas para atenuação das desigualdades sociais, da erradicação da pobreza etc.;[24]
- A redução das alíquotas e a isenção nem sempre chegam a ser traduzidas numa menor carga tributária aos contribuintes de fato;
- A adoção de múltiplas alíquotas (cheias, reduzidas, zeradas) aumenta a complexidade do sistema tributário. Consequentemente, há o maior risco de haver uma aplicação desigual da lei, tanto por parte da Administração Tributária quando pelo Poder Judiciário, o que resulta em insegurança jurídica;
  - Sistemas tributários complexos exigem maiores investimentos na fiscalização tributária e geram maiores custos de conformidade para os contribuintes de direito. No primeiro caso, os custos de gestão e fiscalização geram um aumento na carga tributária, e no segundo caso, os custos de conformidade tendem a ser repassados aos consumidores pelo mecanismo dos preços;
- A desoneração num dos elos da cadeia de circulação não implica numa desoneração dos demais elos, tendo em vista o inc. II do § 2º do artigo 155 da CF/88, que determina que "a isenção ou não incidência, salvo determinação em contrário da legislação, não implicará crédito para compensação com montante devido nas operações ou prestações seguintes; acarretará anulação do crédito relativo às operações anteriores".
  - Se a isenção for concedida no meio da cadeia produtiva, o imposto pago no ciclo anterior é perdido, não sendo possível utilizá-lo em seguida na eventualidade de haver uma operação tributada. Sendo assim, o efeito das isenções é perdido.

Pode-se dizer que a técnica da seletividade não tem conseguido concretizar os ideais de equidade, certeza jurídica e economicidade que devem ser concretizados pelo princípio da justiça tributária. Apesar de a técnica representar uma garantia aos contribuintes, pode-se dizer que a seletividade por si só não consegue concretizar os referidos ideais. A bem da verdade, deve-se dizer que, mesmo com o uso da técnica da seletividade, a realidade empírica segue mostrando que os tributos indiretos

---

sistema passou a proceder uma varredura nos referidos banco de dados, deixando que os candidatos que não atendesse aos requisitos, fossem chamados para fornecer provas em contrário". (TOMLINSON, John. *Justice in the digital State*. Bristol: Policy Press, 2019. p. 92).

24. DE LA FERIA, Rita; KREVER, Richard. "*Ending VAT exemptions*: towards a post-modern VAT". Oxford University Center for Business Taxation, Oxford, 25.12.2012. p. 23.

penalizam os indivíduos mais carentes da nossa comunidade, que ainda sofre com a alta regressividade da tributação que grava o consumo.

Isso ocorre porque a tributação sobre o consumo absorve, em termos proporcionais, uma maior parcela da renda individual e familiar dos que detém menor renda, como fica fácil de se verificar através de um exemplo registrado em nota.[25]

Os efeitos da regressividade são sentidos com maior intensidade nos Países em desenvolvimento, onde as camadas menos favorecidas da população auferem renda limitada, geralmente absorvida com serviços (transporte, telefonia, energia elétrica) e bens de consumo considerados essenciais (alimentação, vestuário, matérias de higiene e limpeza, medicamentos etc.). Consequentemente, a população não chega a acumular renda na forma de poupança ou de patrimônio, surgindo daí a própria relevância dessa base tributária para os países como o Brasil. Diz-se, assim, que os países desse gênero são muito dependentes da tributação que grava o consumo.

Como reduzir a tributação sobre o consumo parece não ser uma alternativa possível em face dos motivos antes elencados, deve o Estado lançar mão de instrumentos capazes de evitar a tributação que recaia sobre os indivíduos sem qualquer capacidade contributiva, o que passa pelo adequado uso da seletividade, em razão da essencialidade dos bens e serviços, cumulado com outros meios de proteção da população carente.

Já vimos que os impostos que gravam o consumo podem graduar as suas alíquotas na tentativa de estimar, com base nos bens e serviços consumidos, a capacidade contributiva dos contribuintes. Assim, o princípio da seletividade atua, ainda que de forma imprecisa, na mensuração da capacidade contributiva subjetiva.

Ninguém nega que o respectivo princípio que rege a tributação indireta gera distorções, na medida em que é reconhecida a sua incapacidade de gravar desigualmente os bens que são consumidos por ricos e os pobres, indistintamente. Assim, na medida em que o Estado reduz as alíquotas sobre bens básicos de consumo, no fundo, acaba por desonerar a tributação incidente sobre os detentores de maior capacidade contributiva; inversamente, ao se majorar as alíquotas de produtos não essenciais, prejudica-se aqueles que detém pequena renda, mas que desejam adquirir específicos bens de consumo.

Vários estudos apresentam alternativas para contornar tais deficiências. Estão disponíveis ao arsenal do legislador, por exemplo, a possibilidade de conceder créditos, garantir isenções na aquisição dos bens e serviços essenciais aos mais carentes, bem como oferecer o reembolso da matéria coletável.

---

25. A título ilustrativo, basta verificar que uma família que ganha um salário mínimo, ou seja, R$ 1.100,00 (mil e cem reais), e que consume R$ 110 (cento e dez reais) ao adquirir alimentos, acaba por assumir um gasto representativo de 10% (dez por cento) da sua renda total. Se o mesmo valor fosse consumido por alguém que aufere 10 salários mínimo, ou R$ 11.000 (onze mil reais), ele realizaria um gasto representativo de 1% (um por cento) da sua renda total.

Ninguém pode duvidar que cada um desses meios pode oferecer dificuldades operacionais e implicar na criação de custos adicionais ao Estado, mas o aprimoramento da técnica de coleta e de cruzamento de dados da população, respeitado o direito à privacidade, pode acabar por facilitar o desenvolvimento de meios mais eficientes e menos custosos para assegurar a concretização do princípio da justiça na tributação indireta.

Parece que o caminho para efetivação de tais direitos fundamentais passa pelo reconhecimento do problema, pela pressão política a ser realizada pela população e pela apresentação de soluções alternativas ao enfrentamento do problema. Ao mesmo tempo, neste aspecto, a experiência internacional tem bastante a ensinar, tanto pelos efeitos positivos quanto negativos.

É bem certo que o principal argumento teórico que dizia ser impossível, na tributação indireta, reconhecer o contribuinte de fato, parece não ser argumento que se sustente na atualidade. Isso ocorre, graças aos avanços tecnológicos que conferem, ao Poder Público, inúmeras possibilidades, que se tornam concretas a partir do tratamento dos dados dos contribuintes-consumidores.

Consequentemente, não só pode como deve o Poder Público usar das alternativas já existentes, para deixar livre de qualquer tributação os recursos necessários para a subsistência dos contribuintes e das famílias carentes.

3.1 Meios disponíveis para a proteção

3.1.1 Concessão de isenções

A CF/88 previu o princípio da seletividade em razão da essencialidade do bem no IPI, enquanto que reconheceu que o ICMS poderá ser seletivo em função da essencialidade das mercadorias e serviços. Tal princípio visa proteger os consumidores mais carentes,[26] embora o seu êxito seja questionável.

O constituinte teve em mente distribuir o peso dos tributos de modo a gravar com menos força os bens e serviços essenciais consumidos pela população mais carente. O permissivo constitucional autoriza que as alíquotas de ICMS possam ser reduzidas ou zeradas (isenções), desde que aprovadas por Convênio junto ao Confaz.[27] Já as alíquotas de IPI podem, e dirão alguns, que devem ser orientadas pelo princípio da seletividade, em vistas de realizar uma distribuição equitativa das cargas tributárias.

---

26. DERZI, Misabel Abreu Machado. Notas de atualização. BALEEIRO, Aliomar. *Limitações constitucionais ao poder de tributar.* 11. ed. Rio de Janeiro: Forense, 2005. p. 642.

27. A concessão de benefícios fiscais deve levar em conta as disposições da LC n. 24, de 1975, segundo a qual se exige aprovação de Convênios, à unanimidade, pelo Conselho Nacional de Política Fazendária (Confaz). Com a introdução do IVA, na Europa, foi adotada uma alíquota normal que não pode ser inferior a (15%), podendo ser variável, em média, entre 18% a 20%; uma segunda alíquota reduzida para incidir sobre os bens de primeira necessidade e essenciais, que não pode ser inferior a (5%); e uma alíquota acentuadamente reduzida, adotada por alguns países, sobre uma lista limitada de bens (inferir à 5%), uma lista majorada para ser adotada no caso da tributação sobre os bens não essências (supérfluos). Tais alíquotas foram simplificadas por força da necessidade de harmonização da tributação sobre o consumo na União Europeia. Cf. sobre o tema, a Diretriz n. 92/77, de 19 out. 1992.

A proteção do mínimo existencial pessoal ou familiar na tributação indireta tem sido parcialmente possível graças a concessão de isenções ou pela aplicação de alíquotas reduzidas incidentes sobre os bens de primeira necessidade, tal como ocorre no caso dos bens integrantes da cesta básica. A escolha desses bens sempre deve passar pela análise criteriosa e técnica de sua essencialidade.

Como antecipado, o princípio da seletividade torna possível a desoneração dos bens e serviços igualmente consumidos por pessoas com muita capacidade contributiva, bastando que pobres e ricos consumam os produtos com carga fiscal reduzida ou zerada. Não há dúvidas que todos os produtos que compõe a cesta básica terminam, de fato, sendo consumidos pelos contribuintes de maior renda (aliás, em maior quantidade), mesmo que optem por produtos de melhor qualidade (substituição), geralmente vendido por marcas mais tradicionais.

O referido problema enseja críticas acerca da eficiência dessa política de desoneração de bens e serviços, especialmente do ponto de vista da sua eficiência econômica.[28]

Alguns estudos técnicos evidenciam que até a década de 1970, a seletividade era entendida como tendo "a mesma função que a progressividade tinha nos impostos sobre a renda: equidade vertical".[29] Com o passar do tempo, teria ocorrido uma aproximação entre os bens e serviços consumidos pelos mais pobres e os mais ricos, perdendo o sentido de haver alíquotas diferenciadas. Como os produtos consumidos pela população de todas as faixas de renda seriam idênticas em gênero, seria descabido desonerar gêneros alimentícios na medida em que seriam formas de beneficiar de modo idêntico, ou mais intensamente, a população mais rica.[30]

Ocorre que a população mais rica compreende certa de 10% (dez por cento) da população brasileira, sendo desproporcional afastar uma política tributária usada em muitos países do mundo, quando essa garante um benefício para os demais 90% (noventa por cento) da população. Ao que tudo indica, as atuais propostas de reforma tributária em tramitação parecem contemplar algum tipo de compensação para a população carente.

---

28. O que muda no padrão de consumo das famílias mais abastadas em termos de produtos da cesta básica parece ser a migração para itens de melhor qualidade, de melhor sabor e maior preço que os produtos populares que compõe a conhecida "cesta básica".

29. CENTRO DE CIDADANIA FISCAL. Nota Técnica n. 2: Alíquota única do IBS, 26 de junho de 2017. Disponível em: https://ccif.com.br/wp-content/uploads/2020/06/1706-Aliquota-unica-do-IBS_v4.pdf. Consulta em: 06 maio 2021.

30. Segundo nota técnica do Centro de Cidadania Fiscal: "A seletividade fazia sentido num padrão de consumo que já não existe. Calçados de pneu (utilizados pelo trabalhador pobre) eram isentos de imposto, enquanto calçados de couro (utilizados pela classe média) eram tributados. O pobre consumia farinha de mandioca, o classe-média consumia macarrão. Pobres não possuíam linha telefônica, os que as possuíam tinham-nas como parte de sua riqueza. O acesso a eletricidade era limitado. Os padrões de consumo de pobres e não-pobres eram distintos. Deixou de fazer sentido tributar de maneira diferenciada a eletricidade, as comunicações, a quase totalidade de bens e serviços". (Centro de Cidadania Fiscal. Nota Técnica n. 02: Alíquota única do IBS, 26 de junho de 2017. p. 3. Consulta em: 06 maio 2021. Disponível em: https://ccif.com.br/wp-content/uploads/2020/06/1706-Aliquota-unica-do-IBS_v4.pdf).

O modelo de IVA defendido por alguns pesquisadores não prevê isenções na maioria dos casos. Alega-se que um dos benefícios atribuídos ao seu modelo decorre da simplificação na tributação sobre o consumo, que, parcialmente seria realizada pela presença de uma tributação com uma alíquota única ou com poucas alíquotas. Os benefícios da tributação sobre o valor agregado são fartamente documentados, como registra James, principalmente por combinar uma ampla arrecadação, neutralidade, eficiência, simplicidade e equidade.[31]

Algumas propostas destes modelos alternativos de IVA são estudados por de La Feria e têm sido objeto de análise por pesquisadores, no Brasil, especialmente pelo Centro de Cidadania Fiscal (CCFI). O Centro redigiu um projeto de Emenda à Constituição que visa criar um "Impostos sobre Bens e Serviços" (IBS), que promete ser um imposto abrangente que evitaria diversas distorções em nosso sistema tributário, que levam os contribuintes a terem que conviver com problemas de impostos cumulativos que se somam aos impostos não cumulativos.

Sinteticamente, o projeto visa instituir um imposto geral sobre o consumo, do tipo IVA (Imposto sobre o Valor Adicional ou Agregado), capaz de substituir vários tributos ao mesmo tempo (cinco tributos em específico), imprimindo maior racionalidade ao sistema tributário brasileiro, que é por demais complexo.

De la Feria explica que a tributação sobre o consumo não é instrumento eficaz para propiciar a distribuição de renda, muito pelo contrário. Assim, defende que o modelo de compensação da regressividade do IVA seja corrigido por programas governamentais redistributivos.[32] É dizer, a ineficiência do sistema interno de distribuição do ônus deve ser corrigida por medidas de redistribuição do "bônus", a serem distribuídos com base no critério de justiça que dá a cada um conforme a sua necessidade.

A pesquisadora é contra a concessão de isenções na tributação que grava o consumo. Assim, registra que os "benefícios fiscais" e a tributação com alíquotas seletivas quase nunca chegam ao consumidor de fato (consumidores), ao mesmo tempo em que reduzem o volume das receitas que poderiam ser gastos com programas sociais redistributivos. Em síntese, parece acreditar que o resultado da concessão de isenções ou da instituição de alíquotas reduzidas tem efeito mais negativo do que positivo. Como conclusão, a autor defende um IVA com alíquota única ou com poucas alíquotas.

Ocorre que a CF/88 inadmite uma matriz tributária simplesmente injusta que prometa ser atenuada por medidas sociais e redistributivas complementares. O nosso critério de justiça tributária (capacidade contributiva) inadmite que os indivíduos carentes sejam tributados, pois lhe falta justamente o elemento fundamental (capacidade).

---

31. JAMES, Kathryn. *The Rise of the Value-Added Tax*. Cambridge: Cambridge University Press, 2015. p. 86-96.
32. DE LA FERIA, Rita; KREVER, Richard. "*Ending VAT exemptions*: Towards a post-modern VAT". VAT Exemptions: consequences and design alternatives. The Hague: Kluwer Law International, 2013. p. 9.

O modelo de IVA com alíquota única admite a tributação sobre os mais carentes e pretende jogar para fora da esfera tributária a responsabilidade pela adoção de políticas corretivas e distributivas. Dito de uma outra forma, seria reconhecer que o Poder Público não precisa distribuir o ônus levando em conta o princípio da justiça tributária, contanto que exista uma outra forma de política social que corrija as injustiças tributárias.

Ora, qualquer proposta nesse sentido pode ser reconhecida como inconstitucional, pois faria letra morta dos direitos e garantias fundamentais dos contribuintes, que constituem direitos protegidos até mesmo pela cláusula de imutabilidade. É dizer, nem uma reforma Constitucional admitiria: (i) a supressão parcial (ou atenuação) do princípio da capacidade contributiva subjetiva; (ii) afastar o princípio técnico-jurídico da seletividade em razão da essencialidade dos produtos e serviços, e (iii) instituir tributos sobre os mais carentes, nem mesmo na promessa de medidas compensatórias.

Ninguém deve ser obrigado a entregar o que é seu (e, que o Estado está constitucionalmente impedido de retirar (o mínimo existencial), para sobreviver com o que lhe é distribuído pela coletividade. Se do ponto de vista econômico, tal afirmação pode fazer sentido, do ponto de vista moral e constitucional é simplesmente reprovável e inadmissível, pois representaria a constitucionalização do Estado de mendicância. Concordar com a proposta é reconhecer que a justiça tributária não vale para nada, quando complementada por meios corretivos/redistributivos de renda.[33]

Não há dúvidas de que uma alíquota única é capaz de simplificar a tributação, mas teríamos que refletir se uma reforma deste tipo não passaria por cima do princípio da justiça tributária, sob uma promessa de simplificação e eficiência tributária, mas nenhuma compensação predeterminada para a eliminação (inconstitucional) do princípio da seletividade.

Antes dessa indagação, caberia a pergunta: a injustiça tributária é admitida em alguma situação pela ordem jurídica? Não teria ela que ser justa sempre, ou admitiriam os direitos fundamentais atenuações na perspectiva tributária, desde que essas fossem corrigidas por políticas financeiras e orçamentárias (políticas distributivas de renda)? Como o presente trabalho não versa sobre políticas fiscais, cabe saber como a regressividade na tributação sobre o consumo pode ser resolvida pelas vias tributárias e não por outras.

---

33. Aliás, deve ser enfatizado que políticas corretivas não se confundem com políticas redistributivas, já que o seu fundamento é distinto: como a tributação dos mais carentes é inadmitida pela Constituição, a reforma constitucional defendida teria que prever mecanismos de restituição de tributos aos mais carentes. Seria devolvido aquilo que não poderia ter-lhes sido exigido (aqui, a justiça corretiva tem lugar, sendo a correção uma forma de devolução do que lhe foi injustamente tomado, pelo Estado). Coisa muito distinta são as políticas sociais que promovem a redistribuição de recursos aos mais necessitados. Aqui, nenhuma correção é realizada, mas mera distribuição de recursos. Sob o ponto de vista financeiro, alguma diferença deve fazer, mas este não é o espaço para tais digressões. A restituição dos tributos que oneram o mínimo vital necessário à existência é defendida, na Alemanha, por Tipke e Lang. (Cf. TIPKE, Klaus e LANG, Joachim. *Direito Tributário*. Porto Alegre: Sergio Antonio Fabris Editor, 2008. p. 220).

3.1.2 Por isenções concedidas no âmbito de programas sociais: Estado Unidos

Ao procurar conter as deficiências da falta de personalização nos impostos que gravam o consumo, e refletindo sobre a importância de se garantir a capacidade contributiva subjetiva nessas exações, alguns autores tem buscado alternativas em outros países que adotam uma tributação sobre o valor agregado (IVA), ou que possuem um *Retail Sales Tax* (EUA).[34]

Via de regra, os instrumentos legislativos vão além da mera concessão de isenções ou da aplicação de alíquotas reduzidas em razão da essencialidade dos bens e serviços,[35] sendo necessário dizer que os países abaixo indicados adotam tais esquemas cumulativamente ao uso de alíquotas menores visando concretizar a justiça tributária, a partir de alguma espécie de personalização da tributação sobre o consumo.

Os Estados Unidos adotam um programa chamado de SNAP (antigo *Food Stamps Program*) que visa isentar as famílias de baixa renda do *sales tax* que é tributo que grava o consumo. Ocorre que o Estado não *subsidia* qualquer família e nem qualquer alimento, apenas famílias provadamente carentes e alimentos reconhecidamente saudáveis. Como pode ser visto, o programa social visa auxiliar as famílias carentes na sua alimentação (saudável). O programa é bem visto por enfrentar o problema de obesidade na população norte-americana.[36] Como pode ser visto, o programa mistura técnicas de tributação com fins extrafiscais.

Seus beneficiários se tornam elegíveis mediante diversos critérios que servem para averiguar a quantidade de recursos a que os cidadãos têm direito de receber, no âmbito deste programa social, que é antecedido de entrevistas comprobatória acerca da veracidade da situação de carência econômica do contribuinte e de sua família.

Os indivíduos credenciados no referido Programa recebem EBT (*Eletronic Benefit Transferes*) que correspondem a recursos com os quais podem fazer compras, de produtos isentos, nos mercados e supermercados locais. O benefício social é concedido para famílias de baixa renda, cabendo a fiscalização verificar a renda líquida d(a) chefe do núcleo familiar, e determinar a quantidade de filhos dos proponentes.

---

34. O *Retail Sales Tax* (RST) é de competência estadual. Mikessel registra que as legislações estaduais compartilham de uma estrutura de imposto bastante similares, que podem ser resumidas em três características essências: (i) são impostos *ad valorem* "que incidem sobre as vendas, ou sobre elementos incidentais às vendas, como as receitas das vendas, de todas ou de uma ampla gama de 'commodities'. Todos possuem um sistema de suspensão de exigibilidade do imposto permitindo que eles não incidam sobre itens adquiridos para revenda; encorajam o cálculo em separado do imposto em cada transação (em outras palavras, o imposto é adicionado no ato de compra (efetiva), em vez de ser adicionado sobre o preço dos bens que constam nas prateleiras, por fim, o imposto arrecadado é excluído das receitas brutas sobre as quais o imposto é exigido". (MIKESELL, John. *Fiscal Administration*. Boston: Cengage Learning, 2013. p. 413).

35. Para uma visão completa: SILVA, Giovanni Padilha da. ICMS personalizado (ICMS-P): un IVA moderno, eficiente y equitativo. 2017. 250 f. Tese (Doutorado em Economia) – Departamento de Economia Aplicada, Universidade de Alcalá, Alcalá de Henares, 2017. FACHINI. Laura Stefenon. Capacidade contributiva subjetiva e tributação indireta: uma conciliação necessária. 2020, f. 173. (Dissertação de Mestrado). Universidade Federal do Rio Grande do Sul.

36. UNITED STATES OF AMERICA. Department of Agriculture. "SNAP Eligibility". 2019. Disponível em: https://www.fns.usda.gov/snap/recipient/eligibility. Acesso em: 08 mar. 2020.

11 • TRIBUTAÇÃO E TECNOLOGIA: CAPACIDADE CONTRIBUTIVA SUBJETIVA E TRIBUTAÇÃO INDIRETA

A soma das variáveis termina por ser levada a um cálculo aritmético que gradua o montante a ser depositado num cartão eletrônico apto para ser usado na aquisição de bens e produtos (crédito em dólares).

As informações que a Administração Pública já possui dos cidadãos contribuintes auxiliam na implementação do programa. O cruzamento de dados do *Social Security Number*, da declaração de rendimentos, da inscrição em programas sociais já existentes, tanto em nível Federal quando dos Estados, também são levados em conta no desenvolvimento do programa, servindo inclusive como elementos mitigadores de fraudes e de informações falsas prestadas pelos pretendentes ao Programa.

O Governo americano estima que 30% (trinta por cento) da renda líquida dos cidadãos de baixa renda é gasta com comida, razão que o leva a depositar tal percentual para ser gasto na aquisição de comida. Não são todos os produtos que os beneficiários podem adquirir, apenas os eleitos pelo Ministério da Agricultura, como frutas vegetais, carnes, pães, dentre outros.[37]

3.1.3 Imposto diferenciado a depender do consumidor-contribuinte (Japão)

O Japão possui um Imposto sobre Consumo (JCT) com uma estrutura similar ao do IVA europeu. Ele foi instituído em abril de 1989, em substituição ao imposto sobre vendas (*commodity tax*). Quando o "JCT" foi criado fora instituída uma alíquota básica de 3% (três por cento), sendo que, com o tempo, a mesma foi ampliada para 10% (dez por cento). Atualmente, os produtos alimentícios e as bebidas não alcóolicas são tributados com uma alíquota reduzida de 8% (oito por cento).

Apesar do imposto sobre o consumo japonês possuir uma alíquota menor que a dos demais países que adotam algum tipo de IVA, a doutrina registra os problemas de regressividade naquela exação, que podem ser ilustradas nesta forma: "a carga tributária da JCT é alta para os pobres que tem um grau elevado de despesas para com alimentos e outras necessidades; isso é benéfico aos ricos cujas despesas com alimentos e necessidades também é alta; não é possível mitigar a injustiça da carga do JCT [apenas] com múltiplas alíquotas".[38]

Ao desenvolver uma sistemática para combater a regressividade da tributação incidente sobre o consumo, o Japão tentou personalizar a tributação, ao mesmo tempo em que excluiu da tributação várias operações que foram reconhecidas como não tributadas, como o "empréstimos ou a transferência de terrenos, de títulos negociáveis, dos juros pagos em empréstimos, dos selos postais, dos tratamento médico reconhecidos em lei e do seguro médico (público), das atividades relacionadas ao bem-estar social; das mensalidades escolares; do aluguel residencial; das despesas

---

37. Para uma visão completa: FACHINI. Laura Stefenon. *Capacidade contributiva subjetiva e tributação indireta*: uma conciliação necessária. 2020, f. 173. (Dissertação de Mestrado). Universidade Federal do Rio Grande do Sul. p. 128-130.

38. KIMU, Kotaku. "The Future of Indirect Taxes in Japan". *International Tax Review.* v. 23, n. 7, 2012. p. 59-60.

médicas associadas ao parto, enterro, assistência domiciliar e assistência social para centro de idosos e deficientes".[39]

Paralelamente, a incidência do IVA sobre determinados bens e serviços foi personalizada, de forma que o ônus é repartido mediante a combinação entre produto/ serviço e as características do contribuinte. Assim, a depender do produto (ex: um livro didático), o montante do IVA pode variar a depender da pessoa que o adquire (aluno do ensino fundamental, universitário etc.). No exemplo oferecido por Barreix, fica evidente que os consumidores teriam descontos diferenciados levando-se em conta o nível escolar em que se encontram, mas nenhuma relação tem o montante do desconto previsto para cada contribuinte com a capacidade contributiva dos genitores dos beneficiados com o desconte (estudantes).[40]

Sob o ponto de vista normativo, e com base no princípio da justiça tributária, algumas críticas podem ser formuladas ao método japonês de combate à regressividade. Isso porque, ao se concretizar o ideal normativo da equidade, ampliou-se o grau de complexidade da tributação indireta.

Esse aumento importa em custos adicionais ao Estado e aos particulares: aos Estado, porque deve fiscalizar um número elevado de situações, o que importa num aumento no número das despesas administrativas com pessoal e com sistemas de cruzamento de dados de várias instituições; as empresas, porque a redução do imposto deve ser materializada em cada operação, o que lhes impõem controles adicionais e outras alterações no cumprimento dos deveres fiscais, que acabam representando custos repassados no preço dos bens e serviços que tendem a ser repartidos por todos indistintamente.

Tais despesas tendem a reduzir com o uso efetivo de novas tecnologias. O tratamento dos dados pessoais dos contribuintes, cumulada com os serviços informatizados que ligam às empresas comercializadoras de bens e serviços ao Fisco, pode facilitar a identificação dos beneficiários dos programas sociais, ao mesmo tempo em que pode auxiliar na procura do dados do contribuinte em outras bases de dados, por exemplo, a escolaridade, a idade, o *status* civil, o número de filhos etc. As novas tecnologias podem e devem auxiliar na diminuição das despesas burocráticas de todos os envolvidos, desde que usadas com proteção e segurança dos dados pessoais.[41]

---

39. KPMG. *Taxation in Japan 2019*. Disponível em: https://assets.kpmg/content/dam/kpmg/jp/pdf/2019/jp-en--taxation-in-japan-201911.pdf#page=209. Acesso em: 17 jan. 2022.

40. BARREIX, Alberto; BÈS, Martín; ROCA, Jerónimo. "Resolviendo la trinidad imposible de los impuestos al consumo: El IVA Personalizado". In BÁRCENA, Alicia; SERRA, Narcís (Org.). *Reforma fiscal en América Latina: ¿Qué fiscalidad para qué desarrollo?* Santiago de Chile: CEPAL/CIDOB, 2012. p. 62; SILVA, Giovanni Padilha da. *ICMS personalizado (ICMS-P):* un IVA moderno, eficiente y equitativo. 2017. 250 f. Tese (Doutorado em Economia) – Departamento de Economia Aplicada, Universidad de Alcalá, Alcalá de Henares, 2017. p. 60.

41. A entrada em vigor da LGPD (Lei Geral de Proteção de Dados) no Brasil ao estabelecer as hipóteses em que o tratamento de dados é legítimo oferece segurança jurídica e possibilita o uso de dados em políticas fiscais.

3.1.4 Pela concessão de créditos presumidos de natureza compensatória (Canadá)

O Canadá usou uma forma mais simples para tentar atenuar os efeitos da regressividade na tributação incidentes sobre o consumo. Assim, aplicou uma taxa uniforme com isenções para produtos essenciais (alimentação e os itens relacionado com a saúde da população), ao mesmo tempo em que incorporou um mecanismo de compensação do imposto repassado no consumo para os indivíduos e famílias carentes.[42]

O *"Goods and Sales Tax/Harmonized Sales Tax credit"* (GST/HST credit) consiste num programa em que indivíduos e famílias podem receber recursos não tributados do Governo a cada trimestre. Para ser elegível ao programa canadense basta ser residente no País, ser declarante do imposto de renda e preencher apenas um dos seguintes requisitos estabelecidos pela lei: "ter no mínimo 19 (dezenove) anos, ou ter (ou ter tido) um cônjuge ou companheiro(a), ou ser genitor(a) que reside (ou residiu) com o(a) infante".[43]

Algumas variáveis são levadas em conta na determinação dos créditos transferidos aos indivíduos ou à unidade familiar no momento da restituição de tributos. Por exemplo, os contribuintes devem estimar o montante dos créditos que devem receber a partir da combinação de três variáveis: o número de filhos cadastrados no programa, o estado civil do beneficiário ou beneficiária e a renda líquida individual ou familiar ajustada para o respectivo ano-calendário. O cálculo da renda líquida familiar resulta da soma das rendas de cada um dos contribuintes (casados ou em união estável), ou pode ser o montante da renda líquida individual no caso das pessoas solteiras (com ou sem filhos).

Assim, se a renda líquida dos cônjuges ou conviventes for inferior ou igual ao montante de $ 38.882,00, cada membro receberá um crédito anual no montante de $ 299,00 dólares canadenses (total = $ 598,00), sobre o qual será adicionado + $ 157,00 dólares por filho, limitado ao número de 4. A eventual renda dos filhos não é levada em consideração no cálculo da renda líquida familiar. O montante desse crédito vai diminuindo numa razão inversamente proporcional ao aumento da renda familiar até chegar ao limite do programa de aproximadamente $ 70.000,00.

O valor do crédito devolvido aos contribuintes é presumido a partir do conhecimento de alguns dos seus dados. Será pela análise da renda líquida individual ou

---

42. SILVA, Giovanni Padilha da. *ICMS personalizado (ICMS-P)*: un IVA moderno, eficiente y equitativo. 2017. 250 f. Tese (Doutorado em Economia) – Departamento de Economia Aplicada, Universidad de Alcalá, 2017. p. 61.

43. CANADA REVENUE AGENCY. *GST/HST Credit*. 2021. Disponível em: https://www.canada.ca/en/revenue-agency/services/child-family-benefits/goods-services-tax-harmonized-sales-tax-gst-hst-credit.html. Acesso em: 09 jan. 2022; Cf. ERNST & YOUNG. *The complete guide to the goods and services Tax*. The Canadian Institute of Chartered Accountants, 2018.

familiar e pelo número de filhos que se identificará a correspondente capacidade contributiva subjetiva dos contemplados.

O programa é implementado mediante informações fornecidas pelos próprios contribuintes no exercício anterior ao do respectivo creditamento, sendo tais dados cruzadas com outros de diferentes origens (por exemplo, verificação de dados fornecidos pela fonte pagadora do salário dos beneficiários, da idade dos filhos beneficiados, do *status* migratório e imigratório dos mesmo), o que pode ser facilitado com o auxílio da tecnologia da informação.

Sobre o creditamento, constata-se que ele não passa de uma presunção que estima a capacidade contributiva subjetiva dos indivíduos, sendo levado em conta padrões antecipadamente reconhecidos, como o montante da renda e o número de integrantes do núcleo familiar. Isso permite direcionar os benefícios fiscais tão somente àqueles indivíduos que efetivamente necessitam, de modo a compensar total ou parcialmente os tributos indiretos pagos por quem detinha pouca capacidade contributiva.

Quanto maior o número de filhos menores de idade, maior será a quantia a ser "devolvida". A palavra foi posta entre aspas, pois não se trata de devolução de tributos propriamente dita, mas de programa social que, ao reconhecer o problema da regressividade nos impostos sobre o consumo, estabelece medidas compensatórios estimadas com base em padronizações fixadas *ex ante*.

Estivesse em causa uma suposta "devolução de tributos" propriamente dita, seriam gerados elevados custos burocráticos[44] para a administração tributária, que, ao fim e ao cabo, seriam suportados por toda a comunidade, inclusive pelos mais carentes. Isso porque, para se estimar os recursos a serem devolvidos aos consumidores carentes, seria necessário conhecer o consumo por eles realizado. Mas nada disso é feito no programa canadense, que nos parece exitoso.[45]

A escolha dos meios de proteção ao mínimo existencial pode gerar custos adicionais ao Estado, situação que pode bem evidenciar que a justiça tributária deve sempre conviver com o princípio da eficiência. Em comparação com um modelo de isenções, tal solução parece mais eficaz, pois uma das principais vantagens repousa no fato das informações básicas a serem prestadas pelos beneficiários do programa já são tradicionalmente exigidas na Declaração de renda feita todo o ano.

Assim, não são demandadas informações adicionais, nem criados complexos sistemas de dados cadastrais, que, além de demandarem recursos do Estado, também gerariam custos adicionais aos próprios beneficiários do programa.

---

44. "El proceso de identificación de los beneficiarios, basado en los parámetros mencionados, supone trámites burocráticos y consultas a bases de datos administrativos o de otra naturaleza, lo que requiere un proceso naturalmente más complejo". (SILVA, Giovanni Padilha da. *ICMS personalizado (ICMS-P)*: un IVA moderno, eficiente y equitativo. 2017. 250 f. Tese (Doutorado em Economia) – Departamento de Economia Aplicada, Universidad de Alcalá. 2017. p. 61).

45. BATCHELDER, Lily L; GOLDBERG, Fred T; ORSZAG, Peter R. "Efficiency and tax incentives: the case for refundable tax credits". *Stanford Law Review*, n. 59, 2006. p. 26.

Levando em conta o tema objeto do presente trabalho, a sistemática canadense parece mais simples que as demais. Além disso, a compensação tributária se esgota numa simples e única operação de transferência compensatória por trimestre e não "sobre cada operação de consumo, como na solução japonesa".[46]

4. CONCLUSÃO

Ao longo desde artigo foi defendido que o uso das novas tecnologias pode auxiliar na personalização da tributação (indireta), tarefa que já fora considerada impossível por parte dos estudiosos da tributação. A análise de dados pessoais dos contribuintes em poder da Administração Pública, associados com os dados do consumo dos contribuintes repassados por sistemas que ligam as empresas que comercializam bens e serviços ao Fisco, podem permitir que a Administração Tributária reconheça quem são os adquirentes de bens e serviços considerados essenciais. Assim, será possível reconhecer, antecipadamente ao ato de compra e venda, se o consumidor-contribuinte possui ou não capacidade contributiva concreta (real).

O ponto a ser considerado diante das experiências estrangeiras envolve uma análise de prós e contras a ser avaliada diante de cada alternativa legislativa proposta. Os pontos a serem levados em conta pelo legislador, na análise de cada uma das hipóteses, passa pela consideração do seguinte: qual das medidas implicam em menores custos de conformidade para a Administração Tributária e para os contribuintes? A medida é capaz de abranger todos os consumidores, inclusive os informais? A medida é segura em termos de evitar fraudes? Os meios empregados (política tributária) são capazes de atender ao fim de proteção efetiva da população mais carente?

A decisão política vai depender de estudos econômicos e de viabilidade de cada uma dessas alternativas, sendo possível de serem aplicadas cumulativamente com o princípio da seletividade ou sem a seletividade para a maioria dos casos. Enfim, o uso das novas tecnologias pode ensejar melhorias em termos de concretização dos ideais associados ao princípio da justiça tributária, cumulando equidade, certeza jurídica, conveniência e economicidade, desde que, claro, seja promovida concomitantemente a proteção dos dados pessoais.

5. BIBLIOGRAFIA

BARREIX, Alberto; BÈS, Martín; ROCA, Jerónimo. "Resolviendo la trinidad imposible de los impuestos al consumo: El IVA Personalizado". In: BÁRCENA, Alicia; SERRA, Narcís (Org.). *Reforma fiscal en América Latina: ¿Qué fiscalidad para qué desarrollo?* Santiago de Chile: CEPAL/CIDOB, p. 49-77, 2012.

BATCHELDER, Lily L; GOLDBERG, Fred T; ORSZAG, Peter R. "Efficiency and tax incentives: the case for refundable tax credits". *Stanford Law Review*, n. 59, 2006.

---

46. SILVA, Giovanni Padilha da. ICMS personalizado (ICMS-P): un IVA moderno, eficiente y equitativo. 2017. 250 f. Tese (Doutorado em Economia) – Departamento de Economia Aplicada, Universidad de Alcalá, Alcalá de Henares, 2017. p. 61.

CANADA REVENUE AGENCY. *GST/HST Credit*. 2021. Disponível em: https://www.canada.ca/en/revenue-agency/services/child-family-benefits/goods-services-tax-harmonized-sales-tax-gst-hst-credit.html. Acesso em: 09 jan. 2022.

CENTRO DE CIDADANIA FISCAL. Nota Técnica 2: Alíquota única do IBS, 26 de junho de 2017. Disponível em: https://ccif.com.br/wp-content/uploads/2020/06/1706-Aliquota-unica-do-IBS_v4.pdf. Consulta em: 06 maio 2021.

COSTA, Regina Helena. *Princípio da capacidade contributiva*. 2. ed. São Paulo: Malheiros, 1996.

DE LA FERIA, Rita; KREVER, Richard. *"Ending VAT exemptions*: Towards a post-modern VAT". VAT Exemptions: consequences and design alternatives. The Hague: Kluwer Law International, p. 3-36, 2013.

DERZI, Misabel Abreu Machado. A família e o Direito Tributário. *Revista de Direito Tributário*, v. 65, p. 139-149, 1995.

DERZI, Misabel Abreu Machado. Notas revisão a obra de BALEEIRO, Aliomar. *Limitações Constitucionais ao poder de tributar*. Rio de Janeiro: Forense, 1997.

ERNST & YOUNG. *The complete guide to the goods and services Tax*. The Canadian Institute of Chartered Accountants, 2018.

FACHINI. Laura Stefenon. Capacidade contributiva subjetiva e tributação indireta: uma conciliação necessária. 2020, f. 173. (Dissertação de Mestrado). Universidade Federal do Rio Grande do Sul.

FALCÃO, Amílcar de Araújo. Imunidade e isenção tributária. *Revista de Direito Administrativo*. n. 66, p. 367-375. 1961.

GIARDINA, Emilio. *Le basi teoriche del principio della capacità contributiva*. Milano: Giuffrè, 1961.

HERRERA MOLINA, Pedro Manuel. *Capacidad económica y sistema fiscal. Análisis del ordenamiento español a luz del Derecho alemán*. Madrid: Marcial Pons, 1998. p. 120-121.

JAMES, Kathryn. *The Rise of the Value-Added Tax*. Cambridge: Cambridge University Press, 2015.

KASTEN, Richard; SAMMARTINO, Frank; TODER, Eric. "Trends in federal tax progressivity, 1980-93". In: SLEMROD, Joel. *Tax progressivity and income inequality*. Cambridge: Cambridge University Press, 2006.

KIMU, Kotaku. "The Future of Indirect Taxes in Japan". *International Tax Review*, v. 23, n. 7, p. 59-60, 2012.

KPMG. *Taxation in Japan 2019*. Disponível em: https://assets.kpmg/content/dam/kpmg/jp/pdf/2019/jp-en-taxation-in-japan-201911.pdf#page=209. Acesso em: 17 jan. 2022.

MARÍN-BARNUEVO FABO, Diego. "La protección de la familia en el sistema tributário" In: MALDONADO, Juan Manuel Ortega. *Justicia tributaria y Derechos Humanos*. México: Instituto de Investigaciones Jurídicas, 2018.

MOSCHETTI, Francesco. "Profili Generali". In: MOSCHETTI, Francesco (Org.). *La capacità contributiva*. Padova: CEDAM, 1993.

OLIVEIRA, José Marcos Domingues de. *Capacidade contributiva*: conteúdo e eficácia do princípio. Rio de Janeiro: Renovar, 1988.

PHILIPPE, Jean Jacques. *La TVA à heure europpéenne*. Paris: Litec, 1993.

SCHOUERI, Luís Eduardo. *Direito Tributário*. 2. ed. São Paulo: Saraiva, 2012.

SILVA, Giovanni Padilha da. *ICMS personalizado (ICMS-P)*: un IVA moderno, eficiente y equitativo. 2017. 250 f. Tese (Doutorado em Economia) – Departamento de Economia Aplicada, Universidad de Alcalá, Alcalá de Henares, 2017.

TAYLOR, Philip E. *The economics of Public Finance*. New York: McMillan, 1948.

TORRES, Heleno Taveira. *Direito Constitucional Tributário e Segurança Jurídica.* São Paulo: Revista dos Tribunais, 2011.

TORRES, Ricardo Lobo. *Curso de Direito Financeiro e Tributário.* 12. ed. Rio de Janeiro: Renovar, 1998.

TORRES, Ricardo Lobo. Os Direitos Humanos e a tributação: imunidades e isonomia. *Tratado de Direito Constitucional, Financeiro e Tributário.* 3. ed. Rio de Janeiro: Renovar, 2005.

UNITED STATES OF AMERICA. Department of Agriculture. "SNAP Eligibility". 2019. Disponível em: https://www.fns.usda.gov/snap/recipient/eligibility. Acesso em: 08 mar. 2020.

ZILVETI, Fernando Aurélio. *Princípios de Direito Tributário e capacidade contributiva.* São Paulo: Quartier Latin, 2004.

12
PERSPECTIVAS SOBRE
A LEI DO GOVERNO DIGITAL NO BRASIL

José Fernando Ferreira Brega

Graduado, mestre e doutor pela Faculdade de Direito da Universidade de São Paulo.
Procurador do Município de São Paulo. Advogado.

Sumário: 1. Introdução – 2. Governo Digital e Federalismo – 3. Princípios e diretrizes – 4. Processo eletrônico – 5. Documento eletrônico e assinatura eletrônica – 6. Autosserviço e automatização – 7. Plataformas de Governo Digital – 8. A prestação de serviços – 9. Governo digital e dados pessoais – 10. Direitos dos usuários – 11. Governo eletrônico e Lei de Acesso à Informação – 12. A interoperabilidade de dados – 13. O domicílio eletrônico – 14. Governança, gestão de riscos, controle e auditoria – 15. Considerações finais – 16. Bibliografia.

1. INTRODUÇÃO

Na linha do que já havia ocorrido em vários outros países, como implicação de um processo inafastável de introdução da tecnologia da informação no âmbito da Administração Pública, a União Federal promulgou, em 29.03.2021, a Lei n. 14.129, que dispõe sobre princípios, regras e instrumentos para o Governo Digital e para o aumento da eficiência pública. A lei tende a ser denominada Lei do Governo Digital – LGD, designação que se utilizará no curso do presente texto.

Com a promulgação da LGD, prossegue-se no preenchimento daquilo que constituía um espaço normativo praticamente vazio há alguns anos: a regulação, em lei federal, de temas relacionados à atuação da Administração Pública com utilização de meios eletrônicos. Esse preenchimento já havia sido iniciado, por exemplo, com a edição da Lei n. 12.527/11 (Lei de Acesso à Informação – LAI), da Lei n. 12.965/14 (Marco Civil da Internet), da Lei n. 13.709/18 (Lei Geral de Proteção de Dados Pessoais – LGPD) e da Lei n. 14.063/20, que trata do uso de assinaturas eletrônicas em interações com entes públicos, todos diplomas normativos com reflexos significativos em relação à temática do governo eletrônico, agora sucedidos por uma lei que trata especificamente do assunto.

É evidente que a superação de um vazio normativo, somada a uma interpretação adequada das novas disposições, pode trazer benefícios no tocante à temática do governo eletrônico. No entanto, o texto da LGD, tal como promulgada, não parece revelar os motivos estruturantes pelos quais se entendeu necessária a edição de uma lei federal sobre a matéria. De fato, não é a relevância ou a utilidade do tema que justificam a existência de uma lei sobre determinado assunto, mas forma pela qual ela pode atender a necessidades prementes da Administração Pública em si e do cidadão em seu relacionamento com os órgãos administrativos.

O texto originou-se a partir de propositura do Deputado Alessandro Molon (Projeto de Lei n. 7.843/2017), tendo sofrido uma série de alterações em sua tramitação. Essas modificações, típicas do processo legislativo brasileiro contemporâneo, revelaram a existência de questões sensíveis relativas à matéria, mas também serviram para tornar o texto prejudicado em sua sistematicidade, sem que esteja claro, contudo, se as novas disposições são efetivamente capazes de atender a necessidades contemporâneas provocadas pelo aprofundamento da introdução da tecnologia da informação no âmbito da Administração Pública brasileira.

A tecnologia da informação já era utilizada de modo significativo no âmbito da Administração Pública brasileira, tanto em suas atividades internas quanto no relacionamento com cidadãos e empresas, independentemente de um marco legal específico. A LGD não inaugura, portanto, o governo digital. Os órgãos administrativos brasileiros já podiam, mesmo sem a lei, atuar por meios eletrônicos, e nunca houve discussão jurídica relevante quanto a isso. A questão central que se coloca, nesse contexto, é em que medida a lei traz contribuições para oferecer aperfeiçoamentos regulatórios em relação a uma realização que já está em curso, não obstante a anterior inexistência de uma lei federal a respeito.

O objetivo deste texto é discutir, a partir do texto da lei, segundo uma perspectiva crítica, alguns temas relevantes para o desenvolvimento do governo eletrônico no Brasil, procurando identificar avanços e deficiências no novo marco legal. Evidentemente, não se pretende simplesmente investir contra uma iniciativa meritória, mas apenas contribuir com a formação de um pensamento a respeito do assunto, que possa frutificar ao futuro aperfeiçoamento da disciplina legal, sempre indispensáveis em um contexto de tantas mudanças tecnológicas e sociais.

2. GOVERNO DIGITAL E FEDERALISMO

A LGD é aplicável aos órgãos da administração direta de todos os poderes da União (art. 2º, I) e à administração indireta federal (art. 2º, II), bem como aos demais entes federados, desde que adotem os comandos da lei por meio de atos normativos próprios (art. 2º, III), situação em que se tornam aplicáveis as normas da lei referentes a Estados, Municípios e Distrito Federal. Ficam excluídas as empresas estatais que não prestem serviço público (art. 2º, § 2º), o que contribui para a compreensão do alcance temático da lei.

No tocante aos demais Poderes da União, que não o Executivo, a LGD parece ter buscado alcançar as *atividades administrativas* desempenhadas por esses órgãos. Assim, os processos judiciais e legislativos continuam regidos por leis próprias, inclusive no tocante à utilização da tecnologia da informação. Em relação a Estados, Municípios e Distrito Federal, a lei opta por uma solução segundo a qual poderia haver a *adoção* da lei federal, e não necessariamente por lei do respectivo ente, mas por qualquer ato normativo.

Com isso, a LGD deu um passo atrás em relação ao processo de construção normativa em curso, tendo em conta que a LAI, o Marco Civil da Internet e a LGPD haviam avançado no sentido de estabelecer regras nacionais a respeito de temas que reclamam uma perspectiva mais abrangente. No caso da LAI, por exemplo, o advento de uma lei nacional tem contribuído para a superação da cultura da opacidade o setor público, barreira que custaria muito mais a ser vencida caso isso dependesse da edição de atos normativos locais.

No caso do governo digital, há duas perspectivas relevantes, ambas com fundamento constitucional, que tornam necessária uma visão de conjunto incompatível com uma concepção rígida de federalismo e preservação das autonomias locais. A primeira diz respeito à regulação da tecnologia em si, ao passo que a segunda se refere à necessidade de reconhecimento, por parte de cada ente público, das atividades digitais desempenhadas pelos demais.

De fato, a Constituição já prevê, desde sempre, uma competência federal privativa para legislar sobre informática e telecomunicações (art. 22, IV), o que parece compreensível em relação à necessidade de estabelecer padrões nacionais em relação a esses assuntos. Na verdade, a tecnologia da informação e da comunicação leva a uma tendência centrípeta nas organizações, ou seja, a uma centralização das decisões a respeito, sobretudo em aspectos mais estruturantes e estratégicos.

Por outro lado, permanece válida a disposição constitucional – concebida, é claro, em contexto tecnológico diverso – segundo a qual é vedado aos entes públicos "recusar fé aos documentos públicos" (art. 19, II). A aplicação atualizada desse comando, no âmbito do governo eletrônico, exige uma regulamentação do trânsito de informações entre os entes públicos, sobretudo no que diz respeito ao tratamento dos cidadãos e empresas. No contexto tecnológico atual, em que as pessoas já não assumem como natural o dever de carregar pastas com papeis de uma repartição para outra, o tratamento satisfatório do usuário dos serviços pressupõe uma integração informática entre os entes públicos.

Nenhuma dessas perspectivas constitucionais parece encontrar horizontes otimistas na LGD, que simplesmente *convida* Estados, Municípios e Distrito Federal a seguirem as normas federais a respeito do governo digital. Não há uma disciplina daquilo que já se chamou de federalismo informático, muito menos um sistema nacional de governo digital. Extremamente reverente a uma visão de autonomia dos demais entes, a LGD tende manter a pluralidade de balcões públicos, organizados de maneira distinta, sem poupar cidadãos e empresas dos ônus burocráticos em seu relacionamento com a Administração pública.

Também parece pouco significativa, sob a perspectiva da integração informática, a inovação correspondente ao estabelecimento de uma Base Nacional de Serviços Públicos, na qual se reunirão informações necessárias sobre a oferta de serviços públicos em cada ente federado (artigos 4º, III; 18, I, e 19 da LGD). É certo que nem se trata de uma iniciativa que possa ser própria do governo digital, pois compilações relativas a serviços disponíveis sempre foram admitidas. Por outro lado, a reunião de informações, que já se podia entender prevista na LAI (art. 7º, V), é expressamente exigida na Lei n. 13.460/17 (art. 7º). De qualquer forma, a prestação de informações a respeito de serviços públicos, com base na LGD, tendo a ser menos relevante que aquela que se dá com base na LAI e da Lei 13.460/17, tendo em vista o caráter cogente desta última em relação aos demais entes federados.

Já a previsão de que sejam interoperáveis as informações sobre a prestação de serviços, para reunião na Base Nacional de Serviços Públicos (art. 19 da LGD), parece de utilidade duvidosa. Informações interoperáveis têm sua maior serventia no caso de efetiva operação, ou seja, quando elas estão sendo utilizadas reciprocamente. Uma simples compilação, como é a tal Base Nacional, está relacionada, em primeiro plano, com a temática da interoperabilidade, mas pode servir, num horizonte otimista, como base para a futura operação comum de serviços.

3. PRINCÍPIOS E DIRETRIZES

Em sua disposição inicial, a LGD define como seu âmbito temático a fixação dos princípios, regras e instrumentos para o aumento da eficiência da administração pública, especialmente por meio da desburocratização, da inovação, da transformação digital e da participação do cidadão (art. 1º, *caput*). Sem embargo, mais adiante, enuncia um rol extenso que designa como "princípios e diretrizes do Governo Digital e da eficiência pública" (art. 3º).

Com isso, o art. 1º estabelece uma categoria superior, ocupada um fim – eficiência administrativa – e alguns meios principais – desburocratização, da inovação, da transformação digital e da participação do cidadão –, ao passo que o art. 3º apresenta um rol indistinto de desdobramentos, incluindo mandamentos de otimização, que poderiam ser entendidos propriamente como princípios – tais como a desburocratização, a modernização e a simplificação –, bem como indicações relativas aos atributos dos meios e procedimentos envolvidos – tais como plataforma única de acesso, desnecessidade de solicitação presencial de serviços, linguagem clara e compreensível, uso da tecnologia, atuação integrada, prestação de contas, eliminação de formalidades cujo custo supere o risco envolvido, minimização das exigências ao usuário, interoperabilidade de sistemas, presunção de boa fé, convivência circunstancial com o atendimento presencial, proteção de dados pessoais, cumprimento das cartas de serviço, acessibilidade, qualificação de servidores públicos, apoio técnico aos entes federados, estímulo ao uso de assinaturas eletrônicas, tratamento adequado a idosos, adoção preferencial de tecnologias, padrões e formatos abertos e livres – e fins específicos a serem atingidos – transparência, participação social, implantação do chamado governo como plataforma e promoção do uso de dados e promoção do desenvolvimento tecnológico e da inovação do setor público.

Embora se possa questionar a falta de distinção entre princípios e diretrizes em tão extenso rol – o qual não cabe aqui analisar em detalhe –, a maior crítica que se pode fazer ao dispositivo é a ausência de mecanismos relacionados ao controle do cumprimento de tais disposições, o que leva o artigo a transformar-se em uma carta de intenções. Essa carta de intenções eventualmente pode ser manejada em situações de conflito, mas não tem mecanismos consistentes para moldar a política pública em si. Além disso, a simples existência desse rol não parece capaz de enfrentar problemas arraigados na Administração brasileira, que evidentemente não são superados pela simples utilização de meios eletrônicos.

Um exemplo da pouca operatividade do rol de princípios e diretrizes é a previsão de uma Estratégia Nacional de Governo Digital, a ser editada pelo Poder Executivo, com base nos princípios e diretrizes do art. 3º (art. 15), com a possibilidade de que cada ente federado adote sua própria estratégica de governo digital, no âmbito de sua competência, buscando a compatibilização com a estratégia federal e a de outros entes (art. 16). No entanto, não se estabelece sanção para eventual descompasso entre a Estratégia e tais normas, muito menos uma forma de garantir que os entes federados a sigam. Para que uma sistemática nacional pudesse ser minimamente operativa, seria necessário que o desdobramento dos princípios e diretrizes em ações tivesse uma governança eficaz, de modo que estes fossem realmente colocados em prática. Por outro lado, a menção à compatibilização entre entes sugere uma espécie de desgoverno do assunto, pois seriam necessárias inúmeras iniciativas coordenadas entre de entes federados, sem uma orientação por parte do Governo Federal. Nesse sentido, a lei revela também neste ponto a fragilidade decorrente da ausência de uma visão de federalismo informático, que pudesse conferir rumos únicos para o governo digital no Brasil.

4. PROCESSO ELETRÔNICO

A regulação dos processos administrativos eletrônicos e dos temas a ele associados encontra-se no Capítulo II da LGD, cujo título se refere impropriamente à digitalização da administração pública e à prestação digital de serviços públicos. Com efeito, não é a administração que se digitaliza, mas seus documentos; já a atuação em meio digital é muito mais abrangente que a prestação de serviços, alcançando não somente as atividades preparatórias a tal prestação, mas os processos auxiliares e as atividades que servem de suporte ao oferecimento de serviços pela Administração. Sem embargo, é nesse capítulo que se encontra a matéria relativa aos processos administrativos eletrônicos e temas conexos.

Embora se estabeleça que a administração pública *utilizará* soluções digitais para a gestão de suas políticas finalísticas e administrativas e para o trâmite de processos administrativos eletrônicos (art. 5º, *caput*), nenhuma sanção está associada à não utilização, nem se exige que essa utilização seja plena. Em verdade, há até mesmo uma previsão de expedição de documentos com validade legal, mas em caráter facultativo (art. 5º, parágrafo único), o que indica que a LGD *não impôs* a utilização de meios digitais pela administração federal.

Apenas quando o processo já for eletrônico está previsto que os atos processuais tenham também essa forma, com a ressalva das hipóteses em que o usuário solicitar de forma diversa, nas situações em que esse procedimento for inviável, nos casos de indisponibilidade do meio eletrônico ou diante de risco de dano relevante à celeridade do processo (art. 6º, *caput*). Nessas situações, embora o ato processual seja praticado pela forma tradicional, o documento correspondente deverá ser digitalizado (art. 6º, parágrafo único), o que parece evidente, tendo em vista a forma digital dos próprios autos do processo. Não há menção expressa às situações em que o perfil do usuário recomenda a prática de atos por meios não eletrônicos – notadamente nos casos de déficit digital –, o que poderia levar a Administração tomar a iniciativa de adotar como padrão essa alternativa, ainda que não solicitado pelo interessado. No entanto, o caráter aberto das exceções permite, por exemplo, o enquadramento dessa situação na hipótese de inviabilidade do uso do meio eletrônico.

Fica implícito, de todo modo, que a forma do processo em si não depende dessas contingências, mas apenas a prática de certos atos processuais. Essa perspectiva, longe de sugerir alguma insensibilidade às situações concretas, parece adequada na medida em que o processo administrativo constitui uma realidade de *back office*, devendo a Administração decidir, de acordo com suas estratégias, qual suporte será utilizado. Os aspectos relacionados ao usuário devem ser considerados nas possíveis interações com o suporte utilizado, o que ocorre por meio de atos processuais. Se o usuário tem limitações com a tecnologia, cabe-lhe solicitar uma cópia física dos autos digitais, e não impor à Administração que utilize autos em papel.

Nos termos da LGD, o acesso à íntegra dos autos para vista pessoal do interessado poderá ocorrer por intermédio da disponibilização de sistema informatizado de gestão ou por acesso à cópia do documento, preferencialmente em meio eletrônico (art. 9º). Melhor teria sido que a lei tivesse garantido o acesso, independentemente de uso de meios eletrônicos, cabendo à Administração adotar os meios necessários para tanto, observado que a forma de atendimento a esse direito pode variar conforme o perfil do usuário. A disponibilização de sistema informatizado parece equivaler ao acesso externo ao sistema, o que pode ser a solução mais universal, mas não devem estar excluídas quaisquer alternativas que viabilizem o acesso, nem mesmo o oferecimento de cópias em papel para os mais vulneráveis.

Além disso, são relevantes as previsões a respeito do momento em que se considera praticado o ato processual (art. 8º, *caput*), bem como quanto à necessidade de apresentação do recibo eletrônico de protocolo correspondente. Também contribui para a segurança jurídica a previsão de que os prazos poderão ser atendidos até as 23h59 do último dia do prazo. Essa regra poderia ser questionada em procedimentos competitivos em que apenas um dos competidores pudesse valer-se do protocolo eletrônico, já que o outro teria de praticar seu ato pelo protocolo tradicional, mas essa não é a realidade atual desse tipo de procedimento, já que em regra todos os competidores têm condições de recorrer ao protocolo eletrônico.

De qualquer forma, cabe notar que, de modo compatível com o fato de o processo eletrônico não ter sido referido pelo título de um capítulo, a LGD não chega a estabelecer um conjunto sistemático de normas relativas à matéria, mas apenas disciplina alguns pontos de maior relevância. Além disso, não são disciplinados, nem mesmo para a definição de exigências mínimas, temas relacionados à própria estruturação dos processos eletrônicos, tais como os fluxos de trabalho e a automatização de certas atividades ou da totalidade do procedimento, bem como da programação de *softwares*, ferramentas e aplicativos.

5. DOCUMENTO ELETRÔNICO E ASSINATURA ELETRÔNICA

Um dos temas em relação aos quais o exercício da competência legislativa da União poderia ter maior utilidade é o das assinaturas eletrônicas, assunto que tradicionalmente segue linhas consolidadas no âmbito do direito civil, definidas desde o contexto da assinatura manuscrita. Não por outra razão, já havia previsões a respeito da Medida Provisória n. 2200/01 – aplicável à Administração Pública – e na Lei n. 14.062/20, que trata especificamente do uso de assinaturas eletrônicas em interações com entes públicos.

Nessa perspectiva, uma lei federal sobre governo eletrônico poderia trazer uma seção própria sobre assinaturas eletrônicas no âmbito da Administração Pública brasileira, consolidando a matéria sob a perspectiva da competência legislativa da União, de modo a definir normas gerais a respeito, o que poderia contribuir para ganhos de segurança jurídica e para a solução de questões recorrentes relacionadas à matéria. Nesse cenário, não parece compreensível que a LGD tenha trazido incipientes disposições a respeito de assinaturas eletrônicas, sem revogar nem consolidar as normas anteriores existentes a respeito.

É claro que seria possível defender os méritos do regime parcimonioso trazido pela LGD, segundo o qual os documentos e os atos processuais serão válidos em meio digital mediante o uso de assinatura eletrônica, que deve respeitar "parâmetros de autenticidade, de integridade e de segurança adequados para os níveis de risco em relação à criticidade da decisão, da informação ou do serviço público, nos termos da lei" (art. 7º, *caput*). De fato, um regime flexível para as assinaturas eletrônicas pode ser conveniente e muito mais adequado ao contexto atual do que a imposição rígida de mecanismos de autenticação para casos de menor repercussão, implicando custos que possivelmente seriam transferidos ao usuário, nem sempre dotado de recursos para tanto.

No entanto, não é aceitável que a assinatura eletrônica tenha um regime para as interações com a Administração pública, que seguiria a Lei n. 14.062/20, e um regime para os processos administrativos eletrônicos, que seguiria a LGD. É de se pressupor que a Administração atue sempre por meio de processos, e a própria introdução da tecnologia da informação é uma oportunidade para a difusão de uma visão mais abrangente da noção de processo administrativo, para abranger quaisquer estruturas destinadas ao processamento de informações pela Administração pública. Os processos administrativos tendem a abranger todas as atividades da Administração, de modo que não é admissível que haja dois regimes distintos de assinaturas eletrônicas a ela aplicáveis.

De qualquer forma, mesmo que considerado em separado, ou seja, com a desconsideração daquilo que dispõe a Lei n. 14.062/20, o texto da LGD comporta críticas. Com efeito, é questionável que a lei matize as exigências pertinentes à assinatura com base em níveis de riscos avaliados "termos da lei" (art. 7º), uma vez que pode tormentosa a avaliação prévia e genérica de criticidade dos atos, podendo a dinâmica do assunto comportar melhor aferição no âmbito de regulamentos, que são passíveis de constante atualização. Nessa linha, parece mais apropriada a previsão do § 1º do mesmo dispositivo, que prevê a possibilidade de que o regulamento disponha sobre o uso da assinatura avançada para certos fins.

Além disso, a lei traz uma previsão – deslocada no texto – no sentido de que se presume a autenticidade de documentos apresentados por usuários dos serviços públicos ofertados por meios digitais, desde que o envio seja assinado eletronicamente (art. 26). O dispositivo parece necessário e apropriado, a fim de facilitar o relacionamento telemático com o usuário. O caráter lacônico do preceito deve ser superado pela compreensão de que o envio do documento, assinado eletronicamente, equivalerá a uma declaração de autenticidade, à qual se atribui valor legal. Sem embargo, embora o preceito tenha um caráter genérico, poderá a Administração fixar, de acordo com as normas aplicáveis, quais métodos de assinatura serão entendidos como admissíveis no caso, observado o disposto no art. 7º da mesma lei.

De todo modo, refletem-se na LGD as usuais dificuldades de compreensão quanto à possibilidade de que a autenticidade de documentos públicos seja conferida em portais da Administração Pública na internet (art. 5º, parágrafo único), sem que se faça sempre necessária a adoção de assinaturas eletrônicas, entendidas como arquivos associados aos documentos digitais objeto de assinatura. De fato, não há sempre necessidade de que atestados, certidões e diplomas sejam propriamente "assinados", mas que seja possível conferir sua autenticidade no respectivo portal.

Além disso, a LGD traz uma previsão ociosa de que documentos originariamente surgidos em meio digital, assinados eletronicamente, são considerados originais. De fato, isso constitui uma simples decorrência da assinatura eletrônica e do reconhecimento de sua validade. Melhor seria se a lei já tivesse fixado, por exemplo, que os documentos originais são os arquivos eletrônicos contidos nos sistemas informatizados, e não as cópias em formatos legíveis para o ser humano. Também poderia ser deixado claro que a replicação dos arquivos eletrônicos gera documentos também originais, ou que as cópias em formato legível para o ser humano, caso autênticas e íntegras, produzem todos os efeitos de um documento original.

12 • PERSPECTIVAS SOBRE A LEI DO GOVERNO DIGITAL NO BRASIL | **231**

Mais que isso, a LGD não reflete questões específicas que tenham sido reveladas em iniciativas, anteriores ou atuais, voltadas a superar o verdadeiro desafio relativo ao assunto: a disponibilização de meios adequados de assinatura eletrônica, sobretudo à população mais carente, a fim de facilitar o acesso a serviços públicos oferecidos de modo digital que pressuponham a verificação de identidade do interessado com um nível mais alto de segurança. Não há dúvida de que essas iniciativas têm indicado aspectos críticos sob uma perspectiva jurídica, que poderiam ser enfrentados por meio de disposições legais expressas. No entanto, assim como ocorre na Lei n. 14.063/20, que trata especificamente do assunto, a LGD optou por uma disciplina mais genérica, que não contribui decisivamente para viabilizar as necessárias inovações na matéria.

6. AUTOSSERVIÇO E AUTOMATIZAÇÃO

A LGD dá preferência pelo autosserviço (art. 14, parágrafo único), entendido como "acesso pelo cidadão a serviço público prestado por meio digital, sem necessidade de mediação humana" (art. 4º). O dispositivo revela alguma incompreensão quanto aos serviços prestados, bem como quanto às efetivas necessidades da população.

Sob o primeiro aspecto, é preciso apontar que grande parte dos serviços prestados não se esgota sob uma perspectiva documental. As pessoas têm necessidades presenciais, a serem atendidas pela obtenção de serviços fruíveis pessoalmente, assim como pelo recebimento tangível de bens e utilidades. Por outro lado, muitas pessoas têm necessidade de informar-se, no diálogo com outro ser humano, a respeito dos serviços prestados. A mediação humana ainda é muito importante para grande parte da população, até mesmo nos serviços passíveis de automatização, ou até nas situações em que a interação pode ser feita a distância, por via telemática.

Tampouco se pode ter confiança absoluta da eficácia do atendimento exclusivo por máquinas. Além das pessoas atingidas pelo chamado *déficit digital*, é preciso levar em conta a existência corriqueira de imprecisões nos sistemas informáticos, que muitas vezes não são capazes de esgotar todas as situações possíveis, gerando necessidade de atendimento por uma pessoa. Não por outra razão, serviços do setor privado, por mais padronizados que sejam, mantêm normalmente aberta a possibilidade de mediação humana. Essa perspectiva, ignorada pela LGD, não deixará de existir, por mais enfáticos que sejam os termos de tal diploma legal.

Por outro lado, mesmo considerando as possíveis vantagens do autosserviço – que de fato pode ser útil conforme o serviço prestado e o usuário –, o fato é que a LGD não avançou no aspecto das garantias jurídicas pertinentes à automatização no âmbito da Administração Pública. Não há menção, por exemplo, à responsabilidade pela programação dos sistemas ou pelo desenvolvimento ou adoção de aplicativos e ferramentas, a fim de que ele reflita as normas jurídicas aplicáveis à Administração Pública, ou à transparência das decisões correspondentes. Nenhuma exigência substancial é importa à atuação automatizada, muito menos em relação ao uso – cada vez mais frequente – da inteligência artificial. Não há referência à instituição e atualização de normas pertinentes à segurança informática imprescindível para realização dessas formas de atuação automatizada. Tampouco está disciplinada a responsabilidade civil pelo dano causado pelo autosserviço, hipótese que não deve ser descartada em função da confiança cega na tecnologia.

Na verdade, embora não haja como negar a tendência contemporânea ao incremento dos serviços automatizados, sem intermediação humana, a mudança nos processos de trabalho deve ser acompanhada de uma nova configuração jurídica segundo a qual as decisões das autoridades administrativas ocorrem *a priori,* por ocasião da programação de sistemas informáticos, inclusive no tocante a aspectos discricionários que, no passado, eram analisados somente no confronto com o caso concreto. Sem a inclusão de previsão alguma a respeito, a LGD não se colocou na vanguarda do assunto, limitando-se a uma preferência superficial e preconceituosa que se volta contra os serviços prestados com intermediação humana, e não em favor da qualificação daqueles que são oferecidos com base em sistemas automatizados.

7. PLATAFORMAS DE GOVERNO DIGITAL

As plataformas de governo digital são definidas pela LGD como as "ferramentas digitais e serviços comuns aos órgãos, normalmente ofertados de forma centralizada e compartilhada, necessárias para a oferta digital de serviços e de políticas públicas" (art. 4º, IX). Deve haver uma para cada ente federativo, com certas funcionalidades mínimas: ferramenta digital de solicitação de atendimento e de acompanhamento da entrega dos serviços públicos e painel de monitoramento do desempenho dos serviços públicos (art. 20, *caput*).

Mais uma vez, a LGD denota uma concepção de abrangência dos serviços limitada aos serviços documentais. Evidentemente, a Administração não oferece apenas papéis ao cidadão. No entanto, aqui o equívoco parece de menor importância, pois, em sua interpretação, o dispositivo deve ser entendido como relacionado tão somente aos serviços passíveis de prestação por meio da própria plataforma.

Por outro lado, neste ponto a concepção de autonomia dos entes federativos, adotada pela lei, novamente não vem em benefício do usuário. Sabe-se o quão penoso é, sobretudo para os mais desfavorecidos, localizar-se em cada portal, a fim de compreender a lógica da organização das informações e encontrar aquilo de que precisa. Seria muito útil para o usuário que fossem estabelecidos padrões nacionais, a serem adotados em todas as plataformas de governo digital. No entanto, não é essa a solução adotada pela LGD: está autorizado que o Poder Executivo Federal estabeleça padrões nacionais para as soluções previstas, ou que disponibilize soluções para outros entes (art. 23). Essa autorização, em si, certamente é algo positivo, uma vez que contribuirá para superar as resistências decorrentes da adoção de visões excessivamente restritivas da legalidade administrativa. Sem embargo, a ausência de padrões vinculantes possibilita a não adesão imediata dos demais entes públicos, o que pode retardar os resultados pretendidos.

É certo que a LGD também impõe que se observem padrões de interoperabilidade e a integração de dados como formas de simplificação e de eficiência nos processos e no atendimento aos usuários (art. 20, § 2º). No entanto, isso é exigido apenas das funcionalidades mínimas, o que leva à conclusão de que a lei reduziu a exigência de interoperabilidade a certos aspectos básicos, e não à totalidade das plataformas de governo digital. Entre essas funcionalidades está a chamada ferramenta digital de atendimento, a respeito da qual é estabelecido um considerável rol de características e funcionalidades (art. 21) O mesmo se dá em relação ao painel de monitoramento do desempenho de serviços públicos (art. 22). No entanto, não há obrigatoriedade de serviços mínimos, nem previsão de qual tipo de serviço deve estar na plataforma, e muito menos estão estabelecidas sanções para a não inclusão. O aperfeiçoamento dos serviços e as vantagens práticas decorrentes da adoção de ferramentas já desenvolvidas podem servir como estímulos para a adesão voluntária dos diversos entes públicos a soluções adotadas em nível nacional.

8. A PRESTAÇÃO DE SERVIÇOS

Com as limitações atinentes ao fato de não se impor indistintamente a todos os níveis federativos, a LGD exige alguns predicados relativos à prestação digital de serviços públicos.

A expressão "prestação digital de serviços" remete à concepção de serviços documentais, mas uma interpretação razoável levaria à conclusão de que a lei se aplica também aos serviços instrumentais. Nessa linha, seria possível agendar uma consulta médica presencial de modo digital: no caso, o agendamento seria instrumental em relação ao serviço principal, prestado por um ser humano.

Algumas das exigências estabelecidas pela LGD não podem ser compreendidas como próprias do cenário da tecnologia da informação, muito menos se aplicam apenas aos serviços disponibilizados eletronicamente. É o caso, por exemplo, do monitoramento e implementação de ações de melhoria dos serviços públicos prestados, com base nos resultados da avaliação de satisfação dos usuários dos serviços (art. 24, II), ou da realização de testes e pesquisas com os usuários para subsidiar a oferta de serviços simples, intuitivos, acessíveis e personalizados (art. 24, VIII). De igual forma, a manutenção de informações atualizadas (art. 24, I) já era um decorrer decorrente da LAI (art. 7º, IV e 8º, § 8º, IV).

A integração dos serviços públicos às ferramentas de notificação aos usuários, de assinatura eletrônica e de meios de pagamento digitais já é delimitada pela ressalva relativa às situações em que estes seriam "aplicáveis" (art. 24, III). Na verdade, trata-se de uma diretriz de caráter principiológico, que tende a ser observada a fim de que a integração seja a maior possível. Não há, contudo, uma indicação de que os órgãos públicos estejam sujeitos a sanção por não terem integrado totalmente as ferramentas correspondentes.

A eliminação de exigências quanto à apresentação de informações e de documentos comprobatórios prescindíveis, inclusive por meio da interoperabilidade de dados (art. 24, IV) também constitui uma diretriz que não será inteiramente cumprida. Na verdade, trata-se de uma diretriz que sempre decorreu da proporcionalidade a ser atendida por qualquer imposição estatal – se a exigência é desnecessária, segue-se que ela também é abusiva. No entanto, o aperfeiçoamento concreto das práticas do setor público não decorre apenas de um juízo apriorístico a respeito, mas de uma constante revisão das exigências efetuadas ao usuário, a fim de verificar se sua necessidade efetivamente se mantém. Além disso, a mera afirmação a respeito do caráter ilícito da exigência pouco aproveita ao usuário, que tende a sofrer menos com a submissão ao abuso do que com o ajuizamento de uma demanda judicial a respeito. Por outro lado, grande parte dos problemas relacionados ao assunto está nos documentos que se encontram na posse de entes administrativos de outros níveis políticos, em relação aos quais não se impõe necessariamente a interoperabilidade, tendo em vista as questões de governança e o modelo de federalismo em relação ao qual se acomodou a lei (cf. item 2).

O impedimento à replicação de registro de dados, exceto por razões de desempenho ou de segurança (art. 24, V), terá de ser objeto de uma regulamentação mais estrita e de ferramentas informáticas adequadas, a fim de que os órgãos tenham de confrontar, na prática, o registro de dados que se pretende com aqueles já existentes. Evidentemente, a fim de que o preceito possa ser cumprido, será necessário um levantamento exauriente de quais são, afinal de contas, os dados que já se encontram registrados. Do contrário, simplesmente não será possível evitar a indesejada replicação. Por outro lado, é preciso apontar que o desrespeito a tal vedação somente poderá ser sancionado por meio de sistemáticas mais genéricas, tais como a dos processos disciplinares, uma vez que a LGD não estabelece sanções a respeito.

A exigência de interoperabilidade dos dados da prestação de serviços públicos para composição dos indicadores do painel de monitoramento de desempenho (art. 24, VI), pode ser incorretamente entendida como uma indevida delimitação do âmbito da interoperabilidade. Na verdade, a interoperabilidade é um predicado favorável que se aplica a quaisquer dados, sobretudo aqueles que possam ser utilizados em outros processos da Administração. A delimitação da interoperabilidade em relação a um tipo de dado específico soa fora de propósito, caso realmente se pretenda uma intensificação da utilização da tecnologia da informação na Administração pública brasileira.

Já a genérica imposição de "realizar a gestão das suas políticas públicas com base em dados e em evidências por meio da aplicação de inteligência de dados em plataforma digital" (art. 24, VII) não encontra paralelo nas demais exigências relativas à prestação de serviços, uma vez que, diferentemente destas, impõe uma determinada forma de atuação no próprio *back office*. O preceito não parece ir muito além daquilo que já se espera de uma administração eficiente, mas deve ser interpretado como mandamento de otimização, pois não seria factível que todas as políticas públicas fossem, desde logo, geridas com base em inteligência de dados. A plataforma é referida pelo texto de modo genérico, não equivalendo necessariamente àquela referida pelo art. 20, que está mais relacionada à prestação de serviços em si, ou seja, ao *front office* da Administração.

9. GOVERNO DIGITAL E DADOS PESSOAIS

A LGD traz um dispositivo bastante genérico a respeito da proteção de dados pessoais, que apenas ratifica as disposições da LGPD, definindo de modo mais preciso que os deveres atinentes à Administração Pública serão cumpridos por meio das plataformas de governo digital, as quais deverão, assim, estar dotadas de ferramentas de transparência e de controle do tratamento de dados pessoais, além de ser claras, facilmente acessíveis e de permitir ao cidadão o exercício dos direitos previstos na LGPD (LGD, art. 25, *caput*).

Referidas ferramentas devem disponibilizar as fontes dos dados pessoais, a finalidade específica do seu tratamento e a indicação de outros órgãos ou entes com os quais é realizado o uso compartilhado de dados pessoais, incluído o histórico de acesso ou uso compartilhado, exceto no caso de tratamento realizado para segurança pública, defesa nacional segurança do Estado ou atividades de investigação e repressão de infrações penais, nos termos da LGPD (LGD, art. 25, § 1º, I).

Além disso, tais ferramentas devem permitir que o cidadão efetue requisições ao órgão ou à entidade controladora dos seus dados, especialmente aquelas nas situações previstas no art. 18 da LGPD (LGD, art. 25, § 1º, II). A remissão a tal dispositivo não parece ensejar a precisão adequada, pois nem todas as possibilidades de requisição nele previstas são perfeitamente compatíveis com a atuação da Administração Pública, devendo essa ressalva ser adotada na interpretação da lei, ainda que esta tenha silenciado a respeito.

Parece totalmente ociosa a atribuição de Poderes à Autoridade Nacional de Proteção de Dados (ANPD) para editar normas complementares a fim de regulamentar temas pertinentes aos dados pessoais no âmbito da administração eletrônica (art. 25, § 2º), uma vez que isso já decorre da própria missão da agência, tal como previsto LGPD. Aliás, trata-se de apenas um recorte específico dentro da abrangência da atuação da ANPD, não sendo apropriado confundir um âmbito temático com o outro, por mais que haja intersecção entre eles.

A propósito, convém ressaltar que a previsão de normas de proteção aos dados pessoais na lei relativa ao governo digital não restringe essa proteção à atuação da Administração por meio eletrônico. Qualquer tratamento de dados pessoais está sob a égide da LGPD, independentemente do suporte ou da tecnologia utilizados. Dessa sorte, a existência de normas sobre proteção de dados na LGD não deve ser entendida como uma diminuição do âmbito de proteção da LGPD, mas apenas como mera ratificação das normas preexistentes. Exemplo disso é a previsão quanto à possibilidade de disponibilização ativa de dados de pessoas físicas – assim como das jurídicas – para fins de pesquisa acadêmica e de avaliação de políticas públicas, desde anonimizados (LGD, art. 36), o que afasta sua natureza de dados pessoais (LGPD, art. 12).

Na verdade, a grande inovação trazida pela lei em matéria de dados pessoais é a adoção do número de inscrição no Cadastro de Pessoas Físicas – CPF como número suficiente para identificação do cidadão em bancos de dados de serviços públicos, garantida a gratuidade da inscrição e das alterações nesses cadastros (art. 28, *caput*). Ainda que o mesmo valha em relação ao Cadastro Nacional da Pessoa Jurídica em relação às pessoas abstratas, o fato é que a repercussão em relação às pessoas naturais é muito maior, sobretudo pelo fato de se ter estabelecida uma espécie de *tratamento obrigatório* de dados pessoais.

Com efeito, a lei impõe que o número de inscrição no CPF conste dos cadastros e dos documentos, em geral, de órgãos públicos, do registro civil de pessoas naturais e dos documentos de identificação de conselhos profissionais, sendo mencionadas expressamente, ainda, de modo exemplificativo, outras quinze hipóteses relevantes de cadastros e documentos (art. 28, § 1º), com referência até mesmo a bases de dados públicas federais, estaduais, distritais e municipais (inciso XV).

A lei não declina fundamentos para essa opção, mas aparentemente ela estaria relacionada a uma concepção de busca por eficiência administrativa, que poderia ser incrementada a partir da conexão de bases de dados, o que deveria ocorrer de acordo com as exigências da LGPD, vinculando informações pertinentes a cada pessoa natural. A existência de um "número suficiente de identificação" apenas torna viáveis, na prática, certas operações de tratamento, o que não significa que elas estejam *a priori* autorizadas.

10. DIREITOS DOS USUÁRIOS

É natural que uma lei sobre governo eletrônico, sobretudo caso decorra de um debate parlamentar, reflita a visão do usuário e as demandas para aperfeiçoamento da prestação de serviços em si. Daí a previsão de um rol de direitos do usuário, que não afasta aqueles já previstos na LGPD e na Lei n. 13.460/17, que trata o assunto de modo mais abrangente.

Mesmo assim, trata-se de um rol tímido. O acesso gratuito às plataformas de governo digital (art. 27, I) nem sequer soa como conquista, uma vez jamais se cogitaria cobrar pelo mero acesso. Já o atendimento nos termos da respectiva carta de serviços ao usuário (art. 27, II) é um simples reflexo da previsão dessas cartas, cuja existência efetiva corresponde, de fato, ao verdadeiro desafio a ser superado. A padronização de procedimentos referentes à utilização de formulários, de guias e de outros documentos congêneres, incluídos os de formato digital (art. 27, III), constitui uma exigência tão genérica que dificilmente poderá ser controlada.

Por sua vez, o direito ao recebimento de protocolo, físico ou digital, das solicitações apresentadas (art. 27, IV), tem como grande serventia a conclusão de que a prestação de serviços de modo digital não exclui o direito do usuário de valer-se do protocolo tradicional para a apresentação de solicitações, o que não deve ser entendido como um escape para regimes específicos de cumprimento de deveres por meio de sistemas informáticos, como é o caso da apresentação de declarações tributárias. Com efeito, manter aberto o protocolo tradicional não equivale a atribuir-lhe os efeitos do eletrônico, quando a adoção deste é expressa e legitimamente exigida, no âmbito de um procedimento específico.

Já o direito à indicação de canal preferencial de comunicação com o prestador público para o recebimento de notificações, de mensagens, de avisos e de outras comunicações relativas à prestação de serviços públicos e a assuntos de interesse público (art. 27, V) também deve ser compreendido diante das contingências do usuário, sobretudo em relação às questões do déficit digital, bem como levando em conta as necessidades da própria Administração e as soluções técnicas disponíveis. Não é dado à Administração simplesmente fechar canais de comunicação, mas tampouco ela é obrigada a criar imediatamente novos canais, baseados em ferramentas em desenvolvimento. A indicação do canal de preferência deve ser entendida como um direito sempre que houver essa multiplicidade de opções, a qual não deverá ser restringida de modo arbitrário pela Administração.

11. GOVERNO ELETRÔNICO E LEI DE ACESSO À INFORMAÇÃO

Desde antes do advento da LGD, a LAI já contemplava vários temas de interesse para o governo eletrônico. Na verdade, a própria existência daquela lei definia um universo temático que poderia ser aperfeiçoado, no tocante aos aspectos relacionados à tecnologia da informação.

Não foi essa, contudo, a linha adotada. Em vez de procurar efetuar ajustes na LAI, a LGD optou por submeter a regime de livre utilização "pela sociedade" dos dados disponibilizados pelos prestadores de serviços públicos, bem como qualquer informação decorrente da chamada transparência ativa, ressalvada a observância dos princípios da LGPD (LGD, art. 29, *caput*). A disposição, inserida numa seção relativa à "abertura de dados", está contida em capítulo denominado "Governo como plataforma".

Seguem-se requisitos da transparência ativa (art. 29, § 1°), constantes de incisos que caracterizam o modelo que vem sendo conhecido como *governo aberto*, temática típica de uma lei de acesso à informação: a publicidade como regra; o acesso irrestrito, com dados legíveis por máquina e disponíveis em formato aberto; descrição de bases de dados com informação suficiente sobre estrutura e semântica dos dados, inclusive quanto à sua qualidade e à sua integridade; permissão irrestrita de uso de bases de dados publicadas em formato aberto; completude de bases de dados, a serem disponibilizadas em sua forma primária, com o maior grau de granularidade possível, ou com referência a bases primárias, quando disponibilizadas de forma agregada; atualização periódica, mantido o histórico, a fim de garantir a perenidade de dados, a padronização de estruturas de informação e o valor dos dados à sociedade e atender às necessidades de seus usuários; respeito à privacidade dos dados pessoais e dos dados sensíveis, sem prejuízo dos demais requisitos estabelecidos, nos termos da LGPD; intercâmbio de dados entre órgãos e entidades públicas, respeitada a LGPD; fomento ao desenvolvimento de novas tecnologias destinadas à construção de ambiente de gestão pública participativa e democrática e à melhor oferta de serviços públicos.

Além disso, definem-se como informações de divulgação obrigatória na internet: o orçamento anual de despesas e receitas públicas do Poder ou órgão independente; a execução das despesas e receitas públicas, nos termos dos arts. 48 e 48-A da Lei Complementar n. 101/00; os repasses de recursos federais aos Estados, aos Municípios e ao Distrito Federal; os convênios e as operações de descentralização de recursos orçamentários em favor de pessoas naturais e de organizações não governamentais de qualquer natureza; as licitações e as contratações realizadas pelo Poder ou órgão independente; as notas fiscais eletrônicas relativas às compras públicas; as informações sobre os servidores e os empregados públicos federais, bem como sobre os militares da União, incluídos nome e detalhamento dos vínculos profissionais e de remuneração; as viagens a serviço custeadas pelo Poder ou órgão independente; as sanções administrativas aplicadas a pessoas, a empresas, a organizações não governamentais e a servidores públicos; os currículos dos ocupantes de cargos de chefia e direção; o inventário de bases de dados produzidos ou geridos no âmbito do órgão ou instituição, bem como catálogo de dados abertos disponíveis; as concessões de recursos financeiros ou as renúncias de receitas para pessoas físicas ou jurídicas, com vistas ao desenvolvimento político, econômico, social e cultural, incluída a divulgação dos valores recebidos, da contrapartida e dos objetivos a serem alcançados por meio da utilização desses recursos e, no caso das renúncias individualizadas, dos dados dos beneficiários (art. 29, § 2º). Algumas dessas informações já eram previstas pela LAI (art. 8º, § 1º), outras foram acrescentadas pela nova lei.

Por outro lado, foi previsto pela LGD um pedido de abertura de bases de dados da Administração Pública (art. 30), com possibilidade de preservação da identidade do requerente (art. 30, § 1º) e aplicação dos procedimentos e prazos da LAI (§ 2º). É vedada a exigência de informações para identificação do requerente que inviabilizem o exercício de seu direito (§ 3º), assim como quaisquer exigências relativas aos motivos determinantes do pedido (§ 4º). Os pedidos e respostas devem compor uma base de dados aberta de livre consulta (§ 5º) e são consideradas passíveis de abertura as bases de dados que não contenham informações protegidas por lei (§ 6º). Eventuais inconsistências na base de dados não podem impedir a abertura pleiteada (art. 32). O requerente deve ser notificado quanto à abertura e à catalogação da base de dados para acesso público no site oficial, ocasião em que ela se considera efetuada (art. 33), assim como deve ser informado sobre o teor da decisão de indeferimento, a qual, se cabeada na alegação de custos desproporcionais ou não previstos, deverá estar acompanhada da análise técnica correspondente (art. 34).

Além disso, ao tratar da interoperabilidade, a LGD dispõe que os órgãos públicos são responsáveis pela publicidade de seus registros de referência (art. 40, *caput*), entendidos estes, nos termos da lei, como informação íntegra e precisa oriunda de uma ou mais fontes de dados, centralizadas ou descentralizadas, sobre elementos fundamentais para a prestação de serviços e para a gestão de políticas públicas (art. 4º, X). A todos é dado verificar a exatidão, a correção e a completude dos seus dados em tais registros, bem como monitorar o acesso a esses dados (art. 40, § 1º). Por outro lado, a lei estabelece que nova base de dados somente poderá ser criada quando forem esgotadas as possibilidades de utilização dos registros de referência existentes (art. 40, § 2º). São todas normas próprias do regime da LAI, que não só foram incluídas no corpo da LGD, mas inseridas no capítulo da interoperabilidade de dados.

12. A INTEROPERABILIDADE DE DADOS

A LGD determina que os órgãos e entidades responsáveis pela prestação digital de serviços públicos detentores ou gestores de bases de dados, *considerem* na gestão de suas ferramentas digitais: a interoperabilidade de informações e de dados sob sua gestão, respeitados as restrições legais, os requisitos de segurança da informação e das comunicações, as limitações tecnológicas e a relação custo-benefício da interoperabilidade; e a otimização dos custos de acesso a dados e o reaproveitamento, sempre que possível, de recursos de infraestrutura de acesso a dados por múltiplos órgãos e entidades. Também deve ser *considerada*, inclusive pelos respectivos controladores, a proteção de dados pessoais, nos termos da legislação vigente, especialmente a LGDP (LGD, art. 38).

Por outro lado, está prevista a instituição de mecanismo de interoperabilidade, com finalidades pouco inovadoras, tais como o aperfeiçoamento da gestão de políticas públicas; o aumento da confiabilidade dos cadastros de cidadãos existentes na administração pública, por meio de mecanismos de manutenção da integridade e da segurança da informação no tratamento das bases de dados, tornando-as devidamente qualificadas e consistentes; a viabilização da criação de meios unificados de identificação do cidadão para a prestação de serviços públicos; e a facilitação da interoperabilidade de dados entre os órgãos de governo. Por fim, é prevista a realização o tratamento de informações das bases de dados a partir do número de inscrição do cidadão no CPF (art. 39).

Esta última previsão é bastante intrigante. Embora esteja prevista novamente a necessidade de atendimento à LGPD (art. 39, parágrafo único), causa espécie a dedicação do legislador e estabelecer um mecanismo de interoperabilidade para a realização de tratamento de dados pessoais. É certo que a utilização do CPF como referência em diversas bases de dados constitui, em si, uma iniciativa voltada a alguma interoperabilidade, mas não está claro em que medida o referido mecanismo de interoperabilidade poderia trazer vantagens neste aspecto.

Os órgãos públicos são responsáveis pelos mecanismos de interoperabilidade (art. 40), bem como pelos custos de adaptação de seus sistemas e de suas bases de dados para implementá-la (art. 41). No entanto, chama a atenção a ausência de normas minimamente cogentes para o atingimento da interoperabilidade. Não há nem sequer uma fixação de competências a respeito da instituição do mecanismo de interoperabilidade, noção vaga que também merecia ser definida pela lei. Isso, é claro, constitui uma decorrência do tímido modelo de federalismo informático, para o qual não foi prevista uma organização central. Nesse cenário, várias iniciativas tendem a atrasar--se, por serem dependentes da iniciativa de certos órgãos e do arranjo espontâneo entre eles, o que tende a ser mais fácil em determinadas temáticas setoriais. Pode-se questionar se foi efetivamente adotado um verdadeiro modelo de interoperabilidade; a resposta otimista tende a valorizar a existência de um respaldo normativo para os arranjos espontâneos, perspectiva que tampouco deve ser desprezada.

13. O DOMICÍLIO ELETRÔNICO

Dispõe a LGD, ainda, que, mediante opção do usuário, os órgãos públicos poderão realizar comunicações, notificações e intimações por meio eletrônico (art. 42). O texto poderia ter sido mais claro no sentido de que esses atos serão tidos como realizados, para todos os fins, em substituição às formas tradicionais, produzindo os mesmos efeitos que estas. Sem embargo, isso parece decorrer da apropriada previsão, compatível com o título do capítulo – domicílio eletrônico – de que essas comunicações, notificações e intimações eletrônicas poderão ser utilizadas ainda que a legislação especial preveja que elas sejam feitas de modo pessoal ou por via postal (art. 43, III).

O administrado não tem direito à opção caso os meios não estejam disponíveis (art. 42, § 1º), do que parece decorrer que, estando implantados tais meios, há um direito subjetivo a optar por essa forma de recebimento de informações. Da mesma forma, está previsto um direito desistir dessa opção (art. 42, § 2º). Não está claro, contudo, qual seria a extensão da opção, se por processo, órgão ou entidade. A perspectiva adotada é a do conforto do usuário, pois a opção pelo domicilio eletrônico soa como uma facilidade, mais do que como uma alternativa para a otimização dos processos administrativos.

As ferramentas, que poderão ser mantidas por outro ente público (art. 42, § 3º), devem dispor de meios que permitam comprovar a autoria e a emissão e recebimento, ainda que não de leitura, das comunicações, notificações e intimações (art. 43, I e II). Além disso, devem ser passíveis de auditoria e devem conservar os dados de envio e recebimento no mínimo por cinco anos. As exigências abertas parecem adequadas para permitir o acompanhamento da evolução tecnológica, mantendo-se um mínimo necessário a dar segurança jurídica às comunicações, notificações e intimações.

14. GOVERNANÇA, GESTÃO DE RISCOS, CONTROLE E AUDITORIA

A LGD também prevê uma autoridade competente para, em consonância com os princípios e as diretrizes estabelecidos, implementar e manter mecanismos, instâncias e práticas de governança, que devem incluir, no mínimo, formas de acompanhamento de resultados, soluções para a melhoria do desempenho das organizações e instrumentos de promoção do processo decisório fundamentado em evidências (art. 47).

O texto é decepcionante, por seu caráter genérico e praticamente vazio, que nada acrescenta àquilo que se espera do exercício de uma competência de gestão qualquer, não trazendo disposição alguma acerca das peculiaridades da atuação por meios eletrônicos. De fato, há várias temáticas que poderiam exigir formas mais definidas ou até mesmo sofisticadas de governança, tais como as decisões relativas às opções em matéria de tecnologia, o desenvolvimento, adoção e abandono de ferramentas informáticas e as responsabilidades pela definição e revisão de critérios de programação, assim como para processamento de provocações advindas dos usuários. É de se esperar, claro, que a prática da Administração apresente qualidade superior àquela exigida pela lei, que perdeu nesse ponto a oportunidade de estabelecer normas que realmente pudessem impulsionar aperfeiçoamentos na atuação governamental em meio digital.

Melhor sorte não assiste à disciplina do sistema de gestão de riscos e do controle interno. Nos termos da LGD, esse sistema deve ser mantido, monitorado e aprimorado com vistas à identificação, à avaliação, ao tratamento, ao monitoramento e à análise crítica de riscos da prestação digital de serviços públicos que possam impactar a consecução dos objetivos da organização no cumprimento de sua missão institucional e na proteção dos usuários. Devem ser observados certos princípios – que parecem mais diretrizes –, como a integração da gestão de riscos ao processo de planejamento estratégico e a quaisquer atividades da organização, o estabelecimento de controles internos proporcionais aos riscos, segundo uma relação custo-benefício e a utilização dos resultados da gestão de riscos para fins de aperfeiçoamento e a proteção às liberdades civis e aos direitos fundamentais (art. 48).

Não se pode menosprezar a previsão atinente a uma desejável política de gestão de riscos. Contudo, é de se destacar o caráter genérico do preceito, que apenas transfere aos órgãos e entidades a definição mais específica dessa política. Por outro lado, nada se estabelece no tocante à responsabilidade pelas falhas nas medidas relativas aos riscos e pelos prejuízos que venham a ser causados, sobretudo aos usuários, matéria em relação às quais uma regulamentação legal seria essencial. A própria previsão de controles proporcionais aos riscos, ainda que adequada, não foge ao usual em relação ao assunto, uma vez que nenhuma política de gestão de risco tem como função eliminá-los, mas apenas controlá-los. Por fim, a previsão da proteção às liberdades civis e aos direitos fundamentais, por mais bem intencionada que seja, causa estranheza por sua ociosidade, uma vez que jamais se consideraria que o regime pudesse contemplar algo diverso em matéria de riscos ou mesmo em toda a temática do governo digital.

De forma igualmente genérica, a LGD busca melhorar a eficácia desses processos de governança, de gestão de riscos e de controle uma auditoria interna governamental.

Cabe a essa auditoria realizar trabalhos de avaliação e consultoria de forma independente, de acordo com uma abordagem baseada em risco para o planejamento de suas atividades e para a definição dos procedimentos de auditoria, devendo promover a da prevenção, da detecção e da investigação de fraudes na utilização de recursos públicos federais (art. 49). Em nada isso se relaciona propriamente ao entorno digital: na verdade, as qualidades de auditorias assim realizadas poderiam vicejar em qualquer contexto tecnológico.

15. CONSIDERAÇÕES FINAIS

A utilização da tecnologia da informação na Administração Pública, processo que se iniciou há décadas e se aprofundou nos últimos anos, jamais esperou por bases normativas plenas que pudessem autorizá-la. Sob esse aspecto, o rótulo "governo digital" poderia ser adotado, independentemente de uma lei específica, para designar um modelo de atuação administrativa em que os meios eletrônicos tivessem uma importância central.

No entanto, as realizações práticas não são nutridas somente por ideias inovadoras, mas também pelo próprio ordenamento jurídico. A expectativa de potencializar as vantagens decorrentes da utilização da tecnologia torna sedutora a opção pela adoção de um marco normativo federal que remova obstáculos e ofereça base sólida para a concretização de um governo verdadeiramente digital. Contudo, o conteúdo da LGD não permite afirmar que ela tenha mostrado a que veio; ao contrário, uma análise singela dos dispositivos da lei mostra avanços tímidos.

De outra parte, não se pode menosprezar a relevância de emprestar fundamentos legais expressos que, embora nem sempre necessários segundo uma visão mais contemporânea, muitas vezes são demandados para a tomada de novas iniciativas. Tampouco parece possível negar o valor do consenso obtido em âmbito parlamentar, ainda isso tenha ocorrido mediante a adoção de normas genéricas e pouco cogentes, que podem soar frustrantes para aqueles que esperam por mudanças no ritmo da própria tecnologia.

Sem embargo, deve-se reconhecer a importância de a LGD ter trazido para o debate nacional a regulação da atuação administrativa em meios digitais e sua relevância para promover a eficiência administrativa. É essencial ter em mente, de outra parte, que normas nacionais a respeito do governo digital podem oferecer a base necessária para a definição de seus próximos passos. A existência da LGD, ainda que não isenta de falhas, é um ponto fundamental de uma possível evolução nesse tema.

Sob o desafio de fugir do oportunismo leviano, o presente estudo buscou, de modo sintético, apresentar uma análise crítica do texto da nova lei. Longe de desmerecer os esforços realizados, tentou-se oferecer perspectivas aptas a contribuir para uma interpretação útil de dispositivos polêmicos, que possa refletir-se em regulamentos adequados ou mesmo em ajustes futuros do próprio texto da LGD.

Mais que desejos abstratos, uma lei sobre a utilização da tecnologia da informação na Administração pública brasileira reflete um estágio de amadurecimento da visão sobre o tema em nossas instituições. Debater o assunto, também sob a perspectiva da doutrina jurídica e da crítica construtiva às normas existentes, é indispensável para o necessário avanço do governo digital entre nós.

16. BIBLIOGRAFIA

BARNÉS VÁZQUEZ, Javier. Reforma e innovación del procedimiento administrativo. In: VVAA, *La Transformación del Procedimiento Administrativo*. Sevilla, Global Law Press – Editorial Derecho Global, 2006, p. 15-69.

BREGA, José Fernando. *Governo eletrônico e direito administrativo*. Brasília: Gazeta Jurídica, 2015.

CARLONI, Enrico. Le difficoltà per una visione organica dell'e-government: il pluralismo amministrativo. In: Merloni, Francesco. *Introduzione all'e-government*. Torino, G. Giappichelli, 2005, p. 35-55.

FALEIROS JÚNIOR, José Luiz de Moura. *Administração pública digital*: proposições para o aperfeiçoamento do regime jurídico administrativo na sociedade da informação. Indaiatuba: Foco, 2020.

MARONGIU, Daniele. *Il governo dell'informatica pubblica – Tra Stato, regioni ed enti locali*. Napoli, Edizioni Scientifiche Italiane, 2007.

VALERO TORRIJOS, Julián, *El régimen jurídico de la e-Administración*. 2. ed. Granada, Comares, 2007.

VALERO TORRIJOS, Julián. La nueva regulación legal del uso de las tecnologías de la información y las comunicaciones en el ámbito administrativo: ¿el viaje hacia un nuevo modelo de Administración, electrónica? In: *Revista Catalana de Drét Públic*, n. 35, Barcelona, Escola de Administració Pública de Catalunya, nov. 2007, p. 209-235.

13
O DIREITO À CIDADE E OS ESPAÇOS URBANOS VIGIADOS: A TUTELA DOS CONTROLES DE ACESSO EM CIDADES INTELIGENTES

José Luiz de Moura Faleiros Júnior

Doutorando em Direito Civil pela Universidade de São Paulo – USP/Largo de São Francisco. Doutorando em Direito, na área de estudo 'Direito, Tecnologia e Inovação', pela Universidade Federal de Minas Gerais – UFMG. Mestre em Direito pela Universidade Federal de Uberlândia – UFU. Especialista em Direito Digital. Associado Fundador do Instituto Avançado de Proteção de Dados – IAPD. Membro do Instituto Brasileiro de Estudos de Responsabilidade Civil – IBERC. Advogado. Contato eletrônico: jfaleiros@usp.br

Renato de Andrade Siqueira

Mestrando em Direito Civil pela Universidade de São Paulo – USP/Largo de São Francisco. Bacharel em Direito pela Pontifícia Universidade Católica de São Paulo – PUC/SP. Professor de Direito Civil no Curso Magistratura para Todos. Juiz de Direito do Tribunal de Justiça do Estado de São Paulo. Contato eletrônico: rasiqueira@tjsp.jus.br

Sumário: 1. Introdução – 2. O "direito à cidade" no século XXI; 2.1 A sociedade da vigilância (líquida); 2.2 Internet das Coisas e os espaços urbanos; 2.3 Um "novo panóptico"? – 3. Os controles de acesso; 3.1 Justificativas/motivações para o controle de acesso; 3.2 Espécies de controle; 3.2.1 Autorização; 3.2.2 Organizacional/Cadastral; 3.2.3 Monitoramento – 4. Locais controlados; 4.1 Privados; 4.2 Privados de acesso ao público; 4.3 Públicos com controle público; 4.4 Públicos com controle privado (?) – 5. Conclusão – 6. Referências.

1. INTRODUÇÃO

Antigas discussões sobre o contexto no qual se insere o homem em espaços urbanos – que desvelaram a necessidade de estruturação da discussão sobre a existência (e a regulação) de um direito à cidade – se reformularam no século XXI, tendo em vista os impactos da transformação digital.

Tudo se conectou e, no epítome da sociedade da informação, também os espaços foram se metamorfoseando a ponto de as sociedades se reestruturarem em torno da implementação de aparatos tecnológicos que, primordialmente, proveem facilidades, comodidades, segurança e celeridade, mas que são falíveis e podem, a depender do contexto em que são aplicados, resultar em discriminações e segregação.

A própria desigualdade digital – estudada a partir de aportes que revelam a premência do debate sobre a garantia do acesso (seguro) à Internet como direito fundamental – desafia o Estado e revela nuances não contempladas pela legislação posta, haja vista o fato de, dificilmente, ter o legislador previsto, antecipadamente, a transformação em questão.

Mais especificamente, chama a atenção o tema concernente aos controles de acesso, que são robustecidos por tecnologias de vigilância, que impõem limitações à locomoção e são intrusivas quanto à intimidade e à privacidade. Tudo isso em espaços públicos e privados, especialmente nos grandes centros urbanos.

Eis o tema-problema da pesquisa: como se deve elucidar os principais pontos de controvérsia sobre a nova agenda urbana no citado contexto? Quais são as razões pelas quais se deve regular determinados controles, bem como suas justificativas e motivações, suas espécies e os próprios locais onde são implementados tais controles?

Trabalhar-se-á com a hipótese de que há substratos normativos adequados para a tutela desses espaços, embora se faça necessária uma releitura da própria nova agenda urbana, que instiga à revisão de institutos civis clássicos, especialmente dos direitos da personalidade. No curso da investigação, os principais pontos nevrálgicos de estruturas de controle de acesso falíveis (e potencialmente violadoras de direitos e garantias fundamentais) serão explicitados e analisados criticamente à luz da legislação aplicável.

Visando esclarecer quais são os mecanismos de tutela jurídica adequada para tais contextos, o objetivo geral será estruturar as principais características do problema em questão e, em linhas mais específicas, objetivar-se-á à descrição e categorização crítica dos aspectos citados, além do enfrentamento de cada item à luz da hipótese versada.

Em termos metodológicos, trabalhar-se-á com o método de pesquisa dedutivo, em pesquisa qualitativa lastreada em revisão bibliográfica. Ao final, procurar-se-á apresentar uma conclusão assertiva acerca do tema-problema e sobre a hipótese delineada.

2. O "DIREITO À CIDADE" NO SÉCULO XXI

Debater os controles de acesso, especialmente no apogeu da sociedade da informação que marca o século XXI, impõe rememoração específica quanto ao "direito à cidade" (*droit à la ville*) proposto, em 1968, por Henri Lefebvre.[1] Sua intenção, ao propor tal conceito, foi estabelecer uma ideia-força, que contribuiria com reflexões sobre o futuro a partir da compreensão do presente, superando crises ao negar a segregação urbana para ampliar o campo do possível em relação à vida social urbana

---

1. LEFEBVRE, Henri. *Le droit à la ville*: suivi de espace et politique. Paris: Anthropos, 1968, p. 121. O próprio autor descreve suas impressões sobre o referido direito: "Le *droit à la ville* ne peut se concevoir comme un simple droit de visite ou de retour vers les villes traditionnelles. Il ne peut se formuler que comme droit à la vie urbaine, transformée, renouvelée."

13 • O DIREITO À CIDADE E OS ESPAÇOS URBANOS VIGIADOS

no período pós-industrial.[2] Trata-se de modelo prospectivo, pelo qual a transformação social se projetaria, no futuro, como uma sociedade urbana que seria, em parte, real (concreta/presente) e, em parte, virtual (abstrata/futura), esta concebida pela transdução.

É sabido que o "direito à cidade" proposto por Lefebvre faz parte de um pensamento utópico, de cariz revolucionário, que se vê ameaçado pela ideologização, tornando-se argumento de política pública, fechando o horizonte da transformação pública.

A realização do humano em função de uma realidade futura/ideal "aberta", baseada na dialética do mundo, viria atrelada ao reconhecimento de uma realidade presente/real que, no século XX, quando foi concebida por Lefebvre, não apresentava todas as contradições, tampouco as idiossincrasias, do mundo que, à época, estava em profunda transformação. Hoje, novos horizontes sinalizam a pujança da proposta do autor que, paradoxalmente, revelaram como o autor anteviu mudanças na vida cotidiana.[3]

Em termos históricos, em meados do século XX, a cidade começa a se proliferar para além de seus limites, expandindo-se aos subúrbios. Anos depois, o espaço passa a se revelar com novas feições que extravasam o fenômeno da industrialização[4] – vetusto motor das transformações sociais – e que, em linhas mais específicas, atribui novo sentido à urbanização.

A problemática se desloca do cerne industrial para permitir a cunhagem de uma nova tessitura social lastreada na ordem espacial. No campo econômico, o regime dos contratos foi profundamente atingido, tendo sofrido flexibilizações para frear o ímpeto da exploração dos bens de produção.[5]

---

2. LEFEBVRE, Henri. *The urban revolution*. Trad. Donald Nicholson-Smith. Oxford: Blackwell, 1991, p. 2. Anota: "Instead of the term "postindustrial society" – the Society that is born of industrialization and succeeds it – I will use "urban society", a term that refers to tendencies, orientations, and virtualities, rather than any preordained reality." Convém lembrar que estudos profícuos sobre a sociedade pós-industrial são apresentados por BELL, Daniel. *The coming of the post-industrial society*: a venture in social forecasting. Nova York: Basic Books, 1976, passim. O tema também é analisado por David Harvey e, a despeito de qualquer consideração ideológica, importa ressaltar que o autor analisa de forma bastante consequente os estudos de Lefebvre. Em brevíssima síntese, Harvey destaca o seguinte: "In Paris, the campaign to stop the Left Bank Expressway and the destruction of traditional neighborhoods by the invading 'high-rise giants' such as the Place d'Italie and Tour Montparnasse helped animate the larger dynamics of the 1968 uprising. It was in this context that Henri Lefebvre wrote *The Urban Revolution*, which predicted not only that urbanization was central to the survival of capitalism and therefore bound to become a crucial focus of political and class struggle but that it was obliterating step-by-step the distinctions between town and country through the production of integrated spaces across national territory, if not beyond." HARVEY, David. *Social justice and the city*. Athens/Londres: The University of Georgia Press, 2009, p. 320.

3. LEFEBVRE, Henri. *Critique of everyday life*: introduction. Trad. John Moore. Londres: Verso, 1991. v. 1. p. 228-229.

4. *Cf.* HOPPIT, Julian. The nation, the State, and the First Industrial Revolution. *Journal of British Studies*, Cambridge, v. 50, n. 2, p. 307-331, abr. 2011.

5. GRAU, Eros Roberto. *A ordem econômica na Constituição de 1988*. 14. ed. São Paulo: Malheiros, 2010, p. 92. Anota: "A atuação estatal no campo da atividade econômica em sentido estrito acarretou uma série de transformações no direito. Um dos flancos mais atingidos foi justamente o do regime dos contratos. Tem-se

De fato, a cidade sempre foi, no curso da História, centro da vida social e política, das atividades econômicas e das trocas, da acumulação da riqueza e do valor de uso associado ao consumo. Entretanto, com a industrialização, a "cidade-obra" se torna algo diverso, uma espécie de produto, inaugurando conflitos específicos, destacadamente quanto à extensão do território, entre a explosão das periferias e a centralidade da cidade.[6] Tem-se, então, um ponto crítico, que sinaliza que o tecido urbano passa a ser norteado pela segregação, e que, como modo de vida, passa a comportar objetos específicos, tais como a eletricidade, o acesso à água, ao transporte, à comunicação, e valores também específicos, como os costumes, o consumo, o turismo (que transforma o centro em local de troca), e – para o que interessa nesse breve estudo – a busca pela segurança.

Para o Direito, "a atividade urbana [...] consiste, em síntese, na intervenção do Poder Público com o objetivo de ordenar os espaços habitáveis. Trata-se de uma atividade dirigida à realização do triplo objetivo de humanização, ordenação e harmonização dos ambientes em que vive o Homem".[7] Não é por outra razão que se diz que o "habitar" é transformado em "habitat"[8], impondo nova ordem racional do espaço[9], que se fragmenta e impõe a separação e a segregação para recrudescer uma nova estrutura urbanística[10], simultaneamente ideológica e pragmática, que prima por mudar o modo como se pensa a cidade na implementação de novos equipamentos urbanos, cada vez mais baseados em estruturas de vigilância.

---

afirmado, sistematicamente, que os dois valores fundamentais juridicamente protegidos nas economias do tipo capitalista são, simetricamente, o da propriedade dos bens de produção – leia-se *propriedade privada dos bens de produção* – e o da liberdade de contratar (ainda que se entenda que tais valores são preservados não em regime absoluto, mas relativo) [...]. Em outros termos: o princípio da liberdade de contratar é instrumental do princípio da propriedade privada dos bens de produção. A atuação do Estado *sobre* o domínio econômico, por isso mesmo, impacta de modo extremamente sensível sobre o regime jurídico dos contratos."

6. LEITE, Carlos. *Cidades sustentáveis, cidades inteligentes*: desenvolvimento sustentável num planeta urbano. Porto Alegre: Bookman, 2012, p. 9. Comenta: "Do ponto de vista urbanístico, essas transformações resultaram em uma série de problemas comuns que vêm afetando as nossas cidades hoje. O abandono das áreas centrais metropolitanas pelo setor industrial e a consequente degradação urbana de espaços com potencial tão evidente no desenvolvimento – afinal, dotados de preciosa infraestrutura e memória urbana – é face da mesma moeda que expõe a urbanização ilegal, porém real e incontrolável, de nossas periferias."

7. SILVA, José Afonso da. *Direito urbanístico brasileiro*. 6. ed. São Paulo: Malheiros, 2010, p. 34.

8. CARLOS, Ana Fani Alessandri. Henri Lefebvre: o espaço, a cidade e o "direito à cidade". *Revista Direito e Práxis*, Rio de Janeiro, v. 11, n. 1, p. 349-369, 2020, p. 361. Explica: "O mundo moderno assinala para o autor, o movimento da história em que o" habitar" (que contempla o sentido criativo do ato de apropriação inerente à vida humana) dá lugar ao "habitat" como momento constitutivo do espaço abstrato. O processo de abstração é o movimento da perda dos seus conteúdos sob a lógica e racionalidade da acumulação assentada nas políticas do crescimento."

9. LEFEBVRE, Henri. *Le droit à la ville*, cit., p. 140. Comenta: "[...] la philosophie réfléchit une totalité transcendante à la ville : l'histoire, « l'homme », la société, l'État. Elle accepte et même entérine au nom de la totalité plusieurs séparations. Elle consacre la saisie analytique en croyant la réfuter ou la surmonter."

10. A doutrina analisa esse fenômeno a partir do conceito de gentrificação, que é assim explicado: "A gentrificação inicialmente foi identificada como fenômeno de mudança socioespacial, caracterizada pela chegada de setores de classe média (*gentrys*, os gentrificadores) ou atividades comerciais, acompanhada da saída da população de renda mais baixa, através de processos marcados pela higienização social, com o fim de atender as necessidades do mercado acarretando uma série de impactos sociais, como a diferenciação do espaço das cidades." DE MARCO, Cristhian Magnus; SANTOS, Paulo J. Trindade dos; MÖLLER, Gabriela Samrsla. Gentrificação no Brasil e no contexto latino como expressão do colonialismo urbano: o direito à cidade como proposta decolonizadora. *Revista Brasileira de Gestão Urbana*, Curitiba, v. 12, 2020, p. 2.

2.1 A sociedade da vigilância (líquida)

Nas brechas de uma vida cotidiana marcada por forças sociais que transformam o espaço nessa busca pelo direito à cidade, contempla-se a abertura à produção de nova realidade, robustecida pela ideia que reduz a cidade a uma única função: o "habitat". São abandonados os valores construídos no curso do tempo, especialmente pela cultura, e o pragmatismo redefine o papel que se tem quanto às necessidades da vida urbana.

O imperativo da segurança, almejada por todos os membros desses novos espaços, passa a nortear a desconsideração do patrimônio histórico e cultural[11], impondo intervenções que eliminam o conceito da cidade como "obra" e abrem margem à visão da cidade como "produto". O conceito de uso do espaço, considerado pela noção abstrata de mero "habitat", suplanta o conceito lastreado no humano ("habitar"), inaugurando uma nova agenda que se reformula constantemente.

Nesse aspecto, a compreensão sobre o conceito sociológico originalmente proposto por Gary Marx – sociedade da vigilância – se revela imprescindível para a averiguação dos desdobramentos visualizados nos espaços urbanos do século XXI a partir do implemento de medidas restritivas[12], usualmente fomentadas pela tecnologia e pela pujança informacional.[13]

Da fluidez emanada do conceito de *devir*, de Heráclito de Éfeso[14], à liquidez que permeia a obra de Zygmunt Bauman[15], constata-se que estruturas de controle operam a partir da noção de vigilância. A liberdade de outrora é controlada pelo pretexto da segurança, seja pelo Estado, seja pela iniciativa privada. Tudo é fomen-

---

11. Eduardo Tomasevicius Filho analisa o instituto do tombamento quanto à proteção do patrimônio cultural, mas, de forma propositiva, conclui que "[o]s objetos qualificados como bens culturais são lugares de memória, porque auxiliam na recordação do passado. Sendo possível a ocorrência de manipulações, podem ocorrer usos políticos do passado, por meio da valorização da cultura elitista em detrimento da cultura popular [...]. Define-se, então, bem cultural como bem, material ou imaterial, que tem a aptidão para contribuir com o desenvolvimento pessoal de quem o vê, por meio de sua contemplação, observação, contato e experimentação, geralmente selecionado como documento histórico de época acerca de determinado modo de vida, arte ou técnica ou por ser suporte da identidade coletiva ou da memória coletiva." TOMASEVICIUS FILHO, Eduardo. *A proteção do patrimônio cultural brasileiro pelo direito civil*. São Paulo: Almedina, 2020, p. 256.
12. O tema é originalmente estudado pelo autor, com profundidade, em MARX, Gary T. *Fragmentation and cohesion in American society*. Washington, D.C.: Trend Analysis Program, 1984.
13. VENERIS, Yannis. Modelling the transition from the industrial to the informational revolution. *Environment and Planning A: Economy and Space*, Londres, v. 22, n. 3, mar. 1990, p. 310.
14. O conceito de "*devir*" em Heráclito representa movimento, mudança, transformação e fluidez. Para mais, cf. HERÁCLITO. Fragmentos. Trad. José Cavalcante de Souza. In: Vv.Aa. *Os pré-socráticos*. Coleção Os Pensadores. São Paulo: Abril Cultural, 1973, fr. 30.
15. Afirma o autor: "A liquidez da vida e a da sociedade se alimentam e se revigoram mutuamente. A vida líquida, assim como a sociedade líquido-moderna, não pode manter a forma ou permanecer por muito tempo. [...] E suma: a vida líquida é uma vida precária, vivida em condições de incerteza constante. [...] A vida líquida é uma sucessão de reinícios, e precisamente por isso é que os finais rápidos e indolores, sem os quais reiniciar seria inimaginável, tendem a ser os momentos mais desafiadores e as dores de cabeça mais inquietantes." BAUMAN, Zygmunt. *Vida líquida*. Trad. Carlos Alberto Medeiros. 2. ed. Rio de Janeiro: Zahar, 2009, p. 7-8.

tado por dados e norteado à busca pela consolidação dos espaços urbanos como locais vigiados.[16]

O paradigma de controle se sofisticou e a privacidade passou a ser relativizada em contextos específicos[17], denotando a liquidez dos próprios modelos estruturados em termos de controle social e vigilância. A regulação estatal, nesse complexo contexto, também precisa se adaptar a essa nova realidade, aparentemente irrefreável, mas simultaneamente pujante e desafiadora.[18]

Em termos jurídicos, o que se nota é a necessidade de reconhecimento (e efetivação) da função social da cidade[19], o que envolve, por exemplo, a garantia de acesso à moradia, a justa distribuição dos benefícios e ônus decorrentes do processo de urbanização, a regularização fundiária, a proteção e preservação ambiental nos centros urbanos, e também o aprimoramento jurídico de instrumentos que possam ser utilizados para o bom uso da tecnologia, com vistas ao pleno exercício do direito à cidade.

No Brasil, o artigo 182 da Constituição da República, que foi regulamentado pelo Estatuto da Cidade (Lei 10.275/2001), explicita esse dever ao prever a política de desenvolvimento urbano e estabelecer diversos instrumentos voltados a esse propósito.[20] Também compõem esse panorama normativo, dentre outras normas, a Lei n. 12.587/2012, que institui as diretrizes da Política Nacional de Mobilidade Urbana, e, mais recentemente, o Estatuto da Metrópole (Lei 13.089/2015), com grande impacto para o direito público no contexto urbanístico, além de reverberações sobre o direito

---

16. Conferir, sobre o tema, LYON, David. *Surveillance society*: monitoring everyday life. Buckingham: Open University Press, 2001, passim.

17. LYON, David. Surveillance as social sorting: computer codes and mobile bodies. In: LYON, David (Ed.). *Surveillance as social sorting*: Privacy, risk, and digital discrimination. Londres: Routledge, 2003, p. 19. Anota: "Culturally and historically relative, privacy has limited relevance in some contexts. As we shall see in a moment, everyday surveillance is implicated in contemporary modes of social reproduction – it is a vital means of sorting populations for discriminatory treatment – and as such it is unclear that it is appropriate to invoke more privacy as a possible solution."

18. Para Bauman e Lyon, "os principais meios de obter segurança, ao que parece, são as novas técnicas e tecnologias de vigilância, que supostamente nos protegem, não de perigos distintos, mas de riscos nebulosos e informes. As coisas mudaram tanto para os vigilantes quanto para os vigiados. Se antes você podia dormir tranquilo sabendo que o vigia noturno estava no portão da cidade, o mesmo não pode ser dito da "segurança" atual. Ironicamente, parece que a segurança de hoje gera como subproduto – ou talvez, em alguns casos, como política deliberada? – certas formas de *insegurança*, uma insegurança fortemente sentida pelas pessoas muito pobres que as medidas de segurança deveriam proteger." BAUMAN, Zygmunt; LYON, David. *Vigilância líquida*. Trad. Carlos Alberto Medeiros. Rio de Janeiro: Zahar, 2013, p. 95-96.

19. Com efeito, a "função social da cidade deve atender os interesses da população de ter um meio ambiente sadio e condições dignas de vida, portanto, não há como dividir essas funções entre pessoas e grupos pré-estabelecidos, sendo o seu objeto indivisível". SAULE JÚNIOR, Nelson. *Novas perspectivas do direito urbanístico brasileiro*. Ordenamento constitucional da política urbana. Aplicação e eficácia do plano diretor. Porto Alegre: Sergio Antonio Fabris Editor, 1997, p. 61.

20. Sobre o contexto normativo brasileiro, valiosa a leitura da obra de Jaime Lerner, na qual o autor demonstra que o planejamento é um projeto de longo prazo, que por melhor que seja não consegue gerar transformações imediatas, sendo usualmente uma centelha que inicia uma ação e a subsequente transformação. Cf LERNER, Jaime. *Acupuntura urbana*. Rio de Janeiro: Record, 2003, passim.

13 • O DIREITO À CIDADE E OS ESPAÇOS URBANOS VIGIADOS

privado[21]. Entretanto, para que se possa efetivar tais comandos constitucionais, é preciso compreender com detalhe quais são os novíssimos desafios inaugurados pela tecnologia aplicada aos espaços urbanos. O paradigma é, sem dúvidas, de vigilância.

2.2 Internet das Coisas e os espaços urbanos

A chamada Internet das Coisas (ou *Internet of Things*, na expressão que se popularizou em inglês, ou simplesmente *IoT*) é marca predominante de uma transição informacional muito característica do século XXI, pois, com o incremento dos fluxos de dados e sua utilização para o desenvolvimento tecnológico – formando o chamado *Big Data*[22], –, preocupações quanto aos riscos dessa hiperconectividade se tornaram pauta recorrente de estudos transdisciplinares, uma vez que "a *IoT* pode ser vista em diferentes dimensões pelos diferentes setores da academia e da indústria; qualquer que seja o ponto de vista, a *IoT* ainda não atingiu a maturidade e é vulnerável a todos os tipos de ameaças e ataques".[23]

Não há dúvidas de que o potencial de novas tecnologias conectadas diretamente à *web* é verdadeiramente revolucionário (e empolgante) e, talvez, irrefreável.[24] Sobre a Internet das Coisas e seus impactos, Klaus Schwab enumera algumas das principais e mais disruptivas mudanças que a inovação tecnológica produzirá[25], o que evidencia o quão importante é o debate acerca das consequências jurídicas do desenvolvimento

---

21. Na lei, merece destaque a estruturação da governança interfederativa das regiões metropolitanas em importante rol de princípios dos quais merece transcrição o que determina a "prevalência do interesse comum sobre o local" (art. 6°, inciso I). Além disso, são estabelecidos vários instrumentos para a realização do propósito da lei: "Art. 9° Sem prejuízo da lista apresentada no art. 4° da Lei 10.257, de 10 de julho 2001, no desenvolvimento urbano integrado de regiões metropolitanas e de aglomerações urbanas serão utilizados, entre outros, os seguintes instrumentos: I – plano de desenvolvimento urbano integrado; II – planos setoriais interfederativos; III – fundos públicos; IV – operações urbanas consorciadas interfederativas; V – zonas para aplicação compartilhada dos instrumentos urbanísticos previstos na Lei 10.257, de 10 de julho de 2001; VI – consórcios públicos, observada a Lei 11.107, de 6 de abril de 2005; VII – convênios de cooperação; VIII – contratos de gestão; IX – compensação por serviços ambientais ou outros serviços prestados pelo Município à unidade territorial urbana, conforme o inciso VII do caput do art. 7° desta Lei; X – parcerias público-privadas interfederativas."

22. Em simples termos, eis o conceito: "Big Data is all about seeing and understanding the relations within and among pieces of information that, until very recently, we struggled to fully grasp." MAYER-SCHÖNBERGER, Viktor; CUKIER, Kenneth. *Big Data*: a revolution that will transform how we live, work, and think. Nova York: Houghton Mifflin Harcourt, 2014, p. 19.

23. JEYANTHI, Nagamalai. Internet of Things (IoT) as Interconnection of Threats (IoT). In: HU, Fei (Ed.). *Security and privacy in Internet of Things (IoTs)*: models, algorithms, and implementations. Boca Raton: CRC Press, 2016, p. 7, tradução livre. No original: "The IoT can be viewed in different dimensions by the different sections of academia and industry; whatever the viewpoint, the IoT has not yet reached maturity and is vulnerable to all sorts of threats and attacks."

24. FLORIDI, Luciano. *The 4th revolution*: How the infosphere is reshaping human reality. Oxford: Oxford University Press, 2014, p. 87.

25. O autor cita os seguintes exemplos: (i) tecnologias implantáveis; (ii) presença digital; (iii) a visão como uma nova interface; (iv) tecnologias vestíveis; (v) computação ubíqua; (vi) supercomputadores que cabem no bolso; (vii) armazenamento para todos; (viii) a Internet das coisas e para as coisas; (ix) casas conectadas; (x) cidades inteligentes; (xi) *big data* e tomadas de decisão; (xii) carros autoguiados; (xiii) a Inteligência Artificial aplicada às tomadas de decisão; (xiv) a Inteligência Artificial aplicada às funções administrativas; (xv) a relação entre robótica e serviços; (xvi) a ascensão das criptomoedas; (xvii) a economia compartilhada; (xviii) a relação entre governos e *blockchain*; (xix) impressão 3D e fabricação; (xx) impressão 3D e a saúde humana; (xxi) impressão 3D e os produtos de consumo; (xxii) seres projetados; (xxiii) neurotecnologias. SCHWAB, Klaus. *A quarta revolução industrial*. Trad. Daniel Moreira Miranda. São Paulo: Edipro, 2016, p. 10.

tecnológico para equipamentos que podem ser implementados nos espaços urbanos, pois "é crucial que [as cidades] consigam se manter capazes de traçar seus próprios destinos e de implementar políticas de forma independente e eficiente".[26]

Sem dúvidas, a vigilância adquire novos contornos pelo fato de equipamentos variados estarem conectados diretamente à Internet[27], propiciando controle direto e supervisão (estatal ou particular). O que prontamente se percebe, para o direito, são os riscos que esses implementos podem produzir em termos de violação à privacidade (e, em linhas mais específicas, à proteção de dados pessoais), à intimidade e à liberdade.[28]

2.3   Um "novo panóptico"?

A metáfora do panóptico, narrada por Jeremy Bentham, ilustra uma prisão transparente, na qual é absolutamente inexistente qualquer nível de privacidade. Todos estão sob vigilância, por todos os lados, e não há intimidade algum.[29] No panóptico, o controle e a vigilância são vislumbrados como estruturas estáticas. Agora, com a vigilância líquida fomentada pela tecnologia, tudo é dinâmico[30]! De fato, cada dia mais, novos padrões comportamentais são implementados pelas novas relações sociais levadas a efeito de forma volátil, mas constantemente fomentada pela produção informacional. O que era estável passa a ser questionável na modernidade líquida e, de repente, a própria realização do controle desafia o direito à apresentação de soluções específicas para problemas complexos.

Quando a pauta é a segurança, Anders Lisdorf ressalta que há fácil tendência à admissão da flexibilização de direitos (como privacidade e intimidade) para que se permita a ação de tecnologias "como sistemas de detecção de tiro, câmeras corporais e soluções de policiamento de bairro. Mas segurança é mais do que combater o crime".[31]

---

26.   MOROZOV, Evgeny; BRIA, Francesca. *A cidade inteligente*: tecnologias urbanas e democracia. Trad. Humberto do Amaral. São Paulo: Ubu, 2019, p. 77.

27.   GREENGARD, Samuel. *The Internet of Things*. Cambridge: The MIT Press, 2015, p. 58. Destaca o autor: "Within this emerging IoT framework, a dizzying array of issues, questions, and challenges arise. One of the biggest questions revolves around living in a world where almost everything is monitored, recorded, and analyzed. While this has huge privacy implications, it also influences politics, social structures, and laws."

28.   Comentando os entrelaçamentos entre o fomento à criação de cidades inteligentes e a proteção de dados pessoais à luz da LGPD brasileira, conferir FALEIROS JÚNIOR, José Luiz de Moura. Cidades inteligentes (*smart cities*) e proteção de dados pessoais. *Migalhas de Proteção de Dados*, 1º abr. 2021. Disponível em: https://s.migalhas.com.br/S/EE8C7E. Acesso em: 30 jun. 2021.

29.   O termo é utilizado para designar uma penitenciária ideal, concebida pelo filósofo e jurista inglês Jeremy Bentham, em 1785, que permitiria a um único vigilante observar todos os prisioneiros, sem que estes possam saber se estão ou não sendo observados. Conferir, com maiores detalhes, BENTHAM, Jeremy. Panopticon letters. In: BOŽOVI , Miran (Ed.). *Jeremy Bentham*: the panopticon writings. Londres: Verso, 1995, p. 29.

30.   Daniel Solove ressalta que "the profound proliferation of new information technologies during the twentieth century [...] made privacy erupt into a frontline issue around the world". SOLOVE, Daniel J. *Understanding privacy*. Cambridge: Harvard University Press, 2008, p. 4.

31.   LISDORF, Anders. *Demystifying smart cities*: Practical perspectives on how cities can leverage the potential of new technologies. Nova York: Apress, 2020, p. 16.

Assim, se a ideia do panóptico não é, em si, nova, sua aplicação pode ser considerada inovadora em contextos nos quais o solo discursivo do debate em torno da proteção à privacidade passa a demandar complexa compreensão sobre o que se entende por vigilância líquida e, ainda, sobre todos os desdobramentos da utilização de tecnologias especificamente voltadas ao monitoramento das cidades.

3. OS CONTROLES DE ACESSO

Encerrada a análise dos conceitos teóricos e filosóficos nos quais se fundam o presente trabalho, passa-se a uma tentativa de conceituação e sistematização dos controles de acesso nas sociedades urbanas modernas.

Para tanto, faz-se necessário, inicialmente, delimitar o significado das expressões 'controle' e 'acesso', no contexto ora delimitado, pois disciplinam muito mais do que, por exemplo, uma mera portaria que visa permitir ou impedir a passagem de alguma pessoa, como já significou no passado.[32] Primeiro, porque os "locais" que se visa acessar, para o pleno exercício da cidadania, não são mais apenas circunscrições físicas. Segundo, porque, conforme já debatido, o controle deixa de significar apenas permitir ou proibir o ingresso, mas também o modo de disciplina da sua forma e do seu limite.

Este trabalho não olvida da discussão acerca de considerar-se a Internet um espaço, mas não pretende ingressar nesse mérito, pois, mais do que discutir se a Internet é um "lugar" (ou "não-lugar"/*non-lieu*[33], para referenciar a expressão de Marc Augé), importa saber se há, efetivamente, condições tecnológicas de acesso e, principalmente, participação dos cidadãos nesses ambientes projetados na rede[34], ou mesmo se há condições para a proteção daqueles cidadão que estejam (deliberadamente ou não) excluídos/desconectados da Internet.[35] De todo modo, mesmo para aqueles que não

---

32. No contraponto ao controle, o direito de acesso se alinha diretamente ao conceito de "direito à cidade" de Lefebvre. No cumprimento de interesses da coletividade da urbe, representa o intuito de proativamente mudar e reinventar os espaços urbanos. Como sintetiza David Harvey, "The right to the city is, therefore, far more than a right of individual or group access to the resources that the city embodies: it is a right to change and reinvent the city more after our hearts' desire." HARVEY, David. *Rebel cities*: From the right to the city to the urban revolution. Londres: Verso, 2012, p. 4.

33. A terminologia é extraída da obra de Marc Augé, que define o não-lugar (*non-lieu*) como um espaço intercambiável onde os seres humanos permanecem no anonimato e sem significação suficiente para ser considerado "lugar". Nos dizeres do próprio autor: "Si un lieu peut se définir comme identitaire, relationnel et historique, un espace qui ne peut se définir ni comme identitaire, ni comme relationnel, ni comme historique définira un non-lieu. L'hypothèse ici défendue est que la surmodernité est productrice de non-lieux, c'est-à-dire d'espaces qui ne sont pas eux-mêmes des lieux anthropologiques et qui, contrairement à la modernité baudelairienne, n'intègrent pas les lieux anciens : ceux-ci, répertoriés, classés et promus « lieux de mémoire », y occupent une place circonscrite et spécifique." AUGÉ, Marc. *Non-lieux*: Introduction à une anthropologie de la surmodernité. Paris: Éditions du Seuil, 1992, p. 100.

34. PHILLIPS, David; CURRY, Michael. Privacy and the phenetic urge: geodemographics and the changing spatiality of local practice. *In*: LYON, David (Ed.). *Surveillance as social sorting*: Privacy, risk, and digital discrimination. Londres: Routledge, 2003, p. 145-149.

35. GONÇALVES, Victor Hugo Pereira. Direito fundamental à exclusão digital. In: DE LUCCA, Newton; SIMÃO FILHO, Adalberto; LIMA, Cíntia Rosa Pereira de (Coord.). *Direito & Internet III*: Marco Civil da Internet – Lei 12.965/2014. São Paulo: Quartier Latin, 2015. t. I, p. 193-196.

consideram o virtual como um lugar, não se pode afastar a constatação de que existe a necessidade de um ingresso (*login*) para o efetivo exercício dos direitos de cidadania, cujas formas cada vez mais tramitam pelo meio on-line.[36] Em verdade, isso revela a importância de se compreender como as novas situações jurídicas demandam tutela, afinal, "a virtualização dos corpos que experimentamos hoje é uma nova etapa na aventura de autocriação que sustenta nossa espécie".[37]

É o que se observa, por exemplo, na cidade de São Paulo, para aqueles que pretendem acessar as vagas de estacionamento nos locais de maior movimento da cidade. Como é cediço – e melhor se explorará ao final –, nestas localidades são instalados os estacionamentos rotativos denominados de Zona Azul. Antigamente, se preenchia um talonário que dava direito ao estacionamento por determinado período. Todavia, a partir do Decreto Municipal 57.115 de 7 de julho de 2016, implementou-se o sistema do Cartão Zona Azul Digital – CAD.[38] Por meio desse sistema, aquele que pretende estacionar nas vagas rotativas deve, obrigatoriamente, ter acesso à Internet e ao aplicativo credenciado, sob pena de enfrentar dificuldades para livremente estacionar seu veículo.

Valioso mencionar, ademais, que a Lei Municipal 14.668, de 14 de janeiro de 2008, cuidou de instituir a Política Municipal de Inclusão Digital do Município de São Paulo[39], contribuindo para conectar mais cidadãos à *web* naquela urbe, embora não se negue a premência do debate, que envolve outros programas, como o Wi-Fi livre, já amplamente estudado na tendência de "smartização" da Capital Paulista.[40]

Portanto, conforme mencionado, mesmo que a Internet não possa ser considerada um "lugar", o acesso a ela pode ser conceituado como meio para o atingimento de um fim (o acesso a direitos de cidadania), ou, nos dizeres de Massimo Di Felice, "a essa ideia de habitar, humana, natural e semântica, sucede aquela de um habitar comunicativo reticular, cuja forma é atópica, ou seja, emergente e conectiva".[41]

---

36. O tema foi estudado, com grande pioneirismo, ainda na década de 1990, por Howard Rheingold, que investigou a formação de "comunidades virtuais" nas plataformas e tecnologias da época, tais como Usenet, MUDs (*multi-user dungeons*) e suas derivações, como MUSHes e MOOs, o Internet Relay Chat (IRC), *chat rooms*, e as *mailing lists*. Cf. RHEINGOLD, Howard. *The Virtual Community*: Homesteading on the Electronic Frontier. 2. ed. Cambridge: The MIT Press, 2000, passim.

37. LÉVY, Pierre. *O que é o virtual?* Trad. Paulo Neves. 2. ed. São Paulo: Editora 34, 2011, p. 27.

38. MUNICÍPIO DE SÃO PAULO. Decreto 57.115, de 07 de julho de 2016. *Autoriza a cobrança do preço pela utilização de vagas do sistema de estacionamento rotativo pago – Zona Azul por meio de tecnologia digital*. Disponível em: http://legislacao.prefeitura.sp.gov.br/leis/decreto-57115-de-07-de-julho-de-2016/consolidado. Acesso em: 30 jun. 2021.

39. MUNICÍPIO DE SÃO PAULO. Lei 14.668, de 14 de janeiro de 2008. *Institui a Política Municipal de Inclusão Digital, e dá outras providências*. Disponível em: http://legislacao.prefeitura.sp.gov.br/leis/lei-14668-de--14-de-janeiro-de-2008. Acesso em: 30 jun. 2021.

40. MUNICÍPIO DE SÃO PAULO. *Wi-Fi Livre SP; programa*. Disponível em: http://wifilivre.sp.gov.br. Acesso em: 30 jun. 2021.

41. DI FELICE, Massimo. *A cidadania digital*: a crise da ideia ocidental de democracia e a participação nas redes digitais. São Paulo: Paulus, 2020, p. 47. O autor complementa: "[...] a atopia não é um "não lugar". A atopia não é um novo tipo de espaço, nem um território simulacro, nem pode ser definida inteiramente como uma pós-territorialidade no sentido da superação das formas físicas e geográficas do espaço. Melhor

13 • O DIREITO À CIDADE E OS ESPAÇOS URBANOS VIGIADOS **255**

Dessa forma, para fins acadêmicos, esse trabalho trata não apenas do controle de acesso físico, mas também ao controle do acesso virtual relativo à hodierna agenda urbana. Ainda, conforme se sistematizará abaixo, tratará da vigilância como forma de controle daqueles que convivem na cidade, quer tendo-se em mente a autorização ou proibição do ingresso, quer tratando-se da limitação do uso do local, físico ou virtual.

3.1   Justificativas/motivações para o controle de acesso

O controle de acesso é circunstância existente em diversas sociedades e distintas culturas. Existem diversos motivos para criar-se uma forma de controle a determinado local. Observa-se que o exercício da soberania[42], pelos Estados, acarreta o controle de fronteiras, como forma de disciplinar quem, quando e por quanto tempo estrangeiros poderão ingressar no território nacional.[43] A cobrança de tributos é a motivação para o controle de ingresso de mercadorias.

Em uma área rural, a manutenção de um rebanho é uma justificativa para a colocação de cercas e porteiras. Já em um hospital, a higiene e a prevenção de infecções é motivo para controlar aqueles que acessarão uma sala de cirurgia. Em um parque de diversões, a segurança física é utilizada para determinar a altura mínima permitida para ingressar-se em um determinado brinquedo.

Sem o intuito de esgotá-las, e, tendo em vista que "a introdução de descontinuidade temporal e espacial na teoria da cidade (e do urbano), em termos históricos e sociológicos, não permite o direito a alguém de praticar abusos"[44], este trabalho pretende listar as principais justificativas utilizadas para o exercício do controle de acesso dentro da agenda urbana atual e analisar a sua compatibilidade com a legislação brasileira.

A primeira motivação que se observa para controlar o acesso de terceiros a um local é a preservação da privacidade[45] e da intimidade.[46] Esse sentimento de reserva é o que faz

---

seria defini-la como a substituição dessas por uma forma informativa digital-material e transorgânica, cujos elementos constitutivos são as tecnologias informativas digitais, os ecossistemas informativos, elaborados por sistemas de informação geográfica e territorial."

42. Cf. BOSWORTH, Mary. Border control and the limits of the Sovereign State. *Social & Legal Studies*, Nova York, v. 17, n. 2, p. 199-215, 2008. Disponível em: https://ssrn.com/abstract=1852206. Acesso em: 30 jun. 2021.

43. PIFFERI, Michele. Controllo dei confini e politiche di esclusione tra Otto e Novecento. *In*: AUGUSTI, Eliana; MORONE, Antonio Maria; PIFFERI, Michele (a cura di). *Il controllo dello straniero*: I "campi" dall'Ottocento a oggi. Roma: Vella, 2017, p. 81-104.

44. LEFEBVRE, Henri. *Writings on cities*. Trad. Eleonore Kofman e Elizabeth Lebas. 4. reimpr. Oxford: Blackwell, 2000, p. 105, tradução livre. No original: "The introduction of temporal and spatial discontinuities in the theory of the city (and the urban), in history and sociology, does not give one the right to abuse it."

45. O conceito jurídico de privacidade é fruto do *common law*, usualmente traduzido do termo "*privacy*", e tem origens que remontam ao final do século XIX e ao clássico artigo *The right to privacy*, de Samuel Warren e Louis Brandeis, em que, por primeiro, se analisa o direito de ser deixado só (*right to be left alone*). WARREN, Samuel D.; BRANDEIS, Louis D. The right to privacy. *Harvard Law Review*, Cambridge, v. 4, n. 5, p. 193-220, dez. 1890. https://www.jstor.org/stable/1321160. Acesso em: 30 jun. 2021.

46. Há autores que preferem traduzir o termo da Língua Inglesa como "privatividade" (COSTA JÚNIOR, Paulo José da. *O direito de estar só*. São Paulo: Revista dos Tribunais, 1995, p. 25), que vem de "privativo" e indica o imperativo de tutela contra a perturbação externa, que garante a proteção da intimidade no âmbito individual.

com que diversas pessoas procurem um espaço seu, para o exercício da sua personalidade, de forma que não tenham que se sujeitar ao demais.[47] A despeito do ambiente (virtual) de superexposição em que se vive atualmente[48], ainda é muito forte o desejo de preservação da privacidade conquistada pelo direito à propriedade privada e individualidade.[49]

Outra situação de enorme relevo, em especial nas grandes cidades, que dá ensejo no exercício do controle de acesso é a já inicialmente citada segurança (pública). Como é cediço, o mundo atual é deveras violento, de forma que as pessoas cada vez mais se trancam no interior de suas casas e veículos.[50] Não sendo mais suficientes os muros das residências, os particulares passaram a se trancar dentro de residências muradas, no interior de condomínios também murados, cercados por empresas de segurança.[51]

Entretanto, não é apenas a segurança pública que dá ensejo à necessidade de controle de acesso. A segurança física dos usuários, por exemplo, faz com que o Metrô impeça que as pessoas possam andar nos túneis pelos quais passam os trilhos.[52] Aliás, os novos modelos de estações, implantadas na linha amarela da Capital de São Paulo, são constituídos de uma barreira física (de vidro) entre a plataforma e o trilho, que apenas se abre quando o trem se encontra na estação.[53] A segurança de determinados equipamentos sensíveis é justificativa para proibir-se o ingresso a locais em que eles se encontram; a segurança de dados é motivo para proibir terceiros a acessar os seus bancos etc.

A organização de um espaço, em especial quando a demanda de pessoas que pretendem ingressar nele é superior à sua capacidade, revela a necessidade de um controle de acesso, dividindo-se os horários, grupos e tempo em que os indivíduos poderão estar no local.

---

47. FERNANDES, Milton. *Proteção civil da intimidade*. São Paulo: Saraiva, 1977, p. 90.

48. WESTIN, Alan. *Privacy and freedom*. Nova York: Atheneum, 1970, p. 7.

49. ETZIONI, Amitai. *The limits of privacy*. Nova York: Basic Books, 1999, p. 191. Anota: "Others have claimed that privacy is intimately associated with our most profound values, our understanding of what it means to be an autonomous moral agent capable of self-reflection and choice, and that its violation is 'demeaning to individuality [and] an affront to personal dignity' that is, its violation offends the core of Western values."

50. Não é por outra razão que a doutrina sinaliza que "[a] conjuntura do descontrole da violência desfavoreceu o debate sobre reformas institucionais, valorizando as ações emergenciais, mas foi ela também que, persistindo, forçou a necessidade de debate público sobre segurança, justiça e polícia." LIMA, Renato Sérgio de; BUENO, Samira; MINGARDI, Guaracy. Estado, polícias e segurança pública no Brasil. *Revista Direito GV*, São Paulo, v. 12, n. 1, jan.-abr. 2016, p. 58.

51. Em interessante estudo empírico realizado na cidade de São Paulo, Cleber Lopes concluiu que os "dados indicam que os profissionais de segurança privada frequentemente violam a integridade física, a liberdade e a honra dos cidadãos, especialmente dos que frequentam espaços de entretenimento, comércio e terminais de transporte público da cidade de São Paulo. Enquanto seguranças regulares cometem mais violações nos terminais de transporte coletivo, seguranças irregulares e semirregulares se excedem mais em bares, casas noturnas, restaurantes e estabelecimentos comerciais. Os dados também sugerem que o padrão de abusos presente nas atividades de policiamento privado é distinto daquele encontrado nas atividades de policiamento público." LOPES, Cleber da Silva. Segurança privada e direitos civis na cidade de São Paulo. *Revista Sociedade e Estado*, Brasília, v. 30, n. 3, set.-dez. 2015, p. 668-669.

52. BENNETT, Colin; RAAB, Charles; REGAN, Priscilla. People and place: patterns of individual identification within intelligent transportation systems. In: LYON, David (Ed.). *Surveillance as social sorting*: Privacy, risk, and digital discrimination. Londres: Routledge, 2003, p. 167-172.

53. ISKANDARIAN, Carolina. Quatro anos após acidente, Estação Pinheiros do Metrô passa por testes. *G1 São Paulo*, 12 jan. 2011. Disponível em: https://glo.bo/36dbDw5. Acesso em: 30 jun. 2021.

13 • O DIREITO À CIDADE E OS ESPAÇOS URBANOS VIGIADOS

Dentro do contexto urbano, ainda é muito comum a cobrança para o ingressou ou utilização, visando o lucro ou apenas a manutenção do local. Ela apenas se dá com o exercício de alguma forma de controle de acesso, quer seja pelas bilheterias tradicionais existentes em museus, pelas cabines de pedágios nas estradas municipais, cabines de estacionamentos, aplicativos ou outros.

Existem também pessoas e instituições que fazem o controle de acesso como meio de segregação, de forma a evitar o contato com pessoas de outras origens, sexo, etnia, orientação sexual, religião etc. No ordenamento jurídico brasileiro, evidentemente, essa justificativa não é permitida nem sobre o pretexto do livre exercício do direito de propriedade. Isto porque, a aplicação horizontal dos direitos fundamentais determina que não apenas na relação Estado vs. particular, mas também na relação particular vs. particular, devem ser garantidos os mencionados direitos. Dessa forma, "Ainda que considerada como direito fundamental inato à condição humana, a propriedade submete-se a diversos condicionamentos e restrições".[54]

Todavia, mesmo sendo ilegal, por ser uma realidade, essa motivação deve também ser relatada. Inclusive, para que seja combatida, a sua existência tem que ser reconhecida, sob pena de não se implementar políticas ou medidas para o seu confronto.

Por fim, dentre as justificativas que se pretende elencar, encontra-se a saúde. Essa motivação sanitária, muito embora já existente anteriormente, ficou ainda mais em voga após a disseminação da pandemia da Covid-19, especialmente pelo fomento à contenção da propagação viral a partir da utilização de dados de localização georreferencial com o intuito de identificar aglomerações e dispersá-las.[55] Fato é que, além da questão concernente à atuação estatal no combate à pandemia, a imposição de restrições e controles, especialmente no âmbito condominial[56], gerou diversas disputas nos tribunais pátrios, usualmente questionando a legalidade e eventual excesso das restrições impostas.[57]

---

54. LEAL, Roger Stiefelmann. A propriedade como direito fundamental: breves notas introdutórias. *Revista de Informação Legislativa*, Brasília, ano 49, n. 194, abr.-jun. 2012, p. 63.

55. Analisando com detalhamento o exemplo do Sistema de Monitoramento Inteligente – Simi, do Estado de São Paulo, e a utilização de dados pessoais supostamente anonimizados, fornecidos pelas quatro maiores operadoras de telefonia do Brasil ao governo estadual para identificação e intervenção em grandes aglomerações de pessoas durante o período pandêmico, analisar o estudo realizado por FALEIROS JÚNIOR, José Luiz de Moura; COSTA, Guilherme Spillari. A proteção de dados como vetor dos sistemas de inteligência artificial: o controle de aglomerações por algoritmos durante a pandemia. *Revista dos Tribunais*, São Paulo, v. 1026, p. 149-178, abr. 2021. Ainda sobre o tema, especialmente quanto à utilização de técnicas de anonimização no contexto do sistema Simi-SP, consultar: HAIKAL, Victor Auilo. Análise crítica da proteção de dados pessoais durante o período de contingência da Covid-19. *Revista Eletrônica de Direito do Centro Universitário Newton Paiva*, Belo Horizonte, n. 43, p. 293-313, jan.-abr. 2021.

56. CORTIANO JÚNIOR, Eroulths; PINTO, Izabella Maria Medeiros e Araújo. Os direitos reais em movimento: a tipicidade do direito de propriedade e a pandemia. *Revista Eletrônica de Direito do Centro Universitário Newton Paiva*, Belo Horizonte, n. 43, jan.-abr. 2021, p. 392-399.

57. Em São Paulo, vários precedentes envolveram a cessação ou suspensão de obras dentro de unidades condominiais, impondo-se saber se havia necessidade de intervenção emergencial ou não. Sobre o tema, cf. TJSP, *Agravo de Instrumento 2083787-92.2020.8.26.0000*; Relatora: Des. Carmen Lucia da Silva; Órgão Julgador: 25ª Câmara de Direito Privado; Foro Central Cível – 28ª Vara Cível; Data do Julgamento: 02 jul. 2020; Data de

Neste momento, presenciam-se diversas barreiras sanitárias nos mais diversos níveis de controle. Alguns países apenas permitem o acesso de pessoas que apresentarem exame de PCR negativo, realizado nas últimas 48 horas. Outros mesmos proíbem o ingresso de pessoas com origem em determinados países.

Contudo, não é apenas no âmbito transnacional, que a Covid-19 criou barreiras de acesso. A preocupação com a saúde serve como justificativa para fixar número máximo de pessoas em locais fechados[58], determinar-se a utilização de máscaras em locais públicos, efetuar-se a medição de temperatura, dentre outras medidas que particulares e o Estado vêm adotando para o controle da propagação da doença.

Conforme já mencionado, esse trabalho não pretende esgotar todas as justificativas para a realização de controle de acesso, mas apenas relata algumas como exemplos, como meio de permitir melhor visualização de como esse controle funcionada dentro das cidades e da sua utilidade para a execução da agenda urbana. Mesmo porque, dentro do dinamismo das relações sociais, é evidente que novas motivações vão surgindo conforme o pensamento se desenvolve.

3.2   Espécies de controle

Há verdadeiro fomento, no Brasil, ao implemento de estruturas de controle e de transformação das cidades brasileiras em cidades inteligentes (*smart cities*).[59] Conforme já mencionado na introdução deste capítulo, quando se fala em controle de acesso logo se pensa em um ambiente cercado, dotado de uma portaria, por meio do qual as pessoas devem se identificar e aguardar a autorização para transpô-la. Referida situação, embora não esteja equivocada, não esgota os meios de controle atuais.

3.2.1   Autorização

A autorização é a espécie mais tradicional de controle de acesso. Por meio dela, o sujeito que pretende ter acesso a um local, serviço, banco de dados, aplicativos ou outro mecanismo de expressão da cidadania, deve "pedir" a permissão, que poderá lhe ser concedida ou negada.

Registro: 02 jul. 2020, p. 3. Tem-se notícias, ainda, de precedente do Tribunal de Justiça do Distrito Federal e dos Territórios, que reformou decisão de primeira instância que havia imposto limitação ao número de operários de obra de engenharia que estava sendo realizada em condomínio. Com a reforma, o critério limitador foi flexibilizado para afastar a restrição baseada no número de operários e para contemplar horários específicos para as atividades: "Agravo de instrumento. Civil e processual civil. Ação de obrigação de não fazer. Reforma de apartamento. Pretensão do condomínio de suspender a realização da obra. Tutela de urgência. Art. 300 do CPC. Deferimento parcial pelo juízo de origem. Imposição de restrições. Horário reduzido. Obra já iniciada. Pandemia. Medidas de redução dos riscos de contaminação. Possibilidade de conclusão da obra. Recurso conhecido e provido. [...]" TJDFT, *Acórdão 1271847, 07140043420208070000*, Relatora: Des. Sandra Reves, 2ª Turma Cível, Data de julgamento: 05 ago. 2020, publicado no DJE: 18 ago. 2020.

58. NORRIS, Clive. From personal to digital: CCTV, the panopticon, and the technological mediation of suspicion and social control. *In:* LYON, David (Ed.). *Surveillance as social sorting*: Privacy, risk, and digital discrimination. Londres: Routledge, 2003, p. 251-260.

59. BRASIL. Ministério da Indústria, Comércio Exterior e Serviços. Agência Brasileira de Desenvolvimento Industrial (ABDI). *Documento de referência: ambiente de demonstração de tecnologias para cidades inteligentes, produto 2B, versão final*. Disponível em: http://cidadesinteligentes.abdi.com.br. Acesso em: 30 jun. 2021.

13 • O DIREITO À CIDADE E OS ESPAÇOS URBANOS VIGIADOS

Conforme mencionado, essa última parte é elementar desta espécie, uma vez que é a única delas que pode impedir as pessoas de acessarem o local pretendido. O desafio está na mediação do acesso por instrumentos tecnológicos, particularmente os biométricos.[60-61]

Ademais, a autorização tem como pressuposto que o local seja fechado e dotado de uma espécie de portaria ou ambiente de acesso controlado eletronicamente, por exemplo, por tecnologias como teclados/*keypads*, cartões magnéticos, leitores de QR Codes, pulseiras magnéticas, *smart cards*, leitores biométricos ou tecnologias de reconhecimento facial.[62] Em todos os casos, se houver estrutura tecnológica intermediando o acesso, haverá que se considerar as peculiaridades envolvendo a proteção de dados pessoais[63] e a falibilidade do próprio sistema, pois é inerente a todo sistema eletrônico a propensão a falhas.[64]

3.2.2   Organizacional/Cadastral

A segunda das espécies não visa permitir o acesso de alguns e proibir o de outros, é um meio de controle que tem por finalidade a mera organização do ambiente, de modo a propiciar o uso mais adequado e seguro do espaço.

Como é cediço, por questões de segurança ou saúde, é comum a limitação do número máximo de pessoas em determinados locais. Assim, podem ser criadas portarias que visam apenas formar uma fila do lado de fora para que este número não seja ultrapassado, de modo que, conforme alguns vão saindo, outros têm a passagem liberada.

---

60. VAN DER PLOEG, Irma. Biometrics and the body as information: Normative issues of the socio-technical coding of the body. In: LYON, David (Ed.). *Surveillance as social sorting*: Privacy, risk, and digital discrimination. Londres: Routledge, 2003, p. 67-71.

61. BAUMAN, Zygmunt; LYON, David. *Vigilância líquida*, cit., p. 96-97. Registram: "Não admira muito que inseguranças apareçam quando se instala nos aeroportos um novo escâner para o corpo inteiro, ou uma máquina biométrica de digitais, ou se exigem nos postos de fronteira passaportes aperfeiçoados, com etiquetas embutidas de identificação por radiofrequência. Não é possível saber quando as categorias de risco podem "acidentalmente" nos incluir, ou, mais precisamente, nos excluir de participação, ingresso ou direitos. [...] Tendo isso em vista, parece-me que usar uma expressão como "vigilância líquida" mais uma vez é justificado. Esse é o tipo de vigilância adequado aos tempos líquidos [...]".

62. NORMAN, Thomas. *Electronic access control*. Oxford: Butterworth-Heinemann, 2012, p. 51-60.

63. CAMARGO, Gustavo Xavier de. *Dados pessoais, vigilância e controle*: como proteger direitos fundamentais em um mundo dominado por plataformas digitais? Rio de Janeiro: Lumen Juris, 2021, p. 220-221. Comenta: "Um dos aspectos mais relevantes ligados à capacidade de decisão dos indivíduos sobre a disposição de seus dados pessoais está ligado à dificuldade de entendimento de suas consequências, em grande medida derivada das características peculiaridades das transações envolvendo dados e privacidade."

64. É o que explica a doutrina: "If a system has appropriate policies, mechanisms, and trust assumptions for access control and security, and if these policies and mechanisms are logically consistent and correctly implemented, then we are more likely to willingly believe or depend on the system. That is, we are more likely to deem the system as trustworthy and less likely to fail. Systems fail for at least four reasons. They wear out; they are flawed; they are used in unintended ways; the operating or design assumptions are wrong. While this book does not deal with wear as a cause of failure, this book does address the remaining three causes." CHIN, Shiu-Kai; OLDER, Susan. *Access control, security, and trust*: a logical approach. Boca Raton: CRC Press, 2011, p. 2.

Também existem locais em que a portaria não tem a função de permitir ou proibir o ingresso dos demais, mas apenas efetua o cadastro das pessoas que ingressam, colhendo os seus dados para finalidades estatísticas ou mesmo de segurança.[65] Em outros locais, as pessoas aguardam na portaria, para terem informações de segurança e políticas de utilização – por exemplo, ao ingressar-se em áreas de conservação ambiental, é comum que sejam passadas instruções de não alteração da flora e fauna.

A toda evidência, essa espécie de controle pode ensejar a proibição de acesso de forma incidental, todavia esta não é a sua finalidade precípua. É o que ocorre quando, solicitada a apresentação de um documento para o ingresso, a parte não o tem ou se nega a mostrá-lo. Embora o sujeito seja impedido de ingressar no local, essa circunstância não surge de uma opção do controlador do acesso. O mesmo ocorre quando se esgota a capacidade máxima de um local e ainda há pessoas do lado de fora, de modo que, para o cumprimento de obrigação regulatória (limitação máxima do número de ocupantes de um mesmo espaço), permite-se o acesso, por ordem de chegada, até que se atinja a lotação máxima.

Essa diferenciação é fundamental para o presente estudo. Conforme se desenvolverá abaixo, algumas espécies de locais sujeitos a controle de acesso não podem fazer a análise discricionária daqueles que são admitidos ou não, devendo aceitar todos aqueles que preenchem os requisitos, haja vista a própria natureza do espaço (usualmente público) em que se pretenda ingressar.

Mas, para fins cadastrais e de mera organização, mister a observância à legislação de regência das atividades de tratamento de dados pessoais. Nesse aspecto, a Lei Geral de Proteção de Dados Pessoais e toda sua miríade de fundamentos (art. 2º), conceitos (art. 5º), princípios (art. 6º) e direitos do titular (art. 18) merece análise específica que, nas breves linhas desse estudo, não se pretende esgotar. Não obstante, está claro que, embora lícita, a atividade cadastral, se extrapolar os limites definidos pela LGPD, será ilícita.

3.2.3   Monitoramento

Em contrapartida às hipóteses anteriores, cujo conceito está bem estabelecido na mente de todos, esse trabalho pretende defender o monitoramento como uma forma de controle de acesso. Isto porque, controlar o acesso não é apenas permitir o ingresso em um determinado local, mas também impor limites à sua utilização,

---

65. Nesse ponto, convém lembrar que a coleta de dados sensíveis (art. 5º, inciso II, da LGPD), como a biometria, possui base legal específica, prevista no artigo 11, inciso II, alínea "g", da lei, com a seguinte previsão: "g) garantia da prevenção à fraude e à segurança do titular, nos processos de identificação e autenticação de cadastro em sistemas eletrônicos, resguardados os direitos mencionados no art. 9º desta Lei e exceto no caso de prevalecerem direitos e liberdades fundamentais do titular que exijam a proteção dos dados pessoais." Trata-se de hipótese em que se admite o tratamento de dados pessoais sensíveis sem a necessidade de consentimento do titular de dados, mas garantindo-lhe, em cumprimento aos deveres de informação listados no artigo 9º da lei e ao próprio princípio da boa-fé descrito no *caput* do artigo 6º, a mínima segurança quanto aos procedimentos implementados e suas consequências, cuja prevenção se impõe.

observar o que os usuários estão fazendo, retirar aqueles que transgridam as normas de utilização etc.

O que em tempos anteriores já foi tratado como obra de ficção científica – tal como na obra de George Orwell, 1984, em que os indivíduos da sociedade criada pelo autor são constantemente lembrados pelas propagandas do Partido Interno de que "*Big Brother is watching you*" ("o Grande Irmão está te observando")[66] –, hoje passa a estar cada vez mais próximo da realidade.

Diversas são as tecnologias que permitem não só observar, mas inibir o acesso das pessoas a determinados locais.[67] Algumas são mais convencionais, como a utilização de câmeras e radares que, por exemplo, impedem que caminhões ingressem no centro expandido da cidade de São Paulo em determinados horários do dia. Outras são mais próximas da ficção, como a implantação de um *biochip* sob a pele da mão, entre o polegar e o indicador, que funciona como uma espécie de cartão por aproximação.[68] Tudo é funcionalizado pela hiperconectividade da Internet das Coisas, haja vista que cada equipamento está diretamente conectado à *web* e coleta quantidades massivas de dados.[69]

No estado atual da sociedade de vigilância, conforme fundamentado adrede, não se pode olvidar que o monitoramento é uma espécie de controle de acesso. O fato de saber que está sendo filmado e/ou poder ser multado, impede que um indivíduo ingresse em um local no qual está proibido.

No exemplo anterior, não obstante a ausência de qualquer barreira física, como pedágios, na cidade de São Paulo, os caminhões não ingressam fora do horário que é permitido. Há burla e, a despeito disso, o pretenso controle que se exerce não é suficiente para conter abusos, embora haja monitoramento constante.

4. LOCAIS CONTROLADOS

As diversas justificativas de controle de acesso e os seus diferentes níveis de abrangência permitem com que a maioria dos locais possam sofrer alguma espécie

---

66. A referência é extraída da clássica obra de George Orwell: "There was of course no way of knowing whether you were being watched at any given moment. How often, or on what system, the Thought Police plugged in on any individual wire was guesswork. It was even conceivable that they watched everybody all the time, but at any rate they could plug in your wire whenever they wanted to. You have to live – did live, from habit that became instinct – in the assumption that every sound you made was overheard, and, except in darkness, every movement scrutinized." ORWELL, George. *Nineteen Eighty-Four*. Nova York: Penguin Classics, 1961, p. 3.

67. CATALAN, Marcos. A difusão de sistemas de videovigilância na urbe contemporânea: um estudo inspirado em Argos Panoptes, cérebros eletrônicos e suas conexões com a Liberdade e a igualdade. In: EHRHARDT JÚNIOR, Marcos; CATALAN, Marcos; MALHEIROS, Pablo (Coord.). *Direito civil e tecnologia*. Belo Horizonte: Fórum 2020, p. 141-142.

68. REESE, Anthony. Will merging access controls and rights controls undermine the structure of anticircumvention law? *Berkeley Technology Law Journal*, Berkeley, v. 18, 2003, p. 621.

69. EJAZ, Waleed; ANPALAGAN, Alagan. *Internet of Things for smart cities*: technologies, Big Data and security. Cham: Springer, 2019, p. 10-11.

de controle, quer por meio de barreiras físicas quanto pelo monitoramento daqueles que lá acessam, conforme melhor se explicará abaixo.

Aliás, pelo tanto que esse trabalho já expos, é possível observar que as tecnologias modernas permitem o monitoramento, ou ao menos a colheita de dados sobre a utilização, de quase todos os lugares.[70] É por tal motivo que se utiliza como base o conceito de sociedade de vigilância líquida para justificar essa sistematização.[71]

Partindo dessas premissas, mesmo os locais públicos de uso comum do povo, como as ruas e avenidas, podem estar sujeitos a alguma forma de controle de acesso monitorado, consistente na vigilância por meio de câmeras. Portanto, antes de ingressar especificamente nas formas em que o controle de acesso pode se dar, é curial diferenciar os locais em que ele é exercido.

4.1 Privados

Os ambientes privados propriamente ditos, são aqueles em que se observa a maior liberdade para a realização de controle de acesso. Como é cediço, o artigo 5º, inciso XXII, da Constituição Federal garante o direito à propriedade, desde que se atente à sua função social, conforme disposto no inciso seguinte ao mencionado.

Portanto, os locais privados são aqueles em que se permite o maior rigor no controle de acesso, de forma que ele pode se dar inclusive de maneira injustificada. Ou seja, a mera intenção de privacidade é suficiente para que o particular impeça que terceiros ingressem no local de sua propriedade. Aliás, o Código Civil concede ao possuidor o direito de não se turbado no exercício da sua posse (artigo 1.210).[72]

Todavia, conforme já exposto, o fato de o proprietário ou possuidor de um local privado poder definir, de forma imotivada, quem poderá acessar o local, não significa que poderá se utilizar de justificativas contrárias ao ordenamento jurídico.[73] Conforme já mencionado, mesmo prescindida a motivação, na hipótese de ela ocorrer e basear-se em critérios segregacionistas, o proprietário cometerá ato ilício e poderá responder por tal fato.[74]

---

70. CAMARGO, Gustavo Xavier de. *Dados pessoais, vigilância e controle*, cit., p. 196.
71. BAUMAN, Zygmunt; LYON, David. *Vigilância líquida*, cit., p. 98. Destacam: "As cidadelas de segurança urbanas transformaram-se ao longo dos séculos em estufas ou incubadoras de perigos reais ou imaginários, endêmicos ou planejados. Construídas com a ideia de instalar ilhas de ordem num mar de caos, as cidades transformaram-se nas fontes mais profusas de desordem, exigindo muralhas, barricadas, torres de vigilância e canhoneiras visíveis e invisíveis – além de incontáveis homens armados."
72. "Art. 1.210. O possuidor tem direito a ser mantido na posse em caso de turbação, restituído no de esbulho, e segurado de violência iminente, se tiver justo receio de ser molestado."
73. TORRES, Ricardo Lobo. A cidadania multidimensional na era dos direitos. In: TORRES, Ricardo Lobo (Org.). *Teoria dos direitos fundamentais*. Rio de Janeiro: Renovar, 1999, p. 249.
74. Isso porque "[é] inadmissível manter a interpretação do Código ou de qualquer norma de Direito Civil concebendo a patrimonialidade (propriedade e contrato) acima da dignidade da pessoa humana, e, mais, o interesse individual acima do interesse coletivo ou difuso, de modo a se ignorar a normatividade constitucional." ARONNE, Ricardo. *Propriedade e domínio*: reexame sistemático das noções nucleares de direitos reais. Rio de Janeiro: Renovar, 1999, p. 49.

4.2 Privados de acesso ao público

Alguns locais, embora privados, tem destinação de acesso ao público. É o que ocorre com os shoppings, bares, restaurantes etc. Os fornecedores de produtos e serviços não podem impedir a entrada de consumidores nos seus estabelecimentos, sem justificativa condizente, conforme se depreende de uma interpretação extensiva do artigo 39, inciso II, do Código de Proteção e Defesa do Consumidor:

> Art. 39. É vedado ao fornecedor de produtos ou serviços, dentre outras práticas abusivas: (Redação dada pela Lei 8.884, de 11.6.1994)
>
> II – recusar atendimento às demandas dos consumidores, na exata medida de suas disponibilidades de estoque, e, ainda, de conformidade com os usos e costumes;(...).

Diversas são as justificativas para o exercício do controle de acesso nos estabelecimentos privados, algumas delas proibitivas, outras com o intuito de organizar o ingresso. As questões sanitárias, por exemplo, podem ensejar na proibição de ingresso de pessoas com animais em estabelecimentos alimentícios, de doentes em locais em que se encontram pessoas vulneráveis, ou mesmo ensejar na organização da entrada medindo-se a temperatura daqueles que pretendem entrar em locais fechados, como vem ocorrendo após o advento da Covid-19.[75]

No mesmo sentido, a segurança é outra motivação entendida como justa para o controle de acesso em estabelecimentos. A necessidade de segurança pública faz com que se proíba o ingresso de pessoas usando capacetes em bancos ou lojas, de pessoas armadas (mesmo com porte de arma) em shows e casas noturnas. Ela também faz com que, embora não se proíba o ingresso, as pessoas sujeitem-se a um prévio cadastro para entrarem em prédios comerciais.

Entretanto, não é apenas a segurança pública que traz restrições. A segurança dos usuários enseja na organização da entrada de locais, limitando o ingresso concomitante de indivíduos em determinados locais sujeitos a lotação máxima, nos termos do artigo 39, inciso XIV, do Código de Defesa do Consumidor. A segurança dos dados também obriga àqueles que pretendem ver os autos digitais de um processo a solicitar a senha junto ao cartório ou ter cadastro como advogado no sistema judicial.

Com efeito, observa-se que o fato de um local privado ser de acesso ao público restringe as possibilidades de controle de acesso, mesmo assim mantém um enorme gama de possibilidades, como os exemplos aqui expostos.

4.3 Públicos com controle público

É de conhecimento de todos que o Código Civil, em seu artigo 99, classifica os bens públicos em bens de uso comum, de uso especial e dominicais. Conforme este

---

75. Sobre o assunto, cf. MORENO, Claudia Roberta de Castro. A temperatura corporal na pandemia: medir ou não medir? *Jornal da Usp*, 18 nov. 2020. Disponível em: https://jornal.usp.br/?p=371308. Acesso em: 30 jun. 2021.

trabalho defende, todos eles estão sujeitos ao controle de acesso. Os bens dominicais seguem a mesma dinâmica dos bens privados, de modo que o mero fato de ser bem de propriedade do Estado, sem destinação específica, impede que terceiros dele se utilizem.

Os bens de uso especial constituem-se naqueles destinados a um uso pelo próprio poder público. São exemplos de tais bens os museus públicos, que controlam o ingresso dos visitantes para efetuar a cobrança e possibilitar o seu custeio ou mesmo para organizar o número de pessoas ao mesmo tempo no local.

As repartições públicas também controlam o acesso ao público externo, como forma de promover a segurança e organização do local.[76] Mesmo as repartições de acesso ao público, como os fóruns, apenas admitem o ingresso daqueles que se submetem ao detector de metais. Ainda, no período da manhã, no Estado de São Paulo, apenas admite-se o ingresso de advogados ou estagiários inscritos nos quadros da Ordem do Advogados o Brasil (OAB).

Embora trate-se de questão mais polêmica, não se pode olvidar que mesmo os bens de uso comum do povo estão sujeitos ao controle de acesso na atual sociedade de vigilância. E não está se falando apenas na proibição de ingresso em determinados parques, no período noturno ou de alguma rua interditada.

Com efeito, o monitoramento por câmeras e mesmo outras tecnologias controlam, senão o ingresso em si, as formas e limites da utilização dos bens de uso comum, como por exemplo os estacionamentos rotativos nos grandes centros. As câmeras de vigilância, em conjunto com a polícia, limitam os locais por onde os torcedores de determinados times irão se locomover na Capital Paulista.[77]

---

76. Há razões evidentes para isso, que envolvem o próprio poder de polícia do Estado, cada vez mais robustecido pela tecnologia, como explica David Lyon: "All the advanced societies possess large-scale computer systems for policing. Such systems develop in the context of practices reflecting the priorities and capacities of police and national governments. But does the use of police computers simply augment existing arrangements, power relations, and the processes of criminal justice? Or do they contribute in particular ways that help to shape policing, so that computers may be said to make some qualitative difference to the realities of relations between police, government and people?" LYON, David. *The electronic eye*: the rise of surveillance society. Minneapolis: University of Minnesota Press, 1994, p. 110. Sobre o tema, importante mencionar, ainda, o estudo empírico realizado no Reino Unido por Mark Button, que avaliou o grau de familiaridade de agentes de segurança pública quanto às possibilidades e funcionalidades de sistemas e aparatos tecnológicos relacionados à atividade policial: BUTTON, Mark. *Security Officers and Policing*: Powers, culture and controle in the governance of private space. Hampshire: Ashgate, 2007, p. 65-85.

77. Várias medidas de segurança já foram implementadas em São Paulo, como o programa City Câmeras (MUNICÍPIO DE SÃO PAULO. *City Câmeras*: segurança inteligente. Disponível em: http://citycameras. prefeitura.sp.gov.br/. Acesso em: 30 jun. 2021), o CET Câmeras (MUNICÍPIO DE SÃO PAULO. *CET Câmeras*. Disponível em: http://cameras.cetsp.com.br. Acesso em: 13 jun. 2021) e o Programa Olho Vivo (MUNICÍPIO DE SÃO PAULO. *SPTrans – Programa Olho Vivo*. Disponível em: http://olhovivo. sptrans.com.br. Acesso em: 30 jun. 2021). Para uma revisão detalhada de todos esses exemplos – e de vários outros relativos à Capita Paulista –, destacando o papel dessas estruturas na configuração de uma *smart city*, conferir, por todos, SUTTI, Alessandra Arantes. *Smart cities*. Rio de Janeiro: Lumen Juris, 2020, p. 114; 117-119.

4.4 Públicos com controle privado (?)

O exemplo mais peculiar a se considerar para os fins do presente estudo é o de espaços públicos que são monitorados por particulares. Trata-se de tendência hodierna que viabiliza o recurso a empresas especializadas em prover segurança particular para o implemento de controles de acesso diversos das tradicionais portarias. Desse modo, embora o local seja público (ruas, praças, áreas de convivência etc.), há monitoramento por câmeras, rondas por agentes de segurança privados e, de modo geral, profunda fiscalização.[78]

Modelos atípicos como esse já são realidade em áreas nobres de grande circulação turística, sendo exemplo emblemático desse modelo o bairro de Jurerê Internacional, em Florianópolis/SC, onde, desde 2012, verdadeira estrutura de segurança privada – que conta com o apoio policial – exerce a fiscalização de toda a movimentação por câmeras de alta precisão[79] que captura a imagem de transeuntes, veículos e, inclusive, com implemento de técnicas de reconhecimento facial, que sabidamente acirram riscos de danos a direitos da personalidade[80] devido à inegável violação à privacidade, sem correspondente suporte regulatório específico.

Essa é a hipótese que mais chama a atenção, pois, à primeira vista, não seria de se esperar tamanha abertura ao controle, pela iniciativa privada, de espaços tipicamente públicos. O fomento a tais práticas, embora a princípio não se revele ilícito, poderá configurar eventual abuso, impondo-se, ainda em sintonia com dispositivos da LGPD, o respeito absoluto aos parâmetros nela estabelecidos, inclusive com observância dos princípios – destacadamente o da necessidade, o da não discriminação, o da transparência e o da prevenção – e dos direitos do titular, com destaque aos direitos de confirmação de existência, acesso, correção, informação quanto ao compartilhamento.

---

78. LYON, David. *Identifying citizens*: ID Cards as surveillance. Cambridge: Polity Press, 2009, p. 77. O autor alerta para o seguinte: "Most generally, the technologies involved in identification cannot be isolated from their social contexts. They have no separate moment of existence. [...] The Internet is the largest information management system, but identity management shares several of its features. Protocols are the standards governing how specific technologies are implemented."

79. Diz a notícia: "A partir de dezembro deste ano, será difícil passar por Jurerê Internacional sem ser registrado. Um novo sistema de câmeras vai detectar rostos de infratores, veículos furtados ou roubados e até movimentos suspeitos. Ao todo, 72 aparelhos de monitoramento serão espalhados pelo bairro até o final do ano, por uma parceria entre a Associação de Proprietários e Moradores de Jurerê Internacional (AJIN), a empreendedora Habitasul e a empresa do setor Intelbras. Do total de equipamentos, 6 câmeras farão a identificação de placas, detectando veículos furtados ou roubados e 54 câmeras farão leitura facial, apontando infratores, com base em um banco de dados visitas repetidas à frente de uma casa ou de um caixa eletrônico também serão detectados pelas câmeras." NSC TOTAL. *Sistema de câmeras vai identificar infratores, veículos furtados e situações suspeitas em Jurerê Internacional.* 21 jun. 2012. Disponível em: https://www.nsctotal.com.br/noticias/sistema-de-cameras-vai-identificar-infratores-veiculos-furtados-e-situacoes-suspeitas-eml. Acesso em: 30 jun. 2021.

80. TOMASEVICIUS FILHO, Eduardo. Reconhecimento facial e lesões aos direitos da personalidade. *In*: BARBOSA, Mafalda Miranda *et al* (Coord.). *Direito digital e inteligência artificial*: diálogos entre Brasil e Europa. Indaiatuba: Foco, 2021, p. 132. Anota: "Sem dúvida, os softwares dotados de algoritmos de inteligência artificial são ferramentas importantes para a vida cotidiana, porque trazem segurança e conforto para todos. Porém, esta tecnologia pode vir a resultar em danos aos direitos da pessoa humana, especial, em termos de violações aos direitos à privacidade e à honra, razão pela qual no direito se torna imprescindível o estabelecimento de limites relativos ao uso dessas tecnologias."

5. CONCLUSÃO

Por todo o exposto, constata-se que a existência de um "direito à cidade" no século XXI reavivou clássicas discussões contextuais sobre o ambiente no qual se insere o homem que habita nos espaços urbanos contemporâneos. Para além da discussão traçada por Lefebvre, importa saber quais são periclitâncias que a vigilância robustecida e catalisada pela Internet das Coisas acarreta tempos de vigilância líquida.

Tomando esse objetivo geral como premissa, o presente estudo elucidou quais são as principais razões e justificativas para a realização desse tipo de controle, que, a despeito da ferramenta empregada, atinge diretamente a esfera individual do cidadão, maculando direitos fundamentais, como a privacidade e a intimidade, sob o pretexto de preservar outro valor tido por essencial. E, como se viu, a depender da espécie de controle realizada, haverá razoabilidade ou não.

Quanto às espécies de controle, podem ser sistematizadas três: (i) a autorização, tipicamente visualizada como instrumento de checagem identitária para garantia de mínima segurança no acesso a determinado local; (ii) a organizacional ou cadastral, que muito se alinha aos propósitos de vigilância de dados que se procura proteger hodiernamente com uma norma como a Lei Geral de Proteção de Dados Pessoais; (iii) o monitoramento, mais intrusivo e que se prolonga para além do contato inicial que visa à checagem identitária, passando a acompanhar o indivíduo durante todo o tempo de permanência em determinado espaço.

Ademais, foram examinados cenários específicos quanto aos locais controlados o acesso pode ser autorizado, organizado/cadastrado ou monitorado. Quanto aos locais privados, embora se reconheça a natureza de direito fundamental da propriedade, ressaltou-se que tal direito é suscetível a limitações, que são impostas com o fito de compatibilizá-lo com outros valores do ordenamento. Com relação aos locais privados de acesso ao público, destacou-se uma vez mais, com exemplos, a necessidade de compatibilização de valores fundamentais para que não haja abuso ou intrusão. Em terceiro lugar, ao examinar os locais públicos com controle público, ressaltou-se a premência do poder de polícia do Estado, mas rechaçou-se o cabimento de qualquer tipo de arbitrariedade no controle. Finalmente, breve comentário foi apresentado quanto à atípica situação dos locais públicos com controle privado, que, de forma temerária, expõem o cidadão que adentra local público à captura de sua imagem e à fiscalização de todas as suas atividades pela iniciativa privada, ainda que cooperando com as forças policiais, em situação recôndita de vilipêndio.

Em linhas finais, reconhecendo-se o atingimento do apogeu da sociedade da informação, para além de qualquer investigação sobre se a Internet é um "lugar" ou um "não lugar", ressaltou-se que os espaços foram se metamorfoseando a ponto de as sociedades se reestruturarem em torno da implementação de aparatos tecnológicos que visam transformá-las em cidades inteligentes (*smart cities*), objetivando, primordialmente, prover facilidades e comodidades, além de celeridade e simplificação, mas principalmente segurança pública.

Não obstante, a hipótese de pesquisa se confirmou na medida em que se aferiu a falibilidade dessas estruturas urbanas, que podem, a depender do contexto em que são aplicados novos mecanismos tecnológicos, resultar em discriminações e segregação, deliberada ou não, de cidadãos igualmente merecedores de proteção e garantia de direitos.

Se ainda há desigualdade digital – e o estudo reafirmou a necessidade de que sejam fomentadas iniciativas profícuas de inclusão digital –, a questão dos controles de acesso por tecnologias de vigilância impõe leitura mais detida, pois a falta de regulação mais específica, embora não represente lacuna no ordenamento, impõe novas leituras da lei civil para que eventuais limitações à locomoção e intrusões quanto à intimidade e à privacidade não extrapolem os limites do tolerável, seja em espaços públicos, seja em espaços privados, especialmente nos grandes centros urbanos.

6. REFERÊNCIAS

ARONNE, Ricardo. *Propriedade e domínio*: reexame sistemático das noções nucleares de direitos reais. Rio de Janeiro: Renovar, 1999.

AUGÉ, Marc. *Non-lieux*: Introduction à une anthropologie de la surmodernité. Paris: Éditions du Seuil, 1992.

BAUMAN, Zygmunt. *Vida líquida*. Trad. Carlos Alberto Medeiros. 2. ed. Rio de Janeiro: Zahar, 2009.

BAUMAN, Zygmunt; LYON, David. *Vigilância líquida*. Trad. Carlos Alberto Medeiros. Rio de Janeiro: Zahar, 2013.

BELL, Daniel. *The coming of the post-industrial society*: a venture in social forecasting. Nova York: Basic Books, 1976.

BENNETT, Colin; RAAB, Charles; REGAN, Priscilla. People and place: patterns of individual identification within intelligent transportation systems. In: LYON, David (Ed.). *Surveillance as social sorting*: Privacy, risk, and digital discrimination. Londres: Routledge, 2003.

BENTHAM, Jeremy. Panopticon letters. In: BOŽOVI , Miran (Ed.). *Jeremy Bentham*: the panopticon writings. Londres: Verso, 1995.

BOSWORTH, Mary. Border control and the limits of the Sovereign State. *Social & Legal Studies*, Nova York, v. 17, n. 2, p. 199-215, 2008. Disponível em: https://ssrn.com/abstract=1852206. Acesso em: 30 jun. 2021.

BUTTON, Mark. *Security Officers and Policing*: Powers, culture and controle in the governance of private space. Hampshire: Ashgate, 2007.

BRASIL. Ministério da Indústria, Comércio Exterior e Serviços. Agência Brasileira de Desenvolvimento Industrial (ABDI). *Documento de referência: ambiente de demonstração de tecnologias para cidades inteligentes, produto 2B, versão final*. Disponível em: http://cidadesinteligentes.abdi.com.br. Acesso em: 30 jun. 2021.

CAMARGO, Gustavo Xavier de. *Dados pessoais, vigilância e controle*: como proteger direitos fundamentais em um mundo dominado por plataformas digitais? Rio de Janeiro: Lumen Juris, 2021.

CARLOS, Ana Fani Alessandri. Henri Lefebvre: o espaço, a cidade e o "direito à cidade". *Revista Direito e Práxis*, Rio de Janeiro, v. 11, n. 1, p. 349-369, 2020.

CATALAN, Marcos. A difusão de sistemas de videovigilância na urbe contemporânea: um estudo inspirado em Argos Panoptes, cérebros eletrônicos e suas conexões com a Liberdade e a igualdade. *In*: EHRHARDT

JÚNIOR, Marcos; CATALAN, Marcos; MALHEIROS, Pablo (Coord.). *Direito civil e tecnologia*. Belo Horizonte: Fórum 2020.

CHIN, Shiu-Kai; OLDER, Susan. *Access control, security, and trust*: a logical approach. Boca Raton: CRC Press, 2011.

CORTIANO JÚNIOR, Eroulths; PINTO, Izabella Maria Medeiros e Araújo. Os direitos reais em movimento: a tipicidade do direito de propriedade e a pandemia. *Revista Eletrônica de Direito do Centro Universitário Newton Paiva*, Belo Horizonte, n. 43, p. 386-400, jan.-abr. 2021.

COSTA JÚNIOR, Paulo José da. *O direito de estar só*. São Paulo: Revista dos Tribunais, 1995.

DE MARCO, Cristhian Magnus; SANTOS, Paulo J. Trindade dos; MÖLLER, Gabriela Samrsla. Gentrificação no Brasil e no contexto latino como expressão do colonialismo urbano: o direito à cidade como proposta decolonizadora. *Revista Brasileira de Gestão Urbana*, Curitiba, v. 12, p. 1-13, 2020.

DI FELICE, Massimo. *A cidadania digital*: a crise da ideia ocidental de democracia e a participação nas redes digitais. São Paulo: Paulus, 2020.

EJAZ, Waleed; ANPALAGAN, Alagan. *Internet of Things for smart cities*: technologies, Big Data and security. Cham: Springer, 2019,

ETZIONI, Amitai. *The limits of privacy*. Nova York: Basic Books, 1999.

FALEIROS JÚNIOR, José Luiz de Moura. Cidades inteligentes (smart cities) e proteção de dados pessoais. *Migalhas de Proteção de Dados*, 1º abr. 2021. Disponível em: https://s.migalhas.com.br/S/EE8C7E. Acesso em: 30 jun. 2021.

FALEIROS JÚNIOR, José Luiz de Moura; COSTA, Guilherme Spillari. A proteção de dados como vetor dos sistemas de inteligência artificial: o controle de aglomerações por algoritmos durante a pandemia. *Revista dos Tribunais*, São Paulo, v. 1026, p. 149-178, abr. 2021.

FERNANDES, Milton. *Proteção civil da intimidade*. São Paulo: Saraiva, 1977.

FLORIDI, Luciano. *The 4th revolution*: How the infosphere is reshaping human reality. Oxford: Oxford University Press, 2014.

GONÇALVES, Victor Hugo Pereira. Direito fundamental à exclusão digital. *In:* DE LUCCA, Newton; SIMÃO FILHO, Adalberto; LIMA, Cíntia Rosa Pereira de (Coord.). *Direito & Internet III*: Marco Civil da Internet – Lei 12.965/2014. São Paulo: Quartier Latin, 2015. t. I.

GRAU, Eros Roberto. *A ordem econômica na Constituição de 1988*. 14. ed. São Paulo: Malheiros, 2010.

GREENGARD, Samuel. *The Internet of Things*. Cambridge: The MIT Press, 2015.

HAIKAL, Victor Auilo. Análise crítica da proteção de dados pessoais durante o período de contingência da Covid-19. *Revista Eletrônica de Direito do Centro Universitário Newton Paiva*, Belo Horizonte, n. 43, p. 293-313, jan.-abr. 2021.

HARVEY, David. *Social justice and the city*. Athens/Londres: The University of Georgia Press, 2009.

HARVEY, David. *Rebel cities*: From the right to the city to the urban revolution. Londres: Verso, 2012.

HERÁCLITO. Fragmentos. Trad. José Cavalcante de Souza. In: Vv.Aa. *Os pré-socráticos*. Coleção Os Pensadores. São Paulo: Abril Cultural, 1973.

HOPPIT, Julian. The nation, the State, and the First Industrial Revolution. *Journal of British Studies*, Cambridge, v. 50, n. 2, p. 307-331, abr. 2011.

ISKANDARIAN, Carolina. Quatro anos após acidente, Estação Pinheiros do Metrô passa por testes. *G1 São Paulo*, 12 jan. 2011. Disponível em: https://glo.bo/36dbDw5. Acesso em: 30 jun. 2021.

JEYANTHI, Nagamalai. Internet of Things (IoT) as Interconnection of Threats (IoT). *In:* HU, Fei (Ed.). *Security and privacy in Internet of Things (IoTs)*: models, algorithms, and implementations. Boca Raton: CRC Press, 2016.

LEFEBVRE, Henri. *Le droit à la ville*: suivi de espace et politique. Paris: Anthropos, 1968.

LEFEBVRE, Henri. *Critique of everyday life*: introduction. Trad. John Moore. Londres: Verso, 1991. v. 1.

LEFEBVRE, Henri. *The production of space*. Trad. Donald Nicholson-Smith. Oxford: Blackwell, 1991.

LEFEBVRE, Henri. *The urban revolution*. Trad. Donald Nicholson-Smith. Oxford: Blackwell, 1991.

LEFEBVRE, Henri. *Writings on cities*. Trad. Eleonore Kofman e Elizabeth Lebas. 4. reimpr. Oxford: Blackwell, 2000.

LEITE, Carlos. *Cidades sustentáveis, cidades inteligentes*: desenvolvimento sustentável num planeta urbano. Porto Alegre: Bookman, 2012.

LERNER, Jaime. *Acupuntura urbana*. Rio de Janeiro: Record, 2003.

LÉVY, Pierre. *O que é o virtual?* Trad. Paulo Neves. 2. ed. São Paulo: Editora 34, 2011.

LIMA, Renato Sérgio de; BUENO, Samira; MINGARDI, Guaracy. Estado, polícias e segurança pública no Brasil. *Revista Direito GV*, São Paulo, v. 12, n. 1, p. 49-85, jan.-abr. 2016.

LISDORF, Anders. *Demystifying smart cities*: Practical perspectives on how cities can leverage the potential of new technologies. Nova York: Apress, 2020.

LOPES, Cleber da Silva. Segurança privada e direitos civis na cidade de São Paulo. *Revista Sociedade e Estado*, Brasília, v. 30, n. 3, p. 651-671, set.-dez. 2015.

LYON, David. *Identifying citizens*: ID Cards as surveillance. Cambridge: Polity Press, 2009.

LYON, David. *Surveillance society*: monitoring everyday life. Buckingham: Open University Press, 2001.

LYON, David. *The electronic eye*: the rise of surveillance society. Minneapolis: University of Minnesota Press, 1994.

LYON, David. Surveillance as social sorting: computer codes and mobile bodies. In: LYON, David (Ed.). *Surveillance as social sorting*: Privacy, risk, and digital discrimination. Londres: Routledge, 2003.

MAYER-SCHÖNBERGER, Viktor; CUKIER, Kenneth. *Big Data*: a revolution that will transform how we live, work, and think. Nova York: Houghton Mifflin Harcourt, 2014.

MORENO, Claudia Roberta de Castro. A temperatura corporal na pandemia: medir ou não medir? *Jornal da Usp*, 18 nov. 2020. Disponível em: https://jornal.usp.br/?p=371308. Acesso em: 30 jun. 2021.

MOROZOV, Evgeny; BRIA, Francesca. *A cidade inteligente*: tecnologias urbanas e democracia. Trad. Humberto do Amaral. São Paulo: Ubu, 2019.

MUNICÍPIO DE SÃO PAULO. *City Câmeras*: segurança inteligente. Disponível em: http://citycameras. prefeitura.sp.gov.br/. Acesso em: 30 jun. 2021.

MUNICÍPIO DE SÃO PAULO. *CET Câmeras*. Disponível em: http://cameras.cetsp.com.br. Acesso em: 13 jun. 2021.

MUNICÍPIO DE SÃO PAULO. *SPTrans – Programa Olho Vivo*. Disponível em: http://olhovivo.sptrans. com.br. Acesso em: 30 jun. 2021.

MUNICÍPIO DE SÃO PAULO. Decreto 57.115, de 07 de julho de 2016. *Autoriza a cobrança do preço pela utilização de vagas do sistema de estacionamento rotativo pago – Zona Azul por meio de tecnologia digital.* Disponível em: http://legislacao.prefeitura.sp.gov.br/leis/decreto-57115-de-07-de-julho-de-2016/ consolidado. Acesso em: 30 jun. 2021.

MUNICÍPIO DE SÃO PAULO. Lei 14.668, de 14 de janeiro de 2008. *Institui a Política Municipal de Inclusão Digital, e dá outras providências.* Disponível em: http://legislacao.prefeitura.sp.gov.br/leis/ lei-14668-de-14-de-janeiro-de-2008. Acesso em: 30 jun. 2021.

MUNICÍPIO DE SÃO PAULO. *Wi-Fi Livre SP*; programa. Disponível em: http://wifilivre.sp.gov.br. Acesso em: 30 jun. 2021.

NORMAN, Thomas. *Electronic access control*. Oxford: Butterworth-Heinemann, 2012.

NORRIS, Clive. From personal to digital: CCTV, the panopticon, and the technological mediation of suspicion and social control. *In:* LYON, David (Ed.). *Surveillance as social sorting*: Privacy, risk, and digital discrimination. Londres: Routledge, 2003.

NSC TOTAL. *Sistema de câmeras vai identificar infratores, veículos furtados e situações suspeitas em Jurerê Internacional*. 21 jun. 2012. Disponível em: https://www.nsctotal.com.br/noticias/sistema-de-cameras-vai-identificar-infratores-veiculos-furtados-e-situacoes-suspeitas-eml. Acesso em: 30 jun. 2021.

ORWELL, George. *Nineteen Eighty-Four.* Nova York: Penguin Classics, 1961.

PHILLIPS, David; CURRY, Michael. Privacy and the phenetic urge: geodemographics and the changing spatiality of local practice. In: LYON, David (Ed.). *Surveillance as social sorting*: Privacy, risk, and digital discrimination. Londres: Routledge, 2003.

PIFFERI, Michele. Controllo dei confini e politiche di esclusione tra Otto e Novecento. *In:* AUGUSTI, Eliana; MORONE, Antonio Maria; PIFFERI, Michele (a cura di). *Il controllo dello straniero*: I "campi" dall'Ottocento a oggi. Roma: Vella, 2017.

REESE, Anthony. Will merging access controls and rights controls undermine the structure of anticircumvention law? *Berkeley Technology Law Journal*, Berkeley, v. 18, p. 619-665, 2003.

RHEINGOLD, Howard. *The Virtual Community*: Homesteading on the Electronic Frontier. 2. ed. Cambridge: The MIT Press, 2000.

SAULE JÚNIOR, Nelson. *Novas perspectivas do direito urbanístico brasileiro*. Ordenamento constitucional da política urbana. Aplicação e eficácia do plano diretor. Porto Alegre: Sergio Antonio Fabris Editor, 1997.

SCHWAB, Klaus. *A quarta revolução industrial*. Trad. Daniel Moreira Miranda. São Paulo: Edipro, 2016.

SILVA, José Afonso da. *Direito urbanístico brasileiro*. 6. ed. São Paulo: Malheiros, 2010.

SUTTI, Alessandra Arantes. *Smart cities*. Rio de Janeiro: Lumen Juris, 2020.

TOMASEVICIUS FILHO, Eduardo. *A proteção do patrimônio cultural brasileiro pelo direito civil*. São Paulo: Almedina, 2020.

TOMASEVICIUS FILHO, Eduardo. Reconhecimento facial e lesões aos direitos da personalidade. *In:* BARBOSA, Mafalda Miranda et al. (Coord.). *Direito digital e inteligência artificial*: diálogos entre Brasil e Europa. Indaiatuba: Foco, 2021.

TORRES, Ricardo Lobo. A cidadania multidimensional na era dos direitos. In: TORRES, Ricardo Lobo (Org.). *Teoria dos direitos fundamentais*. Rio de Janeiro: Renovar, 1999.

VAN DER PLOEG, Irma. Biometrics and the body as information: Normative issues of the socio-technical coding of the body. In: LYON, David (Ed.). *Surveillance as social sorting*: Privacy, risk, and digital discrimination. Londres: Routledge, 2003.

VENERIS, Yannis. Modelling the transition from the industrial to the informational revolution. *Environment and Planning A: Economy and Space*, Londres, v. 22, n. 3, p. 399-416, mar. 1990.

WARREN, Samuel D.; BRANDEIS, Louis D. The right to privacy. *Harvard Law Review*, Cambridge, v. 4, n. 5, p. 193-220, dez. 1890. https://www.jstor.org/stable/1321160. Acesso em: 30 jun. 2021.

WESTIN, Alan. *Privacy and freedom*. Nova York: Atheneum, 1970.

14
DEMOCRACIA, PARTICIPAÇÃO E CONSENSUALIZAÇÃO NO MARCO DO GOVERNO DIGITAL NO BRASIL

José Sérgio da Silva Cristóvam

Professor Adjunto de Direito Administrativo (Graduação, Mestrado e Doutorado) da UFSC. Subcoordenador do PPGD/UFSC. Doutor em Direito Administrativo pela UFSC (2014), com estágio de Doutoramento Sanduíche junto à Universidade de Lisboa – Portugal (2012). Mestre em Direito Constitucional pela UFSC (2005). Membro fundador e Presidente do Instituto Catarinense de Direito Público (ICDP). Membro fundador e Diretor Acadêmico do Instituto de Direito Administrativo de Santa Catarina (IDASC). Conselheiro Federal da OAB/SC. Presidente da Comissão Especial de Direito Administrativo da OAB Nacional. Membro da Rede de Pesquisa em Direito Administrativo Social (REDAS). Coordenador do Grupo de Estudos em Direito Público do CCJ/UFSC (GEDIP/CCJ/UFSC). E-mail: jscristovam@gmail.com – http://orcid.org/0000-0001-8232-9122

Thanderson Pereira de Sousa

Doutorando em Direito Administrativo pelo Programa de Pós-Graduação em Direito da Universidade Federal de Santa Catarina (PPGD/UFSC), Bolsista Capes/Proex. Mestre em Direito pelo Programa de Pós-Graduação em Direito da Universidade Federal do Ceará (PPGD/UFC) (2019). Membro do Grupo de Estudos em Direito Público do CCJ/UFSC (GEDIP/CCJ/UFSC), do Grupo de Pesquisa em Serviços Públicos e Condições de Efetividade (PPGD/UFC) e da Rede de Pesquisa em Direito Administrativo Social (REDAS). E-mail: thandersonsousa@hotmail.com – https://orcid.org/0000-0003-0725-3572

Sumário: 1. Introdução – 2. Da democracia na era tecnológica: do governo analógico ao governo digital – 3. Participação social e consensualização no marco do governo digital – 4. Considerações finais – 5. Referências.

1. INTRODUÇÃO

A terceira Revolução industrial ou Revolução digital remonta ao processo de evolução tecnológica iniciado entre o final das décadas de 1950 e 1970, com o avanço da eletrônica e surgimento dos computadores. Um acontecimento que modificou substancialmente as formas de relacionamento pessoal, social, político e econômico da sociedade. Esferas privada e pública modificaram-se ao longo do tempo.

No Brasil, por exemplo, a partir de 1990 a Administração Pública passou a empregar tecnologias de informação e comunicação na sua atividade burocrática – ainda com caráter analógico. Mas recentemente, o advento da Lei 14.129, de 29 de março de 2021 estabeleceu as bases para o marco normativo do governo digital.

Nesse enquadramento, o presente estudo tem como problemática a questão dos contornos democráticos e sua delimitação no ambiente digital, a participação social no âmbito da Lei 14.129/2021 e a consensualização administrativa, de modo a entrelaçar tais questões e suas capacidades e limitações.

Constitui objetivo precípuo da pesquisa oferecer uma definição de democracia digital e discutir seus contornos, considerando o ambiente tecnológico, mapeando indicadores de participação social no marco digital da Administração federal e como esses espaços podem levar à consensualização administrativa. Metodologicamente, a investigação conta com abordagem dedutiva, apoiada nas técnicas de pesquisa bibliográfica e documental.

Apenas para suscintamente adiantar algumas reflexões conclusivas, infere-se que a democracia digital corresponde à uma dimensão de sistemas políticos comprometidos com a proteção de direitos fundamentais no ambiente digital, procedimentalização tecnológica e proteção de dados pessoais. A participação social está prevista na Lei 4.129/2021 na condição de diretriz e tem espaços específicos para tanto, como as redes de conhecimento e os laboratórios de inovação. Esses canais de participação favorecem a consensualização administrativa – sentidos amplo e restrito. Um significativo traço de limitação do governo digital e comprometimento da participação social e da consensualização é a exclusão digital, já que parte considerável da população brasileira não está conectada.

2. DA DEMOCRACIA NA ERA TECNOLÓGICA: DO GOVERNO ANALÓGICO AO GOVERNO DIGITAL

Tratar sobre democracia exige, ao certo, propor um cenário conceitual em que se permita a compreensão contextual de suas dimensões. Sobre o tema, Robert Dahl assevera que o significado de democracia depende de contextos e lugares,[1] portanto, da compreensão social, política e econômica do que constitui a estrutura democrática. Dahl complementa informando que "a democracia possa ser inventada e reinventada de maneira autônoma sempre que existirem as condições adequadas".[2] Na mesma orientação, Norberto Bobbio pondera que "pode-se definir a democracia das mais diversas maneiras, mas não existe definição que possa deixar de incluir em seus conotativos a visibilidade ou a transparência do poder".[3]

Ainda, Norberto Bobbio define democracia como um complexo de prescrições que orientam a formação das opções e decisões coletivas, restando viabilizada a maior participação possível dos interessados.[4] Essa definição procedimental de democracia tem como elemento essencial a preocupação com o processo de formação das decisões coletivas e de como essas decisões são tomadas, estando o conteúdo da

---

1. DAHL, Robert. *Sobre a democracia.* Trad. Beatriz Sidou. Brasília: Universidade de Brasília, 2001.
2. DAHL, Robert. *Sobre a democracia.* Trad. Beatriz Sidou. Brasília: Universidade de Brasília, 2001, p. 19.
3. BOBBIO, Norberto. *O futuro da democracia:* uma defesa das regras do jogo. 14. ed. Rio de Janeiro/São Paulo: Paz e Terra, 2017, p. 25.
4. BOBBIO, Norberto. *O futuro da democracia:* uma defesa das regras do jogo. 14. ed. Rio de Janeiro/São Paulo: Paz e Terra, 2017, p. 27.

14 • DEMOCRACIA, PARTICIPAÇÃO E CONSENSUALIZAÇÃO NO MARCO DO GOVERNO DIGITAL NO BRASIL

decisão ocupando posição secundária. Assim, as questões fundamentais da democracia procedimental são "quem decide" e "qual o procedimento". As deliberações são elaboradas pelos representantes do povo, escolhidos de acordo com o processo eleitoral específico, e a validação das decisões depende diretamente das regras do jogo, do respeito ao procedimento.[5] Importante destacar que a dimensão procedimental não constitui elemento único da democracia e eliminatório de outras perspectivas, pelo contrário.

Em outro esteio, a democracia substancial está ligada ao conteúdo dos direitos fundamentais e às capacidades humanas.[6] À vista disso, a estrutura democrática depende, igualmente, do teor dos direitos, noção que não pode ser negligenciada e vincula-se aos procedimentos. Não há democracia substancial na ausência de elementos procedimentais aptos a corporificarem as disposições previstas no plano das normas constitucionais e infraconstitucionais – os direitos.

Em que pese a diferença nas concepções de democracia apresentadas anteriormente,[7] pretende-se indicar, inequivocamente, que a compreensão de democracia é variável e, ao mesmo tempo, que a organização democrática necessita da articulação entre conteúdo de direitos e procedimentos legalmente previstos. Entre a volatilidade democrática e suas dimensões está a premência de se reforçar a participação, maximizando suas capacidades.

Reflexionar sobre democracia na era tecnológica demanda, pois, mensurar de que maneira as tecnologias de informação e comunicação redimensionam os espaços social, político e econômico,[8] bem como perceber a gestão de dados enquanto coeficiente preponderante no equilíbrio dos fatores reais de poder.[9] Assim, para além da relação entre as dimensões procedimental e substancial, a democracia digital pleiteia preocupações antes inimagináveis, sobretudo com relação à participação dos cidadãos e cidadãs, mas que estão no agora e no *devir*.

---

5. BOBBIO, Norberto. *O futuro da democracia*: uma defesa das regras do jogo. 14. ed. Rio de Janeiro/São Paulo: Paz e Terra, 2017.

6. DALLA-ROSA, Luiz Vergílio. Democracia substancial: um instrumento para o poder político. In: CLÈVE, Clèmerson Merlin; PAGLIARINI, Alexandre Coutinho; SARLET, Ingo Wolfgang. *Direitos humanos e democracia*. Rio de Janeiro: Forense, 2007.

7. Robert Dahl elabora uma noção de democracia poliárquica, enquanto Norberto Bobbio constrói a ideia de democracia procedimental e Luiz Vergílio Dalla-Rosa trata da democracia substancial. Sobre o tema, ver: DAHL, Robert. *Poliarquia*: participação e oposição. Trad. Celso Paciomik. São Paulo: Editora USP, 1997; BOBBIO, Norberto. *O futuro da democracia*: uma defesa das regras do jogo. 14. ed. Rio de Janeiro/São Paulo: Paz e Terra, 2017; DALLA-ROSA, Luiz Vergílio. Democracia substancial: um instrumento para o poder político. In: CLÈVE, Clèmerson Merlin; PAGLIARINI, Alexandre Coutinho; SARLET, Ingo Wolfgang. *Direitos humanos e democracia*. Rio de Janeiro: Forense, 2007.

8. CRISTÓVAM, José Sérgio da Silva; SAIKALI, Lucas Bossoni; SOUSA, Thanderson Pereira de. Governo digital na implementação de serviços públicos para a concretização de direitos sociais no Brasil. *Revista Seqüência*, Florianópolis, n. 84, p. 209-242, abr. 2020.

9. Por certo, há inegavelmente uma nítida crise nos modelos de democracia na contemporaneidade, e que não é "luxo" tupiniquim. Sobre o tema, ver: LEVITSKY, Steven; ZIBLATT, Daniel. *Como as democracias morrem*. Rio de Janeiro: Zahar, 2018; RANCIÈRE, Jacques. *O ódio à democracia*. São Paulo: Boitempo, 2014.

A princípio, é notável que a Constituição da República de 1988, marco da re-democratização no Brasil, sela compromissos inquestionáveis ao consagrar direitos e garantias fundamentais: direitos civis e políticos; direitos sociais, econômicos e culturais; direito ao desenvolvimento; direito ao meio ambiente equilibrado etc. Isto posto, constata-se a existência de seara democrática formal.

Por outro lado, é possível notar, também, que a Constituição de 1988 possui convenção procedimental, estabelecendo no artigo 14 que "a soberania popular será exercida pelo sufrágio universal e pelo voto direto e secreto, com valor igual para todos", além de prever plebiscito, referendo e iniciativa popular (art. 14, I, II e III) e fixar competências da Administração Pública em seus respectivos níveis (arts. 21, 22, 23 e 24).

Evidentemente, a articulação entre conteúdo e procedimentos, no seio do projeto constitucional de 1988, tem passado por diversas modificações e, nesse contexto, a evolução tecnológica tem sido uma constante na modelagem das dinâmicas democráticas internas. A partir das tecnologias de informação e comunicação (TIC'S) as noções conteudistas de direitos fundamentais passam a ter novas formas. Direitos como liberdade, propriedade, voto, saúde, educação, trabalho e proteção social têm, no mundo digital, contornos inéditos. A liberdade, por exemplo, deve ser protegida da interferência via gestão de dados, assim como propriedade e voto devem estar tutelados dos prejuízos que as redes podem provocar em termos de substância. Já direitos sociais como saúde, educação, trabalho e proteção social caminham com questionamentos significativos: elaboração e limitação de políticas de saúde baseada em tecnologias, qualidade da educação à distância, a desconexão como direito do trabalhador e a guarda de pessoas vulnerabilizadas e excluídas digitalmente.

Decerto, as tecnologias de informação e comunicação significam muito. Mas é imprescindível atentar-se para a redefinição de direitos básicos e fundamentais. E, sem dúvidas, se há reconfiguração de direitos, é de claridade solar a indispensabilidade de avanços procedimentais.

Desse modo, a partir de 1990, a Administração Federal brasileira passou a trabalhar com emprego de tecnologias de informação e comunicação em nível incremental, ou seja, na gestão burocrática, com acentuado avanço subsequente.[10] Em 2000, ocorreu a criação do Portal Governo Digital; em 2004, surgiu o Portal da Transparência; em 2006, criou-se o Portal da Inclusão Digital; em 2011, a Lei de Acesso à Informação (Lei 12.527) determina que a Administração Pública utilizará os meios de comunicação oriundos das TIC's para garantir o acesso à informação; em 2014, elaborou-se o Marco Civil da Internet; em 2015, o Decreto 8.539 instituiu

---

10. ALBUQUERQUE, Bruno Marques; SILVA, Fernanda Cláudia Araújo da; SOUSA, Thanderson Pereira de. A era eletrônica da Administração Pública federal: desafios e evolução no cenário brasileiro. *Revista Vianna Sapiens*, Juiz de Fora, v. 8, n. 2, p. 19, 13 dez. 2017. Disponível em: https://viannasapiens.com.br/revista/article/view/245. Acesso em: 28 jul. 2021.

o Processo Nacional Eletrônico; em 2016, foi elaborada a política de Governança Digital da Administração Pública federal; em 2018 foi instituído o Sistema Nacional de Transformação Digital – Decreto 9.319; em 2019, o Portal Gov.br passou a centralizar os canais de serviços e atendimento digital do Governo Federal – Decreto 9.756[11]; em 2020, o Decreto 10.332 atualizou a política de Governança Digital de 2016, criando a Estratégia de Governo Digital 2020-2022; por fim, a Lei 14.129, de 29 de março de 2021, consolidou princípios, regras e instrumentos do Governo Digital no Brasil.

Entre 1990 e 2004 é possível perceber que as tecnologias de informação e comunicação, mesmo com seus avanços, ainda estavam a trilhar e ocupar um papel secundário no ambiente democrático, mas já sinalizando o abandono de um modelo de governo analógico. A posterior, de 2005 em diante, há manifestamente a utilização das tecnologias de informação e comunicação na qualidade de procedimentos já indispensáveis à democracia, agora inserida num mundo digital.

Nessa conjuntura, a preocupação democrática passa a abarcar, amplamente, questões mais delicadas, pois já não é o suficiente a garantia substancial de direitos e a existência de procedimentos específicos, exige-se avanço em regras procedimentais que tenham o zelo em transformar o ambiente digital em um ambiente efetivamente democrático. Ora, se direitos são reformulados e repensados em suas essências a partir da revolução tecnológica e da conectividade dos cidadãos e cidadãs, as escolhas coletivas no âmago digital devem ser validadas por procedimentos peculiares e com condições de participação social. Da mesma forma, a proteção de dados gerados pela inserção digital dos cidadãos e cidadãs deve estar integrada à combinação substância/procedimento.

Dessarte, a democracia digital deve ser assimilada enquanto prisma de sistemas políticos contemporâneos comprometidos com o amparo de direitos fundamentais no ambiente tecnológico, procedimentalização para decisões coletivas intermediadas pelas tecnologias de informação e comunicação e, outrossim, agregação eficiente da proteção de dados pessoais gerados por cidadãos e cidadãs para a equiparação de forças na estrutura democrática. Tal definição pode ser alvo de críticas e, inclusive, aprofundada em posterior, mas seguramente é caminho conceitual ponderado rumo a democracias mais saudáveis e realísticas.

Por exemplo, Wilson Gomes lança a democracia digital de forma que ferramentas tecnológicas e experiências de uso (pessoal e social) criem e melhorem as democracias.[12] Todavia, é paradoxal pensar em tecnologias criando e melhorando

---

11. CRISTÓVAM, José Sérgio da Silva; SAIKALI, Lucas Bossoni; SOUSA, Thanderson Pereira de. Governo digital na implementação de serviços públicos para a concretização de direitos sociais no Brasil. *Revista Seqüência*, Florianópolis, n. 84, p. 209-242, abr. 2020.
12. GOMES, Wilson. *A democracia no mundo digital*: história, problemas e temas. São Paulo: Edições SESC, 2019, p. 16.

democracias espontaneamente ao tempo que o Brasil e o mundo têm experimentações perturbadoras em matéria de violação direitos e tutela democrática.

Pode-se indicar, brevemente, *fake news* constantes nas eleições de 2018 no Brasil,[13] afetando o núcleo do escrutínio que deveria ser livre de manipulações; notícias fraudulentas, denunciações caluniosas e ameaças contra ministros do Supremo Tribunal Federal (STF) e seus familiares, condutas investigadas no Inquérito 4781;[14] ataque hacker que criptografou dados do Superior Tribunal de Justiça (STJ), obrigando o Tribunal a retirar o site do ar e restringir os trabalhos;[15] *fake news* obstruindo o combate à pandemia de Covid-19;[16] vazamento de dados pessoais de 227 milhões de brasileiros e mais 13 mil fotos de documentos como RG e CPF, em 2021;[17] além de vazamentos de dados de usuários do Facebook,[18] em 2018, e da rede LinkedIn,[19] em 2021.

É ingenuidade depositar "todas as cartas do jogo" no tecnosolucionismo. Como apontado acima, parece inegável que tecnologia leva a novos problemas, assim como a democracia digital tem os seus próprios obstáculos. Por essa orientação, é preciso concordar com Evgeny Morozov quando afirma que "quem domina a tecnologia mais avançada também domina o mundo"[20] e, pois, domina a democracia – que se desnaturaliza materialmente.

Centrar, hodiernamente, o debate democrático nas tecnologias de inovação e comunicação como se estas fossem capazes autonomamente de gerar democracia elimina o debate essencial sobre questões políticas, econômicas e sociais[21] – e segu-

---

13. AGÊNCIA BRASIL. Fake news sobre candidatos inundam redes sociais em período eleitoral. 2018. Disponível em: https://agenciabrasil.ebc.com.br/geral/noticia/2018-10/um-dia-da-eleicao-fake-news-sobre-candidatos-inundam-redes-sociais. Acesso em: 28 jul. 2021.
14. BRASIL. Supremo Tribunal Federal. *Plenário conclui julgamento sobre validade do inquérito sobre fake news e ataques ao STF*. 2020. Disponível em: http://portal.stf.jus.br/noticias/verNoticiaDetalhe.asp?idConteudo=445860&ori=1. Acesso em: 28 jul. 2021.
15. BRASIL. Superior Tribunal de Justiça. *Comunicado da Presidência do STJ*. 2020. Disponível em: https://www.stj.jus.br/sites/portalp/Paginas/Comunicacao/Noticias/06112020-Comunicado-da-Presidencia-do-STJ.aspx. Acesso em: 28 jul. 2021.
16. GALHARDI, Cláudia Pereira; FREIRE, Neyson Pinheiro; MINAYO, Maria Cecília de Souza; FAGUNDES, Maria Clara Marques. Fato ou Fake? Uma análise da desinformação frente à pandemia da Covid-19 no Brasil. *Ciência & Saúde Coletiva*, Rio de Janeiro, v. 25, n. 2, p. 4201-4210, out. 2020.
17. TECMUNDO. *Vazam 13 mil documentos e dados de 227 milhões de brasileiros*. 2021. Disponível em: https://www.tecmundo.com.br/seguranca/222019-exclusivo-vazam-13-mil-documentos-dados-227-milhoes-brasileiros.htm. Acesso em: 28 jul. 2021.
18. EXAME. *O escândalo de vazamento de dados do Facebook é muito pior do que parecia*. 2018. Disponível em: https://exame.com/tecnologia/o-escandalo-de-vazamento-de-dados-do-facebook-e-muito-pior-do-que-parecia/. Acesso em: 28 jul. 2021.
19. EXAME. *Vazamento de dados teria atingido 92% dos usuários do LinkedIn no mundo*. 2021. Disponível em: https://exame.com/tecnologia/vazamento-de-dados-teria-atingido-92-dos-usuarios-do-linkedin-no-mundo/. Acesso em: 28 jul. 2021.
20. MOROZOV, Evgeny. *Big tech*: a ascensão dos dados e a morte da política. Trad. Claudio Marcondes. São Paulo: Ubu Editora, 2018, p. 11.
21. MOROZOV, Evgeny. *Big tech*: a ascensão dos dados e a morte da política. Trad. Claudio Marcondes. São Paulo: Ubu Editora, 2018.

ramente tende a contribuir ainda mais para a desidratação democrática pela qual o Brasil e o mundo atravessam.

Com efeito, conforme bem aclara Andrew Feenberg, a tecnologia é um exercício de poder.[22] Se assim o é, alguém o exerce e esse alguém está passível de "erros" e não deve estar fora da possibilidade de contestações. Nesta mesma direção, Cathy O'Neil assegura que modelos matemáticos, mesmo com boas intenções, geram "preconceitos, equívocos e vieses humanos nos sistemas de software que cada vez mais geriam nossas vidas".[23] Já David Sumpter explica que para a compreensão do mundo "os modelos matemáticos não são geralmente melhores que os humanos"[24] e, inclusive, destaca que o que se aperfeiçoa não é o algoritmo em si, mas os alquimistas de dados, que os organizam e sistematizam para obter a percepção de seus clientes. Por consequência, a democracia digital, para além de dimensões substancial e procedimental, deve estar preocupada com a participação social em potência, pois é esta participação que garantirá contestação, transparência e pluralidade – características próprias de um regime democrático.

Nessa quadra se insere a Lei 14.129/2021, que regulamenta o governo digital no Brasil, estabelecendo princípios, regras e ferramentais para a atuação pública no ambiente tecnológico, buscando promoção da eficiência. Tal instrumento normativo significa um avanço no espectro da democracia digital, máxime por dedicar-se ao incentivo da participação social no âmbito do novo modelo de governo: o digital. Esse avanço legiferante implica em um processo de reconhecimento, patente, de que a democracia deve transportar-se, também, ao ambiente digital. É a consolidação de um paradigma de governo que já vinha sendo construído desde 1990.

3. PARTICIPAÇÃO SOCIAL E CONSENSUALIZAÇÃO NO MARCO DO GOVERNO DIGITAL

A Lei 14.129/2021 é o marco legislativo do governo digital. Determina, logo no artigo 1º, que a digitalização e o uso das tecnologias de informação e comunicação têm como objetivos a eficiência administrativa – que se dará pela desburocratização, inovação, modificação digital e pela participação social.

Participação social que, em um sentido amplo, pode ser concebida como o mecanismo pelo qual cidadãos e cidadãs são inseridos no processo decisório coletivo, de modo a controlar e legitimar as opções públicas e avançar no atendimento de demandas e, pois, no desenvolvimento. É elemento de horizontalização e democratização da Administração Pública.

---

22. FEENBERG, Andrew. *Entre a razão e a experiência:* ensaios sobre tecnologia e modernidade. Vila Nova de Gaia, Portugal: Inovatec, 2019, p. 178.
23. O'NEIL, Cathy. *Algoritmos de destruição em massa:* como o big data aumenta a desigualdade e ameaça a democracia. Trad. Rafael Abraham. Santo André: Editora Rua do Sabão, 2020.
24. SUMPTER, David. *Dominados pelos números:* do facebook e google às *fake news* – os algoritmos que controlam nossa vida. Rio de Janeiro: Bertrand Brasil, 2019, p. 78.

O artigo 3º prevê princípios e diretrizes para o governo digital. No inciso V fixa "o incentivo à participação social no controle e na fiscalização da administração pública."[25] Aqui, em que pese a lei não fazer a distinção entre princípios e diretrizes, entende-se o incentivo à participação social na condição de diretriz, linha mestra que guiará a implementação do governo digital e resulta diretamente do princípio democrático. Assim, a qualidade do paradigma do governo digital está imbricada à dimensão participativa: esse arranjo viabiliza que tecnologias de informação e comunicação sejam manipuladas para aperfeiçoarem o convívio democrático, a proteção e implementação de direitos previstos no ordenamento jurídico constitucional brasileiro de 1988.

Contiguamente, a lei indica outras diretrizes que tendem a facilitar e a induzir a participação social: dever de prestação de contas diretamente à população com relação aos recursos públicos (art. 3º, VI); utilização de linguagem objetiva e acessível aos cidadãos e cidadãs (art. 3º, VII); facilitação dos procedimentos de solicitação, disponibilidade e acompanhamento dos serviços (art. 3º, X); tutela dos dados pessoais (art. 3º, XII); garantia de acessibilidade para pessoa com deficiência ou mobilidade diminuída (art. 3º, XIX); utilização de tecnologias abertas e livres (art. 3º, XXV).

Essas diretivas têm sinergia clara com a democracia digital e constituem opção patente pela participação social. Ainda, perpassam diametralmente conceitos basilares do governo digital ajustados no artigo 4º da Lei 14.129/2021: base nacional de serviços públicos, dados abertos, dados acessíveis, formato aberto, governo como plataforma, laboratório de inovação, registros de informações e transparência ativa. A modelagem do governo digital pressupõe, nitidamente, participação social.

Outras duas possibilidades significativas para a participação são as redes de conhecimento (art. 17) e os laboratórios de inovação (art. 44). Como o governo digital corresponde à prestação de serviços públicos por intermédio de tecnologias de informação e comunicação a Lei 14.129/202 instituiu as redes de conhecimento: espaços em que o Executivo federal poderá, dentre outras coisas, possibilitar a participação social por instrumentos tecnológicos (art. 17, IV). Já os laboratórios de inovação poderão ser criados para captação de estratégias tecnológicas de gestão pública a partir da participação e colaboração social, sendo a participação social uma diretriz dos laboratórios (art. 45, V).

A abertura que a Lei 14.129/2021 possui em termos de participação social atende, decerto, ao princípio da adaptação, fazendo com que estes estejam em "uma constante atualização, sobretudo tecnológica na prestação dessas ativida-

---

25. BRASIL. Lei 14.129, de 29 de março de 2021. *Dispõe sobre princípios, regras e instrumentos para o governo digital e para o aumento da eficiência pública.* Disponível em: https://www.in.gov.br/en/web/dou/-/lei-n-14.129-de-29-de-marco-de-2021-311282132. Acesso em: 28 jul. 2021.

des",[26] alcançando, similarmente, as formas de inserção dos cidadãos usuários de serviços públicos na esfera decisória e fiscalizatória. Sobre o tem, Alexandre Santos de Aragão[27] entende que o princípio da adaptação possui baixa normatividade e não cria direitos subjetivos, com o que há de se concordar. Entretanto, é premente reconhecer que a melhoria e aperfeiçoamento tecnológico das prestações públicas gera explicitamente um dever objetivo da Administração Pública para com cidadãs e cidadãos usuários de serviços públicos: universalizar o acesso aos serviços digitais e, respectivamente, a participação nesse ambiente (artigos 3º, 5º, 14, 17, 24, 27 e 50 da Lei 14.129/2021).

O marco legislativo do governo digital é propício à participação social e, consequentemente à formação de consensos, já que a população poderá estar incluída nos procedimentos deliberativos. Significa muito, inclusive que, no ambiente digital, sujeito às inovações contínuas, os problemas oriundos das prestações de serviços públicos possam encontrar novas soluções e de modo consensual. Nesse aspecto, Alexandre Santos de Aragão pontua que é necessária "uma determinação do meio mais apto par alcançar os objetivos da lei, meio que, eventualmente, não consistirá na simples aplicação da regra legal ou regulatória".[28] Portanto, um governo digital participativo e consensual é tendência hodierna inafastável.

Diante desse quadro, questão lógica é a dúvida entre o fim ou a reconfiguração dos serviços públicos. Na toada, Sabino Cassese questiona: *"what prevails now: continuity and decline, or development and modernization?".*[29] De plano, descarta-se a ideia de fim do espectro normativo administrativista. Do contrário, o razoável e consentâneo, pois, é compreender que as mudanças na sociedade exigem, por si, alterações na própria estrutura do Estado e, portanto, no regime jurídico aplicável aos serviços públicos e suas problemáticas. Manuel Castells assevera que o poder, em certa medida, não tem assento apenas no Estado,[30] se considerada uma organização social em rede. Factível uma interpretação voltada para a identificação da descentralização e horizontalidade na Administração Pública, gerando particularidades inéditas, de modo a atender necessidades específicas no espaço e no tempo digitais, plenamente contempladas pela Lei 14.129/2021. A consensualidade, então, passa a integrar, de forma ainda mais forte, propensão administrativa.

Nessa esteira, cumpre ressaltar que "a verticalidade, a assimetria, a imperatividade e a autoridade administrativa devem ceder espaço à horizontalidade, à isonomia, à consensualidade e à democracia participativa na formação da decisão

---

26. ARAGÃO, Alexandre Santos de. *Direito dos serviços públicos*. 4. ed. 1. reimpr. Belo Horizonte: Fórum, 2021, p. 408.
27. ARAGÃO, Alexandre Santos de. *Direito dos serviços públicos*. 4. ed. 1. reimpr. Belo Horizonte: Fórum, 2021, p. 408.
28. ARAGÃO, Alexandre Santos de. *Direito dos serviços públicos*. 4. ed. 1. reimpr. Belo Horizonte: Fórum, 2021, p. 282.
29. CASSESE, Sabino. *Las bases del derecho administrativo*. Madrid: INAP, 1994, p. 604.
30. CASTELLS, Manuel. *O poder da identidade*: volume II. 3. ed. São Paulo: Paz e Terra, 2002, p. 423.

administrativa, com a exigência de eficiência da máquina pública".[31] À vista disso, a consensualidade pode ser concebida como resultado retilíneo da participação social no governo digital, é reconhecer, sem dúvidas, que a formação das decisões coletivas pode ser mediada pelas tecnologias de informação e comunicação e contribuírem para o avanço dos serviços públicos, proteção da dignidade humana e garantia do desenvolvimento.

Esse arranjo digital e consensual torna corpórea a "democratização dos serviços públicos". Sobre o tema, Giulio Napolitano clarifica que o Direito Administrativo é espaço em que conflitos se originam e, posteriormente, cessam. Existem forças institucionais, políticas e econômicas lutando por seus interesses e bem-estar.[32] Por certo, nada mais justo que inserir a população na luta pelo seu bem-estar dentro dos serviços públicos no ambiente tecnológico, constituindo a consensualização como ferramental de maximização da legitimidade democrática e eficiência das ações administrativas.[33]

Por esse quadrante, pensar na consensualidade no governo digital importa o reconhecimento de que cidadãs e cidadãos devem estar diretamente ligados à atuação administrativa no contexto tecnológico, fortificando a conservação de direitos e promoção do interesse público e, igualmente, conduzindo à boa administração,[34] porquanto se estará a desenhar, junto com a Administração Pública, os contornos de práticas que constituem alternativas eficientes para realização das disposições constitucionais. A proteção, pela consensualidade, torna-se mecanismo de participação e controle da boa administração pública digitalizada.

A esse avançar, pode-se questionar cabimento ou não, efetivamente, da consensualidade no governo digital. A consensualidade administrativa deve ser considerada em duas dimensões: ampla e restrita. Numa concepção ampla, a ideia de consensualidade faz referência à aproximação entre Estado e cidadãos – consequente do Estado Democrático. De outro lado, a cognição restrita liga-se à concertação administrativa: negociação, conciliação, mediação e arbitragem, ou seja, os meios alternativos para solução de conflitos.

Ora, da dimensão ampla não restam dúvidas de que a Lei 14.129/2021 busca a participação e incentiva a consensualização, aproximando a Administração Pública

---

31. CRISTÓVAM, José Sérgio da Silva. *Administração Pública democrática e supremacia do interesse público*: novo regime jurídico-administrativo e seus princípios estruturantes. Curitiba: Juruá, 2015, p. 328.

32. NAPOLITANO, G. Conflicts and strategies in administrative law. *International Journal of Constitutional Law,* v. 12, n. 2, 2014, p. 359-360.

33. Sobre o tema da consensualidade no âmbito da Administração Pública, ver: CRISTÓVAM, José Sérgio da Silva; EIDT, Elisa Berton. A autorização legal para realização de acordos pela Administração Pública e a sua aplicação no âmbito das câmaras administrativas. *Direito do Estado em Debate – Revista Jurídica da Procuradoria Geral do Estado do Paraná* (Edição especial sobre métodos adequados de solução de conflitos envolvendo a Administração Pública), Curitiba, n. 11, p. 55-81, 2020.

34. PONCE, Juli. Good administration and administrative procedures, *Indiana Journal of Global Legal Studies,* vol. 12, 2005, p. 553. Disponível em: http://www.repository.law.indiana.edu/ijgls/vol12/iss2/10. Acesso em: 28 jul. 2021.

digital dos cidadãos. O estabelecimento de diretrizes de participação é compromisso axiomático. Ademais, as redes de conhecimento e laboratórios de inovação apontam para ao trilhar de um caminho mais alinhado entre gestor público e população, pelo menos em tese. O artigo 27 da Lei 14.129/2021 faz a previsão dos direitos dos usuários de serviços públicos digitais: gratuidade de acesso, atendimento com base na carta de serviços digitais, padronização de formulários, entrega de protocolo das solicitações e indicação do canal preferencial de comunicação. Todos esses direitos são manifestamente sinais de aproximação entre Administração digital e sociedade, portanto, indicativos de consensualidade ampla.

Do outro lado, igualmente, há indicação confirmativa para consensualidade no sentido restrito. Mesmo a Lei 14.129/2021 não fazendo menção explícita sobre negociação, conciliação, mediação ou arbitragem, o artigo 26 da Lei de Introdução às Normas do Direito Brasileiro – LINDB, alterada pela Lei 13.655/2018, formulou permissório genérico para a consensualidade, determinando que nos casos de irregularidade, incerteza jurídica ou contencioso na aplicabilidade do Direito Público, desde que observados alguns requisitos, a autoridade administrativa pode celebrar compromisso com interessados. Isto significa que no âmbito do governo digital, a partir da participação social, a Administração Pública poderá praticar atos de concertação em relação aos reveses decorrentes dos serviços públicos prestados por mediação de tecnologias de informação e comunicação.

Entretanto, é inescusável estar alerta ao fato de que considerável parcela da população permanece desconectada – o que inviabiliza participação social e consensualização na prática. No Brasil, segundo a pesquisa Tecnologias da Informação e Comunicação 2019, realizada pelo Centro Regional de Estudos para o Desenvolvimento da Sociedade da Informação,[35] 20 milhões de domicílios não possuem acesso à internet (28%); as classes DE são as mais afetadas pela falta de acesso e, igualmente, as que predominantemente dependem de serviços públicos de saúde e educação, por exemplo; 47 milhões de cidadãos não são usuários de internet (26%); ainda segundo a pesquisa, quanto menor a escolaridade dos cidadãos menor o acesso – o que impede a mobilidade social que deveria ser resultado dos serviços públicos; o acesso é menor fora das áreas urbanas. Entre os serviços mais procurados nos canais estabelecidos pelas TICs estão: trabalho e previdência social; educação e saúde públicas.[36]

A prestação de serviços públicos de saúde, educação, proteção do emprego e a guarda de cidadãos vulnerabilizados não pode estar condicionada a um modelo de prestação digital de serviços que não tem compromisso com a universalização

---

35. CETIC.BR. *TIC domicílios*: pesquisa sobre o uso das tecnologias de informação e comunicação nos domicílios brasileiros. Disponível em: https://cetic.br/media/docs/publicacoes/2/20201123121817/tic_dom_2019_li-vro_eletronico.pdf. Acesso em: 28 jul. 2021.
36. Sobre o tema, ver: SCHIEFLER, Eduardo André Carvalho; CRISTÓVAM, José Sérgio da Silva; SOUSA, Thanderson Pereira de. Administração Pública digital e a problemática da desigualdade no acesso à tecnologia. *International Journal of Digital Law*, Belo Horizonte, ano 1, n. 2, p. 97-116, maio-ago. 2020.

e a igualdade, a revelar claro descompasso com a Constituição de 1988 e os compromissos nela assumidos, aprofundando as desigualdades socioeconômicas. Inclusive, o custo de acesso à conexão e, portanto, aos serviços públicos – nesse contexto – é de 14% a 12% nos países latino-americanos, ultrapassando 6 vezes o referencial estabelecido pela Comissão de Banda Larga das Nações Unidas, que é de 2%.[37] Ademais, a prestação digital de serviços públicos deve levar em conta a adequação (art. 175, IV da CF/88), acessibilidade (art. 5º, I da Lei 13.460/2017) e regularidade, continuidade, eficiência, segurança, atualidade e generalidade (art. 6º, § 1º da Lei 8.987/1995).

Por derradeiro, o Brasil tem o desafio de pensar políticas públicas para a promoção do acesso aos recursos instrumentais e conectivos, tanto no cenário de pandemia quanto para o futuro sob pena de desidratação constitucional, o que vai de encontro ao processo de ajuste das contas públicas adotado pela Emenda Constitucional 95, que limita as despesas primárias do Estado. O país precisa construir uma agenda clara e possível para o avanço e inclusão digital, inclusive para fazer frente aos compromissos assumidos na Agenda Digital para a América Latina e o Caribe até 2022 (eLAC 2022), aprovada em 24 de novembro de 2020 na VII Conferência Ministerial sobre a Sociedade da Informação da América Latina e o Caribe (CEPAL e Equador). Questão abordada pelo art. 50 da Lei 14.129/2021, mas requer investimentos – na contramão das políticas de austeridade adotadas pelo Brasil.

4. CONSIDERAÇÕES FINAIS

A democracia na era tecnológica tem contornos e desafios próprios. Para além dos aspectos substancial e procedimental, já consolidados em estudos sobre teoria democrática, é pressuroso reconhecer que a digitalização desagua na preocupação com a participação de cidadãs e cidadãos nos espaços políticos tecnológicos e, também, na proteção de dados pessoais.

Dessarte, a democracia digital é compreendida – a partir desse estudo – como uma configuração dos sistemas políticos contemporâneos compromissados com a proteção de direitos no ambiente digital, a procedimentalização para participação da população na elaboração de decisões coletivas por tecnologias de informação e comunicação, abarcando a proteção de dados pessoas – equilibrando os fatores reais de poder.

Relevante destacar que as tecnologias de informação e comunicação não são capazes, por si e espontaneamente, de criar democracia, mas podem ser manipuladas no aperfeiçoamento dos sistemas democráticos. No âmbito tecnológico haverá sempre um exercício de poder: a tecnologia mais avança descamba para a centrali-

---

37. CEPAL. *Universalizar el acceso a las tecnologías digitales para enfrentar los efectos del covid-19*. 2020. Disponível em: https://www.cepal.org/sites/default/files/publication/files/45938/S2000550_es.pdf. Acesso em: 28 jul. 2021.

zação. Isto posto, é determinante que o Estado regule e busque avançar no manejo das tecnologias de informação e comunicação para participação social.

É nesse espaço que a Lei 14.129/2021, ao disciplinar o governo digital no Brasil, estabelece como diretriz a participação social e cria espaços voltados essencialmente à participação social como, por exemplo, as redes de conhecimento e os laboratórios de inovação tecnológica. A referida lei possui diversos indicativos incentivadores de participação, contribuindo para a inserção de cidadãs e cidadãos no ambiente digital da prestação de serviços públicos.

A participação social, no marco do governo digital, é valoroso caminho para a consensualização administrativa – tanto no sentido amplo quanto em sentido restrito. A Lei 14.129/2021 tem a capacidade de aproximar Administração Pública digital dos cidadãos e, igualmente, ainda que não faça a previsão clara acerca da concertação administrativa, prevê procedimento de prestação de serviços públicos, recebimento de solicitações e demandas, estando o administrador autorizado pelo art. 26 da LINDB a selar compromisso, no espectro digital, que viabilize a persecução eficiente dos objetivos constitucionais, proteção da dignidade humana e desenvolvimento. Ora, se as tecnologias de informação e comunicação permitem, ao fim e ao cabo, uma nova modalidade de prestação de serviços públicos e participação, por certo, também devem ser admitidas na perspectiva de buscas consensuais para a eficiência da atuação administrativa.

Em síntese final, cumpre o destacado alerta para o fato de que parte significativa da sociedade brasileira não possui acesso à internet e a dispositivos de tecnologia de informação e comunicação. Tal fenômeno pode acarretar uma limitação e invisibilização e, ao mesmo tempo, comprometer a participação social e a consensualização em matéria de serviços públicos digitais. A Administração Pública brasileira tem o dever e desafio de investir em políticas públicas de acesso tecnológico universalizantes e isonômicas, favorecendo participação e a consensualização.

5. REFERÊNCIAS

AGÊNCIA BRASIL. *Fake news sobre candidatos inundam redes sociais em período eleitoral*. 2018. Disponível em: https://agenciabrasil.ebc.com.br/geral/noticia/2018-10/um-dia-da-eleicao-fake-news-sobre--candidatos-inundam-redes-sociais. Acesso em: 28 jul. 2021.

ALBUQUERQUE, Bruno Marques; SILVA, Fernanda Cláudia Araújo da; SOUSA, Thanderson Pereira de. A era eletrônica da Administração Pública federal: desafios e evolução no cenário brasileiro. *Revista Vianna Sapiens*, Juiz de Fora, v. 8, n. 2, p. 19, 13 dez. 2017. Disponível em: https://viannasapiens.com.br/revista/article/view/245. Acesso em: 28 jul. 2021.

ARAGÃO, Alexandre Santos de. *Direito dos serviços públicos*. 4. ed. 1. reimpr. Belo Horizonte: Fórum, 2021.

BOBBIO, Norberto. *O futuro da democracia:* uma defesa das regras do jogo. 14. ed. Rio de Janeiro/São Paulo: Paz e Terra, 2017.

CASSESE, Sabino. *Las bases del derecho administrativo*. Madrid: INAP, 1994.

CASTELLS, Manuel. *O poder da identidade*. 3. ed. São Paulo: Paz e Terra, v. III, 2002.

CEPAL. *Universalizar el acceso a las tecnologías digitales para enfrentar los efectos del covid-19*. 2020. Disponível em: https://www.cepal.org/sites/default/files/publication/files/45938/S2000550_es.pdf. Acesso em: 28 jul. 2021.

CETIC.BR. *TIC domicílios*: pesquisa sobre o uso das tecnologias de informação e comunicação nos domicílios brasileiros. Disponível em: https://cetic.br/media/docs/publicacoes/2/20201123121817/tic_dom_2019_livro_eletronico.pdf. Acesso em: 28 jul. 2021.

CRISTÓVAM, José Sérgio da Silva. *Administração Pública democrática e supremacia do interesse público*: novo regime jurídico-administrativo e seus princípios estruturantes. Curitiba: Juruá, 2015.

CRISTÓVAM, José Sérgio da Silva; SAIKALI, Lucas Bossoni; SOUSA, Thanderson Pereira de. Governo digital na implementação de serviços públicos para a concretização de direitos sociais no Brasil. *Revista Seqüência*, Florianópolis, n. 84, p. 209-242, abr. 2020.

CRISTÓVAM, José Sérgio da Silva; EIDT, Elisa Berton. A autorização legal para realização de acordos pela Administração Pública e a sua aplicação no âmbito das câmaras administrativas. *Direito do Estado em Debate – Revista Jurídica da Procuradoria Geral do Estado do Paraná* (Edição especial sobre métodos adequados de solução de conflitos envolvendo a Administração Pública), Curitiba, n. 11, p. 55-81, 2020.

DAHL, Robert. *Poliarquia*: participação e oposição. Trad. Celso Paciornik. São Paulo: Editora USP, 1997.

DAHL, Robert. *Sobre a democracia*. Trad. Beatriz Sidou. Brasília: Universidade de Brasília, 2001.

DALLA-ROSA, Luiz Vergílio. Democracia substancial: um instrumento para o poder político. In: CLÈVE, Clèmerson Merlin; PAGLIARINI, Alexandre Coutinho; SARLET, Ingo Wolfgang. *Direitos humanos e democracia*. Rio de Janeiro: Forense, 2007.

EXAME. *O escândalo de vazamento de dados do Facebook é muito pior do que parecia*. 2018. Disponível em: https://exame.com/tecnologia/o-escandalo-de-vazamento-de-dados-do-facebook-e-muito-pior-do-que-parecia/. Acesso em: 28 jul. 2021.

EXAME. *Vazamento de dados teria atingido 92% dos usuários do LinkedIn no mundo*. 2021. Disponível em: https://exame.com/tecnologia/vazamento-de-dados-teria-atingido-92-dos-usuarios-do-linkedin-no-mundo/. Acesso em: 28 jul. 2021.

FEENBERG, Andrew. *Entre a razão e a experiência*: ensaios sobre tecnologia e modernidade. Vila Nova de Gaia, Portugal: Inovatec, 2019.

GALHARDI, Cláudia Pereira; FREIRE, Neyson Pinheiro; MINAYO, Maria Cecília de Souza; FAGUNDES, Maria Clara Marques. Fato ou Fake? Uma análise da desinformação frente à pandemia da Covid-19 no Brasil. *Ciência & Saúde Coletiva*, Rio de Janeiro, v. 25, n. 2, p. 4201-4210, out. 2020.

GOMES, Wilson. *A democracia no mundo digital*: história, problemas e temas. São Paulo: Edições SESC, 2019.

LEVITSKY, Steven; ZIBLATT, Daniel. *Como as democracias morrem*. Rio de Janeiro: Zahar, 2018.

MOROZOV, Evgeny. *Big tech*: a ascensão dos dados e a morte da política. Trad. Claudio Marcondes. São Paulo: Ubu Editora, 2018.

NAPOLITANO, G. Conflicts and strategies in administrative law. *International Journal of Constitutional Law*, v. 12, n. 2, p. 357-369, 2014.

O'NEIL, Cathy. *Algoritmos de destruição em massa*: como o big data aumenta a desigualdade e ameaça à democracia. Trad. Rafael Abraham. Santo André: Editora Rua do Sabão, 2020.

PONCE, Juli. Good administration and administrative procedures, *Indiana Journal of Global Legal Studies*, v. 12, 2005, p. 553. Disponível em: http://www.repository.law.indiana.edu/ijgls/vol12/iss2/10. Acesso em: 28 jul. 2021.

RANCIÈRE, Jacques. *O ódio à democracia*. São Paulo: Boitempo, 2014.

SCHIEFLER, Eduardo André Carvalho; CRISTÓVAM, José Sérgio da Silva; SOUSA, Thanderson Pereira de. Administração Pública digital e a problemática da desigualdade no acesso à tecnologia. *International Journal of Digital Law*, Belo Horizonte, ano 1, n. 2, p. 97-116, maio-ago. 2020.

SUMPTER, David. *Dominados pelos números*: do facebook e google às *fake news* – os algoritmos que controlam nossa vida. Rio de Janeiro: Bertrand Brasil, 2019.

TECMUNDO. *Vazam 13 mil documentos e dados de 227 milhões de brasileiros*. 2021. Disponível em: https://www.tecmundo.com.br/seguranca/222019-exclusivo-vazam-13-mil-documentos-dados-227-milhoes-brasileiros.htm. Acesso em: 28 jul. 2021.

LEGISLAÇÃO

BRASIL. Lei 14.129, de 29 de março de 2021. *Dispõe sobre princípios, regras e instrumentos para o governo digital e para o aumento da eficiência pública*. Disponível em: https://www.in.gov.br/en/web/dou/-/lei-n-14.129-de-29-de-marco-de-2021-311282132. Acesso em: 28 jul. 2021.

BRASIL. Supremo Tribunal Federal. *Plenário conclui julgamento sobre validade do inquérito sobre fake news e ataques ao STF*. 2020. Disponível em: http://portal.stf.jus.br/noticias/verNoticiaDetalhe.asp?idConteudo=445860&ori=1. Acesso em: 28 jul. 2021.

BRASIL. Superior Tribunal de Justiça. *Comunicado da Presidência do STJ*. 2020. Disponível em: https://www.stj.jus.br/sites/portalp/Paginas/Comunicacao/Noticias/06112020-Comunicado-da-Presidencia-do-STJ.aspx. Acesso em: 28 jul. 2021.

15
O PAPEL DO BANCO CENTRAL NA IMPLEMENTAÇÃO DO *OPEN FINANCE* NO BRASIL

Leticia Becker Tavares

Data Protection Officer (DPO) da Quanto, a plataforma pioneira de *Open Finance* no Brasil; certificada pela IAPP como *Privacy Professional Europe* (CIPP/E); Advogada inscrita na OAB-RJ; Pesquisadora e Mestranda em Direito pela USP; Membro do Centro de Direito Bancário da USP; Especializada em Direito dos Contratos e em Direito Digital Aplicado pela FGV-SP; Extensão em Direito em Startups pelo Insper; Graduada em Direito pela UFRJ.

Sumário: 1. Introdução – 2. Competências do BC – 2.1 Fiscalização e regulamentação – 2.2 Estratégia por meio da Agenda BC# – 3. *Open finance* – 3.1 Contextualização – 3.2 Regulação no Brasil: a RC1/20 – 3.3 Governança no *Open Finance* – 4. Desafios regulatórios do *open finance* – 5. Considerações finais – 6. Referências.

1. INTRODUÇÃO

Em 4 de maio de 2020, o Conselho Monetário Nacional ("CMN") em conjunto com o Banco Central do Brasil ("BC"), no âmbito de suas atribuições[1], publicaram a Resolução Conjunta 1 ("RC1/20"), que estabeleceu sobre a implementação do Sistema Financeiro Aberto no Brasil – o *Open Finance*.

Conceitualmente, o Sistema Financeiro Aberto significa "o compartilhamento padronizado de dados e serviços por meio de abertura e integração de sistemas".[2] Em outras palavras, trata-se da troca de dados financeiros por meio de uma API (Interface de Programação de Aplicações; ou *Application Programming Interface*, em inglês)[3], que seria um conjunto de instruções de programação que permite a comunicação entre *softwares* de diferentes instituições financeiras e instituições de pagamentos.

O *Open Finance* busca entregar os dados financeiros diretamente ao consumidor. Isso significa que é possível levar essas informações para outras instituições financeiras e/ou instituições de pagamento que podem usar este dado para conhecer melhor o consumidor financeiro e oferecer serviços e/ou produtos adequados àquele perfil.

---

1. "Em linhas gerais, enquanto o primeiro [CMN] normalmente emite normas reguladoras, o segundo [BC] executa as referidas normas mediante atos fiscalizadores e sancionatórios". In: SALOMÃO NETO, Eduardo. *Direito bancário*. 3 ed. rev. e ampl. – São Paulo: Trevisan Editora, 2020. p. 119.
2. Nos termos do art. 2º, inciso I, da RC1/20.
3. "A partir de APIs é possível criar softwares, aplicativos, programas Siglas, termos e abreviações e plataformas diversas, como os apps desenvolvidos para celulares Android e iPhone (iOS), que são criados a partir de padrões definidos e disponibilizados pelas APIs de cada sistema operacional". In: https://blog.quan.to/pt/ebook-glossario-open-banking. Acesso em: 16 out. 2021.

Portanto, a premissa principal é de que o consumidor financeiro é o dono de seus dados financeiros, e não as instituições que os detém – assim, busca-se empoderar o consumidor.

O Brasil tem se espelhado, em grande medida, em iniciativas e modelos internacionais de sistemas financeiros abertos, como é o caso do modelo da União Europeia e do Reino Unido. Ao redor do mundo, o *Open Finance* tem como principal objetivo a redução da assimetria de informação entre os atores do mercado, promovendo competitividade principalmente na concessão de crédito. Porém, as iniciativas regulatórias tiveram contextos e objetivos diferentes.

O regulador brasileiro trouxe o *Open Finance* com os seguintes objetivos (i) incentivar a inovação; (ii) promover a concorrência; (iii) aumentar a eficiência do Sistema Financeiro Nacional e do Sistema de Pagamentos Brasileiro; e (iv) promover a cidadania financeira.[4] Para fins de interpretação das disposições trazidas pelo BC na RC1/20, é necessário sempre relembrar os objetivos.

O BC mantém duas frentes na implementação do *Open Finance*: moldura regulatória e padrões de tecnologia. Na norma, o regulador dispôs sobre pontos importantes, como os critérios de participação, o escopo mínimo de dados compartilhados e o fluxo geral de compartilhamento. Além disso, estabeleceu que o mercado deveria se organizar e definir os padrões técnicos e uma série de definições mais específicas para o funcionamento do ecossistema no Brasil, de maneira consultiva.

Embora a iniciativa de regulação consultiva tenha como objetivo envolver os agentes participantes do novo ecossistema com o objetivo de garantir a representatividade e pluralidade das instituições, bem como acesso não discriminatório e mecanismos de mitigação de conflitos de interesse, não deixa de ser desafiador o equilíbrio entre diferentes partes interessadas.

Outro grande desafio é identificar e compreender as partes interessadas (*stakeholders*) direta ou indiretamente na implementação do *Open Finance*. Considerado o amplo escopo, é possível questionar até que ponto vão as competências do BC e/ou CMN em regularem questões que envolvem concorrência, mercado de capitais, direito do consumidor e proteção de dados. Importante salientar que o sucesso de projetos como o *Open Finance* pode depender do gerenciamento adequado das partes interessadas (*stakeholders*).[5]

O presente artigo tem como objetivo analisar o papel que o BC tem desempenhado ao longo da implementação do *Open Finance* no Brasil. Embora a norma já tenha sido publicada, o novo sistema ainda está em fase de implementação e, portanto, não deve ser considerada a interpretação definitiva e esgotada do assunto, que merece uma constante atualização e compreensão do fenômeno regulatório ao longo do tempo.

---

4. Nos termos do artigo 3° da RC1/20.
5. SBRAGIA, R.; GIGLIO, C. Nagai; PIMENTA, A. The role of stakeholders management on project results. *International Journal of Project Management*, submitted, June 2021. p. 1.

15 • O PAPEL DO BANCO CENTRAL NA IMPLEMENTAÇÃO DO *OPEN FINANCE* NO BRASIL 289

Para facilitar a compreensão, este artigo foi dividido nos seguintes tópicos (i) esta introdução; (ii) competências do BC no sentido amplo; (iii) uma contextualização geral sobre *Open Finance* no mundo e no Brasil; (iv) desafios na regulação do *Open Finance* pelo BC; e (v) as considerações finais.

2. COMPETÊNCIAS DO BC

2.1 Fiscalização e regulamentação

Antes de adentrar na temática sobre a regulação do *Open Finance*, é importante esclarecer brevemente os aspectos relativos à competência do BC para que possamos compreender alguns dos desafios regulatórios que serão apresentados no item 4 abaixo.

O BC foi criado pela Lei 4.595, de 31 de dezembro de 1964 ("Lei 4.595/64") como uma autarquia federal. Desde a Lei Complementar 179, de 24 de fevereiro de 2021 ("LC 179/21"), possui autonomia técnica, operacional, administrativa e financeira. A autarquia tem por objetivo fundamental assegurar a estabilidade de preços, zelar pela estabilidade e pela eficiência do sistema financeiro, suavizar as flutuações do nível de atividade econômica e fomentar o pleno emprego.[6]

Cumpre esclarecer que o artigo 164 da Constituição da República ("CRFB/88")[7] define as competências e atribuições do BC em conjunto com os arts. 8º a 16 da citada Lei 4.595/64, alterada pela LC 179/21. Em linhas gerais, o BC atua como executor fiscal das leis e das normas do CMN sobre matéria bancária, além de possuir poderes para atuar como um agente econômico.[8]

Além disso, é necessário discorrer sobre o CMN, que é um órgão integrante da administração federal direta. O CMN tem por finalidade formular a política monetária e do crédito com o objetivo de atingir o progresso econômico e social do Brasil. Existem mecanismos que promovem a integração funcional e comunicação entre o CMN e o BC, além de possibilitar o controle do CMN sobre o BC.[9]

A Lei 12.865, de 9 de outubro de 2013 ("Lei 12.865/13") estabeleceu a competência do BC para regulamentar os arranjos e as instituições de pagamento. É importante salientar que as competências normativas do BC devem atender às diretrizes

---

6. Art. 1º, parágrafo único, da LC 179/21.
7. Apenas para referência, o art. 164 da CRFB/88 dispõe: "Art. 164. A competência da União para emitir moeda será exercida exclusivamente pelo banco central. § 1º É vedado ao banco central conceder, direta ou indiretamente, empréstimos ao Tesouro Nacional e a qualquer órgão ou entidade que não seja instituição financeira. § 2º O banco central poderá comprar e vender títulos de emissão do Tesouro Nacional, com o objetivo de regular a oferta de moeda ou a taxa de juros. § 3º As disponibilidades de caixa da União serão depositadas no banco central; as dos Estados, do Distrito Federal, dos Municípios e dos órgãos ou entidades do Poder Público e das empresas por ele controladas, em instituições financeiras oficiais, ressalvados os casos previstos em lei."
8. SALOMÃO NETO, Eduardo. *Direito bancário*. 3 ed. rev. e ampl. – São Paulo: Trevisan Editora, 2020. p. 117.
9. Ibidem, p. 118-120.

emitidas pelo CMN. Em decorrência das competências atribuídas ao BC, o regulador publicou uma série de normas setoriais supervenientes para assegurar a solidez e eficiência do Sistema de Pagamentos Brasileiro (SPB).

A supervisão feita pelo BC às instituições de pagamento se baseia, portanto, em uma percepção de risco e se pauta no monitoramento e na supervisão. Além da competência de fiscalização, o BC tem a prerrogativa de apurar fatos ou aplicar penalidades, em caso de infrações às regulamentações aplicáveis às instituições, por meio de um processo administrativo sancionador.[10]

É relevante enfatizar que a Lei 4.595/64 é diferente da Lei 12.865/13 na medida em que a primeira confere ao CMN a competência regulatória de atividades pertencentes ao Sistema Financeiro Nacional (SFN); ao passo que a última define o BC com a competência de atividades pertencentes ao Sistema de Pagamentos Brasileiro (SPB).

Portanto, dentre as competências que são atribuídas tanto ao CMN quanto ao BC estão de emitir normas gerais e abstratas que "visam à regulação da moeda, da atividades das instituições financeiras [e das instituições de pagamentos] ou das operações de câmbio"[11], sempre enquadradas nos limites autorizados pelas leis referentes ao Sistema Financeiro Nacional. A regulamentação emitida pode revogar leis anteriores que sejam incompatíveis a ela, independente de hierarquia normativa.[12]

2.2   Estratégia por meio da Agenda BC#

No âmbito de suas competências e sob as diretrizes do CMN, a cada 4 anos, o BC define o planejamento estratégico, que compreende a definição de diretrizes, objetivos, planos e ações, além de critérios de priorização e alinhamento entre organizações e partes interessadas. O processo é feito por meio de planos de ação e de acompanhamento de execução. Para fins deste estudo, estamos considerando o Plano Estratégico Institucional (PEI-BCB) formulado para o período de 2020 a 2023.[13]

Os objetivos estratégicos do BC norteiam os temas, que por sua vez se desdobram em ações. Dentre as ações estratégicas, faz parte a Agenda BC#[14], que foca em cinco aspectos para a democratização financeira, sendo elas a inclusão, competitividade, sustentabilidade e transparência. O projeto é centrado na evolução tecnológica para desenvolver questões estruturais do mercado financeiro. O grande objetivo é a democratização do Sistema Financeiro.

---

10. RAGAZZO, Carlos. *Regulação de meios de pagamento*. Instituto Propague (Org). Diagramação eletrônica: Thomson Reuters. 2020. p. 55-57.
11. RAGAZZO, Carlos. *Regulação de meios de pagamento*. Instituto Propague (Org). Diagramação eletrônica: Thomson Reuters. 2020. p. 120.
12. Ibidem, p. 135.
13. Para mais informações, o planejamento estratégico do BC está disponível em: https://www.bcb.gov.br/acessoinformacao/planejamentoestrategico. Acesso em: 18 out. 2021.
14. Apresentação institucional da Agenda BC# disponível em: https://www.bcb.gov.br/conteudo/home-ptbr/TextosApresentacoes/Apresenta%C3%A7%C3%A3o_agenda_BC_maio_2019_aprovacao.pdf.. Acesso em: 18 out. 2021.

Pretendendo o presente artigo tratar sobre o *Open Finance*, é necessário analisar com mais detalhes o aspecto da competitividade na Agenda BC#. A dimensão da competitividade tem como objetivo buscar uma adequada precificação por meio de instrumentos de acesso competitivo aos mercados. O BC adotou como premissa de que existem diversas inovações, impulsionadas por tecnologia, que incentivam a competição, porém há desafios para reduzir barreiras, agilizar procedimentos e gerenciar os riscos.

Para incentivar a concorrência nos Sistemas Financeiro e de Pagamentos, o BC traz três objetivos principais (i) eficiência de mercado; (ii) reservas internacionais; e (iii) inovações. Dentre as ações e entregas previstas para preparar o sistema financeiro para um futuro tecnológico e inclusivo está a implementação do *Open Finance* no Brasil como um dos principais projetos do BC.[15]

3. *OPEN FINANCE*

3.1 Contextualização

O surgimento de iniciativas de sistemas financeiros abertos tem um contexto sociológico e cultural[16]: a digitalização da economia global estimulou a adoção de estratégias inovadoras e a transformação do setor bancário. Além disso, como grande catalisador desse movimento, a crise da pandemia Covid-19 aumentou a necessidade de serviços de banco digital. Portanto, foi pavimentado o caminho para a prevalência de serviços bancários abertos.

A valorização dos dados financeiros se deu mediante a inovação de novas tecnologias e da entrada dessas tecnologias no mercado financeiro. Não por coincidência, grandes empresas de tecnologia estão entrando em serviços financeiros com o objetivo de aumentar os dados de usuários de seus negócios existentes junto com os dados obtidos em *e-commerce* e mídia social. Os dados financeiros têm a capacidade de fornecer todo o perfil financeiro e, até mesmo, o momento de vida do consumidor financeiro.

Nesse contexto de novos serviços financeiros, a União Europeia, uma das precursoras do *Open Finance* no mundo, endereçou o tema por meio da Diretiva de Serviços de Pagamento UE 2015/2366, a *Second Payment Services Directive*, que é conhecida como a "PSD2". A norma veio para regulamentar a prestação de serviços de pagamento e aumentar a competição do setor, prevendo as figuras regulatórias do iniciador de transação de pagamentos e do agregador de informações – ambos enquadrados como instituições de pagamento.

---

15. Para mais informações, "Agenda BC# – Uma pauta para o sistema financeiro do futuro", disponível no YouTube Brasil, no canal do Banco Central do Brasil, 9 de janeiro de 2020. Disponível em: https://www. youtube.com/watch?v=Jzunf4VZLuU.
16. PEREZ, Rafaella Di Palermo; STROHL, Juliana. Open Banking: contexto cultural e experiência internacional. In: EROLES, Pedro (Org.). *Fintechs, Bancos Digitais e Meios de Pagamento*: aspectos regulatórios das novas tecnologias financeiras. São Paulo: Quartier Latin, 2019. v. I. p. 32-33.

A adoção do *Open Finance* no Reino Unido foi uma iniciativa de reguladores financeiros e da concorrência. A regulamentação foi focada no setor bancário e teve um viés concorrencial porque foi trazida pela *Competition and Market Authority* – a CMA, autoridade concorrencial britânica.[17] A implementação do *Open Finance* ficou a cargo de uma entidade criada pelo CMA, a *Open Finance Implementation Entity* – OBIE. A OBIE é uma entidade controlada pela CMA e financiada pelos nove maiores bancos do Reino Unido.[18]

Do ponto de vista prático, a experiência do *Open Finance* no Reino Unido tem sido usada de exemplo quanto à grande dificuldade de se efetuarem as conexões e, principalmente, quanto à barreira na experiência do usuário ao interagir com os fluxos de *Open Finance*. Isso está sendo considerado no Brasil, como será melhor esclarecido a seguir.

Na Austrália, a proposta foi trazida pela *Australian Competition & Consumer Commission*, ou seja, sob um olhar mais consumerista. A iniciativa veio de um desdobramento do *Consumer Data Right* (Direito do Consumidor sobre os Dados), que visa empoderar os consumidores ao devolver o controle de seus dados mantidos pelas empresas. O *Consumer Data Right* não é destinado exclusivamente ao mercado financeiro, como também para outros setores da economia.

Em ações promovidas tanto pelo governo, quanto pelos participantes do mercado, caracterizado como um modelo híbrido, Hong Kong trouxe em 2018 as diretrizes para a implementação de APIs abertas para o *Open Finance*, por meio da *Open API Framework for the Hong Kong Banking Sector.*[19]

Ainda, é possível verificar iniciativas dos próprios participantes do mercado, como é o caso dos Estados Unidos.[20] Não há uma regulamentação, contudo, já existem iniciativas de uniformização de APIs de maneira orgânica por meio de parcerias contratuais com terceiros.

É importante destacar os diferentes tipos de iniciativas de sistemas financeiros abertos porque foram citadas pelo BC no Voto 111/2020-BCB, de 22 de abril de 2020 (Exposição de Motivos da RC1/20).[21] O BC trouxe três modelos de iniciativas (i)

---

17. Para mais informações, CMA. *Retail Banking market investigation*: Final Report. 9 ag. 2016. Disponível em: https://assets.publishing.service.gov.uk/media/57ac9667e5274a0f6c00007a/retail-banking-market-investigation-full-final-report.pdf. Acesso em: 18 out. 2021.

18. Royal Bank of Scotland, Santander, Barclays, HSBC, Lloyds, Nationwide, Danske Bank, Allied Irish Banks e Bank of Ireland.

19. *Open API Framework for the Hong Kong Banking Sector.* 18 jul. 2018. Disponível em: https://www.hkma.gov.hk/media/eng/doc/key-information/press-release/2018/20180718e5a2.pdf Acesso em: 17 out. 2021.

20. Para mais informações de iniciativas globais de Open Finance, veja o artigo da Deloitte. *Open Finance around the world. Towards a cross-industry data sharing ecosystem*. Disponível em: https://www2.deloitte.com/global/en/pages/financial-services/articles/open-banking-around-the-world.html. Acesso em: 16 out. 2021.

21. Voto 111/2020-BCB, de 22 de abril de 2020. Assuntos de Regulação – Propõe edição de resolução conjunta que dispõe sobre a implementação do Sistema Financeiro Aberto (Open Banking). 29 abr. 2020. Disponível em: https://www.bcb.gov.br/estabilidadefinanceira/exibenormativo?tipo=Resolu%C3%A7%C3%A3o%20Conjunta&numero=1. Acesso em: 17 out. 2021.

15 • O PAPEL DO BANCO CENTRAL NA IMPLEMENTAÇÃO DO *OPEN FINANCE* NO BRASIL

participantes do mercado; (ii) governos, notadamente reguladores financeiros ou de concorrência dos mercados; e (iii) híbrido, pelas diferentes partes interessadas.

No Brasil, as discussões no mercado foram iniciadas pelo BC em 2018, reunindo as associações de banco, instituições de pagamento, *fintechs*, cooperativas de crédito e outros representantes da indústria. O objetivo do BC era harmonizar aspectos regulatórios, concorrenciais, proteção de dados e de direito do consumidor, já contemplando o contexto internacional, de maneira mais ampla. Desse trabalho, resultou no Comunicado nº 33.455, de 24 de abril de 2019, em que o BC publicou os requisitos fundamentais para a implementação do *Open Finance* no Brasil e que submeteria atos normativos sobre o assunto a um processo de consulta pública ainda em 2019.

Na Consulta Pública 73, de 28 de novembro de 2019 ("CP 73"), o BC divulgou as minutas de circular e de resolução para avaliação e comentários do mercado com o objetivo de disciplinar a implementação do Sistema Financeiro Aberto no Brasil por parte de instituições financeiras e demais instituições autorizadas a funcionar pelo BC.

Em razão da CP 73, o BC fez consultas a organismos internacionais, bem como reguladores, supervisores e empresas de consultoria que auxiliaram na implementação do *Open Finance* em outros países. Em especial, o BC utilizou subsídios dos modelos do Reino Unido e da Austrália. Ainda, considerando o amplo escopo proposto para o *Open Finance*, o BC já se manifestou no sentido de que entende que eventualmente será necessária a articulação com reguladores setoriais.

Como resultado desta Consulta, o CMN e o BC publicaram a RC1/20, já mencionada na Introdução. A Resolução foi publicada em conjunto considerando as diferentes competências legais conferidas ao CMN e ao BC, conforme foi melhor esclarecido no item 2. O BC concluiu que se fazia "necessária a edição de mais de um ato normativo", sob o risco "fragmentar o assunto e dificultar o completo entendimento pelas entidades reguladas."[22]

3.2   Regulação no Brasil: a RC1/20

A RC1/20 disciplina aspectos para o funcionamento do *Open Finance* por meio de definições importantes, objetivos da regulação e os princípios a que se sujeita. Um dos pontos que demonstra a amplitude do *Open Finance* é justamente a respeito do escopo mínimo de dados e serviços previsto na Resolução.[23] Diante do nível de complexidade e necessidade de testar o sistema de compartilhamento de dados de

---

22. Voto 111/2020-BCB, de 22 de abril de 2020. Assuntos de Regulação – Propõe edição de resolução conjunta que dispõe sobre a implementação do Sistema Financeiro Aberto (Open Finance). 29 abr. 2020. Disponível em: https://www.bcb.gov.br/estabilidadefinanceira/exibenormativo?tipo=Resolu%C3%A7%C3%A3o%20 Conjunta&numero=1. Item 5. Acesso em: 17 out. 2021.

23. Para mais informações, a Circular 4.015, de 4 de maio de 2020 dispõe sobre o escopo de dados e serviços do Sistema Financeiro Aberto (Open Finance) e a Instrução Normativa BCB n. 131, de 22 de julho de 2021, que divulga a versão 3.0 do Manual de Escopo de Dados e Serviços no Open Finance. Disponível em: https://www.bcb.gov.br/estabilidadefinanceira/exibenormativo?tipo=Instru%C3%A7%C3%A3o%20 Normativa%20BCB&numero=131. Acesso em: 20 out. 2021.

maneira consistente e segura, o regulador propôs a implementação gradual e faseada, da seguinte forma:

i) Fase 1 (início em 01/02/2021): dados públicos das instituições financeiras – as instituições financeiras disponibilizam dados de forma padronizada (canais de atendimento e de produtos e serviços);

ii) Fase 2 (início em 13/08/2021): compartilhamento de dados cadastrais e transacionais de contas e crédito – o consumidor poderá compartilhar seus dados com as instituições de sua preferência por meio do consentimento;

iii) Fase 3 (início previsto para 29/10/2021[24]): serviços de iniciação de pagamento e encaminhamento de proposta de crédito – nesta fase, o consumidor não precisa acessar os canais das instituições financeiras com as quais já tem relacionamento;

iv) Fase 4 (início em 15/12/2021): dados transacionais dos demais produtos, como contratação de operações de câmbio, investimentos, seguros e previdência privada.

O *Open Finance* consiste na formação de um verdadeiro novo ecossistema, não apenas de um produto financeiro. Por meio de faseamento e escalonamentos das fases de compartilhamento de dados e serviços, o BC tem como objetivos (i) fornecer o tempo necessário para que sejam convencionados previamente os padrões tecnológicos e procedimentos operacionais de cada fase, bem como (ii) possibilitar que as instituições participantes possam adaptar seus sistemas e processos e testarem as suas interfaces de maneira segura.

Existem dois tipos de instituições participantes do *Open Finance* Brasil: obrigatórios e voluntários. Também está contemplada nos modelos de participação a possibilidade das instituições participantes, de maneira obrigatória ou voluntária, realizarem parcerias autorizadas pelo BC, nos termos do artigo 36 e seguintes da RC1/20.[25] O compartilhamento de dados e do serviço de iniciação de transação de pagamento é obrigatório entre as instituições participantes.

São obrigatórias (i) No caso do compartilhamento de dados, as instituições enquadradas nos segmentos S1 e S2 da Resolução 4.553, de 30 de janeiro de 2017[26], exceto os conglomerados prudenciais que não prestem serviços relacionados aos dados transacionais de clientes; (ii) no caso de compartilhamento de serviço de iniciação de transação de pagamento, as instituições detentoras de conta de depósito à vista ou de pagamento pré-pago e as instituições iniciadoras de transação de

---

24. Datas consideradas no fechamento do presente artigo, em 20/10/2021. As datas estão sujeitas a alterações.

25. Nos termos do artigo 36 da RC1/20, "É admitida a contratação de parceria por parte das instituições [participantes] (...) com entidades não autorizadas a funcionar pelo Banco Central do Brasil. (...)".

26. Conforme definição do art. 2º da Resolução 4.553, de 30 de janeiro de 2017: "(...) O S1 é composto pelos bancos múltiplos, bancos comerciais, bancos de investimento, bancos de câmbio e caixas econômicas que: I – tenham porte igual ou superior a 10% (dez por cento) do Produto Interno Bruto (PIB); ou Resolução 4.553, de 30 de janeiro de 2017 II – exerçam atividade internacional relevante, independentemente do porte da instituição. (...) O S2 é composto: I – pelos bancos múltiplos, bancos comerciais, bancos de investimento, bancos de câmbio e caixas econômicas, de porte inferior a 10% (dez por cento) e igual ou superior a 1% (um por cento) do PIB; e II – pelas demais instituições de porte igual ou superior a 1% (um por cento) do PIB." [grifos próprios]. Disponível em: https://www.bcb.gov.br/estabilidadefinanceira/exibenormativo?tipo=Resolu%C3%A7%C3%A3o&numero=4553. Acesso em: 20 out. 2021.

pagamento; e (iii) no caso de compartilhamento de serviços de encaminhamento de proposta de crédito, as instituições reguladas que tenham firmado contrato de correspondente no país, para receber e encaminhar, por meio eletrônico, propostas de operações de crédito.

De forma voluntária, podem participar as instituições financeiras e instituições de pagamento autorizadas a funcionar pelo BC, desde que disponibilizem interface dedicada na condição de instituição transmissora de dados e registrem a sua participação no repositório de participantes, o Diretório Central, que é um dos principais componentes da arquitetura do *Open Finance*. Todas as informações podem ser encontradas no site do *Open Finance* Brasil, na área de participantes.[27]

A participação obrigatória poderá ser dispensada pelo BC com base em critérios relacionados à quantidade e à natureza de clientes, aos tipos de serviços contratados e distribuídos, bem como aos canais de acesso eletrônicos disponíveis e utilizados pelos clientes. De acordo com o CMN e o BC, a inserção do novo dispositivo[28] na RC1/20 se fez necessária ao perceberem durante a implementação do sistema que existem especificidades em modelos de negócios de certas instituições que não justificariam a sua participação obrigatória. Por exemplo, algumas instituições não possuem contas de livre movimentação ou não são movimentáveis por meio de canal eletrônico.[29]

Em relação ao compartilhamento de acesso a dados e serviços do *Open Finance*, a solicitação compreende três etapas principais: (i) consentimento do cliente; (ii) autenticação; e (iii) confirmação. A norma determina que as etapas devem ocorrer de forma sucessiva, ininterrupta e exclusivamente por meios eletrônicos. Portanto, o consumidor financeiro é empoderado por meio de uma ação ativa em decidir se permite o compartilhamento, a finalidade e quais instituições podem ter acesso aos seus dados. Da mesma maneira, o cliente tem o direito de revogar o consentimento.

Além de detalhar as etapas para o compartilhamento, que envolve o consentimento do consumidor financeiro, a RC1 também estabelece regras concernentes à responsabilidade das instituições no âmbito do *Open Finance*. Assim, foram disciplinadas as regras gerais sobre o tratamento de demandas encaminhadas pelos clientes, a designação de diretor responsável pelo compartilhamento, os mecanismos de acompanhamento e de controle e de ressarcimento entre as instituições participantes.

---

27. Para informações sobre o Open Finance, entidades participantes e registro das instituições: https://openbankingbrasil.org.br/.

28. Inserido § 4º no artigo 6º da RC1/2022, por meio da Resolução Conjunta 4, de 24 de março de 2022, em vigor a partir de 2 de maio de 2022. Disponível em: https://www.bcb.gov.br/estabilidadefinanceira/exibenormativo?tipo=Resolu%C3%A7%C3%A3o%20Conjunta&numero=4. Acesso: 5 abr. 2022.

29. Conforme esclarecido no Voto 42/2022-CMN, de 24 de março de 2022. Disponível em: https://www.bcb.gov.br/estabilidadefinanceira/exibenormativo?tipo=Resolu%C3%A7%C3%A3o%20Conjunta&numero=4. Acesso: 5 abr. 2022. p. 3.

De modo a trazer a participação ativa do mercado na implementação do novo ecossistema, o regulador instituiu a celebração de uma convenção[30] entre as instituições participantes para definir[31], por exemplo, os padrões tecnológicos e os procedimentos operacionais e questões relativas a regras como de ressarcimento e resolução de disputas.

A princípio, as decisões dos participantes para serem incluídas na convenção serviam de insumo para a atividade normativa normal do BC. Em outras palavras, as instituições participantes atuam em um papel meramente consultivo. Contudo, o BC fez alterações na RC1/20 justamente para garantir uma maior efetividade às obrigações contidas na convenção, dando poderes às instituições de tomarem medidas para coibir o descumprimento de especificações contidas em documentos elaborados pela estrutura de governança.[32] O regulador participa diretamente de todo o processo de regulação que é feito em conjunto com a estrutura de governança responsável pelo processo de implementação do *Open Finance* no Brasil[33], como fornece insumos e poderes para que as instituições apliquem medidas em caso de descumprimento da convenção e dos documentos internos elaborados no âmbito da implementação.

Em 24 de março de 2022, o BC e o CMN publicaram a Resolução Conjunta 4, no âmbito do processo de implementação do Open Banking no Brasil, que alterou a RC1/20 para, dentre outras mudanças e esclarecimentos, atualizar a nomenclatura de *Open Banking* para *Open Finance*. O objetivo da atualização é aumentar a predisposição do publica em geral à utilização de produtos e serviços por meio de uma melhor compreensão do tema. Outra alteração relevante diz respeito à Estrutura Definitiva de implementação do sistema, que será detalhado no item 3.3 a seguir.

3.3 Governança no *Open Finance*

Como visto acima, as instituições participantes do *Open Finance* têm a responsabilidade de implementar de forma padronizada o que foi determinado pelo BC. Sendo assim, no âmbito de suas atribuições, o BC criou a Estrutura de Governança.[34]

A RC1/20 e a Circular 4.032, de 23 de junho de 2020 definiram uma estrutura de três níveis (decisório, administrativo e técnico) para a regulação do *Open Finance*

---

30. A Resolução BCB 109, de 24 de junho de 2021, estabelece os cronogramas de submissão de convenção e de implementação, por parte das instituições participantes do *Open Finance*, do compartilhamento de dados e serviços de que trata a RC1/20.
31. O art. 44 da RC1/20 estabelece os aspectos que devem ser celebrados entre as instituições para serem incluídos na convenção.
32. As alterações entram em vigor a partir de 2 de maio de 2022, com a Resolução Conjunta 4, de 24 de março de 2022.
33. Nos termos do art. 46 da RC1/20, cabe ao Banco Central, no âmbito da implementação do Open Finance, (i) estabelecer a estrutura inicial responsável pela governança do processo de implementação; e (ii) participar do processo de elaboração da convenção, de forma a garantir o cumprimento dos objetivos e princípios da RC1/20.
34. A Circular 4.032, de 23 de junho de 2020 dispõe sobre a estrutura inicial responsável pela governança do processo de implementação do sistema financeiro aberto.

e definiu uma série de entregáveis para cada uma das quatro fases do sistema, conforme já detalhado no item acima.

Em linhas gerais, a Estrutura de Governança é composta pelo (i) Conselho Deliberativo, responsável por decidir sobre as questões necessárias para a implementação do *Open Finance* e propor ao BC os padrões técnicos do *Open Finance*, considerado o nível decisório; o (ii) Secretariado, que organiza e coordena os trabalhos, considerado o nível administrativo; e os (iii) Grupos Técnicos, encarregados de elaborar estudos e propostas técnicas para a implementação do ecossistema, considerado o nível técnico.

O BC acompanha todas as discussões nos Grupos Técnicos e no Conselho Deliberativo, de forma a assegurar que sejam cumpridos os princípios, objetivos e diretrizes estabelecidos na RC1/20. Observado o cronograma de implementação do *Open Finance*, os padrões técnicos submetidos pela Estrutura de Governança ao BC são analisados e incorporados, no todo ou em parte, à regulamentação de responsabilidade da autarquia, no que couber, ou proposta sua incorporação à regulamentação de competência do CMN.

O Conselho Deliberativo é composto por 7 representantes[35] com direito a voto, sendo eles 1 conselheiro independente, que não tem relação direta com as empresas envolvidas na implementação do sistema, e 6 conselheiros indicados por associações ou grupos de associações do mercado financeiro. Na Estrutura, cada representante, chamado de "cadeira"[36], tem o papel de defender os interesses de suas associadas, além de reforçar os benefícios do *Open Finance* para a sociedade.

O grupo do Secretariado tem por objetivo organizar os planos de trabalho e as propostas técnicas apresentadas pelos Grupos Técnicos. O Secretariado também é responsável pela gestão do orçamento da Estrutura de Governança e coordenação de todas as atividades administrativas, auxiliando os Grupos Técnicos com as demandas e transmitindo ao Conselho Deliberativo os status das implementações. Seus membros são escolhidos pelo Conselho Deliberativo.

Por sua vez, os Grupos Técnicos são compostos por quatro representantes de cada cadeira do Conselho Deliberativo. O escopo de cada GT foi definido com base nos entregáveis do projeto. Além disso, foi criado um Grupo Técnico para cuidar da implementação, dividido em três grupos de trabalho (Diretório, Portal e Service Desk). Alguns Grupos Técnicos também foram se especializando em subgrupos, como

---

35. Até a presente data, fazem parte da Estrutura de Governança: 1.1. Federação Brasileira de Bancos (Febraban); 1.2 Associação Brasileira de Bancos (ABBC); 1.3. Organização das Cooperativas Brasileiras (OCB); 2.1. Associação Brasileira das Empresas de Cartões de Crédito e Serviços (Abecs); 2.2. Associação Brasileira de Instituições de Pagamentos (Abipag), Associação Brasileira de Internet (Abranet) e Câmara Brasileira de Comércio Eletrônico (Câmara-e.net); 2.3. Associação Brasileira de Crédito Digital (ABCD) e Associação Brasileira de Fintechs (ABFintechs).

36. O Comunicado 35.895, de 6 de julho de 2020 divulgou as associações e grupos de associações elegíveis a participar do processo eletivo para a indicação de representantes para o Conselho Deliberativo da estrutura inicial responsável pela governança do processo de implementação do Sistema Financeiro Aberto (Open Finance). Disponível em: https://www.bcb.gov.br/estabilidadefinanceira/exibenormativo?tipo=Comunicado&numero=35895. Acesso em: 20 out. 2021.

o subgrupo de Segurança encarregado de definir um novo protocolo de certificado digital junto ao ICP para autenticação de participantes.

Embora a iniciativa de regulação do BC com participação dos agentes do mercado regulado tenha como objetivo envolver os participantes do novo ecossistema com o objetivo de garantir a representatividade e pluralidade das instituições, bem como acesso não discriminatório e mecanismos de mitigação de conflitos de interesse, as regras não tornam o projeto menos desafiador.

Muito se menciona que a estrutura de implementação proposta pelo BC se trata de uma autorregulação, ou seja, formou-se um instituto de organização coletiva nos setores regulados pelo CMN e BC "por meio do conjunto de regras e procedimentos dos participantes com a finalidade de alinhamento de melhores práticas".[37] Assim, o papel desempenhado pelo BC no âmbito da Estrutura seria necessário para regular conflitos de interesses e possibilitar a entrada de novos participantes. Assim, seria possível defender que se trata de uma "autorregulação assistida"[38], uma vez que o BC tem a prerrogativa de recusar as propostas da Estrutura.

Por meio da Resolução Conjunta 4, de 24 de março de 2022, os reguladores propuseram incluir expressamente na convenção a obrigação de definição de procedimentos de monitoramento, por parte da estrutura definitiva da Governança, quanto ao cumprimento, pelas instituições participantes, de suas obrigações no âmbito do Open Banking. Assim, os reguladores permitem que os próprios membros da Estrutura Definitiva possam aplicar medidas em caso de descumprimento de suas obrigações.

No contexto dos desafios da autorregulação, existem (i) preocupações entre as instituições participantes relacionados à responsabilidade decorrente do compartilhamento de dados; (ii) balanceamento entre segurança e acesso facilitado (*user friendly* – melhor experiência do usuário); (iii) interesses de diferentes modelos de negócio e representatividade de *stakeholders*. Além disso, do ponto de vista regulatório, os Grupos Técnicos têm levantado dúvidas sobre as competências do BC e/ou CMN para questões relacionadas à proteção de dados, direito do consumidor, segurança e outros.

4. DESAFIOS REGULATÓRIOS DO *OPEN FINANCE*

Uma vez apresentados os conceitos gerais do *Open Finance* e compreendido o modelo de implementação que implica em uma atuação mais direta do BC no processo de criação de regras e padrões aplicáveis aos participantes, resta refletir sobre os objetivos da RC1/2020 e o conceito de *Open Finance*.

---

37. MARCHESANO, Carolina Alencar; CANGUSSU, Matheus Henrique Bonin. Estrutura de Governança do Open Banking e Autorregulação Assistida no Mercado de Pagamento. In: EROLES, Pedro (Org.). *Fintechs, Bancos Digitais e Meios de Pagamento*. Aspectos Regulatórios das novas Tecnologias Financeiras. São Paulo: Quartier Latin, 2021. v. 4. p. 172.
38. Ibidem, p. 173.

Tem-se que o modelo regulatório proposto pelo CMN e BC é constituído por uma governança legalizada e sujeita à participação de grupos de interesse, representados nas discussões iniciadas pelo BC em 2018, na CP 73 e, por fim, na Estrutura de Governança. Por um lado, a CP 73 permitiu a participação pública geral, por outro, a Estrutura de Governança responsável por implementar o *Open Finance* na prática é constituída por um grupo pré-determinado pelo BC por meio de regulamentação e por agentes regulados.

Ao longo processo de regulamentar o *Open Finance* no Brasil, que continua sendo desenvolvido, é possível defender que os reguladores financeiros fizeram um planejamento na implementação da política regulatória. Busca-se evitar uma regulação contraprodutiva, ou seja, que não atinja os objetivos definidos pelas autoridades. Neste caso, além dos objetivos, busca-se evitar, uma falha de implementação do *Open Finance* no Brasil, que poderia decorrer, dentre outros aspectos de falhas, de (i) inadequação de recursos; (ii) falta de coordenação; (iii) falta de supervisão.[39]

Considerando o amplo escopo do *Open Finance* como um novo ecossistema de abertura e integração de dados, existe uma ampla diversidade de partes interessadas que não são apenas instituições reguladas pelo CMN e/ou BC e os próprios reguladores. Assim, convém analisar como desafio, em especial, uma possível falha de implementação em razão de uma "falta de coordenação" entre as partes interessadas. Nos termos de Grabosky:

"Lack of co-ordination. The complexities of public policy often entail the involvement of more than one organization. Implementation failure may occur because of insufficient coordination between agencies with responsibility for or influence upon a programme. There may be conflict and inconsistencies within and between relevant agencies, organizations can operate at cross purposes."[40]

Nesse sentido, como mencionado no item 3.1 deste artigo, o BC já se manifestou compreendendo que, a exemplo dos modelos de *Open Finance* em outros países, "eventualmente demandará articulação com outros reguladores setoriais". Nesse sentido, o BC pode também ter necessidade de comunicação com outros órgãos como

---

39. O texto de Grabosky analisa os possíveis efeitos contraproducentes da regulação. Para fins deste artigo, destacamos "implementation failure", que é conceituado como "A final source of counterproductive regulation arises from defects in programme implementation. This can entail resource inadequacy, lack of coordination between the various interests involved, and failure of oversight." in Grabosky, P. Counterproductive regulation. In. 23 International Journal of the Sociology of Law. p. 347-359. p. 359-361.

40. Tradução própria: As complexidades das políticas públicas frequentemente implicam no envolvimento de mais de uma organização. A falha na implementação pode ocorrer devido à coordenação insuficiente entre as agências com responsabilidade ou influência sobre um programa. Pode haver conflito e inconsistências dentro e entre as agências relevantes, as organizações podem operar em objetivos cruzados. GRABOSKY, P. Counterproductive regulation. In. 23 *International Journal of the Sociology of Law*. p. 359.

o CADE[41], Senacon e ANPD[42], por exemplo, em relação aos aspectos concorrenciais, consumeristas e de proteção de dados dos consumidores naturais.

Assim, embora a regulação do *Open Finance* já tenha mencionado a observância da Lei Complementar 105, de 10 de janeiro de 2001 (Lei de Sigilo Bancário) e da Lei 13.709, de 14 de agosto de 2018 (Lei de Proteção de Dados), quando da estipulação das regras de interfaces e na criação da Convenção de que trata a RC1/20, devem ser observadas e harmonizadas todas as leis aplicáveis, o que pode implicar na consulta a outros órgãos reguladores.

Nesse sentido, podemos citar o serviço de agregação de dados que significa a "consolidação de dados compartilhados de acordo com o disposto [na RC1/20] (...) com a finalidade de prestar serviços aos seus clientes".[43] O BC incorporou na RC1/20 o referido conceito após o processo da CP 73, atendendo às sugestões que defendiam a figura do Prestador de Serviços de Informação de Conta ("AISP", em inglês), criado da PSD2 europeia. No entanto, consideradas as competências do CMN e BC, o AISP pode vir a ser considerado uma figura fora do escopo de fiscalização e regulação das autoridades financeiras. O regulador não forneceu maiores esclarecimentos sobre o objeto do serviço de agregação.

O modelo brasileiro está deixando de ser voltado puramente para dados e serviços relacionados a produtos bancários para uma estratégia mais ampla, que contempla também outros serviços financeiros (seguros, previdência, investimentos e câmbio). Sendo assim, por meio da alteração da RC1/20 proposta pela Resolução Conjunta 4, de 2022, os reguladores anteciparam que será publicada uma resolução conjunta com o Conselho Nacional de Seguros Privados (CNSP)[44], de modo a garantir a interoperabilidade efetiva com o *Open Insurance*.[45]

---

41. Conforme esclarece Carlos Ragazzo, "Caso o conflito entre agentes econômicos do setor de pagamentos esteja relacionado a questões de ordem concorrencial, a competência é do Sistema Brasileiro de Defesa da Concorrência (SBDC), conforme atribuição dada pela Lei 12.865/2013. O SBDC é composto por dois órgãos centrais: o Conselho Administrativo de Defesa Econômica (CADE), uma autarquia federal vinculada ao Ministério da Justiça e Segurança Pública e pela (ii) Secretaria de Promoção da Produtividade e Advocacia da Concorrência (SEPRAC) (...)". In: RAGAZZO, Carlos. *Regulação de meios de pagamento*. Instituto Propague (Org). Diagramação eletrônica: Thomson Reuters. 2020. p. 60.

42. Autoridade Nacional de Proteção de Dados, órgão da administração pública federal que, dentre outras atribuições, tem a competência de zelar pela proteção de dados e articular-se com as autoridades reguladoras públicas para exercer suas competências em setores específicos de atividades econômicas e governamentais sujeitas à regulação, nos termos do artigo 55-J da Lei 13.709, de 14 de agosto de 2018.

43. Art. 2, XII, RC1/20.

44. Conforme esclarecido no Voto 42/2022-CMN, de 24 de março de 2022. Disponível em: https://www.bcb. gov.br/estabilidadefinanceira/exibenormativo?tipo=Resolu%C3%A7%C3%A3o%20Conjunta&numero=4. Acesso: 05 abr. 2022.

45. O *Open Insurance*, ou Sistema de Seguros Aberto, é o compartilhamento de dados e serviços entre diferentes sociedades autorizadas/credenciadas pela Superintendência de Seguros Privados (Susep) por consumidores de produtos e serviços de seguros, previdência complementar aberta e capitalização. O *Open Insurance* foi regulado por meio da Resolução CNPS 415, de 2021. Para mais informações: https://openinsurance.susep. gov.br/. Acesso em: 05 abr. 2022.

Quanto à Estrutura de Governança e posterior Estrutura Definitiva, é relevante trazer a análise de gerenciamento de *stakeholders* (partes interessadas) no âmbito das teorias de gestão de projetos. Podemos considerar o *Open Finance* Brasil um projeto, uma vez que:

"Projects can be defined as a temporary organization and process, created exclusively to attain a specific objective under the limitation of time, budget, and other resources and have become one of the main activities in organizations, providing increasing resources, given the need to develop new products, improve processes or build new services."[46]

Embora tenha sido mencionado que a regulação do *Open Finance* está sendo feita com planejamento e por meio de política regulatória, considerado que o escopo do novo sistema é muito amplo no sentido de se refletir em outras normas e outros setores da economia, seria possível indagar se foram identificados todos os *stakeholders* e a relevância deles no processo de definição do projeto.

Contudo, o CMN e o BC têm limites para regular especificamente as instituições financeiras e instituições de pagamento e, assim, não poderiam incluir no processo a obrigação de outros agentes participarem da Convenção. Acontece que, conforme visto acima, o BC coletou subsídios de outras jurisdições com iniciativas de diferentes órgãos reguladores (*i.e.* Austrália e autoridade consumerista), ou seja, existe a necessidade de uma competência mais ampla para a gestão do projeto.

Dentro dos limites regulatórios do BC, a gestão de *stakeholders* também poderá ser capaz de melhor identificar as partes que devem ser incluídas na Estrutura Definitiva e, até mesmo, na atual Estrutura de Governança e se há eficiência na maneira como está sendo implementada a Governança do *Open Finance*, neste momento.

O processo de gerenciamento de partes interessadas consiste em sete fases: (i) identificação das partes; (ii) mapeamento de dados relevantes das partes interessadas; (iii) identificação das missões das partes interessadas; (iv) determinação dos pontos fortes e fracos das partes interessadas; (v) identificação das estratégias das partes interessadas; (vi) a antecipação do comportamento das partes interessadas e (vii) implementação da estratégia de gestão de partes interessadas.[47]

Ao ser feita a gestão, o BC poderá identificar partes que têm papel crucial no sucesso do *Open Finance*. Por exemplo, a identificação se todos os interesses estão contemplados no Conselho Deliberativo poderá levar à necessidade de cooperação com outras autoridades para a definição das regras que considerem diferentes interesses, de maneira não discriminatória, harmônica e que atinja os objetivos propostos pela regulação.

---

46. Tradução própria: Os projetos podem ser definidos como uma organização e processo temporário, criados exclusivamente para atingir um objetivo específico sob a limitação de tempo, orçamento e outros recursos e tornaram-se uma das principais atividades nas organizações, proporcionando recursos crescentes, dada a necessidade de desenvolver novos produtos, melhorar processos ou construir novos serviços." SBRAGIA, R.; GIGLIO, C. Nagai; PIMENTA, A. The role of stakeholders management on project results. *International Journal of Project Management*, submitted, June 2021. p. 3.
47. SBRAGIA, R.; GIGLIO, C. Nagai; PIMENTA, A. The role of stakeholders management on project results. *International Journal of Project Management*, submitted, June 2021. p. 8.

5. CONSIDERAÇÕES FINAIS

As atuações do CMN e do BC devem observar o que está autorizado na Lei 4.595/64, na Lei 12.865/13 e na CRFB/88. Isto é, ambos não poderiam disciplinar atividades que não sejam privativas de instituições financeiras e de pagamentos, ou incluir outras atividades não previstas em Lei.[48] Nesse sentido, existe o desafio de, por exemplo, regular sobre o agregador de dados e/ou os parceiros no âmbito dos contratos de parceria previstos no artigo 36 da RC1/20, bem como outros temas que envolvem concorrência, proteção de dados e direitos do consumidor.

Ao definir o *Open Finance* como um projeto do BC, provindo da Agenda BC#, pode ser oportuno considerar os modelos de gestão de projeto com a implementação de um gerenciamento de partes interessadas (*stakeholders*) para fins de eficiência regulatória e atingimento dos objetivos listados no art. 3º da RC1/20, ou seja, (i) incentivar a inovação; (ii) promover a concorrência; (iii) aumentar a eficiência do SFN e SPB; e (iv) promover a cidadania financeira.

Embora as competências legais do BC tenham um escopo limitado, não pode ser desconsiderado o seu papel como gestor do projeto. Assim, a identificação ampla de partes interessadas pode resultar em uma necessidade de coordenação entre reguladores, sem que isso represente uma barreira para a inovação e a agilidade no projeto. Mais importante do que o prazo, são os resultados de longo prazo que o *Open Finance* pode gerar tanto na economia, quanto para toda a população.

Por fim, o presente artigo não teve a pretensão de exaurir as discussões que cercam o conceito principal por trás do *Open Finance*: ou seja, a criação de um sistema padronizado de compartilhamento de dados entre diferentes entidades. Além disso, não foi abordado aqui o impacto que a regulação do *Open Finance* pode gerar em outros setores da economia. O tema está em constante discussão e a interpretação poderá ser atualizada, de acordo com o desenvolvimento da implementação do *Open Finance* no Brasil.

6. REFERÊNCIAS

ATABEY, A., & BERBER, L. K. (2021). Open Banking & Banking-as-a-Service (BaaS): A Delicate Turnout for the Banking Sector. *Global Privacy Law Review*, 2(1).

ARRUY, Larissa Lancha Alves de Oliveira. A implementação do Open Banking no Brasil. In: COHEN, Gabriel (Org.). *Direito dos Meios de Pagamento*. Natureza Jurídica e reflexões sobre a Lei n. 12.865/2013. São Paulo, Quartier Latin, 2020. p. 637-653.

BRATAAS, G., MARTINI, A., HANSSEN, G. K., & RÆDER, G. (2021). Agile elicitation of scalability requirements for open systems: A case study. *Journal of Systems and Software*, 111064.

---

48. SALOMÃO NETO, Eduardo. *Direito bancário*. 3. ed. rev. e ampl. – São Paulo: Trevisan Editora, 2020. p. 135-136.

BRESLER, Gustavo. Open Banking in Brazil: empower consumers, improve competitiveness. *The Paypers*. 26 ag. 2021. Disponível em: https://thepaypers.com/expert-opinion/open-banking-in-brazil-empower-consumers-improve-competitiveness--1251210 . Acesso em: 25 set. 2021.

FARO, Priscila Pinheiro Ribeiro Faro. Open Banking como iniciativa de modernização do sistema financeiro e mecanismo de incentivo à concorrência. In: BRUZZI, Eduardo; FEIGELSON, Bruno (Org.). *Banking 4.0*. São Paulo: Thomson Reuters, 2020. p. 171-180.

GRABOSKY, P. N. Counterproductive regulation. *International Journal of the Sociology of Law*, v. 23, n. 4, p. 347-365, 1995.

MARCHESANO, Carolina Alencar; CANGUSSU, Matheus Henrique Bonin. Estrutura de Governança do Open Banking e Autorregulação Assistida no Mercado de Pagamento. In: EROLES, Pedro (Org.). *Fintechs, Bancos Digitais e Meios de Pagamento*. Aspectos Regulatórios das novas Tecnologias Financeiras . São Paulo: Quartier Latin, 2021. v. 4. p. 165-183.

OPEN FINANCE BRASIL. *Portal Open Banking*. Disponível em: https://openbankingbrasil.org.br . Acesso em: 26 set. 2021.

PEREZ, Rafaella Di Palermo; STROHL, Juliana. Open Banking: contexto cultural e experiência internacional. In: EROLES, Pedro (Org.). *Fintechs, Bancos Digitais e Meios de Pagamento*: aspectos regulatórios das novas tecnologias financeiras. São Paulo: Quartier Latin, 2019. v. I. p. 31-48.

QUANTO. [eBook] *Glossário Open Banking*: siglas, termos e abreviaturas 13 de outubro de 2021. Disponível em: https://blog.quan.to/pt/ebook-glossario-open-banking . Acesso em: 20 out. 2021.

RAGAZZO, Carlos. *Regulação de meios de pagamento*. Instituto Propague (Org.). Diagramação eletrônica: Thomson Reuters. 2020.

SALOMÃO NETO, Eduardo. *Direito bancário*. 3 ed. rev. e ampl. São Paulo: Trevisan Editora, 2020.

SBRAGIA, R.; GIGLIO, C. Nagai; PIMENTA, A. The role of stakeholders management on project results. *International Journal of Project Management*, submitted, June 2021.

THIAM, Dylan. *Open Bank Project*. Regulating Open Banking 2021. A roadmap for developing API standards. Disponível em: https://www.openbankproject.com/reports/regulating-open-banking-2021-develop-open-banking-standards/. Acesso em: 27 set. 2021.

LEGISLAÇÃO

BRASIL. Resolução Conjunta 1 de 4 de maio de 2020. *Dispõe sobre a implementação do Sistema Financeiro Aberto (Open Finance)*. Banco Central do Brasil. Conselho Monetário Nacional. Publicada no DOU de 5/5/2020, Seção 1, p. 34-38. Disponível em: https://www.bcb.gov.br/estabilidadefinanceira/exibenormativo?tipo=Resolu%C3%A7%C3%A3o%20Conjunta&numero=1. Acesso em: 20 out. 2021.

BRASIL. Lei 4.595, de 31 de dezembro de 1964. *Dispõe sobre a Política e as Instituições Monetárias, Bancárias e Creditícias, cria o Conselho Monetário Nacional e dá outras providências*. Disponível em: http://www.planalto.gov.br/ccivil_03/leis/l4595.htm. Acesso em: 18 out. 2021.

BRASIL. Lei 12.865, de 9 de outubro de 2013. (...). *dispõe sobre os arranjos de pagamento e as instituições de pagamento integrantes do Sistema de Pagamentos Brasileiro (SPB)*. Disponível em: http://www.planalto.gov.br/ccivil_03/_ato2011-2014/2013/lei/l12865.htm. Acesso em: 18 out. 2021.

16
UM SISTEMA *GOVERNMENT-TO-BUSINESS* DE COMPARTILHAMENTO DE DADOS: OS RISCOS E LIMITES DE INCIDÊNCIA DO ARTIGO 26 DA LEI GERAL DE PROTEÇÃO DE DADOS

Luiza Leite Cabral Loureiro Coutinho

Mestranda em Direito Civil pela Universidade do Estado do Rio de Janeiro (UERJ). Advogada. ORCID: https://orcid.org/0000-0003-3118-2049. E-mail: luizalcloureiro@gmail.com.

Sumário: 1. Introdução – 2. Um sistema de compartilhamento government-to-business: base principiológica e exceções à vedação da transferência de dados pessoais pelo poder público às entidades privadas – 3. A transferência de dados com fim exclusivo e determinado de execução descentralizada da atividade pública – 4. O compartilhamento pelo setor público de informações constantes de bancos de dados acessíveis publicamente – 5. A transferência de dados prevista em lei ou respaldada em contratos, convênios ou instrumentos congêneres firmados entre a administração pública e particulares – 6. A transmissão de dados pelo poder público que objetive exclusivamente a prevenção de fraudes e irregularidades ou a proteção da segurança e integridade do titular dos dados – 7. Considerações finais – 8. Referências.

1. INTRODUÇÃO

O reconhecimento da vulnerabilidade de determinados grupos sociais é decorrência da existência concreta de assimetria de poder que deságua em necessário dirigismo legal, característico de legislações protetivas. A inegável disparidade de meios e recursos entre o particular titular de dados na rede mundial de computadores e a Administração Pública é marcada pelo poder de império e especiais prerrogativas desta e pela voracidade da coleta massiva, análise detalhada, mineração e utilização não padronizada dos dados daquele.

Inspira-se o aplicador do direito em uma interpretação valorativa e sistemática das normas protetivas de dados, com o escopo de conferir adequada efetividade ao dever de transparência da atividade pública, assegurando ao titular dos dados a possibilidade de exercer a liberdade positiva de controle concreto e eficaz sobre o tratamento realizado pelo Poder Público e a liberdade negativa de defender seus direitos fundamentais em face da atuação estatal desviada de finalidade específica, interesse público primário e legalidade estrita, equalizando-se assim a díspar relação jurídica entre o ente público e o particular.

O presente estudo aborda a problemática acerca das repercussões advindas do uso compartilhado de dados – de titulares particulares constantes de bancos públicos de dados – pela Administração Pública com entidades privadas. A Lei Geral de Proteção de Dados (Lei 13.709/2018), em seu artigo 26, como regra veda a transferência de dados pelo setor público ao privado. Todavia, o § 1º do referido dispositivo excepciona, em rol taxativo cuja interpretação necessita ser restritiva, as hipóteses em que é possível esse compartilhamento de dados, desde que observados os pressupostos legais, a leitura finalística das normas de proteção de dados e a base principiológica da comumente chamada LGPD.

A partir de uma metodologia de pesquisa bibliográfica e documental, por análise legislativa, de livros e artigos científicos, a hipótese principal deste trabalho, desenvolvido sob o método científico dedutivo, pretende pontuar os riscos da transmissão de dados pelo setor público a particulares, os limites de incidência da regra e das hipóteses excepcionais previstas no artigo 26 da LGPD e as medidas regulatórias a serem adotadas para minimizar os danos em potencial aos direitos dos titulares desses dados e compatibilizar os deveres de transparência e publicidade impostos ao Poder Público e as garantias à proteção de dados.

Traça-se, *ab initio*, um panorama geral sobre o sistema legal de compartilhamento *government-to-business* de dados, com atenção à base axiológica da LGPD, mormente aos princípios da finalidade, adequação e necessidade, previstos no artigo 6º da citada lei, para, em seguida, serem delineadas e exploradas, item por item, as exceções à regra que proibi a transferência de dados pelo Poder Público, arroladas no § 1º do artigo 26 da LGPD.

Passa-se, então, à detida análise das exceções permissivas ao uso compartilhado de dados pela Administração Pública: (i) a transferência de dados com a finalidade exclusiva e determinada de execução descentralizada da atividade pública; (ii) o uso compartilhado pelo setor público de informações constantes de bancos de dados acessíveis publicamente; (iii) a transferência de dados prevista em lei ou respaldada em contratos, convênios ou instrumentos congêneres firmados entre o Poder Público e particulares; (iv) a transmissão de dados pelo Poder Público que objetive exclusivamente a prevenção de fraudes e/ou de irregularidades ou a proteção da segurança e integridade do titular dos dados.

2. UM SISTEMA DE COMPARTILHAMENTO GOVERNMENT-TO-BUSINESS: BASE PRINCIPIOLÓGICA E EXCEÇÕES À VEDAÇÃO DA TRANSFERÊNCIA DE DADOS PESSOAIS PELO PODER PÚBLICO ÀS ENTIDADES PRIVADAS

A Lei 13.709/2018, largamente conhecida como a Lei Geral de Proteção de Dados (LGPD) inaugura seu Capítulo IV, que dispõe sobre o tratamento de dados pessoais pelo Poder Público, referindo-se, nos termos do *caput* do artigo 23, como elemento subjetivo da norma jurídica, às "pessoas jurídicas de direito público referidas no parágrafo único do artigo 1º da Lei 12.527, de 18 de novembro de 2011 (Lei de Acesso à Informação)".

As hipóteses constantes do Capítulo IV da LGPD atrelam-se ao atendimento do interesse público primário, tornando a atuação do Poder Público excepcional e condicionada a um vetor axiológico e a finalidades específicas. Mas quem se enquadra no conceito de Poder Público para os fins de tratamento de dados? O *caput* do artigo 23 da LGPD deixa claro o seu diálogo de complementariedade e interação com o ditames da Lei 12.527/2011, que, em seu artigo 1°, parágrafo único, subordina ao regime da Lei de Acesso à Informação (LAI) os órgãos públicos da Administração Direta dos Poderes Executivo, Legislativo – inclusive Tribunais de Contas – e Judiciário, do Ministério Público[1] e as autarquias, fundações públicas, empresas públicas, sociedades de economia mista e demais entidades controladas direta ou indiretamente pela União, Estados, Distrito Federal e Municípios.

Além dos destinatários das normas do Capítulo IV da LGPD, outro paradigma de extrema importância para o tratamento de dados pelo Poder Público refere-se às operações incluídas no âmbito da expressão "tratamento". O artigo 5°, inciso X, da LGPD estabelece que, entre essas diversas operações, o tratamento de dados abrange aquelas relacionadas à "coleta, produção, recepção, classificação, utilização, acesso, reprodução, transmissão, distribuição, processamento, arquivamento, armazenamento, eliminação, avaliação ou controle da informação, modificação, comunicação, transferência, difusão ou extração".

Assim também determina o artigo 5°, porém em seu inciso XVI, o que considera, para os fins de aplicação da LGPD, uso compartilhado de dados, que abrange as operações de "comunicação, difusão, transferência internacional, interconexão de dados pessoais ou tratamento compartilhado de bancos de dados pessoais por órgãos e entidades públicos no cumprimento de suas competências legais, ou entre esses e entes privados, reciprocamente, com autorização específica, para uma ou mais modalidades de tratamento permitidas por esses entes públicos, ou entre entes privados".

Importante, neste ponto, fazer alusão à previsão constante do Decreto 10.046[2], de 09 de outubro de 2019, que dispõe sobre a governança no compartilhamento de

---

1. "Parece-nos que não contemplar expressamente a Defensoria Pública no elenco dos entes autônomos ao lado dos Poderes do Estado consistiu em mero lapso legislativo. (...). Portanto, ao utilizar como técnica legislativa a de fazer expressa menção ao artigo 1° da LAI, que é anterior ao novo perfil institucional da Defensoria Pública gizado pela Emenda Constitucional 80, a regra não levou em consideração seu *status* de instituição autônoma e permanente, ao lado do Ministério Público, cometendo a apontada atecnia." (TASSO, Fernando Antonio. Capítulo IV: do tratamento de dados pessoais pelo poder público. In: MALDONADO, Viviane Nóbrega; BLUM, Renato Opice (Coord.). *LGPD*: lei geral de proteção de dados comentada. 3. ed. São Paulo: Thomson Reuters Brasil, 2021, p. 264-265).
2. O referido decreto federal é objeto da ADI 6649, proposta pelo Conselho Federal da OAB, sob os seguintes argumentos principais: a) ao instituir o CBC, um cadastro unificado de informações pessoais, familiares e laborais, além de outros dados sensíveis, de todos os brasileiros, acessível amplamente por todos os mais diversos órgãos federais sem que necessitem de motivação específica, são desrespeitados princípios basilares da proteção de dados, como a finalidade, a necessidade e a adequação; b) o risco de que o CBC se torne um poderoso instrumento de controle estatal, uma vez que abrigará e fundirá incontáveis dados pessoais de todos os cidadãos em um cadastro unificado e gigantesco; c) há grave violação ao princípio da vedação à proteção insuficiente – nesse caso, especificamente no âmbito da proteção de dados –, que vem sendo resguardado pela jurisprudência consolidada do Supremo Tribunal Federal; d) o decreto prevê conceitos

dados no âmbito da administração pública federal e institui o Cadastro Base do Cidadão e o Comitê Central de Governança de Dados. Em seu artigo 4º estão listados os diferentes níveis de compartilhamento de dados – amplo, restrito e específico – entre os órgãos e as entidades da administração pública federal direta, autárquica e fundacional e os demais Poderes da União[3], de acordo com a confidencialidade exigida e a ser revista a cada cinco anos.

Ademais, o compartilhamento de informações pessoais constantes de base de dados gerida pelo Poder Público deve advir de atribuição legal do órgão ou entidade pública, ser respaldado em contratos, convênios ou instrumentos congêneres, e atender às finalidades específicas de execução de políticas públicas previstas em lei ou regulamento.

Todavia, não basta que o uso compartilhado de dados pelo Poder Público observe o fundamento legal preconizado nos artigos 7º, inciso III, 23, *caput*, e 26 da LGPD, com atenção apenas aos elementos estruturais subjetivo – o Poder Público como destinatário da norma – e objetivo – a definição de tratamento para os fins protetivos da LGPD –, faz-se mister atentar-se às finalidades, ou seja, à funcionalização desse fenômeno jurídico.

Para tanto, o *caput* do artigo 26 da LGPD delineou três requisitos cumulativos para o uso compartilhado de dados pessoais pela Administração Pública Direta ou Indireta: (i) o atendimento à finalidade específica de execução de políticas públicas, isto é, a persecução do interesse público primário; (ii) a existência de atribuição legal para os órgãos ou entes públicos envolvidos que seja condizente com as atividades por eles desempenhadas; (iii) a validação do compartilhamento atrelada à base principiológica do artigo 6º da LGPD.

Explícita ou implicitamente, todos os princípios de Direito Administrativo que informam a atividade da Administração Pública podem ser extraídos da Carta Magna. Ademais, todos os princípios regentes do Direito Administrativo têm densidade normativa suficiente para serem aplicados de modo independente, limitando a discricionariedade administrativa. A margem de liberdade ditada pela lei e a fluidez de suas expressões devem ser reduzidas, por ser mais denso o conteúdo axiológico inerente aos princípios.

Dentre os princípios constitucionais explícitos que regem a atividade administrativa pública está a impessoalidade, cujas acepções principais são a isonomia, a finalidade e vedação à promoção pessoal. O Estado deve dispensar igual tratamento

---

distintos daqueles fixados pela Lei Geral de Proteção de Dados, como o de "atributos biográficos", além de não diferenciar dado pessoal e dado pessoal sensível e trazer outras expressões com significado extremamente vago, o que pode fundamentar, em contrariedade ao microssistema de proteção de dados, a coleta ainda maior de dados.

3. A Portaria 46, de 28 de setembro de 2016, da Secretaria de Tecnologia da Informação do Ministério do Planejamento, Desenvolvimento e Gestão, que dispõe sobre o *Software* Público Brasileiro, destaca o fomento de *software* público no desenvolvimento de soluções de Inteligência Artificial para a garantia do seu compartilhamento entre todas as esferas de governo.

a todas as pessoas, desde que trate os desiguais de forma desigual na medida de sua desigualdade, adotando, assim, critérios objetivos a fim de evitar a discriminação na atuação administrativa.

No âmbito da LGPD, será atendida a finalidade pública quando for executado o tratamento de dados pessoais dos administrados nos estritos limites da lei e da competência do órgão ou ente público encarregado com o objetivo de executar políticas públicas. Nesse diapasão, na medida em que o atendimento à finalidade pública compele o Estado a tratar os dados pessoais dos particulares visando à execução de determinada política pública ou de missão institucional esculpida na norma, o interesse público subjacente consistirá na preservação do "conjunto de interesses que os indivíduos pessoalmente têm quando considerados em sua qualidade de membros da sociedade e pelo simples fato de o serem".[4]

A execução de políticas públicas é a base sobre a qual está ancorado o tratamento de dados pessoais dos administrados pelo Poder Público. No entanto, por força da regra de exclusão insculpida no inciso III do artigo 4º, as normas protetivas da Lei 13.709/2018 não se aplicam à atuação estatal realizada para fins exclusivamente de segurança pública, de defesa nacional, de segurança do Estado e de atividades de investigação e de repressão de infrações penais, isso porque tais hipóteses possuem um regime jurídico próprio, expresso nos §§ 1º a 4º do artigo 4º da LGPD.

Excetuadas as hipóteses supramencionadas, a base principiológica arrolada, de modo exemplificativo, no artigo 6º da LGPD consiste em autêntico filtro de validade e legitimidade das normas protetivas de dados. Ao prescrever que o tratamento de dados pessoais deve atender à execução de políticas públicas, o *caput* dos artigos 23 e 26 da LGPD faz referência ao princípio da finalidade, ou seja, ao cumprimento de propósitos legítimos, específicos e informados ao titular, sob pena de desvio de finalidade.

Insta consignar que o elemento *finalidade* do ato administrativo é vinculado e pode acarretar a nulidade do ato se descumprido. Se o ato administrativo de tratamento de dados não cumprir sua finalidade pública, definida por lei, tendo ocorrido o desvio e atingido um resultado diverso, admite-se impetrar a ação autônoma – individual ou coletiva, a depender do caso concreto – de Mandado de Segurança, com pedido de antecipação de tutela.

Outrossim, a incidência do princípio da finalidade na seara do tratamento de dados é bifronte. Ao passo que explicita o objetivo final do tratamento, confere, por outro lado, ao titular desses dados a previsibilidade e a transparência do resultado desse tratamento, dando ensejo à nulidade de qualquer tratamento dissociado de tal fim específico traçado.

---

4. MELLO, Celso Antonio Bandeira de. *Curso de direito administrativo*. 33. ed. São Paulo: Malheiros, 2016, p. 62.

Ademais, como decorrência da finalidade da coleta de dados, a base datificada deve corresponder ao mínimo necessário à execução de determinada política pública, em estrita observância aos princípios da necessidade, além de as operações serem compatíveis com as finalidades informadas ao titular dos dados, de acordo com o texto do tratamento e com o princípio da adequação. Enquanto a finalidade está atenta à legitimidade da justificativa apresentada pelo Estado para coletar, armazenar, analisar e realizar diversas operações com os dados dos particulares, a adequação analisa a expectativa dos titulares desses dados.

Com vistas aos incisos I, II e X do artigo 6º da LGPD, vislumbra-se como fundamento de validade dos princípios da finalidade, da adequação e da responsabilização e prestação de contas a base axiomática constitucional do Direito Administrativo, com foco na legalidade, na impessoalidade e na moralidade (art. 37, *caput*, da Constituição Federal de 1988) que "se materializam quando, cumulativamente, o ato administrativo de tratamento ou compartilhamento de dados pessoais: a) está previsto em leis e regulamentos ou respaldado em contratos, convênios ou instrumentos congêneres (artigo 7º, inciso III, da LGPD); b) é praticado no exercício de suas competências ou atribuições (artigo 23, *caput*, da LGPD); c) o ato praticado busca o atendimento do interesse público".[5]

Desse modo, sem que a norma perca sua essência, os princípios lhe garantem maior plasticidade e adaptabilidade aos chamados "novos danos" que podem advir das inovações tecnológicas na era hiperconectada, revitalizando os preceitos legais frente ao descompasso entre a imutabilidade das regras e a fluidez acelerada dos avanços na modernidade líquida.

3. A TRANSFERÊNCIA DE DADOS COM FIM EXCLUSIVO E DETERMINADO DE EXECUÇÃO DESCENTRALIZADA DA ATIVIDADE PÚBLICA

Tendo sido aprofundados os parâmetros de incidência da norma contida no *caput* do artigo 26 da LGPD, insta consignar que a regra é a vedação à transferência, por órgãos ou entes públicos, de informações de particulares constantes de suas bases de dados para entidades privadas, sendo, pois, essa forma de compartilhamento uma exceção.

Portanto, diversamente do tratamento legal dispensado entre os entes públicos em geral, quando o uso compartilhado desses dados envolver a transmissibilidade a entidades privadas, a LGPD traz, no §1º do artigo 26, hipóteses legais específicas, em rol *numerus clausus*, que excepcionam a regra e que, assim, devem ser interpretadas restritivamente.

O §1º do artigo 26 proíbe expressamente ao Poder Público, como regra, transferir a pessoas jurídicas que atuam sob o regime jurídico concorrencial os dados

---

5. TASSO, Fernando Antonio. Capítulo IV: do tratamento de dados pessoais pelo poder público. Op. cit., p. 294.

constantes de suas bases. Nesse sentido, às operações de compartilhamento entre um ente público e outro privado diversas da transferência, o artigo 27 da LGPD exige, salvo as exceções que prevê em remissão cruzada aos incisos do § 1º do artigo 26, a obtenção do livre consentimento informado do titular dos dados e que haja finalidade específica (art. 7º, § 5º, da LGPD).

A primeira exceção à regra que veda a transmissão de informações pessoais da base de dados controlada pelo Estado para entidades privadas consiste nos casos de "execução descentralizada que exija a transferência, exclusivamente para esse fim específico e determinado", devendo ser ainda observada a Lei de Acesso à Informação (LAI).

Cumpre, para a adequada compreensão da norma de exceção prevista no inciso I do § 1º do artigo 26 da LGPD, diferenciar execução centralizada e descentralizada. Tal decorre do fato de que a atividade administrativa pode ser executada diretamente por um órgão (a execução centralizada) ao qual a lei atribuiu o poder-dever de prestá-la ou por meio de uma pessoa jurídica diversa (execução descentralizada), seja de direito público ou privado.

No modelo ocidental contemporâneo, não há Estado algum que atue de forma centralizada integralmente, dada a vasta gama de atividades e funções administrativas que se apresentam necessárias na crescente complexidade das relações humanas, o que torna simplesmente inviável esse modo de atuação pela administração pública.

Segundo as lições de Odete Medauar, "a descentralização administrativa significa a transferência de poderes de decisão em matérias específicas a entes dotados de personalidade jurídica (...) implica, assim, a transferência de atividade decisória e não meramente administrativa"[6]. A descentralização da execução consiste em um método de atuação com um pressuposto de identificação: a exigência de duas pessoas jurídicas, o que já diferencia-a de forma absoluta da desconcentração, na qual há uma só pessoa jurídica, sendo apenas especializada a atividade e a função administrativa.

Na descentralização administrativa, a atividade econômica ou prestação de serviço público transferida é executada pelo Poder Público de modo indireto, pois ao transferir esse exercício à outra pessoa jurídica, o Estado permanece guardando consigo a titularidade da atividade. Por isso, ele a exerce de modo mediato, pelas mãos de outrem.

A execução descentralizada de determinada atividade administrativa se materializa pela transferência de poderes de administração para uma pessoa jurídica, a fim de que ela desempenhe atividade pública propriamente dita ou de utilidade pública. A transferência pode ser de duas formas: por outorga ou por delegação, ou seja, pode ser legal ou negocial.

---

6. MEDAUAR, Odete. *Direito administrativo moderno*. 19. ed. São Paulo: Revista dos Tribunais, 2015, p. 77.

Na primeira hipótese, nos moldes do artigo 37, incisos XIX e XX, da Constituição Federal de 1988, a Administração Pública cria, mediante a edição de lei específica, uma pessoa jurídica de direito público, como, por exemplo, uma fundação, autarquia, empresa pública, sociedade de economia mista ou subsidiária. Por isso, é também denominada de descentralização por serviço ou funcional. Assim, a descentralização legal ou por outorga, por transferir tanto a execução quanto a titularidade do serviço público, somente pode ser concedida às pessoas jurídicas integrantes da Administração Pública Indireta.

A norma *per relationem* constante do *caput* do artigo 23 da LGPD, em que pese devolva expressamente a definição de "pessoas jurídicas de direito público" ao parágrafo único do artigo 1º da LAI, este parece admitir conceito mais amplo do que aquele previsto nos artigos 4º e 5º do Decreto-Lei 200/1967, não apenas porque abarca as esferas de poder de outros entes federativos que não somente a União Federal, mas também por considerar integrante da Administração Pública Indireta os consórcios públicos disciplinados pela Lei 11.107/2005, sujeitos, portanto, às disposições do Capítulo IV da LGPD.

Por sua vez, na descentralização negocial, contratual ou por delegação, a execução da atividade administrativa competirá a pessoas jurídicas de direito privado que vêm a contratar com a Administração Pública, por meio de concessão ou permissão, caso em que se negocia com entidades privadas o exercício de atividade administrativa. Na delegação, transfere-se – por contrato (aos particulares concessionários e permissionários de serviços públicos) e por ato administrativo (aos particulares autorizatários de serviço público) – tão-somente a execução da atividade administrativa, mas não a sua titularidade.

Quando se recebe a delegação, executa-se a atividade em nome do Poder Público, por sua própria conta e risco, o que traz implicações na responsabilização civil: responde diretamente a entidade privada concessionária, permissionária ou autorizatária, posto que executa diretamente a atividade ou o serviço. O Estado, sendo apenas um executor indireto da atividade administrativa ou da prestação de um serviço público, terá responsabilidade pelos atos do executor direto, mas, como regra, apenas subsidiariamente.

É o que preconiza a Lei 8.987/95, que regulamenta a delegação de atividade ou serviço público a particulares, na qual explicita que essas empresas prestam o serviço por sua conta e risco, e em caso de danos assumem a responsabilidade objetiva de repará-los.

Diante desse cenário, faz-se mister divisar, no campo de incidência do inciso I do §1º do artigo 26 da LGPD, as distintas repercussões jurídicas quando a descentralização da atividade pública que exija a transferência de dados pessoais constantes de bases públicas de dados for conferida por outorga a pessoa jurídica de direito público ou paraestatais que atuem em regime de monopólio e quando for conferida a transferência de dados a pessoas jurídicas de direito privado ou a paraestatais que atuem em regime de concorrência.

É de suma impostância tal divisão, visto que o regime jurídico de direito público é baseado na ideia de assimetria, haja vista existirem diferenças ontológicas entre o Poder Público, que representa a sociedade, e o indivíduo, detentor de interesses individuais que busca tutelar. Por isso, o Poder Público deve estar, em regra, em posição de superioridade quanto às suas prerrogativas legais. Sem a lógica da assimetria e da supremacia – em que pese muito mitigada – do interesse público, a atividade administrativa seria comprometida.

Com efeito, quando autarquias, fundações públicas e empresas estatais estiverem operacionalizando políticas públicas, em indubitável regime de monopólio, será aplicável o regime jurídico público para proteção das informações armazenadas em suas bases dáticas, na forma do parágrafo único do artigo 24 e nos termos do Capítulo IV da LGPD, isto é, "o mesmo tratamento dispensado aos órgãos e às entidades do Poder Público", caso em que, ainda que se trate de hipótese de descentralização por outorga, rege-se a transferência de dados à Administração Indireta pelo disposto na regra do *caput* do artigo 26 da LGPD.

Diametralmente oposto será o tratamento dispensado à execução descentralizada de atividade pública conferida a entidade privada ou a paraestatais que atuem sob o regime jurídico concorrencial, que deverão observar o que dispõe o *caput* do artigo 24 da LGPD, segundo o qual "[a]s empresas públicas e as sociedades de economia mista que atuam em regime de concorrência, sujeitas ao disposto no art. 173 da Constituição Federal, terão o mesmo tratamento dispensado às pessoas jurídicas de direito privado particulares".

Sendo adotado o regime de concorrência nesses casos, incidirá a normativa para o uso compartilhado de dados gizado nos artigos 26, §§ 1º e 2º, e 27 da LGPD. Decorrem dessas hipóteses legais excepcionalizantes, que contemplam entes privados e paraestatais que executam atividade pública sob o regime jurídico da concorrência, duas conclusões.

A primeira delas está relacionada ao princípio da necessidade no tratamento de dados. Se a extensão da transferência de dados das bases cadastrais sob controle estatal se restringir a uma exigência regulamentar, legal ou que provenha de contratos, convênios ou instrumentos congêneres, incidirá, com preemência, o princípio da necessidade, na forma do inciso III do artigo 6º da LGPD, limitando o tratamento de dados pessoais ao mínimo necessário à realização das específicas finalidades públicas delegadas pelo Poder Público, "com abrangência dos dados pertinentes, proporcionais e não excessivos".

Por outro lado, conclui-se também pelo prestígio ao princípio da finalidade, com base no inciso I do artigo 6º da LGPD, a partir do qual se infere óbice ao compartilhamento de dados que "se desvie dos propósitos legítimos, específicos, explícitos e informados ao seu titular", sem que seja possível o tratamento posterior incompatível com a finalidade pública delineada e com a persecução de interesse público primário, sob pena de infração aos princípios constitucionais da legalidade, impessoalidade e moralidade administrativas.

4. O COMPARTILHAMENTO PELO SETOR PÚBLICO DE INFORMAÇÕES CONSTANTES DE BANCOS DE DADOS ACESSÍVEIS PUBLICAMENTE

Primeiramente, é necessário que se consolide a seguinte premissa: dados pessoais sensíveis não perdem sua natureza, nem a especial normativa conferida pelo microssistema de proteção de dados, por terem se tornado parte integrante de uma base pública de dados. Classificar um dado como pessoal significa reconhecer que uma informação é relacionada à pessoa natural determinada ou determinável, sem que reputá-lo dessa forma conduza a qualquer afetação sobre seu uso, admitindo-se que a lei permita, ou não, sua publicização.

Tanto é assim que, no diálogo das fontes, tanto a Lei Geral de Proteção de Dados quanto à precedessora-complementar Lei de Acesso à Informação versam sobre o atributo da confidencialidade de certas categorias de informações, como os dados pessoais, a fim de que não sejam publicamente acessíveis e a sua transparência acarrete prejuízos ao titular.

Nesse sentido, deve ser compreendido o banco de dados pessoais[7] como o conjunto estruturado de informações relacionadas à pessoa natural identificada ou identificável, com vistas a uma leitura sistemática dos incisos I, II e IV do artigo 5º da LGPD.

Além disso, estabelece o §3º do artigo 7º da LGPD, que "o tratamento de dados pessoais cujo acesso é público deve considerar a finalidade, a boa-fé e o interesse público que justificaram sua disponibilização" e, em seu §4º, acrescenta que a dispensa à exigência do consentimento "para os dados tornados manifestamente públicos pelo titular, resguardados os direitos do titular e os princípios previstos nesta Lei".

Sendo assim, ainda que acessíveis publicamente, a regra de contenção prevista ao final do §4º do artigo 7º, bem como ao final do inciso III do §1º do artigo 26 – que retrata uma das exceções do compartilhamento de dados a entidades privadas pelo Poder Público –, ambos da LGPD, assegura que a validade do ato de transferência esteja atrelada ao atendimento da base axiológica da lei, especialmente os princípios da boa-fé, da finalidade, da adequação e da necessidade (art. 6º, incisos I, II e III, da LGPD).

Adotada essa linha de raciocínio, não se configura como publicamente acessível a informação sigilosa, "aquela submetida temporariamente à restrição de acesso público em razão de sua imprescindibilidade para a segurança da sociedade e do Estado", conforme se depreende da redação do artigo 4º, inciso III, da LAI, razão

---

7. O Decreto 8.771/2016, que institui a Política de Dados Abertos do Poder Executivo Federal, prevê bases de dados abertos que podem servir para a alimentação de sistemas governamentais de Inteligência Artificial, destacando a importância da criação e implantação de diretrizes eficazes sobre o uso ético de dados abertos.

pela qual não se enquadra na interpretação restritiva da norma de exceção do inciso III do § 1º do artigo 26 da LGPD. No entanto, "informação publicamente acessível não é necessariamente informação pública".[8]

É imperioso debater sobre a responsabilidade do ente, seja ele público ou privado, sobre os dados sob sua guarda, compreendendo que não é porque o acesso aos dados está publicamente disponível, como é caso, por exemplo, da base nominal de vencimentos dos funcionários públicos, listados no Portal da Transparência de determinado órgão ou ente público ao qual pertencem, que ele deixa de ser classificado como dado pessoal.

Se um cadastro público informativo[9] como este for utilizado para finalidade diversa e desviada do interesse público primário, como para o perfilamento (ou criação de perfis psicográficos de consumo) dos servidores públicos por uma sociedade empresária privada direcionada para fins publicitários, de concessão de empréstimos ou de ofertas de planos ou seguros de saúde descontados em folha de pagamento, o tratamento desses dados será ilegal se não recorrer a um permissivo normativo validante.

A Lei de Acesso à Informação (LAI) aduz que dados como os gastos efetuados pela Administração Pública com seu pessoal, devem ser expostos para que qualquer cidadão possa fiscalizar eventuais abusos, como o descumprimento do teto salarial constitucional. Todavia, embora publicizados, tais dados ainda devem ser protegidos, visto que não podem ser utilizados para qualquer finalidade, senão aquela permitida pela LAI.[10]

Segundo expressamente estipula o § 7º do artigo 7º da LGPD, o tratamento posterior de dados pessoais cujo acesso, seja por ato do ente público ou do próprio titular, tenha sido tornado público, poderá ser realizado "para novas finalidades, desde que observados os propósitos legítimos e específicos para o novo tratamento e a preservação dos direitos do titular, assim como os fundamentos e os princípios previstos nesta Lei".

---

8. ROSSO, Angela Maria. LGPD e setor público: aspectos gerais e desafios. In: *Migalhas*, 2019. Disponível em: https://www.migalhas.com.br/depeso/300585/lgpd-e-setor-publico--aspectos-gerais-e-desafios. Acesso em: 07 jul. 2021.

9. "Uma clara hipótese de uso compartilhado de dados pela Administração Pública é a regulada pela Portaria 1.384/16 da Receita Federal que 'disciplina a disponibilização, pela Secretaria da Receita Federal do Brasil, de dados não protegidos por sigilo fiscal a órgãos e entidades da Administração Pública Federal direta, autárquica e fundacional'. (...) a Receita Federal, em processo de adequação às disposições normativas da LGPD, recentemente, publicou a Portaria 4.255, de 27 de agosto de 2020, e revogou o processo imediato de disponibilização a terceiros de dados constantes em Notas Fiscais Eletrônicas (NF-e). (...) para que haja o compartilhamento dos dados da NF-e, necessária se faz a prévia avaliação e identificação de risco institucional ou risco ao sigilo individual da pessoa física ou jurídica." (CRESPO, Marcelo. Proteção de dados pessoais e o poder público: noções essenciais. In: CRAVO, Daniela Copetti; CUNDA, Daniela Zago Gonçalves da; RAMOS, Rafael (Org.). *Lei Geral de Proteção de Dados e o poder público*. Porto Alegre: Escola Superior de Gestão e Controle Francisco Juruena, 2021, p. 25).

10. ROSSO, Angela Maria. LGPD e setor público: aspectos gerais e desafios. Op. cit.

No universo da massificação da coleta indiscriminada e desinformada de dados pessoais, e considerando que se vive hoje em uma sociedade da vigilância, não é incomum que o *Big Data Mining* conceda informações secundárias e *proxies* que permitam análises preditivas que vão além da finalidade que justificou originalmente o seu armazenamento, contanto que as finalidades do tratamento posterior desses dados sejam compatíveis com os propósitos legítimos, específicos, explícitos e informados ao seu titular.

Ao mencionar os propósitos legítimos como fundamento do tratamento posterior de dois grupos de dados pessoais – aqueles cujo acesso é público (art. 7º, § 3º) e os tornados manifestamente públicos pelo titular (art. 7º, § 4º) –, a Lei 13.853/2019, fruto da Medida Provisória 869/2018, que acrescentou ao artigo 7º o § 7º, parece conferir maior segurança ao uso de dados pessoais para novas finalidades não imaginadas por ocasião de sua coleta.

À primeira vista, o termo "dados tornados manifestamente públicos pelo titular" poderia mitigar o "ônus da gestão do consentimento do titular" que detém o controlador da base de dados, com fulcro na exceção do § 4º do artigo 7º da LGPD. Porém, tal exceção não é clara quanto à extensão, além de contar com ressalva consideravelmente ampla. Outra reflexão que surge em torno dessa expressão é que pode dizer respeito tanto à intenção e à ciência prévias do próprio usuário quando tornou públicos seus dados qua.to ao aspecto inegavelmente público que os dados atingiram com a divulgação feita pelo titular.[11]

Outro conflito oriundo da exceção em apreço relaciona-se ao exercício de alguns direitos pelo titular, previstos, em sua maioria, nos artigos 17 a 22 da LGPD. O seu titular, conforme os incisos IV e VI do artigo 18 da LGPD, pode impedir o uso e/ou requerer a eliminação de certos dados em posse do controlador. Entretanto, como serão exercidos esses direitos nos casos de dados tornados públicos pelo próprio titular e que são acessíveis a qualquer momento, por outros meios, sem a necessidade de seu consentimento[12]?

A partir da leitura do § 2º do artigo 18 da LGPD depreende-se que o titular dos dados pode se opor ao tratamento dos dados que ele mesmo tenha tornado acessíveis ao público quando tenha sido dispensado o seu consentimento, alegando não se subsumir o caso concreto à norma de exceção, e até solicitar a eliminação desses dados se comprovar o desrespeito à LGPD. Todavia, uma interpretação a contrário

---

11. MOREIRA, André de Oliveira Schenini. A exceção dos dados pessoais tornados manifestamente públicos pelo titular na LGPD. In: *Migalhas*, 2019. Disponível em: https://www.migalhas.com.br/depeso/293745/a--excecao-dos-dados-pessoais-tornados-manifestamente-publicos-pelo-titular-na-lgpd. Acesso em: 07 jul. 2021.

12. Regulamento Geral sobre a Proteção de Dados 2016/679 (GDPR), Considerando 43: "A fim de assegurar que o consentimento é dado de livre vontade, este não deverá constituir fundamento jurídico válido para o tratamento de dados pessoais em casos específicos em que exista um desequilíbrio manifesto entre o titular dos dados e o responsável pelo seu tratamento, nomeadamente quando o responsável pelo tratamento é uma autoridade pública pelo que é improvável que o consentimento tenha sido dado de livre vontade em todas as circunstâncias associadas à situação específica em causa." [em livre tradução]

senso do mesmo dispositivo permite extrair como resultado que o uso de dados dispensado de consentimento, desde que observados os limites legais, não se sujeita à oposição pelo seu titular.

Desta feita, é equivocada a crença segundo a qual determinados dados poderiam ser coletados, armazenados e usados livremente por terem se tornado públicos. De acordo com matéria veiculada pela revista jurídica de opinião JOTA INFO, "[s]ão informações que identificam ou são capazes de identificar pessoas naturais, disponíveis nos portais de autoridades governamentais, como a Receita Federal e os diversos Tribunais de Justiça, e até perfis existentes em redes sociais com configurações de privacidade abertas".[13]

5. A TRANSFERÊNCIA DE DADOS PREVISTA EM LEI OU RESPALDADA EM CONTRATOS, CONVÊNIOS OU INSTRUMENTOS CONGÊNERES FIRMADOS ENTRE A ADMINISTRAÇÃO PÚBLICA E PARTICULARES

Uma interpretação assodada do inciso IV do § 1º do artigo 26 da LGPD, que prevê a hipótese excepcional de transferência de dados pessoais pelo Poder Público à entidade privada quando "houver previsão legal ou a transferência for respaldada em contratos, convênios ou instrumentos congêneres" pode levar à conclusão precipitada de que basta respaldo legal ou instrumentalizado em contrato, convênio ou afins para que seja olvidada a dogmática[14] que veda a transmissão pela Administração Pública de dados constantes em suas bases cadastrais sem o consentimento dos respectivos titulares.

A hermenêutica axiológica e sistemática da referida norma de exceção precisa estar conjugada com toda a base princiológica que alicerça a proteção de dados pessoais do cidadão digital atenta à finalidade, adequação e necessidade do tratamento,

---

13. PIERI, José Eduardo de V.; BASTOS, Rodrigo Albero Caldeira; SCHVARTZMAN, Felipe. Dados pessoais 'públicos' são, de fato, públicos? In: *JOTA INFO*, 2019. Disponível em: https://www.jota.info/opiniao-e-analise/artigos/dados-pessoais-publicos-sao-de-fato-publicos-30062019. Acesso em: 07 jul. 2021.

14. Originalmente, encontrava-se previsto no inciso IV do artigo 23 da Lei 13.709, de 14 de agosto de 2018, que: "IV – sejam protegidos e preservados dados pessoais de requerentes de acesso à informação, no âmbito da Lei 12.527, de 18 de novembro de 2011, vedado seu compartilhamento na esfera do poder público e com pessoas jurídicas de direito privado." Entretanto, o Ministério da Ciência, Tecnologia, Inovações e Comunicações e a Controladoria-Geral da União manifestaram-se pelo veto desse dispositivo, manifestação de veto que foi acatada pelas seguintes razões: "[a] propositura legislativa, ao vedar o compartilhamento de dados pessoas no âmbito do Poder Público e com pessoas jurídicas de direto privado, gera insegurança jurídica, tendo em vista que o compartilhamento de informações relacionadas à pessoa natural identificada ou identificável, que não deve ser confundido com a quebra do sigilo ou com o acesso público, é medida recorrente e essencial para o regular exercício de diversas atividades e políticas públicas. Sob este prisma, e a título de exemplos, tem-se o caso do banco de dados da Previdência Social e do Cadastro Nacional de Informações Sociais, cujas informações são utilizadas para o reconhecimento do direito de seus beneficiários e alimentada a partir do compartilhamento de diversas bases de dados administrados por outros órgãos públicos, bem como algumas atividades afetas ao poder de polícia administrativa que poderiam ser inviabilizadas no âmbito do Sistema Financeiro Nacional." (Disponível em: http://www.planalto.gov.br/CCIVIL_03/_Ato2019-2022/2019/Msg/VEP/VEP-288.htm. Acesso em: 08 jul. 2021).

principalmente diante dos novos perigos e danos gerados no ainda pouco explicado ambiente eletrônico.

Segundo preceituam os ensinamentos de Fernando Antonio Tasso[15]:

> A tão só previsão legal ou contratual dissociada de contexto fático a motivar a transferência de dados pessoais existentes em bases de dados do Poder Público ao particular não nos parece suficiente, porquanto se trata de um autêntico requisito de validade do ato de transferência de dados consistente na observância do onipresente princípio da legalidade, sem o qual sequer se cogita a existência de ato administrativo. Ademais, não se sustenta a mera existência de previsão legal ou contratual se não amparada no sucesso em superar o Teste de Proporcionalidade, baseado nos princípios de proteção de dados do artigo 6º.

Didaticamente, com base na doutrina administrativista de Dirley da Cunha Júnior[16], vale salientar alguns conceitos jurídicos pertinentes a este ponto: a) contrato administrativo "é o ajuste que a Administração Pública, agindo com supremacia, celebra com o particular para a realização dos objetivos de interesse público, nas condições fixadas pela própria Administração Pública"; b) convênio, que não se confunde com o contrato administrativo, consiste em "uma avença ou ajuste entre o poder público e entidades públicas ou privadas para a realização de objetivos de interesse comum, mediante mútua colaboração".

Destaca ainda, em seu Curso de Direito Administrativo, Rafael Oliveira[17] que:

> [A] nomenclatura conferida ao instrumento jurídico não é fundamental para caracterização da sua natureza jurídica, mas, sim, o seu conteúdo. Os convênios aparecem na legislação, por vezes, com nomes distintos ("convênio", "termo de parceria", "termo de cooperação", "contratos de gestão", "contratos de repasse" etc.). A cooperação associativa é uma característica dos convênios, razão pela qual os partícipes têm a liberdade de ingresso e de retirada (denúncia) a qualquer momento, sendo vedada cláusula de permanência obrigatória. (...) podem ser firmados entre entidades administrativas ou entre estas e entidades privadas sem fins lucrativos. Na primeira hipótese, os convênios são instrumentos de descentralização (ou desconcentração) administrativa; no segundo caso, os convênios funcionam como mecanismos de implementação do fomento, viabilizando o exercício de atividades sociais relevantes por entidades privadas.

A princípio, o inciso IV do § 1º do artigo 26 traz exceção delimitada aos contratos e convênios, porém, logo em seguida, admite interpretação analógica, haja vista a escolha do legislador pelo uso, ao final, do termo "instrumentos congêneres", como fórmula genérica, que amplia o campo de incidência de uma norma de exceção que deveria ser mais restrita. Conquanto seja a LGPD uma lei especial protetiva do titular de dados, parece ter, em mais de uma oportunidade, comprometido a regra por extender demasiadamente suas exceções. Firma-se, aqui, crítica pontual à abrangência dessa expressão escolhida pelo legislador.

---

15. TASSO, Fernando Antonio. Capítulo IV: do tratamento de dados pessoais pelo poder público. Op. cit., p. 299-300.
16. CUNHA JÚNIOR, Dirley da. *Curso de direito administrativo*. 11. ed. Salvador: JusPodivm, 2012, p. 581.
17. OLIVEIRA, Rafael Carvalho Rezende. *Curso de direito administrativo*. 9. ed. Rio de Janeiro: Forense, 2021, p. 986-987.

Tome-se, por exemplo, o ente público que, com base em instrumento congênere a convênio, transfere dados pessoais de um número indeterminado de cidadãos que constem em sua base de dados para um ente privado, em quantidade indiscriminada, dissociado de uma finalidade pública específica e em absoluto descompasso com a expectativa criado no titular quando da coleta desses dados. Nesse caso, a existência de lei, contrato, convênio ou instrumento congênere não é supedâneo com idoneidade suficiente para legitimar a transferência desses dados pessoais sem o consentimento expresso de seus titulares.

Nesse ponto, é esclarecedor mencionar que a ventilada razão do veto ao inciso II do §1º do artigo 26 da LGPD, que possibilitava a transferência de dados pessoais, desde que preenchidos os seguintes requisitos cumulativos: tanto a previsão legal quanto o respaldo em contratos, convênios ou congêneres, foi o argumento de que a cumulatividade de tais exigências abalaria o princípio da eficiência no funcionamento da máquina pública.

Isso porque existem procedimentos específicos relativos à transferência de dados pessoais que estão detalhados em atos normativos infralegais, a exemplo do processamento da folha de pagamento dos servidores públicos em instituições financeiras, da arrecadação de tributos e do pagamento de diversos benefícios previdenciários, dentre outros.[18] Desse modo, no que se refere às instituições financeiras em especial, ressaltar-se-á que:

> [U]m ponto sensível será a discussão quanto à aceitabilidade, a partir da vigência da LGPD, dos acordos celebrados entre o Poder Público e as instituições financeiras, para disponibilização da base de dados pessoais dos seus servidores, mediante contraprestação pecuniária em favor da própria Administração Pública, como (...) "vendas de folha de pagamento" ou oferecimento dos conhecidos "empréstimos consignados". (...) como as instituições financeiras utilizarão esses dados apenas para potencializar a oferta de seus produtos financeiros aos servidores, torna-se realmente muito discutível e polêmica a manutenção desta prática frente aos fundamentos e princípios da LGPD, sobretudo, ao se analisar a finalidade do tratamento dos dados pessoais em tais contratos.[19]

Tanto foi esta a motivação do veto ao inciso II que, ato contínuo, o vigente inciso IV do artigo 26 da LGPD expressamente traz a conjunção alternativa "ou" ao determinar como pressupostos, para excepcionar a regra da vedação ao uso compartilhado de dados entre Poder Público e particulares, a existência de previsão legal ou respaldo em contratos, convênios ou instrumentos congêneres. Logo em seguida, determina a norma remissiva consignada no §2º do artigo 26 que "[o]s contratos e convênios de que trata o §1º deste artigo deverão ser comunicados à autoridade nacional", e

---

18. SCORSIM, Ericson M. Lei brasileira de proteção de dados pessoais: análise de seu impacto para os titulares de dados pessoais, empresas responsáveis pelo tratamento de dados pessoais e setor público. In: *Migalhas*, 2018. Disponível em: https://www.migalhas.com.br/depeso/286453/lei-brasileira-de-protecao-de-dados-pessoais--analise-de-seu-impacto-para-os-titulares-de-dados-pessoais--empresas-responsaveis-pelo-tratamento-de-dados-pessoais-e-setor-publico. Acesso em: 17 jul. 2021.
19. CRESPO, Marcelo. Proteção de dados pessoais e o poder público: noções essenciais. Op. cit., p. 26.

por se referir rigorosamente a contratos e convênios adequa-se à exceção constante do inciso IV do §1º do mesmo artigo.

Por conseguinte, nessa hipótese, se o compartilhamento de dados ocorrer, deve ser informado à Agência Nacional de Proteção de Dados (ANPD)[20], que poderá definir normas complementares à comunicação e ao uso compartilhado desses dados pelo Poder Público.

É importante frisar que, a qualquer momento, o titular dos dados pode obter do controlador a relação de todos os seus dados pessoais tratados, mediante a apresentação de solicitação nesse sentido, com fulcro no artigo 20 da LGPD, assim como as informações de entidades públicas e privadas com as quais o controlador compartilhou tais dados. É direito do titular também requerer a correção, eliminação, anonimização, pseudonimização[21] e/ou bloqueio de seus dados junto ao controlador, ações que devem ser estendidas, a fim de ampliar o âmbito de proteção da norma, aos demais agentes de tratamento da cadeia.[22]

Prescreve o artigo 31 da LGPD que a ANPD poderá enviar informe com medidas cabíveis para fazer a cessação da violação aos padrões de interoperabilidade e estruturação dos dados (art. 25 da LGPD). A ANPD poderá também solicitar, nos termos do artigo 32 da lei, que o Poder Público apresente relatórios de impacto à proteção de dados pessoais e, assim, sugira a adoção de padrões e boas práticas para o saneamento de inconformidades.

Ademais, empresas públicas e sociedades de economia mista que, conforme dispõe o artigo 24 da LGPD, exerçam políticas públicas (envolvendo ou não prestação de serviço público, nos termos do artigo 175 da Constituição Federal de 1988), também estão sujeitas ao regime da LGPD, com os temperamentos do Capítulo IV (arts. 31 e 32), mormente quanto ao tratamento de dados para tais finalidades.[23] No entanto, as pessoas jurídicas da Administração Pública Indireta que prestam atividade econômica *stricto sensu* (art. 173 da Constituição Federal de 1988) estão sujeitas ao

---

20. Recentemente, foi publicada a Portaria 16, de 08 de julho de 2021, que aprovou o processo de regulamentação, no âmbito da Autoridade Nacional de Proteção de Dados, o qual inclui "os procedimentos para elaboração, revisão, implementação, monitoramento e avaliação de regulamentação" e "é norteado pelos fundamentos da disciplina da proteção de dados pessoais previstos no art. 2º da Lei 13.709/2018".

21. A legislação recomenda, sempre que for possível, a anonimização ou pseudonimização dos dados, bem como sejam considerados padrões éticos relacionados aos estudos e às pesquisas que os envolvam. A LGPD também trouxe outras regras protetivas, como a impossibilidade de divulgação dos dados em publicação de resultados ou excertos decorrentes de estudo ou pesquisa; a responsabilização do órgão de pesquisa pela segurança da informação e dos dados de terceiros; a regulamentação pela ANPD e pelas autoridades da área de saúde e sanitária, restrita ao âmbito de suas competências, sobre o acesso aos dados pessoais por órgãos de pesquisa para fins de realização de estudos em saúde pública.

22. MENEZES, Karina. LGPD: quando o compartilhamento de dados com terceiros é legal? In: *Blog Idwall*, 2019. Disponível em: https://blog.idwall.co/lgpd-compartilhamento-de-dados/. Acesso em: 08 jul. 2021.

23. CARVALHO, André Castro; CONTI, José Maurício; BLUM, Rita Peixoto Ferreira. Aplicação da LGPD ao setor público: aspectos relevantes. In: MONACO, Gustavo Ferraz de Campos; MARTINS, Amanda Cunha e Mello Smith; CAMARGO, Solano de (Org.). *Lei Geral de Proteção de Dados*: ensaios e controvérsias da Lei 13.709/18. São Paulo: Quartier Latin, 2020, p. 175-209.

regramento geral da LGPD, prescrito no Capítulo VIII, em respeito ao princípio da igualdade no tratamento concorrencial.

Nesse particular, uma atenção maior haverá de se dada pela ANPD às instituições financeiras, como, por exemplo, o Banco do Brasil e a Caixa Econômica Federal, que possuem uma atuação híbrida, ou seja, de um lado concorrem com outros *players* do mercado bancário e, de outro, são utilizados como braço operacional de diversas políticas públicas, como na celebração de convênios, de contratos de financiamento de habitação popular e de programas de transferência de renda e auxílio financeiro governamental.

Já na realização de estudos em saúde pública, os órgãos de pesquisa poderão ter acesso a bases de dados pessoais, regulamentadas por autoridade pública e independente de consentimento dos titulares, cujos dados serão tratados, exclusivamente, dentro do órgão e estritamente para a finalidade de estudos e pesquisas e mantidos em ambiente controlado e seguro, conforme práticas de segurança disciplinadas em regulamento específico.[24]

6. A TRANSMISSÃO DE DADOS PELO PODER PÚBLICO QUE OBJETIVE EXCLUSIVAMENTE A PREVENÇÃO DE FRAUDES E IRREGULARIDADES OU A PROTEÇÃO DA SEGURANÇA E INTEGRIDADE DO TITULAR DOS DADOS

Na Seção II do Capítulo II da LGPD, que disciplina o tratamento de dados pessoais sensíveis – como é o caso dos dados biométricos, como visto –, estão previstas, no inciso II do artigo 11, as hipóteses em que o tratamento desses dados pessoais poderá ser realizado sem o fornecimento de consentimento pelo titular. Dentre as possibilidades, figura a que permite o tratamento dos dados pessoais sensíveis, independentemente de consentimento do seu titular, desde que seja indispensável para o uso "compartilhado de dados necessários à execução, pela administração pública, de políticas públicas previstas em leis ou regulamentos" (art. 11, inc. II, alínea "b", da LGPD).

Outra possibilidade de dispensa do consentimento pelo titular de dados pessoais sensíveis, e de grande relevância para os sistemas de reconhecimento biométrico, é a da alínea "g" do inciso II do artigo 11 da LGPD, sempre que o tratamento do dado sensível for indispensável à "garantia da prevenção à fraude e à segurança do titular, nos processos de identificação e autenticação de cadastro, em sistemas eletrônicos, resguardados os direitos mencionados no art. 9º da LGPD", sendo ressalvada tão-somente a prevalência de direitos e liberdades fundamentais do titular que exijam a proteção de dados pessoais.

---

24. MARQUES, Natália. Lei Geral de Proteção de Dados e a pandemia do novo coronavírus. In: *Migalhas*, 2020. Disponível em: https://www.migalhas.com.br/depeso/324035/lei-geral-de-protecao-de-dados-e-a-pandemia-do-novo-coronavirus. Acesso em: 17 jul. 2021.

Todavia, ainda que seja dispensável o consentimento para o tratamento de dados pessoais sensíveis, nessa hipótese, é necessário que seja dada publicidade à dispensa. Porém, como determina o § 6º do artigo 7º da LGPD, ainda que haja a dispensa legal de consentimento em determinados casos previstos em rol taxativo, tal não desincumbe o agente controlador de cumprir com todas as suas obrigações, de observar os princípios expressos e implícitos para a proteção de dados e de preservar os direitos desse titular.

Nesse diapasão, firmam os seguintes parâmetros objetivos: (i) a autorização geral de tratamento de dados pelo poder público precisa respeitar as condicionantes do artigo 23 da LGPD e a base princiológica do artigo 6º da LGPD; (ii) a dispensa de consentimento do titular para o compartilhamento de seus dados pessoais sensíveis pela Administração Pública tem que ser essencial à concretização de políticas públicas; (iii) a dispensa de consentimento nos casos da alínea "g" do inciso II do artigo 11 da LGPD deve resguardar os direitos mencionados no artigo 9º da LGPD, sendo excepcionado apenas o caso de prevalecerem direitos e liberdades fundamentais do titular que exijam a proteção de dados.

Prosseguindo nesse contexto, sabe-se que o artigo 7º da LGPD define as hipóteses legais de tratamento de dados pessoais (art. 5º, inc. I, da LGPD), enquanto o campo de incidência do artigo 11 se restringe ao tratamento de dados pessoais sensíveis, ou seja, aqueles "sobre origem racial ou étnica, convicção religiosa, opinião política, filiação a sindicato ou a organização de caráter religioso, filosófico ou político, dado referente à saúde ou à vida sexual, dado genético ou biométrico, quando vinculado a uma pessoa natural", na forma do conceito trazido pelo inciso II do artigo 5º da LGPD.

Dentro da esfera de prevenção pelo Poder Público contra fraudes e irregularidades ou de proteção da segurança e da integridade do titular dos dados, nos moldes do inciso V do § 1º do artigo 26 da LGPD, quando se tratar de dados pessoais sensíveis – ressalvados aqueles referentes à saúde do titular, que possuem disciplina distinta –, o §3º do artigo 11 estabelece que o compartilhamento entre controladores com fim de "obter vantagem econômica poderá ser objeto de vedação ou de regulamentação por parte da autoridade nacional, ouvidos os órgãos setoriais do Poder Público, no âmbito de suas competências".

A Caixa Econômica Federal, na qualidade de empresa pública, possui ferramenta de Inteligência Artifical para analisar detecção de fraude, suspeitas de fraude, bloqueios de cadastro, autorização de transações com cartões de débito e crédito. O uso de modelos de predição de fraude pode ter um impacto profundo na vida das pessoas. O cuidado com os elementos específicos que são analisados é crucial.[25] Muitas vezes modelos preditivos de fraude tomam em consideração fatores que podem não necessariamente ter uma clara relação causal. Nesse sentido, podem ferir em muito as

---

25. PORTAL DA TRANSPARÊNCIA. Recomendações de governança: uso de Inteligência Artificial pelo Poder Público. In: *Transparência Brasil*, 2020. Disponível em: https://www.transparencia.org.br/downloads/publicacoes/Recomendacoes_Governanca_Uso_IA_PoderPublico.pdf. Acesso em: 08 jul. 2021.

expectativas das pessoas. A ferramenta pode impactar o direito de acesso a serviços financeiros ao não autorizar transações de cartão de débito ou crédito baseada em vieses algorítmicos discriminatórios.

Também a Controladoria Geral da União (CGU) faz uso de ferramenta para avaliar a probabilidade de determinado caso apresentar fraude ou irregularidade. Os impactos negativos que preocupam relacionam-se a eventuais vieses do algoritmo favoreçam ou prejudiquem administradores(as) locais em razão de preferências políticas. A depender de como seja treinado, pode ser inócuo para detectar algumas fraudes enquanto dê falsos-positivos para outra, desviando o foco do trabalho investigativo.

Haja vista tratar a exceção do inciso V do § 1º do artigo 26 da LGPD de hipótese de aplicabilidade potencial e temerosamente ampla da possibilidade de uso compartilhado de dados pela Administração Pública com entidades privadas, deverão ser observados, com extrema cautela, os princípios da finalidade e da adequação, dentre outros prenunciados no artigo 6º da LGPD, conforme o caso concreto.

Tal ressalva foi reafirmada, inclusive, pela inclusão – por meio da Lei 13.853, de 08 de julho de 2019, que alterou pontualmente a LGPD – ao final do citado dispositivo, a expressão "desde que vedado o tratamento para outras finalidades", em que pese ser bastante criticável a garantia ao Poder Público de perigosa margem de atuação em situação que deveria ser restritivamente interpretada, posto que excepcionalíssima.

Diante de tais circunstâncias, merece ser exigível do administrador público, nesses casos que demandam a validação pelo Teste de Proporcionalidade do Legítimo Interesse, proposto por Bruno Bioni[26], a total transparência quanto aos motivos que fundamentaram o compartilhamento ou a transferência de dados de bases públicas a entidades privadas, a fim de compatibilizar o permissivo legal previsto no inciso V do § 1º do artigo 26 com toda a base teleológica que sustenta e norteia a Lei Geral de Proteção de Dados (LGPD).

7. CONSIDERAÇÕES FINAIS

O tratamento de dados realizado pela Administração Pública é fundamental para que possa cumprir com seu poder-dever de prestar, de forma ampla e satisfatória, serviços essenciais públicos. Todavia, tal não decorre de uma decisão voluntária do titular de dados. Diferentemente das relações privadas, em que o titular de dados faz escolhas em se relacionar ou não com determinada pessoa jurídica cadastrando,

---

26. "Em síntese, sob o ponto de vista teórico-normativo, o uso de tal base legal carrega consigo uma série de obrigações. Uma interpretação sistemática entre os arts. 6º, X, 10 e 37, todos da LGPD, deságua na obrigação e na documentação da realização do teste de proporcionalidade a seguir: a) Verificação da legitimidade do interesse: situação concreta e finalidade legítima (art. 10, caput e 1, da LGPD); (...) b) Necessidade: minimização e outras bases legais (art. 10, §1º, da LGPD); (...) c) Balanceamento: impactos sobre o titular dos dados e legítimas expectativas (art. 10, II, da LGPD); (...) d) Salvaguardas: transparência e minimização dos riscos ao titular do dado (art. 10, §§ 2º e 3º, da LGPD)." (BIONI, Bruno Ricardo. *Proteção de dados pessoais*: a função e os limites do consentimento. Rio de Janeiro: Forense, 2019, p. 324-327).

ou não, seus dados na base de dados de um site de compras, por exemplo, para que possa exercer a qualidade de consumidor de produtos e serviços daquele fornecedor, tal condição de optante na relação jurídica com o Poder Público não existe, uma vez que todos, como cidadãos, em função do pacto social, são compelidos a se relacionarem com o Estado, que coleta massivamente dados de toda a população desde o nascimento de cada cidadão até a sua morte.

O desenvolvimento das tecnologias da informação e comunicação (TICs) na administração pública transformou a forma como os serviços públicos são prestados aos cidadãos, trazendo grandes benefícios para a sociedade e para o bem comum, mas também sérios riscos. O uso de TICs permitiu que a coleta de mais e mais dados detalhados sobre seus cidadãos. Atualmente, esses dados são coletados por vários agentes governamentais diferentes, como autoridades fiscais, agências de seguridade social e secretarias de saúde.

Cada agente de tratamento visualiza, originariamente, um fragmento da quantidade total de dados coletados sobre cada cidadão. Entretanto, se todos esses dados fossem compartilhados e fundidos, um quadro muito mais detalhado sobre seu titular emergeria. Por isso agrava-se a pressão por leis e regulamentos que versem sobre o uso compartilhado de dados pelo Poder Público. Os governos desejam fazer uso inteligente dos dados que coletam, alegando a busca por maior eficiência na prestação de serviços públicos.

Contudo, a execução de atividade administrativa e a prestação de serviços públicos não se restringuem à Administração Pública Direta, havendo diversas hipóteses em que a lei, contrato, convênio ou instrumento congênere autorizam a sua descentralização. Além disso, as inúmeras atividades desempenhadas transcendem, em grande medida, não apenas o aspecto subjetivo, mas também o objetivo, abarcando outras que vão além da execução de políticas públicas, em que pese a falsa impressão que parece ter sido deixada pelos artigos 7º, inciso III, e 11, inciso II, alínea "b", ambos da LGPD, podendo tratar dados para a execução de competências legais e as aribuições do serviço público (art. 23 da LGPD).

É preciso enfatizar, tal como faz a Estratégia Brasileira de Inteligência Artificial e seus eixos temáticos e anexos (Portaria GM 4.617, de 06 de abril de 2021), o papel do governo em facilitar a adoção de Inteligência Artificial na Administração Pública, assim como atentar-se para os desafios de integração da IA aos serviços públicos, haja vista a implementação de melhorias que agreguem transparência, eficiência e redução de custos.

Na mesma medida em que o uso da IA traz inúmeros benefícios e vantagens, como o aumento da eficiência de serviços públicos e a concretização mais transparente e eficaz de políticas públicas, é fundamental que os valores éticos de uma IA justa e responsável estejam sempre refletidas nas soluções desenvolvidas pela Administração Pública.

Importantes iniciativas concretamente aplicáveis incluem o estabelecimento de *sandboxes* regulatórios, a atenção ao interesse público primário e à motivação específica voltada a políticas públicas, a promoção de ambiente de cooperação entre entes públicos e privados, bem como entre a indústria e os centros de pesquisas, para o desenvolvimento da Inteligência Artificial e o estabelecimento como requisito técnico em contratações públicas que os licitantes proponentes ofereçam soluções compatíveis com a promoção de padrões éticos e seguros desde a arquitetura do projeto computacional, estruturando ecossistemas de governança, *accountability* e *compliance* no uso de Inteligência Artificial.

8. REFERÊNCIAS

BANDEIRA DE MELLO, Celso Antonio. *Curso de direito administrativo*. 33. ed. São Paulo: Malheiros, 2016.

BIONI, Bruno Ricardo. *Proteção de dados pessoais*: a função e os limites do consentimento. Rio de Janeiro: Forense, 2019.

CARVALHO, André Castro; CONTI, José Maurício; BLUM, Rita Peixoto Ferreira. Aplicação da LGPD ao setor público: aspectos relevantes. In: MONACO, Gustavo Ferraz de Campos; MARTINS, Amanda Cunha e Mello Smith; CAMARGO, Solano de (Org.). *Lei Geral de Proteção de Dados*: ensaios e controvérsias da Lei 13.709/18. São Paulo: Quartier Latin, 2020, p. 175-209.

CRESPO, Marcelo. Proteção de dados pessoais e o poder público: noções essenciais. In: CRAVO, Daniela Copetti; CUNDA, Daniela Zago Gonçalves da; RAMOS, Rafael (Org.). *Lei Geral de Proteção de Dados e o poder público*. Porto Alegre: Escola Superior de Gestão e Controle Francisco Juruena, 2021, p. 16-28.

CUNHA JÚNIOR, Dirley da. *Curso de direito administrativo*. 11. ed. Salvador: JusPodivm, 2012, p. 581.

MARQUES, Natália. Lei Geral de Proteção de Dados e a pandemia do novo coronavírus. In: *Migalhas*, 2020. Disponível em: https://www.migalhas.com.br/depeso/324035/lei-geral-de-protecao-de-dados-e-a-pandemia-do-novo-coronavirus. Acesso em: 17 jul. 2021.

MEDAUAR, Odete. *Direito administrativo moderno*. 19. ed. São Paulo: Revista dos Tribunais, 2015.

MENEZES, Karina. LGPD: quando o compartilhamento de dados com terceiros é legal? In: *Blog Idwall*, 2019. Disponível em: https://blog.idwall.co/lgpd-compartilhamento-de-dados/. Acesso em: 08 jul. 2021.

MOREIRA, André de Oliveira Schenini. A exceção dos dados pessoais tornados manifestamente públicos pelo titular na LGPD. In: *Migalhas*, 2019. Disponível em: https://www.migalhas.com.br/depeso/293745/a-excecao-dos-dados-pessoais-tornados-manifestamente-publicos-pelo-titular-na-lgpd. Acesso em: 07 jul. 2021.

OLIVEIRA, Rafael Carvalho Rezende. *Curso de direito administrativo*. 9. ed. Rio de Janeiro: Forense, 2021.

PIERI, José Eduardo de V.; BASTOS, Rodrigo Albero Caldeira; SCHVARTZMAN, Felipe. Dados pessoais 'públicos' são, de fato, públicos? In: *JOTA INFO*, 2019. Disponível em: https://www.jota.info/opiniao--e-analise/artigos/dados-pessoais-publicos-sao-de-fato-publicos-30062019. Acesso em: 07 jul. 2021.

PORTAL DA TRANSPARÊNCIA. Recomendações de governança: uso de Inteligência Artificial pelo Poder Público. In: *Transparência Brasil*, 2020. Disponível em: https://www.transparencia.org.br/downloads/publicacoes/Recomendacoes_Governanca_Uso_IA_PoderPublico.pdf. Acesso em: 08 jul. 2021.

ROSSO, Angela Maria. LGPD e setor público: aspectos gerais e desafios. In: *Migalhas*, 2019. Disponível em: https://www.migalhas.com.br/depeso/300585/lgpd-e-setor-publico--aspectos-gerais-e-desafios. Acesso em: 07 jul. 2021.

SANTANNA, Gustavo da Silva. A necessária relação entre interoperabilidade e compartilhamento de dados, transparência administrativa e privacidade: uma análise do comportamento da administração pública a partir da LGPD. In: CRAVO, Daniela Copetti; CUNDA, Daniela Zago Gonçalves da; RAMOS, Rafael (Org.). *Lei Geral de Proteção de Dados e o poder público*. Porto Alegre : Escola Superior de Gestão e Controle Francisco Juruena, 2021, p. 85-102.

SCORSIM, Ericson M. Lei brasileira de proteção de dados pessoais: análise de seu impacto para os titulares de dados pessoais, empresas responsáveis pelo tratamento de dados pessoais e setor público. In: *Migalhas*, 2018. Disponível em: https://www.migalhas.com.br/depeso/286453/lei-brasileira-de-protecao-de-dados-pessoais--analise-de-seu-impacto-para-os-titulares-de-dados-pessoais--empresas-responsaveis-pelo-tratamento-de-dados-pessoais-e-setor-publico. Acesso em: 17 jul. 2021.

TASSO, Fernando Antonio. Capítulo IV: do tratamento de dados pessoais pelo poder público. In: MALDONADO, Viviane Nóbrega; BLUM, Renato Opice (Coord.). *LGPD*: lei geral de proteção de dados comentada. 3. ed. São Paulo: Thomson Reuters Brasil, 2021, p. 261-303.

17
IMPACTOS JURÍDICOS DO SISTEMA E-NOTARIADO PARA AS ATIVIDADES NOTARIAIS NO BRASIL

Maria Gabriela Venturoti Perrotta

Tabeliã de Notas e Protestos no Estado de São Paulo; Pós-Graduada em Direito Notarial e Registral pela Escola Paulista de Magistratura; Doutoranda em Direito Civil pela Faculdade de Direito da Universidade de São Paulo.

Sumário: 1. Introdução – 2. Da função pública notarial – 3. Da migração para o meio digital: o e-notariado – 4. Do sincronismo perfeito – 5. Da plataforma e-Notariado – 6. Do ato notarial eletrônico – 7. Segurança jurídica – 8. Conclusão – 9. Referências.

1. INTRODUÇÃO

Os serviços notariais estão diretamente atrelados ao exercício da cidadania, estando presentes em muitos atos da vida civil. Tais serviços, de organização técnica e administrativa, garantem a publicidade, autenticidade, segurança e eficácia dos atos jurídicos por eles desenvolvidos.[1]

Com o advento do avanço tecnológico e implementação dos meios eletrônicos e digitais, tais serviços passaram a incorporar essas novas plataformas, garantindo maior acessibilidade e agilidade aos usuários.

Por serem serviços que consubstanciam a fé pública, gerando presunção de legalidade e autenticidade, a alteração na forma promovida pela criação do sistema e-Notariado através do provimento n. 100, do Conselho Nacional de Justiça, não comprometeu a eficácia, muito menos a segurança jurídica de todo o sistema.

Pelo contrário, houve um sincronismo perfeito entre o início da pandemia pelo Covid-19 e a implementação da nova plataforma notarial, tornando os tabelionatos brasileiros presentes e atuantes em todo o globo.

A função notarial criada pelos antigos escribas egípcios agora é digital, mas continua sendo exercida com a mesma eficiência e competência. Os tabeliães do Brasil estão mostrando ao mundo que sua função continua a ser relevante, tal como o era desde a Antiguidade, e pode se adequar aos mais modernos meios criados pela humanidade.

---

1. Lei 8.935/94, art. 1º.

2. DA FUNÇÃO PÚBLICA NOTARIAL

O ilustre Desembargador Ricardo Dip afirma que "o notário é (quase) um *proprium* da sociedade humana, porque sua função é, em gênero, exigida pela natureza política dos homens. Essa função política (ou social) do notário não é apenas a de ser jurista, mas é, sobretudo, a de ser um jurista a quem se faz convergir a titularidade da fé pública."[2] Segundo ele, a instituição notarial está integrada por uma organização profissional de homens, cada um dos quais constitui um órgão social, que presta um serviço pessoal às relações de direito privado que tratam de estabelecer ou declarar sem contenda judicial; e os instrumentos públicos são um produto do exercício dessa função profissional.

Para Carlos Luiz Poisl, "a existência do tabelionato em todos os países civilizados, até mesmo nos de inspiração marxista, importa no universal reconhecimento de seu alto sentido social, ao qual soma-se, no Brasil, uma assistência social digna de nota."[3]

A base constitucional do Direito Notarial e, consequentemente, da função pública notarial, entendendo-se como aquela desempenhada pelo notário ou tabelião, está no artigo 236, da Constituição Federal. Trata-se de serviço público, exercido em caráter privado por delegação do Poder Público. A regulamentação das atividades notariais está na Lei Federal 8.935/94, também chamada pela doutrina de Lei Orgânica dos Notários e Registradores, segundo a qual, em linhas gerais, os notários ou tabeliães são definidos como profissionais do Direito, dotados de fé pública, a quem o Poder Público delegou a execução da atividade pública notarial, para que o façam em seu próprio nome, sob sua conta e risco, mas segundo as normas e diretrizes fixadas pelo ente delegante e fiscalização pelo Poder Judiciário (art. 3º).

No espírito da Lei 8.935/94, art. 1º, a atuação dos notários visa a garantir a publicidade, autenticidade, segurança e eficácia dos atos jurídicos por ele praticados.

> "O notário escreve ou formula os termos ou instrumentos, geralmente chamados de escrituras, segundo os dados ou apontamentos (notas) fornecidos pelos interessados. Mas é de sua obrigação enquadrar os mesmos atos na forma legal, seguindo as regras e exigências instituídas pela lei, a fim de que os mesmos atos ou contratos não possam ser inquinados de irregulares."[4]

Dessa forma, compete aos notários ou tabeliães a formalização da vontade das partes e a intervenção nos atos e negócios jurídicos a que as partes devam ou queiram dar forma legal ou autenticidade, autorizando a redação ou redigindo os instrumentos adequados, conservando os originais e expedindo cópias fidedignas de seu conteúdo.[5]

---

2. DIP, Ricardo. *Prudência notarial*. São Paulo: Quinta, 2012, p. 27.
3. POISL, Carlos Luiz. *Em testemunho da verdade*. Lições de um notário. Porto Alegre: Sergio Antonio Fabris Ed., 2006, p. 32.
4. CORRÊA, Leandro Augusto Neves. A função notarial e a relevância da qualificação notarial à luz dos princípios. In: PEDROSO, Regina (Coord.). *Estudos avançados de Direito Notarial e Registral*. Rio de Janeiro: Elsevier, 2013, p. 175.
5. Lei 8.935/94, art. 6º.

A fé pública notarial, por sua vez, pode ser definida como a confiança coletiva que a sociedade deposita nos atos praticados pelo notário ou tabelião. O fundamento da fé pública está justamente na necessidade que possui a coletividade de dotar suas relações jurídicas dos atributos da certeza, firmeza e autoridade. Para isso, confere aos notários um valor probante e de confiabilidade, de segurança jurídica em si, de modo que os atos por eles praticados sejam instrumentos reconhecidos e oponíveis *erga omnes*, capazes de criar, provar e servir de encalço à execução daquelas relações jurídicas. Resumidamente, pode-se dizer que a fé pública consagra a presunção legal de autenticidade, veracidade, legalidade e legitimidade que emana do ato praticado pelo tabelião no exercício de suas funções. O cerne da fé pública está na segurança jurídica por ela gerada. O instrumento redigido pelo tabelião condensa a efetiva vontade da parte, gerando essa segurança jurídica. Em razão dos seus atributos, tem-se que o instrumento público faz prova plena daquilo que nele está consignado.

É conhecida a assertiva de Demócrito de Abdera, de que "*não em todos, mas apenas nos dignos de fé deve-se confiar.*"[6]

A fé pública notarial, portanto, é a qualidade própria que a intervenção notarial confere aos instrumentos expedidos no exercício regular dessa função. Nas palavras de Bartolomé Fiorini, fé pública notarial é "fé legitimada", regrada pelo direito e distinta das outras que chamam públicas, porque enquanto essas outras são para documentação de atos públicos, aquela é para a documentação de atos privados.[7]

O mestre Vicente de Abreu Amadei assegura que "*o Tabelião é aquele que existe na ordem social exatamente para dar fé pública à realidade da vida jurídica que dela necessita.*"[8]

A função pública notarial tem como alicerce o instrumento público, e envolve a atividade de criar, redigir, autorizar, autenticar, conservar e reproduzir esse instrumento. O tabelião deve captar a vontade da parte, minuciosamente, absorvendo-a com plenitude, e materializá-la, criando um instrumento jurídico legal, legítimo e eficaz. Como é um profissional do direito, tal como um juiz, advogado ou promotor de justiça, ao captar a vontade da parte, deve qualificá-la juridicamente, adequá-la ao ordenamento pátrio, havendo assessoramento jurídico imparcial, de modo que se produzam os efeitos desejados.

"Como profissional jurídico imparcial, o notário não interfere na vontade das partes, mas apenas capta a vontade exteriorizada em sua presença, dando-lhe forma jurídica, isto é, garantindo a observância dos requisitos legais e, consequentemente, a validade e eficácia do ato ou negócio jurídico que a consubstancia. Embora não possa interferir na vontade das partes, ele tem o dever de aconselhar, de emprestar seu conhecimento jurídico para tornar efetiva e válida a finalidade

---

6. Disponível em: http://www.filosofia.com.br/figuras/livros_inteiros/16.txt. Acesso em: 16 ago. 2021.
7. GATTARI, Carlos Nicolas. *Practica Notarial*. Buenos Aires: Depalma, 1966, p. 303.
8. AMADEI, Vicente de Abreu. A fé pública nas notas e nos registros. YOSHIDA, Consuelo Yatsuda Moromizato; FIGUEIREDO, Marcelo; AMADEI, Vicente de Abreu (Coord.). *Direito notarial e registral avançado*. São Paulo: Revista dos Tribunais, 2014, p. 47.

visada pelos contratantes, agindo, portanto, também como consultor e não como mero redator de instrumentos e documentos. Pode ainda realizar todas as gestões e diligências necessárias ou convenientes ao preparo dos atos notariais, tais como requerer certidão de imóveis, providenciar a guia para pagamento de tributos devidos, etc. Todo esse labor desempenhado pelo notário já está incluído no valor dos emolumentos, não podendo cobrar a mais a título de aconselhamento jurídico ou assessoria."[9]

Assim, na medida em que o tabelião atua como um verdadeiro filtro, captando a vontade da parte e adequando-a ao ordenamento jurídico vigente, transformando essa vontade em um instrumento dotado de fé pública, gerando segurança jurídica, ele exerce sua função primordial, qual seja, de pacificador social. A atividade notarial consegue prevenir eventuais litígios que poderiam existir na sociedade, e, caso esses ocorram, a lide será mais facilmente solucionada, visto que há prova qualificada consistente no instrumento notarial lavrado.

Na expressão de Carnelutti, "aos notários ajusta-se a expressão de escultores do direito. Porque a função do notário encaminha-se diretamente a que a vontade declarada das partes siga seu curso normal, evitando toda possibilidade de litígios."[10]

"Essa paz social lograda com a intervenção do notário diferencia-se daquela obtida nos tribunais, pois, enquanto o juiz dirime a contenda pela sentença que força a vontade a uma execução não querida, a fé pública levanta um monumento à concórdia em cada escritura elaborada pelo notário."[11]

3. DA MIGRAÇÃO PARA O MEIO DIGITAL: O E-NOTARIADO

A história do notariado confunde-se com a própria história da sociedade e do Direito.

Desde seus primórdios, a atividade notarial está atrelada à documentação e perpetuação histórica. Os serviços notariais tiveram seu nascimento no antigo Egito, pelas mãos dos escribas. Responsáveis pela redação das ordens e narrativas dos faraós, os escribas passaram a redigir a história daquela civilização, acrescentando a ela a credibilidade intrínseca à sua função. Função semelhante a dos escribas existia na Grécia antiga e também junto ao povo hebreu.

Com o advento da civilização romana proliferam-se as relações civis e surgem múltiplos responsáveis pela redação dos atos, como os *notarius* (assemelhados aos taquígrafos), os *tabelliones* (responsáveis pela lavratura dos contratos e testamentos), os *tabelarius* (responsáveis pela conservação dos documentos oficiais) e os *tabularii* (responsáveis pela listagem tributária).

---

9. LOUREIRO, Luiz Guilherme. *Registros públicos:* teoria e prática. Rio de Janeiro: Forense, 2011, p. 486.
10. POISL, Carlos Luiz. *Em testemunho da verdade.* Lições de um notário. Porto Alegre: Sergio Antonio Fabris Ed., 2006, p. 34.
11. Ibidem, p. 36.

Percebe-se, assim, que a função redatora e de materialização da vontade das partes, com presunção de legitimidade sempre existiu, desde o papiro, passando pelas *tabelas* (placas de madeira) até chegar aos livros.

De fato, a forma dos atos foi se alterando ao longo da história e os tabeliães ou notários foram, então, amoldando suas funções a elas.

De acordo com o artigo 41, da Lei n. 8935/94, os notários e registradores podem adotar sistemas de computação, microfilmagem, disco ótico e outros meios de reprodução.

Em 26 de maio de 2020, o Conselho Nacional de Justiça publica o Provimento n. 100, que dispõe sobre a prática de atos notariais eletrônicos utilizando o sistema e-Notariado, cria a Matrícula Notarial Eletrônica-MNE e dá outras providências.

Introduz-se no ordenamento jurídico nacional uma verdadeira revolução na forma dos atos notariais. Referido provimento causa uma efetiva mudança de paradigma, de cultura e de prática notarial, uma vez que possibilita a lavratura de um ato público notarial em meio digital. Em se tratando de atos notariais eletrônicos, o Livro de Notas deixa de ser o meio de instrumentalização material ou física do ato em si, sendo substituído pelo meio digital ou virtual. Ele passa apenas a atestar o ato que foi instrumentalizado digitalmente.

Com o advento do referido provimento, todos os atos notariais podem ser realizados à distância e por meio eletrônico, com a utilização da videoconferência notarial e de assinatura digital.

O papel, a presença física das partes e suas assinaturas diante dos notários migram para o meio digital. Todavia, é fundamental que se enfatize que a confiabilidade e a segurança jurídica permanecem as mesmas.

4. DO SINCRONISMO PERFEITO

O Provimento n. 100, do Conselho Nacional de Justiça é fruto de um árduo trabalho daquele órgão em conjunto com o Colégio Notarial do Brasil. Muito embora a ideia e seu desenvolvimento tenham se iniciado antes da pandemia mundial pelo Covid-19, a publicação do referido provimento em maio de 2020, não poderia ter sido mais adequada.

 Com a pandemia e a necessidade de distanciamento social e atendimento remoto, a regulamentação e a implementação desse sistema revolucionam a forma de atender as partes, possibilitando a lavratura de atos notariais a distância, com a mesma segurança jurídica e eficácia.

Deve-se ressaltar ainda que o Provimento 100, do Conselho Nacional de Justiça foi precedido dos Provimentos 94 e 95, os quais reconhecem o princípio da continuidade dos serviços públicos e o fato de que os serviços notariais e de registro devem ser prestados de modo eficiente e adequado, sendo essenciais para o exercício do direito fundamental à propriedade imóvel, que tem importância direta para assegurar a implementação do crédito com garantia real.

De fato, o momento exigia a tomada de soluções rápidas e precisas para a continuidade dos serviços.

Por conta do risco de contaminação e disseminação da doença, impôs-se a necessidade de distanciamento social, bem como afastamento e recolhimento dos grupos de risco, evitando-se, assim, o contato direto das pessoas. Por outro lado, a sociedade e a economia não podem – e não devem – parar. Mais do que nunca, as atividades notariais tornaram-se imprescindíveis ao exercício de direitos fundamentais dos indivíduos.

De fato, o que se observou desde o começo da pandemia foi um aumento significativo de alguns atos notariais como as procurações, os testamentos, os divórcios e as declarações de união estável. O mesmo se deu com relação aos atos de natureza patrimonial, como compra e venda de imóveis e doações.

A pandemia impôs às pessoas uma maior consciência sobre a terminalidade da vida. Com isso, muitos buscaram e ainda buscam os serviços notariais para deixarem suas disposições de última vontade positivadas. O número de testamentos públicos feitos no Brasil aumentou consideravelmente.[12]

Além da necessidade de estabelecer seus desígnios após a morte, as pessoas viram-se compelidas a designar também suas disposições sobre fim de vida. As diretivas antecipadas de vontade, popularmente conhecidas como testamentos vitais, também tiveram acréscimo significativo.

Quantos não foram e não são os hospitalizados, os doentes, os impossibilitados de se locomover ou de sair de casa que necessitam, diariamente, de procurações públicas para que um mandatário os substitua em atos da vida civil? Quantos não foram os casais cujo relacionamento se desfez após o convívio diário e exaustivo imposto pela quarentena? E quantos não foram aqueles cujo amor se fortaleceu nesses tempos sombrios e que resolveram positivar, em ato dotado de fé pública, essa união?

A paralisação de algumas atividades econômicas e a redução no ritmo das cidades pelas quarentenas impostas pelas autoridades públicas importaram em movimentação patrimonial intensa. Muitos comerciantes e empresários viram-se obrigados a vender ou dar em pagamento, por exemplo, seus bens imóveis. Muitas famílias preferiram promover, desde logo, a partilha em vida de seus patrimônios através de doações.

E todos esses atos e outros inúmeros tantos que importam na consagração de direitos e liberdades fundamentais são materializados pela atividade notarial.

---

12. Disponível em: https://www.istoedinheiro.com.br/procura-por-testamentos-aumenta-41-com-pandemia-da-covid-19/. Acesso em: 16 ago. 2021.

O provimento 100, do Conselho Nacional de Justiça, possibilitou o atendimento rápido, eficaz e com segurança jurídica dessas demandas. Os notários brasileiros tornaram-se aptos a lavrarem todos os seus atos pela plataforma digital do e-Notariado.

E o alcance do e-Notariado foi além. Isso porque os documentos públicos nato-digitais, realizados pela plataforma e-Notariado, além da assinatura com certificado digital ICP-Brasil, contam com uma videoconferência em que as identidades são conferidas e certificadas, acrescentando segurança na aferição seja daqueles que assinam o ato, seja da manifestação da vontade. O provimento promove o serviço notarial não apenas aos brasileiros em território nacional, mas também aos nacionais fora do país, que não podem viajar ou estão distantes dos consulados. Acrescenta-se o fato de que muitos consulados não funcionaram durante os primeiros momentos da pandemia. Os atos notariais podem ser assinados digitalmente por quem está no exterior, eliminando a burocracia e as despesas com os consulados para a lavratura de procurações, por exemplo.

Os tabeliães do Brasil depositaram as fichas de firmas de seus clientes na plataforma, de modo que o sistema de cadastros de clientes foi unificado. Se a parte desejar, pode se dirigir a qualquer tabelionato do país e fazer seu certificado digital e-Notariado de forma gratuita, de modo que poderá, digitalmente, assinar qualquer escritura pública em qualquer tabelionato nacional. O certificado também pode ser emitido a distância, de forma remota, alcançando aqueles que estão fora do nosso território.

Agora, através da plataforma e-notariado, os tabelionatos vão, digitalmente, até as partes, em qualquer lugar do planeta, com a mesma segurança jurídica. As pessoas poderão assinar os atos notariais de seus celulares, computadores etc.

5.   DA PLATAFORMA E-NOTARIADO

A plataforma e-Notariado, criada pelo Provimento n. 100, do Conselho Nacional de Justiça, institui o Sistema de Atos Notariais Eletrônicos, e-Notariado, disponibilizado na internet pelo Colégio Notarial do Brasil – Conselho Federal, dotado de infraestrutura tecnológica suficiente à atuação notarial eletrônica, no *link* www.e-notariado.org.br, disponível 24 (vinte e quatro) horas por dia, ininterruptamente.

O e-Notariado tem como objetivos: interligar os notários, permitindo a prática de atos notariais eletrônicos, o intercâmbio de documentos e o tráfego de informações e dados; aprimorar tecnologias e processos para viabilizar o serviço notarial em meio eletrônico; e implantar, em âmbito nacional, um sistema padronizado de elaboração de atos notariais eletrônicos, possibilitando a solicitação de atos, certidões e a realização de convênios com interessados.[13]

---

13.   Provimento 100, CNJ, art. 7º.

Através da plataforma, os órgãos públicos que exercem o controle sobre a atividade notarial e registral também podem obter dados para o juízo competente responsável pela fiscalização da atividade extrajudicial, para as Corregedorias dos Estados e do Distrito Federal e para a Corregedoria Nacional de Justiça. O sistema e-Notariado contém um módulo de fiscalização e geração de relatórios (correição on-line), para efeito de contínuo acompanhamento, controle e fiscalização pelos juízes responsáveis pela atividade extrajudicial.

O Sistema de Atos Notariais Eletrônicos, e-Notariado, implementado e mantido pelo Colégio Notarial do Brasil – Conselho Federal (CNB-CF), sem qualquer ônus ou despesas seja para o Conselho Nacional de Justiça, seja para os demais órgãos ou entidades do Poder Público, disponibiliza as ferramentas de forma gratuita aos usuários.

O notário fornece, gratuitamente, aos clientes do serviço notarial um certificado digital notarizado, para uso exclusivo e por tempo determinado, na plataforma e-Notariado e demais plataformas autorizadas pelo Colégio Notarial Brasil-Conselho Federal. Esse certificado digital notarizado nada mais é do que identidade digital de uma pessoa física ou jurídica, identificada presencialmente por um notário a quem se atribui fé pública. E a assinatura digital notarizada corresponde à verificação de autoria, integridade e autenticidade de um documento eletrônico realizada por um notário, atribuindo fé pública.

O acesso ao e-Notariado é feito com a assinatura digital, através do certificado digital notarizado ou, quando possível, por biometria.

Os usuários externos poderão acessar o e-Notariado mediante cadastro prévio, sem assinatura eletrônica, para conferir a autenticidade de algum ato em que tenham interesse.

Para a assinatura de atos notariais eletrônicos é imprescindível a realização de videoconferência notarial para captação do consentimento das partes sobre os termos do ato jurídico, a concordância com o ato notarial, a utilização da assinatura digital e a assinatura do Tabelião de Notas com o uso de certificado digital, segundo a Infraestrutura de Chaves Públicas Brasileira – ICP.

A plataforma do e-Notariado dispõe das seguintes funcionalidades atualmente: I – matrícula notarial eletrônica; II – portal de apresentação dos notários; III – fornecimento de certificados digitais notarizados e assinaturas eletrônicas notarizadas; IV – sistemas para realização de videoconferências notariais para gravação do consentimento das partes e da aceitação do ato notarial; V-sistemas de identificação e de validação biométrica; VI – assinador digital e plataforma de gestão de assinaturas; VII – Central Notarial de Autenticação Digital (CENAD); e VIII – Cadastro Único de Clientes do Notariado (CCN).[14]

---

14. Provimento 100, CNJ, art. 10.

A Matrícula Notarial Eletrônica (MNE), serve como chave de identificação individualizada, facilitando a unicidade e rastreabilidade da operação eletrônica praticada. O número da Matrícula Notarial Eletrônica integra o ato notarial eletrônico, devendo ser indicado em todas as cópias expedidas. Através dela, torna-se possível a consulta da validade do ato notarial eletrônico diretamente na plataforma, independentemente de certificado digital. O usuário externo que for parte em ato notarial eletrônico ou que necessitar da conferência da autenticidade de um ato notarial está autorizado a acessar o sistema sempre que necessário.

A plataforma também disponibiliza aos usuários a listagem dos notários brasileiros que já estão a ela integrados. Além disso, indica quais estão aptos a emitirem os certificados digitais e-Notariado, posto que para emiti-los, o notário deve estar credenciado como uma Autoridade Notarial. Uma vez emitido o certificado digital e-Notariado, a parte pode participar de qualquer ato notarial eletrônico e sua assinatura será realizada na própria plataforma e-Notariado, a partir de notificações disparadas pelo sistema, incluindo-se uma videoconferência com o tabelião ou escrevente habilitado.

A Central Notarial de Autenticação Digital (CENAD), por sua vez, consiste em uma ferramenta para os notários autenticarem os documentos digitais, com base em seus originais, sejam eles em papel ou natos-digitais.

De acordo com o artigo 23, do referido Provimento n. 100, do CNJ, compete, exclusivamente, ao tabelião de notas: a materialização, a desmaterialização, a autenticação e a verificação da autoria de documento eletrônico; assim como a autenticação de cópia em papel de documento original digitalizado e autenticado eletronicamente perante outro notário.

A desmaterialização será realizada por meio da CENAD na cópia de um documento físico digitalizado, mediante a conferência com o documento original ou eletrônico e em documento híbrido. Após a conferência do documento físico, o notário pode expedir cópias autenticadas em papel ou em meio digital e as cópias eletrônicas oriundas da digitalização de documentos físicos serão conferidas na CENAD. Essa autenticação notarial gera um registro na CENAD, que contém os dados do notário ou preposto que o tenha assinado, a data e hora da assinatura e um código de verificação (hash), que será arquivado. O interessado poderá conferir o documento eletrônico autenticado pelo envio desse mesmo documento à CENAD, que confirmará a autenticidade por até 5 (cinco) anos.

O Cadastro Único de Clientes do Notariado (CCN), por sua vez, consubstancia a base nacional de clientes do Notariado, alimentada por todos os cartórios que praticam atos notariais. Pelo CCN também são emitidos os certificados digitais notarizados aos clientes do cartório e efetuada a validação dos dados biográficos e biométricos, utilizando-se a base de dados do DENATRAN.

A plataforma inclui ainda o backup em nuvem e-Notariado, uma solução moderna para a preservação dos atos praticados pelos serviços notariais e de registro em meio digital. Os arquivos do tabelionato de notas são transmitidos ao ambiente *cloud Microsoft Azure*, com compactação, criptografia e validação de integridade, conforme as boas práticas de segurança da informação.

O provimento n. 100, do Conselho Nacional de Justiça, além do mérito pela própria inovação, foi excepcional quanto à dinâmica e apresentação. Isso porque, antes mesmo de dispor sobre o sistema e-Notariado e suas ferramentas, estabeleceu a definição de várias designações, tais como: assinatura eletrônica notarizada, certificado digital notarizado, assinatura digital, biometria, videoconferência notarial, ato notarial eletrônico, documento eletrônico, documento digital, entre outros, facilitando a compreensão e utilização dos novos termos.

6. DO ATO NOTARIAL ELETRÔNICO

Os atos notariais eletrônicos reputam-se autênticos e detentores de fé pública da mesma forma que os atos notariais lavrados em papel. Quando celebrados por meio eletrônico produzirão os efeitos previstos no ordenamento jurídico desde que observem os requisitos necessários para a sua validade estabelecidos em lei e nas normas e provimentos do Conselho Nacional de Justiça e Corregedorias de Justiça Estaduais.

A identificação, o reconhecimento e a qualificação das partes, de forma remota, será feita pela apresentação da via original de identidade eletrônica e pelo conjunto de informações a que o tabelião teve acesso, podendo utilizar-se, em especial, do sistema de identificação do e-Notariado, de documentos digitalizados, cartões de assinatura abertos por outros notários, bases biométricas públicas ou próprias ou outros instrumentos de segurança. O CCN facilita a identificação dos usuários e informa se ele possui o certificado digital notarizado.

O tabelião, então, ingressa na plataforma e-Notariado e nela lança o ato notarial, através de um mecanismo de fluxo de assinaturas. A própria plataforma encaminha à parte um email com o ato notarial em *pdf* para que seja assinado digitalmente e também abre um link que possibilita a realização da videoconferência. Nesta, o tabelião ou escrevente habilitado confirma a identidade da parte, a demonstração da capacidade e livre manifestação de vontade e concordância com o ato notarial lavrado, seu objeto e valor.

Em seguida, após a assinatura eletrônica da parte (seja através de certificado digital ICP-Brasil ou certificado e-Notariado) e a realização e conclusão da videoconferência, o ato notarial eletrônico pode ser encerrado pelo tabelião, que também o assina digitalmente, com a utilização de certificado digital ICP-Brasil. Concluído o ato, a plataforma, então, gera a Matrícula Notarial Eletrônica (MNE), com a chave de identificação individualizada, a qual constará do ato notarial, sendo de fácil verificação junto à plataforma.

Muito importante ressaltar que os ato notarial pode ser híbrido. Isso porque uma parte pode assiná-lo remotamente, de forma digital, pela plataforma e-Notariado, enquanto a outra pode fazê-lo presencialmente, no tabelionato.

17 • IMPACTOS JURÍDICOS DO SISTEMA E-NOTARIADO PARA AS ATIVIDADES NOTARIAIS NO BRASIL

De acordo com o artigo 29, do Provimento n. 100, do CNJ: "*Os atos notariais eletrônicos, cuja autenticidade seja conferida pela internet por meio do e-Notariado, constituem instrumentos públicos para todos os efeitos legais e são eficazes para os registros públicos, instituições financeiras, juntas comerciais, Detrans e para a produção de efeitos jurídicos perante a administração pública e entre particulares.*"

7. SEGURANÇA JURÍDICA

A lei não impõe a forma física para a validade de determinados atos da vida civil. Ela apenas impõe a forma pública que, atualmente, pode se revestir de formato físico, material, ou eletrônico. Trata-se, portanto, de uma opção colocada às partes. O que deve ser enfatizado porém, é que seja em meio físico (papel), seja em meio digital (eletrônico), diante das características da função pública notarial e das qualidades e presunções geradas pelo instrumento público lavrado nas notas dos tabeliães, sem sombra de dúvidas, são opções com a mesma eficácia e segurança jurídica.

O instrumento redigido pelo tabelião condensa a efetiva vontade da parte, gerando segurança jurídica. Em razão dos seus atributos, tem-se que o instrumento público faz prova plena daquilo que nele está consignado.

Ademais, como profissional jurídico imparcial, o notário não interfere na vontade das partes, mas apenas capta a vontade exteriorizada em sua presença, dando-lhe forma jurídica, isto é, garantindo a observância dos requisitos legais e, consequentemente, a validade e eficácia do ato ou negócio jurídico que a consubstancia. Embora não possa interferir na vontade das partes, ele tem o dever de aconselhar, de emprestar seu conhecimento jurídico para tornar efetiva e válida a finalidade visada pelos contratantes, agindo, portanto, também como consultor e não como mero redator de instrumentos e documentos.

A videoconferência notarial, através da plataforma e-Notariado, consegue fomentar a captação da vontade da parte e sua concordância com o ato notarial lavrado da mesma forma que o encontro presencial com o notário. Soma-se à videoconferência a assinatura digital, dando, assim, ainda mais segurança ao ato notarial lavrado de forma eletrônica.

Ainda que muitos defendam a segurança da assinatura via certificado digital, em nenhum país ela foi suficiente para substituir a assinatura autoral. Não por outra razão que foi acrescida da necessidade da videoconferência notarial. Há, assim, um duplo sistema de aferição de identidade, capacidade e concordância com o ato notarial lavrado.

8. CONCLUSÃO

Com o advento do Provimento 100, do Conselho Nacional de Justiça, o instrumento público notarial adquiriu nova forma, a digital, atingindo todos os cantos do planeta com a mesma eficácia e segurança jurídica.

A pandemia fez a tecnologia caminhar para facilitar o dia a dia das pessoas e reduzir custos de deslocamento, documentações etc... Tempos sombrios, de tristeza e angústia suscitaram soluções avançadas e eficazes.

A plataforma do e-notariado já conta, atualmente, com mais de 50 mil atos notariais eletrônicos e mais de 60 milhões de usuários cadastrados no CCN (Cadastro de Clientes Nacional).

Com a edição do referido provimento, os atos notariais podem ser feitos de modo remoto, através da plataforma e-Notariado, garantindo o isolamento social e respeito à quarentena dos indivíduos em tempos de pandemia, com a mesma segurança jurídica do ato presencial.

Os tabeliães do Brasil depositaram as fichas de firmas de seus clientes na plataforma, de modo que o sistema de cadastros de clientes foi unificado. Se a parte desejar, pode se dirigir a qualquer tabelionato e fazer seu certificado digital e-Notariado de forma gratuita, de modo que poderá, digitalmente, assinar qualquer escritura pública em qualquer tabelionato do país.

A prestação de serviços notariais por meio eletrônico enfrenta uma série de desafios. A um só tempo, devem ser reunidas ferramentas técnicas adequadas aos novos meios digitais com fácil acessibilidade aos usuários e assegurada a segurança jurídica e eficácia do sistema.

Ademais, por mais que se busque ampliar o acesso ao sistema de atos notariais eletrônicos por meio da tecnologia, isso não significa, necessariamente, a inclusão digital dos vulneráveis cibernéticos. Em outras palavras, por mais que se alargue o acesso aos serviços extrajudiciais, são necessários os domínios de conhecimento e prática em meios digitais. A inclusão digital é um indicador de desenvolvimento do país. Aqui no Brasil, apesar de vivenciarmos um exponencial acesso às tecnologias, uma significativa parcela da população carece de informações e condições financeiras para usufruir de dispositivos eletrônicos e plataformas digitais.

A possibilidade de existirem atos notariais híbridos – presencial e digital – torna a atividade notarial no Brasil ainda mais universal.

Sem sombra de dúvidas, o avanço digital deve implementar uma maior acessibilidade aos usuários e desencadear uma redução de custos. O dinamismo das relações pessoais e negociais impõe adequações e mudanças. Os serviços notariais nacionais não deixariam de atender a essas demandas. A pandemia, inclusive, acelerou, drasticamente, todo esse processo.

O futuro sempre impõe desafios, mas a vocação de servir a sociedade da melhor forma possível, levando aos indivíduos a paz social positivada pela fé pública, renova nos notários brasileiros a coragem para enfrentá-los de peito aberto, e a tecnologia representa hoje um excelente instrumento para tanto, trazendo mais celeridade associada a economia de custos, sem perder a indispensável segurança jurídica.

9. REFERÊNCIAS

AHUALLI, Tania Mara; BENACCHIO, Marcelo (Coord.) *Direito Notarial e Registral*: Homenagem às Varas de Registros Públicos da Comarca de São Paulo. São Paulo: Quartier Latin, 2016.

AMADEI, Vicente de Abreu. A fé pública nas notas e nos registros. YOSHIDA, Consuelo Yatsuda Moromizato; FIGUEIREDO, Marcelo; AMADEI, Vicente de Abreu (Coord.). *Direito notarial e registral avançado*. São Paulo: Revista dos Tribunais, 2014.

BOBBIO, Norberto. *O positivismo jurídico*: lições de filosofia do direito. São Paulo: Ícone, 1995.

BRANDELLI, Leonardo. *Teoria geral do direito notarial*. 3. ed. São Paulo: Saraiva, 2009.

CENEVIVA, Walter. *Lei dos Registros Públicos comentada*. São Paulo: Saraiva, 2002.

CHEZZI, Bernardo (Coord.). *Atos eletrônicos: em notas e registros*. São Paulo: Ibradim, 2021.

CORRÊA, Leandro Augusto Neves. A função notarial e a relevância da qualificação notarial à luz dos princípios. In: PEDROSO, Regina (Coord.). *Estudos avançados de Direito Notarial e Registral*. Rio de Janeiro: Elsevier, 2013.

DECKERS, Erick. *Função Notarial e deontologia*. Trad. Albino Matos. Almedina: 2005.

DIP, Ricardo. *Prudência notarial*. São Paulo: Quinta, 2012.

FERREIRA, Paulo Roberto Gaiger; RODRIGUES, Felipe Leonardo. *Ata notarial: Doutrina, prática e meio de prova*. São Paulo: Quartier Latin, 2010.

KOLLET, Ricardo Guimarães. *Manual do tabelião de notas para concursos e profissionais*. Rio de Janeiro: Forense, 2008.

KÜMPEL, Vitor Frederico et al. *Tratado Notarial e Registral vol. 5*. São Paulo: YK Editora, 2020.

LOUREIRO, Luiz Guilherme. *Registros públicos*: teoria e prática. Rio de Janeiro: Forense, 2011.

LOUREIRO FILHO, Lair da Silva; LOUREIRO, Claudia Regina de O. M. da Silva. *Notas e registros públicos*. São Paulo: Saraiva, 2004.

MODANEZE, Jussara Citroni; TIERI, Perla Caroline Gargalac Veiga; TIERI, Thomaz Mourão. *Direito notarial e registral*. São Paulo: Saraiva Editora, (Coleção Curso & Concurso, v. 35). 2011.

PEDROSO, Regina (Coord.). *Estudos avançados de Direito Notarial e Registral*. Rio de Janeiro: Elsevier, 2013.

PERROTTA, Maria Gabriela V. Diretivas antecipadas de vontade em tempos de pandemia. *Revista Direito & Medicina*, v. 6, maio-ago. 2020. Caderno Especial – Pandemia Covid-19.

POISL, Carlos Luiz. *Em testemunho da verdade*. Lições de um notário. Porto Alegre: Sergio Antonio Fabris Ed., 2006.

REZENDE, Afonso Celso Furtado de. *Tabelionato de notas e o notário perfeito*: Direito de propriedade e atividade notarial face a face com o Código Civil 2002. 3. ed. Campinas: Millennium Editora, 2004.

RIBEIRO, Luís Paulo Aliende. *Regulação da função pública notarial e de registro*. São Paulo: Saraiva, 2009.

18
OPEN INSURANCE E O
"MARKET FOR LEMON(ADE)S":
PROPOSIÇÕES PARA UM DESENVOLVIMENTO
INCLUSIVO, ÉTICO E EFETIVO DO SETOR

Maria Luiza Kurban Jobim

Graduada em Direito (UFRGS), Mestre (LLM) em Direito Comercial Internacional
(University of Kent). Professora do LLM em LGPD da UNISINOS. Assessora Jurídica
e representante da Ouvidoria na Comissão de Estudos para Implantação da LGPD
no Tribunal de Justiça do Rio Grande do Sul (TJRS). E-mail: luizajobim@gmail.com

Sumário: 1. Introdução – 2. *Open insurance*: contexto e aspirações; 2.1 Aspectos regulatórios: noções preliminares; 2.2 Particularidades do segmento securitário – 3. Ciclo regulatório atual; 3.1 Agenda regulatória da SUSEP; 3.2 Preocupações: expurgando o mercado de limões do horizonte brasileiro; 3.2.1 Preocupações com inclusão quantitativa; 3.2.2 Preocupações com inclusão qualitativa; 3.2.3 Expurgando o mercado de limões do ramo securitário brasileiro – 4. Conclusão – 5. Referências.

1. INTRODUÇÃO

No atual desenvolvimento das tecnologias relacionadas a dados pessoais cada vez mais refinados, como aqueles relacionados ao monitoramento do comportamento humano e que possibilitam um incremento substancial da análise preditiva, o seu uso no mercado de seguros é uma decorrência tanto natural quanto lógica. Assim, na busca de aperfeiçoar mecanismos relacionados à mensuração dos riscos e possibilitar termos de subscrição (aqui incluída a precificação) mais adequada à realidade de cada indivíduo, o desenvolvimento das *insurtechs* é uma constante, em progressão exponencial.

Por sua vez, ciente das limitações a que o Direito está adstrito (por ser uma ciência destinada à pacificação de conflitos em caráter retrospectivo), propostas regulatórias diversas que viabilizem uma abertura também do sistema jurídico, como *sandboxes*, ganham corpo e se disseminam em larga escala, no ambiente doméstico e internacional. Ao lado dessa nova forma de regulação, está a estruturação de um ambiente aberto dentro do qual agentes podem melhor trocar informações com maior precisão, agilidade e conveniência: o *Open Insurance*, cuja agenda foi anunciada no ano de 2020 pela Superintendência de Seguros Privados (SUSEP), para execução em meados de 2021, que busca estimular a troca padronizada de informações entre os agentes do mercado.

Dentro de um ideal de maior acessibilidade, democratização dos serviços e competitividade, o mercado de seguros apresenta, porém, peculiaridades dentro da estrutura a qual integra, formalmente designada como *Open Finance*. Isto se deve ao fato de que, diferentemente da intenção de se regular moedas digitais, criptoativos ou finanças, o mercado securitário pressupõe, *em sua gênese*, um discrímen proporcional ao preço a ser cobrado para cada segurado, sobre cada serviço. Ainda que a personalização seja uma tendência constante – até mesmo polêmica – nos serviços e produtos hoje conhecidos com nomes diversos para propiciar uma experiência mais rica e "inteligente" aos usuários, no mercado de seguros, esta é um pressuposto bastante conhecido.

Nesse sentido, muito embora tenha a regulação setorial bases normativas e jurídicas próprias relacionadas ao complexo sistema securitário, as proposições em curso devem atentar para preocupações legítimas com a proteção dos dados pessoais, a autodeterminação informativa, a isonomia e a privacidade. Daí que interessa que haja tanto inclusão quantitativa quanto qualitativa dos segurados dentro da ideia de uma *cidadania financeira*.

Dessa forma, busca-se trazer para a discussão potenciais fragilidades do Sistema Aberto de Seguros (SAS) para serem consideradas tanto por parte dos reguladores quanto dos operadores. Para tanto, o presente estudo divide-se em duas grandes partes. Na primeira, será tratado do tema do *Open Finance* sob o prisma regulatório e, dentro deste, destacada a singularidade do *Open Insurance* em relação ao conhecido *Open Banking*, sobretudo diante do uso massivo e onipresente de dados pessoais acessíveis e compartilháveis em dispositivos de monitoramento. Na segunda, será realizada uma análise descritiva e analítica da agenda trazida pela SUSEP. Na sequência, a partir de um caso prático do prisma internacional, envolvendo uma das gigantes do ramo das *insurtechs*, "*Lemonade*", questionamentos serão realizados à luz da eticidade e da transparência dos algoritmos utilizados em processos de subscrição e de pagamento indenizatórios respectivos.

Como objetivo do presente estudo não está impedir, mas sim balizar o sistema do *Open Insurance* para que, ainda que em futuro ambiente de testagem, se impeça a disseminação de um mercado de "limões" no lado da oferta. Se é verdade que de limões sempre se podem fazer limonadas, faz-se imperioso que se criem molduras regulatórias flexíveis, mas que sejam indutoras da criação de modelos de negócios que, *by design*, tenham condições de propiciar um desenvolvimento ético, efetivo e responsável do setor.

2. *OPEN INSURANCE*: CONTEXTO E ASPIRAÇÕES

A ideia do *Open Insurance* em território nacional foi proposta, recentemente, no ano de 2020, pela SUSEP, dentro de uma agenda regulatória sistêmica no âmbito das diferentes agências integrantes do Sistema Financeiro Nacional (SFN). O conceito *open* foi formalizado pelo Banco Central (BACEN), em conjunto com o Conselho

Monetário Nacional (CMN), por meio da Resolução Conjunta 01/2020, com o intuito de promover um compartilhamento amplo de dados por meio da *abertura e integração* dos sistemas (art. 3º). A noção de abertura é notoriamente relacionada com a de interoperabilidade. Interoperabilidade, segundo definição governamental, é entendida como sendo uma "característica que se refere à capacidade de diversos sistemas e organizações trabalharem em conjunto (interoperar) de modo a garantir que pessoas, organizações e sistemas computacionais interajam para trocar informações de maneira eficaz e eficiente."[1]

Como objetivos do sistema estão o incentivo à inovação, a promoção da concorrência e da cidadania financeira e, em linhas gerais, o aumento da eficiência do SFN. A aplicação transetorial da abertura é, pois, tanto criar ambiente propício a um incremento dos produtos e serviços (financeiros, bancários, securitários e monetários[2]) ofertados no ambiente doméstico quanto demonstrar um alinhamento às políticas regulatórias mais modernas que já vêm sendo adotadas no âmbito internacional.[3]

O SAS, como também chamado pela SUSEP, é o novo contexto em que o ramo securitário pode agora contar. Segundo definição da própria SUSEP, o *Open Insurance* (ou SAS) pode ser caracterizado como:

> (...) a possibilidade de consumidores de produtos e serviços de seguros, previdência complementar aberta e capitalização permitirem o compartilhamento de suas informações entre diferentes sociedades autorizadas/credenciadas pela Susep, de forma segura, ágil, precisa e conveniente. Para entregar esses benefícios ao consumidor, o Open Insurance *operacionaliza e padroniza o compartilhamento de dados e serviços por meio de abertura e integração de sistemas, com privacidade e segurança*[4]. (grifos acrescidos).

A regulação, portanto, tende a, paulatinamente, e cada vez mais, contar com esse pano de fundo aberto, pela facilidade crescente do intercâmbio de informações, pela onnipresença dos dados na era digital, pela simplificação do processo de supervisão e pelos potenciais ganhos econômicos que do sistema podem advir. A interação é rica, e os desafios estão apenas começando. Isto porque, dentro de uma ideia hoje global de desenvolvimento galgado em um sistema cooperativo entre os setores público e privado, o *Sandbox Regulatório* visa a instrumentalizar a abertura também do sistema jurídico, em ambiente de testagem, em mercados cuja complexidade já é inerente ao seu funcionamento, seja no aspecto normativo, seja no tecnológico.

---

1. Ministério da Economia, Governo Digital. Interoperabilidade. Disponível em: https://www.gov.br/governodigital/pt-br/governanca-de-dados/interoperabilidade Acesso em: jul. 2021.
2. BACEN. *Sandbox Regulatório*. Disponível em: https://www.gov.br/startuppoint/pt-br/programas/sandbox-regulatorio. Acesso em: jul. 2021.
3. BACEN. Regulation on the BCB's Regulatory Sandbox is in place. Disponível em: https://www.bcb.gov.br/en/pressdetail/2359/nota Acesso em: 31 jul 2021.
4. SUSEP. *Open Insurance*. Disponível em: https://openinsurance.susep.gov.br/ Acesso em: ago. 2021.

2.1 Aspectos regulatórios: noções preliminares

A forma acelerada com que a tecnologia da informação e comunicação (TCI) se desenvolve demanda a estruturação de novos arranjos regulatórios, mais dinâmicos e flexíveis às constantes mudanças dentro das quais serviços são provisionados e produtos são personalizados. É nesse contexto que, nas palavras de Trindade e Vieira, nasce a "cultura da experimentação, da inovação e de um ambiente que, cada vez mais, a mudança é a principal certeza."[5] Segundo os autores:

> A evolução das tecnologias da informação e da comunicação atingiu um estágio em que não apenas afeta a maneira como as pessoas se relacionam, mas também já *materializa a possibilidade de alterar a maneira como as sociedades produzem riqueza e, ainda mais, a forma como essa (riqueza) circula entre os diferentes agentes econômicos.*[6] (grifos acrescidos).

Refletindo sobre as nuances do capitalismo que se desloca na Era Digital, Ladislau Dowber disserta sobre a tecnologia e a caracteriza como o principal fator de produção dentro da "economia do intangível"[7]. Segundo o autor, "hoje o principal fluxo de investimentos não resulta em nenhuma máquina nem em chaminés, e sim em capacidade de controle de conhecimento organizado.[8]" No atual momento, a riqueza não é mais sólida, corpórea ou estática. É, antes, disso, imaterial, percebida em "meros sinais magnéticos."[9] O amplo espectro tecnológico é vertido para o software, plataformas virtuais de intermediação, sistemas de organização e algoritmos com uso de inteligência artificial (IA). Passa-se de um sistema de riqueza estruturado na apropriação de meios de produção para outro, de controle de sistemas.

Como esses sistemas que se abrem, se comunicam e se deslocam é matéria igualmente vasta. Sobretudo porque, diferente da abstração que lhes é característica, impactam a vida real das pessoas. Sob quais limites, com quais características se desenvolvem e que estímulos devem ser buscados por meio da regulação, são questões que corporificam campo fértil de estudo e que não devem ser relegados ao acaso.

No caso, o *Sandbox Regulatório* é uma prática incipiente também no panorama internacional. Na sua concepção, a preocupação é lidar com os benefícios concretos à sociedade possibilitados por essa rede complexa e intangível de sistemas interli-

---

5. TRINDADE, Manoel Gustavo Neubarth e VIEIRA, Márcio dos Santos. Criptoativos: Conceito, Classificação, Regulação Jurídica no Brasil e Ponderações a partir do Prisma da Análise Econômica do Direito. *Revista Jurídica Luso-Brasileira* Ano 6, n. 6, 867-928, 2020.

6. TRINDADE, Manoel Gustavo Neubarth; VIEIRA, Márcio dos Santos. Criptoativos: Conceito, Classificação, Regulação Jurídica no Brasil e Ponderações a partir do Prisma da Análise Econômica do Direito. *Revista Jurídica Luso-Brasileira* Ano 6, n. 6, 867-928, 2020.

7. DOWBOR, Ladislau. *O Capitalismo se desloca*: novas arquiteturas sociais. São Paulo: Edições SESC, 2020. p. 34.

8. Ibid.

9. Ibid.

gados[10]. O objetivo é, pois, arquitetar uma superestrutura de sistemas[11], galgada na colaboração frutífera entre diferentes setores e agentes: reguladores e regulados. Sob a premissa de que os mercados são sempre mais conhecidos por parte daqueles que os exploram, mas que a adequação normativa é condição salutar ao seu eficiente implemento, a dicotomia tradicional do ferramental da regulação *ex ante e ex post*[12] ganha novos contornos, como uma regulação *durante, simultânea e maleável*. Assim, possibilita-se que o particular explore seu ramo de atividade em contato direto com o regulador e, com isso, comprove que, assim o fazendo não está incorrer em maiores prejuízos ou em riscos inaceitáveis à sociedade.

O primeiro *Sandbox Regulatório* em território nacional foi apresentado pelo Bacen, no ano de 2020, por meio da Circular conjunta Bacen CMN de 01/2020. Segundo definição trazida, essa estrutura regulatória aberta é "uma é iniciativa que permite que instituições já autorizadas e ainda não autorizadas a funcionar pelo Banco Central do Brasil possam testar projetos inovadores (produtos ou serviços experimentais) com clientes reais, sujeitos a requisitos regulatórios específicos."

A classificação terminológica ampla trazida inicialmente pelo BACEN demonstra a riqueza com que esse ambiente de testagem pode se concretizar na prática. Como vantagens do modelo, percebe-se que agentes, ao trabalhar de forma cooperativa com a autoridade setorial, apresentam proposições (1) em ambiente real, sem sofrer eventuais enviesamentos típicos de situações hipotéticas artificialmente construídas; (2) com monitoramento constante, isto é, possibilitando que avaliações de impacto regulatório sejam acessadas e mensuradas rotineiramente pela autoridade reguladora; (3) com ganho de experiência quanto ao trabalho supervisionado; e (4) com possibilidade de interlocução ativa, democratizando o desenho da estrutura regulatória em formação e viabilizando com que mais pontos de vistas sejam abarcados ou considerados e, por consequência, que maior efetividade potencial seja alcançada.

2.2 Particularidades do segmento securitário

O microssistema securitário é conhecidamente aquele em que o risco representa elemento essencial e inerente à contratação. Diferentemente do caso de um contrato de jogo, por exemplo, onde a álea *decorre* da própria contratação, segundo regras que

---

10. EVANS, Jamie; STEVE, Browning. Fintech: a guide to financial technology. *Briefing Paper, Numer 9150*, 26 April 2021. Londres: House of Commons Library, 2021.

11. DOWBOR, Ladislau. *O Capitalismo se desloca*: novas arquiteturas sociais. São Paulo: Edições SESC, 2020, p. 85.

12. Revesz disserta sobre o uso da regulação (*ex ante*) e sobre os regimes de responsabilidade (*ex post*) e as diferencia como formas prospectivas e retrospectivas, respectivamente, de alocação de riscos na área do meio ambiente. A escolha entre uma e outra dependerá de uma série de fatores, que incluem os custos de transação, a assimetria informacional e os custos efetivos para a implementação do aparato regulatório *lato sensu*. REVESZ, Richard e outros (Org.). *Environmenal Law and Policy*. 4. ed. St Paul: Foundation Press, 2019, p. 184. Aqui, o Sandbox Regulatório visa a mitigar uma série de custos – também tecnológicos – e assimetrias informacionais enquanto busca garantir maior economicidade do lado da oferta e disponibilidade do lado da demanda.

são anuídas pelos participantes, no caso dos seguros, a álea é *pressuposta* ao contrato[13]. Ela precede as condições conjecturais dentro das quais uma contratação é delineada. Aliás, é a pureza da álea que dá legitimidade ao contrato e que tem por base a boa-fé dos sujeitos[14]. Ela é intrínseca, verdadeiramente, a aspectos da vida. A melhor doutrina classifica o seguro sob um viés dúplice: como sistema e como contrato[15]. Enquanto a sua natureza bipartite é indissociável de sua essência, não se podendo analisar um contrato (típico, a luz da legislação civilista) sem ambientação do sistema ao qual integra, é justamente a correlação explícita entre um sistema aberto, em construção, e suas implicações sobre o universo micro dos contratos com os segurados (e seus respectivos e proporcionais termos aplicáveis) que aqui interessa.

Em outros termos: é a conformação do sistema jurídico em termos tecnológicos e sua dependência crescente dos dados sob os quais se funda (e sob qual o exame atuarial é realizado) que merece especial destaque. Rompe-se, assim, por completo, com a forma tradicional com que a regulação setorial securitária foi concebida em território nacional. Essa mudança ocorreu, no passado, de forma paulatina em um ambiente onde a diferenciação de preços era historicamente vedada pelo ordenamento pátrio, mas cujas modificações precedem a revolução tecnológica que se está, no presente, a se vivenciar.

O sistema, denominado Sistema Nacional de Seguros Privados (SNSP), apesar de relacionado ao SFN, tem suas próprias raízes e forças motrizes. Ele se desenvolve a partir de meados da década de 1960, por meio do Decreto-Lei 73/1966. Dentre aquele regramento específico, ganha relevo a Circular SUSEP 14/1968, que vedava o estabelecimento de condições e prêmios diferenciados no mercado. Vigorava, assim, um sistema jurídico rígido, estático e sem estímulo à competitividade. Em consequência, estruturava-se uma rede de subsídios cruzados no mercado securitário entre os segurados caracterizados como de alto com aqueles de baixo risco: todos submetidos a uma precificação estanque, alheia às variáveis que compõem as condições circunstanciais de cada contrato, de dano ou pessoa, individualmente considerado.

Foi apenas no final da década de 1980, com a Circular SUSEP 22/1987, que se iniciou um processo de maior flexibilização quanto a condições e possibilidades de descontos que inauguram uma nova fase do mercado de seguros. No atual sistema constitucional, o art. 192 bem estabelece as bases do SFN, dentre as quais, a promoção do *desenvolvimento equilibrado do País* e a *servir aos interesses da coletividade*. Hoje, porém, essa precificação diferenciada ganha um novo catalisador e difusor: o SAS.

---

13. MIRAGEM, Bruno. O Direito dos Seguros no Sistema Jurídico Brasileiro: uma Introdução. In: MIRAGEM, Bruno; CARLINI, Angélica (Org.). *Direito dos Seguros* [recurso eletrônico]. São Paulo: RT, 2015. Nesse mesmo sentido, o disposto no art. 759 do Código Civil.
14. Vide o disposto nos arts. 762, 765, 766 do Código Civil.
15. MIRAGEM, Bruno. O Direito dos Seguros no Sistema Jurídico Brasileiro: uma Introdução. In: MIRAGEM, Bruno; CARLINI, Angélica (Org.). *Direito dos Seguros* [recurso eletrônico]. São Paulo: RT, 2015.

Sob o prisma coletivo, a evolução dos seguros corporifica uma preocupação macro com a mitigação dos riscos ordinários da vida em sociedade, provisionando custos e ofertando garantia e segurança. No Código Civil, precisamente entre os arts. 757 e 802, há diferenciação entre seguro de dano e de pessoas, cujas particularidades, porém, transcendem o escopo do presente estudo. Em qualquer das situações, importa enfatizar a intervenção severa do Estado na atividade por meio da exigência geral de subordinação da atuação dos operadores à efetivação de registro junto à autoridade competente (SUSEP).[16]

Enquanto a intervenção do Estado na atividade é uma constante, o perímetro dentro dos quais os contratos se desenvolvem adquirem considerável maleabilidade. Atualmente, o sistema em desenvolvimento preocupa-se, ao invés da igualdade formal (precificação uniforme), com a isonomia efetiva (precificação proporcional). Condições diversas, com riscos diferenciados, acarretarão prêmios também distintos. E, ao lado desses interesses *que se situam a sempre lembrada pretensão de mitigação dos 'gêmeos do mal seguro: seleção adversa e risco moral[17]"*. Para a sustentabilidade do setor, importa que não sejam selecionados apenas segurados de altíssimo risco em razão do preço superior a eles atrelado. Da mesma forma, que não sejam gerados incentivos para abusos do sistema por parte dos segurados e beneficiários.

Os custos de transação relacionados à contratação de modalidades diversas de seguros vêm sendo drasticamente reduzidos. A possibilidade para tanto decorre da adoção generalizada de análises preditivas por diferentes agentes do mercado neste sistema – em construção e aberto -, realizadas a partir de algoritmos e do acesso massivo aos dados pessoais dos segurados tanto no ambiente do *Big* quanto do *Small Data*. Com isso, a verificação do risco incorrido é severamente facilitada. Dentro desse emaranhado de regulações e objetivos, surge o SAS. Por meio deste, busca-se assegurar uma supervisão eficiente do Estado, sem deixar de atentar para preocupações relevantes como maior inclusão, lucratividade e sustentabilidade do mercado. No entanto, é na justa medida da diferenciação, ora exponencializada pelo compartilhamento amplo de informações, que reside um dos maiores desafios do sistema jurídico: viabilizar inclusão efetiva sem discriminação abusiva e acentuação das desigualdades.

3. CICLO REGULATÓRIO ATUAL

Com base na experiência em formação do *Open Banking* e visivelmente inspirada por esta, a SUSEP inicia a execução, durante o ano de 2021, de uma agenda destinada a implantar a ideia de *Open Insurance* no âmbito de sua atuação. Um dos grandes desafios será transpor a dinâmica prevista pelo BACEN para os produtos de seguro e previdência. De antemão, a autarquia esclarece que, no centro da construção desse

---

16. Art. 752, parágrafo único, do Código Civil.
17. JUNQUEIRA, Thiago. *Tratamento de Dados Pessoais e Discriminação Algorítmica nos Seguros*. São Paulo: Thomson Reuters Brasil, 2020.

ecossistema, está o *empoderamento do consumidor*.[18] Como mecanismos de interlocução com os demais programas de abertura do sistema, está a interoperabilidade, condição primordial no aspecto tecnológico – e de caráter pragmático –, que tem o condão de viabilizar a efetiva troca, compartilhamento e difusão de informações.

3.1 Agenda regulatória da SUSEP

Para possibilitar essa operacionalização do projeto e padronização no compartilhamento de dados para a integração de sistemas, a SUSEP, em 2020, tornou público o seu cronograma de atuação. Nas primeiras fases, há uma divisão qualitativa dos dados compartilhados: primeiro, com a agregação de dados públicos, a serem obtidos até 15/12/20201. Na sequência, até 01/09/2022, com dados pessoais – fase cuja cautela para com o manuseio e suas repercussões para com os efeitos jurídicos gerados é de suma importância. Por fim, a última fase, que prevê a execução de serviços por meio do ecossistema do SAS, a partir de 01/12/2022.[19]

Por sua vez, não coincidentemente, o ano de 2020 serviu de base para o primeiro edital de *Sandbox Regulatório* da SUSEP. Por meio deste, 11 (onze) projetos relacionados às mais variadas áreas, desde seguro de vida acidentário a utensílios eletrônicos, como telefones e computadores, foram selecionados. À época, o SAS ainda não era uma realidade.

Em julho de 2021, houve publicação de novo edital[20], que busca selecionar participantes para ambiente regulatório para "o desenvolvimento de produto e/ou serviço no mercado de seguros oferecido ou desenvolvido a partir de novas tecnologias, metodologias, processos, procedimentos ou de tecnologias existentes aplicadas (...)."[21] Dentre os requisitos essenciais ao plano de negócios, figuram preocupações como: (i) a exposição do problema a ser solucionado pelo produto e/ou serviço oferecido, incluindo descrição sobre ganhos e benefícios ao mercado e, em particular, aos consumidores; (ii) parâmetros de precificação e (iii) declaração de participação ou não no Sistema de Seguros Aberto (*Open Insurance*) (Edital Eletrônico SUSEP 01/2021, item 4, alíneas "e", "n" e "s").

Muito embora a interlocução com o SAS não seja um critério obrigatório do edital de ambiente regulatório do *sandbox*, é evidente que, sendo um projeto estratégico da autarquia, maiores serão as chances de êxito do projeto caso se enquadre também

---

18. SUSEP. *Open Insurance*. Segundo informação disponibilizada no próprio site de apresentação do programa da SUSEP https://openinsurance.susep.gov.br/principais-beneficios/ Acesso em: 16 ago. 2021.
19. SUSEP. "Susep publica normas que regulamentam a implementação do Open Insurance". Notícias. Disponível em: http://novosite.susep.gov.br/noticias/susep-publica-normas-que-regulamentam-a-implementacao-do--open-insurance/. Acesso em: jul. 2021.
20. Atualmente, o foco do Sandbox Regulatório está em produtos massificados de curto prazo e, com isso, estão excluídos os segmentos de previdência, resseguros, grandes riscos e responsabilidade civil. SUSEP. *Sandbox Regulatório*. Disponível em: http://www.susep.gov.br/menu/sandbox-regulatorio Acesso em: ago. 2021.
21. SUSEP. *Edital Eletrônico 01/2021*. Disponível em: https://www.in.gov.br/web/dou/-/edital-eletronico-susep--n-1/2021-334115727/. Acesso em: ago. 2021.

naquele sistema. Este é, alias, o primeiro critério de pontuação segundo o certame. Por sua vez, o *sandbox* em elaboração visa a conciliar as preocupações de eficiência do SFN no âmbito securitário, fomento à inovação com o atendimento do interesse dos consumidores, "provendo mais opções por meio do substancial incremento de experiências customizadas para cobrir-lhe aspectos de toda sua vida financeira."[22] É um projeto macro, portanto.

Como grande parte da vida hoje dos indivíduos tem relação para com finanças, e as informações aportadas para contratação de seguros combinam estas com aspectos comportamentais amplos, a proteção desses dados, sejam de caráter securitário estrito ou não[23], ganham ambientes fluidos. Apesar do uso dos dados pessoais estar previsto apenas para a segunda fase da agenda regulatória da SUSEP no SAS, suas repercussões e impacto no setor já são autoevidentes. A preocupação com a divulgação dos parâmetros de precificação, hoje presentes no edital em curso, aponta sincronia com o disposto no art. 20 da LGPD, que versa sobre os contornos, ainda pendentes de concretização, do dever de explicação das decisões automatizadas.

Em 21 de julho de 2020 de 2021, foram publicadas a Resolução 415 do CNSP e a Circular 635 da SUSEP que delineiam conceitos básicos e pressupostos operacionais à estruturação do sistema. A Resolução 415/2021 do CNSP traça 7 (sete) principais objetivos do SAS:

I – ter o cliente como seu principal beneficiado;

II – tornar seguro, ágil, preciso e conveniente para os clientes o compartilhamento padronizado de dados, previsto na Lei Geral de Proteção de Dados e demais legislações que tratam do sigilo de operações financeiras, e serviços;

III – incentivar a inovação;

IV – promover a cidadania financeira;

V – aumentar a eficiência dos mercados de seguros privados, de previdência complementar aberta e de capitalização;

VI – promover a concorrência; e

VII – ser interoperável com o Open Banking.

Merece ainda destaque o significado dado pela própria normativa aos dados pessoais de seguros, no seu art. 2º:

XIV – dados pessoais de seguros: informações sobre cadastro de clientes, pessoas naturais ou jurídicas, e de seus representantes, movimentações relacionadas com planos de seguros, de previdência complementar aberta, assistência financeira e capitalização, incluindo as características da apólice, bilhete, certificado, contrato ou título de capitalização, *e os dados de registros feitos por dispositivos eletrônicos embarcados, conectados ou usados pelo cliente;* e (grifos acrescidos)

---

22. SUSEP. *Sandbox Regulatório*. Disponível em: http://www.susep.gov.br/menu/sandbox-regulatorio/ Acesso em: ago. 2021.

23. Isto é, não apenas aqueles chamados como "dados abertos de seguros" ou "dados pessoais de seguros", nos termos do art. 2º, XII e XIV, da Resolução CNSP 415/2018, mas também todos aqueles que, direta ou indiretamente, são computados para fins de aferição de risco dos segurados.

Para o fomento da inovação e competitividade, o que inclui o desenvolvimento de tecnologias aprimoradas que viabilizem maior *input* de dados pessoais – sob a máxima de que, quanto mais informações, menor será a incerteza e margem de risco internalizada na contratação –, ganha corpo e número a disseminação das chamadas *insurtechs*. O termo não vem ainda definido em sede legal ou regulatória, mas tem característica abrangente e abarca o modelo de negócios de seguros que busca melhor integrá-lo com as novas tecnologias em benefício de melhor precificação e maior cobertura. Nesse sentido, pertencem ao ramo tanto (1) as empresas que prestam os serviços baseados em tecnologias e inovação para as seguradoras ou atuam como intermediárias entre as seguradoras e os clientes e (2) empresas de tecnologia que subscrevem risco e atuam como seguradoras.[24]

A regulação securitária em sentido estrito preocupa-se com o segundo grupo trazido supra, pelo fato de serem as empresas subscritoras que incorrem em risco e que ofertam os produtos e serviços ao consumidor final. Por outro lado, como o SAS é consumidor centrado, o equacionamento com a quantidade, qualidade e finalidade dos dados pessoais, inclusive comportamentais, tratados é matéria não periférica, mas verdadeiramente central. Deve abarcar, portanto, preocupações com todos os atores que atuam na cadeia de fornecimento de serviços, ainda que via intermediação; seja via discriminação direta ou indireta[25]. A correlação com o objetivo de inclusão e de cidadania financeira trazido pela norma setorial[26] e o princípio da não-discriminação ilícita ou abusiva insculpido na LGPD[27] e aqui transplantado de forma literal[28] e por força constitucional[29], deve ser garantido na prática, especialmente quando há aferição sistêmica de riscos por meio das decisões automatizadas a partir de fontes diversas.

3.2 Preocupações: expurgando o mercado de limões do horizonte brasileiro

Dentro de aspirações globais de promoção de um sistema regulatório compatível com as transformações tecnológicas que o mundo real e digital está a se beneficiar, encontram-se também pontos de tensão. Leciona Schwab[30] que a tecnologia não é boa ou ruim por si só. Tudo dependerá do uso que dela faremos. E das externalidades geradas a partir de determinado incremento produtivo, tangível ou intangível.

---

24. PINHEIRO, Pedro. "Webinar - Open Insurance: estruturação e reflexos no mercado de seguros." 29 jul 2021. *Instituto ProPague*. Disponível em: https://www.youtube.com/watch?v=dccpC8AQ3mY&t=1s Acesso em: ago. 2021.
25. Discriminação indireta seria aquela que "operada pelo emprego de um critério distintivo que não seja, per se, ilegítimo, pode conduzir a um impacto desproporcional sobre um grupo vulnerável, como pode ocorrer, por exemplo, em relação às minorias raciais." SCHREIBER, Anderson. Prefácio. In: JUNQUEIRA, Thiago. *Tratamento de Dados Pessoais e Discriminação Algorítmica nos Seguros*. São Paulo: Thomson Reuters Brasil, 2020.
26. Arts. 3º, IV da Resolução CNSP 415/2021.
27. Art. 6º, IX, da Lei 13.709/2019.
28. Arts. 3º, IV e 4º, V, da Resolução CNSP 415/2021.
29. Arts. 3º, IV, 5º, caput e VIII, c/c 192, da Constituição Federal.
30. SCHWAB, Klaus. *The Fourth Industrial Revolution*. London: Penguin Random House, 2017. p. 105.

Quando se coloca, dentre os elementos de estruturas regulatórias aceitáveis, nos moldes do que prevê o atual edital da SUSEP, por exemplo, a descrição dos ganhos e benefícios aos mercados, importa refletir de que modo, e de que forma, serão contrabalançados com os interesses do consumidor. E de que consumidor visa a norma salvaguardar. Dois enfoques resultam dessas questões: (i) quantos consumidores terão a si ofertadas maiores possibilidades de serviços de seguro e (ii) mediante quais condições serão os benefícios alcançados e mensurados.

3.2.1 Preocupações com inclusão quantitativa

Em relação ao primeiro enfoque, a metrificação dos beneficiários da indústria securitária é uma dificuldade constante, não só no Brasil. Em estudo publicado pelo Banco Mundial[31], constatou-se a quase inexistência de estudos sob essa abordagem. Isto porque a indústria considera sempre o valor aportado por meio de recebimento de prêmios – e não em termos de números de segurados[32]. Hoje, com o uso crescente das tecnologias e dos produtos personalizados, essa visão quantitativa é já possível, e pode contribuir para maior assertividade quanto ao impacto real do programa.

O desafio deve andar junto, portanto, de projetos sistêmicos de inclusão digital, financeira e efetiva das populações que hoje carecem de oportunidades para que tenham condições de fruir de serviços que as auxiliem com provisionamento de despesas em razão de acidentes de vida e de dano que afetam suas condições de solvência e oportunidades de vida. Afinal, o seguro possui correlação expressa com potencial redução dos índices crescentes de endividamento das famílias (que, na sua grande maioria, resultam de sua forma passiva, e não ativa[33]) e atua como ferramenta auxiliar e literal nos planos de previdência complementar. Em uma era onde o homem social é seguidamente confundido com o *homo economicus*, o seguro desempenha funções pública e privada, ofertando segurança individual e coletiva contra riscos ordinários da vida em sociedade[34].

---

31. WORLD BANK. How Technology Can Make Insurance More Inclusive. Fintech Note 2. Washington: *The World Bank Group*, 2018. Disponível em: https://openknowledge.worldbank.org/bitstream/handle/10986/30059/128157-9-7-2018-11-49-10-FintechNotesTechnologyInsuranceInclusiveFinalLowRes.pdf?sequence=1&isAllowed=y . Acesso em: 31 jul. 2021.

32. Ibid.

33. Quanto ao ponto, merece destaque a Lei 14.181/2021, que, na área do consumidor, disciplina o crédito ao consumo e institui o tratamento ao superendividamento. Quanto às principais causas motrizes para tanto, ainda figuram, de acordo com pesquisa realizada pelo Observatório do Crédito e Superendividamento da UFRGS, em 5 anos de projeto-piloto de conciliação em bloco no TJRS: redução de renda (26,5%), desemprego (24,3%), doença (18,0%). MARQUES, Claudia Lima; PFEIFFER, Roberto Augusto Castellanos. Superendividamento dos consumidores: Vacina é o PL 3.515 de 2015. *Conjur* (14 maio 2020) Disponível em: https://www.conjur.com.br/2020-mai-14/garantias-consumo-superendividamento-consumidores-vacina-pl-3515-2015?pagina=2 Acesso em: 19 ago. 2021.

34. "A evolução do seguro enquanto atividade e como tipo contratual, faz com que ele tenha nascido para atender a um fim eminentemente econômico, mas que se expande de tal modo a também fazer destacar seu caráter social (...)." MIRAGEM, Bruno. "O Direito dos Seguros no Sistema Jurídico Brasileiro: uma introdução. In: MIRAGEM, Bruno; CARLINI, Angélica (Org.). *Direito dos Seguros* [recurso eletrônico]. São Paulo: RT, 2015.

No passado, os empréstimos imobiliários cujas dívidas eram securitizadas em uma cadeia complexa de fornecedores e seguros *subprime* contribuíram por ocasionar a bolha imobiliária norte-americana do ano de 2008[35]. Enquanto a securitização de dívidas e o mercado de seguros possuem peculiaridades entre si, a raiz sobre as quais se embasam, aspectos da vida e dados pessoais, agora interoperáveis, tem hoje como pano de fundo comum o *Open Finance*. No passado, o hiato completo entre dívida, probabilidade de adimplência e classificação do crédito geraram resultados perversos em escala global. A pertinência de que empréstimos e créditos NINJA (*No Income No Job No Asset)* sejam substituídos por serviços personalizados que deem mais transparência aos valores transacionados conforme riscos incorridos e que deem condições de desenvolvimento das microfinanças em geral e, especificamente, na área de seguros é ainda um desafio a ser pensado[36].

No entanto, apesar de polêmico[37], o papel regulador da SUSEP na persecução de políticas públicas é uma realidade[38]. Caberá criar meios para possibilitar que esses objetivos sejam implementados dentro do programa em formação. Ao lado de maior inclusão financeira, a discriminação de terceiro grau[39], que é aquela mais comumente relacionada aos agrupamentos de pessoas conforme riscos incorridos, figura como sendo potencialmente a mais perigosa, pois "a generalização é um dos caminhos que levam à discriminação[40]". O método indutivo utilizado por padrão em inferências,

---

35. DICKERSON, Mechele. Consumer Over-Indebtedness: A U.S. Perspective. *Texas International Law Journal*, Austin, v.23, n. 02, May. 2008. p. 143.

36. Sobre os desafios de inclusão da população mais vulnerável no mercado de seguros facultativo residencial, debruçou-se, recentemente, o órgão regulatório britânico, apontando os efeitos atuariais perversos sobre a população mais vulnerável. Dentre os fatores de discriminação, chama a atenção a utilização de dados pessoais, não facilmente modificáveis e extremamente obscuros de precificação. FCA. *Pricing practices in the retail general insurance sector: Household insurance*. (out 2018). Disponível em: https://www.fca.org.uk/publication/thematic-reviews/tr18-4.pdf Acesso em: 16 ago. 2021.

37. Conforme Miragem, é uma pergunta relevante indagar se a atividade da SUSEP pode ser enquadrada no que atualmente se designa como sendo pertencente ao ramo da regulação da economia. Excepciona-se, nesse contexto, a função regulatória-normativa que é desenvolvida pela CNSP, conforme disposto no art. 36 do Decreto-Lei 73/1966. Leciona o professor: "A noção de atividade regulatória do Estado (...) reúne poderes que já lhe são confiados desde muito tempo – no caso o poder de política administrativa e competência regulamentar. Todavia, para além disso, sob a noção de regulação econômica (*rectius* ...) admite-se que também a adoção de opções políticas e a execução de política econômica, de modo a vincular o conjunto de ações do regulador a determinados objetivos, estabelecendo-se para tanto, ponderações quanto aos fins mais relevantes a serem atendidos em determinado momento, ou ainda no futuro, segundo dado planejamento econômico. (...) O que se discute, todavia, é se for admitido que a Susep possa assumir este papel indutor de comportamento dos antes do mercado segurador, (...) não esteja indo além do que se deve reconhecer como devido. O autor demonstra, porém, que sua atividade não é excludente das demais tarefas e atividades regulatórias de outros órgãos, como aqueles responsáveis pela defesa do consumidor e da concorrência. MIRAGEM, Bruno. O Direito dos Seguros no Sistema Jurídico Brasileiro: uma introdução. In: MIRAGEM, Bruno; CARLINI, Angélica (Org.). *Direito dos Seguros* [recurso eletrônico]. São Paulo: RT, 2015.

38. Arts. 3º, IV e 4º, IV, V, da Resolução CNSP 415/2021.

39. Para maiores detalhes quanto aos graus de discriminação possíveis, ver OECD apud Pigou. *Personalised Pricing in the Digital Era*. 2018. Disponível em: https://one.oecd.org/document/DAF/COMP(2018)13/en/pdf Acesso em: 22 nov 2020. p. 09.

40. MIRAGEM, Bruno. Apresentação. In: JUNQUEIRA, Thiago. *Tratamento de Dados Pessoais e Discriminação Algorítmica nos Seguros*. São Paulo: Thomson Reuters Brasil, 2020.

especialmente comportamentais, pela falibilidade que lhe é inerente, pode gerar sérios riscos à qualidade dos dados pessoais que é pela legislação esperado (art. 6º, V, da LGPD c/c art. 4º, IV, da Resolução CNSP 415/2021).

3.2.2 Preocupações com inclusão qualitativa

Nessa linha, para além do aspecto quantitativo, também o aspecto qualitativo deve ser considerado, sobretudo pelo uso crescente da IA incrementada substancialmente por meio de técnicas de aprendizado de máquina (*machine learning*) para obtenção de dados pessoais dos segurados. Tradicionalmente, três principais formas de tratamento de dados pessoais eram utilizadas como fonte[41]: (1) a primeira, fornecida pelo próprio titular quando do preenchimento da proposta; (2) a segunda, por meio de sindicâncias após a ocorrência do sinistro e (3) a terceira, que se dá por meio de consulta a banco de dados internos e externos. Em relação a esta última modalidade que importa demarcar sobre quais limites e premissas deverá ser estimulada e disseminada através do SAS.

A possibilidade de monitoramento constante do comportamento de usuários, por meio do seu rastreamento da internet, até mesmo com base em movimentos do *mouse*, de '*telematics*[42]' (telemetria), e da '*Internet of Things*' (IoT, Internet da Coisas) exemplifica fonte até então impensada e adicional de coleta de dados, mas em condições ainda obscuras. A situação já é antevista em cenário nacional, a partir da significação dada aos *dados pessoais de seguros*, os quais abarcam "os dados de registros feitos por dispositivos eletrônicos embarcados, conectados ou usados pelo cliente", nos termos do art. 2º, XIV, da Resolução 415/2018 do CNSP.

O uso de dispositivos eletrônicos embarcados em veículos já vem sendo prática corrente em jurisdições estrangeiras para contratação de seguro de automóvel, por exemplo. Apesar de não ser obrigatório até mesmo em razão de suas correlações notórias com a salvaguarda da privacidade e da proteção de dados[43], sua adoção é crescente, sobretudo quando são ofertadas ao público condições economicamente mais vantajosas em consequência, como descontos. A prática foi popularizada sob a premissa de possibilitar maior eficiência econômica, na medida em que há maior completude quanto ao ato de dirigir do segurado. Como uma externalidade positiva, está a potencialidade de se tornar ferramenta útil para a redução do risco moral e por conseguinte, de auxiliar para diminuir o número de acidentes automobilísticos,

---

41. VIOLA, Mário. O Mercado de Seguros e o Tratamento de Dados Pessoais. In: MIRAGEM, Bruno; CARLINI, Angélica (Org.). *Direito dos Seguros* [recurso eletrônico]. São Paulo: RT, 2015.

42. EVANS, Jamie e STEVE, Browning. Fintech: a guide to financial technology. *Briefing Paper, Number 9150*, 26 April 2021. Londres: House of Commons Library, 2021.

43. VAN DEN BOOM, Freyja. Regulating Telematics Insurance Role for the IDD to Complement the GDPR on Improving Consumer Data Protection in the Context of Telematics Insurance. In: MARANO P., NOUSSIA K. (Org.). *Insurance Distribution Directive*. AIDA Europe Research Series on Insurance Law and Regulation, vol 3. 2021. Disponível em: https://link.springer.com/content/pdf/10.1007%2F978-3-030-52738-9.pdf Acesso em: ago. 2021.

revertendo para maior bem-estar da coletividade[44]. Apesar de estudos ainda restarem inconclusivos quanto a essa correlação com o número de sinistros até mesmo pela incipiência do uso e da complexidade de aferição para tanto, no campo da precificação, os resultados são igualmente ambíguos[45]. Enquanto a indústria enaltece os benefícios em nome de maior lucratividade, a redução de custos ao consumidor não é tão autoevidente.

Para além da questão do impacto econômico da atividade, pode gerar perplexidade saber que um bom motorista pode ser conceito não mais extraído em razão do número de infrações cometidas e devidamente computadas. Pode ser agora aferido inclusive em razão de trajetos e velocidades que os radares não conseguem captar, que autoridades policiais não conseguem flagrar ou que podem ser resultar não meramente a partir da ausência de acidentes. E cujo *score* não pode se tornar inviável de se questionar. Quiçá, neste caso, o indivíduo tenha que ser monitorado não apenas para escolher o trajeto mais rápido em aplicativos ou pela segurança para localizar veículo em caso de eventual furto, mas para que tenha melhor nota acerca de uma ideia de direção responsável cujas bases, normativas ou parâmetros não constam, necessariamente, em qualquer dispositivo legal ou regulamentar. Nessa caixa-preta (*black box*[46]), é imperioso lançar luz para que, somente após, se possa da lupa utilizar.

Tratar o embarque de dispositivos eletrônicos como uma alternativa – e não como uma obrigação, ainda que indireta – deve ser uma garantia do sistema também. Apesar de ser pautado por objetivos nobres de facilitação e agilidade do mercado de seguros, deve-se preocupar se, e em que medida, o consentimento, como pressuposto de inserção do sujeito no SAS (arts. 9º e 11 Resolução CNSP 415/2021), será de fato livre, consciente e informado, nos moldes do que preconiza a LGPD (art. 8º). A preocupação é enaltecida especialmente quando não apenas os dados fornecidos, mas aqueles observados e inferidos[47] sobre os indivíduos tornam-se insumos a partir dos quais cálculos atuariais são realizados, discriminações algorítmicas são conduzidas e possibilidades são abertas, ou não, aos segurados em consequência.

Um dos maiores enigmas da atualidade reside, pois, em saber limitar o uso mesmo dos dados tornados públicos pelo titular. Isto porque, nos termos da LGPD, lei geral de aplicação concreta no presente ambiente, o fato de restar público determinado não significa que possa ser utilizado para qualquer fim (art. 7º, §§ 3º e 4º). Daí decorre

---

44. VASSERMAN, Jin Y. S. Buying Data from Consumers: The Impact of Monitoring in U.S. Auto Insurance (Job Market Paper). *Working Paper*. Disponível em: https://scholar.harvard.edu/jin/publications/ubi_jmp. Acesso em: ago. 2021.

45. HELLER, Douglas e DELONG, Michael. CFA (Consumer Federation of America). *Watch Where You're Going: What's Needed to Make Auto Insurance Telematics Work for Consumers*. Disponível em: https://consumerfed. org/wp-content/uploads/2021/05/Insurance-Auto-Telematics-White-Paper-5-26-21.pdf. Acesso em: ago. 2021.

46. PASQUALE, Frank. *The Black Box Society*. London: Harvard University Press, 2015.

47. Sobre a classificação e modalidades de dados fornecidos, observados e inferidos ver: OECD, *Personalised Pricing in the Digital Era*. 2018. Disponível em: https://one.oecd.org/document/DAF/COMP(2018)13/en/ pdf. Acesso em: jul. 2020. p. 11.

a inclusive inadequação do uso potencial de dados pessoais de mídias sociais para avaliação de risco sem que o titular seja informado ou tenha capacidade de objetar eventuais correlações ou inferências[48]. Apesar da sua obviedade no campo jurídico, na realidade os ditos limites não são tão facilmente respeitados. Urge, assim, que sejam criados mecanismos que assegurem a efetividade da legislação, especialmente para fins de comprovar a responsabilidade e prestação de contas (art. 6º, X, da LGPD) daqueles que lidam com complexas técnicas de discriminação atuarial e algorítmica por vezes dotadas de considerável opacidade.

3.2.3 Expurgando o mercado de limões do ramo securitário brasileiro

Na economia, o *market for lemons* (aqui cunhado como "mercado de limões") diz para com condições em que duas grandezas – qualidade e incerteza de informações – podem levar a um decréscimo de confiança nas relações entre os agentes do mercado e, a longo prazo, até mesmo a dilapidação de determinada indústria e/ou setor.[49] Limões, do original *lemons*, é tradicionalmente utilizado no mercado norte-americano para designar carros que não continham a qualidade esperada. Sua concepção e analogia pode ser utilizada para além do mercado automobilístico, porém.

Fazendo breve ressalva quanto aos limões que aqui se fará menção, que são centrados, porém, no lado da oferta (*insurtechs, lato sensu*) – e não da demanda (como também é tradicionalmente utilizado o termo, especialmente no campo de seguro de vida, onde indivíduos menos saudáveis são, em termos econômicos, considerados "limões"[50]) – é possível tentar tornar desse potencial limão uma limonada; senão, o menos azedo possível. De início, também importa referir que não é o modelo de negócios de antemão trazido pela conhecida Lemonade, sobre a qual se estará a tratar, que se está a objetar. Antes disso, está em voga as necessárias clareza e transparência que possibilitem que se afira a real plausibilidade, ou não, dos dados pessoais utilizados como insumos e das discriminações algorítmicas de decisões automatizadas com acentuado impacto social.

Em maio de 2021, tornou-se paradigmático o escândalo envolvendo a conhecida companhia do segmento de seguros Lemonade, com atuação preponderante nos Estados Unidos, em razão não apenas de dados vazados de seus clientes e tornados públicos[51], mas, principalmente, pelo escancaramento das técnicas preditivas obscuras

---

48. FERGUSON, Donna. How nosey insurers use Facebook and your weekly shop to keep tabs on you. *The Guardian*, 6 nov. 2016. Disponível em: https://www.theguardian.com/money/2016/nov/06/insurers-use--facebook-weekly-shop-social-media-judgment-potential-risk Acesso em: 31 jul. 2021.
49. AKERLOF, George. The Market for 'Lemons': Quality Uncertainty and the Market Mechanism. *The Quartely Journal of Economics*, Vol. 84, n. 3 (Aug 1970). p. 488-500.
50. AKERLOF, George. The Market for 'Lemons': Quality Uncertainty and the Market Mechanism. *The Quartely Journal of Economics*, Vol. 84, n. 3 (Aug 1970). p. 488-500.
51. WHITTAKER, Zack. Short seller says Lemonade website bug exposed insurance customers' account data. *Tech Crunch*. 13 maio 2021. Disponível em: https://techcrunch.com/2021/05/13/lemonade-insurance-bug-exposed-account-data/ Acesso em 16 ago. 2021.

utilizadas em seus processos de subscrição para avaliação de risco e de prevenção de fraudes para pagamento indenizatório. Se é verdade que a tecnologia é ambivalente, também o é em seus aspectos de transparência. Em post do Twitter, datado de 24 de junho de 2021, a companhia, em sua conta oficial, iniciou uma série de publicações dando conta do *substrato digitalizado* no qual se embasa para tornar o seguro "instantâneo, fluido e prazeroso" e, com isso, demonstrar a sua vantagem competitiva em relação aos seus concorrentes, conforme diagrama abaixo representado:

Segundo a Lemonade e conforme se depreende do informe supra, a coleta de dados realizada, cerca de cem vezes maior em relação ao padrão do mercado, possibilita maior previsibilidade de sinistralidade, assertividade de risco e melhora de serviços[52], com custos de transação exponencialmente reduzidos. Conforme especificações publicadas em seu Twitter, a companhia tecia comparações entre o mercado tradicional, quando cerca de 20 a 40 perguntas eram usualmente realizadas para oferta de seguro residencial e o contrapõe com suas (apenas) 13 perguntas, on-line, realizadas por meio de seus canais digitais (via *bots* como aquele com nome de "Maya"). Destas exíguas perguntas, resultam mais de 1.600 pontos em termos de dados, os quais viabilizam o perfilamento de consumidores e análises preditivas inúmeras.

No caso de informe de sinistro e pedido de indenização pelo segurado, a companhia fazia menção à exigência de gravação de um vídeo, a partir do qual são realizadas *leituras faciais cuja finalidade era detectar sinais de fraude*. Isto porque, segundo o

---

52. Thread apagado da conta oficial. Cópias mantidas em arquivo pessoal. Análises disponibilizadas on-line: MORRISON, Sara. A disturbing, viral Twitter thread reveals how AI-powered insurance can go wrong. Vox. Disponível em: https://www.vox.com/recode/22455140/lemonade-insurance-ai-twitter/ Acesso em: jul. 2021.

conteúdo veiculado em mídia social, a IA teria condições de averiguar sinais não verbais que o mercado tradicional não consegue. Conforme o acervo de análise preditiva cresce, a sua plataforma se aperfeiçoa na avaliação dos riscos incorridos, o que retorna em pretenso ganho aos consumidores. O ciclo traçado entre (1) agrado aos consumidores, (2) crescimento de mercado, (3) análise preditiva e (4) aprendizado de máquina, exposto ilustrativamente em mídia social causou perplexidade ao público, justamente pela ambivalência de seus termos e suposições. O *post* foi deletado de sua conta com a explicação de que teria gerado apenas confusão ao invés de explicação. Adicionais esclarecimentos de que a máquina não seria capaz de sozinha negar pedidos de indenização foram veiculadas, juntamente com especificações de que gênero, aparência, cor, deficiências ou características físicas não eram levadas em conta em suas decisões[53].

A Lemonade viu seu valor de mercado despencar em cerca de dezenas de milhões de dólares após as avassaladoras divulgações[54]. Quais informações ou dados pessoais são tratados, porém, seja para fins de subscrição, seja para fins de pagamento de indenização (e detecção de fraude) não foram trazidos. A dúvida, portanto, permanece. Afinal, a caixa-preta decisória não contou com qualquer ulterior esclarecimento acerca de sua mecânica de *inputs*.

O fato é relevante quando tenha a empresa Lemonade crescido substancialmente nos últimos anos como um dos mais paradigmáticos exemplos de sucesso das *insurtechs*. No Brasil, também merece destaque porque é citada pela SUSEP como modelo de negócios potencial que o SAS busca fomentar[55]. O mais instigante não é, somente, ter ideia dos números e inferências que são rotineiramente realizados por uma das empresas que mais cresceu nos últimos tempos do segmento; é verificar que, em seu suposto plano de negócios, inexiste, ainda assim, indício algum quanto à qualidade dos dados armazenados e das centenas de milhares de inferências utilizadas como base para suas infindáveis decisões automatizadas. Em suma, para demonstrar o incremento de sua lucratividade, *cerca de 368% de economia* em pagamento de indenizações (só no último ano, segundo divulgado)[56], inexiste demonstração efetiva de veracidade acerca de eventuais negativas indenizatórias, que são simplesmente replicadas por padrões inferidos de usuários. Diferentemente do que foi consignado

---

53. LEMONADE. *Lemonade's Claim Automation*. Disponível em: https://www.lemonade.com/blog/lemonades--claim-automation/ Acesso em: jul. 2021.
54. Vide gráfico relacionado ao valor das ações da companhia no período de maio de 2021. Disponível em: https://www.marketwatch.com/investing/stock/lmnd Acesso em: ago. 2021.
55. BARATA, Thiago. "Webinar – Open Insurance: estruturação e reflexos no mercado de seguros." 29 jul 2021. Instituto ProPague. Disponível em: https://www.youtube.com/watch?v=dccpC8AQ3mY&t=1s Acesso em: ago. 2021.
56. Thread apagado da conta oficial. Cópias mantidas em arquivo pessoal. Análises disponibilizadas on-line: MORRISON, Sara. A disturbing, viral Twitter thread reveals how AI-powered insurance can go wrong. Vox. Disponível em: https://www.vox.com/recode/22455140/lemonade-insurance-ai-twitter/ Acesso em: jul. 2021.

por um de seus dirigentes, "quantidade *[não]* levará, necessariamente à qualidade[57] (expressão acrescida, tradução livre)."

No momento em que o Brasil traça bases sólidas para a implementação de um SAS, restam notórias preocupações para que que seja dada concretude máxima aos princípios constitucionais e éticos de não-discriminação ilegal ou abusiva como garantia de tratamento isonômico entre os segurados (arts. 3º, IV c/c 5º, caput, XLI, da CF). Nesse prisma, ainda que considerada a viabilidade do discrímen no segmento que tem a diferenciação de preços o seu pressuposto, a qualidade dos dados pessoais agora transacionáveis em um contexto cada vez mais fluido e veloz não circunda o mercado de seguros, mas verdadeiramente o sustenta. Não está na periferia, mas sim no centro. E o *devido processo informacional*[58] não é uma quimera, mas uma realidade, que caminha lado a lado ao princípio do livre acesso (art. 5º, IV, da LGPD).

Em épocas onde a expectativa quanto aos inúmeros ganhos trazidos pelo *Big Data* é substancial, não se pode esquecer de zelar pela sua real adequação na dimensão individual. É com este espírito que se espera que um ambiente saudável de *Open Insurance* seja delineado, *by design*: não somente *privacy*, mas "equidade por *design*[59]. No caso, os danos potenciais passíveis de disseminação do mercado de limões aos segurados são severamente exponencializados no SAS: (i) seja pela comunicabilidade aos atores integrantes do lado da oferta, de condições mais onerosas aplicáveis aos segurados mediante acúmulo de dados pessoais e processos decisórios por vezes opacos, (ii) seja pelos efeitos sistêmicos que da indevida negativa de pagamento indenizatório podem advir e (iii) seja pela crescente de exclusão financeira dos "*limões*" *da demanda*, qual seja, o público com maior vulnerabilidade social e econômica, que já resta à margem de uma série de condições e serviços disponibilizados no mercado.

A possibilidade de recusa do serviço ao consumidor pela indústria securitária é um dos mais paradigmáticos casos de exclusão legítima sobre o qual a doutrina se debruça, mas explica[60]. Há aspectos que transcendem do campo regulatório e devem partir do campo das políticas públicas de maior inclusão para exercício da cidadania financeira. Agora, se o próprio SAS é centrado no consumidor, devem ser possibilitadas condições efetivas para que o processo informacional decisório automatizado

---

57. WININGER, Shai apud MORRISON, Sara. A disturbing, viral Twitter thread reveals how AI-powered insurance can go wrong. Vox. Disponível em: https://www.vox.com/recode/22455140/lemonade-insurance-ai-twitter/. Acesso em: jul. 2021

58. Introduzido oficialmente no sistema jurídico pátrio via jurisprudência com a paradigmática decisão de 2020, no voto de Gilmar Mendes (STF, decisão Gilmar Mendes). STF, ADI 6389 MC-REF/DF. Min. Rel. Rosa Weber. D.J.: 07 mai. 2021. Sobre o tema, ver também: BIONI, Bruno; MARTINS, Pedro. Devido Processo Informacional: um salto teórico-dogmático necessário? In: BIONI, Bruno. Proteção de Dados: contexto, narrativas e elementos fundantes. São Paulo: B.R.Bioni Sociedade Individual de Advocacia, 2021.

59. MIRAGEM, Bruno. Prefácio. In: JUNQUEIRA, Thiago. *Tratamento de Dados Pessoais e Discriminação Algorítmica nos Seguros*. São Paulo: Thomson Reuters Brasil, 2020.

60. Nos termos do art. 2º, § 4º, da Circular SUSEP 251/2004. Junqueira aponta que é talvez o mais paradigmático dispositivo porque, se justificada, a reusa será considerada legítima. Ver também, quanto ao ponto, JUNQUEIRA, Thiago. *Tratamento de Dados Pessoais e Discriminação Algorítmica nos Seguros*. São Paulo: Thomson Reuters Brasil, 2020.

seja capaz de guardar explicação compatível com a realidade concreta e individualizada respectiva, a partir da concretização plena do princípio da autodeterminação informativa. Do contrário, o temor por uma sociedade *orwelliana* é substituído por uma *kafkiana* que possibilita que sejam os cidadãos julgados – e aprisionados – sem qualquer participação ou capacidade de influência nos resultados cujo impacto lhe é direcionado[61]. A Justiça não é um valor abstrato a ser alcançado, mas verdadeiramente um processo que necessita ser constantemente garantido.

A realidade é fluida, assim como os meios tecnológicos pelos quais interações comerciais e pessoais são intermediadas. A paridade, não-discriminação, boa-fé e eticidade, porém, são pilares não apenas civilistas, mas também do sistema jurídico constitucional para a salvaguarda do livre desenvolvimento humano, que não estão sujeitos à negociação ou flexibilização. O desafio será identificar este núcleo duro e garanti-lo dentro de uma rede cada vez mais complexa e interligada. E tão mais viável será a missão conforme for, desde já, objeto de preocupação concreta por entre as nascentes formas hoje concebidas de regulação. Em matéria de seguros, a liberdade nunca foi tão estimulada. E é justamente em razão dela que o sistema jamais poderá servir de salvo-conduto à arbitrariedade.

4. CONCLUSÃO

O projeto de modernização regulatória na área de finanças e, especialmente, do segmento de seguros, é já uma realidade nacional. Nas suas bases estão preocupações genuínas com o papel da inovação em ambientes que provisionem mais e melhores serviços à sociedade nos ramos de atividades supervisionadas e reguladas pelo BCB, CVM e SUSEP. Assim, o *Sandbox Regulatório* deixou de ser um projeto isolado para se tornar sistêmico, assim como a ideia de *Open Finance*.

Como os dados, especialmente pessoais, são centrais tanto à estruturação da base teórica do projeto como à mecânica do funcionamento do próprio ecossistema, importa que sejam objeto de devida cautela no seu uso atual, potencial e futuro. Muito embora, dentro do SAS, a SUSEP tenha divulgado que abarcará os dados pessoais apenas em sua segunda fase do projeto, programada para se iniciar em meados de 2022, a sua utilização no presente já uma constante, seja no ramo securitário tradicional, seja nos *Sandboxes Regulatórios* propostos. O potencial uso adequado, ou não, dos dados pessoais tende a ser, porém, exponencializado por meio da padronização do compartilhamento de informações e integração de sistemas trazidos com a ideia do *Open Insurance*.

---

61. Ao adentrar no tema da privacidade na era informacional, Solove prefere a metáfora de "O Processo", de Franz Kafka a "1984", de George Orwell. Muito embora reconheça a pertinência do *Big Brother* previsto em 1984 para determinados aspectos da sociedade contemporânea, o autor privilegia a noção – e o perigo – de julgamentos prévios e definitivos às pessoas digitais, com impacto direto sobre sua vida, sem terem elas noção mínima da sua existência, pertinência ou adequação. SOLOVE, Daniel. *The Digital Person*: Technology and Privacy in the Information Age. New York University Press: New York, 2004.

Em suma: o *Open Finance*, universo do qual exsurge o *Open Insurance*, como ideal que é, ao pretender cobrir toda a vida financeira dos cidadãos, já possui impacto substancial no sistema de alocação de riscos, trocas e oportunidades à sociedade. Ao conjugarmos não apenas dados financeiros, mas *dados pessoais amplos*, com a indeterminação ínsita que lhes é padrão – ao cobrir não apenas sujeitos identificados, mas identificáveis, não apenas dados estáticos, mas dinâmicos, não apenas dados fornecidos, mas inferidos –, incrementa-se exponencialmente o real e potencial impacto social, econômico e jurídico desse projeto. Se, além disso, se conta com meios tecnológicos avançados, seja para o *input* de dados pessoais, seja para ou seu *output* em termos de serviços e produtos em um sistema aberto, que conversa não apenas entre os sujeitos integrantes do SAS, mas com todos aqueles que integram o universo financeiro (premissa básica para fruição de serviços e produtos na sociedade do *homus economicus*), a rede adquire não apenas importância, mas proeminência.

Segundo premissas da regulação setorial, constitui objetivo do SAS ter o cliente como seu principal beneficiário. É sobre a efetividade desse objetivo, na prática, que se deve pautar as ações de reguladores e regulados. E que, portanto, caberá trabalhar no aspecto micro e macro no tratamento sistêmico de dados pessoais, sob pena de legitimação de meios de criação e multiplicação de suposições equivocadas, inferências infundadas e eficiência parcializada na cobertura quantitativa e qualitativa aos beneficiários do mercado de seguros.

Afinal, o "mercado de limões" é inerente ao desenvolvimento de qualquer atividade econômica. E podem estar tanto na demanda quanto na oferta. Resta ao sistema jurídico fornecer ferramentas reais para não apelas sancioná-lo *ex post*, mas extirpá-los, na sua nascente, *ex ante*. Somente assim se terá a eficiência – regulatória – esperada, e os reais objetivos do *Open Insurance* realmente alcançados.

5. REFERÊNCIAS

AKERLOF, George. The Market for 'Lemons': Quality Uncertainty and the Market Mechanism. *The Quartely Journal of Economics*, v. 84, 3 (Aug 1970). p. 488-500.

BACEN (Banco Central do Brasil). *Sandbox Regulatório*. Disponível em: https://www.gov.br/startuppoint/pt-br/programas/sandbox-regulatorio . Acesso em: jul. 2021.

BACEN (Banco Central do Brasil). Regulation on the BCB's Regulatory Sandbox is in place. Disponível em: https://www.bcb.gov.br/en/pressdetail/2359/nota . Acesso em: jul. 2021.

BARATA, Thiago. "Webinar – Open Insurance: estruturação e reflexos no mercado de seguros." 29 jul 2021. Instituto ProPague. Disponível em: https://www.youtube.com/watch?v=dccpC8AQ3mY&t=1s . Acesso em: ago. 2021.

BIONI, Bruno; MARTINS, Pedro. Devido Processo Informacional: um salto teórico-dogmático necessário? In: BIONI, Bruno. *Proteção de Dados*: contexto, narrativas e elementos fundantes. São Paulo: B.R.Bioni Sociedade Individual de Advocacia, 2021.

DICKERSON, Mechele. Consumer Over-Indebtedness: A U.S. Perspective. *Texas International Law Journal*, Austin, v. 23, n. 02, May. 2008.

DOWBOR, Ladislau. *O Capitalismo se desloca*: novas arquiteturas sociais. São Paulo: Edições SESC, 2020.

EVANS, Jamie; STEVE, Browning. Fintech: a guide to financial technology. *Briefing Paper, Number 9150*, 26 April 2021. Londres: House of Commons Library, 2021.

FERGUSON, Donna. How nosey insurers use Facebook and your weekly shop to keep tabs on you. *The Guardian*, 6 nov. 2016. Disponível em: https://www.theguardian.com/money/2016/nov/06/insurers-use-facebook-weekly-shop-social-media-judgment-potential-risk Acesso em: jul. 2021.

FCA (Financial Conduct Authority). *Pricing practices in the retail general insurance sector: Household insurance*. (out 2018). Disponível em: https://www.fca.org.uk/publication/thematic-reviews/tr18-4.pdf. Acesso em: ago. 2021.

HELLER, Douglas e DELONG, Michael. CFA (Consumer Federation of America). *Watch Where You're Going: What's Needed to Make Auto Insurance Telematics Work for Consumers*. Disponível em: https://consumerfed.org/wp-content/uploads/2021/05/Insurance-Auto-Telematics-White-Paper-5-26-21.pdf Acesso em: ago. 2021.

JUNQUEIRA, Thiago. *Tratamento de Dados Pessoais e Discriminação Algorítmica nos Seguros*. São Paulo: Thomson Reuters Brasil, 2020.

LEMONADE. *Lemonade's Claim Automation*. Disponível em: https://www.lemonade.com/blog/lemona-des-claim-automation/. Acesso em: jul. 2021.

MARQUES, Claudia Lima; PFEIFFER, Roberto Augusto Castellanos. Superendividamento dos consumidores: Vacina é o PL 3.515 de 2015. *Conjur*. (14 mai. 2020). Disponível em: https://www.conjur.com.br/2020-mai-14/garantias-consumo-superendividamento-consumidores-vacina-pl-3515-2015 Acesso em: 19 ago. 2021.

MARKETWATCH. Disponível em: https://www.marketwatch.com/investing/stock/lmnd Acesso em: ago. 2021.

MINISTÉRIO DA ECONOMIA, Governo Digital. *Interoperabilidade*. Disponível em: https://www.gov.br/governodigital/pt-br/governanca-de-dados/interoperabilidade Acesso em: jul. 2021.

MIRAGEM, Bruno. Apresentação. In: JUNQUEIRA, Thiago. *Tratamento de Dados Pessoais e Discriminação Algorítmica nos Seguros*. São Paulo: Thomson Reuters Brasil, 2020.

MIRAGEM, Bruno. O Direito dos Seguros no Sistema Jurídico Brasileiro: uma introdução. In: MIRAGEM, Bruno; CARLINI, Angélica (Org.). *Direito dos Seguros* [recurso eletrônico]. São Paulo: RT, 2015.

OECD (Organisation for Economic Co-operation and Development). *Personalised Pricing in the Digital Era*. 2018. Disponível em: https://one.oecd.org/document/DAF/COMP(2018)13/en/pdf Acesso em: 31 jul. 2020.

PASQUALE, Frank. *The Black Box Society*. London: Harvard University Press, 2015.

PINHEIRO, Pedro. "Webinar – Open Insurance: estruturação e reflexos no mercado de seguros." 29 jul 2021. *Instituto ProPague*. Disponível em: https://www.youtube.com/watch?v=dccpC8AQ3mY&t=1s. Acesso em: ago. 2021.

REVESZ, Richard e outros (Org.). *Environmenal Law and Policy*. 4. ed. St Paul: Foundation Press, 2019.

SCHREIBER, Anderson. Prefácio. In: JUNQUEIRA, Thiago. *Tratamento de Dados Pessoais e Discriminação Algorítmica nos Seguros*. São Paulo: Thomson Reuters Brasil, 2020.

SCHWAB, Klaus. *The Fourth Industrial Revolution*. London: Penguin Random House, 2017.

SOLOVE, Daniel. *The Digital Person*: Technology and Privacy in the Information Age. New York: New York University Press, 2004.

SUSEP. *Edital Eletrônico 01/2021*. Disponível em: https://www.in.gov.br/web/dou/-/edital-eletronico-su-sep-n-1/2021-334115727 Acesso em: ago. 2021.

SUSEP. *Susep publica normas que regulamentam a implementação do Open Insurance*. Notícias. Disponível em: http://novosite.susep.gov.br/noticias/susep-publica-normas-que-regulamentam-a-implementacao-do-open-insurance/. Acesso em: jul. 2021.

SUSEP. *Open Insurance*. Disponível em: https://openinsurance.susep.gov.br/ Acesso em: ago. 2021.

SUSEP. *Sandbox Regulatório*. Disponível em: http://www.susep.gov.br/menu/sandbox-regulatorio/. Acesso em: ago. 2021.

TRINDADE, Manoel Gustavo Neubarth e VIEIRA, Márcio dos Santos. Criptoativos: Conceito, Classificação, Regulação Jurídica no Brasil e Ponderações a partir do Prisma da Análise Econômica do Direito. *Revista Jurídica Luso-Brasileira*, Ano 6, n. 6, 867-928, 2020.

VAN DEN BOOM, Freyja. "Regulating Telematics Insurance Role for the IDD to Complement the GDPR on Improving Consumer Data Protection in the Context of Telematics Insurance." In: MARANO P., NOUSSIA, K. (Eds.). *Insurance Distribution Directive*. AIDA Europe Research Series on Insurance Law and Regulation, v. 3. 2021. Disponível em: https://link.springer.com/content/pdf/10.1007%2F978-3-030-52738-9.pdf Acesso em: ago. 2021.

VASSERMAN, Jin Y. S. Buying Data from Consumers: The Impact of Monitoring in U.S. Auto Insurance (Job Market Paper). *Working Paper*. Disponível em: https://scholar.harvard.edu/jin/publications/ubi_jmp Acesso em: ago. 2021.

VIOLA, Mário. O Mercado de Seguros e o Tratamento de Dados Pessoais. In: MIRAGEM, Bruno; CARLINI, Angélica (Org.). *Direito dos Seguros*. 1ed em e-book baseada na 1ª edição impressa. São Paulo: RT, 2015.

WININGER, Shai apud MORRISON, Sara. "A disturbing, viral Twitter thread reveals how AI-powered insurance can go wrong". Vox. Disponível em: https://www.vox.com/recode/22455140/lemonade-insurance-ai-twitter Acesso em: 31 jul. 2021.

WORLD BANK. "How Technology Can Make Insurance More Inclusive". Fintech Note 2. Washington: The World Bank Group, 2018. Disponível em: https://openknowledge.worldbank.org/bitstream/handle/10986/30059/128157-9-7-2018-11-49-10-FintechNotesTechnologyInsuranceInclusiveFinalLowRes.pdf?sequence=1&isAllowed=y Acesso em: 31 jul. 2021.

WHITTAKER, Zack. "Short seller says Lemonade website bug exposed insurance customers' account data". *Tech Crunch*. (13 mai 2021). Disponível em: https://techcrunch.com/2021/05/13/lemonade-insurance-bug-exposed-account-data/. Acesso em: ago. 2021.

19
INTELIGÊNCIA ARTIFICIAL NO JUDICIÁRIO: LIMITES E POSSIBILIDADES

Oscar Valente Cardoso

Doutor em Direito (UFRGS), Especialista em Ciência de Dados e *Big Data Analytics*, Professor, Juiz Federal.

Sumário: 1. Introdução – 2. Poder judiciário e juízes virtuais – 3. Delimitação histórica e conceitual da inteligência artificial – 4. Inteligência artificial nos processos judiciais – 5. A inteligência artificial e as decisões judiciais – 6. Considerações finais – 7. Referências.

1. INTRODUÇÃO

Os anos de 2020 e 2021 foram caracterizados principalmente por problemas de emergência de saúde e de medidas de isolamento social. Porém, tendo em vista que é normalmente na crise que surgem oportunidades, o isolamento e o teletrabalho provocaram acelerações digitais, que propiciaram o desenvolvimento do Judiciário brasileiro como um serviço. Entre essas mudanças estão a ampliação da informatização dos sistemas processuais e da virtualização dos serviços prestados pelo Judiciário.

A inteligência artificial não está mais somente nas páginas de ficção científica, mas já se tornou uma ferramenta acessível, viável e, muitas vezes, imperceptível, para o desempenho de diversas tarefas, que até então eram realizadas exclusivamente por pessoas. Como uma forma de organizar e, na medida do possível, uniformizar os avanços tecnológicos no Judiciário, o Conselho Nacional de Justiça estabeleceu o Programa Justiça 4.0, com ações como a Plataforma Digital do Poder Judiciário, a Base de Dados Processuais do Poder Judiciário (DataJud), o Balcão Virtual e o Juízo 100% Digital.

Com base nesse cenário, o artigo analisa a incidência da inteligência artificial no Judiciário, com base as normas regulamentadoras do Conselho Nacional de Justiça (especialmente a Resolução 332/2020 e a Portaria 271/2020) e do direito de revisão de decisões automatizadas previsto no art. 20 da Lei Geral de Proteção de Dados Pessoais (LGPD – Lei 18.709/2018).

2. PODER JUDICIÁRIO E JUÍZES VIRTUAIS

A expansão da tecnologia nos tribunais e na prestação jurisdicional levou a diversas mudanças de comportamento de todos os profissionais envolvidos nos processos judiciais e das pessoas que procuram a Justiça para resolver os seus conflitos.

Os advogados não precisam mais levar suas petições aos fóruns, os seus clientes enviam fotos de documentos com o uso do smartphone e de um aplicativo de mensagem, qualquer pessoa pode acompanhar em tempo real o andamento de seu processo, todos os atos praticados e as decisões que forem publicadas. Além disso, até mesmo o trabalho interno de juízes e servidores é realizado à distância, o que permitiu inclusive a realização de audiências e sessões de julgamento por videoconferência, desde os Juizados Especiais até o Supremo Tribunal Federal.[1]

Por outro lado, a ampliação da virtualização do Judiciário (e do teletrabalho) foi acompanhada pelo aumento da vulnerabilidade e de incidentes de segurança da informação, como os ataques ocorridos aos sistemas do Superior Tribunal de Justiça e do Tribunal Superior Eleitoral (durante as eleições) em novembro de 2020.

Contudo, esses episódios não impedirão os avanços da virtualização judiciária no país, mas servirão de experiências para o desenvolvimento da prevenção, de novas ferramentas tecnológicas de segurança e de boas práticas para enfrentar eventos futuros.

Essa consolidação do Judiciário Digital foi reconhecida pelo Conselho Nacional de Justiça (CNJ) na Resolução 345/2020, do dia 9 de outubro, que estabeleceu regras gerais para a criação, por todos os tribunais do país, do Juízo 100% Digital.

Com esse ato, o CNJ autorizou os tribunais a criarem unidades judiciárias que funcionam integralmente no meio digital. Isso significa que não só os processos são eletrônicos, mas todos os atos praticados ocorrem em meio virtual, sem a presença ou participação física de partes, testemunhas, peritos, advogados públicos e privados, promotores, servidores, juízes e outras pessoas que participarem do processo.

Assim, a apresentação de petições, a realização de citações e intimações, as decisões judiciais e outros atos do processo são totalmente digitais, em um processo eletrônico. As audiências são realizadas por videoconferência e os atendimentos são remotos (por e-mail, aplicativo de mensagem, chamada de áudio ou vídeo etc.), o que exige o desenvolvimento de aplicativos e ferramentas digitais a ser utilizadas pelo Judiciário e disponibilizadas para quem precisar de seu acesso.

A necessidade eventual da prática de atos probatórios no meio físico e de forma presencial (como, por exemplo, o exame sobre pessoa ou a vistoria sobre imóvel na prova pericial) não exclui a competência do Juízo 100% Digital (art. 1º, § 2º, da Resolução 345/2020).

Do mesmo modo, o cumprimento de mandados (de citação, intimação, penhora etc.) e a realização de audiências presenciais de conciliação ou mediação, entre outros atos presenciais, podem ser praticados no processo digital e não afastam a competência do juízo (art. 1º, § 3º, da Resolução 345/2020).

---

1. Acerca do Judiciário como um serviço ou como um local: SUSSKIND, Richard. *Online courts and the future of justice*. Oxford: Oxford University Press, 2019, p. 95-176.

Em resumo, determinados atos processuais podem ser praticados *off-line*, desde que possam ser convertidos para o meio eletrônico e inseridos no processo digital.

O art. 3º da Resolução 345/2020 do CNJ permite às partes optar pelo Juízo 100% Digital, o que pode ocorrer inclusive por meio de negócio jurídico processual firmado previamente entre elas (art. 3º-A). Portanto, em regra o processo é distribuído de acordo com as regras de competência (independentemente de o processo ser – ou não – eletrônico) e, caso o autor manifeste a sua vontade na petição inicial, o seu processo poderá ser distribuído para o Juízo 100% Digital.

Esse requerimento do autor não define a competência, porque o réu pode se opor a ela na contestação. Caso o autor apresente com a petição inicial o negócio jurídico processual estabelecido com o réu com a eleição de foro do Juízo 100% Digital, a competência poderá ser alterada se o réu alegar – e comprovar – a existência de invalidade da cláusula ou de vício na sua realização, conforme as regras do parágrafo único do art. 190 do Código de Processo Civil.

Além disso, entre a contestação e a sentença qualquer uma das partes pode se retratar de sua escolha pelo Juízo 100% Digital (art. 3º, § 1º), o que leva à redistribuição do processo a um juiz com a mesma competência territorial e material, fora do juízo digital (art. 3º, § 2º, da Resolução 345/2020).

Dessa forma, ao lado do princípio do juiz natural (que está no art. 5º, XXXVII e LIII, da Constituição e estabelece que só há um juiz competente e imparcial para cada processo, definido de forma genérica e prévia pela própria Constituição ou por lei, o que leva à proibição de juízes ou tribunais de exceção), existe hoje no Brasil um princípio do juiz virtual, que permite a existência de um segundo juízo competente para o mesmo litígio (desde que seja 100% digital), a ser escolhido pelo autor e condicionado à concordância do réu.

Entretanto, existem várias questões a serem resolvidas e que ocorrerão na prática:

– Se a redistribuição ocorrer após a instrução processual pelo juiz virtual, os atos devem ser praticados novamente no juiz natural?

– Se nos outros juízos com a mesma competência territorial e material o processo também for eletrônico e, considerando as medidas de isolamento decorrentes da pandemia ocorrida em 2020, todos os atos forem (temporariamente) praticados no meio digital, é possível a redistribuição?

– Se o autor optar pelo juiz virtual, o réu concordar e, durante a tramitação do processo, o único juiz natural com competência territorial e material para a demanda julgar um caso semelhante de modo favorável ao réu, é possível aceitar a retratação dele, apenas com o objetivo de obter uma decisão que antecipadamente já sabe que lhe será favorável?

Essas e outras incertezas deverão surgir e também precisarão ser resolvidas pelo Judiciário, até chegar o momento em que o princípio do juiz natural será totalmente absorvido pelo princípio do juiz virtual.

3. DELIMITAÇÃO HISTÓRICA E CONCEITUAL DA INTELIGÊNCIA ARTIFICIAL

Há mais de dois mil anos o ser humano já pensa, desenvolve e tenta criar autômatos para desempenhar determinadas tarefas, repetitivas ou criativas.[2]

Na Grécia, Philon de Bizâncio desenvolveu, aproximadamente em 230 a.C. um autômato que servia um copo de vinho colocado na sua mão esquerda, com um jarro de vinho previamente deixado em sua mão direito, desenvolvido com um sistema de tubos, pesos, bombas e molas. Além disso, foi autor de diversos livros sobre relógios de água, alavancas, mecanismos pneumáticos e máquinas militares.

Centenas de outras criações na Antiguidade (reais ou lendas que se tornaram verdadeiras com o passar do tempo) continham mecanismos para simular ações humanas desempenhadas por objetos ou criaturas artificiais:

- uma estátua de bronze de Diana em uma plataforma giratória, feita para o imperador Calígula;
- a estátua de Nisa no Egito, que se levantava e servia leite em um recipiente de ouro;
- mecanismos de abertura automática das portas dos templos;
- um autômato cobrador de impostos, com ganchos de ferro nas mãos e nos peitos;
- máquinas de palco usadas nos teatros para sustentar os atores no ar e simular divindades e anjos voando no palco.

Em todos os casos, contudo, o objetivo não era o de criar mecanismos para executar tarefas humanas, mas sim o de demonstrar um poder divino na máquina (*deus ex machina*)[3].

Leonardo da Vinci também criou diversos dispositivos automatizados, principalmente para agilizar o trabalho manual dos artistas, como uma máquina de moer as substâncias usadas para a criação das tintas. Em 1495, a partir de suas pesquisas sobre o corpo humano (que levou ao célebre desenho do Homem Vitruviano em 1490), elaborou o projeto do "robô de Leonardo", um autômato de armadura, que moveria a cabeça, a mandíbula e os braços, conseguiria senta e levantar, a partir de um sistema formado por engrenagens, polias e juntas articuladas.

Criado mais recentemente e nomeado em homenagem à criação de Leonardo, o robô cirurgião da Vinci utiliza braços mecânicos para realizar determinadas cirurgias, controlados por um médico.

---

2. Sobre os antecedentes históricos: VALAVANIS, K. P.; VACHTSEVANOS, G. J.; ANTSAKLIS, P. J. Technology and autonomous mechanisms in the Mediterranean: from fncient Greece to Byzantium. *Proceedings of the European Control Conference ECC 2007*. Disponível em: https://www3.nd.edu/~pantsakl/Publications/370-ECC07.pdf. Acesso em: 01 out. 2021.

3. Sobre o assunto: FRON, Cristian; KORN, Oliver. A short history of the perception of robots and automata from antiquity to modern times. In: KORN, Oliver. *Social robots*: technological, societal and ethical aspects of human-robot interaction. Cham Springer, 2019, p. 1-12.

A criação de um robô humanoide que evolui e passa a usar roupas, a agir, a pensar e a ter a mesma aparência de um humano, como o Homem Bicentenário de Isaac Asimov, o falso feiticeiro do Mágico de Oz, o robô de Metrópolis e os replicantes de *Blade Runner*, passou a ser associada à inteligência artificial e à substituição das pessoas por máquinas.

Portanto, a inteligência artificial e o uso de autômatos e de mecanismos automatizados para o desempenho de tarefas realizadas por seres humanos não são uma exclusividade das últimas décadas ou da história recente, mas um sonho antigo de artistas, inventores, cientistas e escritores.

Além disso, atualmente a delimitação do conceito de inteligência artificial não se restringe a um humanoide para desenvolver atividades de forma semelhante a um ser humano, mas sim de uma ferramenta tecnológica material ou imaterial que desempenha atividades a partir da simulação da capacidade humana de pensar e agir.

Sob o aspecto conceitual, a inteligência artificial (IA) consiste na simulação, pela máquina, da capacidade humana de pensar e agir. Na definição genérica de John McCarthy, é a ciência e engenharia de criar máquinas inteligentes, especialmente programas de computador inteligentes.[4] Ainda, conforme Elaine Rich, "inteligência artificial é o estudo de como fazer com que os computadores façam coisas nas quais, no momento, as pessoas são melhores".[5] Trata-se de uma solução tecnológica para a prática de determinadas tarefas, que são realizadas de uma forma considerada inteligente, ou seja, a ferramenta de tecnologia (aplicativo, software, sistema etc.) tem as aptidões de perceber o contexto do ambiente, comando e situação, para definir uma ou algumas respostas mais adequadas. Sem entrar nas dificuldades da definição de inteligência[6], em resumo, a IA compreende o aprendizado (prévio e/ou constante) e a solução de problemas.

As ferramentas e técnicas de IA (como os algoritmos, a aprendizagem de máquina e as redes neurais artificiais:) não se confundem entre si e não são sinônimos de inteligência artificial, mas sim formas diferentes e possíveis de executá-la. Em outras palavras, um sistema de aprendizado de máquina é uma espécie de IA, mas nem toda inteligência artificial é baseada em aprendizado de máquina (o que vale igualmente para algoritmos, redes neurais artificiais e outras espécies, como o *deep learning*).

---

4. "The goal of AI is to understand intelligence well enough to make intelligent computer programs. It studies problems requiring intelligence for their solution and identifies and programs the intellectual mechanisms that are involved. AI has developed much more as a branch of computer science and applied mathematics than as a branch of biology. Mostly it develops, tests and makes theories about computer programs instead of making experiments and theories in psychology or neurophysiology" (McCARTHY, John. *Defending AI research*: a collection of essas and reviews. Stanford: CSLI Publications, 1996, p. 49).
5. No original: "Artificial Intelligence is the study of how to make computers do things at which, at the moment, people are better" (RICH, Elaine. *Artificial intelligence*. McGraw-Hill, 1983).
6. Sobre o assunto, vide as possibilidades de definição de inteligência, memória, computação e aprendizado no capítulo 2 de: TEGMARK, Max. *Life 3.0*: being human in the age of artificial intelligence. New York: Alfred A. Knopf, 2017.

Entre as diversas formas de aplicação da IA, ela pode ser utilizada para o reconhecimento de padrões (como a comparação de casos e a proposta de decisões semelhantes para casos similares) e até mesmo passar por um processo de aprendizagem constante (de forma supervisionada ou não), a fim de corrigir erros, identificar situações novas ou diferenciadas e alterar ou adaptar o seu comportamento para casos futuros (as correções humanas realizadas após as soluções propostas pela máquina são incorporadas e observadas nos próximos eventos).

A partir dessa delimitação conceitual, passa-se à análise da aplicação da IA nos processos judiciais.

4. INTELIGÊNCIA ARTIFICIAL NOS PROCESSOS JUDICIAIS

No ano de 2020, dois atos do Conselho Nacional de Justiça trataram especificamente da aplicação de Inteligência Artificial no Poder Judiciário:

– Resolução 332, de 21/08/2020, sobre a ética, a transparência e a governança na produção e no uso de Inteligência Artificial no Poder Judiciário (e outras providências);

– Portaria 271, de 04/11/2020, que regulamenta o uso de Inteligência Artificial no Poder Judiciário.

Em primeiro lugar, a Resolução 332/2020 contém regras sobre a utilização da Inteligência Artificial no Poder Judiciário, com o objetivo principal de desenvolver métodos e práticas que possam promover a prestação equitativa da jurisdição (ou seja, tratar efetivamente da mesma forma as pessoas em situação semelhante) e, consequentemente, o bem-estar dos jurisdicionados (arts. 1º, 2º e 5º).

Com isso, a utilização da IA deve garantir a segurança jurídica (art. 5º), em virtude da previsibilidade das decisões judiciais, tendo em vista que as partes podem ter a expectativa de que o seu caso será julgado de forma semelhante aos casos iguais até então decididos.

O uso da inteligência artificial no Judiciário é condicionado à publicidade e à transparência (art. 8º), à não discriminação (art. 7º) e ao respeito aos direitos fundamentais, especialmente (mas não apenas) os previstos na Constituição e nos tratados internacionais ratificados pelo Brasil (art. 4º).

A Resolução 332/2020 do CNJ possui em seu art. 3º os principais conceitos utilizados na regulamentação (algoritmo, modelo de Inteligência Artificial, Sinapses, usuário, usuário interno e usuário externo). Por exemplo, o modelo de Inteligência Artificial é definido como o "conjunto de dados e algoritmos computacionais, concebidos a partir de modelos matemáticos, cujo objetivo é oferecer resultados inteligentes, associados ou comparáveis a determinados aspectos do pensamento, do saber ou da atividade humana".

A norma também condiciona a adoção de um modelo de Inteligência Artificial pelos órgãos do Poder Judiciário a quatro bases normativas (art. 9º);

– As normas da Lei 13.709/2018 (Lei Geral de Proteção de Dados Pessoais);

– As regras legais sobre o segredo de justiça;

– As regras de governança de dados aplicáveis aos seus próprios sistemas computacionais;

– As Resoluções e as Recomendações do Conselho Nacional de Justiça.

O modelo de IA desenvolvido por qualquer tribunal do país deve ter uma interface de programação de aplicativos (API) que permita o seu uso por outros sistemas, de acordo com os padrões definidos pelo CNJ (art. 12).

Além disso, deverá existir transparência na prestação de contas sobre aa utilização e o funcionamento do modelo de IA, observados os requisitos do art. 25, com o fim de garantir o impacto positivo para os usuários finais e para a sociedade.

É permitida a existência de cooperação técnica dos tribunais com outras instituições, públicas ou privadas, para o desenvolvimento colaborativo de modelos de Inteligência Artificial, observadas as normas da Resolução 332/2020 e da proteção dos dados que forem utilizados (art. 28).

A Resolução 332/2020 do CNJ também delimita a incidência do princípio da transparência na utilização da inteligência artificial pelo Judiciário no art. 8º, que compreende os seguintes aspectos:

(a) a divulgação responsável, considerando os aspectos específicos dos dados judiciais (sensíveis ou não);

(b) a indicação dos objetivos e resultados pretendidos com o uso de inteligência artificial;

(c) a documentação dos riscos identificados e a indicação dos instrumentos de segurança da informação e controle a ser utilizados na sua mitigação e prevenção;

(d) a possibilidade de identificação dos motivos em hipóteses de danos causados pela ferramenta de inteligência artificial;

(e) a apresentação dos mecanismos de auditoria e certificação de boas práticas;

(f) e o fornecimento de explicação satisfatória e passível de auditoria por autoridade humana acerca de qualquer proposta de decisão apresentada pelo modelo de inteligência artificial, especialmente quando essa for de natureza judicial.

Em resumo, os cinco primeiros aspectos dizem respeito a medidas administrativas (inclusive de segurança da informação) a ser adotadas pelo tribunal que utilizar a inteligência artificial, para qualquer dos fins permitidos.

Por sua vez, o sexto aspecto refere-se à aplicação específica da IA nos processos de tomada de decisão (administrativa ou judicial), o que é condicionado à apresentação de explicação satisfatória e auditável por pessoas sobre as minutas de decisões sugeridas pela inteligência artificial.

A Portaria 271/2020 dispõe de forma mais específica sobre a pesquisa, o desenvolvimento de projetos, o uso e a coordenação interinstitucional em Inteligência Artificial no Poder Judiciário (art. 1º).

Desse modo, o ato indica que não são vedados os atos relacionados à pesquisa, ao desenvolvimento e à efetiva utilização da Inteligência Artificial nos processos judiciais (e em outras atividades, administrativas ou judiciárias, dos tribunais. Por outro lado, centraliza a coordenação dessas atividades no Conselho Nacional de Justiça. Incumbido de promover e incentivar os investimentos dos órgãos do Poder Judiciário em pesquisa e desenvolvimento de inteligência artificial (art. 2º).

O parágrafo único do art. 2º da Portaria 271/2020 do CNJ delimita os projetos que se enquadram na definição de IA, quando destinados a:

(a) criar soluções para a automatização dos processos judiciais e administrativos e de rotinas de trabalho da atividade judiciária;

(b) apresentar análise da massa de dados existentes no âmbito do Poder Judiciário;

(c) ou prover soluções de apoio à decisão dos magistrados ou à elaboração de minutas de atos judiciais em geral.

Destaca-se o inciso III do parágrafo único do art. 2º da Portaria 271/2020, que trata expressamente do desenvolvimento de pesquisas e projetos para a aplicação da IA na elaboração de minutas de provimentos judiciais e de apoio às decisões judiciais.

Isso significa que as atividades de pesquisa de decisões judiciais e comparação de casos, além da própria indicação do texto, modelo ou minuta adequados para o caso podem ser desenvolvidas por modelos de Inteligência Artificial.

Além disso, as atividades de pesquisa e desenvolvimento em AI devem observar os seguintes critérios (art. 3º da Portaria 271/2020):

(a) economicidade, a fim de evitar a realização de pesquisas e projetos com conteúdo semelhante em diferentes órgãos, sem colaboração e interação;

(b) promoção da interoperabilidade tecnológica dos sistemas processuais eletrônicos do Poder Judiciário;

(c) adoção de tecnologias, padrões e formatos abertos e livres;

(d) acesso à informação;

(e) transparência;

(f) capacitação humana e sua preparação para a reestruturação dos fluxos processuais e de trabalho com o uso da IA;

(g) foco na celeridade processual;

(h) e estabelecimento de mecanismos de governança colaborativa e democrática, com a participação do Poder Judiciário, das pessoas que exercem funções essenciais à justiça, da comunidade acadêmica e da sociedade civil.

O CNJ também define o meio de uso de inteligência artificial no Poder Judiciário, que deve ser uma plataforma comum, acessível por todos, que incentive a colaboração, a transparência, o aprimoramento e a divulgação dos projetos (art. 4º da Portaria 271/2020).

Em complemento, a Portaria 271/2020 especifica que a plataforma de inteligência artificial do Poder Judiciário Nacional é o Sinapses, disponibilizada pelo CNJ em parceria com o Tribunal de Justiça do Estado de Rondônia (art. 4º, parágrafo único).

Desse modo, a Resolução 332/2020 e a Portaria 271/2020 do CNJ permitem o uso de Inteligência Artificial no Judiciário, o que leva ao princípio do juiz artificial, que consiste na adoção de ferramentas de IA para auxiliar na tomada de decisões.

5. A INTELIGÊNCIA ARTIFICIAL E AS DECISÕES JUDICIAIS

A aplicação da inteligência artificial nos processos judiciais leva a diversas questões controversas, entre as quais estão os limites de sua utilização na tomada de decisões.

Em um cenário de *Big Data*, com a necessidade de análise de uma grande quantidade de dados para embasar a tomada de decisões, que devem ser definidas de forma célere, nem sempre é humanamente possível cumprir a eficiência administrativa, as Metas Nacionais do Judiciário e outros parâmetros inerentes às normas fundamentais do processo (especialmente os princípios da duração razoável do processo e da efetividade da decisão judicial, previstos no art. 4º do Código de Processo Civil).

Desde situações rotineiras até casos complexos, a inteligência artificial pode ser utilizada para coletar os dados, transformá-los em informação e apresentá-las de forma estruturada e simplificada, para auxiliar na decisão humana adequada e tomada no prazo.

Assim, o uso da máquina auxilia a desempenhar tarefas de rotina e complementares, a fim de agilizar as rotinas e processos e, com isso, assegurar um maior tempo para a de qualidade sobre questões de fato ou de direito complexas.

Na prática, o Estudo Tecnologia Aplicada a Gestão de Conflitos no Poder Judiciário com ênfase em inteligência artificial (realizado pela CIAPJ/FGV) identificou 72 Projetos de IA no Judiciário brasileiro em 2020. Desse total, 27 projetos se referem à análise de petição inicial (com a aplicação do julgamento liminar de improcedência previsto no art. 332 do CPC) e 12 projetos tratam da indicação de minutas de decisões pela máquina.[7]

---

7. SALOMÃO, Luis Felipe (Coord.). *Tecnologia aplicada à gestão dos conflitos no âmbito do Poder Judiciário brasileiro*. Disponível em: https://ciapj.fgv.br/sites/ciapj.fgv.br/files/estudos_e_pesquisas_ia_1afase.pdf. Acesso em: 05 out. 2021.

Assim, a IA já é usada inclusive na análise de petições iniciais e de recursos e auxilia na tomada de decisões (mas não substitui quem toma as decisões). Ressalta-se que a regulamentação da IA pelo CNJ não permite a adoção de decisões automatizadas (isto é, da tomada de decisões pela máquina, sem interferência humana direta), mas sim *o apoio da máquina na tomada de decisões*, sem substituir a decisão do juiz humano.

Porém, é inegável que o uso da IA pode não apenas apoiar, mas também influencia a tomada de decisão, razão pela qual é essencial a observância do princípio da transparência e a indicação de sua utilização na prática, para que o juiz natural prevaleça sobre o juiz artificial.

Para esse fim, existe um fundamento legal que pode (e deve ser utilizado) na definição dos limites da utilização da inteligência artificial para auxiliar o julgar nas suas decisões. O art. 20 da Lei Geral de Proteção de Dados Pessoais (Lei 13.709/2018 – LGPD), inserido no Capítulo III da lei (sobre os direitos do titular) contém o direito de revisão das decisões automatizadas:

> Art. 20. O titular dos dados tem direito a solicitar a revisão de decisões tomadas unicamente com base em tratamento automatizado de dados pessoais que afetem seus interesses, incluídas as decisões destinadas a definir o seu perfil pessoal, profissional, de consumo e de crédito ou os aspectos de sua personalidade.

O dispositivo é influenciado pelo Artigo 22 do GDPR da União Europeia, que prevê o direito de oposição ao tratamento automatizado de dados pessoais e à tomada de decisões baseadas nessas operações.

Porém, enquanto no GDPR o titular dos dados pessoais pode proibir o tratamento automatizado de seus dados pessoais e, nas hipóteses em que essa oposição não for possível (Artigo 22.2), de pedir a intervenção e revisão humanas, na LGPD o direito assegurado é o de revisão.

Além disso, o art. 20 da LGPD não prevê de forma expressa que essa revisão da decisão automatizada seja realizada por uma pessoa natural.

A redação original do dispositivo previa a revisão "por pessoa natural", mas foi alterada pela MP 869/2018 e pela Lei 13.853/2019, que retiraram essa exigência do *caput* do art. 20 da LGPD, mas a incluíram no § 3º, que foi vetado pelo Presidente da República.

Com isso, assegura-se o mesmo direito de revisão já existente no art. 5º, VI, da Lei do Cadastro Positivo (Lei 12.414/2011), que assegura ao consumidor cadastrado o direito de "solicitar ao consulente a revisão de decisão realizada exclusivamente por meios automatizados".

Logo, não há no Brasil o dever legal de revisão das decisões automatizadas por pessoa natural.

Porém, isso leva a alguns problemas práticos: o direito de revisão pode ser exercido genericamente, isto é, o titular pode se limitar a pleitear a revisão com fundamento exclusivo na tomada de decisão apoiada no tratamento automatizado de seus dados pessoais? Por outro lado, não incumbiria ao titular o ônus argumentativo de indicar eventuais falhas na decisão (como por exemplo, a existência de dados desatualizados ou a desconsideração de dados que deveriam ter sido levados em consideração) para postular a revisão? Essa revisão pode ser realizada pelas mesmas técnica e máquina que levaram ao pedido do titular, ou deve ser efetivada por outra ferramenta de inteligência artificial, ou, se isso não for possível, por um ser humano? A inclusão de uma pessoa no processo de tomada de decisão pode reduzir ou aumentar os riscos de vieses discriminatórios contra o titular dos dados?

Ademais, caso a revisão da decisão automatizada seja realizada por uma pessoa natural, o revisor precisa não apenas ter atribuição interna na organização para essa tomada de decisão, mas também ser uma pessoa (ou ter o auxílio de uma pessoa) que tenha conhecimento específico sobre o processo de decisão do algoritmo e sobre a equipe que o elaborou, a fim de verificar a ocorrência – ou não – de falhas da máquina.

Outra questão a ser esclarecida no art. 20 da LGPD diz respeito à existência de dois direitos: de explicação dos fundamentos da decisão (quando, de forma indevida e ilegal, não houver transparência no uso e nas razões da máquina) e, posteriormente de sua revisão.

Apesar de o *caput* do art. 20 não realizar expressamente essa diferenciação – e não condicionar o direito de revisão ao exercício do direito de explicação –, na prática essa situação pode ocorrer, com a explicação prévia ao exercício do direito de revisão.

Portanto, nem toda decisão automatizada leva ao direito de revisão, mas devem ser sempre observadas a transparência e a informação ao titular dos dados pessoais de que a decisão proferida é automatizada.

Nesse sentido, a Estratégia Brasileira de Inteligência Artificial (EBIA), instituída pela Portaria 4.617/2021 do Ministério da Ciência, Tecnologia e Inovações, dispõe (no tópico sobre Legislação, Regulação e Uso Ético) que:

> (...) os indivíduos devem ter ciência de suas interações com sistemas de IA. De fato, a informação aos indivíduos quanto à existência de processos de tomada de decisão baseados em IA caracteriza-se como pressuposto para o exercício do direito de revisão de decisões automatizadas previsto na LGPD.

Todas essas questões se aplicam à utilização da IA como apoio na tomada de decisões por um magistrado em um processo judicial, com o acréscimo de outras questões, específicas de direito processual: o art. 20 da LGPD incide apenas quando a decisão for integralmente sugerida por aplicação de inteligência artificial, ou também quando esta for usado no apoio à tomada de decisão? Trata-se de uma nova espécie recursal ou gera o direito à uma revisão, pelo próprio magistrado signatário da decisão, dos fundamentos da decisão, em especial dos argumentos e fatos analisados e das provas indicadas (como uma forma de oposição de embargos declaratórios)?

6. CONSIDERAÇÕES FINAIS

Nos anos de 2020 e 2021 houve uma aceleração da digitalização do Judiciário brasileiro, que não se limitaram à ampliação da informatização dos processos judiciais, mas compreenderam principalmente a virtualização dos serviços judiciais (atendimento, atos de comunicação processual, audiências, sessões de julgamento etc.).

Essas transformações levaram não apenas à existência de um julgador virtual (ao lado do juiz natural), mas também de um juiz artificial, que utiliza ferramentas de IA para auxiliar na sua tomada de decisões, mas (ainda) sem a substituição do ser humano pela máquina.

Nessa última hipótese, será preciso delimitar o âmbito de incidência do art. 20 da Lei Geral de Proteção de Dados Pessoais ao uso da máquina para auxiliar a tomada de decisões judiciais (e as consequências derivadas dessa aplicação), além da observância da transparência e de outros valores relacionados ao tratamento automatizado de dados pessoais e à utilização da inteligência artificial pelo Judiciário.

A ampliação das medidas e técnicas de automatização e de inteligência artificial permite a realização, pela máquina, de rotinas e tarefas que eram desempenhadas exclusivamente por agentes públicos.

Contudo, não pode haver a substituição desregulada ou descontrolada dos servidores pelas máquinas. Por sua vez, a regulação não pode ser vista como um meio de engessamento ou de barreira para o uso da tecnologia e de inovação no serviço público, mas sim como um marco delimitador das atividades que podem ser atribuídas às máquinas, com a definição do agente responsável pela prática do ato.

A inteligência artificial deve produzir reflexos relevantes no serviço público, inclusive com a substituição de funções, o aumento de eficiência na gestão e a redução de custos. De outro lado, questões éticas e legais devem ser resolvidas para possibilitar o uso adequado dessa tecnologia.

Além disso, é preciso compreender que, em regra, algoritmos e robôs não decidem de forma autônoma, mas dependem de decisões tomadas por pessoas, de forma prévia (na definição dos dados que formarão a base a ser consultada), concomitante (no acompanhamento do funcionamento da máquina e na tomada da decisão embasada no processamento das informações pela máquina) e posterior (na revisão e eventual correção de erros).

O aumento exponencial da capacidade de processamento de computadores e de outras máquinas não pode ser ignorado, tampouco deixar de ser utilizado para auxiliar no desempenho de tarefas humanas. A redução de custos, a qualidade e a quantidade dos dados que embasarão a tomada de decisões, a celeridade nos processos, na prática e na execução dos atos administrativos, são alguns dos benefícios decorrentes do uso da capacidade da máquina para o cumprimento de tarefas humanas.

A inteligência artificial é um meio para atingir a eficiência natural dos serviços públicos, com a tomada de decisões pelos agentes (humanos) auxiliada pelo tratamento de dados e pelo processamento de informações realizados de forma mais rápida e otimizada pela máquina.

De forma específica, a utilização da IA nos processos judiciais contém parâmetros de normatização pelo Conselho Nacional de Justiça, que demonstram a atenção do Judiciário brasileiro em aplicar o desenvolvimento tecnológico na facilitação da prática dos atos processuais e na redução ou na eliminação das tarefas burocráticas no processo. Busca-se, com isso, converter os avanços e facilidades criados pela tecnologia e inovação em benefícios no acesso e na efetividade da justiça.

7. REFERÊNCIAS

FRON, Cristian; KORN, Oliver. A short history of the perception of robots and automata from antiquity to modern times. In: KORN, Oliver. *Social robots:* technological, societal and ethical aspects of human-robot interaction. Cham Springer, 2019.

McCARTHY, John. *Defending AI research*: a collection of essas and reviews. Stanford: CSLI Publications, 1996.

SALOMÃO, Luis Felipe (Coord.). *Tecnologia aplicada à gestão dos conflitos no âmbito do Poder Judiciário brasileiro.* Disponível em: https://ciapj.fgv.br/sites/ciapj.fgv.br/files/estudos_e_pesquisas_ia_1afase. pdf. Acesso em: 05 out. 2021.

RICH, Elaine. *Artificial intelligence*. McGraw-Hill, 1983.

SUSSKIND, Richard. *Online courts and the future of justice*. Oxford: Oxford University Press, 2019.

TEGMARK, Max. *Life 3.0*: being human in the age of artificial intelligence. New York: Alfred A. Knopf, 2017.

VALAVANIS, K. P.; VACHTSEVANOS, G. J.; ANTSAKLIS, P. J. Technology and autonomous mechanisms in the Mediterranean: from fncient Greece to Byzantium. *Proceedings of the European Control Conference ECC 2007*. Disponível em: https://www3.nd.edu/~pantsakl/Publications/370-ECC07. pdf. Acesso em: 01 out. 2021.

20
DIREITO ELEITORAL E TECNOLOGIA: URNAS ELETRÔNICAS, PROPAGANDA DIGITAL E A TECNOLOGIA DA DEMOCRACIA

Pedro Rubim Borges Fortes

Professor Visitante do Programa de Pós-Graduação em Direito da Universidade Federal do Rio de Janeiro (PPGD/UFRJ) e Promotor de Justiça do MPRJ. Atualmente, é membro do Comitê IRC da LSA e é Líder do CRN *Law and Development* (LSA) desde 2015, tendo sido Mentor no *Graduate Student & Early Career Workshop* (2020), Membro do Comitê Internacional da LSA (2018-2019) e do Comitê Organizador da Conferência LSA/RCSL de 2017. Atualmente, é membro do Conselho Executivo do *Research Committee of Sociology of Law* e é Líder do Grupo de Trabalho *Law and Development* (RCSL) desde 2017, tendo sido membro do Comitê Organizador da Conferência RCSL em Oñati (2019). Desde 2015 é Coordenador do Grupo *Exploring Legal Borderlands* da SLSA. Eleito Diretor Internacional do Instituto Brasileiro de Estudos de Responsabilidade Civil (IBERC). Membro do *International Academic Advisory Board* da BML Munjal University (BMU) na Índia desde 2021. *Doctor of Philosophy* (DPHIL) por Oxford, *Master of Juridical Sciences* (JSM) por Stanford, Master of Laws (LLM) por Harvard, Pós-Graduado em Meio Ambiente pelo COPPE/UFRJ, graduado em Administração pela PUC-Rio, graduado em Direito pela UFRJ. Foi Professor da FGV Direito Rio e do Bennett, Pesquisador Associado CSLS/Law da Universidade de Oxford, Tutor do Centro da Universidade de Stanford em Oxford (Reino Unido), *Visiting Scholar na Universidade Goethe, em Frankfurt am Main* (Alemanha), pesquisador visitante no Instituto Max Planck de Hamburgo (Alemanha) e de Frankfurt (Alemanha) e Professor Visitante na *West Bengal National University of Juridical Sciences*, em Calcutá (Índia).

Sumário: 1. Introdução – 2. Informatização do processo eleitoral e o desenvolvimento das urnas eletrônicas – 3. A expansão da propaganda digital e os desafios institucionais contemporâneos – 4. A tecnologia da democracia – 5. Considerações finais – 6. Referências.

1. INTRODUÇÃO

O presente capítulo discute a importância da tecnologia para o direito eleitoral, a partir da proposta apresentada pelos organizadores dessa obra coletiva de que os institutos tradicionais das disciplinas de direito público vêm sendo desafiados pelos desenvolvimentos de novas tecnologias, o que exige releituras e análises dos desdobramentos e, ao mesmo tempo, haveria uma carência na literatura nacional na análise mais específica dos temas de direito digital conectados ao direito público. O convite foi recebido como uma missão de enfrentar a seguinte questão-problema: como o direito eleitoral tem sido transformado pelos desenvolvimentos de novas tecnologias? Devido às limitações de espaço, o tema será trabalhado de forma exploratória, sem pretensão de apresentar respostas detalhadas, mas de descrever as transformações ocorridas nas urnas eletrônicas, na propaganda eleitoral e na democracia como um

PEDRO RUBIM BORGES FORTES

ponto de partida para novas reflexões e discussões sobre o papel das novas tecnologias e sobre os desafios contemporâneos do direito eleitoral brasileiro.

O texto está dividido da seguinte maneira. Além da presente introdução, existe uma análise do impacto transformador da adoção das urnas eletrônicas pela justiça eleitoral brasileira. Em seguida, discutimos as transformações ocorridas na propaganda eleitoral, com a expansão da relevância dos meios digitais em comparação com as mídias tradicionais. Posteriormente, existe uma análise sobre como o desenvolvimento da tecnologia se insere na discussão contemporânea sobre a crise da democracia, notadamente no contexto brasileiro. Finalmente, o presente capítulo se encerra com as considerações finais.

Ao apresentar um panorama sobre as relações entre as novas tecnologias e o direito eleitoral, o capítulo pretende colaborar para suprir a lacuna na literatura identificada pelos organizadores, mas é necessário modéstia para salientar os limites de um curto capítulo sobre o tema e pesquisas futuras deverão expandir e aprofundar as ideias aqui apresentadas. Além da relevância, o texto pode ser considerado original por trabalhar temas da literatura contemporânea, casos concretos e refletir sobre dilemas e desafios atuais da democracia brasileira.

2. INFORMATIZAÇÃO DO PROCESSO ELEITORAL E O DESENVOLVIMENTO DAS URNAS ELETRÔNICAS

A primeira grande revolução do direito eleitoral apresentada pela tecnologia da informação é proveniente do desenvolvimento das urnas eletrônicas como mecanismos de coleta de votos dos eleitores. Como salientado por André Ramos Tavares e Diogo Rais Rodrigues Moreira, existia desde 1932 a previsão no Código Eleitoral Brasileiro da adoção de máquinas de votação, tendo sido testadas iniciativas e abandonadas pela Justiça Eleitoral até a adoção das urnas eletrônicas em 1996.[1] Embora os protótipos de máquina de votar apresentados nas décadas de 1960 e de 1970 tenham sido rejeitados pela sua ineficiência, prepararam o Poder Judiciário para a informatização do processo de votação, merecendo destaque o impulso dado pelo cadastramento único informatizado de eleitores iniciado em 1986 e que pavimentou o caminho para a criação de um parque computacional próprio do Tribunal Superior Eleitoral (TSE) e para a implementação de uma rede própria de transmissão de dados no âmbito da Justiça Eleitoral.[2] Assim, após uma grave fraude na apuração dos votos resultar na anulação da eleição parlamentar por decisão unânime do próprio Tribunal Regional Eleitoral do Rio de Janeiro (TRE-RJ) e na determinação de que nova votação fosse realizada na data do segundo turno das eleições daquele ano de

---

1. TAVARES, André Ramos; MOREIRA, Diogo Rais Rodrigues. O voto eletrônico no Brasil. *Estudos Eleitorais*, v. 6, n. 3, 2011, p. 14-15.
2. Idem, p. 15-16.

1994,[3] o Ministro Carlos Velloso liderou o projeto de desenvolvimento das urnas eletrônicas brasileiras durante seu período à frente da Presidência do TSE.[4]

É necessário lembrar que a possibilidade de fraude eleitoral não se trata de mera possibilidade hipotética na sociedade brasileira, mas sim de risco concreto decorrente do fenômeno do 'coronelismo' – entendido como "um compromisso, uma troca de proveitos entre o poder público, progressivamente fortalecido, e a decadente influência social dos chefes locais, notadamente dos senhores de terras".[5] O poder político do coronel como chefe municipal decorria do comando discricionário de um lote considerável de *votos de cabresto*.[6] Além da possibilidade de controle eleitoral pelo "coronel" através do poderio econômico, a dominação oligárquica do processo eleitoral também era realizada através do falseamento dos resultados eleitorais pelas técnicas fraudulentas do voto registrado por meio do *bico-de-pena* – em que as mesas eleitorais simplesmente inventavam eleitores e registravam os votos de ausentes e de mortos – e da *degola* – em que se enquadrava artificialmente os candidatos de oposição nos casos de inelegibilidade ou de incompatibilidade.[7] Apesar do inegável avanço representado pelo advento do Código Eleitoral de 1932 com a institucionalização da Justiça Eleitoral, do voto feminino, do voto secreto e da representação proporcional,[8] persistiu um cenário de coação difusa e efetiva com manifestações de violência preparatória para as eleições e um ambiente de insegurança criado para os eleitores da oposição e os resultados eleitorais indicaram a predominância da bancada governista e a manutenção de uma tendência de governismo.[9]

O desenvolvimento urbano e industrial transformou a sociedade brasileira, mas também foi pautado por um fenômeno caracterizado por Wanderley Guilherme dos Santos como uma 'cidadania regulada', em que os direitos econômicos, sociais e culturais foram gradativamente reconhecidos para os trabalhadores pertencentes a certas categorias profissionais mediante um processo político e de negociação com o Estado.[10] Apesar do rompimento desse modelo pela ordem constitucional de 1988 – eis que o reconhecimento de direitos sociais se tornou independentemente do pertencimento às categorias profissionais –, por outro lado, existe uma tradição de que o indivíduo recebe benefícios típicos da cidadania através do Estado, tendo sido a expressão "estadania" cunhada por José Murilo de Carvalho para se referir à

---

3. SANTOS, Francisco. Fraude Faz Rio Ter Nova Eleição. *Folha de São Paulo*, 20 de outubro de 1994. Disponível em: https://www1.folha.uol.com.br/fsp/1994/10/20/brasil/23.html. Acesso em: 03 nov. 2021.

4. https://www.tse.jus.br/imprensa/noticias-tse/2013/Agosto/memorias-da-democracia-ministro-carlos-velloso-fala-sobre-o-desafio-da-criacao-da-urna-eletronica

5. LEAL, Victor Nunes. *Coronelismo, Enxada e Voto*: O município e o Regime Representativo no Brasil. 7. ed. São Paulo: Companhia das Letras, 2012, p. 44.

6. Idem, p. 45.

7. SILVA, Luís Virgílio Afonso da. *Sistemas Eleitorais*. São Paulo: Malheiros, 1999, p. 101-103.

8. Idem, p. 103.

9. LEAL, Victor Nunes. *Coronelismo, Enxada e Voto*: O município e o Regime Representativo no Brasil. 7. ed. São Paulo: Companhia das Letras, 2012, p. 218.

10. SANTOS, Wanderley Guilherme dos. *Cidadania e justiça*: a política social na ordem brasileira. Rio de Janeiro: Campus, 1979.

cidadania decorrente do estatismo.[11] Além disso, em paralelo à persistente dependência política do Estado, um grande número de brasileiros está atualmente sob o domínio político não mais de "coronéis" da política rural, mas sujeitos à violência de grupos de extermínio, traficantes e milícias – uma situação de erosão do Estado Democrático de Direito e do ideário do 'Rule of Law' substituído pela ameaça existencial do vigilantismo e do medo imposto pelo 'Rule of Death'.[12]

Nesse complexo contexto de riscos de dominação política e de busca da emancipação do cidadão-eleitor brasileiro é que se inseriu a introdução das urnas eletrônicas em substituição às urnas de lona no cenário eleitoral brasileiro no fim do século XX. Os resultados da adoção das urnas eletrônicas ao longo desse último quarto de século foram altamente satisfatórios. O processo eleitoral brasileiro se tornou mais eficiente e seguro, transformando o processo de apuração da votação em um processamento informatizado de informações muito mais célere, objetivo e controlado pela justiça eleitoral, Ministério Público e partidos políticos e mesmo controlável *a posteriori* diante da possibilidade de auditoria e de testes de segurança.[13] Apesar da existência de críticas formuladas na literatura especializada em informática, o fato é que as urnas eletrônicas possuem a vantagem de serem desconectadas da internet e menos suscetíveis a riscos decorrente do seu *hackeamento*, não tendo ainda sido registrados casos de falseamento ou fraude eleitoral desde 1996.[14] Particularmente no caso da experiência brasileira, a confiança nas novas tecnologias de informação decorre da existência da justiça eleitoral como uma instituição independente e organizada sem interesses político-partidários ao contrário do que acontecia quando era necessário mobilizar um contingente enorme de indivíduos para a apuração e contagem manual de votos e essas pessoas nem sempre mantinham a necessária neutralidade e imparcialidade.

Em síntese, a tecnologia de informação substituiu intermediários humanos não confiáveis por meios digitais de coleta, armazenamento e processamento de dados que são muito mais precisos e cuja confiabilidade depende do grau de confiança atribuído à instituição organizadora das eleições. No caso da experiência brasileira atual, não pode existir dúvidas da credibilidade da justiça eleitoral, mas a sociedade civil, os partidos políticos e as instituições devem sempre acompanhar o processo eleitoral, fiscalizar o cumprimento das regras do jogo eleitoral e assegurar a regularidade da inseminação das urnas eletrônicas, seu armazenamento, transporte e guarda.[15] Apesar do constante

---

11. DE CARVALHO, José Murilo. *Cidadania no Brasil*: o longo caminho. 26. ed. Rio de Janeiro: Civilização Brasileira, 2020, p. 219-228.
12. FORTES, Pedro. Vigilante Justice and the Rule of Death: The Existential Threat to the State and Its People in Brazil. In: ROBSON, Peter; SPINA, Ferdinando (Ed.). *Vigilante Justice in Society and Popular Culture*: A Global Perspective. Vancouver: Fairleigh Dickinson University Press, 2022, no prelo.
13. TAVARES, André Ramos; MOREIRA, Diogo Rais Rodrigues. O voto eletrônico no Brasil. *Estudos Eleitorais*, v. 6, n. 3, 2011, p. 16-17.
14. FERRÃO, Isadora Garcia et al. Urnas Eletrônicas no Brasil: linha do tempo, evolução e falhas e desafios de segurança. *Revista Brasileira de Computação Aplicada*, v. 11, n. 2, p. 1-12, 2019.
15. TAVARES, André Ramos; MOREIRA, Diogo Rais Rodrigues. O voto eletrônico no Brasil. *Estudos Eleitorais*, v. 6, n. 3, 2011, p. 22-24.

debate sobre a necessidade de se reintroduzir o voto impresso em paralelo com o voto eletrônico, a experiência frustrada de 2002 evidencia uma ampliação desnecessária de despesas e de tempo, bem como o surgimento de riscos decorrentes da tecnologia, da intervenção humana e de interferência externa.[16] A defesa da coleta simultânea de votos impressos e da auditagem das urnas eletrônicas pela contagem manual seria um retorno ao meio não confiável e aos riscos de falseamento do processo eleitoral pela troca de cédulas impressas e mobilização de intermediários capazes de reproduzir a dinâmica fraudulenta do voto à *bico-de-pena* nas eleições brasileiras. Não há dúvidas, aliás, que o retorno ao voto impresso nas eleições brasileiras seria um nítido retrocesso.[17] Por outro lado, a informatização do processo eleitoral deve continuar seu aperfeiçoamento com o desenvolvimento de tecnologias de informação mais seguras, eficientes e adequadas para as urnas eletrônicas e seu uso nas eleições brasileiras. De qualquer maneira, o Plenário do STF já teve a oportunidade de decidir pela proibição do retrocesso através do retorno ao voto impresso como parte inerente ao sistema eletrônico de votação nas eleições brasileiras, no julgamento da ADI n. 4.543, que declarou a inconstitucionalidade do Artigo 5º da Lei 12.034, de 29 de setembro de 2009.[18]

3. A EXPANSÃO DA PROPAGANDA DIGITAL E OS DESAFIOS INSTITUCIONAIS CONTEMPORÂNEOS

Além das urnas eletrônicas, outro grande fator de transformação do direito eleitoral diretamente associado à tecnologia foi a expansão da propaganda eleitoral através de meios digitais. Antes do advento das redes sociais, a propaganda já tinha se tornado aspecto essencial das campanhas eleitorais na maior parte do mundo, mas com enorme variedade de cenários, de regimes jurídicos e de modalidades de expressão política na mídia.[19] O excepcionalismo dos Estados Unidos sempre foi marcado pelo fato de que podem ser comprados anúncios de candidatos nos variados meios de comunicação e que mais da metade das verbas de campanhas eleitorais majoritárias é investida com a aquisição de espaço publicitário na televisão para se vender a imagem do candidato como um produto eleitoral vencedor.[20] A distinção entre mídia gratuita e mídia paga talvez seja melhor conceituada como sendo uma distinção entre mídia não controlada e mídia controlada, na medida que os candidatos podem controlar o conteúdo de suas próprias mensagens publicitárias, mas não podem exercer idêntico

---

16. Idem, p. 25-27.
17. Disponível em: https://noticias.r7.com/brasil/voto-em-papel-e-retrocesso-diz-barroso-na-camara-dos-deputados-09062021.
18. TAVARES, André Ramos; MOREIRA, Diogo Rais Rodrigues. O voto eletrônico no Brasil. *Estudos Eleitorais*, v. 6, n. 3, 2011, p. 27-29. Sobre o princípio da proibição do retrocesso, veja, por todos, SARLET, Ingo Wolfgang. *A eficácia dos direitos fundamentais*: uma teoria geral dos direitos fundamentais na perspectiva constitucional. 13. ed. Porto Alegre: Livraria do Advogado, 2018, p. 452-477.
19. HOLTZ-BACHA, Christina; KAID, Lynda Lee. Political advertising in international comparison. *The Sage handbook of political advertising*, 2006, p. 3-14.
20. Idem, p. 3.

controle sobre o conteúdo das notícias veiculadas na imprensa.[21] No outro extremo, parecia se localizar a Suíça, em que se decidiu banir a veiculação de mensagens políticas nas redes de televisão, seja para fins de campanhas eleitorais, seja para fins de plebiscitos.[22] Além de existir uma razão financeira pelo alto custo dos anúncios e da produção televisiva que iriam tornar muito caras as campanhas suíças, o debate eleitoral e plebiscitário tradicionalmente ocorriam nas mídias impressas jornalísticas, sendo assegurado não apenas um debate mais reflexivo na esfera pública, mas também um meio de financiamento mais sustentável da publicidade eleitoral.[23] No cenário brasileiro, por um lado, não era possível a compra de tempo na televisão como nos Estados Unidos, mas ainda assim a alocação de tempo na propaganda eleitoral gratuita televisiva era uma parte decisiva da campanha eleitoral.[24]

Com a expansão da propaganda digital, surgiram novos desafios institucionais que exigem uma atuação diferenciada da Justiça Eleitoral para a defesa das regras do jogo eleitoral. Martin Moore, pesquisador do King's College London, considera que a revolução das comunicações digitais está reestruturando a política, deslegitimando as instituições existentes e reconstruindo o papel do cidadão.[25] O fato de o Facebook ter se tornado uma plataforma importante para as campanhas políticas eleitorais passa pelo sucesso rápido e do poder de propulsão do sítio Breitbart, que em alguns anos superaria os principais indicadores dos algoritmos das redes sociais e geraria um alto nível de engajamento com suas estórias recentes e consideradas relevantes através do espectro político, tornando-se o eixo da mídia conservadora.[26] Igualmente relevante foi o papel da empresa Cambridge Analytica após a coleta de cerca de 5.000 pontos de dados de 230 milhões de eleitores estadunidenses que poderia ser usado para modelar, perfilar e direcionar as campanhas eleitorais, tendo contratado uma equipe de cientistas de dados, engenheiros de *software*, cientistas comportamentais e físicos.[27]

A construção de um perfil detalhado de cada indivíduo, combinando dados sobre tudo, desde a informação demográfica básica até hábitos de consumo, de vida social e de navegação online possibilita uma comunicação política sob medida para as pessoas baseada em sua própria personalidade e com maior potencial para uma resposta comportamental do que a comunicação sem tais fatores íntimos.[28] As plataformas digitais e os dados coletados dão aos indivíduos e às organizações modos de contornar os princípios democráticos e o direito eleitoral e de ampliar a probabilidade de as eleições serem 'compradas', já que o dinheiro gasto em uma campanha apoiada

---

21. Idem., p. 3-4.
22. Idem, p. 5.
23. Idem, p. 5-6.
24. Idem, p. 9-10.
25. MOORE, Martin. *Democracy hacked*: How technology is destabilising global politics. New York: Simon and Schuster, 2018, p. xi.
26. Idem, p. 50-54.
27. Idem, p. 55.
28. Idem, p. 60-61.

em dados pessoais pode ser mais facilmente ocultado, tais informações podem ser usadas como 'commodities', armazenadas noutras jurisdições fora do alcance das cortes nacionais e o conhecimento detalhado dos eleitores dá poder aos candidatos.[29] Devido ao poder das redes sociais, as campanhas eleitorais podem eventualmente mapear as personalidades das pessoas, seu caráter, esperanças e medos e elaborar mensagens sob medida que irão ressoar com eles.[30] Nesse cenário, existe enorme assimetria de informação entre as campanhas eleitorais e os eleitores individuais, sendo a teoria da comunicação esclarece que a mensagem política é mais efetiva, quando o recipiente não percebe que está recebendo uma mensagem direcionada e suas defesas cognitivas estão desarmadas e mais propícias a receber a mensagem política.[31]

Além dos riscos relacionados à coleta de dados privados dos eleitores e ao direcionamento de publicidade eleitoral sob medida através de mensagens privadas não identificadas pelas autoridades eleitorais, existe também a possibilidade de se amplificar falsamente o alcance e o poder de certas mensagens na esfera pública das plataformas digitais e das redes sociais. A análise de certas estratégias de comunicação política nas redes sociais evidencia o uso simultâneo de centenas e mesmo de milhares de *bots* conectados em conjunto de modo a que possam responder simultaneamente às mesmas pistas, tendo sido especialmente relevante para disseminar mensagens políticas polarizadoras no twitter e atacar as posições políticas mais ao centro.[32] O apelo especial do recurso às redes de *bots* é de que podem ser alugadas sob a condição de anonimato, tornando difícil atribuir a origem e identificar o controlador, existindo 'fazendas de likes' na China, Índia e Rússia que podem vender lotes de quarenta mil likes de boa qualidade por cerca de US$ 6.000,00 (seis mil dólares) e vinte mil comentários por cerca de US$ 5.000,00 (cinco mil dólares), que podem ampliar a popularidade artificialmente e também ter um efeito de distorção na política democrática.[33] Na campanha presidencial dos Estados Unidos em 2016 que elegeria Donald Trump, estima-se, por exemplo, que um de cada sete tweets políticos teria partido de um *bot*.[34]

A relevância da propaganda digital e das plataformas das redes sociais não está limitada às eleições nos Estados Unidos, sendo que Martin Moore salienta como o número de usuários brasileiros no Facebook triplicou entre 2011 e 2014, com brasileiros usando as redes sociais por três a quatro horas diárias e as eleições brasileiras de 2014 tendo se tornado o terceiro tópico mais discutido em todo o planeta no Facebook naquele momento.[35] Aliás, Martin Moore aponta as eleições brasileiras de 2014 como um exemplo pródigo de uma guerra travada nas mídias sociais com

---

29. Idem, p. 69.
30. Idem.
31. Idem, p. 70.
32. Idem, p. 100.
33. Idem, p. 101.
34. Idem.
35. Idem, p. 117.

amigos e mesmo membros de famílias abandonando a amizade um do outro no Facebook devido às afiliações políticas.[36] Como o Facebook se tornou dominante em termos políticos com dois bilhões de usuários e o seu *News Feed* virou a maior e mais importante fonte de notícias do mundo, sua plataforma se transformou numa máquina de propaganda ativa que poderia ser usada para fazer campanhas políticas para qualquer pessoa, inclusive aqueles que queriam contornar as proteções democráticas existentes.[37] Para Martin Moore, o Facebook estimulou o engajamento político em sua plataforma sem considerar se iria apoiar ou minar os processos democráticos, não se preocupando se os algoritmos iriam expor as pessoas a uma pluralidade de opiniões e notícias ou a perspectivas que confirmavam ou até polarizavam o que elas já pensavam, encorajando a criação de comunidades virtuais democráticas ou câmaras de eco com a ressonância de visões partidárias.[38]

Essa perspectiva sobre o impacto das mídias sociais talvez conflite com a perspectiva emancipadora decorrente dos movimentos políticos populares que culminaram com a 'Primavera Árabe' em 2010, os movimentos de ocupação '*Occupy Wall Street*' e '*Occupy Frankfurt*' em 2011 e os movimentos populares no Brasil em 2013.[39] Contudo, Zeynep Tufecki esclarece que os mecanismos convencionais de organização dos movimentos sociais pré-internet possuíam a vantagem de estabelecer processos de decisão coletiva e contribuíam para a criação da resiliência necessária para a sobrevivência e a vitória no longo prazo, ao passo que os movimentos pós-2011 tiveram enorme impulso inicial, mas foram incapazes de se sustentar e de organizar de maneira proporcional à energia reunida inicialmente e à legitimidade percebida em suas demandas.[40] Para a Professora da University of North Carolina, ocorreria uma espécie de 'congelamento tático', isto é, "a inabilidade desses movimentos de ajustar suas táticas, negociar demandas, e se mobilizar por mudanças tangíveis de políticas públicas, algo que cresce da natureza de ausência de liderança desses movimentos ('horizontalismo') e do modo que as tecnologias digitais fortalecem sua habilidade de formar sem muito planejamento prévio, lidando com as questões à medida que surgem e com as pessoas que aparecem – no modelo específico de 'adhocracia' ou 'governança *ad hoc*' típico dos movimentos antiautoritários.[41] A resposta dada pelos governos para a esfera pública em rede não se limitou à abertura democrática, mas também incluiu métodos dos regimes autoritários para suprimir ou controlar o dissenso.[42]

---

36. Idem, p. 119.
37. Idem, p. 129-131.
38. Idem, p. 130.
39. SULTANY, Nimer. *Law and revolution*: legitimacy and constitutionalism after the Arab Spring. Oxford University Press, 2017; BONFIGLI, Fiammetta; LUBIN, Judy. The 'Occupy' movement: emerging protest forms and contested urban spaces. *Berkeley Planning Journal*, v. 25, n. 1, 2012; SCHWARTZ, Germano. Movimentos sociais e direito: o GT (Grupo de Trabalho) jurídico e seu papel na ocupação da Câmara de Vereadores de Porto Alegre em 2013. *Revista Brasileira de Sociologia do Direito*, v. 7, n. 2, p. 3-33, 2020.
40. TUFEKCI, Zeynep. *Twitter and tear gas*. New Haven: Yale University Press, 2017, p. xiii.
41. Idem, p. xvi.
42. Idem.

No caso dos movimentos populares brasileiros de junho de 2013, por exemplo, o ponto de partida foi uma mobilização do Movimento Passe Livre (MPL) com uma agenda política de orientação à esquerda no espectro político e que pretendia impedir o aumento das passagens de transportes públicos em São Paulo, sendo que uma repressão policial violenta desencadeou uma onda de protestos por todo o país.[43] Sob a perspectiva dos movimentos sociais alinhados ideologicamente à esquerda, ocorreu um ponto de inflexão na comunicação social devido ao fato de que o controle midiático se transformou e ampliou a autoridade das redes sociais, já que os sites mais consultados deixaram de ser os grandes grupos midiáticos tradicionalmente formadores de opinião.[44] A mobilização nas redes sociais relativizou o papel da grande imprensa, configurando uma pluralização midiática diante do interesse na busca de informações sobre os protestos e no fato de que sites alternativos apareceram dentre os mais acessados em dias de protestos, tal como no dia 21 de junho de 2013, por exemplo.[45] Por outro lado, o MPL perdeu rapidamente o controle sobre o movimento e sua agenda, anunciando ser contrário à hostilização aos partidos políticos e que não convocaria novas manifestações.[46] No longo prazo, o resultado foi uma reação à política e aos políticos representativa de uma despolitização e que impulsionou um movimento conservador com posterior repercussão político-eleitoral.[47]

A exemplo do que tinha acontecido nas eleições estadunidenses de 2016, a comunicação digital também teve influência decisiva nas eleições brasileiras de 2018, tendo a internet sido usada por candidatos de modo intensivo e interconectado entre o Facebook e o WhatsApp.[48] Conforme a avaliação de Cláudio Pereira de Souza Neto, a principal vantagem comparativa do então candidato Jair Bolsonaro teria sido a comunicação digital eficiente, "valendo-se amplamente da dinâmica de contaminação viral entre grupos de *WhatsApp*".[49] A dinâmica viral de contágio de mensagens em rede depende não somente do recebimento da mensagem em um grupo, mas da sua repostagem pelos usuários em outros grupos, sendo que usuários estão interconectados pelo pertencimento a vários grupos e as postagens que viralizam são as que despertam maior controvérsia.[50] Esse contexto é propício para a proliferação das chamadas *fake News*, que circulam com agressividade pelos grupos fechados, não raro, fora do controle da justiça eleitoral. Cláudio Pereira de Souza Neto criticou a atuação do TSE nas eleições brasileiras de 2018, reconhecendo que a corte eleitoral buscou se preparar para o fenômeno, mas que, na prática, teria tido

---

43. AVRITZER, Leonardo. *Impasses da democracia no Brasil*. Rio de Janeiro: Civilização Brasileira, 2016, p. 65-67.
44. Idem, p. 67-75.
45. Idem, p. 70-74.
46. Idem, p. 72.
47. Idem.
48. DE SOUZA NETO, Cláudio Pereira. *Democracia em crise no Brasil*: valores constitucionais, antagonismo político e dinâmica institucional. São Paulo: Contracorrente, 2020, p. 140-141.
49. Idem, p. 141.
50. Idem, p. 141-142.

uma atuação inefetiva, parecendo "incapaz de dar conta de uma realidade nova".[51] Os desafios institucionais contemporâneos da justiça eleitoral diante da expansão da propaganda eleitoral são enormes e exigem novas respostas da parte do Ministério Público Eleitoral e do Poder Judiciário.

Em sua análise sobre os desafios das *fake News* quando ocupava a Presidência do STF, o Ministro José Antônio Dias Toffoli salientou que o Brasil não possui uma legislação específica para o combate às notícias fraudulentas, mas alertou para a existência de dispositivos legais e resoluções normativas eleitorais que podem eventualmente ser aplicadas para certos casos concretos.[52] Contudo, no contexto da eleição de 2018, o TSE decidiu coibir notícias falsas nas redes sociais somente em uma ocasião, quando determinou ao Facebook que removesse o conteúdo de publicações falsas que associavam a candidata Marina Silva a atos de corrupção delatados pela Operação Lava Jato.[53] Especialistas sobre o tema das *Fake News* recomendam o modelo da autorregulação regulada inspirada pela legislação alemã para o enfrentamento do problema,[54] mas esse modelo parece insuficiente para assegurar a regularidade das campanhas eleitorais, sendo necessárias medidas preventivas e repressivas adicionais pela justiça eleitoral.

Aliás, um ano antes das eleições de 2022, no julgamento de improcedência das ações contra a chapa Bolsonaro-Mourão nas eleições de 2018, o próprio TSE fixou a tese de que "o uso de aplicações digitais de mensagens instantâneas visando promover disparos em massa contendo desinformação e inverdades em prejuízo de adversários e em benefício de candidato pode configurar abuso de poder econômico e uso indevido dos meios de comunicação social, nos termos do artigo 22 da LC 64/1990 (Lei de Inelegibilidade), a depender da efetiva gravidade da conduta, que será examinada em cada caso concreto".[55] Além da fixação da tese para aplicação em campanhas eleitorais futuras, o plenário do TSE também deliberou pela cassação e pela inelegibilidade do Deputado Estadual Fernando Francischini, eleito pelo Paraná em 2018, devido à disseminação de notícias falsas no próprio dia das eleições, quando afirmou em uma *live* no Facebook que tinha provas com base em documentos do próprio TSE de que

---

51. Idem, p. 142.
52. TOFFOLI, José Antonio Dias. Fake news, Desinformação e Liberdade de Expressão. In: ABBOUD, Georges; NERY JÚNIOR, Nelson; CAMPOS, Ricardo Resende (Org.). *Fake news e regulação*. 2. ed. São Paulo: Thomson Reuters Brasil, 2020, p. 25-26.
53. Idem, p. 26.
54. SARLET, Ingo Wolfgang; HARTMANN, Ivar. Direitos Fundamentais e Direito Privado: a Proteção da Liberdade de Expressão nas Mídias Sociais. *Revista Direito Público*, 2019; ABBOUD, Georges; CAMPOS, Ricardo Resende, A Autorregulação Regulada como Modelo do Direito Proceduralizado: Regulação de Redes Sociais e Proceduralização. In: ABBOUD, Georges; NERY JÚNIOR, Nelson; CAMPOS, Ricardo Resende (Org.). *Fake news e regulação*. 2. ed. São Paulo: Thomson Reuters Brasil, 2020; MARANHÃO, Juliano; CAMPOS, Ricardo Resende. Fake News e Autorregulação Regulada das Redes Sociais no Brasil: Fundamentos Constitucionais. In: ABBOUD, Georges; NERY JÚNIOR, Nelson; CAMPOS, Ricardo Resende (Org.). *Fake news e regulação*. 2. ed. São Paulo: Thomson Reuters Brasil, 2020.
55. Disponível em: https://www.tse.jus.br/imprensa/noticias-tse/2021/Outubro/tse-julga-improcedentes-acoes-contra-jair-bolsonaro-e-hamilton-mourao.

duas urnas eletrônicas tinham sido fraudadas e não aceitariam nenhum voto para o candidato a Presidente Jair Bolsonaro.[56] Portanto, além de estarem definidas as regras do jogo eleitoral para análise e julgamento dos candidatos com base na jurisprudência fixada pelo TSE, existe um precedente judicial concreto de cassação de mandato de deputado eleito para servir de parâmetro para decisões futuras.

Além do repertório de medidas repressivas típicas do modelo de 'comando e controle' para a prevenção da proliferação de *fake News* nas eleições, seria interessante que a Justiça Eleitoral também adotasse uma postura institucional de prevenção da proliferação de notícias falsas. No passado, a postura das autoridades eleitorais brasileiras não foi proativa diante das plataformas digitais por se tratar de *players* privados, cuja fórmula algorítmica é proprietária e protegida pelo direito à propriedade intelectual e que não estiveram sujeitos a uma intervenção mais direta da parte do Poder Público. Contudo, a reflexão especulativa indica o interessante caminho de desenvolver novas estruturas de controle para as transgressões nas redes sociais a partir de adaptações de organizações tradicionais para a realidade contemporânea da disseminação de *fake News* na internet. Karl-Heinz Ladeur, por exemplo, imagina a possibilidade de criação de novas *Cyber Courts* como sendo tribunais arbitrais digitais para fins de proteção de direitos da personalidade contra violações ocorridas no âmbito das redes sociais.[57] A seu turno, o eminente Ministro do STJ, Ricardo Villas Bôas Cueva, considera possível a adoção de uma solução híbrida com a combinação de adjudicação e regulação, abrangendo técnicas de direito administrativo e sistemas de mediação eletrônica, imaginando que deveria ser estabelecida uma figura especial de um ouvidor ou de um *ombudsman* como uma alternativa para facilitar a remoção das *fake News* das redes sociais.[58]

Dentro dessa perspectiva de imaginação institucional inovadora, uma figura institucional relevante seria uma equipe interdisciplinar de observadores eleitorais digitais nomeados pela justiça eleitoral para viajar até o Campus do Facebook na Califórnia, de onde teriam acesso às informações relativas ao tráfego de comunicações eleitorais nas redes sociais durante o período de campanha eleitoral e poderiam colher evidências de transgressões eleitorais, como disseminação de notícias fraudulentas, disparos em massa de propaganda digital com abuso de poder econômico e da prática de eventual boca de urna digital através da mensagem de pedido de voto formulada ou de compartilhamento de propaganda eleitoral no próprio dia das eleições. A criação de uma equipe de observadores eleitorais

---

56. Disponível em: https://www.tse.jus.br/imprensa/noticias-tse/2021/Outubro/plenario-cassa-deputado-fran-cischini-por-propagar-desinformacao-contra-o-sistema-eletronico-de-votacao.

57. LADEUR, Karl-Heinz. Por um Novo Direito das Redes Digitais: Digitalização como Objeto Contratual, Uso Contratual de 'Meios Sociais', Proteção de Terceiros Contra Violações e Direitos da Personalidade por Meio de Cyber Courts. In: ABBOUD, Georges; NERY JÚNIOR, Nelson; CAMPOS, Ricardo Resende (Org.). *Fake news e regulação*. 2. ed. São Paulo: Thomson Reuters Brasil, 2020, p. 152-153.

58. CUEVA, Ricardo Villas Bôas, Alternativas para a Remoção de Fake News das Redes Sociais. In: ABBOUD, Georges; NERY JÚNIOR, Nelson; CAMPOS, Ricardo Resende (Org.). *Fake news e regulação*. 2. ed. São Paulo: Thomson Reuters Brasil, 2020, p. 277.

digitais seria uma medida efetiva para a constatação desses atos ilícitos eleitorais e a produção de provas, sendo que o próprio anúncio da mobilização de equipe especializada da Justiça Eleitoral para acompanhar a campanha eleitoral de dentro do Campus da empresa Facebook nos Estados Unidos poderia, por si só, exercer uma função dissuasória, inibitória e preventiva.

Particularmente com relação à prática de boca de urna digital, existe uma decisão do TRE-RJ, que merece ser mais bem explicada porque se trata de um caso difícil ('*hard case*'), mas que recebeu tratamento como se fosse uma situação de mera declaração individual de voto protegida pela cláusula constitucional de proteção à liberdade de expressão. Trata-se do julgamento que considerou que o apoio dado por Camila Pitanga na rede social para a candidata Benedita da Silva no dia da votação do 1º turno das eleições municipais de 2020 não configurou crime eleitoral.[59] A análise atenta do caso concreto revela, contudo, que a atriz se tornou uma influenciadora digital, contando com cerca de 2,7 milhões de seguidores no Instagram e que sua mensagem não se limitou a uma simples declaração de voto, na medida em que também compartilhou o *hyperlink* com o perfil da candidata Benedita da Silva no Instagram, de modo a que todo o conteúdo da campanha eleitoral foi disponibilizado para um número significativo de potenciais eleitores, que até então não tinham tido acesso à propaganda digital da referida candidata.

Apesar de o julgamento unânime do TRE-RJ ter absolvido a atriz do crime de divulgação de propaganda eleitoral no dia da eleição (Artigo 39, § 5º, da Lei n. 9.504), o fato é que a postagem teve o efeito prático equivalente à distribuição de milhares de 'santinhos virtuais' no próprio dia das eleições, possibilitando múltiplas interações e compartilhamentos nas redes sociais. A decisão judicial, contudo, excluiu a caracterização da postagem como uma prática de boca de urna digital pelo fato de que a conduta não foi realizada presencialmente nas proximidades do local de votação. Logo, o fato de o compartilhamento da propaganda digital ter atingido um número grande de eleitores, que receberam a postagem através de seus *smartphones* no dia da eleição, não foi considerado como sendo uma propaganda de boca de urna digital, pois não haveria o objetivo de aliciar eleitores em local próximo às votações. Além disso, apesar da orientação expressa dada previamente aos influenciadores digitais de que evitassem se manifestar no próprio dia das eleições por ser o período de reflexão e silêncio, o Acórdão considerou irrelevante o fato de a atriz ser uma influenciadora digital. Interessante foi ainda o fato de o julgamento ter considerado a impossibilidade de caracterização de propaganda eleitoral por utilização de emoção, afastando a responsabilização pelo fato de a mensagem ter sido proferida em contexto afetivo e realizada na primeira pessoa.[60] É que, na prática, os influenciadores digitais se

---

59. Disponível em: https://www.tre-rj.jus.br/imprensa/noticias-tre-rj/2021/Agosto/apoio-de-camila-pitanga-na-rede-social-a-benedita-da-silva-nao-foi-crime-eleitoral.
60. TRE-RJ – Recurso Criminal 0600470-35.2020.6.19.0004 – Rio de Janeiro – RJ – Relatora Desembargadora Eleitoral Alessandra de Araújo Bilac Moreira Pinto – j. 31 ago. 2021.

comunicam em primeira pessoa com seus seguidores e persuadem sua audiência justamente através da emoção.[61]

Outra questão importante diz respeito ao fato que o impulsionamento de propaganda digital no dia das eleições também configura, por si só, o crime de divulgação de propaganda eleitoral no dia da eleição (Artigo 39, § 5º, da Lei n. 9.504). Como alerta o Professor Carlos Affonso de Souza, o conteúdo postado por um influenciador digital pode resultar no seu impulsionamento não devido a um pagamento específico feito para a plataforma digital, mas devido à sua popularidade e que pode colocar a comunicação digital em evidência, notadamente nas redes sociais quando a disputa por um grupo de usuários é definida a partir do número de interações entre eles.[62] Particularmente no caso da postagem feita no dia das eleições municipais do Rio de Janeiro, a candidata Benedita da Silva tinha se mantido na quarta colocação em termos de intenção de votos durante toda a campanha eleitoral e viria a ter um crescimento significativo na pesquisa de boca de urna e em sua votação final, tendo terminado a votação praticamente empatada com a candidata Martha Rocha na terceira colocação da eleição para a Prefeitura Municipal, que viria a ser vencida por Eduardo Paes.[63] Apesar de o Ministério Público ter incluído um diretor do Facebook no rol de testemunhas na ação penal para que fosse explicado o impacto da postagem em termos de interações nas redes sociais no dia da votação, o TRE-RJ considerou ser impossível a aferição do impacto da mensagem no convencimento dos eleitores e na alteração dos índices de voto, concluindo ter sido irrelevante para a igualdade de condições entre os candidatos.[64]

O caso merece ser problematizado por se tratar de um caso difícil ('*hard case*') e pelo fato de que a decisão judicial do TRE-RJ parece ter ido na contramão da orientação do manual divulgado pelo TSE de que os influenciadores digitais deveriam evitar qualquer manifestação de cunho político-partidário no próprio dia das eleições.[65] Ao afastar a caracterização da boca de urna digital e autorizar declaração de voto com cunho afetivo no dia das eleições com o compartilhamento de *hyperlink* da página pessoal de candidata, a justiça eleitoral parece autorizar os influenciadores digitais a manifestar apoio eleitoral direto a candidatos no próprio dia das eleições, abrindo a possibilidade para que celebridades digitais se tornem os principais cabos eleitorais e distribuidores de 'santinhos virtuais' nas eleições brasileiras. Por um lado, a proibição da manifestação no dia da eleição não é uma forma de censura ou uma

---

61. BOLER, Megan; DAVIS, Elizabeth. *Affective Politics of Digital Media*: Propaganda by Other Means. New York: Routledge, 2021.
62. Disponível em: https://tecfront.blogosfera.uol.com.br/2018/05/29/impulsionamento-de-propaganda-eleitoral-na-internet-perguntas-e-respostas/.
63. Disponível em: https://www.cnnbrasil.com.br/politica/resultado-boca-de-urna-eleicoes-municipais-rio--de-janeiro/.
64. TRE-RJ – Recurso Criminal 0600470-35.2020.6.19.0004 – Rio de Janeiro – RJ – Relatora Desembargadora Eleitoral Alessandra de Araújo Bilac Moreira Pinto – j. 31 ago. 2021.
65. Disponível em: https://www.tse.jus.br/imprensa/noticias-tse/2020/Novembro/redes-cordiais-e-internetlab-lancam-manual-sobre-eleicoes-para-produtores-de-conteudo-digital.

limitação inconstitucional à liberdade de expressão, mas uma restrição relativa à forma da comunicação eleitoral para assegurar a igualdade de condições e a competitividade da disputa entre candidatos. Por outro lado, caso a justiça eleitoral autorize a manifestação de influenciadores digitais com o compartilhamento nas redes sociais do *hyperlink* com todo o conteúdo do material de campanha de um candidato para milhões de seguidores, pode se tornar obsoleta e desproporcional a criminalização da distribuição por meio físico de propaganda eleitoral impressa no dia da eleição.

São inúmeros os desafios institucionais contemporâneos decorrentes da expansão da publicidade digital. A discussão legislativa sobre a elaboração de um novo Código Eleitoral também traz outras questões relevantes, tal como a proposta de que o banimento de um candidato das redes sociais somente possa decorrer de uma decisão judicial e de que os códigos de moderação de conteúdo devam ser tornados públicos e sujeito a controle normativo pelo Poder Judiciário.[66] O cenário de disseminação de comunicações político-eleitorais pelos meios digitais exige novas releituras do direito eleitoral.

4. A TECNOLOGIA DA DEMOCRACIA

Uma outra releitura do direito eleitoral decorre da aplicação da tecnologia à democracia. Refletindo sobre o futuro da democracia a partir das transformações tecnológicas, Jamie Susskind identifica os possíveis cenários de uma democracia deliberativa, uma democracia direta, uma democracia wiki, uma democracia de dados e uma democracia de inteligência artificial.[67] Uma das possíveis ambições seria a de transformar o episódio distópico da Cambridge Analytica em um projeto positivo de *e-government* com o desenvolvimento de algoritmos e plataformas direcionadas para os cidadãos com o propósito de aprimorar a prestação de serviços públicos.[68] Com relação ao modelo de democracia deliberativa, apesar de todas as patologias identificadas nas redes sociais, para Jamie Susskind, devemos adotar as providências para assegurar o debate público e tratar essas plataformas não como clubes privados de debate, mas sim como arenas de caráter público cujas consequências afetam a todos nós.[69] Aliás, apesar de a tecnologia atual permitir o exercício da democracia direta, sendo que tal modelo é elogiado pela perspectiva do ideal do autogoverno e da isonomia entre cidadãos e governantes, existe o argumento crítico realista de que a maioria da população adota uma postura de ignorância racional e que decisões coletivas seriam uma mera agregação opiniões individuais sem a devida informação e reflexão.[70]

---

66. Disponível em: https://www.uol.com.br/tilt/colunas/carlos-affonso-de-souza/2021/07/13/reforma-eleitoral-ataca-robos-moderacao-e-anonimato-na-internet.htm.
67. SUSSKIND, Jamie. *Future politics*: Living together in a world transformed by tech. Oxford: Oxford University Press, 2018, p. 212-213.
68. Idem, p. 220.
69. Idem, p. 236.
70. Idem, p. 239-243.

Por sua vez, o modelo de democracia wiki consiste em uma forma colaborativa de democracia em que os cidadãos são convidados diretamente a colaborar com a agenda política, a definição de políticas públicas e a elaboração da legislação, sendo que Jamie Susskind menciona o processo legislativo brasileiro de elaboração do Marco Civil da Internet como um experimento bem sucedido de democracia wiki.[71] [72] A seu turno, numa democracia de dados, o poder político está localizado no povo, mas certas decisões políticas devem ser tomadas com base em dados ao invés de votos, com base na premissa de que sistemas digitais poderiam vir a captar com maior precisão informações sobre as preferências individuais dos cidadãos.[73] É importante salientar que Jamie Susskind critica a possibilidade de que sistemas informatizados profiram decisões sobre problemas de dissenso moral e questões de cunho eminentemente normativo, tais como o nível de investimento em saúde e educação e o reconhecimento de um direito à eutanásia assistida.[74] Finalmente, a democracia de inteligência artificial é um modelo de governo apoiado na capacidade dos sistemas de processamentos de dados de cumprir uma série de tarefas e atividades de modo melhor e em maior escala do que os seres humanos, sendo que algumas questões políticas decididas por especialistas técnicos – normalmente chamados de 'tecnocratas' – poderão ser decididas com o apoio de algoritmos.[75] Aliás, Jamie Susskind nos lembra que já existe um algoritmo nomeado para o Conselho Executivo de uma empresa em Hong-Kong e que não será surpresa no futuro que um algoritmo – possivelmente dotado de personalidade jurídica – seja eleito ou nomeado para posições administrativas e técnicas no governo.[76]

Esses modelos de novas tecnologias de democracia não são perfeitos, mas certos aspectos devem ser considerados diante da crise contemporânea da democracia e da possibilidade de que algumas características desses sistemas sejam superiores aos arranjos institucionais atualmente existentes.[77] A crise contemporânea da democracia é marcada por uma crise de legitimidade política e pelo sentimento majoritário de que os atores do sistema político não nos representam.[78] A rigor, a crise contemporânea da democracia está correlacionada com a crise dos sistemas partidários tradicionais, que vem perdendo espaço para partidos políticos ideologicamente extremistas e vem sofrendo com o declínio do apoio para a democracia em pesquisas de opinião

---

71. Idem, p. 244.
72. A democracia colaborativa não está restrita ao direito eleitoral, tendo os mecanismos de participação sido incorporados à administração pública e ao direito administrativo contemporâneo. Veja, por exemplo, FALEIROS JÚNIOR, José Luiz de Moura. A Administração Pública consensual: novo paradigma de participação dos cidadãos na formação das decisões estatais. *Revista Digital de Direito Administrativo*, v. 4, n. 2, p. 69-90, 2017.
73. SUSSKIND, Jamie. *Future politics*: Living together in a world transformed by tech. Oxford: Oxford University Press, 2018, p. 246-250.
74. Idem, p. 249-250.
75. Idem, p. 250-252.
76. Idem, p. 251-254.
77. Idem, p. 212.
78. CASTELLS, Manuel. *Ruptura*: a crise da democracia liberal. Rio de Janeiro: Zahar, 2018, p. 12.

pública.[79] O crescimento do populismo e a ameaça antidemocrática exigem a defesa do Estado Constitucional e a proteção dos direitos fundamentais para a preservação da democracia constitucional.[80] Também deve ser adotada um postura de democracia militante, no sentido de se impedir que a democracia seja usada para promover a sua própria destruição, adotando-se medidas para prevenir a erosão institucional do Estado Democrático de Direito.[81] Além disso, é essencial preservar o espaço da política como a atividade através da qual são conciliados os diferentes interesses em uma unidade política, dando a cada um sua participação no poder proporcional à importância para o bem-estar e a sobrevivência da comunidade política.[82]

Nesse sentido, o diagnóstico de Virgílio Afonso da Silva é preciso no sentido de apontar o equívoco de se sugerir que a democracia direta, não intermediada por eleições e por partidos, seria o modelo ideal e que a democracia indireta seria seu substituto imperfeito.[83] A democracia representativa partidária possui vantagens comparativas devido ao alto grau de coordenação dos partidos políticos, como corpos estáveis e profissionais responsáveis pela organização do fluxo de informações e do processo decisório.[84] A impressão dada pela tecnologia de informação de que os intermediários não são mais necessários é equivocada inclusive pelo fato de que as plataformas digitais também são intermediários, não são neutras e os algoritmos definidores da forma de comunicação nas redes sociais podem estar fora do controle do poder público.[85] Os partidos políticos devem ser capazes de funcionar como coordenadores e tradutores da vontade popular na formação da vontade estatal e como intermediários entre os representados e a tomada de decisões pelo Poder Legislativo.[86] Paradoxalmente, a natureza oligárquica da estrutura dirigente dos partidos políticos têm comprometido sua capacidade de corresponder aos ideais democráticos.[87] Contudo, os partidos políticos são uma tecnologia essencial para a democracia política e sua democracia interna deve ser assegurada de modo a que os candidatos apresentados ao eleitorado sejam representativos e seja superada a crise contemporânea de legitimidade da política.

Além da arquitetura institucional dos partidos políticos, existe o problema já mencionado anteriormente das câmaras de eco das redes sociais que induzem

---

79. PRZEWORSKI, Adam. *Crises da democracia*. Rio de Janeiro: Zahar, 2020, p. 111-130.
80. VOßKUHLE, Andreas. *Defesa do Estado Constitucional democrático em tempos de populismo*. São Paulo: Saraiva, 2020, p. 54-59.
81. DE SOUZA NETO, Cláudio Pereira. *Democracia em crise no Brasil*: valores constitucionais, antagonismo político e dinâmica institucional. São Paulo: Contracorrente, 2020, p. 262-271.
82. CRICK, Bernard. *Em defesa da política*. Brasília: UnB, 1981, p. 6.
83. SILVA, Virgílio Afonso da. *Direito constitucional brasileiro*. São Paulo: Edusp, 2021, p. 393.
84. Idem, p. 394.
85. Idem.
86. Idem.
87. DUVERGER, Maurice. *Os partidos políticos*. 2. ed. Brasília: UnB, 1980, p. 188-205; MICHELS, Robert et al. *Political parties*: A sociological study of the oligarchical tendencies of modern democracy. Dover: Free Press, 1959.

polarização política e a disseminação de notícias fraudulentas.[88] Cass Sunstein defende a tese de que uma arquitetura da escolha deve assegurar numa democracia que pessoas frequentemente encontrem opiniões e temas que não especificamente selecionados e que, ao mesmo tempo, os cidadãos devem compartilhar de experiências comuns para reduzir o seu grau de heterogeneidade.[89] Assim é que o antídoto para o partidarismo extremado desse início de século XXI deve ser o desenvolvimento de espaços públicos compartilhados, que são necessários para uma democracia saudável.[90] Considerado o caráter das redes sociais como fóruns públicos, devem ser adotadas medidas para sua despolarização – movimento para longe dos extremismos.[91] Dentre as propostas de intervenção corretiva formuladas por Cass Sunstein, encontram-se a implantação de domínios deliberativos nas redes sociais, de transparência sobre as regras de conduta das plataformas, autorregulação, subsídios econômicos para programas públicos, políticas obrigatórias de caráter educativo, uso criativo de link para exposição das pessoas a múltiplos pontos de vista e botões aleatórios para perspectivas contrárias à do usuário do Facebook.[92] A perspectiva do interesse público anima a reflexão do Professor da Harvard Law School, sendo certo que a qualidade das condições do discurso nas redes sociais influencia a qualidade da democracia contemporânea. No caso da democracia brasileira, também é possível que o Poder Judiciário intervenha para assegurar a qualidade do discurso político e eleitoral, sendo certo que o controle normativo das comunicações políticas não precisa ficar restrito à análise de casos isolados, podendo também incluir o controle normativo dos algoritmos e do desenho institucional da própria rede social,[93] a exemplo das reflexões feitas por Cass Sunstein. O cenário atual tende a reproduzir distopias políticas com o aprofundamento do antagonismo entre os inimigos políticos[94] e do empobrecimento da compreensão política do indivíduo que abandona o saber e o pensamento típico do *homo sapiens* pelas imagens e pelo pós-pensamento do *homo videns*.[95]

---

88. SUNSTEIN, Cass R. *# Republic*. Princeton: Princeton University Press, 2017, p. 5.
89. Idem, p. 7.
90. Idem, p. 9-13.
91. Idem, cap. 2 e 3.
92. Idem, capítulo 9.
93. Sobre o controle normativo dos algoritmos, confira-se: FORTES, Pedro Rubim Borges; MARTINS, Guilherme Magalhães; OLIVEIRA, Pedro Farias. O consumidor contemporâneo no Show de Truman: a geodiscriminação digital como prática ilícita no direito brasileiro. *Revista de Direito do Consumidor*, v. 124, p. 235-260, jul./ago. 2019; FORTES, Pedro Rubim Borges. Paths to Digital Justice: Judicial Robots, Algorithmic Decision-Making, and Due Process. *Asian Journal of Law and Society*, v. 7, n. 3, p. 453-469, 2020; FORTES, Pedro Rubim Borges. Hasta la vista, baby: reflections on the risks of algocracy, killer robots, and artificial superintelligence. *Revista de la Facultad de Derecho de México*, v. 70, n. 279-1, p. 45-72, 2021.
94. SCHMITT, Carl. *The concept of the political*: Expanded edition. Chicago: University of Chicago Press, 2008, p. 26.
95. SARTORI, Giovanni. *Homo videns*: televisão e pós-pensamento. Bauru: EDUSC, 2001, p. 38-48.

5. CONSIDERAÇÕES FINAIS

O presente capítulo pretendeu apresentar releituras do direito eleitoral a partir de transformações tecnológicas com análises de desdobramentos e desafios contemporâneos. Os eleitores da geração Y – também conhecido como *millenials* – votaram em urnas eletrônicas, cresceram sob a influência da publicidade digital na internet e estão inseridos em uma sociedade democrática que explora as possibilidades de democracia direta, wiki, de dados e de inteligência artificial. O presente capítulo procurou descrever as transformações na tecnologia da informação relativas à adoção das urnas eletrônicas, à expansão da publicidade digital e à tecnologia da democracia, salientando que o espaço da política não deve ser eliminado e que não foi inventada tecnologia da democracia superior aos partidos políticos. Em termos comparativos com o voto impresso, as urnas eletrônicas possuem a vantagem de serem menos suscetíveis a riscos, não tendo ainda sido registrados casos de falseamento ou fraude eleitoral. Os desafios institucionais ligados à propaganda digital incluem a disseminação de *fake News*, os disparos em massa de mensagens de *WhatsApp* e a configuração da boca de urna digital como crime eleitoral, sendo que a figura de uma equipe interdisciplinar de observadores eleitorais digitais pode ser uma inovação institucional capaz de colaborar com a prevenção dos atos ilícitos eleitorais. Já o aprimoramento tecnológico da democracia exige reforma na estrutura e na democracia interna dos partidos políticos, afastando-os de sua tendência oligárquica.

O texto teve um recorte bem definido e se concentrou no seu foco principal de analisar como o direito eleitoral tem sido transformado pelos desenvolvimentos de novas tecnologias. Pesquisas futuras devem analisar temas conexos e afins, tal como a relação entre novas tecnologias e a constatação de financiamento eleitoral fraudulento (caixa 2 eleitoral e corrupção, por exemplo).[96] Tampouco foram examinadas patologias do sistema político-eleitoral brasileiro que não estão diretamente ligadas ao advento de novas tecnologias, tal como as crises do 'presidencialismo de coalizão',[97] da representação política[98][99] e da reforma eleitoral.[100] Por outro lado, urnas eletrônicas, publicidade digital e a tecnologia da democracia são temas contemporâneos que evidenciam como o direito eleitoral foi transformado pelo desenvolvimento tecnológico.

---

96. CARAZZA, Bruno. *Dinheiro, eleições e poder*: as engrenagens do sistema político brasileiro. São Paulo: Companhia das Letras, 2018.

97. ABRANCHES, Sérgio. *Presidencialismo de coalizão*: raízes e evolução do modelo político brasileiro. São Paulo: Companhia das Letras, 2018.

98. NICOLAU, Jairo. *Representantes de quem?* Os (des)caminhos do seu voto da urna à Câmara dos Deputados. Rio de Janeiro: Zahar, 2017.

99. Dentre o tema da crise de representação, uma parte essencial do debate diz respeito à sub-representação feminina, merecendo aplauso e total apoio a iniciativa do TSE de promoção de campanhas para a ampliação da participação feminina na política. Veja: https://www.justicaeleitoral.jus.br/participa-mulher/ Sobre o papel que a justiça eleitoral pode adotar para reduzir a lacuna da participação de gênero na política brasileira, veja DE OLIVEIRA RAMOS, Luciana; DA SILVA, Virgilio Afonso. The Gender Gap in Brazilian Politics and the Role of the Electoral Court. *Politics & Gender*, v. 16, n. 2, p. 409-437, 2020.

100. NICOLAU, Jairo. *Sistemas eleitorais*. São Paulo: Editora FGV, 2015.

6. REFERÊNCIAS

ABBOUD, Georges; CAMPOS, Ricardo Resende, A Autorregulação Regulada como Modelo do Direito Proceduralizado: Regulação de Redes Sociais e Proceduralização, In: ABBOUD, Georges; NERY JÚNIOR, Nelson; CAMPOS, Ricardo Resende (Org.). *Fake news e regulação*. 2. ed. São Paulo: Thomson Reuters Brasil, 2020.

ABRANCHES, Sérgio. *Presidencialismo de coalizão*: raízes e evolução do modelo político brasileiro. São Paulo: Companhia das Letras, 2018.

AVRITZER, Leonardo. *Impasses da democracia no Brasil*. Rio de Janeiro: Civilização Brasileira, 2016.

BOLER, Megan; DAVIS, Elizabeth. *Affective Politics of Digital Media*: Propaganda by Other Means. New York: Routledge, 2021.

BONFIGLI, Fiammetta; LUBIN, Judy. The 'Occupy' movement: emerging protest forms and contested urban spaces. *Berkeley Planning Journal*, v. 25, n. 1, 2012.

CARAZZA, Bruno. *Dinheiro, eleições e poder*: as engrenagens do sistema político brasileiro. São Paulo: Companhia das Letras, 2018.

CASTELLS, Manuel. *Ruptura*: a crise da democracia liberal. Rio de Janeiro: Zahar, 2018.

CRICK, Bernard. *Em defesa da política*. Brasília: UnB, 1981.

CUEVA, Ricardo Villas Bôas, Alternativas para a Remoção de Fake News das Redes Sociais. In: ABBOUD, Georges; NERY JÚNIOR, Nelson; CAMPOS, Ricardo Resende (Org.). *Fake news e regulação*. 2. ed. São Paulo: Thomson Reuters Brasil, 2020.

DE CARVALHO, José Murilo. *Cidadania no Brasil*: o longo caminho. 26. ed. Rio de Janeiro: Civilização Brasileira, 2020.

DE OLIVEIRA RAMOS, Luciana; DA SILVA, Virgilio Afonso. The Gender Gap in Brazilian Politics and the Role of the Electoral Court. *Politics & Gender*, v. 16, n. 2, p. 409-437, 2020.

DE SOUZA NETO, Cláudio Pereira. *Democracia em crise no Brasil*: valores constitucionais, antagonismo político e dinâmica institucional. São Paulo: Contracorrente, 2020.

DUVERGER, Maurice. *Os partidos políticos*. 2. ed. Brasília: UnB, 1980.

FALEIROS JÚNIOR, José Luiz de Moura. A Administração Pública consensual: novo paradigma de participação dos cidadãos na formação das decisões estatais. *Revista Digital de Direito Administrativo*, v. 4, n. 2, p. 69-90, 2017.

FERRÃO, Isadora Garcia et al. Urnas Eletrônicas no Brasil: linha do tempo, evolução e falhas e desafios de segurança. *Revista Brasileira de Computação Aplicada*, v. 11, n. 2, p. 1-12, 2019.

FORTES, Pedro. Vigilante Justice and the Rule of Death: The Existential Threat to the State and Its People in Brazil. In: ROBSON, Peter; SPINA, Ferdinando (Ed.). *Vigilante Justice in Society and Popular Culture*: A Global Perspective. Vancouver: Fairleigh Dickinson University Press, 2022, no prelo.

FORTES, Pedro Rubim Borges. Paths to Digital Justice: Judicial Robots, Algorithmic Decision-Making, and Due Process. *Asian Journal of Law and Society*, v. 7, n. 3, p. 453-469, 2020.

FORTES, Pedro Rubim Borges. Hasta la vista, baby: reflections on the risks of algocracy, killer robots, and artificial superintelligence. *Revista de la Facultad de Derecho de México*, v. 70, n. 279-1, p. 45-72, 2021.

FORTES, Pedro Rubim Borges; MARTINS, Guilherme Magalhães; OLIVEIRA, Pedro Farias. O consumidor contemporâneo no Show de Truman: a geodiscriminação digital como prática ilícita no direito brasileiro. *Revista de Direito do Consumidor*, v. 124, p. 235-260, jul.-ago. 2019.

HOLTZ-BACHA, Christina; KAID, Lynda Lee. Political advertising in international comparison. *The Sage handbook of political advertising*, 2006.

LADEUR, Karl-Heinz. Por um Novo Direito das Redes Digitais: Digitalização como Objeto Contratual, Uso Contratual de 'Meios Sociais', Proteção de Terceiros Contra Violações e Direitos da Personalidade por Meio de Cyber Courts. In: ABBOUD, Georges; NERY JÚNIOR, Nelson; CAMPOS, Ricardo Resende (Org.). *Fake news e regulação*. 2. ed. São Paulo: Thomson Reuters Brasil, 2020.

LEAL, Victor Nunes. *Coronelismo, Enxada e Voto*: O município e o Regime Representativo no Brasil. 7. ed. São Paulo: Companhia das Letras, 2012.

MARANHÃO, Juliano; CAMPOS, Ricardo Resende. Fake News e Autorregulação Regulada das Redes Sociais no Brasil: Fundamentos Constitucionais. In: ABBOUD, Georges; NERY JÚNIOR, Nelson; CAMPOS, Ricardo Resende (Org.). *Fake news e regulação*. 2. ed. São Paulo: Thomson Reuters Brasil, 2020.

MICHELS, Robert et al. *Political parties*: A sociological study of the oligarchical tendencies of modern democracy. Dover: Free Press, 1959.

MOORE, Martin. *Democracy hacked*: How technology is destabilising global politics. New York: Simon and Schuster, 2018.

NICOLAU, Jairo. *Representantes de quem?* Os (des)caminhos do seu voto da urna à Câmara dos Deputados. Rio de Janeiro: Zahar, 2017.

NICOLAU, Jairo. *Sistemas eleitorais*. São Paulo: Editora FGV, 2015.

PRZEWORSKI, Adam. *Crises da democracia*. Rio de Janeiro: Zahar, 2020.

SANTOS, Francisco. Fraude Faz Rio Ter Nova Eleição. *Folha de São Paulo*, 20 de outubro de 1994. Disponível em https://www1.folha.uol.com.br/fsp/1994/10/20/brasil/23.html. Acesso em: 03 nov. 2021.

SANTOS, Wanderley Guilherme dos. *Cidadania e justiça*: a política social na ordem brasileira. Rio de Janeiro: Campus, 1979.

SARLET, Ingo Wolfgang. *A eficácia dos direitos fundamentais*: uma teoria geral dos direitos fundamentais na perspectiva constitucional. 13. ed. Porto Alegre: Livraria do Advogado, 2018.

SARLET, Ingo Wolfgang; HARTMANN, Ivar. Direitos Fundamentais e Direito Privado: a Proteção da Liberdade de Expressão nas Mídias Sociais. *Revista Direito Público*, 2019.

SARTORI, Giovanni. *Homo videns*: televisão e pós-pensamento. Bauru: EDUSC, 2001.

SCHMITT, Carl. *The concept of the political*: Expanded edition. Chicago: University of Chicago Press, 2008.

SCHWARTZ, Germano. Movimentos sociais e direito: o GT (Grupo de Trabalho) jurídico e seu papel na ocupação da Câmara de Vereadores de Porto Alegre em 2013. *Revista Brasileira de Sociologia do Direito*, v. 7, n. 2, p. 3-33, 2020.

SILVA, Luís Virgílio Afonso da. *Sistemas Eleitorais*. São Paulo: Malheiros, 1999.

SILVA, Virgílio Afonso da. *Direito constitucional brasileiro*. São Paulo: Edusp, 2021.

SULTANY, Nimer. *Law and revolution*: legitimacy and constitutionalism after the Arab Spring. Oxford: Oxford University Press, 2017.

SUNSTEIN, Cass R. *# Republic*. Princeton: Princeton University Press, 2017.

SUSSKIND, Jamie. *Future politics*: Living together in a world transformed by tech. Oxford: Oxford University Press, 2018.

TAVARES, André Ramos; MOREIRA, Diogo Rais Rodrigues. O voto eletrônico no Brasil. *Estudos Eleitorais*, v. 6, n. 3, p. 9-32, 2011.

TOFFOLI, José Antonio Dias. Fake news, Desinformação e Liberdade de Expressão. In: ABBOUD, Georges; NERY JÚNIOR, Nelson; CAMPOS, Ricardo Resende (Org.). *Fake news e regulação*. 2. ed. São Paulo: Thomson Reuters Brasil, 2020.

TUFEKCI, Zeynep. *Twitter and tear gas*. New Haven: Yale University Press, 2017.

VOßKUHLE, Andreas. *Defesa do Estado Constitucional democrático em tempos de populismo*. São Paulo: Saraiva, 2020.

21
RESPONSABILIDADE CIVIL DO ESTADO NA SOCIEDADE DE VIGILÂNCIA: ANÁLISE À LUZ DA LEI GERAL DE PROTEÇÃO DE DADOS – LGPD

Romualdo Baptista dos Santos

Mestre e Doutor em Direito Civil pela Universidade de São Paulo – USP, Especialista em Direito Contratual e Direito de Danos (Contratos y Daños) pela Universidade de Salamanca – USAL, Pós-doutorando em Direitos Humanos, Sociais e Difusos pela Universidade de Salamanca – USAL, autor e coautor de várias obras e artigos jurídicos. Professor convidado em cursos de pós-graduação. Ex-Procurador do Estado de São Paulo. Advogado.

Sumário: 1. Introdução – 2. Da sociedade da informação à sociedade de vigilância – 3. Os direitos fundamentais na sociedade de vigilância – 4. Danos que podem ocorrer em uma sociedade de vigilância – 5. Afazeres estatais na sociedade de vigilância – 6. A responsabilidade civil estatal por danos na sociedade de vigilância – 7. Conclusões – 8. Referências.

1. INTRODUÇÃO

A sociedade atual é descrita como uma sociedade de vigilância, em que os dados pessoais são capturados e armazenados pelas empresas de tecnologia e utilizados para orientar estratégias e decisões mercadológicas, bem como para induzir os comportamentos, escolhas e decisões que as pessoas realizam a respeito de suas próprias vidas. Consequência direta desse fenômeno é o comprometimento da privacidade e da liberdade pessoal, que são direitos fundamentais catalogados entre as cláusulas pétreas da Constituição.

Vários problemas podem ser relacionados à utilização dos dados pessoais, a começar pela exposição das pessoas ao assédio comercial das empresas, pela exposição de aspectos de sua vida privada à curiosidade alheia com risco de danos para a própria pessoa e para sua família, seguindo com o monitoramento e controle dos hábitos e costumes das pessoas e com o direcionamento das decisões e escolhas que realizam em suas próprias vidas. As preocupações com esses problemas deram origem a uma legislação específica com vista a assegurar o direito à proteção de dados pessoais, a exemplo do Regulamento Geral de Proteção de Dados, na União Europeia e da Lei Geral de Proteção de Dados, no Brasil.

No presente estudo, pretendemos investigar a configuração e os efeitos da sociedade de vigilância no Brasil e a disciplina da responsabilidade civil dos entes públicos no âmbito da LGPD. Para tanto, utilizamos o método teórico dogmático, consistente no levantamento bibliográfico e legislativo a respeito do tema e recorrendo eventualmente à exemplificação com fatos concretos divulgados pela mídia ou apreciados pela Justiça.

2. DA SOCIEDADE DA INFORMAÇÃO À SOCIEDADE DE VIGILÂNCIA

A sociedade atual pode ser descrita sob vários aspectos e receber diversas denominações, a depender do ângulo de abordagem: sociedade tecnológica, sociedade em rede, sociedade da informação, sociedade do cansaço, sociedade do espetáculo, sociedade do risco. No momento atual, tendo em vista a problemática que cerca a proteção de dados pessoais, o debate gira em torno dos riscos relacionados com o avanço da tecnologia da informação, que conduzem ao que se pode chamar de sociedade de vigilância.

O advento da Era Moderna é o resultado de um longo processo de ruptura com os valores sociais, políticos e religiosos que vigoraram durante a Idade Média e tem seu marco divisório na virada do século XVII para o século XVIII, a partir da Revolução Francesa e da proclamação da Declaração dos Direitos do Homem e do Cidadão. A partir daquele momento iniciava-se um processo de ordenação do mundo, pautado em um princípio racional.

A Era Moderna é marcada pelo princípio de racionalidade, mas também pela ideia de progresso, de avanço e de crescimento, que impulsiona a vida sempre em direção ao futuro, em um processo de renovação contínua e de aperfeiçoamento infinito. Neste processo, que logo se converteria em progressismo e superlativismo, a ciência e a tecnologia desempenham tarefas centrais de busca incessante pela eficiência, rapidez, velocidade, instantaneidade em todos os aspectos da vida humana.[1]

Ao longo desse percurso, que ainda não se exauriu, a modernidade produziu importantes distorções, como a concentração de riquezas nas mãos de poucas pessoas e o consequente aprofundamento da desigualdade social, bem como a deflagração de duas guerras mundiais e diversos conflitos locais ainda não totalmente resolvidos. No entanto, deve-se reconhecer que o avanço da ciência e da tecnologia produziu maravilhas em diversos setores da vida humana, tornando possível a cura de várias doenças, o combate à fome por meio da produção de alimentos em larga escala e o aperfeiçoamento dos meios de transportes e de comunicações.[2]

A partir da década de 1970, uma confluência de fatores contribuiu para uma profunda transformação das relações sociais. Um desses fatores é o surgimento da Internet, que se tornou popular no Brasil a partir da década de 1990 e produziu uma

---

1. Sobre as características da modernidade, confira-se: BAUMAN, Zygmunt. *Modernidade líquida*. Trad. Plínio Dentzien. Rio de Janeiro: Jorge Zahar Editor, 2001, passim; BITTAR, Eduardo Carlos Bianca. *O direito na pós-modernidade*. 2. ed. Rio de Janeiro: Forense Universitária, 2009, p. 33-183.
2. Idem.

verdadeira revolução na vida social, ao tornar possível a comunicação interpessoal, instantaneamente, a despeito de qualquer distância física.[3]

O surgimento da Internet faz parte do processo de globalização das relações políticas, econômicas e sociais. Inicialmente, a Internet tornou possível a comunicação interpessoal por meio de computadores que, naquela quadra, também se tornaram pessoais, embora ainda no formato *desktop* e, logo em seguida, em forma de *notebooks* ou *laptops*. Nessa mesma época, surgiram os telefones celulares, que possibilitavam a comunicação interpessoal por impulsos de telefonia, cuja tecnologia era incompatível com a Internet. A integração da Internet com o sistema de telefonia celular representou uma transformação espetacular, uma revolução dentro da revolução, na medida em que transformou cada pessoa, em cada ponto do planeta, em um ponto de conexão passível de rastreamento.[4]

Ao lado disso, outros fatores que convergem para a configuração de uma sociedade integrada pela informação, como o surgimento das plataformas de busca, que capturam, armazenam e disponibilizam informações sobre todos os assuntos e sobre todas as pessoas, convertendo-se em verdadeiras enciclopédias virtuais. Há também a instalação de sistemas de câmeras de monitoramento, tanto pelos particulares em suas residências quanto pelo próprio poder público, a fim de monitorar o que acontece nas vias públicas. Além disso, o incremento da tecnologia dos telefones celulares, com câmeras cada vez mais poderosas e eficientes, transformou cada usuário em um vigilante a serviço do sistema.

Esse sistema conduz inexoravelmente ao armazenamento de dados relativos a fatos e pessoas físicas e jurídicas, os quais podem ser objeto de utilização indevida e se prestam ao controle da vida alheia. O armazenamento de dados é, ademais, incrementado pelas relações comerciais, principalmente as de consumo, visto ser praticamente impossível nos dias atuais realizar qualquer transação comercial sem preenchimento de um cadastro e sem fornecimento de um mínimo de dados pessoais. Em algumas situações, tem-se a impressão de que os dados não são utilizados, uma vez que não são solicitados, como quando se compra um livro pela Internet ou se pede uma pizza por telefone. Nesses casos, porém, os dados pessoais não são explicitamente solicitados porque já se encontram

---

3. Bauman descreve a modernidade em três fases: a fase do *wetware*, que é uma fase pré-moderna na qual as pessoas são presas à terra e ao lugar onde vivem, com reduzidas possibilidades de locomoção e de comunicação, de modo que as tarefas são realizadas diretamente pelo próprio homem, com ferramentas manuais e no máximo com auxílio de força animal; a fase do *hardware* corresponde à primeira modernidade, em que o homem passou a se locomover e se comunicar com maior rapidez e alcance, com o auxílio de máquinas, como tratores, caminhões, automóveis, aviões; e a fase do *software*, em que as informações circulam por meio de impulsos eletrônicos, sem necessidade de deslocamento físico (BAUMAN, Zygmunt. *Modernidade líquida*, cit., p. 127-137).
4. Manuel Castells escreve: "Una sociedad red es aquella cuya estructura social está compuesta de redes potenciadas por tecnologías de la información y de la comunicación basadas en la macroeletrónica" (CASTELLS, Manuel. *La sociedad red*: una visión global. Trad. Francisco Muñoz de Bustillo. Madrid: Ed. Alianza, 2006, p. 27).

previamente armazenados no sistema da livraria ou da pizzaria e nos sistemas bancários e financeiros, mediante indexação ao telefone e ao cartão de crédito do cliente. Desse modo, o simples ato de fazer um pedido por telefone ou pela Internet e pagar com cartão de crédito, associado ao sistema de localização do telefone celular, possibilita conhecimento não apenas sobre aquele ato, mas sobre a localização da pessoa, sobre seus hábitos etc.

Podemos perceber também que os sistemas de informação são dialógicos, no sentido de que conversam entre si, permitindo o cruzamento de dados, com aprimoramento das informações relativas a fatos e pessoas. Assim, seguindo no exemplo citado, quando uma pessoa pede uma pizza por telefone e paga com cartão, mas seu celular acusa uma localização diversa da sua residência, isso revela que está fora de casa. Se uma pessoa abastece o carro de manhã em São Paulo e almoça em Curitiba às 13:00 horas do mesmo dia, pagando ambas as compras com cartão, isso revela que se encontra em viagem.

Shoshana Zuboff destaca que o desenvolvimento da sociedade da tecnologia e da informação trouxe indiscutíveis vantagens para os indivíduos em forma de conexão social, acesso à informação e outras comodidades, mas corroeu os níveis de confiança social interpessoal, bem como de confiança nas autoridades e nas instituições. O vazio provocado pela desconfiança social é preenchido pelo poder que, no caso do capitalismo de vigilância, é o poder instrumentário que substitui as relações sociais por máquinas, o que equivale a substituir a sociedade pela certeza. Nesse cenário, o poder instrumentário comparece como "a solução certa para condições sociais incertas".[5]

Retornando às possíveis nomenclaturas que podem ser atribuídas à sociedade contemporânea, percebe-se uma transformação da sociedade da informação em sociedade de vigilância. Considerando as fases da modernidade sugeridas por Bauman,[6] a sociedade da informação corresponde à era do *software,* que se caracteriza pelo fluxo mais rápido de informações, que se tornou possível com o surgimento da Internet, ao passo que a sociedade de vigilância surge da aceleração desse processo informacional, mediante captura, armazenamento e entrecruzamento de dados sobre fatos e sobre pessoas, cujo gerenciamento encontra-se a cargo de grandes empresas de tecnologia.[7] A esse respeito, Rodotà revela preocupação no sentido de que a sociedade da informação deveria evoluir para uma sociedade do conhecimento e do saber, em que os dados coletados e armazenados possam servir, por exemplo, para a definição de políticas públicas relacionadas com a educação, a saúde, a segurança

---

5. ZUBOFF, Shoshana. *A era do capitalismo de vigilância:* a luta por um futuro humano na nova fronteira do poder. Trad. George Schlesinger. Rio de Janeiro: Intrínseca, 2020, p. 435-436.
6. Ver nota 3, acima.
7. PASQUALE, Frank. *The black box society:* the secret algorithms that control Money and informacion. Cambridge: Harvard University Press, 2016, p. 3-9; RODOTÀ, Stefano. *A vida na sociedade de vigilância – a privacidade hoje.* Organização, seleção e apresentação de Maria Celina Bodin de Moraes. Trad. Danilo Doneda e Luciana Cabral Doneda. Rio de Janeiro: Renovar, 2008, p. 127-129.

etc., ao invés de caminhar para uma sociedade de vigilância que se presta ao controle e à classificação discriminatória das pessoas.[8]

3. OS DIREITOS FUNDAMENTAIS NA SOCIEDADE DE VIGILÂNCIA

A passagem da sociedade da informação para a sociedade de vigilância traz à tona a problemática dos direitos fundamentais, principalmente daqueles que dizem respeito à vida privada ou à privacidade, ao recato e até mesma à intimidade das pessoas. Em principio, toda pessoa, no exercício de sua liberdade individual, tem direito ao mínimo de controle sobre a própria vida, podendo se resguardar da vigilância e da interferência de terceiros. No entanto, esses aspectos restam gravemente comprometidos em uma sociedade na qual praticamente não existe espaço para a privacidade.

A tutela dos direitos e garantias individuais surge no cenário internacional em dois momentos distintos. O primeiro, no início da Era Moderna, como decorrência da Revolução Francesa e da Declaração dos Direitos do Homem e do Cidadão, de 1789, que afirma a primazia da liberdade individual frente ao poder do Estado, até então absolutista, com enfoque sobre a autonomia do indivíduo e sobre o direito de propriedade privada. Em seu segundo momento, os direitos e garantias individuais são reorientados a partir do fim da Segunda Guerra Mundial, com o surgimento da Organização das Nações Unidas e a proclamação da Declaração Universal dos Direitos Humanos, de 1948, com ênfase sobre a proteção da pessoa, sobre a igualdade e não discriminação e sobre a universalidade dos direitos então proclamados.

Entre os direitos proclamados pela Declaração Universal dos Direitos Humanos, encontra-se a privacidade ou a vida privada, que assim se descreve:

> Artigo XII – Ninguém será sujeito a interferência em sua vida privada, em sua família, em seu lar ou em sua correspondência, nem a ataque à sua honra e reputação. Todo ser humano tem direito à proteção da lei contra tais interferências ou ataques.

Essa disposição elementar, contida na DUDH é transposta para o bojo das cartas constitucionais dos Estados contemporâneos, entre os direitos e garantias individuais a serem garantidos pelo Estado e respeitados entre os particulares, pela via dos direitos fundamentais e dos direitos da personalidade, respectivamente. A Constituição Federal brasileira contempla o direito ao recato e à vida privada no art. 5º, X, XI e XII:

> X – são invioláveis a intimidade, a vida privada, a honra e a imagem das pessoas, assegurado o direito a indenização pelo dano material ou moral decorrente de sua violação;
>
> XI – a casa é asilo inviolável do indivíduo, ninguém nela podendo penetrar sem consentimento do morador, salvo em caso de flagrante delito ou desastre, ou para prestar socorro, ou, durante o dia, por determinação judicial;

---

8. RODOTÀ, Stefano. *A vida na sociedade de vigilância*: a privacidade hoje, cit., p. 137-139.

XII – é inviolável o sigilo da correspondência e das comunicações telegráficas, de dados e das comunicações telefônicas, salvo, no último caso, por ordem judicial, nas hipóteses e na forma que a lei estabelecer para fins de investigação criminal ou instrução processual penal; (...).

Nota-se, porém, que as disposições constitucionais e convencionais relativas ao direito de privacidade remetem a uma matriz individualista, típica da primeira modernidade, pois se referem à pessoa considerada em sua individualidade, em seu ambiente domiciliar e em suas comunicações interindividuais. Resulta que esse arcabouço normativo não se amolda perfeitamente ao problema da captura, armazenamento e disponibilização de dados pessoais, que corresponde à denominada sociedade de vigilância.[9]

Na sociedade de vigilância não se trata mais propriamente de proteger a privacidade das pessoas, a qual já se encontra comprometida em grande parte, quando não em sua totalidade, pela presença de mecanismos de captura, armazenamento e disponibilização de dados pessoais. O que se cuida agora é de disciplinar essa nova realidade e de estabelecer as responsabilidades daqueles que se dedicam à atividade de tratamento de dados e daqueles que se utilizam dos dados para atingir finalidades ilícitas.[10]

No continente europeu, as preocupações com a proteção dos dados pessoais remontam à década de 1970 e resultaram na edição dos primeiros estatutos jurídicos sobre essa matéria, a partir da década de 1980. Neste sentido, no início da década de 1981, a OCDE e o Conselho da Europa baixaram os Princípios Diretrizes e a Convenção 108, respectivamente, traçando normas gerais a respeito do tratamento de dados pessoais. A seu turno, a Comunidade Europeia promulgou a Diretiva 95/46/CE, de 1995, estabelecendo normas relativas à proteção, ao tratamento e à circulação de dados pessoais e concedendo o prazo de três anos para os Estados membros adotarem providencias legislativas, regulamentares e administrativas necessárias ao cumprimento da Diretiva em seus territórios. Por fim, a Carta dos Direitos Fundamentais da União Europeia, de 2000, reconhece a proteção dos dados pessoais como um direito autônomo, ao lado de outros direitos fundamentais à dignidade, à vida, à

---

9. Stefano Rodotà escreve que: "A distinção entre o direito ao respeito da vida privada e familiar e o direito à proteção dos dados pessoais não é bizantina. O direito ao respeito da vida privada reflete, primeira e principalmente, um componente individualista: este poder basicamente consiste em impedir a interferência na vida privada e familiar de uma pessoa. Em outras palavras, é um tipo de direito estático, negativo. Contrariamente, a proteção de dados estabelece regras sobre os mecanismos de processamento de dados e estabelece a legitimidade para a tomada de medidas – i.e. é um tipo de proteção dinâmico, que segue o dado em todos os seus movimentos" (RODOTÀ, Stefano. *A vida na sociedade de vigilância*: a privacidade hoje, cit., p. 17). Em sentido análogo, Maria Celina Bodin de Moraes e João Quinelato de Queiroz explicam que, em sua origem, o direito à privacidade se relacionava à proteção da propriedade privada individual, evoluindo para a proteção da vida privada e agora se orienta para a ideia de autodeterminação informativa (MORAES, Maria Celina Bodin de; QUEIROZ, João Quinelato. Autodeterminação informativa e responsabilização proativa: novos instrumentos de tutela da pessoa humana na LGDP. In: *Cadernos Adenauer* XX (2019), n. 3 – *Proteção de dados pessoais*: privacidade versus avanço tecnológico. Rio de Janeiro: Fundação Konrad Adenauer, out. 2019, p. 113-135, especialmente p. 117-119).

10. Idem.

liberdade de expressão, de pensamento e de informação, devendo a fiscalização ser posta a cargo de uma autoridade independente.[11]

Atualmente, vigoram o Regulamento Geral sobre Proteção de Dados – RGPD (Regulamento 2016/679/UE) e a Diretiva sobre Proteção de Dados na Aplicação da Lei Penal (Diretiva 2016/680/CE), que disciplinam o tratamento dos dados pessoais no âmbito da União Europeia. Com a entrada em vigor do RGPD, iniciou-se um movimento para implementação de leis internas de proteção de dados também nos países da América Latina. No Brasil, foi promulgada a Lei 13.709, de 14 de agosto de 2018, a Lei Geral de Proteção de Dados – LGPD, que "dispõe sobre o tratamento de dados pessoais, inclusive nos meios digitais, por pessoa natural ou por pessoa jurídica de direito público ou privado, com o objetivo de proteger os direitos fundamentais de liberdade e de privacidade e o livre desenvolvimento da personalidade da pessoa natural" (texto do artigo 1º).

Com base no arcabouço normativo europeu, Stefano Rodotà sustenta que a proteção dos dados pessoais tem a natureza de direito fundamental expressamente positivado no âmbito da Comunidade Europeia. No Brasil, o direito à proteção dos dados pessoais surge na legislação ordinária, que enuncia entre suas finalidades a de "proteger os direitos fundamentais de liberdade, de privacidade e de desenvolvimento da personalidade da pessoa natural". Com isso, caberia indagar se, à luz do direito brasileiro, a proteção dos dados pessoais constitui um direito fundamental.

A disciplina dos direitos fundamentais pode ser encontrada em Ingo Wolfgang Sarlet, para quem "o termo 'direitos fundamentais' se aplica para aqueles direitos reconhecidos e positivados na esfera do direito constitucional positivo de determinado Estado". Em sentido mais preciso, "os direitos fundamentais são direitos e liberdades institucionalmente reconhecidos e garantidos pelo direito positivo de determinado Estado e, portanto, de direitos delimitados espacial e temporalmente".[12]

Com base nessa conceituação, seria possível entender que os direitos fundamentais dependem de positivação pelo legislador constituinte, pena de não se poderem afirmar perante o Estado. No entanto, o art. 5º, § 2º, da Constituição Federal sugere que o rol de direitos e garantias expressos não é exaustivo, pois não exclui outros decorrentes do regime e dos princípios adotados ou dos tratados internacionais firmados pelo Brasil. Analisando esse dispositivo constitucional, Ingo Sarlet destaca que há duas grandes categorias de direitos fundamentais: os positivados ou escritos e os não positivados ou não escritos. Os primeiros são aqueles expressamente previstos no catálogo dos direitos fundamentais ou outras partes do texto constitucional ou ainda em tratados internacionais subscritos pelo país. Os segundos são subentendidos das normas definidoras de direitos e garantias fundamentais ou deduzidos do

---

11. A respeito deste percurso, confira-se: RODOTÀ, Stefano. *A vida na sociedade de vigilância*: a privacidade hoje, cit., p. 16-17.
12. SARLET, Ingo Wolfgang. *A eficácia dos direitos fundamentais*: uma teoria geral dos direitos fundamentais na perspectiva constitucional. 12. ed. Porto Alegre: Livraria do Advogado, 2015, p. 29 e 31.

regime jurídico e dos princípios adotados pela Constituição, conforme previsto no art. 5º, § 2º.[13]

Uma forma de alcançar o melhor enquadramento para o direito de proteção de dados pessoais é pelo cotejo e diferenciação entre os direitos humanos, os direitos fundamentais e os direitos da personalidade. Em primeiro lugar, devemos ter em conta que se trata de três dimensões pelas quais se efetiva a tutela da pessoa humana, no âmbito do direito internacional público, do direito constitucional e do direito privado. Dito de outro modo, trata-se dos mesmos direitos analisados por ângulos distintos, da tutela pelos organismos internacionais, da tutela pelos Estados e do respeito entre os particulares.[14] Neste sentido, para saber se determinado direito constitui direito humano, direito fundamental ou direito da personalidade deve-se perquirir sobre o estatuto jurídico que provê a sua tutela. Por exemplo, o direito à vida é a um só tempo um direito humano, um direito fundamental um direito da personalidade porque é tutelado simultaneamente por essas três dimensões de tutela da pessoa humana. Também o direito à privacidade se insere nessas categorias de direito humano, fundamental e da personalidade.

Um ponto importante a ser destacado é que os direitos da personalidade são essenciais, isto é, são constitutivos e indissociáveis da pessoa, razão pela qual não podem ser concebidos como *numerus clausus* positivados no ordenamento jurídico, mas como cláusula aberta que permite o reconhecimento e incorporação de outros direitos.[15] Diante disso, o direito à proteção dos dados pessoais surge como um dos direitos da personalidade oponível entre os particulares e tutelado pelo Estado-juiz.

Também os direitos humanos são tidos como direitos inatos, porém com caráter de universalidade e reconhecidos por organismos internacionais por meio de cartas, pactos, tratados e convenções. Todavia, sua efetividade depende da internalização pelos Estados-nações, conforme consta do art. 5º, § 3º, da Constituição brasileira. Por seu turno, os direitos fundamentais, que coincidem em sua maior parte com os direitos humanos e com os direitos da personalidade, são positivados pela Constituição como deveres a serem tutelados pelo Estado.

Sob esse ângulo de visão, o direito à proteção dos dados pessoais não é reconhecido como um dos direitos humanos porque não consta de nenhum tratado, pacto ou convenção internacional subscrito pelo Estado brasileiro. Também não figura entre os direitos fundamentais positivados pela Constituição Federal, mas apenas

---

13. Idem, p. 87-88.
14. SCHREIBER, Anderson. *Direitos da personalidade*. 2. ed. São Paulo: Atlas, 2013, p. 13-14; MORATO, Antônio Carlos. Quadro geral dos direitos da personalidade. *Revista da Faculdade de Direito da Universidade de São Paulo*, v. 106/107, p. 121-158, jan.-dez. 2011/2012. Ver também: SARLET, Ingo Wolfgang. *A eficácia dos direitos fundamentais:* uma teoria geral dos direitos fundamentais na perspectiva constitucional, cit., p. 29.
15. BITTAR, Carlos Alberto. *Os direitos da personalidade*. 7. ed. atualizada por Eduardo Carlos Bianca Bittar. Rio de Janeiro: Forense Universitária, 2004, p. 6-10; MORAES, Maria Celina Bodin de. *Danos à pessoa humana:* uma leitura civil-constitucional dos danos morais. 2. ed. Rio de Janeiro: Processo, 2017, p. 121-122. SCHREIBER, Anderson. *Direitos da personalidade*, cit., p. 14-16.

como um do direito subjetivo reconhecido pela legislação ordinária. Observa-se que a LGPD declara que a proteção de dados pessoais tem como finalidade, entre outras, a tutela do direito fundamental à privacidade, mas não reconhece – nem poderia fazê-lo – que se trata de um direito fundamental.[16]

Com isso, é possível reconhecer que o direito à proteção dos dados pessoais figura entre os direitos da personalidade, uma vez que os dados pessoais são expressões da personalidade e que esse direito pode ser inferido da principiologia que informa o ordenamento jurídico brasileiro (CF, art. 5º, par. 2º). Além disso, embora haja alguma dificuldade de perfeito enquadramento na categoria de direito fundamental oponível ao Estado, o direito à proteção de dados se apresenta como corolário do direito à privacidade e à autodeterminação pessoal e, portanto, guarda natureza de direito fundamental, a teor do art. 5º, § 2º, da Constituição.

É indispensável ressaltar que, embora corolário ao direito à privacidade, o direito à proteção de dados desponta como direito fundamental autônomo que não se confunde com aquele. De fato, o direito à privacidade se refere ao direito de recato da vida privada e até mesmo ao direito de estar só, enquanto o direito à proteção de dados tem a ver com o controle sobre as informações que dizem respeito à própria pessoa.[17] Em vista disso, mostra-se muito oportuna a referida Proposta de Emenda Constitucional 17/2019 que positiva o direito à proteção de dados entre os direitos e garantias individuais elencados no art. 5º da Constituição Federal.[18]

4. DANOS QUE PODEM OCORRER EM UMA SOCIEDADE DE VIGILÂNCIA

Há evidente contraste entre o arcabouço legislativo que disciplina os direitos humanos, os direitos fundamentais e os direitos da personalidade e a situação vivenciada concretamente pelas pessoas nos dias atuais, entre a sociedade da informação e a sociedade de vigilância, na qual os dados pessoais são capturados, armazenados e disponibilizados praticamente à revelia dos seus titulares, podendo inclusive trazer prejuízos de ordem patrimonial e extrapatrimonial suscetíveis de reparação.

São muitos os problemas que podem ocorrer em uma sociedade de vigilância, a começar pela exposição das pessoas e de sua privacidade, seguindo com a coleta e armazenamento de dados sem autorização, com a manutenção de informações

---

16. Tramita no Congresso Nacional a PEC 17/2019, que acrescenta o inciso XII-A ao art. 5º e o inciso XXX ao art. 22 da Constituição Federal, para incluir a proteção de dados pessoais entre os direitos fundamentais do cidadão e fixar a competência privativa da União para legislar sobre a matéria. A PEC, de autoria do senador Eduardo Gomes (MDB-TO) e relatada pela senadora Simone Tebet (MDB-MS), foi aprovada pelo Senado Federal, no dia 02/07/2019, e encaminhada para apreciação pela Câmara dos Deputados, onde recebeu parecer favorável da Comissão Especial e aguarda apreciação pelo Plenário. Confira-se: https://www12.senado.leg.br/noticias/materias/2019/07/02/protecao-de-dados-pessoais-devera-entrar-na-constituicao-como-direito--fundamental; https://www.camara.leg.br/proposicoesWeb/fichadetramitacao?idProposicao=2210757.

17. RODOTÀ, Stefano. *A vida na sociedade de vigilância*: a privacidade hoje, cit., p. 17; MORAES, Maria Celina Bodin de; QUEIROZ, João Quinelato. Autodeterminação informativa e responsabilização proativa: novos instrumentos de tutela da pessoa humana na LGDP, cit., p. 113-135, especialmente p. 117-119).

18. Nota 16, supra.

equivocadas sobre as pessoas e, por conseguinte, com a utilização indevida e não autorizada das informações, o vazamento ainda que involuntário das informações pessoais. A rigor, as possibilidades de danos são tantas quantas são as possíveis interações das pessoas com o ambiente digital e a inteligência artificial.

É preciso ter em conta que a vigilância se dá não apenas pela captura de imagens por câmeras de segurança instaladas nas vias públicas, tanto pelos particulares como pelo poder público,[19] mas também pelo gerenciamento de dados coletados e armazenados constantemente pelos sistemas informatizados, que permite um monitoramento em tempo real sobre a vida das pessoas, sua localização, seus hábitos e seus relacionamentos.

Bauman disse que na primeira modernidade, que chamou de era do *hardware*, o poder estava nas mãos de quem possuía as melhores máquinas que possibilitasse a realização de tarefas com maior rapidez e facilidade. Na era do *software*, o poder se encontrava na capacidade de mudar, de abandonar e de se desprender das coisas e das situações, de maneira instantânea e não traumática.[20] Na era da vigilância, podemos dizer que o poder está no controle de informações sobre os movimentos e as ações das pessoas e da sociedade, que torna possível a indução dos comportamentos individuais e das tendências coletivas.[21]

---

19. Levantamento empírico realizado por Marcos Catalan, nas cidades de Porto Alegre e Canoas, revela que o clamor por segurança pública serve como justificativa para implantação e aperfeiçoamento contínuo dos sistemas de videovigilância (CATALAN, Marcos. A difusão de sistemas de videovigilância na urbe contemporânea: um estudo inspirado em Argos Panoptes, cérebros eletrônicos e suas conexões com a liberdade e a igualdade. *Revista da Faculdade de Direito da UFMG*. Belo Horizonte, n. 75, p. 303-321, jul.-dez. 2019.

20. BAUMAN, Zygmunt. *Globalização*: as consequências humanas. Trad. Marcus Penchel. Rio de Janeiro: Jorge Zahar Editor, 1999, p. 16-18.

21. Frank Pasquale parte da frase atribuída a Francis Bacon (1561-1626) de que "conhecimento é poder", razão pela qual escrutinar a vida alheia sem ser escrutinado é uma das formas mais importantes de poder. Por isso, as companhias acumulam informações sobre os consumidores, usam essas informações para tomar decisões a nosso respeito e influenciam as decisões que nós tomamos, mas nada sabemos sobre essas companhias porque não é fácil penetrar a "caixa preta" do Big Data (PASQUALE, Frank. *The black box society*: the secret algorithms that control Money and informacion, cit., p. 3-4). Shoshana Zuboff escreve que "Quanto a essa espécie de poder, eu lhe dou o nome de instrumentarianismo e a defino como a instrumentação e instrumentalização do comportamento para propósitos de modificação, predição, monetização e controle. Nessa formulação, 'instrumentação' refere-se ao fantoche: a ubíqua arquitetura material conectada que participa da computação sensível, a qual, por sua vez, compila, interpreta e aciona a experiência humana. 'Instrumentalização' denota as relações sociais que orientam os titereiros para a experiência humana como capital de vigilância a nos transformar em meios para alcançar os objetivos alheios de mercado" (ZUBOFF, Shoshana. *A era do capitalismo de vigilância*: a luta por um futuro humano na nova fronteira do poder, cit, p. 402). Em textos recentes para a coluna Migalhas de Proteção de Dados, Newton de Lucca e Cintia Rosa Pereira Lima lembram a passagem do livro de Yuval Harari, no sentido de que, no século XXI, os dados pessoais são os recursos mais valiosos entregues ao controle das gigantes tecnológicas em troca de serviços de e-mail e piadas engraçadinhas (DE LUCCA, Newton; LIMA, Cíntia Rosa Pereira de. *O Brasil está pronto para as sanções administrativas previstas na LGPD?* Disponível em: https://www.migalhas.com.br/coluna/migalhas-de-protecao-de-dados/349699/brasil-esta-pronto-para-as-sancoes-administrativas-previstas-na-lgpd. Visualizado em: 06 ago. 2021; DE LUCCA, Newton. *Yuval Noah Harari e sua visão dos dados pessoais de cada um de nós*. Disponível em: https://www.migalhas.com.br/coluna/migalhas-de-protecao-de-dados/346519/yuval-noah-harari-e-sua-visao-dos-dados-pessoais-de-cada-um-de-nos. Visualizado em: 06 ago. 2021. Confira-se também: HARARI, Yuval. *Homo Deus*: Uma breve história do amanhã. São Paulo: Companhia das Letras, 2016, p. 343).

É evidente que a primeira modernidade era marcada pelo individualismo e pelas relações intersubjetivas, de modo que os danos eram causados por alguém que controlava uma máquina ou um veículo e as vítimas, também como regra, eram pessoas individualizadas, indivíduos, que sofriam prejuízos palpáveis e mensuráveis. Na segunda modernidade, as atividades se tornam despersonalizadas e os danos são atribuídos a entes abstratos, corporações que desempenham as atividades, cujos donos são acionistas e investidores anônimos. Na era atual, as corporações se tornam ainda mais abstratas, pois são entidades virtualizadas, plataformas, que coletam, armazenam e controlam o acervo de dados. Essas entidades são dotadas de inteligência artificial, os denominados algoritmos, que realizam a coleta, armazenamento e controle dos dados praticamente sem interferência da inteligência humana.[22]

Uma das primeiras dificuldades para identificar a ocorrência de danos para as pessoas é justamente a despersonalização dessas atividades. Se os dados são armazenados e gerenciados por um sistema não personalizado, não se pode dizer que a vítima teve sua privacidade invadida ou violada por outra pessoa, como ocorria ao tempo do *hardware,* das relações interindividuais, ou ao tempo do *software,* das relações informatizadas. Nos dias atuais, as relações são virtualizadas e os dados são armazenados em sistemas de inteligência que contam a cada dia menos com algum tipo de interferência humana. Em caso de violação e de dano para as pessoas, não se pode atribuir sua causa a determinada pessoa, mas a uma "personalidade virtual", o algoritmo, que não possui existência concreta nem personalidade jurídica.[23]

---

22. Frank Pasquale afirma que decisões que antes eram baseadas em reflexões humanas agora são tomadas automaticamente, em uma fração de segundo, por software (PASQUALE, Frank. *The black box society*: the secret algorithms that control Money and informacion, cit., p. 3-4). Referindo-se a um sistema de avaliação de professoras, Cathy O'Neil relata que os algoritmos são verdadeiras "caixas pretas", indecifráveis e cujas sentenças são como mandamentos incontestáveis. Se as pessoas avaliadas obtiverem resultados desfavoráveis, só lhes resta trabalhar mais e rezar para que seus esforços sejam reconhecidos pelo "sistema" (O'NEIL, Cathy. *Algoritmos de destruição em massa*: como o big data aumenta a desigualdade e ameaça a democracia, cit., p. 15-16).

23. É interessante observar que, segundo Bauman, na primeira modernidade, a era do *hardware,* tornou-se possível a conquista do espaço mediante utilização de máquinas e veículos cada vez mais potentes e velozes; na modernidade líquida, a era do *software,* o espaço não conta mais e o tempo foi engolido pela instantaneidade dos sinais eletrônicos (Zygmunt Bauman, *Modernidade líquida,* cit., p. 127-137). Nessa nova fase da modernidade, que podemos chamar genericamente de *era digital,* há tendência a que os seres humanos sejam "digitalizados", de sorte que os dados pessoais sejam separados da personalidade e colocados fora do controle da pessoa. Segundo Shoshana Zuboff, "O poder instrumentário opera a partir da posição privilegiada do Outro para reduzir pessoas humanas a mera condição animal de comportamento espoliado de significado reflexivo. Ele vê apenas organismos para servir às novas leis do capital, agora impostas a todos os comportamentos" (ZUBOFF, Shoshana. *A era do capitalismo de vigilância*: a luta por um futuro humano na nova fronteira do poder, cit., p. 133). Em sentido análogo, Cathy O'Neil destaca que o algoritmo pode gerar a probabilidade de que uma pessoa é terrorista, má pagadora ou péssima profissional, podendo destruir a vida de alguém a partir de projeções numéricas, mas a prova em contrário exige padrão de evidência muito elevado, impossível de ser alcançado pela vítima (O'NEIL, Cathy. *Algoritmos de destruição em massa*: como o big data aumenta a desigualdade e ameaça a democracia, cit., p. 19). Em complemento a essa ideia, Nelson Rosenvald adverte para necessidade de repensar a estrutura do direito privado, edificada nas últimas décadas sob a égide da noção de repersonalização do direito privado, diante da chamada "despersonalização da personalidade", que se materializa sob a forma

De outra parte, o fato de imagens e outras informações pessoais constarem de um banco de dados não constitui dano indenizável, por si só, ensejando unicamente a possibilidade de correção das informações, conforme permite o art. 18, III, da LGPD. Embora se realize um esforço para admissão de danos *in re ipsa,* fato é que para a configuração de dano indenizável é necessária a verificação de algum prejuízo moral ou material para a vítima.

O dano pode se manifestar na medida em que ocorrer vazamento, melhor dizendo, a exposição dos dados pessoais ao público em geral, colocando o titular dos dados em situação de vulnerabilidade, dada a possibilidade de seus dados serem utilizados por terceiros para fins ilícitos, por exemplo, para a abertura de empresas falsas ou a realização de negócios e transações bancárias e comerciais em nome da vítima, bem como viabilizar o acesso físico à pessoa da vítima e seus familiares, com evidente vulneração de sua privacidade e exposição a crimes.

O dano pode se manifestar ainda pela circulação e comercialização dos dados pessoais, com a venda de bancos de dados, para fins de formatação de mala direta de publicidade. Com isso, a vítima passa a ser assediada por telefone, por e-mail, por SMS, por WhatsApp etc., com mensagens e telefonemas constantes e indesejáveis. Considerando a possibilidade de bloqueio dessas mensagens e telefonema, seria possível considerar que tal situação não configura dano moral indenizável, mas apenas "mero aborrecimento" insuscetível de reparação. No entanto, a interpelação insistente e abusiva por determinada empresa pode configurar dano moral individual se restar comprovado que o assédio persiste a despeito do bloqueio dos números de telefone pela vítima.[24] Neste caso, porém, o dano é decorrente do assédio comercial realizado pela empresa e não se relaciona diretamente com a utilização dos dados pessoais da vítima, de sorte que não é necessária nenhuma perquirição sobre a origem dos dados utilizados pelo assediador. Além disso, a prática abusiva de determinada empresa pode caracterizar dano coletivo, suscetível de reparação por meio de ação civil pública, cuja indenização reverterá em prol do Fundo de Defesa de Direitos Difusos de que trata o art. 13 da Lei da Ação Civil Pública.

Outra forma de manifestação de dano consiste no descuido com a conservação dos dados armazenados, que pode levar à perda ou à deterioração dos conteúdos, causando prejuízos para os usuários, como ocorreu recentemente no sistema Lattes, mantido pelo Conselho Nacional de Desenvolvimento Científico e Tecnológico – CNPQ, órgão vinculado ao Ministério da Ciência, Tecnologia e Inovações, do Governo Federal. O sistema restou completamente bloqueado, impossibilitando o acesso à base de dados que contém todas as informações sobre professores e pesquisadores

---

de expropriação da personalidade, de ameaça à autonomia humana e de conversão do ser humano em um projeto de personalização (ROSENVALD, Nelson. *A LGPD e a despersonalização da personalidade.* Disponível em: https://www.migalhas.com.br/coluna/migalhas-de-protecao-de-dados/350374/a-lgpd--e-a-despersonalizacao-da-personalidade, visualizado em: 20 ago. 2021).

24. Confira-se, exemplificativamente: TJSP, 19ª Câm. Dir. Privado. Apelação Cível 1011629-19.2020.8.26.0562, da Comarca de Santos, rel. Desemb. Cláudia Grieco Tabosa Pessoa, j. 01 dez. 2020, v.u.

no país, incluindo os currículos individuais e institucionais, bem como informações sobre bolsas de estudos e financiamentos de projetos de pesquisas.[25]

Falhas de algoritmo podem produzir graves prejuízos, a exemplo da discriminação racial realizada por sistemas implantados em veículos autônomos.[26] Sistemas de GPS podem conduzir os motoristas para locais perigosos, expondo-os à ação de criminosos.[27] Além disso, é quase certo que os sistemas algoritmos são discriminatórios, na medida em que se baseiam no comportamento das pessoas que navegam pela Internet para realizar ofertas de produtos e serviços. Isso significa que uma pessoa pobre provavelmente visualiza páginas de pessoas e anúncios de produtos condizentes com sua condição social, o que leva o algoritmo a canalizar ofertas com base na visualização realizada. Por seu turno, pessoas mais abastadas tendem a visualizar páginas de pessoas e anúncios de produtos de outra categoria, levando o algoritmo a mantê-las nesse nicho de preferências.[28]

5. AFAZERES ESTATAIS NA SOCIEDADE DE VIGILÂNCIA

Diante da denominada era do *software,* Bauman já advertia para a impotência dos poderes locais frente à fluidez do capital internacional, com capacidade de se mover de um país para outro instantaneamente, ao toque de um teclado de computador. Em síntese: O que podem os poderes locais frente aos poderes globais do capital líquido?[29] A pergunta se renova em face da era digital e do capitalismo de vigilância, diante do poder dos algoritmos que sinaliza para uma sociedade "regida por segredos".[30]

Frank Pasquale discorre que as companhias financeiras e de internet acumulam informações sobre as pessoas, usam essas informações para tomar decisões a respeito das pessoas e influenciam as decisões que as pessoas tomam sobre si mesmas, mas

---

25. O sistema saiu do ar a partir do dia 23 de julho de 2021, retornou parcialmente no dia no dia 02/08/2021, apenas no modo consulta e leitura, sem possibilidade de edição nem adição de dados (https://www.gov.br/cnpq/pt-br/pagina-inicial/#. Acesso em: 07 ago. 2021).

26. Estudos realizados pela Universidade de Georgia, EUA, revela que alguns sistemas usados por carros autónomos para detectar pedestres têm dificuldade em identificar pessoas com tons de pele mais escuros, o que torna maior a probabilidade de serem atingidas em caso de acidente (Disponível em: https://zap.aeiou.pt/carros-autonomos-racistas-244695, visualizado em 08/08/2021). Confira-se também a esse respeito: MEDON, Felipe. *Inteligência artificial e responsabilidade civil*: autonomia, riscos e solidariedade. Salvador: JusPodivm, 2020, p. 143-159.

27. Confira-se: https://www.dn.pt/mundo/turista-atacada-no-rio-de-janeiro-diz-que-gps-indicou-percurso--por-favela-11662153.html. Acesso em: 08 ago. 2021.

28. OLIVA, Milena Donato; SILVA, Jeniffer Gomes da. Discriminação algorítmica nas relações de consumo. *Migalhas de Peso*. Disponível em: https://www.migalhas.com.br/depeso/340680/discriminacao-algoritmica-nas-relacoes-de-consumo. Acesso em: 08 ago. 2021. FALEIROS JÚNIOR, José Luiz de Moura; BASAN, Arthur Pinheiro. Desafios da predição algorítmica na tutela jurídica dos contratos eletrônicos de consumo. *Revista da Faculdade de Direito da UFRGS*, Porto Alegre, n. 44, p. 131-153, dez. 2020.

29. BAUMAN, Zygmunt. *Globalização*: as consequências humanas, cit., p. 63-84. Esse pensamento é retomado por Bauman em *Amor líquido*: sobre a fragilidade dos laços humanos. Trad. Carlos Alberto Medeiros. Rio de Janeiro: Jorge Zahar Editor, 2004, p. 161: "Não há soluções locais para problemas globais".

30. FALEIROS JÚNIOR, José Luiz de Moura. *Administração Pública digital*: proposições para o aperfeiçoamento do Regime Jurídico Administrativo na sociedade da informação, Indaiatuba, SP: Foco, 2020, p. 84-85.

seus sistemas são envoltos em segredo e complexidade que os tornam ininteligíveis. Por isso, é necessário combater a opacidade e a falta de transparência dos sistemas para que se tornem inteligíveis.[31] Analisando as lições de Pasquale, Ana Frazão sintetiza que cabe ao Estado assegurar a transparência, a fim de viabilizar a regulação e definir as responsabilidades dos mercados digitais.[32]

Lembramos que o poder público também atua na coleta, armazenamento e disponibilização de dados, conforme previsto no art. 7º, III, e nos arts. 23 a 32 da LGPD, cabendo-lhe responder por eventuais danos causados a terceiros como decorrência dessas atividades. Com efeito, os arts. 1º e 2º da LGPD destacam que o tratamento de dados pessoais tem como objetivo proteger a pessoa, na esfera dos direitos fundamentais de liberdade e de privacidade, com vista ao livre desenvolvimento da personalidade. Tais disposições se aplicam às pessoas jurídicas de direito público, do que resulta sua responsabilidade por eventuais danos decorrentes da violação à privacidade e à liberdade pessoal, que são direitos fundamentais e direitos da personalidade.

É importante lembrar que a Administração Pública encontra-se vinculada ao princípio da publicidade, por força do art. 5º, XXXIII, art. 37, *caput,* e art. 216, § 2º, da Constituição Federal, disciplinado pela Lei 12.257/2011, a Lei do Acesso à Informação, o qual deve nortear também suas atividades relacionadas com o tratamento de dados pessoais. Assim, a coleta, armazenamento e disponibilização de dados devem atender finalidades relacionadas com o interesse público, máxime com a formulação de políticas públicas (LGPD, art. 7º, III, art. 11, II, b).

Não devemos olvidar ainda que o emprego da inteligência artificial é uma realidade nos mais diversos setores da Administração Pública, a exemplo da declaração do imposto sobre a renda, que é realizada diretamente pelo contribuinte, mediante interação com um sistema inteligente. Também no âmbito do Poder Judiciário, a inteligência artificial atua em conjunto com as pessoas naturais, magistrados, cartorários, advogados e o público em geral, como forma de aprimorar a prestação do serviço público jurisdicional. A essa altura, ainda vigora a fase do *software,* uma vez que as ações e decisões são praticadas por pessoas naturais com utilização de programas de computador que agilizam o fluxo dos processos e das informações. No entanto, esses sistemas se tornam a cada dia mais autônomos, possibilitando perfeita interação com

---

31. PASQUALE, Frank. *The black box society:* the secret algorithms that control Money and informacion, cit., p. 3-9.

32. "Todo esse diagnóstico contrasta com um dos pontos fundamentais defendidos por Pasquale: o de que a transparência é necessária para dar inteligibilidade não apenas ao mercado, mas ao mundo como um todo. Daí por que, se quisermos avançar na questão da regulação jurídica dos mercados, é fundamental que possamos criar mecanismos de transparência e *accountability*, pois não se tem como regular o que não se conhece" (FRAZÃO, Ana. *Capitalismo de vigilância e black box society*: A vigilância constante e a ausência de transparência como desafios para a regulação jurídica. Disponível em: http://www.professoraanafrazao. com.br/files/publicacoes/2019-02-28-Capitalismo_de_vigilancia_e_black_box_society_A_vigilancia_cons-tante_e_a_ausencia_de_transparencia_como_desafios_para_a_regulacao_juridica.pdf. Acesso em: 05 ago. 2021.

os usuários, sem necessidade de deslocamentos físicos e de interferência direta de agentes públicos, pessoas naturais, tornando-se possível vislumbrar, em um futuro não muito distante, a formulação de uma Administração Pública Digital.[33]

Como visto, os afazeres estatais na sociedade de vigilância se manifestam em duas frentes: primeiro, a de regular as atividades privadas no sentido de assegurar a maior transparência e inteligibilidade possível dos mercados digitais, no que se refere à coleta, armazenamento e utilização de dados pessoais; segundo, a de viabilizar e modernizar os sistemas de tratamento de dados no âmbito da própria Administração Pública, sempre com o sentido de aprimorar a prestação dos serviços públicos e das políticas públicas. Nessas duas frentes de atuação estatal, deve-se fazer presente o sentido de preservação dos direitos fundamentais e dos direitos da personalidade, especialmente aqueles relacionados com a privacidade e com a autodeterminação individual.

6. A RESPONSABILIDADE CIVIL ESTATAL POR DANOS NA SOCIEDADE DE VIGILÂNCIA

A principal tarefa do poder público na sociedade de vigilância é assegurar, o máximo possível, a transparência dos sistemas de coleta, armazenamento e utilização de dados pessoais, com o objetivo de preservar a dignidade humana pelas vias dos direitos fundamentais e dos direitos da personalidade. Neste percurso, há deveres de regulação das atividades privadas e deveres próprios da Administração Pública enquanto agente de tratamento de dados. É quase intuitivo que a combinação entre a coleta de dados pessoais e o emprego da inteligência artificial conduz a uma série de situações ensejadoras de danos para os particulares, especialmente com vulneração da privacidade e da autodeterminação individual.

No Brasil, a Lei Geral de Proteção de Dados constitui o marco regulatório do tratamento de dados pessoais que estabelece uma série de deveres e responsabilidades às pessoas naturais e jurídicas responsáveis pela coleta, armazenamento e utilização de dados pessoais. A lei institui a Autoridade Nacional de Proteção de Dados (LGPD, art. 55), que é o órgão encarregado de fiscalizar e corrigir as atividades das pessoas

---

33. José Faleiros Júnior aponta os benefícios e as dificuldades da passagem do governo eletrônico para o governo digital, destacando a imprescindibilidade da educação para a cidadania digital: "Portais personalizados que fornecem serviços integrados são parte de uma sequência de estágios evolutivos do 'governo eletrônico' não tem apenas uma dimensão tecnológica. As mudanças consecutivas transferem a comunicação entre os cidadãos e a Administração pública para o espaço virtual (o tempo e o espaço físico não são mais importantes). Mudanças posteriores também tornam sem sentido as estruturas internas e o padrão de competência das instituições públicas. Além disso, esses processos são acompanhados por uma crescente despersonificação" (...) "Por essa razão, a característica mais importante para a implementação da governança digital deve ser o processo de aprendizado de todos os envolvidos: autoridades e público, Administrações Públicas, organizações do setor público e várias partes interessadas. Nesse processo, novos conhecimentos e novas tecnologias precisam ser absorvidos e aplicados deliberada e adequadamente" (FALEIROS JÚNIOR, José Luiz de Moura. *Administração Pública digital*: proposições para o aperfeiçoamento do Regime Jurídico Administrativo na sociedade da informação, cit., p. 252-269, trechos transcritos das p. 260 e 262).

privadas, impondo sanções em caso de violação (LGPD, art. 52-54). Ademais, os arts. 42 a 45 da LGPD disciplinam a responsabilidade civil dos particulares por danos causados a terceiros por violação aos deveres relacionados com o tratamento de dados. Assim ocorre, por exemplo, nos casos em que a violação de dados resulta em assédio comercial à pessoa, por telefone, mensagens ou qualquer outro meio de comunicação.[34]

A responsabilidade civil do Estado é prevista no art. 37, § 6º, da Constituição, segundo o qual o poder público responde pelos danos que seus agentes causarem aos particulares, no exercício de suas funções. Trata-se de cláusula geral de responsabilidade civil objetiva, cabendo ação de regresso contra o causador direto do dano, mediante prova da culpa. Além disso, a Lei Geral de Proteção de Dados não afasta a responsabilidade civil do Estado por violações relacionadas ao tratamento de dados pessoais, mas ao contrário afirma em várias passagens que as disposições da lei se aplicam às pessoas jurídicas de direito público (LGPD, art. 7º, III, e arts. 23 a 32).

Em virtude desse regime jurídico, temos que o poder público se submete parcialmente aos ditames da LGPD, no que se refere à responsabilidade administrativa, visto que não cabe à ANPD impor sanções administrativas aos demais entes públicos, mas tão somente elaborar relatórios e solicitar providências de conformidade, nos termos dos arts. 29, 31 e 32 da LGPD. No entanto, as pessoas jurídicas de direito público respondem por danos que causarem aos particulares, em virtude do tratamento de dados, por força dos arts. 42 a 45 c/c os arts. 23 a 32 da LGPD e também por conta da cláusula geral de responsabilidade civil do art. 37, § 6º, da Constituição.

Os danos que resultam das atividades de tratamento de dados pessoais, pelo poder público, podem ser de várias modalidades, a começar pela simples exposição dos dados à curiosidade pública. Em certos casos, a vítima pode ficar sujeita à execração pública ou até mesmo exposta a risco em sua segurança pessoal e de sua família, por conta do acesso de terceiros a dados que se encontram a cargo do poder público. Outras vezes, funcionários públicos podem utilizar-se informações privilegiadas constantes dos bancos de dados públicos, invadindo a privacidade das pessoas, com finalidades irregulares e ilícitas. Há casos em que os dados pessoais que se encontram sob a guarda do poder público são disponibilizados a outras pessoas, como empresas de segurança, que os utiliza para fins de seleção de empregados. Episódios recentes veiculados pela mídia apontam para a vulnerabilidade dos sistemas de gerenciamento de dados ante a ação de *hackers*, como por exemplo a invasão dos sites do Superior Tribunal de Justiça e do Ministério da Saúde. De outra ponta, cumpre relatar a pane do sistema de armazenamento e tratamento de dados do CNPQ, cujas causas ainda não foram esclarecidas e cujas consequências ainda são incalculáveis.

---

34. Confira-se, exemplificativamente: TJSP, 19ª Câm. Dir. Privado. Apelação Cível 1011629-19.2020.8.26.0562, da Comarca de Santos, rel. Desemb. Cláudia Grieco Tabosa Pessoa, j. 01 dez. 2020, v.u.

Em todos esses episódios, a responsabilidade civil do Estado pode incidir, mas é preciso indagar se a simples vulneração dos sistemas de armazenamento e conservação de dados configura dano indenizável. Não podemos olvidar que o dano é fenômeno translativo que se passa entre a lesão a um bem jurídico tutelável e o prejuízo moral ou material produzido sobre a esfera de interesses da vítima.

Evidentemente, há grande dificuldade em comprovar a efetivação do dano como decorrência da falha no tratamento de dados, seja pelos particulares seja pelo poder público, dada a falta de transparência dos sistemas, conforme assinalado por Frank Pasquale. Em grande parte dos casos, principalmente na seara do Direito do Consumidor, a pessoa passa a receber assédio comercial, mas não tem como estabelecer nexo de causalidade com determinado vazamento de dados, movendo sua ação exclusivamente contra o assediador.

A proteção dos danos pessoais é um direito individual relacionado com o direito fundamental à privacidade e à autodeterminação, de modo que sua violação pode ensejar o dever de reparação de danos morais e materiais, mediante pagamento de indenização à vítima individual. No entanto, a violação ao direito à proteção de dados se torna mais evidente quando apreciada em seu impacto sobre a coletividade, denotando a evolução do individualismo que marcou a primeira modernidade para o solidarismo ou coletivismo que é próprio dos tempos atuais. Assim, por exemplo, o assédio comercial aos consumidores pode não representar grande prejuízo para as pessoas individualmente consideradas, mas produz grande impacto sobre a coletividade, principalmente nos casos de prática abusiva contumaz com finalidade lucrativa por parte do assediador ou por parte do agente de tratamento de dados.[35] Em vista disso, sem prejuízo da reparação de danos individuais, sobressai a importância da responsabilidade civil por danos coletivos, assim entendidos aqueles que recaem de maneira difusa sobre uma coletividade.[36]

No contexto de uma sociedade de vigilância, como a que mencionamos na primeira parte deste estudo, os danos que decorrem da violação de dados pessoais se manifestam de maneira mais eloquente em sua dimensão coletiva. Isso porque os prejuízos coletivos são muito mais expressivos e palpáveis do que os prejuízos individuais que, na maior parte das vezes, não ultrapassam o patamar do descon-

---

35. FORTES, Pedro Rubim Borges. O fenômeno da ilicitude lucrativa. *Revista Estudos Institucionais*, v. 5, n.1, p. 104-132, jan.-abr. 2019.

36. Na doutrina especializada, Felipe Teixeira Neto apresenta o dano moral coletivo como "aquele decorrente da lesão a um interesse de natureza transindividual titulado por um grupo indeterminado de pessoas ligadas por meras circunstâncias de fato que, sem apresentar consequências de ordem econômica, tenha gravidade suficiente para comprometer, de qualquer forma, o fim justificador da proteção jurídica conferida ao bem difuso indivisível correspondente, no caso, a promoção da dignidade humana" (TEIXEIRA NETO, Felipe. *Dano moral coletivo*. Curitiba: Juruá, 2014, p. 178-179). Em sentido análogo, Carlos Alberto Bittar Filho conclui que "o dano moral coletivo é a injusta lesão da esfera moral de uma dada comunidade, ou seja, é a violação antijurídica de um determinado círculo de valores coletivos" (BITTAR FILHO, Carlos Alberto. Do dano moral coletivo no atual contexto jurídico brasileiro. *Revista Jus Navigandi*, ISSN 1518-4862, Teresina, ano 10, n. 559, 17 jan. 2005. Disponível em: https://jus.com.br/artigos/6183. Acesso em: 18 fev. 2021).

forto. Exemplificativamente, é muito difícil – quase impossível – para uma pessoa demonstrar que sofreu prejuízo significativo ao receber mensagens e telefonemas inoportunos, com utilização de dados vazados, ao passo que o prejuízo para a coletividade nesses casos é evidente.

É importante notar que o art. 22 da LGPD é expresso ao dizer que a tutela dos direitos e interesses relacionados com a proteção de dados pessoais pode ser exercida individual ou coletivamente, assim como o art. 42 trata especificamente da reparação de danos morais e patrimoniais, tanto individuais quanto coletivos. Essas disposições poderiam até ser dispensadas diante da literalidade da Lei da Ação Civil Pública, que disciplina minuciosamente a tutela dos direitos difusos e coletivos, estabelecendo regras inclusive a respeito da legitimidade ativa e do destino da indenização (Lei 7.437/1985). No entanto, servem para reforçar o aspecto coletivo do direito à proteção dos dados pessoais.

Disso resulta que, considerando a natureza eminentemente coletiva do direito à proteção de dados, a responsabilidade civil por danos coletivos se mostra muito mais eficaz para a tutela desse direito, pela via das ações civis públicas de reparação de danos coletivos. Tomando como exemplo o caso de indisponibilidade do sistema do CNPQ, são muito mais evidentes os prejuízos causados à comunidade científica do que demonstrar o efetivo prejuízo sentido por cada cientista ou pesquisador individualmente considerado.

Portanto, em caso de violação ao direito de proteção de dados perpetrada por ente público, é perfeitamente viável a postulação da reparação dos danos causados aos particulares, seja por meio de ações indenizatórias individuais seja por meio de ações coletivas promovidas pelas pessoas legitimadas, nos termos do art. 6º da Lei da Ação Civil Pública. Neste caso, o valor da indenização deve reverter em prol do Fundo de Defesa de Direitos Difusos, previsto no art. 13 dessa mesma lei.

7. CONCLUSÕES

Em síntese conclusiva, podemos afirmar que sociedade de vigilância se insere nos desdobramentos da Era Moderna, na sequência das fases do *hardware* e do *software*. Com o advento e a popularização da Internet, produziu-se uma verdadeira revolução na vida social, ao tornar possível a comunicação interpessoal, instantaneamente, a despeito de qualquer distância física. A integração da Internet com o sistema de telefonia celular transformou cada pessoa em um ponto de conexão passível de rastreamento. Ao lado disso, há o surgimento das plataformas de busca, que capturam, armazenam e disponibilizam informações sobre todos os assuntos e sobre todas as pessoas, as quais se converteram em verdadeiras enciclopédias virtuais que contribuem para a configuração de uma sociedade integrada pela informação.

Essa atividade de captura, armazenamento e utilização de dados se apresenta como um verdadeiro poder, a cargo das grandes companhias de tecnologia e com utilização de inteligência artificial, capaz de controlar os movimentos, hábitos e costumes das pessoas, bem como de direcionar as escolhas e decisões que as pessoas realizam sobre suas próprias vidas, com prejuízo para o direito à privacidade e para a liberdade pessoal.

Em face disso, surgiram as preocupações com os danos que podem advir desse sistema de controle, ante a exposição da privacidade à curiosidade alheia e as restrições à liberdade pessoal e ao direito de autodeterminação, que figuram entre os direitos e garantias individuais com *status* de cláusula pétrea constitucional. Aqui no Brasil, postula-se a positivação do direito à proteção de dados, como direito fundamental autônomo que não se confunde com o direito à privacidade.

No âmbito da União Europeia, foram editados o Regulamento Geral de Proteção de Dados – RGPD – Regulamento 2016/679/EU e a Diretiva 2016/680/CE, ao passo que no Brasil foi promulgada a Lei 13.709/2018, a Lei Geral de Proteção de Dados – LGPD, que dispõe sobre o tratamento de dados pessoais, com o objetivo de proteger os direitos fundamentais de liberdade e de privacidade e o livre desenvolvimento da personalidade da pessoa natural. A lei institui a Autoridade Nacional de Proteção de Dados – ANPD e estabelece as responsabilidades civil e administrativa dos agentes de tratamento de dados, controlador, operador e encarregado, em caso de descumprimento das regras contidas na lei.

Cumpre ao poder público, na sociedade de vigilância, a tarefa de regular as atividades privadas no sentido de assegurar maior transparência e inteligibilidade no que diz respeito à coleta, ao armazenamento e à utilização de dados pessoais, bem como viabilizar e modernizar os sistemas de tratamento de dados no âmbito da própria Administração Pública, sempre com o sentido de aprimorar a prestação dos serviços públicos e das políticas públicas. Nessas duas frentes de atuação estatal, deve-se fazer presente o sentido de preservação dos direitos fundamentais e dos direitos da personalidade, especialmente aqueles relacionados com a privacidade e com a autodeterminação individual.

Os entes públicos figuram como agentes de tratamento de dados, para o fim de incidência da LGPD. Conquanto não caiba a aplicação das sanções administrativas previstas na lei, os entes públicos respondem pelos danos causados aos particulares como decorrência de falhas no tratamento de dados, por força dos arts. 42 a 45 c/c os arts. 23 a 32 da LGPD e também por conta da cláusula geral de responsabilidade civil do art. 37, § 6º, da Constituição.

São inúmeras as possibilidades de danos que resultam de falhas no tratamento de dados pessoais, a começar pela exposição dos dados à curiosidade pública, com risco para a segurança pessoal da vítima e de sua família, seguindo-se com a utilização de informações privilegiadas por funcionários públicos que têm acesso aos bancos de dados públicos, invadindo a privacidade das pessoas, com finalidades irregulares e ilícitas, com a disponibilização indevida de dados pessoais constantes dos cadastros públicos a terceiros. Por fim, há episódios acidentais como a invasão dos bancos de dados por *hackers* e a pane nos sistemas de informática, com sérios prejuízos para os usuários dos serviços públicos.

Considerando a estrutura translativa do dano, há dificuldade para demonstrar o efetivo prejuízo sofrido individualmente pelas vítimas, assim como é difícil comprovar o nexo de causalidade entre o dano e a atividade de tratamento de dados desempenhada pelo poder público. Tomando como exemplo a pane ocorrida no sistema do CNPQ, a simples falta de acesso ao sistema pode não representar prejuízo significativo para cada usuário individualmente considerado, mas é evidente o prejuízo causado para a coletividade de usuários do sistema, composta por professores e pesquisadores de todo o país. Ademais, o direito à proteção de dados se diferencia do direito à privacidade e à liberdade pessoal, precisamente porque estes últimos têm matiz individualista que remete à primeira modernidade, ao passo que a própria estrutura do direito à proteção de dados condiz mais com os direitos da coletividade.

Portanto, em caso de violação ao direito de proteção de dados perpetrada por ente público, é perfeitamente viável a postulação da reparação dos danos causados aos particulares, seja por meio de ações indenizatórias individuais seja por meio de ações coletivas promovidas pelas pessoas legitimadas, nos termo do art. 6º da Lei da Ação Civil Pública. Neste caso, o valor da indenização deve reverter em prol do Fundo de Defesa de Direitos Difusos, previsto no art. 13 dessa mesma lei.

8. REFERÊNCIAS

BAUMAN, Zygmunt. *Globalização:* as consequências humanas. Trad. Marcus Penchel. Rio de Janeiro: Jorge Zahar Editor, 1999.

BAUMAN, Zygmunt. *Modernidade líquida.* Trad. Plínio Dentzien. Rio de Janeiro: Jorge Zahar Editor, 2001.

BAUMAN, Zygmunt. *Amor líquido:* sobre a fragilidade dos laços humanos. Trad. Carlos Alberto Medeiros. Rio de Janeiro: Jorge Zahar Editor, 2004.

BITTAR, Carlos Alberto. *Os direitos da personalidade.* 7. ed. atualizada por Eduardo Carlos Bianca Bittar. Rio de Janeiro: Forense Universitária, 2004.

BITTAR FILHO, Carlos Alberto. Do dano moral coletivo no atual contexto jurídico brasileiro. *Revista Jus Navigandi*, ISSN 1518-4862, Teresina, ano 10, n. 559, 17 jan. 2005. Disponível em: https://jus.com.br/artigos/6183. Acesso em: 18 fev. 2021).

BITTAR, Eduardo Carlos Bianca. *O direito na pós-modernidade.* 2. ed. Rio de Janeiro: Forense Universitária, 2009.

CASTELLS, Manuel. *La sociedad red:* una visión global. Trad. Francisco Muñoz de Bustillo. Madrid: Ed. Alianza, 2006.

CATALAN, Marcos. A difusão de sistemas de videovigilância na urbe contemporânea: um estudo inspirado em Argos Panoptes, cérebros eletrônicos e suas conexões com a liberdade e a igualdade. *Revista da Faculdade de Direito da UFMG*, Belo Horizonte, n. 75, p. 303-321, jul.-dez. 2019.

DE LUCCA, Newton. *Yuval Noah Harari e sua visão dos dados pessoais de cada um de nós.* Disponível em: https://www.migalhas.com.br/coluna/migalhas-de-protecao-de-dados/346519/yuval-noah-harari--e-sua-visao-dos-dados-pessoais-de-cada-um-de-nos. Acesso em: 06 ago. 2021.

DE LUCCA, Newton; LIMA, Cíntia Rosa Pereira de. *O Brasil está pronto para as sanções administrativas previstas na LGPD?* Disponível em: https://www.migalhas.com.br/coluna/migalhas-de-protecao-

-de-dados/349699/brasil-esta-pronto-para-as-sancoes-administrativas-previstas-na-lgpd. Acesso em: 06 ago. 2021.

FALEIROS JÚNIOR, José Luiz de Moura. *Administração Pública digital*: proposições para o aperfeiçoamento do Regime Jurídico Administrativo na sociedade da informação, Indaiatuba, SP: Foco, 2020.

FALEIROS JÚNIOR, José Luiz de Moura; BASAN, Arthur Pinheiro. Desafios da predição algorítmica na tutela jurídica dos contratos eletrônicos de consumo. *Revista da Faculdade de Direito da UFRGS*, Porto Alegre, n. 44, p. 131-153, dez. 2020.

FORTES, Pedro Rubim Borges. O fenômeno da ilicitude lucrativa. *Revista Estudos Institucionais*, v. 5, n.1, p. 104-132, jan.-abr. 2019.

FRAZÃO, Ana. *Capitalismo de vigilância e black box society*: A vigilância constante e a ausência de transparência como desafios para a regulação jurídica. Disponível em: http://www.professoraanafrazao.com.br/files/publicacoes/2019-02-28-Capitalismo_de_vigilancia_e_black_box_society_A_vigilancia_constante_e_a_ausencia_de_transparencia_como_desafios_para_a_regulacao_juridica.pdf. Acesso em: 05 ago. 2021.

HARARI, Yuval. *Homo Deus*: uma breve história do amanhã. São Paulo: Companhia das Letras, 2016.

MEDON, Felipe. *Inteligência artificial e responsabilidade civil*: autonomia, riscos e solidariedade. Salvador: JusPodivm, 2020.

MORAES, Maria Celina Bodin de. *Danos à pessoa humana*: uma leitura civil-constitucional dos danos morais. 2. ed. Rio de Janeiro: Processo, 2017.

MORAES, Maria Celina Bodin de; QUEIROZ, João Quinelato. Autodeterminação informativa e responsabilização proativa: novos instrumentos de tutela da pessoa humana na LGDP. In: *Cadernos Adenauer* XX (2019), n. 3 – Proteção de dados pessoais: privacidade *versus* avanço tecnológico. Rio de Janeiro: Fundação Konrad Adenauer, outubro 2019.

MORATO, Antônio Carlos. Quadro geral dos direitos da personalidade. *Revista da Faculdade de Direito da Universidade de São Paulo*, v. 106-107, p. 121-158, jan.-dez. 2011/2012.

OLIVA, Milena Donato; SILVA, Jeniffer Gomes da. *Discriminação algorítmica nas relações de consumo*. Migalhas de Peso. Disponível em: https://www.migalhas.com.br/depeso/340680/discriminacao-algoritmica-nas-relacoes-de-consumo. Acesso em: 08 ago. 2021.

O'NEIL, Cathy. *Algoritmos de destruição em massa*: como o big data aumenta a desigualdade e ameaça a democracia. Trad. Rafael Abraham. Santo André, SP: Rua do Sabão, 2020.

PASQUALE, Frank. *The black box society*: the secret algorithms that control Money and informacion. Cambridge: Harvard University Press, 2016.

RODOTÀ, Stefano. *A vida na sociedade de vigilância – a privacidade hoje*. Organização, seleção e apresentação de Maria Celina Bodin de Moraes. Trad. Danilo Doneda e Luciana Cabral Doneda. Rio de Janeiro: Renovar, 2008.

ROSENVALD, Nelson. *A LGPD e a despersonalização da personalidade*. Disponível em: https://www.migalhas.com.br/coluna/migalhas-de-protecao-de-dados/350374/a-lgpd-e-a-despersonalizacao-da-personalidade. Acesso em: 20 ago. 2021.

SARLET, Ingo Wolfgang. *A eficácia dos direitos fundamentais*: uma teoria geral dos direitos fundamentais na perspectiva constitucional. 12. ed. Porto Alegre: Livraria do Advogado, 2015.

SCHREIBER, Anderson. *Direitos da personalidade*. 2. ed. São Paulo: Atlas, 2013.

TEIXEIRA NETO, Felipe. *Dano moral coletivo*. Curitiba: Juruá, 2014.

ZUBOFF, Shoshana. *A era do capitalismo de vigilância*: a luta por um futuro humano na nova fronteira do poder. Trad. George Schlesinger. Rio de Janeiro: Intrínseca, 2020.

SITES CONSULTADOS NA INTERNET

https://www.gov.br/cnpq/pt-br/pagina-inicial/#, acesso no dia: 07 ago. 2021.

https://zap.aeiou.pt/carros-autonomos-racistas-244695, visualizado em 08 ago. 2021.

https://www.dn.pt/mundo/turista-atacada-no-rio-de-janeiro-diz-que-gps-indicou-percurso-por-fave-la-11662153.html, visualizado em: 08 ago. 2021.

22
OS CONCEITOS DE "GOVERNO COMO PLATAFORMA" E "LABORATÓRIOS DE INOVAÇÃO" NA LEI DO GOVERNO DIGITAL: DESAFIOS E POTENCIALIDADES

Tatiana Meinhart Hahn

Procuradora Federal. Mestranda em Direito Administrativo pela UFSC. Especialista em Direito Público (IMED) e Master *Business Administration* em Comércio e Relações Internacionais (UCS). Estudou na Universitá degli Studi di Roma, Itália, e na Universidad Argentina de La Empresa. Membro do Grupo de Estudos em Direito Público (GEDIP/UFSC) e do Grupo de Pesquisa de Gestão Estratégica e Inovação na Advocacia Pública da Escola da Advocacia-Geral da União (EAGU). E-mail: hahn.tatiana@gmail.com - https://orcid.org/0000-0001-6097-2491

Sumário: 1. Introdução – 2. Plataforma como conceito relacional no direito administrativo contemporâneo – 3. Governos em plataformas: o desafio por um conceito modelo – 4. O governo como plataforma na Lei do Governo Digital – 5. Os laboratórios de inovação na Lei do Governo Digital – 6. Considerações finais – 7. Referências.

1. INTRODUÇÃO

Há mais de dez anos, Tim O´Reilly ao tratar o *"Government as a Platform"*[1] já defendia o extraordinário poder dos padrões abertos e da interoperabilidade para fomentar a inovação, o crescimento da economia e o desenvolvimento do Estado, contexto profícuo ao desenvolvimento social, econômico e à redução de custos públicos.

Nessa linha, é essencial refletir quanto à função do direito administrativo contemporâneo na transformação pública digital a partir da implantação e manutenção das plataformas governamentais como um dos componentes essenciais à prestação digital dos serviços públicos na administração pública, notadamente frente à realidade informacional assimétrica dos usuários no Brasil.

Objetiva-se, a partir disso, i) associar alguns aspectos teóricos dos governos em plataformas on-line aos aspectos normativos constantes na Lei 14.129, de 29 de março de 2021, Lei do Governo Digital (LGD), ii) avaliar os desafios e as potencialidades que o tema apresenta à Administração Pública e iii) identificar como os laboratórios de inovação contribuem na implementação dessa infraestrutura virtual no recente diploma.

---

1. O'REILLY, Tim. Government as a platform. *Innovations: Technology, Governance, Globalization*, v. 6, n. 1, 2011. p. 18.

O intuito é reimaginar o papel do governo digital, não apenas como um provedor de prestações públicas, mas principalmente sob o viés relacional e de criação de um valor público, seja na relação entre o Estado e usuário por meio das plataformas, seja na relação do Estado com a comunidade científica e com o setor privado por meio dos laboratórios de inovação.

Para desenvolver essas linhas, de forma introdutória, o artigo defende como o direito administrativo contemporâneo deve compreender a aplicação das plataformas on-line para obter êxito em suas implementações dentro da Administração Pública. A partir desse referencial teórico, a segunda parte do texto conecta esses fundamentos com as diferentes descrições quanto aos elementos conceituais dos governos em plataformas e indica o porquê a propositura de um modelo único desafia a atuação estatal. Propostos tais fundamentos teóricos, a terceira e a quarta partes analisam os dispositivos que tratam os termos "governo em plataforma" e "laboratórios de inovação" na LGD.

2. PLATAFORMA COMO CONCEITO RELACIONAL NO DIREITO ADMINISTRATIVO CONTEMPORÂNEO

A ótica do direito administrativo contemporâneo, mais constitucionalizado do que estatal, de uma "administração de prestação" (*Leistungsverwaltung*) por melhores condições de vida aos cidadãos, sem enquadramento fixo quanto ao seu real perfil (orientador, infra estrutural, garante, regulador, incentivador), tem como traço mais distinto a assunção de uma perspectiva relacional.[2]

A relacionalidade permite ao gestor do século XXI traçar um caminho de realização do interesse público não excludente do interesse privado, que seja capaz de acolher diferentes modalidades de relações jurídicas administrativas, sejam multipolares ou poligonais, sejam *inter* ou *intra*[3] administrativas. Isso significa dizer que uma Administração Pública com traço relacional consegue projetar em suas funções prestacionais a realidade mutável em que vivemos de forma mais eficaz e integrada, capacidades de governança centrais à aplicação das noções de *user experience* (UX)[4] e do fenômeno da plataformização.

As plataformas são "infraestruturas digitais (re) programáveis que facilitam e moldam interações personalizadas entre usuários finais e complementadores".[5] Essas interações são estruturadas[6] e previamente ordenadas para um determinado

---

2. CORREIA, José Manuel Sérvulo. Os grandes traços do direito administrativo no século XXI. *A&C-Revista de Direito Administrativo & Constitucional*, v. 16, n. 63, 2016, p. 50-52.

3. CORREIA, José Manuel Sérvulo. Op. cit., p. 54.

4. ROTO, Virpi. Demarcating user experience. In: *IFIP Conference on Human-Computer Interaction*. Springer, Berlin, Heidelberg, 2009. p. 922-923.

5. POELL, Thomas; NIEBORG, David; VAN DIJCK, José. Plataformização. *Fronteiras*: estudos midiáticos, v. 22, n. 1, jan.-abr. 2020, p. 4.

6. Seguem os mesmos autores da nota anterior: "(...) as infraestruturas computacionais e os recursos informacionais proporcionam relacionamentos institucionais que estão na raiz da evolução e do crescimento de uma

fim e geram a coleta e a circulação sistemática de dados, o que exige plena atenção dos gestores envolvidos nos mecanismos e instrumentos de governo digital.

O termo plataforma, vocábulo francês *plate-forme*, desdobra-se em "plano" (*plate*) e "forma" (*forme*) de modo a abranger tanto concepções físicas na qualidade de uma disposição em superfície plana, horizontal que serve de suporte, como de planejamento, de uma construção programática a um determinado fim. Em sua concepção anterior ao uso massivo da internet pela coletividade, as plataformas atuavam apenas no setor produtivo, como evoluções maquinarias, nas quais se formavam um ambiente de trabalho a milhares de profissionais na produção, armazenamento e transferência de insumos como petróleo, gás, grãos, cereais. Então, teria a internet e os dados reformulado esse ambiente antes somente físico de produção em um revolucionário espaço virtual de trabalho e serviços?

A interação homem-computador (*human-computer interaction* ou HCI) e o design dessa comunicação sofreram alterações com o amadurecimento da tecnologia, de modo que os produtos interativos se tornaram não apenas mais úteis, mas principalmente mais desejáveis. Ou seja, a HCI está entrelaçada à noção da UX,[7] cujas reflexões trafegam nos processos centrais humanos de decisão, de bem-estar subjetivo e de comunicação conforme o estilo de linguagem e da interface. Vale dizer: para fins digitais, a interação (HCI) precisa ser comunicativa, orgânica e relacional ou a plataforma não emergirá a um fenômeno, a plataformização.

A reflexão sobre essa dinâmica social (plataforma e comunicação) é especialmente necessária às aplicações de "governo como plataforma", pois envolve contextos em que as possibilidades tecnológicas estão longe de serem universais (*digital universalism*). Isso porque a maior parte dos debates em torno de temas como recursos digitais, dispositivos móveis e plataformas de mídia social são frequentemente tratados como objetos separados (físicos ou digitais) que funcionariam independentemente uns dos outros e dos ambientes em que são usados (*platform-centrism*),[8] quando, em verdade, deveriam estar interligados.

A realidade brasileira evidencia que grande parte da população tem único acesso à internet por meio do uso do telefone móvel, com a contratação de planos de acesso limitados, nos quais o provedor disponibiliza uma franquia de dados ao

---

plataforma, pois as plataformas "fornecem uma estrutura tecnológica para que outros possam construir". POELL, Thomas; NIEBORG, David; VAN DIJCK, José. Op. cit., 2020, p. 4.

7. HASSENZAHL, Marc; TRACTINSKY, Noam. User experience: a research agenda. *Behaviour & information technology*, v. 25, n. 2, p. 91-97, 2006.

8. O estudo desenvolvido por Wendy Willems, Professora Associada do Departamento de Mídia e Comunicações da *London School of Economics and Political Science*, apresenta a noção de "*relational affordance*" para enfatizar a interação entre a mídia social móvel, usuários e seus diversos contextos sociais e concluiu que, mesmo que haja um número relativamente baixo de usuários de internet e que a base móvel seja a única forma de acesso online, é possível emergir, por meio de fórum em redes sociais, o compartilhamento de informações sobre determinado assunto de interesse, como no caso estudado, as eleições locais. WILLEMS, Wendy. Beyond platform-centrism and digital universalism: the relational affordances of mobile social media publics. *Information, Communication & Society*, p. 1-17, 2020.

fim da qual somente aplicativos de redes sociais associadas ficam disponíveis para uso, prática essa designada como zero-rating.[9] Consequentemente, a acessibilidade relacional dos cidadãos com esse tipo de conexão limitada e direcional fica exposta à desinformação, à manipulação e baixa educação midiática e ao enfraquecimento da democracia.

Ultrapassar esses desafios da relação entre o usuário e a internet será determinante ao alcance das plataformas governamentais, cuja implementação e direcionamento devem contabilizar o que Wendy Willmes chama de os três recursos relacionais: infraestrutura, acesso domiciliar e temporalidade de acesso.[10]

Fato é que a preocupação em torno da desinformação no ambiente digital e as repercussões disso no uso de plataformas, governamentais ou não, tem escala global. Exemplos não faltam.

Recentemente, a Comissão da União Europeia (UE) apresentou uma orientação para fortalecer o Código de Conduta da EU de Desinformação,[11] de 2018, frisando o comprometimento que as plataformas, além dos participantes do ecossistema online, devem assumir no aprimoramento da transparência e de responsabilidade quanto aos anúncios. Além disso, igualmente são responsável pela criação de barreiras contra atores de comportamento manipulativo (como garantia de integridade dos serviços), pela capacitação dos usuários na compreensão dos conteúdos de desinformação e pelo investimento de estruturas robustas de monitoramento e verificação de fatos.[12] Já nos Estados Unidos, o Congresso interrogou empreendedores centrais de plataformas on-line acerca do difusão da desinformação, as quais teriam intensificado crises nacionais em matéria de saúde e de segurança nacional.[13] No âmbito global, por seu turno, a Organização Mundial da Saúde tem

---

9. Segundo o Relatório Internet, Desinformação e Democracia, do Comitê Gestor da Internet no Brasil (CGI. br), publicado em 27 de março de 2020, no Brasil, 76% da população é usuária da rede, sendo que quase a totalidade (97%) tem acesso via telefone celular. O telefone celular é o único meio de acesso à Internet sobretudo nas classes C (61%), e DE (85%) (CGI.br, 2018). Disponível em: https://www.cgi.br/media/docs/publicacoes/4/20200327181716/relatorio_internet_desinformacao_e_democracia.pdf Acesso em: 21 jun. 2021.

10. WILLEMS, Wendy. Beyond platform-centrism and digital universalism: the relational affordances of mobile social media publics. *Information, Communication & Society*, p. 1-17, 2020.

11. O Código de Conduta da União Europeia sobre Desinformação é um instrumento de autorregulação inovador para garantir uma maior transparência e responsabilização das plataformas em linha, bem como para acompanhar e melhorar as políticas relativas à desinformação. Sugere-se acesso aos planos de ação no contexto europeu disponíveis em: https://eeas.europa.eu/headquarters/headquarters-homepage/54866/action-plan-against-disinformation_en. Acesso em: 21 jun. 2021.

12. Conforme comunicado oficial à impressa lançado em 26 de maio de 2021, disponível em: https://digital-strategy.ec.europa.eu/en/library/guidance-strengthening-code-practice-disinformation Acesso em: 21 jun. 2021.

13. Documentos, testemunhas ouvidas, relatórios relacionados à audiência realizada pelo Subcomitê de Comunicações e Tecnologia de Energia norte americano, em 25 de março de 2021, titulado "*Disinformation Nation: Social Media's Role in Promoting Extremism and Misinformation*" com informações disponíveis https://www.congress.gov/event/117th-congress/house-event/111407?q=%7B%22search%22%3A%5B%22disinformation+facebook%22%5D%7D&s=2&r=18 Acesso em: 21 jun. 2021.

22 • OS CONCEITOS DE "GOVERNO COMO PLATAFORMA" E "LABORATÓRIOS DE INOVAÇÃO" | **423**

trabalhado na gestão infodêmica[14] desde o início do estado de emergência provocado mundialmente pela Covid-19.[15]

Percebe-se, portanto, que a plataforma como conceito orgânico e relacional no direito administrativo contemporâneo encoraja a compreensão de que o Estado, em todos seus poderes, precisa assumir o protagonismo da governança regulatória e o compromisso de controle na gestão informacional pública, de modo a condensar o fenômeno da plataformização em um quadrante positivo e focado na experiência do usuário (cidadão-usuário), capaz de se comunicar de forma autônoma e de escolher seus próprios ambientes virtuais sem predefinições.

3. GOVERNOS EM PLATAFORMAS: O DESAFIO POR UM CONCEITO MODELO

De forma prévia ao estudo do conceito de "governo como plataforma" na Lei do Governo Digital, cabe pontuar alguns elementos conceituais e de inclusão do governo em plataformas on-line.

Embora o ato de compartilhar seja tão conhecido pela humanidade, foi a Internet quem apresentou os fenômenos do consumo colaborativo e da "economia compartilhada"[16] e fez com que a coletividade experimentasse uma mudança de paradigma, na qual a posse de bens exerce maior força de consumo do tê-los propriamente ditos, de modo que as experiências sociais se disseminam mais e com mais voracidade justamente pelos valores que criam aos consumidores. Se antes era possível argumentar e teorizar que erámos o que possuíamos,[17] agora, digitalmente, parecer ser mais factível admitir que temos muitas outras maneiras de expressar nossa identidade sem qualquer propriedade em sentido econômico.[18]

É por essa porta entre aberta que as plataformas eletrônicas, ou plataformas on-line assumem progressiva relevância no cotidiano de todas as pessoas, com maior ou menor proporção, ao disponibilizar o uso partilhado de bens e serviços e ao criar relações jurídicas que envolvem tanto entes privados (externo ao objeto desse estudo) quanto o próprio Estado. Entretanto, na medida em que a ciência e a tecnologia se dedicam ao desenvolvimento e expansão dos usos e aplicações das plataformas,

---

14. Sobre os temas infodemia e desinformação recomenda-se a consulta aos seguintes títulos respectivamente: BARI, Muhammad Waseem; ALAVERDOV, Emilia. *Impact of infodemic on organizational performance*. Business Science Reference, USA, 2021 e BARI, Muhammad Waseem; ALAVERDOV, Emilia. Impact of infodemic on organizational performance. *Business Science Reference*, USA, 2021.

15. Conforme notícias divulgadas principalmente em fevereiro de 2021 https://www.who.int/news/item/02-02-2021-who-public-health-research-agenda-for-managing-infodemics e maio https://www.who.int/news/item/04-05-2021-who-and-un-global-pulse-are-building-a-social-listening-radio-tool-to-aid-the--covid-19-infodemic-response Acessos em: 21 jun. 2021.

16. BELK, Russell. You are what you can access: sharing and collaborative consumption online. *Journal of business research*, v. 67, n. 8, p. 1595-1600, 2014.

17. BELK, Russell W. Possessions and the extended self. *Journal of consumer research*, v. 15, n. 2, p. 139-168, 1988.

18. BELK, Russell. Sharing versus pseudo-sharing in Web 2.0. *The Anthropologist*, v. 18, n. 1, p. 7-23, 2014.

ao Estado incumbe uma dupla missão: i) participar como agente observador e moderador e ii) incluir a realidade virtual nas suas próprias ações e serviços prestados aos cidadãos.

Daí porque esforços governamentais voltados à extração (confiável) de dados, à supervisão de uso e de conteúdo das plataformas (inclusão e remoção),[19] à aplicação de medidas de transparência, à escolha pela autorregulação ou por documentos normativos, são temas de alta complexidade e apresentam críticas principalmente quanto às fixações de responsabilidades[20] dos *stakeholders* no desenvolvimento das plataformas digitais.

Em 2016, o Parlamento Europeu após editar resolução para um Mercado único Digital,[21] editar a Agenda Europeia para economia colaborativa[22] e elaborar comunicação voltada às plataformas em linha,[23] destacou a necessidade de avaliar a utilização de dados em relação aos impactos nos diferentes segmentos da sociedade, a fim de evitar a discriminação e dimensionar a potencial ameaça à privacidade que os grandes volumes de dados representam. Além disso, frisou ser crucial esclarecer os métodos de funcionamento dos sistemas de tomada de decisões com base em algoritmos (equidade e a transparência dos algoritmos), com a colaboração (proativa e prospectiva) entre o Estado e o setor privado no sentido de estabelecer critérios eficazes relativos ao desenvolvimento de princípios de responsabilidade às plataformas baseadas na informação.[24]

Fato é que a potencialidade das plataformas emergiu livre, sem estar, como fundamento de conformidade, atrelada à ideia de uso responsável e sustentável das informações coletadas, de validação de acordo com o propósito dos métodos de extração de dados de tal forma que não se tinha como padrão o dever de transparência ou de um compromisso geracional quanto aos efeitos dessa expansão. Foi preciso evoluir.

Nesse contexto, o Estado, como detentor de grande volume de dados e como um dos interessados na plataformização, têm nas políticas de dados abertos um importante elemento para lógica transgeracional, uma vez que promove uma cultura de acesso do público a informações governamentais e de distinção deste da disponi-

---

19. KELLER, Daphne; LEERSSEN, P. Facts and where to find them: empirical research on internet platforms and content moderation. *Social Media and Democracy: The State of the Field, Prospects for Reform*, Cambridge University Press, 2020.p. 220.

20. KELLER, Daphne. Toward a clearer conversation about platform liability. *Knight First Amendment Institute's "Emerging Threats" essay series*, 2018. Disponível em: https://ssrn.com/abstract=3186867 Acesso em: 22 jun. 2021.

21. Resolução disponível em: https://www.europarl.europa.eu/doceo/document/TA-8-2016-0009_PT.html Acesso em: 22 jun. 2021.

22. Texto disponível em: https://www.europarl.europa.eu/doceo/document/TA-8-2016-0237_PT.html Acesso em: 22 jun. 2021.

23. Comunicação e relatório, respectivamente, disponíveis em: https://eur-lex.europa.eu/legal-content/PT/TXT/?uri=CELEX%3A52016DC0288&qid=1624578966599; https://www.europarl.europa.eu/doceo/document/A-8-2017-0195_PT.html. Acessos em: 22 jun. 2021.

24. Considerações do Parlamento Europeu aprovadas em junho de 2017 disponíveis em: https://www.europarl.europa.eu/doceo/document/TA-8-2017-0271_PT.html Acesso em: 22 jun. 2021.

bilização de informações sobre atividades do governo. Isto é, a primeira é capaz de habilitar, colaborar, compartilhar, enquanto a segunda encerra uma obrigação estatal como um fim em si mesmo.

Avançando nas perspectivas teóricas, sob uma ótica econômico-financeira, de governos com orçamentos reduzidos e desafiados pela captação dos usuários às plataformas digitais, Janssen e Estevez[25] trabalham a ideia de *"lean government"* (*l-Government*), enquanto uma das respostas aos já mais conhecidos *e-Government* e ao *t-Government*,[26] no sentido de um governo enxuto, escasso, de racionalização como aquele cuja gestão seja menos complexa, menos burocrática, com estruturas organizacionais otimizadas, mobilizada à redução de gastos e despesas públicas. Isso significa um governo que objetive reduzir sua complexidade e tamanho por meio de processos de inovação e facilidades franqueados (fundamentalmente) na colaboração e no envolvimento com as partes interessadas.

Conforme os mesmos autores, o *l-Government* não se trata apenas de uma evolução dos modelos de governo eletrônico e digitais, mas principalmente de uma situação em que o Estado, com amplas demandas e poucos recursos, tem na inovação três soluções: a prestação pública otimizada, rápida e menos dispendiosa, o estímulo ao crescimento econômico e monitoramento de problemas sociais. Para tornar isso viável, o governo como plataforma trabalha com conceitos como governo aberto (política de dados abertos que permite *accountability*, fiscalização interna e externa de recursos e difusão científica), mas também de plataformas privadas (Google, LinkedIn, Facebook e Twitter) que podem, segundo Janssen e Estevez, manter uma relação estreita com as plataformas pública pela ampla grade de usuários. Um dos desafios seria, então, as mudanças no fluxo de informações e nos modelos de governança viabilizados pela sociedade da informação.

Para Janssen e Estevez, o governo como plataforma é um dos facilitadores[27] do *l-Government* e é uma tecnologia que disponibiliza informações e fornece todos os tipos de funções e serviços de valor agregado, visando introduzir a flexibilidade em um grau mais alto (fazer mais com menos). Todavia, os autores alertam a importância de o Estado desenvolver suas plataformas, gerenciar dados e assumir o papel de orquestrador da definição do comportamento geral da rede (regulamentação e governança), além de compensar os controles exercidos proprietários de plataformas privadas e a autonomia dada aos desenvolvedores, notadamente quanto às condições de segurança, confiabilidade, privacidade e estabilidade.

---

25. JANSSEN, Marijn; ESTEVEZ, Elsa. Lean government and platform-based governance – doing more with less. *Government Information Quarterly*, v. 30, p. S1-S8, 2013.
26. Sobre governo transformacional (*transformational government*) e confiança coletiva sugere-se: BANNISTER, Frank; CONNOLLY, Regina. Trust and transformational government: a proposed framework for research. *Government Information Quarterly*, v. 28, n. 2, p. 137-147, 2011.
27. Os autores indicam dois facilitadores: as plataformas tecnológicas e os recursos para orquestrar uma rede complexa de entidades colaborativas.

Seguindo para um enfoque na relação cidadão-administração, Baguma, Estevez e Janowski[28] identificam que o desafio da governança pública para o desenvolvimento sustentável do paradigma quíntuplo da plataforma (capacita, aprende, coordena, cria e colabora) está em ser sucessor de outros paradigmas prévios como o burocrático (administra, orienta e regula), o consumista (serve, engaja, transforma e legitima) e o da governança participativa (divulga, monitora e participa).

Nessa análise, os autores enfrentam, qualitativamente, onze estudos de caso, classificados em quatro etapas de evolução do governo digital (digitalização, transformação, engajamento e contextualização), por meio dos quais ponderam o dever da administração em capacitar os cidadãos a criarem valor público por si próprios, com sistemas sociotécnicos que reúnem dados, serviços, tecnologias e pessoas para responder às necessidades da sociedade em constante mudança. A função governamental reside na criação de um ambiente no qual os cidadãos se capacitem, influenciem e identifiquem a liberdade de informações e os dados abertos como instrumento de empoderamento social, por meio de regras colaborativas de participação pelo governo local, cidadão e as sociedades civis (*integrative relationships framework*).

Por seu turno, Tim O'Reilly defende que as políticas de saúde, educação e inovação são os três setores que mais teriam impulso quando se pensa em governo como plataforma e que as informações produzidas por e em nome dos cidadãos é uma força vital, não apenas em termos econômicos, mas da própria nação, razão pela qual o Estado tem a responsabilidade em tratar os dados como um ativo nacional nessa dupla configuração. Daí porque os questionamentos do autor buscam responder como podemos usar a tecnologia para transformar a plataforma em algo melhor e quais as lições o governo pode tirar do sucesso das plataformas para aproveitar o poder da tecnologia em uma reconstrução do governar.[29]

Outrossim, baseado na ideia de que informações e serviços governamentais devem ser prestados aos cidadãos onde e quando eles precisarem é que o O'Reilly indica a necessidade de construção de um sistema simples e que possa evoluir (*build a simple system; let it evolve*),[30] de forma que o Estado projete o governo como plataforma tendo como premissa a simplicidade e acessibilidade, como algo a ser estendido e reutilizado e, consequentemente, projetado para permitir a participação e a auto-organização. Ademais, nesse raciocínio de O'Reilly, a vantagem seria o Estado não depender da criação de serviços que podem ser desenvolvidos a partir dos dados já disponíveis, uma vez que bastaria ao Estado engajar o setor privado a construir aplicações, cujas estruturações não sejam consideradas estratégicas pelo governo ou que ele não tenha recursos para viabilizar.

---

28. JANOWSKI, Tomasz; ESTEVEZ, Elsa; BAGUMA, Rehema. Platform governance for sustainable development: Reshaping citizen-administration relationships in the digital age. *Government Information Quarterly*, v. 35, n. 4, p. S1-S16, 2018.
29. O'REILLY, Tim. Government as a Platform. *Innovations: Technology, Governance, Globalization*, v. 6, n. 1, 2011. p. 17
30. O'REILLY, Tim. Op. cit., p. 21.

22 • OS CONCEITOS DE "GOVERNO COMO PLATAFORMA" E "LABORATÓRIOS DE INOVAÇÃO" | **427**

Pertinente, ainda, a referência do projeto europeu "*One-Stop-Government*"[31] que contemplou a existência de um espaço virtual de integração de serviços públicos disponibilizados 24 horas por dia, no qual se interligam autoridades públicas e cidadãos em um único canal, sem reconhecer ou identificar fragmentações funcionais no setor público.[32] Contudo, segundo o estudo apresentado por Tambouris sobre portais nacionais públicos europeus no início dos anos 2.000, a integração somente se faz eficaz se estiver acoplada com uma rápida velocidade de entrega, centralizada e de ampla acessibilidade e desde que reconheça que a tecnologia é tão importante quanto os aspectos humanos e organizacionais, permitindo que o governo potencialize os benefícios da proposta de plataforma e transforme a interação entre o setor público, os cidadãos e setor privado.

Dessas breves formulações teóricas em torno do governo como plataforma, extrai-se um elo comum centrado no usuário e no desempenho dessa infraestrutura digital disruptiva como um mecanismo de compartilhamento de tecnologia e de processos inovadores que permitam o desenvolvimento da coletividade desde que suas potencialidades evolutivas sejam direcionadas de forma positiva a um uso sustentável e relacional.

Arrisca-se, por fim, afirmar que a busca por um *standard* de "governo como plataforma" é mais aparente do que factual, diante das múltiplas variantes trazidas pelas realidades e grupos de usuários em cada país, o que demanda ações regulatórias abertas e responsivas no trato das plataformas (Estado como meta-regulador), além da constante adaptação e reformulação ao seu meio, o que torna desaconselhável a importação de modelos de plataformas governamentais dissociadas da realidade local.

4. O GOVERNO COMO PLATAFORMA NA LEI DO GOVERNO DIGITAL

Antes da edição da Lei 14.129, as plataformas governamentais no Brasil tiveram no Decreto 8.638, de 15 de janeiro de 2016, um contexto normativo introdutório às metas de inclusão do Poder Público na prestação de serviços públicos digitais.

O Decreto 8.638 instituiu a política de Governança Digital no âmbito dos órgãos e das entidades da administração pública federal direta, autárquica e fundacional e indicou o governo como plataforma como um princípio da Política de Governança Digital (art. 3º, VIII). Além disso, o Decreto cita conceitos importantes à plataforminização governamental como o de "autosserviço" e o de "dados em formato aberto" (art. 2º), e destaca o alinhamento entre as políticas públicas e os programas do governo pela ampla participação da sociedade (art. 6º) e das redes de conhecimento. Mais especificamente,

---

31. O também chamado governo único ou projeto eGov teve financiamento da Comissão Europeia e deu prosseguimento a criação de portais governamentais na Europa. Sobre o tema nos anos 2.000: TAMBOURIS, Efthimios. An integrated platform for realising online one-stop government: the eGOV project. In: *12th International Workshop on Database and Expert Systems Applications*. IEEE, 2001. p. 359-363.

32. WIMMER, Maria A. A European perspective towards online one-stop government: the eGOV project. *Electronic commerce research and applications*, v. 1, n. 1, p. 92-103, 2002.

quanto a esta última, o regramento estabelece que as redes de conhecimento relativas ao Governo Digital objetivam gerar e disseminar conhecimento e experiências, bem como prospectar novas tecnologias que facilitem a prestação de serviços on-line, o fornecimento de informações e a participação social por meios digitais (art. 12, incisos I e IV).

Em outubro de 2019, o Decreto 10.035 institui a "Plataforma + Brasil" no âmbito da administração pública federal, uma ferramenta integrada e centralizada, com dados abertos, destinada à informatização e à operacionalização de transferências de recursos do orçamento fiscal e da seguridade social da União,[33] com vistas à padronização, simplificação e rastreamento dos processos dessas transferências. O Decreto também fomenta boas práticas de governança, *accountability*[34] e a participação dos cidadãos na análise de resultados das políticas públicas implementadas a partir desses montantes transferidos por meio da plataforma (art. 2º), o que representou significativo avanço nesse modelo de atuação pública virtualizada.

Mais adiante, a edição do Decreto 10.332, de 28 de abril de 2020, revogou o Decreto 8.638 e a Política de Governança Digital para estabelecer um plano de Estratégia de Governo Digital para o período de 2020 a 2022, o qual fixa em dezoito objetivos as metas, os princípios e as iniciativas que nortearão a transformação do governo por meio do uso de tecnologias digitais. A Estratégia, ao indicar esse caminho às plataformas públicas, projetou uma base de elementos que integram o governo como plataforma. Ou seja, o modelo inicia pela intenção de oferta de serviços públicos digitais, devidamente avaliados, com canais e serviços digitais intuitivos e ofertados por um acesso único, compartilha ferramentas, faz uso de dados para avaliação e monitoramento de políticas públicas, implementa a proteção de dados pessoais com a necessária segurança e a disponibilidade das plataformas, além da reformulação dos canais de participação social e da proposta do processo de reinvestimento do valor economizado pelo uso das plataformas em ações de transformação digital no país.

Foi por meio dessas normas embrionárias de aplicação das plataformas governamentais que a Lei 14.129, de 29 de março de 2021, ou a Lei do Governo Digital (LGD), ingressou no ordenamento jurídico para disseminar entre todos os poderes e entes federados uma norma geral no tema ao regulamentar princípios, regras e instrumentos aplicáveis ao Governo Digital nacional com vistas ao aumento da eficiência na prestação de serviços públicos de modo mais cogente.[35]

---

33. As referidas transferências podem ser a órgão ou entidade da administração pública estadual, distrital ou municipal, direta ou indireta consórcios públicos e entidades privadas sem fins lucrativos, desde que haja cadastro prévio por esses destinatários, na forma do art. 1º, § 3º, do Decreto 10.035. Outras funcionalidades e regras foram fixadas na recente Portaria Interministerial ME/SEGOV 6.411, de 15 de junho de 2021, publicada em 16 de junho do mesmo ano, em atenção ao art. 166-A, da Constituição Federal.

34. O Decreto prevê no art. 13, que a Controladoria-Geral da União, o Tribunal de Contas da União, o Poder Judiciário, o Poder Legislativo e o Ministério Público terão acesso à plataforma, inclusive com possibilidade de inclusão das informações de que dispuserem sobre a execução das transferências operacionalizadas na Plataforma.

35. A Lei 14.129 também alterou leis que integram esse objetivo: a Lei 7.116, de 29 de agosto de 1983, que assegura validade nacional as Carteiras de Identidade regula sua expedição, a Lei 12.527, de 18 de novembro de

22 • OS CONCEITOS DE "GOVERNO COMO PLATAFORMA" E "LABORATÓRIOS DE INOVAÇÃO" **429**

Nos termos da LGD, o governo como plataforma apresenta duas perspectivas. A primeira, enquanto uma infraestrutura tecnológica, com ferramentas digitais comuns aos órgãos de modo a garantir a oferta digital de serviços e de políticas públicas, disponibilizados por meio de uma plataforma gratuita[36] única, local em que será centralizado o acesso às informações e aos serviços públicos, sem excluir, quando indispensável ao usuário, a prestação do serviço no formato presencial, conforme o artigo 3º, inciso II e artigo 4º, incisos VII e IX.

A segunda, referencia o governo como plataforma como essa mesma infraestrutura tecnológica como responsável por promover a interação entre os diversos agentes, de forma segura, compartilhada,[37] eficiente e responsável. A função da plataforma seria, além de integrativa, de estímulo à inovação e à exploração de atividade econômica, cuja aplicação deverá, preferencialmente, valer-se do uso de dados anonimizados, notadamente no que concerne à formulação de políticas públicas, de geração de negócios e de controle social, nos termos do disposto nos artigos 7º e 11 da Lei 13.709, de 14 de agosto de 2018, a Lei Geral de Proteção de Dados Pessoais (LGPD).

Verifica-se que a forma compartilhada de oferta das ferramentas e dos serviços comuns aos órgãos foi incluído pelo legislador como um elemento conceitual da plataforma de governo digital no art. 4º, inciso IX, da LGD, mantendo a linha normativa da política de Governança Digital descrita pelo Decreto 8.638. Além disso, sinaliza a aplicação da teoria de uma governança pública para o desenvolvimento sustentável do paradigma de plataformas públicas. Isso significa dizer que o compartilhamento deve atender a centralização dos serviços pela acessibilidade aos usuários e promover a continuidade desses mecanismos entre as camadas e esferas assimétricas dos serviços públicos no país.

Em uma administração pública contemporânea, as plataformas de governo digital, componentes essenciais para a prestação digital dos serviços públicos,[38] são instrumentos indeclináveis à oferta e à prestação facilitada dos serviços públicos de cada ente federativo, o que demanda, ao menos, uma ferramenta virtual de solicitação de atendimento, do acompanhamento dessa demanda[39] e de um painel de monito-

---

2011, conhecida como a Lei de Acesso à Informação, a Lei 12.682, de 9 de julho de 2012, que dispõe sobre a elaboração e o arquivamento de documentos em meios eletromagnéticos, e a Lei 13.460, de 26 de junho de 2017, que disciplinou a participação, proteção e defesa dos direitos do usuário dos serviços públicos da administração pública.

36. O art. 27 da LGD destaca, entre outros, os direitos dos usuários a gratuidade no acesso às plataformas de governo digital.

37. Art. 4º, inciso IX, da Lei 14.129.

38. Também são componentes essenciais a Base Nacional de Serviços Públicos e as Cartas de Serviços ao Usuário, de que trata a Lei 13.460, de 26 de junho de 2017, nos termos do art. 18, da LGD.

39. A LGD fixa padrões mínimos para disponibilização das ferramentas digitais de atendimento e de acompanhamento da entrega dos serviços, as quais devem proporcionar as seguintes funcionalidades básicas: a identificação do serviço público e de suas principais etapas, a solicitação digital do serviço e o respectivo acompanhamento pelo usuário, a possibilidade de agendamento digital, a avaliação continuada da satisfação dos usuários em relação aos serviços públicos prestados, a identificação limitada ao necessário com a gestão do perfil pelo próprio usuário, mecanismos de notificação do usuário, estruturação dos sistemas

ramento do desempenho de ambos, acesso que deve ser possível tanto por meio de um portal, aplicativo ou de outro canal digital único e oficial, munido das respectivas informações institucionais e notícias. Segundo determina o art. 20, da LGD, as plataformas também deverão observar padrões de interoperabilidade e de integração de dados com vistas à simplificação e à eficiência no atendimento aos usuários.

Nessa senda, cabe referir que a utilização de painéis de controle de eficiência dos serviços públicos não são uma inovação da LGD, uma vez que sua utilização foi fixada pela Lei 13.460, de 26 de junho de 2017, que dispõe sobre a participação, a proteção e a defesa dos direitos dos usuários dos serviços públicos, tendo ainda sido prevista a avaliação continuada desse serviços inclusive com a elaboração de um *ranking* das entidades com maior incidência de reclamação dos usuários na periodicidade mínima de um ano. Tal medida deve servir de subsídio para reorientar e ajustar os serviços prestados, notadamente no que tange ao respeito dos compromissos e dos padrões de qualidade de atendimento divulgados na Carta de Serviços ao Usuário (elemento igualmente citado pela LGD).

Nota-se, na prática, que a prestação do serviço digital será objeto de contínuo monitoramento tanto sob o modelo da Lei 13.460 quanto pelos parâmetros da LGD. Assim, a análise quanto ao número anual de solicitações (em andamento e concluídas), o tempo médio de atendimento e o grau de satisfação dos usuários[40] (*user experience*), será não apenas um indicador de eficiência do governo digital, mas principalmente sinalizará quais as próximas metas e estratégias bienais precisam ser revistas pelo governo federal. De mais a mais, estabelecida a conectividade, ainda que inicialmente parcial entre os federados, dos painéis em formato interoperável e padronizado, estará ratificada a intenção legislativa de expandir o compartilhamento das ferramentas a entes com menor expertise na área digital além de permitir comparações de desempenho entre os mais desenvolvidos para aprimorar os serviços públicos prestados anteriormente.

Ora, a obrigação dos entes públicos no acompanhamento da entrega e no monitoramento do respectivo desempenho é aplicação curial de planejamento e inovação em termos de serviços públicos, os quais têm encontrado dificuldades em criar valor significativo na vida dos usuários, em agregá-los na gestão pública e em torná-los participativos para além da mera busca resolutiva momentânea ou de emprego de eficiência administrativa e organizacional internas do Poder Público.

Na linha das teorias citadas nas duas primeiras partes desse estudo, a consequência de uma indiferença ou uma de ausência valorativa pelo usuário dos serviços

---

de Ouvidorias e disponibilização de pagamento digital sobre eventuais cobranças decorrentes do serviço. Além disso, a LGD prioriza que seja conferido nível de segurança compatível com o grau de exigência, da natureza e da criticidade dos serviços e dados utilizados, garantido, em qualquer caso, o acesso a informações acerca do tratamento de dados pessoais, nos termos das Leis 12.527, de 18 de novembro de 2011 (Lei de Acesso à Informação), e da Lei 13.709, de 14 de agosto de 2018 (Lei Geral de Proteção de Dados Pessoais), conforme o artigo 21 e o artigo 24, inciso I, letra "b", ambos da LGD.

40. Artigos 23 e 24 da LGD.

governamentais, como apontam os autores Osborne e Strokosch, além do grave indicativo de uma crise de confiança e de legitimidade nos prestadores públicos, desperta opiniões públicas de que as necessidades dos últimos estão sendo providas em prejuízo aos primeiros.[41]

Isso significa dizer que a Lei 14.129, embora atenda uma tendência mundial de virtualização da administração pública, faz da instituição do governo digital com plataformas públicas uma tentativa de redesenho das formas de atuação administrativa e de exercício da cidadania no Brasil, pois se conecta a um cronograma mais amplo de modernização de serviço e coloca a transformação digital em uma posição central. Além disso, enfrenta o fantasma da codestruição de valor no setor público (*co-destruction in the public*),[42] cujas quatro causas gerais mais indicadas são a falta de transparência, os erros administrativos, a falta de competência burocrática e a incapacidade de servir pública.

Percebe-se, então, que a LGD insere as plataformas de governo digital também como instrumentos de transparência e de controle do tratamento de dados pessoais, uma vez que permite ao cidadão requisitar diretamente o órgão ou a entidade controladora dos seus dados, na forma previstas no art. 18 da LGPD. Não menos relevante é a seção do capítulo IV da mesma lei que, a partir do artigo 29, discorre sobre governo como plataforma pela abertura dos dados não pessoais, enfatizando a fundamentalidade da transparência na sua forma ativa[43] e do respectivo balanceamento entre os conceitos de dados abertos e dados pessoais.

Tais conjugações da LGD com outras disciplinas legais, tais como a LAI e a LGPD, estabilizam o intercâmbio de dados entre órgãos e entidades dos diferentes Poderes e esferas da Federação e privacidade dos usuários para obter o objetivo comum: o desenvolvimento de novas tecnologias destinadas à edificação de ambientes de gestão pública participativos, democráticos e de melhores ofertas de serviços públicos.

Por outro lado, mesmo que a transparência ativa e abertura de dados não pessoais sejam estruturas bases do governo como plataforma, a Lei 14.129 igualmente resguarda o princípio da transparência passiva ao prever que qualquer interessado, devidamente identificado,[44] poderá apresentar pedido de abertura de bases de dados

---

41. OSBORNE, Stephen P.; STROKOSCH, Kirsty. Developing a strategic user orientation: a key element for the delivery of effective public services. *Global Public Policy and Governance*, p. 1-15, 2021.

42. Sobre o tema da codestruição de valor no setor público com suas quatro causas, o estudo sobre a lógica do serviço público (*public service logic* – PSL) e gestão dessa organização (*public service organizations*– PSOs) recomenda-se: ENGEN, Marit et al. Continuing the development of the public service logic: a study of value co-destruction in public services. *Public Management Review*, v. 23, n. 6, p. 886-905, 2021.

43. A Lei 14.129 observou no art. 29, § 1°, inciso II, que garantia de acesso irrestrito aos dados devem ser legíveis por máquina e estarem disponíveis em formato aberto, respeitadas as previsões da LAI e da LGPD.

44. O requerente deve ser identificado sem exigências que inviabilizem o exercício de seu direito, na forma do art. 30, *caput*, e § 3° da LGD. Contudo, caso a sua identificação possa prejudicar o princípio da impessoalidade, poderá ser solicitada a preservação de sua identidade, situação em que o canal responsável deverá resguardar os dados sem repassá-los ao setor responsável pela resposta, conforme determina o § 1° do mesmo dispositivo. Ademais, o § 4° veda quaisquer exigências relativas aos motivos da solicitação de abertura de base de dados públicos, sendo o resultado positivo da consulta parte integrante da base de dados aberta e

da administração pública, cabendo a cada ente federado monitorar a aplicação, o cumprimento dos prazos e os procedimentos para abertura dos dados sob seu controle (art. 31), aplicando, subsidiariamente, ao processo administrativo da solicitação a Lei 9.784, de 29 de janeiro de 1.999.

No que tange à estruturação do governo como plataforma pela Lei 14.129, os mecanismos de interoperabilidade de informações e de dados dos órgãos e das entidades públicas prestadoras em todos os cantos brasileiros é um dos maiores desafios e chave ao governo digital. Por meio da interoperabilidade é possível usufruir de recursos de infraestrutura de acesso de dados por todo Poder Público, o que confere otimização dos custos de acesso a dados, o reaproveitamento de tecnologias e das técnicas de segurança. Justamente por essa razão que o art. 39 enumera como finalidade da interoperabilidade o aumento da confiabilidade dos cadastros públicos de cidadãos, a manutenção da integridade e da segurança da informação obtidas pelo tratamento das bases de dados e dos números de identificação civil nacional (ICN), de que trata a Lei 13.444, de 11 de maio de 2017 e do próprio cadastro de pessoas físicas (CPF). Como já mencionado, é por meio da apuração dos dados que a quantificação e a qualificação das políticas públicas mais necessárias em cada área do país são possíveis de serem apuradas e exigidas pela população, como, por exemplo, mensurar deficiências assistenciais, em áreas de saúde, saneamento e segurança alimentar, ofertando benefícios de pequeno a longo prazo aos entes federados.

Percebe-se, nesse contexto, que a aplicação do governo como plataforma, embora apresente questionamentos de ordem prática na consecução de objetivos e padrões tão integrados em uma realidade nacional assimétrica e desigual, também desponta a necessidade de edificar alternativas inovadoras aos problemas sociais que não puderem ser solucionados pelos instrumentos até então empregados no ecossistema prestacional público brasileiro. Desse modo, tem-se na Lei do Governo Digital uma oportunidade ímpar de exprimir uma administração relacional, orgânica, focada no usuário, transformando a objetividade e a racionalidade da tecnologia em uma real conexão estatal, na busca de prestações mais integrativas e comunicativas do Poder Público com o cidadão.

5. OS LABORATÓRIOS DE INOVAÇÃO NA LEI DO GOVERNO DIGITAL

Joseph Alois Schumpeter afirmava que "produzir significa combinar materiais e forças que estão ao nosso alcance"[45] e na medida em que experimentamos avançar nessas combinações, ainda aquelas incialmente consideradas indisponíveis, algo inovador se sobrepõe como um passo lógico no desenvolvimento humano.

---

como tal de livre consulta (§ 5º). No entanto, na hipótese de um resultado negativo ao pedido de abertura dos dados, é direito do requerente obter o inteiro teor da decisão, a qual deverá estar acompanhada de análise técnica quanto eventual conclusão de inviabilidade orçamentária da solicitação, nos termos do art. 34, da Lei 14.129.

45. SCHUMPETER, Joseph Alois. Teoria do desenvolvimento econômico: uma investigação sobre lucros, capital, crédito, juro e ciclo econômico. Trad. Maria Sílvia Possas. São Paulo: Editora Nova Cultural, 1997, p. 76.

Não parece ser questionável o quanto a inovação é um tema importante na agenda dos formuladores de políticas públicas. Todavia, ainda pouco se produziu no exame da natureza, da estrutura organizacional e dos parâmetros de necessidade de tais unidades dentro do setor público. De qualquer sorte, os laboratórios de inovação (*i-labs*) estão se tornando cada vez mais populares nesse âmbito e alguns passos sistemáticos já foram dados no preenchimento dessas lacunas acadêmicas,[46] frente a sua função modular de aumento da eficiência e legitimidade dos processos de criação de valor público e de suporte aos processos públicos de inovação aberta (*living labs*).[47]

É nesse quadrante proposto que os *i-labs* partem da lógica produtiva de serviços orientados aos usuários e às tecnologias de informação para respaldar o setor público diante de mudanças externas e internas sofridas pela Administração. Eles são definidos como organizações destinadas às ações inventivas com financiamento total ou parcial do setor público. Entretanto, ponto crítico às atividades de experimentação é que os *i-labs* precisam assumir algum nível de autonomia das estruturas e instituições existentes do ponto de vista financeiro, técnico e organizacional.

Fato é que a inovação não circula apenas nos escopos empresariais ou no âmago acadêmico, antes trafega de modo tríplice e une os dois primeiros ao Estado. Na visão de Henry Etzkowitz e Chunyan Zhou, cada parte – universidade, indústria, governo,[48] empenha esforços nos três espaços de uma hélice – conhecimento, consenso e inovação, para preencher lacunas e desenvolver estratégias de inovação exitosas.[49] Esse inovar pode partir inclusive de estruturas aparentemente não maduras ou que estejam em estágios iniciais de tecnologia. O que importa nesse modelo tríplice de colaboração e que pode ser identificado na Lei 13.243, de 11 de janeiro de 2016,[50] o Marco Legal da Ciência, Tecnologia e Inovação, é atender uma demanda urgente de reformulação no ordenamento jurídico, cuja pressão resultou na Emenda Constitucional (EC) 85, de fevereiro de 2015.

---

46. Para um estudo empírico dos *i-labs* realizado a partir de trinta e cinco organizações em todo o mundo e a respectiva análise das razões teóricas pelas quais esses laboratórios são criados no setor público sugere-se a leitura de: TÕNURIST, Piret; KATTEL, Rainer; LEMBER, Veiko. Innovation labs in the public sector: what they are and what they do? *Public Management Review*, v. 19, n. 10, p. 1455-1479, 2017.

47. GASCÓ, Mila. Living labs: Implementing open innovation in the public sector. *Government Information Quarterly*, v. 34, n. 1, p. 90-98, 2017.

48. ETZKOWITZ, Henry; ZHOU, Chunyan. *The triple helix*: University–industry–government innovation and entrepreneurship. 2.ed. London: Routledge, 2017.

49. Em conformidade com a atuação integrativa, a Rede de Inovação no Setor Público (Inova-Gov) realizou um trabalho com organizações e pessoas de diferentes setores da sociedade (setores público e privado, terceiro setor e acadêmico) voltado a estimular e viabilizar a inovação no setor público com a criação de soluções e apoios mútuos, compartilhamento de ferramentas e métodos para aceleração de projetos inovadores que propiciaram a execução de projetos nessa área, conforme é possível identificar em: http://inova.gov.br/. Acesso em: 22 jul. 2021. Além Inova-Gov, cabe referir o GNova, instalado na Escola Nacional de Administração Pública (Enap), como iniciativa pioneira, inaugurada em agosto de 2016, na Administração Pública Federal brasileira, com vistas à disseminação de novos métodos e do desenvolvimento de experiências inovadoras na formação de capacidade estatal. Disponível em: https://gnova.enap.gov.br/pt/. Acesso em: 22 jul. 2021.

50. PORTELA, Bruno Monteiro et al. *Marco legal de ciência, tecnologia e inovação no Brasil*. Salvador: JusPodivm, 2019. p. 25.

A EC 85 fez mudanças significativas na área da inovação, da ciência e da tecnologia quanto às competências constitucionais comuns e legislativas dos entes federados (art. 23, inciso V e art. 24, inciso IX) em movimento de descentralização da União, quanto à criação de incentivos financeiros e de recursos humanos (art. 167, § 5°, art. 213, § 2° e 218), além da determinação, por lei, de um sistema nacional que definisse a política pública na matéria (art. 219-B).

No âmbito internacional, segundo dois relatórios da Organização para a Cooperação e Desenvolvimento Econômico (OCDE), o Brasil tem buscado promover a inovação do setor público, com iniciativas de desburocratização, envolvimento de cidadãos e supervisão social em atividades do governo. Contudo, ainda que o país conte com uma agenda de transformação social, estas ainda se mostram insuficientes para responderem às necessidades existentes.[51] Além disso, a OCDE recomendou ao Brasil fortalecer a inovação digital e direcionar o apoio público à área com pesquisas orientadas a missões,[52] a partir do modelo do Plano Nacional de Internet das Coisas.[53]

Verifica-se que as reformas normativas e as tentativas públicas de transformação digital e visualização significativa de inovação no país, deu suporte à edição da Lei 14.129, com o objetivo de ofertar meios para que o Poder Público fortaleça e simplifique a sua relação com a sociedade nos serviços públicos digitais, razão pela qual há intrínseca conexão com a demanda por laboratórios de inovação, justamente por ser um espaço aberto à participação e à colaboração coletivas, à formulação de ferramentas e de métodos inovadores à gestão pública (art. 4°, inciso VIII).

Aliás, a LGD ao apresentar uma definição normativa de laboratório de inovação pode ter oferecido uma solução a outro desafio até então enfrentado pelo poder público na implementação desses laboratórios: a ausência de uma uniformidade conceitual e de suas repercussões metodológicas e funcionais. Isso porque, até o século XIX, os laboratórios no setor público eram espaços controlados em seus experimentos e focados em áreas das ciências naturais, tecnológicas e sociais, postergando ao século XXI tanto uma expansão mais representativa dos *i-labs*,[54] como também interpretações autênticas como a do já referido do art. 4°, inciso VIII.

Ocorre que os laboratórios de inovação ofertam à Administração Pública potencialidades experimentais capazes de enfrentar os obstáculos (financeiros, logísticos e

---

51. Conforme o relatório "O Sistema de Inovação do Serviço Público do Brasil", publicado em 7 de novembro de 2019. Disponível em: https://www.oecd.org/gov/the-innovation-system-of-the-public-service-of-brazil-a1b203de-en.htm. Acesso em: 20 jul. 2021.

52. Conforme o relatório "A Caminho da Era Digital no Brasil", publicado em 26 de outubro de 2020. Disponível em: https://www.oecd-ilibrary.org/science-and-technology/a-caminho-da-era-digital-no-brasil_45a84b-29-pt. Acesso em: 20 jul. 2021.

53. O Plano Nacional de Internet das Coisas foi instituído pelo Decreto 9.854, de 25 de junho de 2019, e tem como finalidade, conforme o art. 1°, implementar e desenvolver a Internet das Coisas, com base na livre concorrência e na livre circulação de dados, observadas as diretrizes de segurança da informação e de proteção de dados pessoais.

54. SANO, Hironobu. *Laboratórios de inovação no setor público*: mapeamento e diagnóstico de experiências nacionais. Brasília: Enap, 2020, p. 15.

humanos) de execução do governo em plataformas, seja por meio de novos produtos, pela idealização de serviços ou pela reformulação de procedimentos já existentes, só repaginadas às melhorias disruptivas. Soma-se a isso o fato de que os laboratórios oportunizam um espaço lúdico, de cunho prático e experimental, o que incentiva processos de análise avaliativa de sistemas, conexão interpessoal no setor público e gestão de recursos humanos com agrupamento desses mesmos perfis (experimentais, expertises heterogêneas, flexíveis e colaborativos).[55]

A LGD ainda dispõe, nos artigos 44 e 45,[56] que os entes públicos poderão instituir laboratórios de inovação abertos à participação e à colaboração da sociedade para o desenvolvimento e experimentação com foco no cidadão, na participação social e na transparência pública. Para tanto, os laboratórios de inovação devem ter como diretrizes a promoção de tecnologias abertas e livres, o apoio a políticas públicas orientadas por dados, a adoção de práticas de desenvolvimento e prototipação de softwares, o emprego de métodos ágeis de formulação de políticas públicas, a colaboração interinstitucional e a difusão de conhecimento no âmbito da administração pública.

Por outro lado, em que pese tais previsões normativas embasem a criação de laboratórios de inovação no setor público, a maior preocupação está em instigar uma cultura organizacional pública de envolvimento com essas estruturas e torná-las mais factíveis em localidades afastadas dos grandes centros urbanos brasileiros de modo a trabalhar com projetos que contemplem margem de erros e os acolham como parte do processo inovador, com graus de incerteza e de risco pelos desenvolvedores e agentes envolvidos.

Mesmo que essas características próprias dos espaços de inovação ainda precisem ser assimiladas pelos gestores públicos, o movimento normativo gerado pela Lei 14.129 oportuniza avanços, o rompimento de padrões, o acolhimento de estímulos a testagem e a entrega à potencialidade inventiva dentro do setor público. Assim, a postura governamental deve estar no sentido de compreender os laboratórios de inovação como ambientes de experimentação que identificam erros, ajustam incertezas e investigam riscos dentro de um ambiente controlado, mas cujo intuito é não apenas o acerto e sim o aprendizado em busca de novas soluções.[57]

---

55. Sobre como pensar em equipes de trabalho na era informacional e desenvolver estratégias a partir do conhecimento, recomenda-se: TAKEUCHI, Hirotaka; NONAKA, Ikujiro. *Gestão do conhecimento*. Trad. Ana Thorell. Porto Alegre: Bookman Editora, 2008. E-book.

56. A redação do art. 46, da LGD, foi vetado. O dispositivo previa que os experimentos, as ideias, as ferramentas, os softwares, os resultados e os métodos inovadores desenvolvidos nos laboratórios de inovação seriam de uso e domínio livre e público, compartilhados por meio de licenças livres não restritivas. Contudo, tal previsão foi vetada sob o argumento de que impossibilitaria que esses instrumentos de inovação fossem utilizados em prol da captação de recursos, bem como impediria o estabelecimento de parcerias e contratos entre instituições públicas e a iniciativa privada. Mensagem de veto disponível em http://www.planalto.gov.br/ccivil_03/_ato2019-2022/2021/Msg/VEP/VEP-110.htm. Acesso em: 20 jun. 2021.

57. SANO, Hironobu. *Laboratórios de inovação no setor público*: mapeamento e diagnóstico de experiências nacionais. Brasília: Enap, 2020, p. 31.

6. CONSIDERAÇÕES FINAIS

A conectividade virtual alterou, socialmente e culturalmente, não apenas às relações humanas, mas também a forma como o Estado e o cidadão se relacionam, impondo às funções estatais um enfoque comunicativo, uma compreensão sobre a experiência do usuário e transformações digitais na prestação dos serviços públicos.

Um Estado com fluxo informacional (comunicativo) identifica as correções administrativas necessárias por meio de mecanismos sociais de controle, bem como se alimenta da captação de problemas reais enfrentados pela sociedade. Consequente, torna legítimo o direcionamento das políticas públicas e a construção de metas estratégicas de inovação. Afinal, quando os indivíduos não podem mais equacionar falas e caminhos múltiplos, a função do Estado é de exercer a governança dos interesses coletivos.

Percebe-se, nesse contexto, que as plataformas governamentais e os produtos advindos dos laboratórios de inovação devem caminhar de forma integrada, alinhando a gestão de serviços às pesquisas e aos resultados estatísticos, sem ofuscar a percepção tanto das necessidades individuais somadas quanto a conexão com o usuário nessas prestações estatais, fator chave de recuperação da confiabilidade estatal.[58]

Fato é que cada desafio proposto pela Lei do Governo Digital equivale uma potencialidade, cada previsão normativa a uma oportunidade de avançar degraus da transformação digital na Administração Pública. Sejam os desafios ou suas potencialidades correspondentes, ambos demandam do gestor público um trabalho resiliente, relacional e sem quebra de continuidade, de modo a tornar a construção das plataformas de serviços públicos digitais um processo evolutivo que atenda tanto as expectativas de progresso quanto as diferentes realidades brasileiras.

7. REFERÊNCIAS

BARI, Muhammad Waseem; ALAVERDOV, Emilia. Impact of infodemic on organizational performance. *Business Science Reference*, USA, 2021.

BANNISTER, Frank; CONNOLLY, Regina. Trust and transformational government: a proposed framework for research. *Government Information Quarterly*, v. 28, n. 2, p. 137-147, 2011.

BELK, Russell W. Possessions and the extended self. *Journal of consumer research*, v. 15, n. 2, p. 139-168, 1988.

BELK, Russell W. Sharing versus pseudo-sharing in Web 2.0. *The Anthropologist*, v. 18, n. 1, p. 7-23, 2014.

BELK, Russell W. You are what you can access: Sharing and collaborative consumption online. *Journal of business research*, v. 67, n. 8, p. 1595-1600, 2014.

BRADFORD, Anu. *The Brussels effect:* how the European Union rules the world. Oxford University Press, USA, 2020.

---

58. OSBORNE, Stephen P.; STROKOSCH, Kirsty. Developing a strategic user orientation: a key element for the delivery of effective public services. *Global Public Policy and Governance*, p. 1-15, 2021.

CORREIA, José Manuel Sérvulo. Os grandes traços do direito administrativo no século XXI. *A&C-Revista de Direito Administrativo & Constitucional*, v. 16, n. 63, p. 45-66, 2016.

ENGEN, Marit et al. Continuing the development of the public service logic: a study of value co-destruction in public services. *Public Management Review*, v. 23, n. 6, p. 886-905, 2021.

ETZKOWITZ, Henry; ZHOU, Chunyan. *The triple helix*: university–industry–government innovation and entrepreneurship. 2. ed. London: Routledge, 2017.

GASCÓ, Mila. Living labs: Implementing open innovation in the public sector. *Government Information Quarterly*, v. 34, n. 1, p. 90-98, 2017.

HASSENZAHL, Marc; TRACTINSKY, Noam. User experience-a research agenda. *Behaviour & information technology*, v. 25, n. 2, p. 91-97, 2006.

JANOWSKI, Tomasz; ESTEVEZ, Elsa; BAGUMA, Rehema. Platform governance for sustainable development: reshaping citizen-administration relationships in the digital age. *Government Information Quarterly*, v. 35, n. 4, p. S1-S16, 2018.

JANSSEN, Marijn; ESTEVEZ, Elsa. Lean government and platform-based governance – doing more with less. *Government Information Quarterly*, v. 30, p. S1-S8, 2013.

KELLER, Daphne; LEERSSEN, P. Facts and where to find them: empirical research on internet platforms and content moderation. *Social Media and Democracy: The State of the Field, Prospects for Reform*, Cambridge University Press, 2020.

KELLER, Daphne. Toward a clearer conversation about platform liability. *Knight First Amendment Institute's "Emerging Threats" essay series*, 2018. Disponível em: https://ssrn.com/abstract=3186867. Acesso em: 22 jun. 2021.

O'REILLY, Tim. Government as a Platform. *Innovations: Technology, Governance, Globalization*, v. 6, n. 1, p. 13-40, 2011.

OSBORNE, Stephen P.; STROKOSCH, Kirsty. Developing a strategic user orientation: a key element for the delivery of effective public services. *Global Public Policy and Governance*, p. 1-15, 2021.

POELL, Thomas; NIEBORG, David; VAN DIJCK, José. Plataformização. *Fronteiras –estudos midiáticos*, v. 22, n. 1, jan.-abr., p. 2-10, 2020.

PORTELA, Bruno Monteiro et al. *Marco legal de ciência, tecnologia e inovação no Brasil*. Salvador: JusPodvm, 2019.

ROTO, Virpi. Demarcating user experience. In: *IFIP Conference on Human-Computer Interaction*. Springer, Berlin, Heidelberg, p. 922-923, 2009.

SANO, Hironobu. *Laboratórios de inovação no setor público*: mapeamento e diagnóstico de experiências nacionais. Brasília: Enap, 2020.

SCHUMPETER, Joseph Alois. *Teoria do desenvolvimento econômico*: uma investigação sobre lucros, capital, crédito, juro e ciclo econômico. Trad. Maria Sílvia Possas. São Paulo: Editora Nova Cultural, 1997.

TAKEUCHI, Hirotaka; NONAKA, Ikujiro. *Gestão do conhecimento*. Trad. Ana Thorell. Porto Alegre: Bookman Editora, 2008. *E-book*.

TAMBOURIS, Efthimios. An integrated platform for realising online one-stop government: the egov project. In: *12th International Workshop on Database and Expert Systems Applications*. IEEE, 2001.

TÕNURIST, Piret; KATTEL, Rainer; LEMBER, Veiko. Innovation labs in the public sector: what they are and what they do? *Public Management Review*, v. 19, n. 10, p. 1455-1479, 2017.

WILLEMS, Wendy. Beyond platform-centrism and digital universalism: the relational affordances of mobile social media publics. *Information, Communication & Society*, p. 1-17, 2020.

WIMMER, Maria A. A European perspective towards online one-stop government: the egov project. *Electronic commerce research and applications*, v. 1, n. 1, p. 92-103, 2002.

23
A MUDANÇA DE PARADIGMA DO MODELO AUTORITÁRIO DO DIREITO ADMINISTRATIVO COM O ADVENTO DA MODALIDADE LICITATÓRIA DENOMINADA COMO DIÁLOGO COMPETITIVO

Tiago Nunes da Silva

Doutorando e Mestre em Direito pela Universidade de Marília-UNIMAR, Marília-SP. Pós-Graduado em Direito Público. Professor de Direito Administrativo na Faculdade ESAMC em Uberlândia-MG. Procurador-Geral da Câmara Municipal de Uberlândia--MG 2020-2021. Advogado. Consultor em Direito Público.

Sumário: 1. Introdução – 2. A relação jurídica atual do direito administrativo brasileiro – 3. A necessidade da consensualidade como fundamento estruturante do direito administrativo brasileiro – 4. Diálogo competitivo: reflexo de eficiência e rompimento do modelo autoritário no direito administrativo brasileiro – 5. Considerações finais – 6. Referência.

1. INTRODUÇÃO

Com a promulgação da Constituição Federal de 1988, que proclamou o Estado Democrático de Direito brasileiro após quase vinte anos de ditadura militar, floresceu uma atuação incialmente projetada para o diálogo. Todavia, com o Direito Administrativo brasileiro, em larga escala, parece não ter sido efetivado.

A proposta do presente trabalho é demonstrar a necessidade, e, sobretudo, a importância de mudança do Direito Administrativo autoritário para um modelo de gestão consensual. Para tanto, ainda que lentamente, vislumbram-se alguns mecanismos como a conciliação e mediação na Administração Pública, a arbitragem e, recentemente, o advento da modalidade licitatória intitulada como diálogo competitivo.

Disso, compreende-se que o fomento concernente ao diálogo entre Administração Pública e interessado, para a busca de uma solução delineada pela proporcionalidade e/ou razoabilidade, evidentemente sem se afastar da legalidade, apresenta-se como instrumento de efetivação dos valores consagrados que emanam do Estado Democrático de Direito, ou seja, a não prevalência do modelo de gestão atual público hodierno. Mas não é só isso!

O estudo justifica-se pela clara percepção que se vê atualmente acerca da dificuldade enfrentada pela Administração Pública no tocante à concretização de implantação do modelo de Administração Pública digital, o que no presente século, apresenta-se como indispensável sob a perspectiva da boa prestação do serviço público com eficiência e, sobretudo, a contratação de determinados serviços de utilidade operacional da própria Administração Pública, visando sempre o atendimento ao interesse da coletividade.

Para tanto, no primeiro tópico, será objeto de estudo a abordagem do tradicional modelo do Regime Jurídico Administrativo, ainda estribado em certa medida, no recusável modelo autoritário, necessitando, portanto, de urgente reconstrução sob a ótica do Direito Administrativo constitucionalizado.

Após isso, uma breve incursão sobre a aplicabilidade da consensualidade no exercício da atividade inerente à relação jurídica estabelecida entre Administração Pública e particular, em especial, nos casos em que perceptível, o serviço público em andamento e tendo como risco, a interrupção por questão econômica, o que neste caso, sem mecanismos de diálogo, certamente, o interesse da coletividade restará prejudicado.

Em arremate, em decorrência da proposição e, em sintonia com os demais tópicos, constitui-se como objeto de estudo, a nova modalidade licitatória denominada como Diálogo Competitivo. Entretanto, desde logo, convém averbar que tal abordagem não passará pelo aspecto procedimental e, sim, pela reflexão da referida modalidade juntamente com outros institutos, como direcionamento de necessária transformação do Regime Jurídico Administrativo autoritário para o consensual.

2. A RELAÇÃO JURÍDICA ATUAL DO DIREITO ADMINISTRATIVO BRASILEIRO

A presente abordagem é elaborada a partir da análise do princípio da supremacia do interesse público, hodiernamente, denominado como princípio estruturante do regime jurídico administrativo, regime esse, que norteia praticamente toda a atuação do Direito Administrativo.

Nesse ponto, a reflexão versa sob a necessidade de inserção dos direitos fundamentais e outros pilares que, mais adiante, serão apresentados como fundamento estruturante indispensável para o Direito Administrativo, por perceber que o princípio da supremacia do interesse público sempre foi tema de calorosas discussões e polêmicas, por deixar transparecer por vezes, ausência de democratização de tão importante fundamento estruturante.

O problemático princípio da supremacia do interesse público se aloja em um edifício construído, cujas bases têm demonstrado rachaduras, o que logo, implica na reconstrução em relação ao princípio. Porquanto, acerca de sua prevalência sobre o interesse privado, as dúvidas se proliferaram, no que concerne ao seu modo imperativo de agir, chegando a ser chamado pela doutrina clássica de "princípio supremo".

De outro lado, releva destacar que o direito moderno vincula-se às fontes de integração social, visando desrespeitar o mínimo dos interesses (público versus particular), propondo-se mecanismos para a valoração de ambos os interesses. Noutras palavras, não sobeja afirmar, que a supremacia do interesse público não deva ser o alicerce para a atuação estatal, entretanto, no bojo de seu conteúdo, identifica-se situações autoritárias ensejando ademais, ausência de conteúdo democrático.

A par desses apontamentos iniciais, releva destacar que, não há que se falar em Estado divorciado do princípio da supremacia, não é isso, pois se assim o fosse, o Estado estaria inapto ao atingimento do bem-estar social comum.

Entretanto, constitui-se como um dos objetivos da presente abordagem, demonstrar que a supremacia do interesse público não pode ser entendida como postulado normativo, revestido de total imperatividade, sem que haja a devida observância no que toca ao seu conteúdo, por vezes violador de garantias fundamentais, que de modo recorrente, são utilizados como fundamento das decisões do Poder Público.

Em razão da elevadíssima valorização do princípio da supremacia do interesse público, se faz necessário perpassar pelas matrizes ideológicas do referido princípio em sua origem, na França. Neste sentido, a relevância de uma explicação mais detalhada, é apresentada por Daniel Wunder Hachem, que assim consignou:

> A escola da *puissance publique*, desenvolvida no século XIX, utilizava como critério-base para a explicar o Direito Administrativo a distinção entre: (i) atividades de autoridades, exercidas pelo Estado nas hipóteses em que seus órgãos empregavam "ordens, proibições, regulamentações unilaterais", manifestando uma "vontade de comando" sobre os particulares [...]. Ao praticar as primeiras, o Estado estaria exercendo "atos de *puissance publique*" ou "atos de autoridade", os quais se submeteriam a um regime jurídico exorbitante do Direito comum, que autorizaria a Administração a utilizar um poder de comando em face dos particulares.[1]

O tema da supremacia do interesse público teve sua discussão reavivada na literatura jurídica nacional, com o principal objetivo de relativizar a concepção ultrapassada e autoritária de que a supremacia do interesse público e a indisponibilidade do interesse devam ser tidas como "base fundamental" do Regime Jurídico Administrativo, do Direito Administrativo, que há tempos vem perdurando, desde o século XIX.

A doutrina clássica do Direito Administrativo sempre afirmou que o princípio da supremacia do interesse público encontra-se na posição de um princípio geral "supremo", que possibilita imposições pela Administração Pública, de condutas impositivas e limitativas em relação aos particulares.

A ideia que se tem do princípio da supremacia do interesse público, assim, é apresentada por Celso Antônio Bandeira de Mello, valendo ressaltar, pioneiro defensor do princípio em questão.

> Trata-se de um verdadeiro axioma reconhecível no moderno Direito Público. Proclama a superioridade do interesse da coletividade, firmando a prevalência dele sobre o particular, como condição

---

1. HACHEM, Daniel Wunder. *Princípio Constitucional da Supremacia do Interesse do Interesse Público*. Belo Horizonte: Fórum, 2011, p. 95.

até mesmo da sobrevivência e asseguramento deste último. É pressuposto de uma ordem social estável, em que todos e cada um possam sentir-se garantidos e resguardados.[2]

Nesse sentido, veja-se que o princípio em comento é tido como fundamento para dar sustento aos atos praticados pela Administração Pública, como se vê, com sustentáculo pela então supremacia do interesse público e, pela sua indisponibilidade, que se encontram assentados em um elevadíssimo grau de prevalência face ao interesse privado.

É mister, pois, assinalar que a doutrina nacional, frequentemente alude ao princípio da supremacia do interesse público, sobre o particular, atribuindo-lhe total relevância no que concerne à definição do Regime Jurídico Administrativo.

Nota-se que tal princípio sempre fora empregado com o escopo de justificar a vasta gama de prerrogativas associadas à Administração Pública, que defende ser necessário atuar de tal modo, para tutelar os interesses da coletividade, mas o faz mediante atos de imperatividade, ensejando desequilíbrio que sempre tem pendido em favor do Estado.

Neste ponto, cabendo a seguinte indagação para melhor compreensão: sob qual perspectiva, afirmam-se a existência de tais prerrogativas? a) desigualdade jurídica entre Administração Pública e cidadãos; b) presunção de legitimidade dos atos pela Administração e, c) discricionariedade para realização de seus fins, em especial, no que toca ao poder de polícia e outros.

O debate teórico acerca do princípio da supremacia do interesse público está pautado por inúmeras indagações, entre elas, a doutrina tem buscado esclarecer a ausência de fundamento explícito do referido princípio, sendo que tal, hodiernamente, é que se apresenta como fundamento estruturante do Regime Jurídico Administrativo da Administração Pública nas relações com os particulares.

Imperioso ressaltar, que o modo pelo qual a Administração Pública desenvolve suas ações, justificando ser necessário se utilizar de tal forma para atender ao interesse público, como dito, relembra atos de um Estado ditatorial, em que os atos não eram fundados no direito, mas, sim, na sua própria vontade ou de quem o representava, o que, lastimavelmente, parece não ser diferente nos dias atuais.

Assentadas tais premissas, vale ressaltar que, após a mudança de um Estado não mais controlador e, sim, prestador, vislumbra-se um modelo estatal que novamente sacrifica o interesse privado em detrimento do que "se diz ser interesse público", não valorando princípios indispensáveis diante do caso concreto, como o princípio da igualdade, tido como base do Estado Democrático de Direito.

É forçoso admitir que, o que se vislumbra, após séculos, é o fato de um Estado Democrático de Direito atuar nos moldes de um Estado ditatorial, conforme dito.

---

2. BANDEIRA DE MELLO, Celso Antônio. *Curso de Direito Administrativo*. 32. ed. São Paulo: Malheiros, 2014, p. 60.

O que se percebe pelos atos da Administração Pública é tão somente a mitigação de conquistas valiosas para a sociedade, a exemplo, os direitos fundamentais inseridos na Magna Carta de 1988.

Nesse sentido, não há como conciliar no ordenamento jurídico brasileiro, um princípio que, de plano, já preestabeleça que a melhor solução; no caso concreto, se consubstancia na "vitória" do interesse público, sacrificando em todo tempo, o interesse privado. Nas palavras de Gustavo Binenbojm:

> Na esteira da incompatibilidade conceitual, cumpre ressaltar que o "princípio da supremacia do interesse público" também não encontra respaldo normativo, por três razões tratadas pelo autor: primeira, por não decorrer da análise sistemática do ordenamento jurídico; segunda, por não admitir a dissociação do interesse privado, colocando-se em xeque o conflito pressuposto pelo "princípio"; e terceira, por demonstrar-se incompatível com os preceitos normativos erigidos pela ordem constitucional.[3]

No que tange à legalidade do princípio da supremacia do interesse público, os conceitos esposados pela doutrina e pela jurisprudência versam sobre dois aspectos: para a sua própria sobrevivência e para a mantença da ordem social a fim de mantê-la sempre estável.

Segundo Fábio Medina Osório[4] [...] evidentemente que a superioridade do interesse público sobre o privado não pode ser deduzida de princípios exclusivamente morais ou políticos, pois carece de uma recondução à normatividade própria da Constituição Federal.

Dessa forma, constata-se que a prevalência de uma prioridade absoluta do coletivo sobre o individual (do público sobre o privado) é incompatível com o Estado Democrático de Direito.

Não se pode olvidar, que o princípio da supremacia do interesse público tem sido aplicado de forma desvencilhada das garantias fundamentais. Nas demandas em que a Administração Pública é parte, não se tem buscado atender à ponderação entre o interesse público e o interesse privado.

No entanto, ao tentar justificar sua forma de atuação estribada somente na supremacia do interesse público, o Estado não é convincente, pois o que se percebe, nos casos concretos, é a existência de elevado grau de vantagem e/ou prevalência em favor da Administração Pública, que age em desconformidade com o que se extrai do próprio princípio da legalidade.

Outro ponto a destacar é que, em algumas situações, a supremacia do interesse público afronta outros princípios da Carta Democrática de 1988, até mesmo aqueles expressos no rol dos direitos fundamentais, tais como o contraditório e a ampla

---

3. BINENBOJM, Gustavo. *Uma teoria do Direito Administrativo*: direitos fundamentais, democracia e constitucionalização. 2. ed. São Paulo: Renovar, 2008, p. 95.
4. OSÓRIO, Fábio Medina. Existe uma Supremacia do Interesse Público sobre o Privado no Direito Administrativo Brasileiro. *Revista de Direito Administrativo*, n. 220, abr.-jun. 2000, p. 84.

defesa, face à enorme dificuldade existente em se produzirem provas em demandas das quais a Administração Pública seja parte, principalmente em relação aos atos que derivam do exercício do poder de polícia.

Independentemente do que seja o conceito do princípio da supremacia do interesse público, não é aceitável afirmar que, nos casos concretos, ele sempre prevalecerá sobre o interesse privado. Ora, um princípio que se presta a afirmar que o interesse público sempre prevalecerá sobre o interesse privado, fere letalmente o Estado Democrático de Direito, e representa nítido regresso.

Portanto, resta frisar que, em um Estado Constitucional, o ideal é que a ordem jurídica não aplique o princípio da supremacia de forma desenfreada, estribando-se em critérios subjetivos, com ampla discricionariedade do agente, que desempenha a função estatal, pois, dessa forma, disseminará arbitrariedades tamanhas, que nem sempre são estampadas.

A doutrina brasileira, especificamente nas searas do Direito Administrativo e do Direito Constitucional, encontra-se dividida acerca do fundamento do princípio basilar do Direito Administrativo: a supremacia do interesse público. Após vários estudos a respeito desse princípio, há na doutrina mais atualizada dois entendimentos distintos. A primeira diferença entre essas correntes doutrinárias é que existem aqueles que defendem a desconstrução do princípio da supremacia do interesse público, como Humberto Ávila[5], e aqueles que advogam com veemência a necessidade de sua reconstrução, como Luís Roberto Barroso.[6]

É tema aberto à discussão, nos dias atuais, o que a doutrina tem chamado de "desconstrução e reconstrução do princípio da supremacia do interesse público". Entretanto, a esta altura, é prudente consignar a proposta de reconstrução do princípio em comento.

De plano, urge consignar que não há divergência entre as mencionadas, no sentido de que o princípio da supremacia do interesse público não vislumbra consistência teórica. Em outro ponto, a doutrina também não discorda no que diz respeito à incompatibilidade do princípio da supremacia do interesse público com o sistema constitucional dos direitos fundamentais.

Importa, neste momento, frisar que o Estado tem como objetivo essencial a defesa do interesse público, devendo canalizar suas ações em prol do atendimento dos interesses da coletividade, com vistas a resguardar uma das premissas do Estado Democrático de Direito.

Desde os primórdios, os indivíduos, a fim de facilitar a obtenção de moradia, alimento, bem-estar e segurança, viram-se compelidos a se reestruturar nos moldes

---

5. ÁVILA, Humberto. *Teoria dos Princípios*: da definição à aplicação dos princípios jurídicos. 13. ed. São Paulo: Malheiros, 2012.
6. BARROSO, Luís Roberto. *A nova interpretação constitucional*: ponderação, direitos fundamentais e relações privadas. 2. ed. Rio de Janeiro: Renovar, 2006.

de uma sociedade, para se protegerem de ataques de animais, e até mesmo de outros indivíduos.

Surge então, nesse contexto, a oportunidade de apresentar a segunda vertente do Direito Administrativo, de modo distinto do *puissance publique*, ou seja, a ideia exagerada de prerrogativas exorbitantes. Fala-se, da Escola do serviço público.[7]

Contrapondo-se ao modelo *puissance publique* (autoridade pública), a teoria do serviço público, enfatiza que apesar da atuação do Estado ter sido direcionada à atividade de controle (polícia) a carência econômica, social e cultural da coletividade, e demais atividades prestacionais de cunho assistenciais, passou a ser considerada por a mais cabível no sentido de legitimar a existência do Estado, sobretudo, no que toca ao Direito Administrativo.[8]

Sem embargo, dentro dessa ordem de ideias, enfatize-se que, hodiernamente, a despeito do convívio em sociedade, não há que se olvidar a extrema necessidade da imposição de limitação da vontade alheia, sob pena de não tutelar pelo interesse coletivo por omissão.

A imposição de limitação alcançou robustez no momento em que o Estado foi instituído como administrador e representante do povo, passando a tutelar conforme o interesse público, a fim de preservar a harmonia e o interesse da sociedade. Pode-se dizer, então, que essa imposição de limitação passou a ser exteriorizada mediante a atuação do Estado *puissance publique* (autoridade pública).

A problemática maior dessa exteriorização encontra-se exatamente no modo pelo qual se tem aplicado a imposição de limitações, visto que o Estado tem atuado e manifestado suas vontades, não raras vezes, de forma arbitrária, "assentado num vantajoso trono de superioridade", cada vez mais distante dos ditames da devida motivação. Explica-se: fundamenta suas decisões com base no interesse público, conceito esse, vago e indeterminado.

O Estado tem-se valido do princípio da supremacia do interesse público como alicerce e justificativa de todos os seus atos e, na maioria das vezes, tem "atropelado" os indivíduos e seus direitos fundamentais. Nas palavras de Bastos:

> A supremacia do interesse público não existe tão somente para esmagar o indivíduo sob uma jurisdicidade consagrada de privilégios injustificáveis. Essa supremacia do interesse coletivo tem que encarnar privilégios legítimos. Vale dizer, recursos jurídicos que o direito administrativo dispõe e que são absolutamente indispensáveis para o atingimento dos fins coletivos, mediante o menor custo possível para o cidadão.[9]

Nas relações do Estado com seus cidadãos, passou-se a vislumbrar atos truncados, com características do autoritarismo, atos de superioridade, tais como o de

---

7. MORAND-DEVILLER, Jacqueline. *Cours de Droit Administratif*. 6. ed. Paris: Montchestien, 1999, p. 19.
8. HACHEM, Daniel Wunder. *Princípio Constitucional da Supremacia do Interesse do Interesse Público*. Belo Horizonte: Fórum, 2011.
9. BASTOS, Celso Ribeiro. *Curso de Direito Administrativo*. São Paulo: Saraiva, 1994, p. 29.

organizar, de punir e de fiscalizar, situação em que o Estado passou a ser a "cabeça" dessa relação *puissance publique* (autoridade pública).

O Direito moderno vincula-se às fontes de integração social, com vistas a desrespeitar minimamente os interesses públicos e particulares, valorando-os ponderadamente. Noutras palavras, não sobeja afirmar, que a supremacia do interesse público não pode servir de alicerce para o interesse individual do Estado, tampouco para o interesse egoístico do agente público, servindo de manto para cobrir as arbitrariedades.

Nem por isso, contudo, há de ser desprezado o conteúdo do princípio da supremacia do interesse público. Nessa altura, já é de se considerar que o Direito Administrativo não pode ser mais explicado a partir de um postulado de supremacia, divorciado de outros pilares, como se demonstrou sob ótica do serviço público em sentido amplo.

O Estado Democrático de Direito, instituído pela Constituição Federal de 1988, elegeu o princípio da proporcionalidade, que deve ser aplicado com o escopo de impedir restrições a determinado direito fundamental ou um conflito entre distintos princípios constitucionais, de modo a exigir que se estabeleça o peso relativo de cada um dos princípios, em busca da melhor solução.

Com efeito, o princípio da supremacia do interesse público não coaduna com as nuances do Estado Democrático de Direito, devido a tamanha negligência em não valorar os mandamentos consagrados constitucionalmente. Tudo isso implica a proposta de "reconstrução da supremacia do interesse público".

Firmados esses pontos, impende observar que o princípio da supremacia do interesse público, deve-se guiar concomitantemente com outros postulados, avaliando os meios utilizados para melhor adequação à promoção do resultado fim, com o fito de desrespeitar, o mínimo possível, os interesses particulares.

Note-se bem: não se nega a relevância do princípio da supremacia do interesse público, enquanto instrumento essencial para alcançar interesses essenciais a toda sociedade, que devem ser tutelados pelo próprio Estado, já que este fora instituído como administrador da coisa pública.

O fato é que, com o advento do Estado Democrático de Direito, as prerrogativas que outrora foram concedidas à Administração Pública, e que ainda permanecem em relação ao particular, já não podem mais ser vistas e aceitas de forma absoluta, sem que haja o advento de outros pilares.

O que se está a afirmar é que o interesse público deve ser aplicado com a máxima cautela e prudência e, crucialmente sob o mandamento da respeitabilidade aos interesses individuais, e até mesmo coletivos.

Ao dizer respeitabilidade a tais direitos, não significa compreender submissão ao cidadão para o seu querer estatal. Não se trata disso, muito pelo contrário, que se propõe, é a compreensão do atual status do princípio da supremacia do interesse

23 • A MUDANÇA DE PARADIGMA DO MODELO AUTORITÁRIO DO DIREITO ADMINISTRATIVO

público como ponto de partida[10], e posteriormente, traçar outros fundamentos, já positivados no sistema normativo brasileiro contemporâneo, tendo como principal objetivo efetivá-los como fundamentos estruturantes do regime jurídico administrativo, para que tal modo haja a percepção do Estado controle e, na mesma porção, o Estado garantidor da prestação do serviço público, o qual se entende no presente trabalho, ser o destaque da existência do Estado, frise-se: para a prestação de serviço público.

3. A NECESSIDADE DA CONSENSUALIDADE COMO FUNDAMENTO ESTRUTURANTE DO DIREITO ADMINISTRATIVO BRASILEIRO

O objetivo do presente tópico se constitui na abordagem dos meios alternativos de resolução de conflitos, dos quais a Administração Pública direta ou indireta seja parte, sem que haja a necessidade de uma sentença judicial.

Ressalte-se, pois, desde logo, que não será abordado o procedimento especifico das referidas formas alternativas de conflito, cabendo, tão somente, a exposição de uma nova visão acerca do Direito Administrativo, no que se refere à relativização do princípio da supremacia do interesse público e da indisponibilidade do interesse público em face da legalização denominada como consensualidade.

Feitas essas considerações, é importante destacar que, do mesmo modo em que é possível vislumbrar conflitos em uma relação jurídica entre particulares, é sabido que os órgãos da Administração Pública, constantemente se envolvem em conflitos. Nesse sentido, tais conflitos podem ser com particulares, situação bastante comum, e sob outro ângulo, entre órgãos da própria Administração Pública, por exemplo, dois órgãos disputando a posse de um imóvel.

Comumente, pela visão clássica do Direito Administrativo, uma vez instaurado determinado conflito, em que seja possível verificar a Pessoa Jurídica de Direito Público ocupando um dos polos, tal conflito, em tese, pelo dogma da indisponibilidade do interesse público, deverá ser resolvido por meio de uma sentença judicial.

De outra parte, necessariamente, surge como instrumento jurídico designado para estabelecer o vínculo jurídico entre a Administração Pública e o particular, atualmente, denominado como Contrato Administrativo com incidência do Regime Jurídico Administrativo.

Do referido Contrato Administrativo é possível vislumbrar todos os poderes considerados como indispensáveis à proteção e à promoção do interesse público, que, indubitavelmente, serão consignados como garantias inerentes à Administração Pública. Noutras palavras, as conhecidas e polêmicas cláusulas exorbitantes.

---

10. HACHEM, Daniel Wunder. *Princípio Constitucional da Supremacia do Interesse do Interesse Público*. Belo Horizonte: Fórum, 2011, p. 41-42.

Pela relevância do assunto, propõe-se uma nova visão acerca da urgência em se aplicar a consensualidade nos Contratos Administrativos, não se cogitando de nenhum modo, no afastamento do Regime Jurídico Administrativo por completo, mas sim, no chamamento da consensualidade, visando a todo o tempo, à preservação do diálogo entre os interessados.

Para melhor compreensão, é essencial relembrar que vigora como fundamento nas decisões administrativas, o processo administrativo e a defesa da sentença judicial, sendo tais, expressados pelo princípio da indisponibilidade do interesse público, pelo qual, outrora, a Administração Pública estaria impedida de submeter seus litígios aos institutos da conciliação, de mediação ou de arbitragem. Felizmente, essa visão antiga foi superada.

À vista disso, é importante consignar, que o § 1º[11] do art. 1º da Lei 9.307/1996 – Lei da Arbitragem, após a redação dada pela Lei 13.129/2015 chancelou a possibilidade de a Administração Pública direta e indireta se valer da arbitragem como meio extrajudicial, a fim de dirimir eventuais conflitos.

Ainda, sobre a arbitragem na Administração Pública, vale lembrar que a Lei 11.079/2004 – Lei da Parceria Público-Privada, também averbou no inciso III[12], do art. 11, a possibilidade de sua aplicabilidade, com o propósito de resolver eventuais litígios. Ao que parece, é inegável, atualmente, a incidência da arbitragem nos conflitos de que a Administração Pública seja parte.

Por outro lado, a Lei 13.140/2015 – Lei da Mediação e Autocomposição, e o Código de Processo Civil alterado pela Lei 13.105, de 16 de março de 2015, trouxeram a possibilidade de resolução de conflitos dos quais a Administração Pública seja parte, afastando, portanto, a necessidade da sentença judicial para pôr fim a determinado conflito.

Com efeito, após a adoção da Conciliação no âmbito da Administração Pública, já não pode persistir o entendimento, no sentido de violação ao princípio da legalidade ou da indisponibilidade do interesse público. Nesse sentido, ainda que tardiamente, percebe-se a contraposição da prevalência do princípio da supremacia do interesse público em face do interesse privado.

No âmbito doutrinário, não é recente a posição de Romeu Felipe Barcellar Filho, no sentido da admissão da possibilidade de a Administração Pública celebrar acordos e transacionar:

> A Administração Pública pode celebrar acordos e transacionar a fim de evitar litígios despropositados que somente prejudicam o bom andamento de suas atividades. A transação pressupõe a existência de um espaço de conformação que a lei outorga ao administrador (em outras palavras,

---

11. Redação do § 1º – A administração pública direta e indireta poderá se valer da arbitragem para dirimir conflitos relativos a direitos patrimoniais disponíveis.

12. Redação do inciso III – o emprego dos mecanismos privados de resolução de disputas, inclusive a arbitragem, a ser realizada no Brasil e em língua portuguesa, nos termos da Lei n. 9.307, de 23 de setembro de 1996, para dirimir conflitos decorrentes ou relacionados ao contrato.

23 • A MUDANÇA DE PARADIGMA DO MODELO AUTORITÁRIO DO DIREITO ADMINISTRATIVO **449**

discricionariedade) para valorar, no caso concreto, as medidas necessárias para a proteção do interesse público. Transacionar não importa abrir mão do interesse público, sem excluir a participação dos particulares interessados na solução da contenda.[13]

É essencial reconhecer a necessidade da inserção de um novo paradigma, sob a ótica da bilateralidade e, principalmente, do consenso, no que se refere aos atos de imperatividade praticados pela Administração Pública. Em face da necessidade de um novo modelo, é possível que haja maior garantia da preservação do interesse da coletividade, devendo existir, para tanto, o fomento no que concerne ao consenso, até mesmo como medida preventiva e/ou educativa em especial, nos atos de império, ou seja, atos fiscalizatórios.

Hodiernamente, no que tange à temática da consensualidade, é possível encontrar vários fundamentos normativos. Nesta linha de pensamento, o art. 43[14] da Lei de Mediação, facultou aos órgãos da Administração Pública criar câmaras para a resolução de conflitos, e ao mesmo tempo proporcionou regulamentação ao art. 174[15] do Código de Processo Civil.

Em suma, pode-se afirmar a notável urgência da ruptura, no que se refere à concepção clássica do Direito Administrativo, especificamente, a despeito da substituição do seu "poder estatal", em face da consensualidade. O Direito Administrativo não pode continuar a se perpetuar calcado no autoritarismo, com a ideia absurda de prevalências unilaterais, privilégios e superioridades, tendo como fundamento conceitos classificados como indeterminados, por exemplo, a própria supremacia do interesse público e o interesse público.

Noutras palavras, a tendência será a internacionalização da Autocomposição e da heterocomposição abarcando de tal modo, a Administração Pública, quando estiver em um dos polos da relação jurídica administrativa controvertida. Tanto é verdade tal afirmativa, que a própria Lei 9.784/1999 – Lei do Processo Administrativo Federal estabeleceu condições plausíveis, para a manutenção do diálogo por meio da consulta pública e da audiência pública.

Dessas noções elementares, acerca dos meios alternativos de resolução de conflitos, resulta a seguinte indagação: a discussão sobre equilíbrio econômico-financeiro dos contratos administrativos foi abarcada pela Lei da Mediação? A resposta é sim[16]

---

13. BARCELAR FILHO, Romeu Felipe. *Direito Administrativo e o Novo Código Civil*. Belo Horizonte: Fórum, 2007, p. 192.
14. Redação do art. 43 – Os órgãos e entidades da administração pública poderão criar câmaras para a resolução de conflitos entre particulares, que versem sobre atividades por eles reguladas supervisionadas.
15. Redação do art. 174 – A União, os Estados, o Distrito Federal e os Municípios criarão câmaras de mediação e conciliação, com atribuições relacionadas à solução consensual de conflitos no âmbito administrativo tais como [...]
16. Art. 32. A União, os Estados, o Distrito Federal e os Municípios poderão criar câmaras de prevenção e resolução administrativa de conflitos, no âmbito dos respectivos órgãos da Advocacia Pública, onde houver, com competência para: [...] § 5º. Compreendem-se na competência das câmaras de que trata o *caput* a prevenção e a resolução de conflitos que envolvam equilíbrio econômico-financeiro de contratos celebrados com particulares. (Negritou-se).

Finalmente, deve-se considerar o avanço, no que se refere à aplicabilidade de formas alternativas de resolução de conflitos, nas relações controvertidas que envolvam o interesse público em face do interesse particular.

Desse modo, é perfeitamente possível, que a discussão sobre equilíbrio econômico-financeiro de contratos administrativos, seja resolvida por meio de acordo (Autocomposição), passando a ser dispensável, portanto, a busca direta pelo Poder Judiciário.

Outro ponto que merece destaque diz respeito à Mediação coletiva de conflitos envolvendo prestação de serviços públicos. Imagine-se a seguinte situação: após várias reclamações, foi constatado que centenas de moradores estão com problemas no serviço municipal de coleta de lixo domiciliar; diante de tal situação indaga-se: a fim de evitar que inúmeras ações judiciais sejam propostas em face do Município, a Procuradoria Geral do Município pode instaurar, na câmara de mediação administrativa, a mediação coletiva para dirimir conflitos relacionados com a prestação do serviço de coleta de lixo domiciliar? Sim, de acordo com o parágrafo único[17], do art. 33 da Lei de Mediação.

Diante da novidade em relação à mediação coletiva, em se tratando de serviços públicos, é possível verificar algumas vantagens tais como: a) a solução de problemas que contemplam o interesse da coletividade de forma mais célere; b) a diminuição de inúmeras ações judiciais, e por fim, c) a abertura da participação de determinadas associações pela busca da solução consensual em prol dos destinatários do serviço público.

Pode-se deduzir com base no que fora exposto, a urgência da iniciativa da União, dos Estados, do Distrito Federal e dos Municípios, no que se refere à criação de câmaras para resolução de conflito. Ressalte-se, que a Lei 13.140/2015 estabeleceu regras gerais sobre a câmara de mediação administrativa cabendo, portanto, a regulamentação de cada Ente segundo suas realidades regionais e locais.

Assim, como visto, reitera-se a relevância para os contratos administrativos na aplicabilidade da mediação administrativa no que concerne às questões inerentes ao reequilíbrio econômico, principalmente, quando a matéria versar sobre serviço público.

Isto porque, não se afirma no presente trabalho, que o serviço público não deva ser interrompido, todavia, incumbe à Administração Pública o dever de evitar à interrupção do serviço público, valendo-se de todos os meios previstos na ordem jurídica, sobretudo a consensualidade, que notadamente apresenta-se como um dos mecanismos, que de modo claro é capaz de expressar características de democracia.

Por fim, a partir do momento em que a Administração Pública se nega a se valer de formas alternativas, para a resolução de conflitos, o entendimento é um só, ou

---

17. Redação do parágrafo único: A Advocacia Pública da União, dos Estados, do Distrito Federal e dos Municípios, onde houver, poderá instaurar, de ofício ou mediante provocação, procedimento de mediação coletiva de conflitos relacionados à prestação de serviços públicos.

seja, a violação ao dever de adoção de medidas consensuais, o que nesse particular, endossa a prevalência, por parte da própria Administração Pública, pela mantença de um regime e atuação tida por vezes, como ditatorial.

4. DIÁLOGO COMPETITIVO: REFLEXO DE EFICIÊNCIA E ROMPIMENTO DO MODELO AUTORITÁRIO NO DIREITO ADMINISTRATIVO BRASILEIRO

Do rol principiológico da nova Lei de Licitações, como se vê, vislumbra-se eficiência, celeridade e economicidade. No entendimento de Rafael Carvalho, os dois últimos estão entrelaçados com o princípio da eficiência.[18]

Para o jurista Emerson Gabardo[19], em primeira análise, parece haver discordância sobre a interligação do princípio da economicidade e eficiência. Veja-se: "Todavia, não parece que o princípio constitucional da eficiência administrativa possa ser reduzido a um critério meramente econômico (para isso a Constituição e a doutrina já consagraram o princípio da economicidade)". No entanto, o próprio Emerson Gabardo[20] no texto citado, parece ter concordado que tal discussão, não seria tão relevante. Veja-se:

> A economicidade é que é um critério componente da eficiência e não o contrário. Mas aqui se esbarra também em uma questão terminológica. E ocorre que talvez não valha apena alongar-se muito nesta seara. Conforme já sustentamos de forma mais aprofundada em trabalho anterior, **parece claro que englobam a eficiência, a produtividade, a economicidade e a celeridade** [...]. (Negritou-se).

De acordo com Luigi Galanteria[21] e Massimo Stipo, não assiste relevância na discussão do conceito inerente ao princípio da eficiência para o Direito Italiano, pois tal princípio na ação administrativa concretiza "a eficiência, a economicidade, a simplicidade, a celeridade, o rendimento etc.".

Na lição de Eduardo Azeredo, existem vários aspectos interligados no bojo do princípio da eficiência, como produtividade e economicidade, qualidade, celeridade e presteza e desburocratização e flexibilização.[22]

Note-se que a construção teórica apresentada sobre o princípio da eficiência na atuação da Administração Pública, expressa a noção de um "princípio aberto" de tal modo a se harmonizar com outros princípios, conforme já demostrado. Certamente, isso decorre do fato de - eficiência, celeridade e economicidade - estarem na

---

18. Nesse sentido, é entendimento de Rafael Carvalho, em sua recente obra sobre a nova Lei de Licitações. OLIVEIRA, Rafael Carvalho Rezende. *Nova lei de licitações e contratos administrativos*: comparada e comentada. Rio de Janeiro: Forense, 2021, p. 24.

19. GABARDO, Emerson. A eficiência no desenvolvimento do Estado brasileiro: uma questão política e administrativa. *In*: MARRARA, Thiago. *Princípios de direito administrativo*. São Paulo: Atlas, 2012, p. 342.

20. Sobre o princípio da eficiência, ver a obra: GABARDO, Emerson. *Princípio constitucional da eficiência administrativa*. São Paulo: Dialética: 2002.

21. GALATRIA, Luigi; STIPO, Massimo. *Manuale di diritto ammnistrativo*. 2. ed. Torino: UTET, 1995, p. 230

22. RODRIGUES, Eduardo Azeredo. *O princípio da eficiência à luz da teoria dos princípios*. Rio de Janeiro: Lumen Juris, 2012, p. 91-99.

condição de lastro para o bom desenvolvimento, não somente do ato de licitar, mas contemplando toda atividade administrativa valorando, portanto, sua noção estrutural, para que, ademais, o interesse da coletividade seja atendido de modo exitoso.

Logo, com base nesse conceito de eficiência, exige-se por parte da Administração Pública, uma boa administração, ou seja, atuação célere, sóbria, bloqueando propostas com gastos desnecessários, com artigos de luxo, conforme vedado pela nova Lei de Licitações.[23]

Por sua vez, o conceito de eficiência, que também abarca a celeridade e economicidade, incide como instrumentos de controle da atuação da Administração Pública, sobretudo, nos custos de mecanismos adotados no dia a dia, que acaba sendo pago pela própria coletividade e, comumente, o que vê, são os efeitos nocivos de uma atuação ineficiente com a coisa pública.

Em outras palavras, a ineficiência na atuação administrativa, não merece tolerância, devendo, portanto, ser evitada a todo custo, a fim de salvaguardar o interesse econômico e material (garantia do serviço público) em prol da coletividade.

De nada adianta a incursão do princípio da eficiência[24] na nova Lei de Licitações, se não houver, por parte órgão licitante, a observância no sentido de melhorar a gestão da coisa pública e dos interesses da coletividade. O fato de o referido princípio estar explícito da referida Lei, não faz com que órgãos públicos sejam tidos como eficientes, pois se assim fosse, considerando a sua previsão no caput do art. 37, da Constituição federal, o cenário da gestão pública no Brasil não seria tão deficitário.

Para o dever de efetivação do princípio da eficiência na atuação da Administração Pública, apresenta-se urgente o afastamento de interesses privados por parte dos governantes, que não raras vezes, utiliza-se a qualquer custo, a máquina pública, de tal modo a abarcar o referido interesse classificado como escuso.

Decorre, portanto, do princípio da eficiência, celeridade e economicidade, o dever da Administração Pública projetar mecanismos internos para a realização de um procedimento licitatório, não deixando de lado, também a eficiente prestação dos serviços públicos, de tal modo a obter resultados satisfatórios.

Exatamente pelo referido escopo a ser perseguido pela Administração Pública, é que a nova Lei de Licitações, valorou expressivamente o fomento da tecnologia hodierna para a contração e execução de alguns serviços, ensejando, portanto, o cabi-

---

23. Art. 20. Os itens de consumo adquiridos para suprir as demandas das estruturas da Administração Pública deverão ser de qualidade comum, não superior à necessária para cumprir as finalidades às quais se destinam, vedada a aquisição de artigos de luxo.

24. Em que pese a estreitíssima relação entre eficiência e eficácia, a nova Lei de Licitações trouxe a eficácia como princípio licitatório. Considerando que a abordagem versa sobre o princípio da eficiência, ressalte-se, a relevância no sentido de compreender, que ambos, não são detentores do mesmo conteúdo jurídico normativo. Segundo José dos Santos Carvalho Filho, "eficácia tem relação com os meios e instrumentos empregados pelos agentes no exercício de seus misteres na administração; o sentido é tipicamente instrumental". CARVALHO FILHO, José dos Santos. *Manual de Direito Administrativo*. 32. ed. Rio de Janeiro: Lumen Juris, 2018, p. 33.

mento da modalidade diálogo competitivo. Nessa toada, se faz necessário a exposição do cabimento do diálogo competitivo, na lição do jurista Rafael Sérgio de Oliveira.[25]

> A novidade é o diálogo competitivo, cujo escopo é a adjudicação de contratos dotados de complexidade de técnica, jurídica ou financeira. Trata-se de um instituo oriundo do Direito Europeu cujo foco inicial foi incentivar os Estados-Membros da União Europeia a promoverem parcerias público-privadas, as PPP's. A ideia subjacente nessa modalidade de licitação é a de que o setor privado pode contribuir para as soluções públicas. Por isso, ele é apropriado para aquelas situações nas quais o poder público sabe da sua necessidade, mas não sabe como supri-la. No diálogo competitivo, o objeto da contratação é concebido no curso da licitação. [...]. Essa modalidade é apta para casos complexos, sendo, por isso, de aplicação restrita. Na Europa, poucos são os países que se valem dessa espécie de procedimento, apesar de o terem positivado no seu direito interno. Ele é bastante utilizado na Inglaterra e na França.

A modalidade diálogo competitivo é vinculada à contratação em que a Administração Pública vise contratar objeto que envolva inovação tecnológica ou técnica, valendo ressaltar a existência de outros serviços.[26] Todavia, para melhor didática no presente trabalho, a abordagem será delimitada com direcionamento reflexivo, no que toca ao objeto tecnológico, não comportando, portanto, especificar de modo pormenorizado o aspecto procedimental da referida modalidade.

Concernente a sua aplicabilidade, centraliza-se às hipóteses em que a Administração Pública identificar ausência de elementos para delinear a contratação sob o prisma da eficiência. Noutras palavras, é a Administração Pública reconhecer que, por meio do funcionalismo público, talvez, não seja possível contemplar todas as informações necessárias para a futura contratação. Diante de tal empasse, reconhece-se a necessidade de promover o diálogo competitivo.

Em resumo, o diálogo competitivo tem como objetivo a busca por soluções não advindas somente pela Administração Pública, por clara ausência de conhecimento acerca do objeto. Nesse contexto, proporciona-se aos particulares, valorando a expertise em determinado segmento de mercado para que, anteriormente à contratação de serviço ou de bem, que por eles, sejam indicadas propostas, no sentido de melhor

---

25. OLIVEIRA, Rafael Sérgio de. 10 tópicos mais relevantes do projeto da nova Lei de Licitações e Contrato. *Observatório da Nova Lei de Licitações*, dez. 2020. Disponível em: http://www.novaleilicitacao.com. br/2020/12/18/10-topicos-mais-relevantes-do-projeto-da-nova-lei-de-licitacao-e-contrato/. Acesso em: 25 jul. 2021

26. Art. 32. A modalidade diálogo competitivo é restrita a contratações em que a Administração:

I – vise a contratar objeto que envolva as seguintes condições:

a) inovação tecnológica ou técnica;

b) impossibilidade de o órgão ou entidade ter sua necessidade satisfeita sem a adaptação de soluções disponíveis no mercado; e

c) impossibilidade de as especificações técnicas serem definidas com precisão suficiente pela Administração;

II – verifique a necessidade de definir e identificar os meios e as alternativas que possam satisfazer suas necessidades, com destaque para os seguintes aspectos:

a) a solução técnica mais adequada;

b) os requisitos técnicos aptos a concretizar a solução já definida;

c) a estrutura jurídica ou financeira do contrato;

contemplar o querer da Administração Pública, valorando, portanto, a eficiência e, o mais nobre: o rompimento do modelo autoritário.

A partir do que fora exposto, vislumbra-se algumas situações que certamente, merecem reflexões. Diante do quadro atual da Administração Pública, sobretudo, no desempenho da função administrativa, identifica-se, por vezes, um modelo autoritário, centralizador, e de pouco espaço para possíveis mudanças, a tal ponto de se identificar a velha máxima de que "sempre foi assim e assim continuará sendo". Com o advento da modalidade licitatória diálogo competitivo, certamente, espera-se significativas mudanças.

Ao que parece, o indesejado paradigma reclama urgente mudança por parte dos gestores púbicos. Essa modificação da concepção de Administração Pública é averbada com extrema lucidez, por José Luiz de Moura Faleiros Júnior.[27] Veja-se:

> A normativa de 2016 trouxe importante sinalização conceitual no sentido da melhor adequação da governança digital, em detrimento do mero "governo eletrônico", para o atendimento das seguintes finalidades: (i) gerar benefícios para a sociedade mediante o uso da informação e dos recursos de tecnologia da informação e comunicação na prestação de serviços públicos; (ii) estimular a participação da sociedade na formulação, na implementação, no monitoramento e na avaliação das políticas públicas e dos serviços públicos disponibilizados em meio digital; e (iii) assegurar a obtenção de informações pela sociedade, observadas as restrições legalmente previstas.

Em que pese os aspectos positivos pontuados pelo jurista Faleiros Júnior, a questão é tormentosa. Explica-se, ao identificar que o Direito Administrativo brasileiro, ainda não conseguiu estabilizar a relevância em se definir institutos simples como: a) a motivação no processo de aquisição no ato inicial da licitação; b) a ausência de critérios objetivos, ou seja, um "processo de justificativa", para estabelecer marca e quantidade de produtos a serem adquiridos na licitação; c) ausência de programação para futuras compras; d) a falta de capacitação dos servidores responsáveis pela condução do processo licitatório; e) ausência de fiscalização na execução do objeto; f) a lentidão no procedimento e, tantos outros pontos que por questão da proposta do presente trabalho, não comporta arrolar pormenorizadamente. Para tanto, certamente, uma dissertação ou quiçá, uma tese!

A par de todas essas questões, entende-se a importância da recepção do novo modelo de Administração Pública digital, em especial, concernente à boa prestação do serviço público e, maior abrangência da participação popular no governo, tudo isso, sendo efetivado em boa parte, pela modalidade licitatória, diálogo competitivo para a contratação de serviços próprios para tal finalidade.

É interessante notar, que a participação do cidadão nos atos da Administração Púbica é imperativa, a fim de solidificar a edificação do Estado Democrático de Direito. Concernente à participação popular na Administração Pública, vale consignar as

---

27. FALEIROS JÚNIOR, José Luiz de Moura. *Administração Pública digital*: proposições para o aperfeiçoamento do Regime Jurídico Administrativo na sociedade da informação. Indaiatuba, SP: Editora Foco, 2020, p. 257.

lições de Paulo Modesto.[28] "A participação administrativa, ou a participação no âmbito da Administração Pública, considerando este sentido amplo, corresponde a todas as formas de interferência de terceiro na realização da função administrativa do Estado".

Assim, pode-se atribuir como novas formas de legitimação da ação administrativa a constitucionalização (Administração Pública Digital) bem como a democratização do exercício da atividade administrativa não diretamente vinculada à lei, sendo essa caracterizada pela abertura e pelo fomento à participação dos administrados nos processos decisórios da Administração, tanto em defesa de interesses individuais (participação *uti singulus*), como em nome de interesses gerais da coletividade (participação *uti cives*).[29]

Entretanto, o caminho a ser percorrido para o rompimento de lacunas ainda permanentes e perceptíveis no Direito Administrativo brasileiro, parece longo, o que nesse passo, impõe aos gestores o poder-dever de realinhamento da função administrativa, para que, só ademais, possa ser possível identificar a eficiência entre o procedimento e o resultado, a fim de atender o inegociável interesse público.

Uma vez superado, ter-se-á a condição de realmente efetivar o modelo de gestão pública digital, para tanto, valendo-se como um dos mecanismos, a modalidade diálogo competitivo para aquisição de inovação tecnológica ou técnica de determinados serviços.

Em consequência, destaca-se, nesse ponto, a paulatina mudança de um Direito Administrativo unilateral, que ainda transparece resquícios de um modelo ditatorial, para a virada de uma nova concepção do advento de um Direito Administrativo delineado pelo conceito de bilateralidade, ou seja, que se pauta pelo diálogo, a fim de buscar a melhor medida em prol do interesse público.

Por derradeiro, registre-se que, anterior ao fomento da tecnologia (governo e/ou Administração Pública digital) é imprescindível promover a exigência de capacitação dos cargos e empregos públicos, para que ademais, o agente possa desenvolver sua função com eficiência, ensejando de tal modo, a eficácia do diálogo competitivo que, consequentemente, irá desaguar, frise-se: no atendimento ao interesse público de modo eficiente, célere e econômico.

5. CONSIDERAÇÕES FINAIS

O princípio da supremacia do interesse público sobre o privado, sempre fora visto como mandamento, ou seja, tido como exigência para o convívio natural da vida em sociedade, estribando-se na premissa de que, afastada a supremacia, o Estado estaria totalmente desprovido da capacidade de zelar pelo bem-estar comum.

---

28. MODESTO, Paulo. Participação popular na Administração Púbica. Mecanismos de operacionalização. *Jus Navegandi*, Teresina, ano 6, n. 54, fev. 2002. Acesso em: 21 fev. 2021.
29. BAPTISTA, Patrícia. *Transformações do Direito Administrativo*. Rio de Janeiro: Editora Renovar, 2004, p. 120.

É forçoso reconhecer a necessidade de uma nova proposta em relação à aplicabilidade do princípio da supremacia do interesse público, sob o fundamento das inovações plasmadas no bojo da Carta Política de 1988. Nesse sentido, não é o caso de aventar a possibilidade de destruição do princípio em comento, mas, ao revés, de reconstrução.

Mostra-se absolutamente aceitável a reconstrução do princípio da supremacia do interesse público, sobre o dever de ponderação, no que concerne aos interesses em conflito. Ao fixar diretrizes sob a ótica de ponderação, no que concerne à supremacia do interesse público, a Administração Pública passa a atuar de forma a valorizar os direitos fundamentais, que são valores primordiais da ordem constitucional interna do Estado, inerentes à ideia de dignidade da pessoa humana, evitando, assim, os desmandos e privilégios da Administração Pública.

Sobre a temática da consensualidade, insurge-se a Mediação Administrativa. Por este mecanismo, foi possível verificar ainda que tardia, a verdadeira inovação acerca do Direito Administrativo, que há tempos se tornou conhecido por externar o seu querer de forma unilateral, não permitindo, por tanto, a abertura da manifestação prévia dos interessados em significativa maioria da exteriorização de seus atos.

Lado outro, percebe-se que a mediação Administrativa se apresenta como instrumento capaz de dar efetividade ao rompimento do modelo autoritário e, sobretudo, ensejando maior participação do cidadão nas tomadas de decisões da Administração Pública, vez que haverá uma reunião de esforços de ambas as partes em prol do interesse público, todavia, visando sacrificar o mínimo possível do interesse privado com participação do interessado e, não deixando de lado, evidentemente, a clara exposição dos fundamentos de fato e de direito que dará embasamento a futura decisão administrativa.

Do diálogo competitivo, conclui-se que surge como instrumento de maior eficiência na atuação administrativa e, de modo relevantíssimo, como mecanismo de interlocução entre Administração Pública e particular, tendo como proposito, a construção de alternativas para uma eficiente contratação, sem que haja qualquer indício de não respeitabilidade ao princípio da impessoalidade e legalidade, sob pena de grave ofensa ao princípio da indisponibilidade do interesse público.

Por derradeiro, outro expressivo avanço, concernente ao diálogo competitivo, consiste na minoração de entraves burocráticos até então cravados pela própria Administração Pública, com frequência tidos como desnecessários, tornando o procedimento mais centralizado e moroso. Com a cadência pautada pelo diálogo competitivo, acredita-se que será possível identificar a criação de mecanismos modernos e/ou digitais para o atendimento às necessidades da Administração Pública, sem a imposição outrora tida como ditatorial, por intermédio da referida modalidade.

6. REFERÊNCIA

ÁVILA, Humberto. *Teoria dos princípios*: da definição à aplicação dos princípios jurídicos. 13. ed. São Paulo: Malheiros, 2012.

BANDEIRA DE MELLO, Celso Antônio. *Curso de Direito Administrativo*. 32. ed. São Paulo: Malheiros, 2014.

BAPTISTA, Patrícia. *Transformações do Direito Administrativo*. Rio de Janeiro: Editora Renovar, 2004.

BARCELAR FILHO, Romeu Felipe. *Direito Administrativo e o Novo Código Civil*. Belo Horizonte: Fórum. 2007.

BARROSO, Luís Roberto. *A nova interpretação constitucional*: ponderação, direitos fundamentais e relações privadas. 2. ed. Rio de Janeiro: Renovar, 2006.

BASTOS, Celso Ribeiro. *Curso de Direito Administrativo*. São Paulo: Saraiva, 1994.

BINENBOJM, Gustavo. *Uma teoria do Direito Administrativo*: direitos fundamentais, democracia e constitucionalização. 2. ed. São Paulo: Renovar, 2008.

FALEIROS JÚNIOR, José Luiz de Moura. *Administração Pública digital*: proposições para o aperfeiçoamento do Regime Jurídico Administrativo na sociedade da informação. Indaiatuba, SP: Editora Foco, 2020.

GABARDO, Emerson. A eficiência no desenvolvimento do Estado brasileiro: uma questão política e administrativa. *In*: MARRARA, Thiago. *Princípios de direito administrativo*. São Paulo: Atlas, 2012.

GALATRIA, Luigi; STIPO, Massimo. *Manuale di diritto ammnistrativo*. 2. ed. Torino: UTET, 1995.

HACHEM, Daniel Wunder. *Princípio Constitucional da Supremacia do Interesse do Interesse Público*. Belo Horizonte: Fórum, 2011.

MODESTO, Paulo. Participação popular na Administração Púbica. Mecanismos de operacionalização. *Jus Navegandi*, Teresina, ano 6, n. 54, fev. 2002. Acesso em: 21 fev. 2021.

MORAND-DEVILLER, Jacqueline. *Cours de Droit Administratif*. 6. ed. Paris: Montchestien, 1999.

OLIVEIRA, Rafael Carvalho Rezende. *Nova lei de licitações e contratos administrativos*: comparada e comentada. Rio de Janeiro: Forense, 2021.

OLIVEIRA, Rafael Sérgio de. 10 tópicos mais relevantes do projeto da nova Lei de Licitações e Contrato. *Observatório da Nova Lei de Licitações*, dez. 2020. Disponível em: http://www.novaleilicitacao.com.br/2020/12/18/10-topicos-mais-relevantes-do-projeto-da-nova-lei-de-licitacao-e-contrato/. Acesso em: 25 jul. 2021.

OSÓRIO, Fábio Medina. Existe uma Supremacia do Interesse Público sobre o Privado no Direito Administrativo Brasileiro. *Revista de Direito Administrativo*, n. 220, abr.-jun. 2000.

RODRIGUES, Eduardo Azeredo. *O princípio da eficiência à luz da teoria dos princípios*. Rio de Janeiro: Lumen Juris, 2012.